黄骅市
人民代表大会志

《黄骅市人民代表大会志》编纂委员会　编

方志出版社
Publishing House of Local Records

图书在版编目（CIP）数据

黄骅市人民代表大会志 / 《黄骅市人民代表大会志》编纂委员会编. —北京 : 方志出版社, 2023.12
ISBN 978-7-5144-6186-2

Ⅰ. ①黄… Ⅱ. ①黄… Ⅲ. ①地方各级人民代表大会—工作概况—黄骅 Ⅳ. ①D624.224

中国国家版本馆 CIP 数据核字(2023)第 253663 号

责任编辑：陈菁
责任校对：张玉霞
责任印制：梅中英
出 版 者：方志出版社
地　　址：北京市朝阳区潘家园东里 9 号（国家方志馆 4 层）
邮　　编：100021
网　　址：http://www.zgfzcb.cn
发　　行：方志出版社图书营销中心（010-67110500）
印　　刷：河北鹏盛贤印刷有限公司
开　　本：889 毫米×1194 毫米　1/16
印　　张：32.25
字　　数：820 千字
版　　次：2023 年 12 月第 1 版
印　　次：2023 年 12 月第 1 次印刷
定　　价：210.00 元

《黄骅市人民代表大会志》编纂委员会

顾　问：董鸣镝
主　任：夏爱华
委　员：刘淑会　于连治　刘方亮　孟祥普　赵国旺

主　编：许建国
副主编：白义刚　刘海洲
编　辑：杨全庆　董兆辉　刘月琳　王　坤　李春艳
　　　　张小龙　刘月芹　沈曼丽　赵园园

序

志书既是昨天的总结，也是今天和明天的向导。黄骅历史上第一部人民代表大会志终于付梓出版了。这是我市地方政权和民主法治建设的一大盛事。

我们抚此志书，最应记取的是所有为争取人民当家作主而不懈奋斗的人们。黄骅是英雄的城市，在抗日战争、解放战争中有1200多名黄骅儿女为祖国的解放、民族的独立、人民的民主与和平而献出宝贵的生命。虽然本志书无以记载无数的革命先烈和无名英雄，但他们永远铭刻在黄骅的史册上。

存史以启后，资政而育人。我们编此志书，坚持的是人民代表大会这一根本政治制度。从1989年11月9日召开黄骅市第一届人民代表大会第一次会议，至2021年2月6日召开的黄骅市第八届人民代表大会第五次会议，至今黄骅市人民代表大会已走过30余年的光辉历程。30多年来，黄骅市人大及其常委会在中共黄骅市委的正确领导和社会各界的大力支持下，认真履行宪法和法律赋予的职责，充分发挥地方国家权力机关作用，为推进地方民主法治建设，促进全市经济社会发展，起到了极为重要的作用。编写《黄骅市人民代表大会志》，就是要记下这一辉煌历程。

《黄骅市人民代表大会志》填补了黄骅史志的一项空白。它既是一部黄骅市人大工作史实的记录，更是一曲黄骅市人大事业的颂歌。

在编写过程中，我们坚持尊重历史，尊重事实，努力真实地反映黄骅市人大工作实际。同时，在结构布局、语言表述等方面，坚持与时俱进、有所创新，争取编出具有黄骅特色的人民代表大会志。

编写《黄骅市人民代表大会志》是一项艰苦而又细致的工作。由于历史的原因，很多原始资料散失，给编写工作带来很大困难。我们坚持广泛征集、深入挖掘、去粗取精、去伪存真，反复推敲，几经修改，终于成书。在此，向所有给予支持、付出努力的人们表示真诚的感谢！

尽管我们认真编写，但因主客观原因，《黄骅市人民代表大会志》仍难免有不尽如人意甚至不妥之处，敬请各位有识之士不吝赐教。

这部《黄骅市人民代表大会志》如能为今后的黄骅市人大工作，为新时代中国特色社会主义法治建设留下一些可参考的资料，起到以史为鉴的作用，我们就非常欣慰了。

最后，祝愿我们热爱的家乡黄骅，经济更强，城市更美，人民生活更加幸福！

编者

2023年12月

凡　例

一、《黄骅市人民代表大会志》以马克思列宁主义、毛泽东思想、邓小平理论、“三个代表”重要思想、科学发展观、习近平新时代中国特色社会主义思想作为指导，坚持辩证唯物主义和历史唯物主义的立场、观点和方法。

二、本志收录时限为1989年11月至2021年7月。为完整反映黄骅市人民代表大会的历史面貌，少数内容追溯到黄骅市人民代表大会先期组织，概述部分简要陈述黄骅县人民代表大会基本情况。

三、本志记述范围以黄骅市现行政区为主，对于因为行政区划变化涉及当时属黄骅市行政区域内的有关重要历史事实也作了适当记述。

四、本志采用述、记、志、传、图、表、录等体裁，以志为主的形式编写。共设七章和附录。

五、本志文体采用规范语体文。

六、中华人民共和国成立前的纪年，使用历史纪年，括注公元年份；中华人民共和国成立后的纪年，均使用公元纪年。

七、数字用法、标点符号分别采用国家标准《出版物上数字用法》（GB/T 15835—2011）、《标点符号用法》（GB/T 15834—2011），计量单位采用国家技术监督局1993年12月发布的《量和单位》系列国家标准。

八、本志资料来源为黄骅市档案馆、黄骅市人大常委会档案室、黄骅市直有关部门、各乡镇和知情者，因资料繁杂，文字多有调整，故不一一注明出处。

1989 年 11 月 10 日，黄骅市第一届人民代表大会第一次全体会议合影

1989 年 12 月，人大机关干部合影

前排左起：刘尚文、于金恒、孟繁珊、王润惠、李义文；

后排左起：耿永和、王旭晨、王汝玺、贾荣佩、袁忠凯、宋玉森

1989 年 12 月 30 日，黄骅市人大常委会机关干部合影
第一排左起：高建华、孟繁珊、赵海波、王润惠、杨荣泰、夏相臣、杨荣祥、刘尚文、于金恒；
第二排左起：贾荣佩、孟宪辰、胡玉清、耿永和、庞之祥、孙吉合、宋玉森、张金昌、姚金英；
第三排左起：赵丽、于树凯、袁忠凯、郭丰文、王汝玺、宋宝行、李义文、卞永良、刘国增

1991 年 3 月 17 日，黄骅市第二届人民代表大会第二次会议开幕式

1990 年 3 月 15 日，黄骅市第二届人民代表大会常务委员会主任夏相臣主持会议

1991 年 3 月 28 日，黄骅市第二届人民代表大会第二次会议主席团会议现场

1992 年 3 月 28 日，黄骅市第二届人民代表大会第三次会议通过有关事项，图为表决现场

1992 年 3 月 24 日，黄骅市第二届人民代表大会第三次全体会议合影

1993 年 2 月 11 日，黄骅市第三届人民代表大会常务委员会主任夏相臣在大会上做报告

1993 年 2 月 12 日，黄骅市第三届人民代表大会第一次会议闭幕式现场

1993 年 2 月 12 日，黄骅市第三届人民代表大会新当选的人大常委会委员合影

1993 年 2 月 12 日，黄骅市第三届人大常委会组成人员与市领导合影

前排左起：刘凤阁、张忠路、胡学和、杨九贤、庞玉勤、孙连城、夏相臣、刘靖亭、周云生、杨荣祥、张芳兰、胡廷栋；

后排左起：李中华、贾荣佩、李义安、胡庆国、左俊华、刘学秀、赵　燕、李金伦、王旭晨、宋玉森、刘云凤、孙吉合

1999 年 1 月 28 日，黄骅市第四届人民代表大会第二次会议开幕

1999 年 1 月 29 日，黄骅市第四届人民代表大会常务委员会主任孟德祥在大会上做报告

2000 年 1 月，黄骅市第四届人民代表大会第三次会议召开

2003 年 4 月，黄骅市第五届人民代表大会第一次会议表决通过有关事项

2003 年 4 月 10 日，黄骅市第五届人民代表大会第一次会议，新当选的常务委员会主任温志成在闭幕式上讲话

2005 年 1 月 12 日，市领导与黄骅市第五届人民代表大会第三次会议企业界人士合影留念

2007 年 7 月，黄骅市第六届人民代表大会常务委员会主任郭建英在六届人大一次会议上做常委会工作报告

2008 年 3 月，黄骅市第六届人民代表大会第二次会议新当选的常务委员会主任、副主任与市人大常委会领导班子成员合影

2010 年 3 月 3 日，黄骅市第六届人民代表大会常务委员会主任许方林在六届人大四次会议上做常委会工作报告

2011 年 3 月，黄骅市第六届人民代表大会第五次会议表彰优秀人大代表

2012 年 2 月 19 日，黄骅市第七届人民代表大会第一次会议召开

2014 年 1 月 14 日，黄骅市第七届人民代表大会第三次会议市领导慰问代表

2016 年 1 月 8 日，黄骅市第七届人民代表大会常务委员会主任王元波在七届人大五次会议上做常委会工作报告

2018 年 2 月，黄骅市第八届人民代表大会第二次会议开幕式

2008 年 2 月 1 日，黄骅市第八届人民代表大会第二次会议与会代表审议相关报告

2019 年 1 月 17 日，黄骅市第八届人民代表大会第三次会议主席团第一次会议通过有关事项

2020 年 1 月 10 日，黄骅市第八届人民代表大会第四次会议新当选的常务委员会委员向宪法宣誓，常务委员会主任夏爱华（右一）监誓

2020 年 1 月 10 日，黄骅市第八届人民代表大会常务委员会主任夏爱华在八届人大四次会议上做常委会工作报告

2021 年 2 月 8 日，黄骅市第八届人民代表大会第五次会议代表表决相关事项

2021 年 6 月 11 日，黄骅市第八届人民代表大会第四十次常委会会议表决人事任免事项

2018 年 4 月 24 日，黄骅市人大常委会“人大智库”专家顾问团队聘任仪式

新冠疫情防控期间，人大代表周金龙（左二）向市政府捐款

2020 年 4 月，新冠疫情防控期间，人大代表向黄骅镇一线工作人员捐款。疫情防控期间，驻黄骅市的各级人大代表积极响应、迅速行动，履职尽责、敢于担当，持续奋战在疫情防控、病患救治、基层排查、复工复产等各条战线，并通过不同途径累计捐款捐物 1500 余万元

2017 年 9 月，黄骅市人大教科文卫委员会“文化艺术创作中心”挂牌仪式

2017 年 6 月 16 日，市人大与张家口崇礼区人大建立友好关系，并进行考察学习

目　录

第一章　人大代表

第二章　人民代表大会

第三章　人大常委会

第五章　乡镇人大

第六章 人大工作的改革创新

第七章 人 物

附　录

概　述

一

黄骅是一座有着悠久历史的城市。早在7000多年前，黄骅境内就有人类居住。

春秋战国时期黄骅为齐燕两国交界，齐桓公二十三年（前663年），“燕君送齐桓公出境，桓公因割燕所至地予燕”。故有燕齐台，今尚存遗址。此时期为黄骅盐业发展的第一个高峰，管仲相齐“设轻重鱼盐之利，以赡贫穷”，燕国也有“鱼盐枣栗之饶”，以致燕、齐两国并称为“齐有渠展之盐，燕有辽东之煮”。

秦始皇二十六年（前221），秦统一，于黄骅境内置柳县。《盐山县志》记载：“柳县之置，古于高城、盐山，县治当以柳为数典之祖，东汉县废，并于章武。”丱兮城传为秦方士徐福出海寻仙的侨居之地。

西汉高祖五年（前202），置章武县（县治在今故县村北），武帝在章武县置盐官，东汉沿置。

东汉，废柳县，属地分别并入章武县、高成县。章武县改属冀州刺史部章武郡，郡县同治。建安十一年（206）春，曹操为北征乌桓，采纳董昭的建议，用兵前开凿平虏渠时在今乾符村南200米处建平虏城。

两汉时期，黄骅境内多有侯国分布，如柳邱侯国、章武侯国、柳侯国、合骑侯国、宛乡侯国，以上侯国在当时都属渤海郡。

三国魏时，章武郡治迁东平舒（今大城县），境内仅存章武县，属冀州渤海郡。

西晋泰始元年（265）置章武国，治东平舒（今河北大城县），属冀州。辖境相当今河北省大清河、海河以南，文安、大城以东，沧州市海兴以北地。今黄骅地区亦为章武国的辖区。同年，高成县改为高城县。

十六国时期，今黄骅市域先后属后赵、冉魏、前燕、前秦、后燕等政权管辖。东晋大兴元年（318），后赵主石勒派王述在角飞城（海丰镇）煮盐，兼理盐政。

北魏初，章武县和高城县延续之前的行政区划，分别属章武郡和渤海郡管辖。太和十一年（487），划瀛州渤海郡之饶安、浮阳、高城三县以及章武郡之章武县置浮阳郡。北魏景明年间，浮阳郡废置，饶安、浮阳、高城、章武四县划归章武郡。至北魏熙平二年（517），分瀛州、冀州置沧州，领浮阳、乐陵、安德三郡，治饶安。

东魏兴和年间（539—542），高城县“绾流民立东西河郡隰城县”，东西河郡隰城县属于侨置郡县，东魏武定末年即废。武定年间（543—550），高城、章武二县属沧州浮阳郡。北魏“自迁邺后（即东魏），于沧、瀛、幽、青四州之境，傍海煮盐。沧州置灶一千四百八十四，瀛州置灶四百五十二，幽州置灶一百八十，青州置灶五百四十六，又于邯郸置灶四，计终岁合收盐二十万九千七百二斛四升。军国所资，得以周赡矣”。

北齐天保七年（556），高城县北迁至大留里（今黄骅市旧城村）治，至明洪武九年（1376）止，前后长达820年，是黄骅境内几座古城中作为县治历史最长的。

北周建德六年（577），北周武帝灭北齐，统一北方，高城县属沧州浮阳郡。

隋开皇初年，高城县属沧州浮阳郡。开皇十六年（596），北章武故城置鲁城县。开皇十八年（598），高城改曰盐山。隋大业三年（607），改州为郡，盐山、鲁城二县属渤海郡。

唐武德元年（618），盐山县、鲁城县隶属沧州。武德四年（621），盐山县改为东盐州，割鲁城县隶景州。唐贞观元年（627），东盐州废，盐山县还隶沧州。唐乾符二年（875），鲁城县改为乾符县，以年号为名。

五代时期，盐山、乾符二县属沧州，乾符县于后周显德三年（956）废入清池县。

北宋沧州属河北东路，盐山县属沧州。北宋崇宁年间（1102—1106）的人口统计，沧州在河北东路的11个州中人口最多，其中盐山属于紧县。乾符砦是乾符县于后周显德三年（956）废入清池县后再一次以地名出现，政治、军事地位下降。

金代盐山、清池二县均属河北东路沧州。金代海丰镇遗址是河北省继北戴河秦行宫遗址后发掘的一处重要滨海遗址，为西汉柳侯国故地，南北朝时称漂榆邑，唐宋时称通商镇，金代始称海丰镇。专家认为其为宋金时期北方海上丝绸之路的北起点。

蒙古窝阔台六年（1234年）设河间盐运司，设置煮盐二十二场进行大规模盐业生产。元代（1271—1368），盐山、清池二县属中书省河间路沧州，蒙古忽必烈至元二年（1265），元朝廷设河间路总管府，领一录事司、六县、六州，州领十七县，沧州为河间路下辖六州之一，领盐山、清池等六县。

明代洪武元年（1368），清池、盐山二县属河间府沧州。洪武二年（1369），清池县并入沧州，盐山县仍属沧州。同年设立长芦盐运使，简称“运司”，掌管直隶湾（北起山海关，南至老黄河口）一带的盐业生产、保卫滩坨、巡查滩私、整理场务。洪武九年（1376），盐山县治从大留里迁至香鱼馆（今盐山县治），结束了盐山县治在黄骅境内长达820年的历史。此后，今黄骅境内南部属盐山，北部属沧州，境内无县治。明朝初年，黄骅地区成为长芦南场十二场的主要产盐地，嘉靖元年（1522），海丰场变煎煮制盐为滩晒制盐，推动了技术变革。

清顺治元年（1644），沿袭明制，河间府领二州十六县，二州即沧州和景州，沧州辖盐山、南皮、庆云三县。清雍正七年（1729），沧州升为直隶州。雍正九年（1731），升天津直隶州为天津府，沧州由直隶州降为散州，属天津府，盐山仍属沧州。

民国2年（1913），沧州降格为沧县，与盐山同属直隶省渤海观察使。

民国3年（1914），改属津海道。

民国25年（1936）年9月，特划定沧县第五区全部及盐山县第五区第六区之大部分各沿海地方二百三十八村，为设治区域，名为新海设治局，指定韩村为设治局地点，委任刘凤池为代理设治局局长，归沧县区行政专员督察指挥。

民国26年（1937）冬，日军侵占齐家务，成立伪政权。

民国27年（1938），中共中央北方局把新海县划归中共山东省委领导；同年夏，中共冀鲁边区工作委员会开辟新海抗日根据地，建立新海县抗日民主政府。

民国28年（1939），日军侵占新海，在韩村建立伪政权。

民国29年（1940）5月，日伪政府设立伪渤海道，新海设治局属之。

民国31年（1942）1月，冀鲁边区系新海、盐山、沧县三县边缘区成立青城县。同年，冀鲁边区于齐家务建津南县。

民国32年（1943）6月，由于叛徒邢仁甫的出卖，冀鲁边军区时任司令员兼115师教导6旅副旅长黄骅等数名八路军指战员在大赵村遇害身亡。11月，新海县与青城合并为新青县，并于次年1月成立抗日民主政府。

民国33年（1944）春，日伪政府将新海设治局改为新海县，县治今黄骅城区，属伪渤海道。

民国34年（1945）9月，新青县解放，为纪念黄骅烈士更名黄骅县，属山东省渤海行政公署一专署。同年，津南县撤销。

民国35年（1946），复设津南县，属山东省渤海区三专署。

民国37年（1948），黄骅县、津南县划归河北省冀中行署第八区。

民国38年（1949）初，津南县部分并入黄骅县。8月，黄骅县属河北省沧县专区。

1958年6月，属河北省天津专区；12月，划归河北省天津市。

1961年6月，黄骅县改属河北省沧州地区。

1989年，黄骅撤县设市，属沧州地区。

1993年，撤销沧州地区，与沧州市合并，黄骅市由河北省直辖，沧州市代管。

二

中华人民共和国成立后，黄骅人民在中国共产党和人民政府领导下，进行社会主义革命和社会主义建设，用智慧和双手创建出生机盎然的社会主义宏伟事业。

在经济发展方面，中华人民共和国成立前，境内工业基础薄弱，以零散的手工业为主。产品主要是铁器、木器等简单的生活资料用品及生产工具。据统计，1949年前，有400余户个体手工业从业者。

1956年，全县开始对私营手工业进行社会主义改造，组成以铁器、木工制造、农机具修造及服务业为主体的36个手工业联合社，把分散的个体手工业纳入有计划的生产轨道，并逐步改造组建为全民所有制、集体所有制企业。

1972年，全县工业总产值945万元，副业总产值1025万元。

1978年，党的十一届三中全会以后，工业管理体制改革，促进企业所有制的转变。全民、集体、乡镇集体、村办集体、联合体、个体等企业财产组织、经营形式发展迅速，形成机械制造、电子、化工、五金、建材、模具、食品、印刷八大类产业。

1985年，全县拥有中央、省、地属全民所有制企业4家，县属全民所有制企业8家，县属集体所有制企业13家，乡属集体企业86家，村属集体企业3710家，联户个体企业875家，共有职工59998人。形成全县村办企业发展迅猛，村村有企业的良好局面。

1990 年前后，随着市场经济的发展，企业所有制形式、管理体制、经营方式发生变革，承包经营、股份合作制、公司制、拍卖、租赁等财产组织形式并存于全市企业内部。至 2000 年，全市企业产权改革工作基本完成，形成五金制造、资源化工、塑料模具三大主导产业。

“十一五”时期（2006—2010 年），黄骅迎来了重大发展机遇期，走到了河北改革开放的最前沿。

2006 年，河北省第七次党代会作出了“建设沿海经济社会发展强省”的重大决策。

2007 年 2 月，沧州渤海新区经河北省人民政府批准成立。

2008 年 10 月，河北省委、省政府对沧州渤海新区和黄骅市进行了区域整合，确立了渤海新区“一市三园”的新体制。整合后的渤海新区总面积 2400 平方公里，总人口 55 万人。到 2020 年人口达到 100 万人、面积 110 平方公里的黄骅新城总体规划通过了河北省政府审批。

2009 年，被河北省委、省政府确定为拉动冀中南发展的增长极。

2010 年，河北省政府又将“加快曹妃甸、黄骅两个新城建设，逐步形成由秦皇岛、曹妃甸、黄骅三个百万人口港城组成的沿海城市连绵带”写入了政府工作报告。

“十一五”时期（2006—2010 年），全市地区生产总值从 2005 年的 71.6 亿元增加到 2010 年的 161.2 亿元，年均增长 15%；全部财政收入由 2005 年的 5.12 亿元增加到 2010 年的 14 亿元，年均增长 22.3%；全社会固定资产投资从 2005 年的 31.6 亿元增加到 2010 年的 105 亿元，五年累计完成 327.5 亿元，年均增长 27.2%；全社会消费品零售总额由 2005 年的 20.55 亿元增加到 2010 年的 49.43 亿元，年均增长 19.2%。先后被授予全国文化先进市、科技先进市、体育先进市，河北省创建文明城市工作先进市、社会治安综合治理先进市、“双拥”模范城、教育“两基”先进市、民政工作先进市、文物工作先进市、全国科技进步先进市、全国平安渔业示范市等荣誉称号。

2016 年，完成地区生产总值 260 亿元，是 2011 年的 1.3 倍；全部财政收入 27.5 亿元，是 2011 年的 1.5 倍；一般公共预算收入 15.7 亿元，是 2011 年的 2.2 倍；固定资产投资 254.7 亿元，是 2011 年的 2.1 倍，为全面建成小康社会奠定了坚实基础。

“十三五”期间（2016—2020 年），黄骅各项事业进入崭新局面。2021 年，全域实现规模以上工业增加值 366.1 亿元，累计建成亿元以上项目 435 个，规模以上工业企业有 299 家，高新技术企业和科技型中小企业分别达到 143 家和 1264 家。其中，沧港铁路在港交所成功上市，4 家企业入选全省“民营企业百强”，黄骅被评为“全省民营经济发展先进县”。

在城市建设方面，黄骅城区是在韩村一个“大村庄”基础上建设的，最初街区凌乱，道路狭窄，土房多，公共设施少。1958 年 8 月建起黄骅第一幢 3 层楼房，即服务楼，至 1978 年后，城乡建设速度加快，农民新建住宅增加，房屋由土木结构发展为砖木结构。1984 年，城镇建设开始有规划。1990 年，农村开始有村镇建设规划。自 1986 年始，城区建设克服盲目和随意性建设。1989 年撤县建市，为黄骅城区发展带来活力，随着城区中心的西移，至 2000 年，基础设施建设投资达 30 亿元，城市框架得到定位。2008 年底，黄骅新城总体规划通过省政府审批，拉开了百万人口中心城市建设序幕。经过多年的建设，黄骅城市建设品质显著提升，成功创建国家卫生城市、国家园林城市、省洁净城市、省文明城市，荣获“省人居环境进步奖”“中国人居环境范例奖”。

在社会事业方面，中华人民共和国成立后，县人民政府大力恢复发展教育，致力于提高全县人民文化素质，开展一场持续数年的群众性文化扫盲教育运动。至1984年经沧州地区行政公署验收，历史上高文盲率的黄骅县脱盲率达90%，获基本无文盲县证书。经过对旧教育的改造后，黄骅市确立了新型的社会主义教育制度。到1965年全县普通教育，已实现幼儿教育、小学教育、中学教育的递接。1978年后，全县教育以培养有理想、有道德、有文化、有纪律的社会主义“四有”新人为核心。1985年，全县7～11岁儿童入学率96.8%，年巩固率98%，毕业率97.2%；12～15岁儿童教育普及率达97.1%，达到普及初等教育的要求。拥有中等专业学校1所、普通中学25所、职业中学2所，教职工2679人。1994年，通过国家“两基”验收。1999年，通过省“普九”验收。2000年有各级各类学校及幼儿园237所，市区初、高中在校生2.5万人，已吸引外地学生4000余人在黄骅就学。“十一五”期间（2006—2010年），累计投入1.14亿元，共新建、扩建、维修学校50所，面积95660平方米，改造危房44562平方米，教育事业全面发展，办学条件明显改善。“十二五”期间（2011—2015年），制定了“两个五年”教育发展规划，完成了北京交通大学海滨学院、骅西小学、学院路小学、三中扩建工程，新建农村项目校24所，撤并不达标学校21所。“十三五”期间（2016—2020年），坚持教育优先，累计投入7.5亿元，新改建城乡中小学、幼儿园98所，顺利通过国家义务教育均衡发展评估验收。教学质量不断攀升，高考成绩实现“十一连增”。在文学艺术创作方面，涌现出一批写作、书法、绘画、雕刻、音乐、摄影等方面的人才，创作了大批诗歌、小说、曲艺、版画、油画、国画、剪纸等作品，相当数量的作品发表在省级以上的刊物上，有些作品甚至闻名国内外。

三

1949年9月中国人民政治协商会议举行第一届全体会议，通过《中国人民政治协商会议共同纲领》，确定中华人民共和国的政治制度是民主集中制的人民代表大会制度。但当时在全国普选的条件还不成熟，所以在中华人民共和国成立初期，确定由中国人民政治协商会议第一届全体会议代行全国人民代表大会的职权。根据《中国人民政治协商会议共同纲领》和中共中央华北局《建立村、区、县三级人民代表大会或各界人民代表会议的决定》，黄骅县召开各界人民代表会议共3届。各界人民代表会议代行人民代表大会职权，并设立了常务委员会。

黄骅县第一届各界人民代表会议第一次会议于1950年2月5日—8日召开。黄骅县第二届各界人民代表会议第一次会议于1951年9月24日—25日召开。黄骅县第三届各界人民代表会议第一次会议于1952年3月15日—18日召开。

1954年9月，第一届全国人民代表大会第一次会议召开，制定了新中国第一部宪法。宪法明确规定，中华人民共和国的一切权力属于人民；人民行使国家权力的机关是全国人民代表大会和地方各级人民代表大会。至此，我国人民代表大会制度以根本法的形式正式确立。1954年7月至1989年11月，黄骅县历经九届人民代表大会，共召开人民代表大会会议23次。

黄骅县第一届人民代表大会第一次会议于1954年7月4日—9日召开。该届人民代表大会任期自1954年7月至1956年12月，共召开4次会议。黄骅县第二届人民代表大会第一次会议于1956年12月28日至1957年1月3日召开。该届人民代表大会任期自1956年12月至1958年5月，共召开2次会议。黄骅县第三届人民代表大会第一次会议于1958年5月24日—27日召开。该届人民代表大会任期自1958年5月至1961年1月，共召开2次会议。黄骅县第四届人民代表大会第一次会议于 1961 年 1 月 21 日—24 日召开。该届人民代表大会任期自 1961 年 1 月至 1963 年 10 月，共召开 2 次会议。黄骅县第五届人民代表大会第一次会议于 1963 年 10 月 25 日—29 日召开。该届人民代表大会任期自 1963 年 10 月至 1968 年 2 月，共召开 1 次会议。

1968 年 2 月，建立黄骅县革命委员会。黄骅县革命委员会第一次全体委员会议于 1968 年 2 月 18 日召开，后定为代黄骅县第六届人民代表大会，共召开 2 次会议。

"文化大革命"期间，黄骅县人民代表大会停止活动，中断多年之后，于 1981 年 5 月依照《中华人民共和国地方各级人民代表大会和地方各级人民政府组织法》，召开黄骅县第七届人民代表大会第一次会议。

黄骅县第七届人民代表大会第一次会议于 1981 年 5 月 11 日—16 日召开。该届人民代表大会任期自 1981 年 5 月至 1984 年 5 月，共召开 4 次会议。黄骅县第八届人民代表大会第一次会议于 1984 年 5 月 11 日—16 日召开。该届人民代表大会任期自 1984 年 5 月至 1987 年 5 月，共召开 3 次会议。黄骅县第九届人民代表大会任期自 1987 年 5 月至 1989 年 11 月，共召开 3 次会议。黄骅县第九届人民代表大会第一次会议于 1987 年 5 月 5 日召开。黄骅县第九届人民代表大会第二次会议于 1988 年 3 月 22 日召开。黄骅县第九届人民代表大会第三次会议于 1989 年 3 月 24 日召开。

人民代表大会制度是中华人民共和国的根本制度，是人民当家作主、管理国家的组织形式。黄骅市人民代表大会及其常务委员会依照宪法和法律赋予的职权，充分发挥职能作用，推动黄骅市经济及社会各项建设事业的发展。

黄骅市人民代表大会是地方国家权力机关，1989 年黄骅县撤县设市，1989 年 11 月 9 日召开黄骅市第一届人民代表大会。会议通过了《关于撤销黄骅县设立黄骅市有关问题的决议》。该届人民代表大会任期自 1989 年 11 月至 1990 年 3 月，共召开 1 次会议。黄骅市第二届人民代表大会第一次会议于 1990 年 3 月 14 日召开。1991 年 3 月和 1992 年 3 月，分别召开了黄骅市第二届人民代表大会第二、三次会议。黄骅市第三届人民代表大会第一次会议于 1993 年 2 月 9 日召开。1993 年 8 月、1994 年 3 月、1995 年 3 月、1996 年 2 月、1997 年 3 月分别召开黄骅市第三届人民代表大会第二、三、四、五、六次会议。1998 年 2 月 18 日召开黄骅市第四届人民代表大会第一次会议。1999 年 1 月、2000 年 1 月、2001 年 3 月、2002 年 3 月分别召开黄骅市第四届人民代表大会第二、三、四、五次会议。黄骅市第五届人民代表大会第一次会议于 2003 年 4 月 7 日召开。黄骅市第五届人民代表大会第二、三、四次会议分别于 2004 年 1 月、2005 年 1 月、2006 年 2 月召开。黄骅市第六届人民代表大会第一次会议于 2007 年 7 月 13 日召开。2008 年 3 月、2009 年 2 月、2010 年 2 月、2011 年 3 月分别召开黄骅市第六届人民代表大会第二、三、四、五次会议。黄骅市第七届人民代表大会第一次会议于 2012 年 2 月 8 日召开。2013 年 3 月、2014 年 1 月、2015 年 1 月、2016 年 1 月分别召开黄骅市第七届人民代表大会第二、三、四、五次会议。黄骅市第八届人民代表大会第一次会议于 2017 年 2 月 18 日召开。2018 年 2 月、2019 年 1 月、2020 年 1 月、2021 年 2 月分别召开黄骅市第八届人民代表大会第二、三、四、五次会议。除黄骅市第一届人民代表大会第一次会议以决定撤县设市的有关问题为主要议程外，其余各届各次代表大会都分别审议通过了市人大常委会、市人民政府、市人民法院和市人民检察院的工作报告，审议通过了各年度国民经济和社会发展计划的报告，以及各年度或上年度的财政预决算报告，并作出相应的决议。市二届人大一次会议、市三届人大一次会议、市四届人大一次会议、市五届人大一次会议、市六届人大一次会议、市七届人大一次会议、市八届人大一次会议依法选举了市第二届、第三届、第四届、第五届、第六届、第七届、第八届人民代表大会常务委员会主任、副主任、委员，市人民政府市长、副市长以及市人民法院院长和市人民检察院检察长。另外，市八届人大二次会议还依法选举了黄骅市监察委员会主任。

黄骅市人民代表大会的常设机关是黄骅市人民代表大会常务委员会。黄骅市人大常委会认真贯彻党的基本路线，按照《中华人民共和国地方各级人民代表大会和地方各级人民政府组织法》的规定，定期召开常委会会议和主任会议，依法行使决定权、监督权和任免权。

黄骅市人大常委会坚持以经济建设为中心，充分发扬民主，讨论和决定行政区域内政治、经济、教育、科学、文化、卫生、民政、民族工作中的重大事项。1991 年 10 月 25 日，市二届人大常委会第十一次会议作出了《关于贯彻实施〈河北省乡镇财政管理条例〉的决定》，对理顺乡镇财政管理体制、严格资金管理起到了推动作用。1992 年 7 月，市二届人大常委会第十五次会议作出了《关于加快石港路建设的决定》，保证了河北省重点工程石家庄至黄骅港公路（黄骅段）建设中拆迁、征地等工作顺利进行。1993 年 4 月，市三届人大常委会第一次会议会作出《关于切实减轻农民负担的决议》，要求各部门充分认识减轻农民负担的重要性和必要性，增强全局观念和法律观念，依法减轻农民负担。1994 年 8 月，市三届人大常委会第七次会议作出《关于黄骅市总体规划的决定》，将黄骅市城区由原来的 2.5 平方公里扩大到 20 平方公里，为黄骅市的发展规划出宏伟蓝图。1998 年 9 月，市四届人大常委会第四次会议作出《关于全面推进依法治市的决议》，促进了全市依法行政和公正司法。2006 年 3 月 10 日，市五届人大常委会第二十四次会议通过了《凝心聚力、加快发展、努力实现黄骅“十一五”规划宏伟目标的决议》，要求市政府组成部门以“十一五”发展目标为己任，加快效能型政府建设。市五届人大贴近中心抓招商，常委会领导成员在做好本职工作的同时，还担任了全市项目建设等领导小组的成员，主动参与全市组织的招商引资活动。市六届人大高度关注城市建设，多次组织常委会组成人员和各级人大代表听取全市城市规划方案汇报，并提出可行性意见和建议。常委会批准关于将偿还黄骅市城区、镇区道桥建设、排水、绿化改造项目建设贷款资金列入预算报告，并作出相关决议。市七届人大常委会先后 3 次专题审议市政府关于乡镇工业园区建设情况的报告，提出了科学规划园区建设、加大园区建设投入、增强园区承载能力、提高园区服务水平等 18 条审议意见。推动中央和省、市委重大决策贯彻落实。市八届人大常委会在积极探索实践的基础上，制定了《讨论决定重大事项暂行办法》。根据市委建议和市政府提请，在事关全市改革、发展、法制、民生等重大领域作出决议决定。其中，批准创建质量强市的决议，为推动全市经济转型升级，推进“品质黄骅”建设提供了有力法治保障。按照省人大、沧州市人大的工作部署，开展“6+1”联动监督。五级代表协同联动、真督实查、较真碰硬，推动各领域问题排查清仓见底，帮助市政府抓好清理规范，健全长效机制，推动解决了一批长期存在且群众关切的难点堵点问题。

对本级人民政府、人民法院和人民检察院及各工作部门进行法律监督和工作监督。黄骅市人大常委会始终把做好执法情况的监督检查、为经济运行提供良好的法律保障作为重要内容。经常性地听取和审议“一府两院”工作报告与汇报，是市人大常委会进行工作监督的基本形式。为搞好工作监督，黄骅市人大常委会制定出《关于进一步做好同“一府两院”工作联系的几点意见》和《黄骅市人大常委会关于对“一府两院”工作实施法律监督的试行办法》；每两个月至少举行一次常委会会议，每次会议重点审议一项至两项工作，形成会议纪要，对重点审议内容还写出审议意见，交被审议单位落实；每月举行一次主任会议，主要听取“一府两院”及其职能部门关于重大工作情况的汇报，检查审议意见落实情况。另外，市人大常委会采取组织人大代表开展调研、视察、专题询问、执法检查等多种形式，不断加大监督的力度，努力为群众解决一些实际问题，促进司法机关依法办案，文明执法、公正司法，维护法律的尊严和人民群众的根本利益。市八届人大常委会坚持围绕市委中心工作、政府重项工作和群众急难盼愿，坚持寓支持于监督之中，先后听取审议专项工作报告56项、组织执法检查20次、开展专题询问7次、调研视察30次，人大监督更有力度、更见实效。一是狠抓跟踪监督。综合运用执法检查、听取工作报告、专题询问和满意度测评等手段，连续三年对优化营商环境、四馆一中心、“断头路”打造、城区水污染治理、便民市场建设、农村人居环境整治等工作进行监督，针对落实进度慢、成效不明显的问题开展“回头看”视察，听取整改报告，进行重点督导。组织各级人大代表400余人次，深入到轨道交通实验基地、博翔石墨等30余个重点项目，现场打分评级，用最直接、最明确的方式督促责任部门发力、加力。建立民生实事项目人大代表票决制，连续两年对代表“票决”出的18个民生项目进行跟踪监督，以钉钉子精神持续发力、问政问效，有力保障了黄骅市第五幼儿园、开发区小学、骅东便民市场等民生实事项目建成投用，确保人民说了算、政府认真办。二是加强法律监督。听取审议了市政府扫黑除恶、法院速裁、检察院公益诉讼等工作报告，就《中华人民共和国食品安全法》《中华人民共和国传染病防治法》等法律法规开展执法检查，促进依法行政、严格执法、公正司法，有力维护了社会法治和公平正义。加强规范性文件备案审查，出台《黄骅市人大常委会规范性文件备案审查工作规程》，备案审查规范性文件60件，实现了有件必备、有备必审、有错必纠。

完善任免办法，依法任免干部。市人大常委会先后多次修改《黄骅市人民代表大会常务委员会人事任免办法》。规定凡是由市人大常委会决定任免和任免的国家机关工作人员，必须由党委推荐、“一府两院”提名，并经过人大常委会会议充分酝酿后，对由决定任命的干部和人大常委会任命的人大常委会工作部门正副职、人民法院和人民检察院的副职及其他任命干部，以无记名投票的方式进行表决通过，免职干部可采取举手表决的方式通过，既充分体现党管干部的原则，又保证人大常委会依法行使干部任免的权力。为加强对被任命干部的监督和管理，凡是由市人大常委会决定任命的市政府组成人员每年都要向市人大常委会递交述职报告，由市人大常委会听取和评议一部分市政府组成人员的述职报告。市人大常委会每年都会组织部门到述职人员所在单位，对述职人员进行考察了解，全面掌握情况，为常委会提供评议依据。常委会评议后，由市人大常委会主任当面向被评议人员转达评议意见并向市委汇报评议结果。1987年11月至1992年12月，黄骅市人大常委会依法任免“一府两院”和市人大常委会工作人员337人次。1992年12月至1998年2月，市人大常委会共任命“一府两院”和市人大常委会机关工作人员314人次，免职114人次，评议“一府两院”工作部门干部352人次。1999年至2003年，市四届人大常委会依法任免“一府两院”和市人大常委会机关工作人员270人次。市五届人大以来，常委会先后任免国家机关工作人员241人次。同时，加强对选举任命干部的监督，常委会要求“一府两院”组成人员每年向常委会呈报述职报告，并对“一府两院”部分组成人员进行述职评议。常委会还不断改进评议方法，采取述职人员退席回避的形式，增强评议效果。对市政府24名组成人员进行了述职评议。通过述职评议，进一步增强了国家工作人员的公仆意识和法律意识。六届人大始终把坚持党的领导、充分发扬民主和严格依法办事有机统一起来，讲政治、顾大局，严格按照法定程序任免国家机关工作人员。常委会共依法任免国家机关工作人员 172 人次，补选沧州市人大代表 5 名。市七届人大常委会始终坚持党管干部和依法任免相结合的工作原则，认真做好人事任免工作，保证了党委人事意图的实现。重新修改和完善《黄骅市人大常委会人事任免办法》，采取任前考察、民主测评和法律考试相结合的工作形式，提高了任免工作水平。为确保宪法宣誓制度的全面规范和有效实施，制定了宣誓制度实施方案，组织开展宪法日活动，落实宪法宣誓制度，增强了国家机关工作人员的宪法意识、法律意识和责任意识。市八届人大进一步规范和完善了《黄骅市人大常委会人事任免办法》，坚持党管干部和人大任免相统一，依法任命 80 余人次，确保党组织推荐的人选通过法定程序成为地方国家机关领导人员。

加强人民代表工作，充分发挥其参政议政作用。组织人大代表在人代会闭会期间行使职权是全面开展人大工作的重要组成部分。为此，黄骅县人大常委会于 1988 年 1 月恢复代表联络科。此后，黄骅历届县市人大常委会非常重视代表工作，不断加强对代表工作的领导，相继出台、充实和完善了加强代表工作的制度、方法和措施，使各级人大代表的作用得到充分发挥。制定了人民代表工作暂行办法和市级代表持证视察暂行办法。建立健全常委会主任联系委员、委员联系代表工作制度，制定了常委会联系代表暂行办法，通过走访座谈，了解代表工作、生活情况，认真听取代表意见建议。进一步密切了与代表的联系，充分调动了代表履职的积极性。建立了人大代表列席常委会会议制度，组织代表学习相关法律、法规，并坚持通过各种途径使人大代表更多地了解市情、市政。为了创新代表工作，使各级代表更好地服务中心、履职尽责，市八届人大高度重视代表工作，大力创建“代表之家”、代表联络站，该届任期内共建成“人大代表之家”14 个、“代表联络站”6 个，为全市广大代表搭建起立足基层、贴近群众、覆盖城乡的履职平台。同时创新开展“双联”活动，主任密切联系代表、代表密切联系选民，为党和政府同人民群众之间搭建起传递政声、反映民意的纽带桥梁。建立“三结合”机制，即将常委会主任领衔督办、专委会归口督办、人大代表参与督办相结合，推动人大代表建议转化为促发展、惠民生的政策举措和具体行动。市八届人大一至四次会议共收到代表建议 258 件，办结率 100%，推动了一批群众关心、社会关注的重点难点问题解决，实现了代表真满意、群众真受益。

加强和完善乡镇人民代表大会的工作。1987 年 4 月，全县 22 个乡镇设立人大代表联组。由县人大常委会采取吸收联组组长列席常委会、召开联组工作会议、个别联系指导、送发文字材料、传播联组经验等形式帮助乡镇人大代表联组开展工作。1990 年 3 月，乡镇人代会换届时，将联组改设为主席团，设常务主席和秘书长主持主席团工作。市人大常委会制定《乡镇人大主席团暂行办法》，明确乡镇人大主席团职责范围和工作程序以及与乡镇党委、政府之间的关系等，指导各乡镇人大主席团建立健全会议制度、学习制度、联系代表和代表联系选民制度，全市各乡镇均设人大主席团。1996 年 10 月，人大主席团改设乡镇人民代表大会主席、副主席。2004 年，乡镇人大每届任期 3 年改为 5 年。全市各乡镇均设人大和人大主席、副主席，乡镇人大依照《中华人民共和国地方各级人民代表大会和地方各级人民政府组织法》的规定履行职权。为了加强基层人大建设，市八届人大坚持“五规范、五提升”，2018 年 3 月在街道新设立 3 个人大工作委员会，明确专职人员负责人大工作；强化对乡镇人大工作的指导，先后多次召开乡镇、街道人大工作经验现场交流会，大力推广先进基层人大代表团的先进做法。加强对基层人大会议审议、监督工作、代表活动、自身建设的指导督导，促进了人大整体工作水平提升。

为适应新形势、新任务对人大工作的新要求，常委会积极推进人大工作制度创新。市人大历届常委会机关非常重视制度建设和自身建设，不断制定、修改和完善了多项工作制度、学习制度和工作措施，努力打造让党放心，让人民群众满意的模范机关。围绕提升工作水平，先后制定完善了常委会议事规则、人大代表联系制度、代表意见建议办理制度等制度。在新的历史条件下，随着社会发展和自身建设的需要，市八届人大常委会重新修订常委会议事规则、任免办法、讨论决定重大事项办法，制定了专委会工作办法。围绕创新人大工作机制，制定了民生实事项目人大代表票决办法、专项工作满意度测评办法、代表述职评议制度，制定了乡镇街道人大工作督导考评办法、“双联”活动代表建议办理办法、专家顾问聘任制度，人大工作的规范化、制度化、科学化水平明显提升。

中国共产党领导中国人民创立的人民代表大会制度，是我国的根本政治制度，是人民当家作主的重要途径和最高实现形式。人民代表大会制度实行以来，黄骅市人民代表大会认真履行宪法和法律赋予的各项职责，与时俱进，开拓创新，为推进黄骅市的民主法治建设、促进经济和社会事业的全面发展做出了重大贡献。

大事记

1989 年

7 月 27 日，国务院批准黄骅撤县设市。

11 月 9 日—10 日，黄骅市第一届人民代表大会第一次会议在市电焊网厂工人文化宫召开。

11 月 22 日，黄骅县委、县政府在黄骅县政府小礼堂召开新闻发布会，对外宣布黄骅撤县设市。

1990 年

3 月 14 日—17 日，黄骅市第二届人民代表大会第一次会议在市电焊网工人文化宫召开。

4 月 12 日，黄骅市第二届人大常委会第一次会议讨论通过了《黄骅市人大常委会关于加强自身建设的决定》。

6 月 1 日，黄骅市第二届人大常委会第二次会议听取了市政府关于开展廉政建设情况的汇报，对今后黄骅市的廉政建设工作提出了意见建议。

10 月 16 日，黄骅市第二届人大常委会第四次会议听取了市政府《关于渔业生产情况的报告》，对今后黄骅市的渔业生产工作提出了指导性的意见和建议。

12 月 14 日，黄骅市第二届人大常委会第五次会议讨论通过了市政府关于城市总体规划的决议。

1991 年

2 月 1 日，黄骅市第二届人大常委会第六次会议听取市政府《关于 1990 年工业、乡镇企业发展情况的汇报》，对今后黄骅市企业的发展提出针对性的意见和建议。

3 月 27 日—30 日，黄骅市第二届人民代表大会第二次会议在市电焊网厂工人文化宫召开。

4 月 25 日，黄骅市第二届人大常委会第八次会议讨论通过了关于在公民中继续开展法制宣传教育的决议，听取了市政府《关于今春农田水利基本建设开展情况的汇报》，对今后黄骅市的农田水利基本建设工作提出建设性的意见和建议。

10月24日，黄骅市第二届人大常委会第十一次会议讨论通过了《黄骅市人民政府关于加强乡镇财政资金管理暂行办法》，并作出了《关于贯彻、实施〈河北省乡镇财政管理条例〉和〈黄骅市人民政府关于加强乡镇财政资金管理暂行办法〉的决定》；讨论通过了《黄骅市人民政府关于城市建设管理暂行办法》，并作出了相应的决定。

12月24日，黄骅市第二届人大常委会第十二次会议听取了市政府《关于城乡集市贸易管理法》贯彻实施情况的汇报，对加强和促进黄骅市的集市贸易管理工作提出指导性的意见和建议。

1992年

3月24日—28日，黄骅市第二届人民代表大会第三次会议在市影剧院召开。

4月28日，黄骅市第二届人大常委会第十四次会议讨论通过了《黄骅市人民政府关于实施〈河北省计划生育条例〉的暂行办法》，并作出了《关于认真贯彻落实〈黄骅市人民政府关于实施（河北省计划生育条例）的暂行办法〉的决议》。

7月3日—4日，黄骅市第二届人大常委会第十五次会议讨论通过了《黄骅市人大常委会关于进一步深化改革、扩大开放促进经济发展的决定》。

7月13日，黄骅市第二届人大常委会第十六次会议讨论通过了《黄骅市人大常委会关于加快石港公路建设的决定》。

9月3日，黄骅市第二届人大常委会第十七次会议听取和审议了市政府《关于工业、乡镇企业新上技改项目情况的汇报》，对今后黄骅市新上项目工作提出意见和建议。

10月27日—28日，黄骅市第二届人大常委会第十八次会议听取和审议了市政府《关于商品交易市场建设情况的报告》，对今后黄骅市加强和促进商品交易市场建设工作提出意见和建议。

1993年

2月9日—12日，黄骅市第三届人民代表大会第一次会议在市影剧院召开。

7月29日—30日，黄骅市第三届人大常委会第三次会议听取了市政府《关于市属工业发展情况的报告》，对今后黄骅市市属工业的发展提出了指导性的意见和建议。

8月24日，黄骅市第三届人民代表大会第二次会议在市电焊网厂工人文化宫召开。

10月7日，黄骅市第三届人大常委会第五次会议听取了市政府《关于今年以来乡镇企业发展情况的报告》，对今后黄骅市乡镇企业的发展提出了意见和建议。

11月25日—26日，黄骅市第三届人大常委会第六次会议讨论通过了评议工商物价工作的实施方案。

1994年

1月26日—27日，黄骅市第三届人大常委会第七次会议听取了市政府《关于1993年社会治安管理工作情况的汇报》，对加强全市社会治安综合治理工作提出了意见和建议。

3月18日—21日，黄骅市第三届人民代表大会第三次会议在市影剧院召开。

4月22日—23日，黄骅市第三届人大常委会第九次会议听取了市政府《关于农业生产工作情况的汇报》，对农业生产工作提出了针对性的意见和建议。

6月28日—29日，黄骅市第三届人大常委会第十次会议听取了《市政府关于〈中华人民共和国税收征收管理法〉贯彻实施情况的报告》，对进一步加大税收征收管理法的宣传力度提出了意见建议。

8月18日，黄骅市第三届人大常委会第十一次会议听取了市政府关于《公共场所卫生管理条例》贯彻执行情况的报告，对贯彻执行条例过程中存在的问题提出意见建议；通过了黄骅市人大常委会《关于黄骅城市总体规划的决定》。

10月28日，黄骅市第三届人大常委会第十二次会议听取了市人民检察院《关于打击经济犯罪工作情况的汇报》，对有力打击经济犯罪活动提出了意见建议。

12月20日—21日，黄骅市第三届人大常委会第十三次会议讨论通过了《黄骅市人大常委会行政联系监督制度（试行）》。

1995年

3月6日—8日，黄骅市第三届人民代表大会第四次会议在市影剧院召开。

5月11日—12日，黄骅市第三届人大常委会第十七次会议听取和审议了市人民政府关于《中华人民共和国农业法》贯彻实施情况和当前农业生产情况的报告，对加强农业基础地位、加大农业工作力度、落实各项惠农政策等方面提出了意见建议。

7月12日，黄骅市第三届人大常委会第十八次会议听取和审议了《市人民政府关于市属工业企业扭亏增盈情况的报告》，针对抓好企业转换经营机制和加强内部管理提出了意见和建议。

9月14日，黄骅市第三届人大常委会第十九次会议听取和审议了市人民政府《关于今年以来〈河北省计划生育条例〉贯彻实施情况的报告》，对进一步理顺工作机制和健全计生工作网络提出了意见和建议。

11月8日—9日，黄骅市第三届人大常委会第二十次会议听取和审议了《黄骅市人民政府关于〈中华人民共和国义务教育法〉和〈河北省普及义务教育条例〉贯彻实施情况的报告》，对如何贯彻落实好“一法一例”工作提出了意见建议。

12月21日，黄骅市第三届人大常委会第二十一次会议讨论通过了《黄骅市人大常委会关于在全市实行错案和执法过错责任追究制的决议》《黄骅市人大常委会关于在司法机关和行政执法部门实行错案和执法过错责任追究制进行监督的暂行办法》。

1996年

2月29日—3月2日，黄骅市第三届人民代表大会第五次会议在市人民法院会议室召开。

4月29日—30日，黄骅市第三届人大常委会第二十四次会议听取和审议了《黄骅市人民政府关于〈中华人民共和国农业法〉贯彻实施情况及当前农业生产情况的报告》，对全市贯彻实施《中华人民共和国农业法》中存在的问题和改进措施提出了意见和建议。

7月4日，黄骅市第三届人大常委会第二十六次会议听取和审议了市政府关于《中华人民共和国电力法》宣传贯彻情况的汇报，对加强电力调度、依法管好电力供应提出了意见建议。

11月6日，黄骅市第三届人大常委会第二十九次会议听取和审议了《黄骅市人民政府关于〈中华人民共和国环境保护法〉和〈河北省环境保护条例〉贯彻实施情况的报告》，对今后如何加强全市的环境治理工作提出了意见建议。

1997年

1月8日，黄骅市第三届人大常委会第三十次会议听取和审议了《黄骅市人民政府关于1996年八个方面实事落实情况的报告》，对继续落实好八个方面的实施工作提出了指导性的意见建议。

3月6日—9日，黄骅市第三届人民代表大会第六次会议在市人民法院会议室召开。

4月18日，黄骅市第三届人大常委会第三十二次会议听取了市人民政府《关于“三五”普法工作安排情况的报告》，对全市今后如何贯彻落实好“三五”普法工作提出意见建议。

6月27日，黄骅市第三届人大常委会第三十三次会议听取和审议了市人民政府关于《河北省农业投资条例》贯彻落实情况的报告，提出了审议意见。

8月21日，黄骅市第三届人大常委会第三十四次会议听取了市人民政府《关于行政监察工作情况的汇报》，提出了相关意见建议。

1998年

2月18日—21日，黄骅市第四届人民代表大会第一次会议在市人民法院会议室召开。

5月5日，黄骅市第四届人大常委会第二次会议听取了《黄骅市人民政府关于控制学生流失和教育费附加征收情况的汇报》，重点针对全市学生流失工作的管控和教育费附加征收等工作提出意见建议。

6月30日，黄骅市第四届人大常委会第三次会议，作出了《黄骅市人大常委会关于朔州市黄骅市缔结友好城市的决定》。

9月2日，黄骅市第四届人大常委会第四次会议听取和审议了市人民政府关于《中华人民共和国食品卫生法》贯彻实施情况的报告，提出了审议意见。

11月5日，黄骅市第四届人大常委会第五次会议听取了市人民法院《关于执行工作情况的汇报》，针对执行难、积案偏多的问题提出了意见建议。

12月23日，黄骅市第四届人大常委会第七次会议听取和审议了市人民政府关于《中华人民共和国税收征收管理法》贯彻实施情况的报告，会议对今后黄骅市如何加强税收征管工作提出意见建议。

1999年

1月25日，黄骅市第四届人大常委会第八次会议讨论通过了黄骅市人大常委会关于批准《河北省黄骅市国民经济与社会发展战略（1998—2010年）》的决定。

1月28日—30日，黄骅市第四届人民代表大会第二次会议在市人民法院会议室召开。

5月12日，黄骅市第四届人大常委会第十一次会议听取了市人民政府关于《行政监察工作情况的报告》，针对进一步加大行政监察工作力度、建设一支高素质的行政监察队伍提出了意见建议。

7月7日，黄骅市第四届人大常委会第十二次会议听取了市人民政府《关于城区社会治安治理工作情况的汇报》，针对城区治安治理、严厉打击各类违法犯罪活动提出了意见建议。

9月2日，黄骅市第四届人大常委会第十三次会议听取了市人民政府关于《中华人民共和国传染病防治法》贯彻实施情况的报告，针对加强对传染病防治工作的领导和管理提出了意见建议。

12月30日，黄骅市人大常委会组成人员对市人民政府1999年十五件大事、实事中涉及的部分工程项目，即建材市场、海鲜城、康安小区、康乐小区等进行了视察。

2000年

1月24日—26日，黄骅市第四届人民代表大会第三次会议在市财政培训中心召开。

2月25日，黄骅市第四届人大常委会第十七次会议对修改后的《黄骅港城市总体规划》进行充分讨论、研究，提出有针对性的意见建议，为上级领导决策提供参考。

6月2日，黄骅市第四届人大常委会第十九次会议听取和审议了市政府关于《中华人民共和国建筑法》贯彻实施情况的报告，并提出了审议意见。

8月24日，黄骅市第四届人大常委会第二十次会议听取了市政府《关于〈中华人民共和国村民委员会组织法〉贯彻实施情况的报告》，对进一步贯彻实施好《村民委员会组织法》提出了意见建议。

10月31日，黄骅市第四届人大常委会第二十一次会议听取和审议了市政府《关于〈中华人民共和国水法〉贯彻实施情况的报告》，并提出了审议意见。

12月28日，黄骅市人大常委会组成人员对市政府2000年大事、要事中涉及的部分工程项目进行视察，对今后如何建设实施好这些民生惠民项目提出了意见建议。

2001年

3月21日—23日，黄骅市第四届人民代表大会第四次会议在市财政培训中心召开。

5月17日，黄骅市第四届人大常委会第二十六次会议听取了市政府关于《河北省清真食品管理条例》（以下简称《条例》）贯彻实施情况的报告，会议建议要进一步加强对《条例》的宣传贯彻，切实维护好民族团结和社会稳定大局。

7月11日，黄骅市第四届人大常委会第二十七次会议听取和审议了《黄骅市人民政府关于〈中华人民共和国药品管理法〉贯彻实施情况的报告》，针对存在问题，会议建议要进一步加大对《中华人民共和国药品管理法》的宣传力度，增强群众的法律意识。

10月30日，黄骅市第四届人大常委会第三十次会议听取了《黄骅市人民检察院反贪污贿赂工作情况的报告》，提出要进一步加大反贪力度，促进和加强廉政建设等意见建议。

12月24日，黄骅市第四届人大常委会第三十一次会议听取了《黄骅市人民政府关于社会治安综合治理情况的报告》，会议建议要进一步加大社会治安综合治理工作力度，切实维护好社会稳定大局。

2002年

3月4日—6日，黄骅市第四届人民代表大会第五次会议在市财政培训中心召开。

4月23日，黄骅市第四届人大常委会第三十三次会议听取和审议了《黄骅市人民政府关于〈社会力量办学条例〉和〈河北省民办教育条例〉贯彻实施情况的报告》，提出了进一步加大“两条例”的宣传力度、进一步加大对民办教育监督和支持力度的意见建议。

5月22日，黄骅市第四届人大常委会第三十四次会议听取和审议了《黄骅市人民政府关于〈黄骅市特色农业示范长廊建设规划实施方案〉的报告》，会议提出要抓好典型，以典型促全局，持之以恒保持黄骅市农业产业的连续性。

6月28日，黄骅市第四届人大常委会第三十五次会议听取了市人民政府关于《黄骅市农村税费改革试点方案的报告》，会议提出要认真实施税费改革方案并不断改进，逐步完善，形成一套科学规范的制度。

11月6日，黄骅市第四届人大常委会第三十八次会议审议并表决通过了《黄骅市预防职务犯罪办法（草案）》。

2003年

4月7日—10日，黄骅市第五届人民代表大会第一次会议在市财政培训中心召开。

4月29日，黄骅市第五届人大常委会第二次会议听取了《黄骅市人民政府关于非典型肺炎防治工作的报告》，提出要认真总结经验，查漏补缺，巩固预防成果。

7月8日，黄骅市第五届人大常委会第三次会议听取了《关于〈中华人民共和国行政监察法〉贯彻实施情况的报告》，提出要围绕“三骅”主旋律，进一步加大行政监察工作力度，为全市经济发展营造更加优良的环境。

9月8日，黄骅市第五届人大常委会第四次会议听取了《关于〈公共场所卫生管理条例〉贯彻落实情况的报告》，提出市政府及卫生、建设、文化、环保、教育等部门要把公共卫生管理纳入部门工作计划，坚持专业队伍与群众相结合的原则，实行综合治理。

11月7日，黄骅市第五届人大常委会第五次会议听取和审议了《关于〈中华人民共和国消费者权益保护法〉贯彻实施情况的报告》，会议建议要进一步加大宣传力度，增强广大人民群众的法律观念和维权意识。

12月12日，黄骅市第五届人大常委会第六次会议听取了市政府《关于2003年度社会治安工作的报告》，提出要全面提升社会治安管理工作实效，做到严打和治理有机结合。

2004年

1月4日—6日，黄骅市第五届人民代表大会第二次会议在市财政培训中心召开。

2 月 3 日，黄骅市第五届人大常委会第八次会议讨论通过了黄骅市人大常委会关于高扬“三骅”主旋律，加快建设现代化滨海城市进程的决定。

5 月 17 日，黄骅市第五届人大常委会第十次会议听取和审议了《黄骅市人民政府关于“以海强市”战略实施及海洋经济发展情况的报告》，提出要紧紧围绕实施“以海强市”战略，促进黄骅市海洋经济持续发展。

7 月 26 日，黄骅市第五届人大常委会第十一次会议听取和审议了黄骅市人民政府《关于河北省义务教育经费筹措使用管理条例》贯彻实施情况的报告，提出市政府要进一步加强义务教育经费的筹措和管理工作，确保办好人民满意教育。

8 月 30 日，黄骅市第五届人大常委会第十二次会议听取了黄骅市人民检察院《关于法律监督工作情况的报告》，提出检察机关要牢固树立程序意识、提高检察队伍的素质。

11 月 28 日，黄骅市第五届人大常委会第十三次会议听取和审议了市人民政府《关于社会保障体系建设情况的报告》，提出市人民政府要把“让更多的人享有社会保障”作为优先目标，推进社会保障事业发展。

11 月 30 日，黄骅市第五届人大常委会第十四次会议听取了市人民政府《关于 2004 年大事实事落实情况的报告》，指出要立足于项目，大力调整经济结构，深化各项改革。

2005 年

1 月 11 日—13 日，黄骅市第五届人民代表大会第三次会议在市财政培训中心召开。

7 月 4 日，黄骅市第五届人大常委会第十九次会议听取了市人民政府《关于 2005 年大事实事落实情况的报告》，提出要举全市之力做好项目工作，进一步浓厚项目建设的舆论氛围，为项目建设创造更好的外部环境。

8 月 19 日，黄骅市第五届人大常委会第二十次会议听取和审议了市人民政府《关于农村人畜安全饮水情况的报告》，提出要充分认识做好农村饮用水工作的重大意义，继续加大对农村饮用水工作的投入力度。

10 月 25 日，黄骅市第五届人大常委会第二十一次会议听取和审议了市人民政府《关于中华人民共和国食品卫生法》贯彻执行情况的报告，提出要牢固树立“政以民为本、民以食为天、食以安为先”的执政理念，提高全市食品卫生水平。

2006 年

2 月 20 日—22 日，黄骅市第五届人民代表大会第四次会议在市财政培训中心召开。

5 月 12 日，黄骅市第五届人大常委会第二十五次会议听取了市人民政府《关于贯彻落实〈互联网上网服务营业场所管理条例〉有关情况的报告》，指出要提高认识，加大宣传力度，为网络的健康发展营造良好的空间。

11 月 14 日，黄骅市第五届人大常委会第二十八次会议听取和审议了市人民政府《关于〈农业法〉贯彻执行情况的报告》，会议建议切实把“三农”工作摆上重要议事日程，努力实现农业发展新突破。

12月20日，黄骅市第五届人大常委会第二十九次会议听取和审议了市政府关于《〈中华人民共和国治安管理处罚法〉贯彻执行情况的报告》，会议建议要进一步贯彻实施好《治安管理处罚法》，为全市经济和社会各项事业的发展提供平安和谐的社会环境。

2007年

7月13日—16日，黄骅市第六届人民代表大会第一次会议在市财政培训中心召开。

10月31日，黄骅市第六届人大常委会第二次会议听取了市人民政府《关于〈中华人民共和国城市规划法〉及〈河北省城市规划条例〉贯彻落实情况的报告》，对今后加强黄骅市的城市规划和管理工作提出指导性的意见建议。

12月21日，黄骅市第六届人大常委会第三次会议听取和审议了《市人民政府关于推进新型农村合作医疗制度建设情况的工作报告》，并针对全市推进和完善新型农村合作医疗制度建设提出了意见建议。

2008年

3月6日—9日，黄骅市第六届人民代表大会第二次会议在市财政培训中心召开。

6月24日，黄骅市第六届人大常委会第六次会议听取市政府《关于〈中华人民共和国城市房地产管理法〉贯彻落实情况的报告》，对进一步加强全市房地产管理工作的领导完善相关制度措施提出了意见建议。

9月4日，黄骅市人大常委会组织省、沧州市、黄骅市三级人大代表对全市城市建设工作进行视察。

9月5日，黄骅市第六届人大常委会第七次会议听取了市政府《关于优化经济发展环境工作情况的报告》，并对今后黄骅市如何改善投资环境，提高经济发展速度和质量提出了意见建议。

10月28日，黄骅市第六届人大常委会第八次会议听取和审议了市政府《关于全市社会治安治理工作情况的报告》，并对加强全市社会治安治理，创建平安黄骅工作提出意见建议。

12月19日，黄骅市第六届人大常委会第十次会议听取了市检察院《关于查办职务犯罪工作情况的报告》，并对深入推进反腐倡廉建设、开展职务犯罪预防工作提出意见建议。

2009年

2月18日—20日，黄骅市第六届人民代表大会第三次会议在市财政培训中心召开。

4月21日，黄骅市人大常委会组织省、沧州市、黄骅市三级人大代表对全市新型农村合作医疗工作开展情况进行视察。

4月23日，黄骅市第六届人大常委会第十四次会议听取了市政府《关于社会救助体系建设情况的报告》，并针对社会救助体系建设情况提出了意见建议。

6月24日，黄骅市第六届人大常委会第十五次会议听取了《市政府关于清理行政审批和收费项目工作情况的报告》，并对规范行政管理秩序，防止乱收费、乱罚款，创造优良的经济发展环境提出意见建议。

8月28日，黄骅市第六届人大常委会第十六次会议听取和审议了市政府《关于黄骅市道路等城市基础设施项目建设资金有关问题的报告》，并针对黄骅市道路等城市基础设施项目建设等提出了意见建议。

9月15日，黄骅市人大常委会执法检查组对全市水污染防治工作开展执法检查。

11月10日，黄骅市第六届人大常委会第十七次会议讨论通过了黄骅市人大常委会关于《市政府关于〈农业技术推广法〉贯彻实施情况的报告》，并对加大全市农业科技投入、加快农业技术推广提出意见建议。

11月30日，黄骅市第六届人大常委会第十八次会议审查批准了黄骅市人民政府关于黄骅市城区、镇区道桥建设、排水、绿化改造项目建设资金有关问题的报告。

12月28日，黄骅市第六届人大常委会第十九次会议听取了市政府《关于惠农政策贯彻落实情况的报告》，并针对惠农政策贯彻落实情况提出了意见建议。

2010年

3月2日—4日，黄骅市第六届人民代表大会第四次会议在市财政培训中心召开。

6月29日，黄骅市第六届人大常委会第二十三次会议听取了市检察院《关于诉讼监督工作情况的报告》，并针对诉讼监督工作情况提出了意见建议。

8月31日，黄骅市第六届人大常委会第二十四次会议听取了市政府《关于城市重点工程贷款资金使用情况的报告》，提出了加强资金绩效、提高资金使用效率的意见建议。

10月27日，黄骅市人大常委会组织省、沧州市、黄骅市三级人大代表对全市公安工作进行视察。

11月5日，黄骅市第六届人大常委会第二十五次会议听取和审议了黄骅市人大常委会关于《市政府关于〈中华人民共和国义务教育法〉贯彻实施情况的报告》，并对如何贯彻实施好《中华人民共和国义务教育法》，切实提高全市教育教学质量，真正办人民满意教育提出意见建议。

12月17日，黄骅市人大常委会组织省、沧州市、黄骅市三级人大代表对全市重点项目建设情况进行视察。

2011年

3月2日—4日，黄骅市第六届人民代表大会第五次会议在市财政培训中心召开。

4月29日，黄骅市第六届人大常委会第二十九次会议听取了市政府《关于〈土地管理法〉贯彻实施情况的报告》，并对加强土地资源保护、有效地利用好土地资源等工作提出意见建议。

6月28日，黄骅市第六届人大常委会第三十次会议听取了市政府《关于医药卫生体制改革工作实施情况的报告》，并对如何完善制度，适应改革，做好全市医药卫生工作提出意见建议。

9月9日，黄骅市人大常委会联合黄骅市政协组织全市部分省、沧州市、黄骅市三级人大代表、政协委员对全市城市建设工作进行视察。

10月20日，黄骅市第六届人大常委会第三十二次会议听取了《市政府关于全市农田水利建设情况的报告》，并对如何规划和实施好全市农田水利建设工作提出意见建议。

11月21日，黄骅市人大常委会组织全市部分省、沧州市、黄骅市三级人大代表召开城市建设务虚会，对黄骅市的城市建设和城市管理工作提出意见和建议。

2012年

2月8日—11日，黄骅市第七届人民代表大会第一次会议在市财政培训中心召开。

3月13日，黄骅市第七届人大常委会第一次会议审查批准了市政府关于采用委托代建模式实施棚户区改造项目的报告。

4月17日，黄骅市人大常委会组织黄骅市部分市人大代表对全市绿化工作进行视察。

4月27日，黄骅市第七届人大常委会第二次会议审查批准了黄骅市人民政府关于在公民中开展法制宣传教育的第六个五年规划（草案）。

6月28日，黄骅市第七届人大常委会第三次会议听取和审议了市政府《关于城市交通治理工作情况的报告》，提出了加大宣传、提高全社会参与，全方位提高城市交通综合治理的意见建议。

8月29日，黄骅市第七届人大常委会第四次会议听取了市政府《关于残疾人就业工作情况的报告》，提出了政府重视、社会关爱、家庭支持，扩大残疾人就业渠道的意见建议。

10月18日，黄骅市人大常委会组织部分市人大代表对全市新城建设和老城区改造工作进行视察。

10月30日，黄骅市第七届人大常委会第五次会议听取了市政府《关于文化设施建设情况的报告》，并对如何加强全市文化设施的建设和管理工作提出了意见建议。

11月9日，黄骅市人大常委会组织省、沧州市、黄骅市三级人大代表对全市重点工业项目和城建项目进行视察。

2013年

3月21日—22日，黄骅市第七届人民代表大会第二次会议在市财政培训中心召开。

4月28日，黄骅市第七届人大常委会第九次会议听取和审议了市政府《关于黄骅新城核心区规划情况的报告》，并对如何高质量、高标准搞好新城核心区规划，为城市未来发展打下坚实基础提出了意见建议。

5月27日，黄骅市人大常委会组织部分市人大代表对全市生态绿化建设情况进行视察。

6月14日，黄骅市人大常委会组织黄骅市部分市人大代表对全市保障性安居工程建设工作进行视察。

6月27日，黄骅市第七届人大常委会第十次会议听取了市政府《关于社会保障工作和社会保险基金管理情况的报告》，并针对基金管理情况工作提出了意见建议。

8月29日，黄骅市第七届人大常委会第十一次会议听取了市政府《关于实施棚户区改造项目贷款资金使用情况的报告》，并对如何加强资金的管理和使用提出了意见建议。

10月16日，黄骅市人大常委会组织黄骅市人大常委会组成人员及机关离退休老干部对全市

12 个重点城建项目进行视察。

2014 年

1 月 13 日—15 日，黄骅市第七届人民代表大会第三次会议在市财政培训中心召开。

3 月 26 日，黄骅市人大常委会组织部分市人大代表对黄骅市城区医保工作进行视察。

4 月 24 日，黄骅市第七届人大常委会第十八次会议听取了市政府《关于新农村合作医疗工作情况的报告》，并对加强全市新农村合作医疗工作的建设和管理提出了意见建议。

6 月 26 日，黄骅市第七届人大常委会第十九次会议听取和审议了市政府《关于农业特色产业发展情况的报告》，并对今后黄骅市如何因地制宜发展好农业特殊产业提出了相关的意见建议。

8 月 14 日，黄骅市人大常委会组织部分市人大代表对黄骅市天网覆盖工程进行视察。

9 月 30 日，黄骅市人大常委会组织部分市人大代表对全市新农村建设、城建重点工程和背街小巷治理情况进行视察。

10 月 30 日，黄骅市第七届人大常委会第二十一次会议听取了市政府关于新上重点工业项目的报告，并对今后黄骅市如何全力以赴上项目，特别是抓好重点新上项目建设工作提出意见建议。

2015 年

1 月 6 日—8 日，黄骅市第七届人民代表大会第四次会议在市财政培训中心召开。

1 月 30 日，黄骅市第七届人大常委会第二十四次会议听取和审议了市人民政府《关于批准黄骅市凤凰湾商业服务区土地综合整治项目贷款资金纳入本级财政预算的议案》。

6 月 5 日，黄骅市人大常委会组织部分市人大代表对全市《中华人民共和国药品管理法》实施情况进行视察。

6 月 10 日，黄骅市人大常委会召开专题询问工作会议，对全市城区水污染治理工作开展专题询问。

10 月 15 日，黄骅市人大常委会组织部分市人大代表对全市重点工作项目和城建重点工作进行视察。

10 月 29 日，黄骅市第七届人大常委会第三十次会议听取了市政府《关于重点工业项目和招商引资工作情况的报告》，并对今后黄骅市如何全方位抓好项目建设和招商引资工作提出意见建议。

12 月 22 日，黄骅市第七届人大常委会第三十二次会议听取了《黄骅市人民政府关于美丽城镇和美丽乡村建设情况的报告》，并对全市新农村建设工作提出了意见建议。

2016 年

1 月 7 日—8 日，黄骅市第七届人民代表大会第五次会议在市财政培训中心召开。

6 月 1 日，黄骅市人大常委会召开专题询问工作会议，对全市基础教育工作开展专题询问。

6月21日，黄骅市人大常委会组织部分市人大代表对全市美丽乡村建设工作进行视察。

6月22日，黄骅市人大常委会组织部分市人大代表视察全市卫生城市和园林城市创建工作。

6月28日，黄骅市第七届人大常委会第三十五次会议审议了黄骅市人民政府关于提请审议批准《黄骅市撤乡设镇、撤乡设街工作实施方案》的议案；审议了黄骅市人民政府关于提请审议批准《黄骅市城区供水管网及城乡供水一体化项目合作方案》的议案。

8月12日，黄骅市第七届人大常委会第三十七次会议审议了《黄骅市人民政府关于提请审议批准〈黄骅市城乡总体规划（2015—2030年）〉的议案》；审议了《黄骅市人民政府关于提请审议批准黄骅市农村路网改造提升工程项目贷款还款资金纳入全市财政预算的议案》。

10月25日，黄骅市人大常委会组织全市人大代表视察全市新上工业项目建设情况。

10月27日，黄骅市第七届人大常委会第三十九次会议审议黄骅市人民政府关于提请审议批准《2016年政府新增债券资金分配方案》的议案；审议了黄骅市人民政府关于提请审议批准《2016年全市财政收支预算调整方案》的议案。

11月17日，黄骅市第七届人大常委会第四十次会议审议了《黄骅市人大常委会主任会议关于提请审议黄骅市市乡两级人民代表大会换届选举若干事项的议案》。

12月29日，黄骅市第七届人大常委会第四十二次会议审议市政府关于提请审议黄骅市南排河、新石碑河水系综合治理项目纳入政府购买服务项目的议案。

2017年

2月18日—20日，黄骅市第八届人民代表大会第一次会议在市财政培训中心召开。

5月25日，黄骅市第八届人大常委会第三次会议审议通过了《黄骅市人民政府关于在公民中开展法制宣传教育的第七个五年规划（2016—2020年）（草案）》。

6月12日，黄骅市人大常委会召开专题询问工作会议，对黄骅市城区市场管理工作开展专题询问。

6月16日，黄骅市人大常委会与张家口市崇礼区人大常委会建立友好单位关系，并在张家口市崇礼区考察学习。

6月27日，黄骅市人大常委会执法检查组在全市开展《中华人民共和国食品安全法》执法检查活动。

6月29日，黄骅市第八届人大常委会第四次会议听取了市政府《关于推进全市义务教育均衡发展工作情况的报告》，并对今后黄骅市教育工作的全面发展，提高全市教育教学质量提出了相关意见建议。

7月26日，黄骅市第八届人大常委会第五次会议审议通过了《黄骅市人民政府关于提请审议批准创建“全国质量强市示范强市”的议案》。

8月31日，黄骅市第八届人大常委会第六次会议听取了《黄骅市人民政府关于集中供热准备工作情况的报告》，并对黄骅市如何提前做好集中供热工作，让全市人民温暖过冬等工作提出了相关意见建议。

10月12日，黄骅市人大常委会召开专题询问工作会议，对黄骅市城市交通管理工作开展专题询问。

10月31日，黄骅市第八届人大常委会第七次会议审议通过了黄骅市人民政府关于提请审议批准《黄骅市“乡财县管”改革管理办法（试行）》的议案；审议通过了黄骅市人民政府关于提请审议批准实施新市医院项目建设的议案。

12月26日，黄骅市人大常委会聘请有关专家对黄骅市第八届人大代表进行中共十九大会议精神培训活动。

12月27日，黄骅市人大常委会组织全市人大代表对黄骅市工业、城建、民生项目建设情况开展视察。

12月29日，黄骅市第八届人大常委会第九次会议审议通过了《黄骅市人民政府关于提请审议批准新医院项目增加投资的议案》。

2018年

1月25日，黄骅市第八届人大常委会第十一次会议审议通过了《黄骅市人民政府关于提请审议批准〈关于解决城中村农民住房问题的实施意见（试行）〉的议案》。

1月31日—2月2日，黄骅市第八届人民代表大会第二次会议在市财政培训中心召开。

3月19日，黄骅市第八届人大常委会第十四次会议讨论通过了《黄骅市人大常委会“双联”活动实施办法（草案）》，提升了全市人大代表依法履职的积极性和主动性。

4月28日，黄骅市第八届人大常委会第十五次会议听取了市政府《关于质量强市创建工作情况的报告》，并对黄骅市质量强市的创建工作提出了相关意见建议。

5月17日，黄骅市人大常委会执法检查组在全市开展《中华人民共和国药品管理法》执法检查活动。

7月31日，黄骅市人大常委会召开专题询问工作会议，对全市学前教育工作开展专题询问。

9月10日，黄骅市第八届人大常委会第十九次会议听取了市政府关于《中华人民共和国药品管理法》执法检查整改落实情况的报告，并对加强全市药品市场管理，依法保护好全市人民的生命健康提出了意见建议。

9月12日，黄骅市人大常委会组织部分市人大代表在全市开展“健康黄骅、品质医疗”专项视察活动。

11月9日，黄骅市人大常委会组织全市各乡镇人大、各街道人大工委在常郭镇召开“发挥人大代表作用、促进基层重点工作”现场交流会。

11月14日，黄骅市人大常委会组织全市人大代表对黄骅市重点项目建设情况开展视察。

12月24日，黄骅市人大常委会组织部分市人大代表开展全市“防控青少年近视工作”专项视察。

12月27日，黄骅市第八届人大常委会第二十一次会议审议通过《黄骅市人大常委会国有资产监督实施办法（试行）》。

2019年

1月17日—19日，黄骅市第八届人民代表大会第三次会议在市财政培训中心召开。

3月20日，黄骅市第八届人大常委会第二十三次会议审议通过了《黄骅市人民政府关于提请审议批准实施2019年20项民心工程的议案》。

5月14日，黄骅市人大常委会召开专题询问工作会议，对黄骅市城区病媒生物防治工作开展专题询问。

7月17日，黄骅市人大常委会召开专题询问工作会议，对全市开展文明城市创建、推进城市文体惠民工程工作开展专题询问。

7月19日，黄骅市人大常委会组织百余名人大代表对黄骅市核心区重点项目及棚改工作情况开展视察。

9月5日，黄骅市第八届人大常委会第二十六次会议听取了市人民法院关于《开展道路交通事故损害赔偿纠纷“网上数据一体化处理”改革试点工作情况》的报告，并对市法院改革试点工作提出了意见建议。

9月25日，黄骅市人大常委会组织黄骅市人大代表对“全市农村人居环境综合治理工作”开展视察。

10月10日，河北省人大常委会执法检查组到黄骅市开展《河北省地下水管理条例》执法检查。

10月31日，黄骅市第八届人大常委会第二十七次会议听取了市政府《关于全市农村人居环境综合整治工作情况的报告》，并对如何做好黄骅市农村人居环境综合整治工作，提高黄骅市农村群众的居住环境和生活质量提出了意见建议。

11月28日，黄骅市人大常委会组织全市人大代表对黄骅市重点产业项目和民生工程项目开展视察活动。

2020年

1月8日—10日，黄骅市第八届人民代表大会第四次会议在市财政培训中心召开。

2月7日，黄骅市人大常委会办公室编写了《新型冠状病毒疫情防控学习手册》，并及时发放到全市各乡镇人大、各街道工委及全市人大代表手中。

2月25日，黄骅市人大常委会有关领导深入全市基层疫情防控一线，开展疫情防控、复工复产工作督导。

3月13日，黄骅市人大常委会组织市级人大代表、专家顾问对黄骅市春季爱国卫生运动及城区病媒生物防治工作进行视察。

4月1日，据初步统计，新冠疫情防控阻击战打响以来，黄骅市人大代表就疫情防控相关工作共计捐款1347万元。

4月29日，黄骅市第八届人大常委会第三十二次会议听取了《黄骅市人民政府关于行政事业国有资产管理情况的专项报告》，并根据黄骅市国有资产管理情况提出了意见建议。

5月22日，黄骅市人大常委会组织全市人大代表视察黄骅市扶贫产业项目发展情况。

7月6日，黄骅市第八届人大常委会第三十三次会议专题审议“6+1”联动监督相关事项。

8月7日，黄骅市人大常委会组织部分市人大代表专题督导全市文明城市创建工作。

9月9日，黄骅市人大常委会组织全市人大代表对黄骅市2020年度民生实事项目、文明城市创建工作实地开展视察。

9月23日，黄骅市第八届人大常委会第三十四次会议听取了《黄骅市人民政府关于便民市场建设专题询问整改落实情况的报告》，并提出要加快建设标准化菜市场、便民菜店等建设进程的意见建议。

11月30日，黄骅市第八届人大常委会第三十五次会议听取了《市人民政府关于全年环境状况和环境保护目标完成情况的报告》，并提出要牢固树立“绿水青山就是金山银山”思想，高质量打赢蓝天保卫战的意见建议。

12月18日，黄骅市人大常委会组织全市人大代表对黄骅市2020年度民生实事项目实地开展视察活动。

12月31日，黄骅市第八届人大常委会第三十六次会议审议通过了《黄骅市人民政府关于提请批准调整全市一般公共预算收入、全部财政收入“十三五”规划和2020年预期目标的议案》。

2021年

2月6日—8日，黄骅市第八届人民代表大会第五次会议在市财政培训中心召开。

4月9日，黄骅市第八届人大常委会第三十八次会议审议通过了《黄骅市人民政府关于提请黄骅市人民医院项目增加建设资金的议案》。

5月14日，黄骅市召开全市市乡两级人大换届选举工作部署会议。

第一章　人大代表

黄骅市人民代表大会代表是由黄骅市选民依照法律规定选举产生的，是黄骅市地方国家权力机关组成人员。黄骅市人民代表大会代表是一种国家职务，承担着宪法和法律赋予的重大职责，代表黄骅市人民的意志和利益，行使管理国家的权力，讨论决定行政区域内的重大事项。

第一节　黄骅市人民代表大会代表的选举

一、选举工作机构、程序及相关规定

（一）选举工作机构及职权

1. 选举工作机构

依照选举法规定，在黄骅市人大常委会的领导下，设立选举委员会，主持人民代表大会代表的选举。选举委员会由主任、副主任和委员若干人组成，下设办公室负责选举的具体事宜。

2. 选举委员会职权

根据《河北省县乡两级人民代表大会选举实施细则》的规定，黄骅市选举委员会的职权是：主持黄骅市人大代表的选举，组织选民学习、贯彻执行宪法、选举法、地方组织法和《河北省县乡两级人民代表大会选举实施细则》；制定选举工作计划，训练选举工作人员；组织选举宣传活动，进行社会主义民主与法制教育；划分选区，分配代表名额，规定选举日；组织选民登记，审查选民资格，受理选民对于选民资格问题的申诉，分发选民证；按照选举法和河北省县乡两级人民代表大会选举实施细则的规定，组织选民提名推荐、协商代表候选人，依法确定并公布代表候选人名单；制定选举实施办法，派出人员主持投票站和选举大会的选举；汇总、公布选举结果，发给代表当选证书；受理对选举中违法行为的检举和控告；承办选举工作的其他事项。

（二）代表名额的确定及选区划分

1. 代表名额的确定

根据选举法的规定，经河北省人大常委会确定，并报全国人民代表大会常务委员会备案。

2. 选区划分

依照选举法、《河北省县乡两级人民代表大会选举实施细则》关于划分选区的原则，黄骅市根据实际情况划分若干个选区，选区内设立选举小组，负责组织该选区的选举工作。

（三）选民登记

1. 选民登记的原则

选民登记以选区为单位进行，经登记确认的选民资格长期有效。每次选举前，只登记新增选民。即只对上次选民登记后新满 18 周岁的（以选举日计算） 和从其他选区新迁入的、被剥夺政治权利期满后恢复政治权利的选民予以登记。对上次选民登记后，迁出选区的、死亡的、依法被剥夺政治权利的从选民名单上除名。精神病患者和智力障碍人士不能行使选举权利的，经选举委员会确认，不列入选民名单。下列人员予以登记，准予行使选举权利：被判处有期徒刑、拘役、管制而没有附加剥夺政治权利的；被羁押、正在受侦查、起诉、审判，人民检察院或人民法院没有决定停止选举权利的；正在取保候审或者被监视居住的；正在受拘留处罚的；等等。

2. 选民登记的程序

各选区建立选民登记小组，负责选民登记工作。对选民进行摸底调查，登记造册；对选民名单进行核对、核实；审查选民资格；在选举日 20 天前张榜公布选民名单；公布后无异议则发放选民证。对公布的选民名单有不同意见的，可向选举委员会提出申诉。选举委员会在 3 日内对申诉意见应作出处理决定。申诉人如对处理决定不服，可在选举日 5 天前向人民法院起诉，人民法院应在选举日前作出判决，其判决为最后决定。

（四）代表候选人的确定

1. 代表候选人的提出

根据选举法规定，黄骅市人大代表候选人按选区提名产生。各政党、各人民团体可以联合或者单独推荐代表候选人，选民 10 人以上联名也可以推荐代表候选人。推荐者应向选区选民和选举委员会介绍候选人的情况。

2. 正式代表候选人的确定

由选区选民和各政党、各人民团体提名推荐的代表候选人，经选举委员会汇总后，在选举日 15 日前按选区公布，并由各选区选民小组充分酝酿、民主协商。选举委员会根据较多数选民的意见，按正式代表候选人应多于应选代表名额三分之一至一倍的比例确定正式候选人名单，并在选举日 5 日前按选区公布。

（五）代表选举程序

（1）根据选举委员会的规定，选民凭身份证或者选民证领取选票。各选区应设立投票站、流动票箱或者召开选举大会进行选举。

（2）选举一律采取无记名投票的方法。

（3）选举人对于代表候选人可以投赞成票，可以投反对票，可以另选其他任何选民，也可以弃权。

（4）选民如果在选举期间外出，经选举委员会同意，可以书面委托其他选民代为投票。每一选民接受的委托不得超过三人。

（5）投票结束后，由选民推选的监票、计票人员和选举委员会的工作人员将投票人数和票数加以核对，作出记录，并由监票人签字。

（6）每次选举所投的票数，多于投票人数的选举无效，等于或者少于投票人数的选举有效。

每一选票所选的人数，多于规定应选代表人数的作废，等于或少于规定应选代表人数的有效。

（7）选区全体选民的过半数参加投票，选举有效。代表候选人获得参加投票的选民过半数的选票时，始得当选。

获得过半数选票的代表候选人的人数超过应选代表名额时，以得票多的当选。如遇票数相等不能确定当选人时，就票数相等的候选人再次投票，以得票多的当选。

获得过半数选票的当选代表的人数少于应选代表名额时，不足的名额另行选举。另行选举时，根据在第一次投票时得票多少的顺序按照选举法规定的差额比例，确定候选人名单。若只选一人，候选人应为两人。

另行选举时，代表候选人以得票多的当选，但得票不得少于选票的三分之一。

（8）选举结果由选举委员会根据选举法确定是否有效，并予以公布。

（六）代表资格审查

人大代表产生后，代表名单以选区为单位报黄骅市人大常委会，由黄骅市人大常委会代表资格审查委员会对代表资格进行审查。审查的重点是候选人的提名、正式候选人的确定、差额比例、当选人得票情况等是否符合选举法的规定。对符合法律程序规定的，确认代表当选资格有效，颁发当选证书和人大代表证。

（七）代表的监督、罢免与补选

1. 代表的监督和罢免

根据选举法规定，人大代表受选民监督。选民有权罢免自己选出的代表。原选区选民五十人以上联名，可向黄骅市人大常委会书面提出罢免要求。罢免要求应当写明罢免理由。被罢免的代表有权在选民会议上提出申辩意见，也可以书面提出申辩意见。人大常委会应将罢免要求和被提出罢免的代表的书面申辩意见印发原选区选民。表决罢免要求由黄骅市人大常委会派有关负责人主持。罢免市人大代表须经原选区过半数的选民通过。

2. 代表的补选

代表因故出缺，由原选区补选。补选出缺的代表时，候选人名额可以多于或等于应补选代表名额。

（八）对破坏选举的制裁

根据选举法规定，为保障选民自由行使选举权和被选举权，对有下列行为之一，破坏选举，违反治安管理规定的，依法给予治安管理处罚；构成犯罪的，依法追究刑事责任：1. 以金钱或者其他财物贿赂选民或者代表，妨害选民和代表自由行使选举权和被选举权的；2. 以暴力、威胁、欺骗或者其他非法手段妨害选民和代表自由行使选举权和被选举权的；3. 伪造选举文件、虚报选举票数或者有其他违法行为的；4. 对于控告、检举选举中违法行为的人，或者对于提出要求罢免代表的人进行压制、报复的。

二、黄骅市人民代表大会代表的选举及构成

（一）黄骅市第一届人民代表大会代表的选举及构成

黄骅县于 1989 年撤县设市，黄骅县第九届人大常委会根据河北省人大常委会冀人常办函〔1989〕62 号文件关于召开黄骅市第一届人民代表大会第一次会议的批复，从 1989 年 10 月 24 日至 30 日，在全市以原选区为单位分别征求了选民的意见，半数以上同意黄骅县第九届人民代表大会 176 名代表改为黄骅市第一届人民代表大会代表。同时，根据《中华人民共和国全国人民代表大会和地方各级人民代表大会选举法》《河北省县乡两级人民代表大会选举实施细则》，经黄骅县第九届人大常委会确认，对缺额代表进行补选。选区选民经无记名投票，补选 2 人为黄骅市第一届人民代表大会代表，因而黄骅市第一届人民代表大会代表总名额为 178 人。

（二）黄骅市第二届人民代表大会代表的选举及构成

黄骅市第一届人民代表大会于 1990 年任期届满，市第一届人大常委会第四次会议决定，黄骅市第二届人民代表大会第一次会议于 1990 年 3 月召开，按照法定程序，全市共选出出席黄骅市第二届人民代表大会代表 240 名，黄骅市第二届人民代表大会的代表是经广大选民认真讨论、反复酝酿、民主协商，采取无记名投票和差额选举的办法直接选举产生的。选出的代表中有工农业战线上为四化做出贡献的劳动模范、先进工作者、先进生产者、种田能手；有辛勤培育后一代的模范教师；有在医疗卫生工作和计划生育工作中做出贡献的先进医务人员；有普及科学推广技术，促进乡村工业企业发展的先进科技人员；有善于经营，促进企业大发展的企业领导干部；有在各条战线带领人民进行社会主义现代化建设的领导骨干和战斗在海防线上的人民解放军优秀指挥员等各方面的先进人物。从代表的组织构成看：中共党员代表 167 名，占 69.6%；非党群众代表 73 名，占 30.4%；妇女代表 50 名，占 20.8%；少数民族代表 22 名，占 9.2%；产业工人代表 17 名，占 7.1%；农渔民代表 71 名，占 29.6%；农村干部代表 54 名，占 22.5%；中国人民解放军代表 3 名，占 1.3%；知识分子代表 23 名，占 9.6%；脱产干部代表 72 名，占 30%，其中市级机关及其直属部门的负责干部 30 名。充分体现了代表的先进性和广泛性。

（三）黄骅市第三届人民代表大会代表的选举及构成

黄骅市第二届人民代表大会于1993年任期届满，市第二届人大常委会第二十次会议决定，黄骅市第三届人民代表大会第一次会议于1993年2月召开。按照法定程序，全市共选出出席黄骅市第三届人民代表大会代表共248名，分别由全市126个选举单位选出。其中，少数民族代表22名，占8.9%；妇女代表51名，占20.6%；中共党员代表169名，占68.1%；产业工人代表17名，占6.9%；农渔民代表117名，占47.2%；农村干部代表83名，占33.5%；知识分子代表32名，占12.9%；脱产干部代表105名，占42.3%。

（四）黄骅市第四届人民代表大会代表的选举及构成

黄骅市第三届人民代表大会于1998年任期届满，在省委、沧州市委和黄骅市委的领导，黄骅市人大常委会按照法定程序，精心组织周密安排，全市共选出出席黄骅市第四届人民代表大会代表213名，分别由全市129个选举单位选出。其中，工农代表111名，占52.1%；干部代表89名，占41.8%；各类专业技术人员代表10名，占4.7%；中国人民解放军代表3名，占1.4%；非中共党员代表67名，占31.5%；妇女代表45名，占21.1%；少数民族代表15名，占7%；具有大专以上文化程度的代表75名，占35.2%。

（五）黄骅市第五届人民代表大会代表的选举及构成

黄骅市第四届人民代表大会于2003年任期届满，市第四届人大常委会第四十一次会议决定，黄骅市第五届人民代表大会第一次会议于2003年4月召开。市第五届人民代表大会代表共212名，分别由全市129个选举单位选出。其中，少数民族代表18名，占8.5%；妇女代表49名，占23.1%；非中共党员代表55名，占26%；工农代表140名，占66%；知识分子代表11名，占5.2%。

（六）黄骅市第六届人民代表大会代表的选举及构成

黄骅市第五届人民代表大会于2007年任期届满，黄骅市第五届人大常委会第三十二次会议决定，黄骅市第六届人民代表大会换届选举工作从2007年4月5日开始到2007年5月15日结束，2007年5月15日为全市统一选举日，省人大常委会确定黄骅市第六届人民代表大会代表总名额为214名，按照法定程序，全市共划分122个选区，选出出席第六届人民代表大会代表206名。其中，工农代表29名，占38.3%；少数民族代表19名，占9.2%；妇女代表41名，占20%；中共党员代表158名，占76%；非中共党员代表48名，占24%；具有大专以上文化程度的代表104名，占50.5%。

（七）黄骅市第七届人民代表大会代表的选举及构成

黄骅市第六届人民代表大会于2012年任期届满，黄骅市第六届人大常委会第三十三次会议决定，黄骅市第七届人民代表大会换届选举工作从2011年11月29日开始到2012年2月29日结束，2011年12月30日为全市统一选举日，省人大常委会确定黄骅市第七届人民代表大会代表总名额为229名。黄骅市人大常委会按照法定程序，精心组织，周密安排，全市共划分选区126个，选出出席黄骅市第七届人民代表大会代表229名。其中，工农代表122名，占代表总数的53%；知识分子代表25名，占代表总数的11%；干部代表82名，占代表总数的36%；少数民族代表25名，占代表总数的10.8%；非中共党员代表46名，占代表总数的20.1%；妇女代表30名，占代表总数的13.1%。

（八）黄骅市第八届人民代表大会代表的选举及构成

黄骅市第七届人民代表大会于2017年任期届满，黄骅市第七届人大常委会第四十四次会议决定，根据选举法的规定和黄骅市换届选举的安排意见，黄骅市第八届人民代表大会代表名额为229名，实际分配到各选区的名额为224名。黄骅市第八届人大代表的选举，在市委、市人大常委会的领导和市选举委员会的主持下，依照选举法的规定，经过全市126个选区、428839名选民以无记名投票和差额选举的方式，选举产生了黄骅市第八届人民代表大会代表220名。其中，工农代表66名，占代表总数的30%；专业技术人员代表33名，占代表总数的15%；非公经济人士代表35名，占代表总数的16%；干部代表85名，占代表总数的38%；中国人民解放军代表1名，占代表总数的0.45%；少数民族代表20名，占代表总数的10%；非中共党员代表53名，占代表总数的24%；妇女代表37名，占代表总数的17%。黄骅市第七届人大代表继续当选的共有87名，占代表总数的39%。代表的知识结构有了较大的改善和提高，具有本科及以上文化程度的88名，占代表总数的40%。代表年龄更趋合理，35岁以下的16名，占代表总数的7%；36～55岁的中青年代表182名，占代表总数的83%；56岁以上的22名，仅占代表总数的10%。这次当选的代表中有从事一线生产的工农代表，有政党、团体、国家机关、企事业单位的干部代表，有从事科技、教育、文化、卫生的专业技术人员及非公有制经济中的代表人物。他们拥护党的基本路线，全面贯彻中共十八大和十八届三中、四中、五中、六中全会精神，自觉深刻学习领会习近平总书记重要讲话精神，具备较高的政治素质和较强的履职能力，充分体现了代表的广泛性和先进性。对发挥地方国家权力机关的职能作用，有效地行使宪法和法律赋予的管理国家和社会事务的权力，加强社会主义民主与法治建设，贯彻落实市七次党代会精神，加快建设沿海开放经济强市具有十分重要的作用。

第二节　黄骅市人民代表大会代表

一、黄骅市第一届人民代表大会代表（1989 年 11 月—1990 年 3 月）

第一次会议代表

1. 一团（市直单位、经委、部队驻黄骅盐场、高炮靶场、长芦黄骅盐场、采油二厂）
团长：孙连城　副团长：李明堂　刘德全
代表（18 名）：
蔡　华　王继丰　田立坤　贾玉忠　朱金德　刘德全　刘爱华（女）　商美丽（女）
孙连城　王连合　徐金枝（女）　李明堂　苏庆国　张培根　韩永福　刘建章
杨金玉　范林桂
2. 二团（官庄乡、仁村乡、常郭乡）
团长：庞玉勤　副团长：刘金峰　孙连堂
代表（19 名）：
王居恩　陈茂林　张云兰（女，回族）　赵吉祥　姜世凯　孙凤云（女）　庞玉勤　阎寿元
孙连堂　马树行　井延华　王炳瑞（女）　魏登瑞　李俊歧　吴英亭　刘金峰　刘长瑞
赵立海　张秀荣（女）
3. 三团（黄骅镇、岭庄乡、滕庄子乡）
团长：腾巨升　副团长：刘树海
代表（23 名）：
张忠华（回族）　王月良　张淑英（女，回族）　王润惠　李汝松　高建华（女）　刘树海
田文德　马福山　李金泽　胡风敏　陈香兰（女）　王旭晨　吴宝来　滕巨升　孔令学
宋敬明　王廷甫　赵文发　刘玉山　张福田　赵玉兰（女）　胡云岱
4. 四团（旧城乡、毕孟乡、赵村乡）
团长：张福田　副团长：邓华清　刘文华
代表（19 名）：
张福田　陈淑清（女）　刘尚文　朱连庆　张芳兰（女，回族）　李振泽（回族）　张广新
陈玉兰（女）　呼金焕　齐洪儒　刘文华　陈文英（女）　白志华

冯金成　夏相臣　邓俊岭（女）　邓华清　张淑香（女）　孟德祥

5. 五团（杨庄乡、许官乡、贯象乡）

团长：张国通　副团长：杨洪升

代表（17 名）：

李益文　杨洪升　张志田　熊振德　孙崇福　梁松丽（女）　崔希武　张月芬（女）
张国通　高金锁　吴秀珍（女）　李汝提　张芳熙　张国安　孙树青　杨荣祥
李仲林（回族）

6. 六团（羊三木回族乡、羊二庄回族乡、新村回族乡）

团长：张义昌　副团长：张金生　张连壁

代表（12 名）：

张义昌（回族）　李金香（女）　竹　贤　贾竹笑　陈志明　王　毅（回族）
张振华（回族）　张金生（回族）　于桂芝（女）　张连壁　时少田（回族）
赵宝玉（回族）

7. 七团（歧口镇、赵家堡乡、南排河镇）

团长：赵海波　副团长：孙树田　荆树峰

代表（19 名）：

于金恒　孙树田　袁秀华（女）　王吉成　褚连友　陈秀煜　王光远　张桂荣（女）
杨世云　王林山（女）　刘金钊　荆树峰　杜宝申　任振东　吕明庆　赵海波　李文华
宋振波　赵恩赞（回族）

8. 八团（齐家务乡、李村乡）

团长：康韵笙　副团长：王崇吉

代表（14 名）：

崔国友　王崇吉　李志明　阎金荣（女）　郭福林　刘绍青　刘学才　赵树彬　康韵生
马庆云　孙树英（女）　陈凤兰（女）　王景周　韩宝善

9. 九团（周青庄乡、吕桥乡）

团长：张玉才　副团长：高玉锁

代表（13 名）：

霍文昌　王崇智　唐双峰（蒙古族）　张玉才　窦桂芬（女）　高玉锁　韩金槐　张玉明
梁德智　王义才　王振春　武淑珍（女）　林春岭

10. 十团（中捷农场）

团长：张延喜　副团长：赵金波

代表（12 名）：

张　瑞　王吉芳（回族）　胡学和　郑庆忠　赵金波（回族）　刘金岩　王文会　于月良
孟繁珊　张达文（回族）　张延喜　范丽华（女）

11. 十一团（南大港农场）

团长：杨九贤　副团长：王连喜

代表（12 名）：

杨九贤　杨福柱　刘惠明（女）　杨荣泰　潘克举　刘胜剂　王连喜

李月良　刘金珍（女）　董福祥　刘安章　董淑会（女）

二、黄骅市第二届人民代表大会代表（1990 年 3 月—1993 年 2 月）

（一）第一次会议代表

1. 一团（市直单位、经委）
团长：康德田　副团长：何颖新
代表（15 名）：
王宝良　王继丰　田文德　田立坤　齐国良　王清芬　王墨庄　刘爱华　张金强　商美丽
康德田　何颖新　王爱平　荣德昌　王桂珍
2. 二团（中捷农场）
团长：张延喜　副团长：赵金波
代表（15 名）：
周传江　史学良　于月田　王升林　王振山　赵金华　赵金波　李树凯　张博贤　宋立霞
张九龙　胡学和　孟繁珊　张延喜　范丽华
3. 三团（南大港农场、采油二厂）
团长：杨九贤　副团长：张培根　董连云
代表（19 名）：
刘　义　刘胜利　王连喜　董淑会　刘安章　王之祥　孙如兰　孙瑞林　于长河　贾兆象
孙长祥　邵长叶　刘文昌　杨九贤　冯风治　董连云　张培根　韩永福　李文明
4. 四团（黄骅镇）
团长：张玉泉　副团长：刘树海
代表（12 名）：
王润惠　范秀荣　李如松　王博生　魏跃恩　郑　静　刘树海　王梦延　张玉泉　孙玉生
宋宝云　左俊华
5. 五团（歧口镇）
团长：胡占琪　副团长：孙树田
代表（12 名）：
孙树田　刘金利　宋振波　袁秀华　陈秀煜　褚连有　任振兰　李树胜　胡占琪　皮双凯
李金广　马玉坤
6. 六团（赵家堡乡、南排河镇、部队盐场、部队靶场）
团长：赵海波　副团长：李志新
代表（16 名）：
王林山　陈国祥　刘金钊　刘金明　任振东　杜宝申　赵海波　张贵英　李志新　李文华

刘金华　姬长峰　赵恩赞　王保东　李洪珍　刘建章

7. 七团（羊二庄回族乡、新村回族乡、羊三木回族乡）

团长：张义昌　副团长：赵　刚　田连起

代表（19 名）：

张义昌　王兴昌　王宝廷　李金香　刘东安　赵　刚　宋玉华　陈志明　王　毅　张振华
李金章　孟德祥　筴竹贤　张义华　王子龙　时少田　赵宝玉　田连起　黄绍华

8. 八团（杨庄乡、许官乡、长芦盐场）

团长：周庆荣　副团长：李龙华

代表（19 名）：

李明堂　刘殿成　苏庆国　杨洪升　熊振德　周庆荣　赵秀茹　吕明庆　孙崇福　张志田
李长树　崔希武　张月芬　孙连城　吴秀珍　高金锁　李龙华　刘永发等

9. 九团（贾象乡、仁村乡）

团长：刘跃峰　副团长：商树桴

代表（13 名）：

张迎春　穆炳海　商树桴　张秀荣　张庆林　贾荣佩　孙树青　张芳熙　于德池　张瑞芳
白志洪　刘跃峰　李忠林

10. 十团（旧城乡、常郭乡）

团长：刘维新　副团长：唐玉良

代表（19 名）：

刘尚文　李文兴　高秀云　李振泽　张广新　张芳兰　刘维新　张广新　呼金焕　丰树英
李汝阁　李秀娟　马树行　井延华　白玉新　唐玉良　王克成　孙连堂　李文华

11. 十一团（毕孟乡、赵村乡）

团长：赵　燕　副团长：刘俊卿

代表（13 名）：

郭振河　贾竹笑　赵　燕　陈文英　刘文华　刘俊卿　刘宝恒　夏相臣　刘国华　邓华清
张淑香　冯金城　王秀芬

12. 十二团（滕庄子乡、岭庄乡）

团长：王庆武　副团长：马兴峰

代表（18 名）：

王旭晨　石春生　马兴峰　李金泽　胡凤敏　吴宝来　曲秀兰　杨秀藏　宋作林　王廷甫
刘玉山　张福岭　马志明　刘世亮　王庆武　曹延波　赵文发　赵玉兰

13. 十三团（官庄乡）

团长：庞玉勤　副团长：万正明

代表（13 名）：

王居恩　陈西梅　陈茂林　万正明　张贤君　张云兰　庞玉勤　姜世凯　赵吉祥　刘德全
孙凤云　齐秀凤　王百治

14. 十四团（李村乡、齐家务乡）

团长：隋增章　副团长：李殿举

代表（19名）：

赵树彬　宋兴昌　随增章　马庆云　李俊敏　孙树英　于树凯　宋玉森　韩宝善　冯秀芳　李殿举　耿永和　王崇吉　杨之国　张宝荣　刘玉龙　徐玉娟　李志明　刘学才

15. 十五团（吕桥乡、周青庄乡）

团长：张玉才　副团长：箢金岭

代表（18名）：

唐双峰　王秀伟　韩汝州　张玉才　马玉田　王崇智　李振华　张国香　郑崇举　王振春　苑二景　吕　杰　张玉明　李庆芬　林春岭　吴淑珍　箢金岭　梁德智

（二）第二次会议代表

1. 一团（市直单位、经委、部队驻黄盐场、部队靶场）

团长：康德田　副团长：何颖新

代表（18名）：

王宝良　王继丰　田文德　田立坤　齐国良　王清芬　王墨庄　刘爱华　张金强　商美丽　康德田　何颖新　王爱平　荣德昌　王桂珍　王保东　李洪珍　刘建章

2. 二团（中捷农场）

团长：张延喜　副团长：赵金波

代表（15名）：

周传江　史学良　于月田　王升林　王振山　赵金华　赵金波　李树凯　张博贤　宋立霞　张九龙　胡学和　孟繁珊　张延喜　范丽华

3. 三团（南大港农场、采油二厂）

团长：杨九贤　副团长：张培根　童连云

代表（19名）：

刘　义　刘胜利　王连喜　董淑会　刘安章　王之祥　孙如兰　孙瑞林　于长河　贾兆家　孙长祥　邵长叶　刘文昌　杨九贤　冯风治　董连云　张培根　韩永福　李文明

4. 四团（黄骅镇）

团长：张玉泉　副团长：刘树海

代表（12名）：

王润惠　范秀荣　李如松　王博生　魏跃思　郑　静　刘树海　王梦延　张玉泉　孙玉生　宋宝云　左俊华

5. 五团（歧口镇）

团长：胡占琪　副团长：孙树田

代表（11名）：

孙树田　宋振波　袁秀华　陈秀煜　褚连有　任振兰　李树胜　胡占琪　皮双凯　李金广　马玉坤

6. 六团（赵家堡乡、南排河镇）

团长：赵海波　副团长：李志新

代表（13名）：
王林山 陈国祥 刘金钊 刘金明 任振东 杜宝申 赵海波 张贵英 李志新 李文华
刘金华 姬长峰 赵恩赞
7. 七团（羊二庄回族乡、羊三木回族乡、新村回族乡）
团长：田连起 副团长：赵 刚
代表（19名）：
张义昌 王兴昌 王宝廷 李金香 刘东安 赵 刚 宋玉华 陈志明 王 毅 张振华
李金章 孟德祥 筴竹贤 张义华 王子龙 时少田 赵宝玉 田连起 黄绍华
8. 八团（杨庄乡、许官乡、长芦黄骅盐场）
团长：周庆荣 副团长：李龙华
代表（18名）：
李明堂 刘殿成 杨洪升 熊振德 周庆荣 赵秀茹 吕明庆 孙崇福 张志田 李长树
崔希武 张月芬 孙连城 吴秀珍 高金锁 李龙华 刘永发 杨荣祥
9. 九团（贾象乡、仁村乡）
团长：刘跃峰 副团长：商树桴
代表（13名）：
张迎春 穆炳海 商树桴 张秀荣 张庆林 贾荣佩 孙树青 张芳熙 于德池 张瑞芳
白志洪 刘跃峰 李忠林
10. 十团（旧城乡、常郭乡）
团长：刘维新 副团长：居玉良
代表（19名）：
刘尚文 李文兴 高秀云 李振泽 张广新 张芳兰 刘维新 张广新 呼金焕 丰树英
李汝阁 李秀娟 马树行 井延华 白玉新 唐玉良 王克成 孙连堂 李文华
11. 十一团（毕孟乡、赵村乡）
团长：赵 燕 副团长：刘俊卿
代表（13名）：
郭振河 贾竹笑 赵 燕 陈文英 刘文华 刘俊卿 刘宝恒 夏相臣 刘国华 邓华清
张淑香 冯金城 王秀芬
12. 十二团（滕庄子乡、岭庄乡）
团长：王庆武 副团长：马兴峰
代表（17名）：
王旭晨 石春生 马兴峰 李金泽 胡凤敏 吴宝来 曲秀兰 杨秀藏 宋作林 王廷甫
刘玉山 马志明 刘世亮 王庆武 曹延波 赵文发 赵玉兰
13. 十三团（官庄乡）
团长：庞玉勤 副团长：万正明
代表（13名）：
王居恩 姜世凯 赵吉祥 刘德全 孙凤云 齐秀凤 庞玉勤 陈希梅 陈茂林 万正明
张贤君 张云兰 王百治

14. 十四团（李村乡、齐家务乡）
团长：隋增章　副团长：李殿举
代表（19 名）：
赵树彬　宋兴昌　隋增章　马庆云　李俊敏　孙树英　于树凯　宋玉森　韩宝善　冯秀芳
李殿举　耿永和　王崇吉　杨志国　张宝荣　刘玉龙　徐玉娟　李志明　刘学才
15. 十五团（吕桥乡、周青庄乡）
团长：笶金岭　副团长：张玉才
代表（18 名）：
唐双峰　王秀伟　韩汝州　张玉才　马玉田　王崇智　李振华　张国香　郑崇举　王振春
吕　杰　周云生　张玉明　李庆芬　林春岭　吴淑珍　笶金岭　梁德智

（三）第三次会议代表

1. 一团（市直单位、经委、部队驻黄骅盐场、部队靶场）
团长：康德田　副团长：何颖新
代表（18 名）：
王宝良　王继丰　田文德　田立坤　齐国良　王清芬　王墨庄　刘爱华　张金强　商美丽
康德田　何颖新　王爱平　荣德昌　王桂珍　王保东　李洪珍　刘建章
2. 二团（中捷农场）
团长：张延喜　副团长：赵金波
代表（15 名）：
周传江　史学良　于月田　王升林　王振山　赵金华　李树凯　张博贤　宋立霞　张九龙
胡学和　孟繁珊　张延喜　范丽华　赵金波
3. 三团（南大港农场、采油二厂）
团长：杨九贤　副团长：张培根
代表（19 名）：
刘　义　刘胜利　王连喜　董淑会　刘安章　王之祥　孙如兰　孙瑞林　于长河　贾兆象
孙长祥　邵长叶　刘文昌　杨九贤　冯风治　董连云　张培根　韩永福　李文明
4. 四团（黄骅镇）
团长：刘树海　副团长：王博生
代表（12 名）：
王润惠　范秀荣　李如松　王博生　魏跃恩　郑　静　刘树海　王梦延　张玉泉　孙玉生
宋宝云　左俊华
5. 五团（歧口镇）
团长：陈秀煜　副团长：李金广
代表（12 名）：
孙树田　宋振波　袁秀华　陈秀煜　褚连有　任振兰　李树胜　胡占琪　皮双凯　李金广
马玉坤　胡廷栋

6. 六团（赵家堡乡、南排河镇）
团长：赵海波　副团长：李志新
代表（13名）：
王林山　陈国祥　刘金钊　刘金明　任振东　杜宝申　赵海波　张贵英　李志新　李文华
刘金华　姬长峰　赵恩赞
7. 七团（羊二庄回族乡、羊三木回族乡、新村回族乡）
团长：田连起　副团长：赵　刚
代表（19名）：
张义昌　王兴昌　王宝廷　李金香　刘东安　赵　刚　宋玉华　陈志明　王　毅　张振华
李金章　孟德祥　竹　贤　张义华　王子龙　时少田　田连起　黄绍华　时金楼
8. 八团（杨庄乡、许官乡、长芦黄骅盐场）
团长：李龙华　副团长：杨洪升
代表（19名）：
李明堂　王化和　李金伦　杨洪升　熊振德　周庆荣　赵秀茹　吕明庆　孙崇福　张志田
李长树　崔希武　张月芬　孙连城　吴秀珍　高金锁　李龙华　刘永发　杨荣祥
9. 九团（贾象乡、仁村乡）
团长：刘跃峰　副团长：商树桴
代表（13名）：
张迎春　穆炳海　商树桴　张秀荣　张庆林　贾荣佩　孙树青　张芳熙　于德池　张瑞芳
白志洪　刘跃峰　李忠林
10. 十团（旧城乡、常郭乡）
团长：刘维新　副团长：唐玉良
代表（19名）：
刘尚文　李文兴　高秀云　李振泽　张广新　张芳兰　刘维新　张广新　呼金焕　丰树英
李汝阁　李秀娟　马树行　井延华　白玉新　唐玉良　王克成　孙连堂　李文华
11. 十一团（毕孟乡、赵村乡）
团长：赵　燕　副团长：刘俊卿
代表（13名）：
郭振河　贾竹笑　赵　燕　陈文英　刘文华　刘俊卿　刘宝恒　夏相臣　刘国华　邓华清
张淑香　冯金城　王秀芬
12. 十二团（滕庄子乡、岭庄乡）
团长：王庆武　副团长：马兴峰
代表（18名）：
王旭晨　石春生　马兴峰　李金泽　胡风敏　吴宝来　曲秀兰　杨秀藏　宋作林　王廷甫
刘玉山　马志明　刘世亮　王庆武　曹延波　赵文法　赵玉兰　吴茂如
13. 十三团（官庄乡）
团长：庞玉勤　副团长：王居恩

代表（13 名）：
王居恩　姜世凯　赵吉祥　刘德全　孙凤云　齐秀凤　庞玉勤　陈希梅　陈茂林　万正明
张贤君　张云兰　王百治
14. 十四团（李村乡、齐家务乡）
团长：隋增章　副团长：李殿举
代表（19 名）：
赵树彬　宋兴昌　隋增章　马庆云　李俊敏　孙树英　于树凯　宋玉森　韩宝善　冯秀芳
李殿举　耿永和　王崇吉　杨志国　张宝荣　刘玉龙　徐玉娟　李志明　刘学才
15. 十五团（吕桥乡　周青庄乡）
团长：张玉才　副团长：笶金岭
代表（18 名）：
唐双峰　王秀伟　韩汝州　张玉才　马玉田　王崇智　李振华　张国香　郑崇举　王振春
吕　杰　周云生　张玉明　李庆芬　林春岭　吴淑珍　笶金岭　梁德智

三、黄骅市第三届人民代表大会代表（1993 年 2 月—1998 年 2 月）

（一）第一次会议代表

1. 一团（市直单位、经委、部队盐场、部队靶场、采油二厂、长芦黄骅盐场）
团长：孔祥伟　副团长：李玉楼
代表（30 名）：
王宝良　田文德　孔祥伟　李中华　刘云凤　王墨庄　刘恩甲　张淑玲　吴月浮　刘文昌
李秀云　田立坤　陈炳军　李勃然　褚连友　李玉楼　张连元　吴宝杰　王英明　白明东
张洪芬　王保东　李洪珍　刘建章　韩永福　王　维　张培根　李明堂　王化和　刘兴峰
2. 二团（中捷农场、黄骅镇）
团长：郑清堂　副团长：范丽华
代表（28 名）：
王金河　王树生　田维民　刘凤阁　张丙华　张中来　张博贤　宋卫行　宋立艳　宋华佩
周传江　郑庆忠　范丽华　赵金坡　胡学和　王俊华　左俊华　孙玉生　刘树海　李华亭
李金伦　宋宝云　张国通　范秀荣　郑清堂　高树龙　韩凤池　韩树勋
3. 三团（南大港农场、常郭乡）
团长：唐玉良　副团长：刘惠明
代表（23 名）：
于长河　王希祥　王金延　冯凤治　田桂兰　左瑞红　刘兴财　刘安章　刘金福　刘惠明
刘福升　张中路　李铁民　沈福江　杨九贤　董传峰　王金娈　白玉新　齐玉章　孙连堂

李文华　赵芳元　唐玉良

4. 四团（岐口镇、赵家堡乡、南排河镇）

团长：刘福顺　副团长：刘学秀　宋云亭

代表（25 名）：

张树槐　李金广　王金格　任振兰　李树胜　胡廷栋　刘学秀　王盛民　宋振波　王相红
孙树田　陈秀煜　张树功　赵清峰　刘金钊　荆树峰　刘福顺　任振东　杨金华　张桂英
姬长峰　宋云亭　刘金华　王作元　苑长云

5. 五团（杨庄乡、贾象乡、许官乡）

团长：宋长升　副团长：刘俊义　于志成

代表（23 名）：

杨洪升　赵效文　刘永悦　赵秀茹　李文德　孙崇福　杨荣祥　张志田　宋长升　张月芬
崔锡武　于志成　刘俊英　于德池　张宾如　白志洪　张学政　张芳熙　刘俊义　吴秀珍
赵双楼　刘永发　李汝提

6. 六团（旧城乡、毕孟乡、赵村乡）

团长：张金明　副团长：刘维新　赵　燕

代表（25 名）：

张芳兰　李宝兴　李振泽　刘学忠　李汝各　丰树英　李文兴　张世杰　高秀云　刘维新
张广新　李义德　张金明　冯金成　刘广文　赵志德　邓华清　张淑香　邓秀兰　夏相臣
赵　燕　陈玉营　刘恩和　陈文英　刘文华

7. 七团（滕庄子乡、岭庄乡、仁村乡）

团长：吕广君　副团长：商树桴　李之宏

代表（24 名）：

孙连城　宋作霖　王廷甫　张洪禄　滕仁智　刘玉山　吴茂如　马之江　吕广君　赵玉兰
杨秀藏　宁绍堂　曹淑玲　李之宏　胡学升　刘振桥　王旭展　张玉生　柴九合　张志强
贾荣佩　杨福堂　张秀荣　商树桴

8. 八团（羊二庄回族乡、羊三木回族乡、新村回族乡）

团长：姬同乐　副团长：李金城　田连起

代表（20 名）：

孟德祥　李金城　张振华　李玉芦　陈志明　宋玉华　竹　贤　张义华　张永利　姬同乐
张印成　王兴昌　胡庆国　刘东安　李金香　王志龙　时少田　时金楼　田连起　陈国祥

9. 九团（吕桥乡、李村乡、周青庄乡）

团长：徐云利　副团长：张玉才　崔树华

代表（28 名）：

崔树华　吕广柱　董作敏　武素珍　郑从福　郑凤娥　周云生　赵宝恒　崔竹宾　孙吉合
马庆云　刘景凯　徐云利　孙树英　冯秀芳　宋玉森　郭志田　宋兴昌　李殿举　赵树彬
张玉才　马玉田　王崇智　吕广元　唐双锋　邓俊娥　韩汝洲　窦桂芬

10. 十团（官庄乡、齐家务乡）

团长：于增江　副团长：白义浦

代表（22 名）：
李跃兴　庞玉勤　张贤军　陈茂林　阎书申　张云兰　于增江　滕连霞　周维亮　刘永才
阎广文　齐秀凤　韩化普　白义浦　王崇吉　杨之国　张宝荣　魏登瑞　郭兰平　李绪江
刘学才　阎绍强

（二）第二次会议代表

1. 一团（市直单位、经委、部队靶场、部队盐场、采油二厂、长芦黄骅盐场）
团长：孔祥伟　副团长：李玉楼
代表（30 名）：
王宝良　田文德　孔祥伟　李中华　刘云凤　王墨庄　张淑玲　吴月浮　刘文昌　李秀云
田立坤　陈炳军　李勃然　褚连友　李玉楼　张连元　吴宝杰　王英明　白明东　张洪芬
王保东　李洪珍　刘建章　韩永福　王　维　张培根　李明堂　王化和　刘兴峰　刘恩甲
2. 二团（中捷农场、黄骅镇）
团长：郑清堂　副团长：范丽华
代表（28 名）：
王金河　王树生　田维民　刘凤阁　张丙华　张中来　张博贤　宋卫行　宋立艳　宋华佩
周传江　郑庆忠　范丽华　赵金坡　胡学和　王俊华　左俊华　孙玉生　刘树海　李华亭
李金伦　宋宝云　张国通　范秀荣　郑清堂　高树龙　韩凤池　韩树勋
3. 三团（南大港农场、常郭乡）
团长：唐玉良　副团长：刘惠明
代表（23 名）：
于长河　王希祥　王金廷　冯凤治　田桂兰　左瑞红　刘兴财　刘安章　刘金福　刘惠明
刘福升　张中路　李铁民　沈福江　杨九贤　董传峰　王金娈　白玉新　齐玉章　孙连堂
李文华　赵芳元　唐玉良
4. 四团（歧口镇、赵家堡乡、南排河镇）
团长：刘福顺　副团长：宋云亭
代表（25 名）：
张树槐　李金广　王金格　任振兰　李树胜　胡廷栋　刘学秀　王盛民　宋振波　王相红
孙树田　陈秀煜　张树功　赵清峰　宋云亭　刘金华　王作元　苑长云　刘金钊　荆树峰
刘福顺　任振东　杨金华　张桂英　姬长峰
5. 五团（杨庄乡、贾象乡、许官乡）
团长：宋长升　副团长：刘俊义　于志成
代表（23 名）：
杨洪升　赵效文　刘永悦　赵秀茹　李文德　孙崇福　杨荣祥　张志田　宋长升　张月芬
崔锡武　于志成　刘俊英　于德池　张宾如　白志洪　张学政　张芳熙　刘俊义　吴秀珍
赵双楼　刘永发　李汝提

6. 六团（旧城乡、毕孟乡、赵村乡）
团长：张金明　副团长：刘维新　赵　燕
代表（25名）：
张芳兰　李宝兴　李振泽　刘学忠　李汝各　丰树英　李文兴　张世杰　高秀云　刘维新
张广新　李义德　张金明　冯金成　刘广文　赵志德　邓华清　张淑香　邓秀兰　夏相臣
赵　燕　陈玉营　刘恩和　陈文英　刘文华
7. 七团（滕庄子乡、岭庄乡、仁村乡）
团长：吕广君　副团长：商树桴　李之宏
代表（24名）：
孙连城　宋作霖　王廷甫　张洪禄　滕仁智　刘玉山　吴茂如　马之江　吕广君　赵玉兰
杨秀藏　宁绍堂　曹淑玲　李之宏　胡学升　刘振桥　王旭晨　张玉生　柴九合　张志强
贾荣佩　杨福堂　张秀荣　商树桴
8. 八团（羊二庄回族乡、羊三木回族乡、新村回族乡）
团长：姬同乐　副团长：李金城　田连起
代表（20名）：
孟德祥　李金城　张振华　李玉芦　陈志明　宋玉华　竹　贤　张义华　张永利　姬同乐
张印成　王兴昌　胡庆国　刘东安　李金香　王志龙　时少田　时金楼　田连起　陈国祥
9. 九团（吕桥乡、李村乡、周青庄乡）
团长：徐云利　副团长：崔树华　张玉才
代表（28名）：
崔树华　吕广柱　董作敏　武素珍　郑从福　郑凤峨　周云生　赵宝恒　崔竹宾　孙吉合
马庆云　刘景凯　徐云利　孙树英　冯秀芳　宋玉森　郭志田　宋兴昌　李殿举　赵树彬
张玉才　马玉田　王崇智　吕广元　唐双峰　邓俊娥　韩汝洲　窦桂芬
10. 十团（官庄乡、齐家务乡）
团长：于增江　副团长：白义浦
代表（22名）：
李跃兴　庞玉勤　张贤军　陈茂林　阎书申　张云兰　于增江　滕连霞　周维亮　刘永才
阎广文　齐秀凤　韩化普　白义浦　王崇吉　杨之国　张宝荣　魏登瑞　郭兰平　李绪江
刘学才　阎绍强

（三）第三次会议代表

1. 一团（市直单位、经委、部队盐场、部队靶场、采油二厂、长芦黄骅盐场）
团长：孔祥伟　副团长：李玉楼
代表（29名）：
王宝良　田文德　孔祥伟　李中华　刘云凤　王墨庄　刘恩甲　张淑玲　吴月浮　刘文昌
李秀云　田立坤　陈炳军　李勃然　褚连友　李玉楼　张连元　吴宝杰　王英明　张洪芬
王保东　李洪珍　刘建章　韩永福　王　维　张培根　李明堂　王化和　刘兴峰

2. 二团（中捷农场、黄骅镇）

团长：郑清堂　副团长：范丽华

代表（28 名）：

王金河　王树生　田维民　刘凤阁　张丙华　张中来　张博贤　宋卫行　宋立艳　宋华佩
周传江　郑庆忠　范丽华　赵金坡　胡学和　王俊华　左俊华　孙玉生　刘树海　李华亭
李金伦　宋宝云　张国通　范秀荣　郑清堂　高树龙　韩凤池　韩树勋

3. 三团（南大港农场、常郭乡）

团长：商树桴　副团长：刘惠明

代表（24 名）：

于长河　王希祥　王金廷　冯凤治　田桂英　左瑞红　刘兴财　刘安章　刘金福　刘惠明
刘福升　张中路　李铁民　沈福江　杨九贤　董传峰　王金娈　白玉新　齐玉章　孙连堂
李文华　赵芳元　唐玉良　商树桴

4. 四团（歧口镇、赵堡乡、南排河镇）

团长：刘福顺　副团长：刘学秀　宋云亭

代表（25 名）：

张树槐　李金广　王金格　任振兰　李树胜　胡廷栋　刘学秀　王盛民　宋振波　王相红
孙树田　陈秀煜　张树功　赵清峰　刘金钊　荆树峰　刘福顺　任振东　杨金华　张桂英
姬长峰　宋云亭　刘金华　王作元　苑长云

5. 五团（杨庄乡、贾象乡、许官乡）

团长：宋长升　副团长：刘俊义　于志成

代表（23 名）：

杨洪升　赵效文　刘永悦　赵秀茹　李文德　孙崇福　杨荣祥　张志田　宋长升　张月芬
崔锡武　于志成　刘俊英　于德池　张宾如　白志洪　李学政　张芳熙　刘俊义　吴秀珍
赵双楼　刘永发　李汝提

6. 六团（旧城乡、毕孟乡、赵村乡）

团长：张金明　副团长：刘维新　赵　燕

代表（25 名）：

张芳兰　李宝兴　李振泽　刘学忠　李汝各　丰树英　李文兴　张世杰　高秀云　刘维新
张广新　李义德　张金明　冯金成　刘广文　赵志德　邓华清　张淑香　邓秀兰　夏相臣
赵　燕　陈玉营　刘恩和　陈文英　刘文华

7. 七团（滕庄子乡、岭庄乡、仁村乡）

团长：吕广君　副团长：李志宏

代表（22 名）：

孙连城　宋作霖　张洪禄　滕仁智　刘玉山　吴茂如　马之江　吕广君　赵玉兰　杨秀藏
宁绍堂　曹淑玲　李之宏　胡学升　刘振桥　王旭晨　张玉生　柴九合　张志强　贾荣佩
杨福堂　张秀荣

8. 八团（羊二庄回族乡、羊三木回族乡、新村回族乡）

团长：姬同乐　副团长：李金城　田连起

代表（20名）：

孟德祥　李金城　张振华　李玉芦　陈志明　宋玉华　竹　贤　张义华　张永利　姬同乐
张印成　王兴昌　胡庆国　刘东安　李金香　王志龙　时少田　时金楼　田连起　陈国祥

9. 九团（吕桥乡、李村乡、周青庄乡）

团长：张玉才　副团长：徐云利　崔树华

代表（28名）：

崔树华　吕广柱　董作敏　武素珍　郑从福　郑凤娥　周云生　赵宝恒　崔竹宾　孙吉合
马庆云　刘景凯　徐云利　孙树英　冯秀芳　宋玉森　郭忠田　宋兴昌　李殿举　赵树彬
张玉才　马玉田　王崇智　吕广元　唐双锋　邓俊娥　韩汝洲　窦桂芬

10. 十团（官庄乡、齐务乡）

团长：于增江　副团长：白义浦

代表（22名）：

李跃兴　庞玉勤　张贤军　陈茂林　闫书申　张云兰　于增江　滕连霞　周维亮　刘永才
闫广文　齐秀凤　韩化普　白义浦　王崇吉　杨之国　张宝荣　魏登瑞　郭兰平　李绪江
刘学才　闫绍强

（四）第四次会议代表

1. 一团（市直单位、经委、部队盐场、部队靶场、采油二厂、长芦黄骅盐场）

团长：李玉楼　副团长：王墨庄

代表（30名）：

王昆山　孔祥伟　李中华　刘云凤　王墨庄　刘恩甲　张淑玲　吴月浮　刘文昌　李秀云
田立坤　陈炳军　李勃然　褚连友　李玉楼　张连元　吴宝杰　王英明　张洪芬　胡学禹
王保东　李洪珍　刘建章　韩永福　王　维　张培根　李明堂　王化和　刘兴峰　张博贤

2. 二团（中捷农场、黄骅镇）

团长：郑清堂　副团长：范丽华

代表（27名）：

王金河　王树生　田维民　刘凤阁　张炳华　张中来　宋卫行　宋立艳　宋华佩　周传江
郑庆忠　范丽华　赵金坡　胡学和　王俊华　左俊华　孙玉生　刘树海　李华亭　李金伦
宋宝云　张国通　范秀荣　郑清堂　高树龙　韩凤池　韩树勋

3. 三团（南大港农场、常郭乡）

团长：商树桴　副团长：刘惠明

代表（24名）：

于长河　王希祥　王金廷　冯凤治　田桂兰　左瑞红　刘兴财　刘安章　刘金福　刘惠明
刘福升　张中路　李铁民　沈福江　杨久贤　董传峰　王金娈　白玉新　齐玉章　孙连堂
李文华　赵芳元　唐玉良　商树桴

4. 四团（歧口镇、赵家堡乡、南排河镇）

团长：刘福顺　副团长：刘学秀　宋云亭

代表（25名）：

张树槐　李金广　王金格　任振兰　李树胜　胡廷栋　刘学秀　王盛民　宋振波　王相红
孙树田　陈秀煜　张树功　赵清峰　刘金钊　荆树峰　刘福顺　任振东　杨金华　张桂英
姬长峰　宋云亭　刘金华　王作元　苑长云

5. 五团（杨庄乡、贾象乡、许官乡）

团长：宋长升　副团长：刘俊义　于志成

代表（24名）：

杨洪升　赵效文　刘永悦　王秀丽　李文德　王汝玺　孙崇福　杨荣祥　张志田　宋长升
张月芬　崔锡武　于志成　刘俊英　于德池　张宾如　白志洪　李学政　张芳熙　刘俊义
吴秀珍　赵双楼　刘永发　李汝提

6. 六团（旧城乡、毕孟乡、赵村乡）

团长：张金明　副团长：刘维新

代表（26名）：

张芳兰　李宝兴　李振泽　刘学忠　李汝各　丰树英　李文兴　张世杰　高秀云　刘维新
张广新　李义德　张金明　冯金成　刘广文　赵志德　邓华清　张淑香　邓秀兰　夏相臣
赵　燕　陈玉营　刘恩和　陈文英　刘文华　李振伦

7. 七团（滕庄子乡、岭庄乡、仁村乡）

团长：吕广君　副团长：李之宏　杨福堂

代表（23名）：

孙连城　宋作霖　张洪禄　滕仁智　刘玉山　吴茂如　马之江　吕广君　赵玉兰　王文村
杨秀藏　宁绍堂　曹淑玲　李之宏　胡学升　刘振桥　王旭晨　张玉生　柴九合　张志强
贾荣佩　杨福堂　张秀荣

8. 八团（羊二庄回族乡、羊三木回族乡、新村回族乡）

团长：姬同乐　副团长：李金城　田连起

代表（20名）：

孟德祥　李金城　张振华　李玉芦　陈志明　宋玉华　竹　贤　张义华　张永利　姬同乐
张印成　王兴昌　胡庆国　刘东安　李金香　王志龙　时少田　时金楼　田连起　陈国祥

9. 九团（吕桥乡、李村乡、周青庄乡）

团长：徐云利　副团长：崔树华　张玉才

代表（28名）：

崔树华　吕广柱　董作敏　武素珍　郑从福　郑凤娥　周云生　赵宝恒　崔竹宾　孙吉合
马庆云　刘景凯　徐云利　孙树英　冯秀芳　宋玉森　郭忠田　宋兴昌　李殿举　赵树彬
张玉才　马玉田　王崇智　吕广元　唐双锋　邓俊娥　韩汝洲　窦桂芬

10. 十团（官庄乡、齐家务乡）

团长：于增江　副团长：白义浦

代表（22名）：

李跃兴　庞玉勤　张贤军　陈茂林　闫书申　张云兰　于增江　滕连霞　周维亮　刘永才
闫广文　齐秀凤　韩化普　白义浦　王崇吉　杨之国　张宝荣　魏登瑞　郭兰平　李绪江

刘学才　闫绍强

（五）第五次会议代表

1. 一团（市直单位、经委、部队盐场、部队靶场、采油二厂、长芦黄骅盐场）

团长：孔祥伟　副团长：李玉楼

代表（30 名）：

闫兴华　孔祥伟　李中华　刘云凤　王墨庄　刘恩甲　张淑玲　吴月浮　刘文昌　李秀云
田立坤　陈炳军　李勃然　褚连友　李玉楼　张连元　吴宝杰　王英明　张洪芬　胡学禹
王保东　李洪珍　岳骏志　韩永福　王　维　张培根　左志权　王化和　刘兴峰　张博贤

2. 二团（中捷农场、南大港农场）

团长：范丽华　副团长：刘惠明

代表（30 名）：

王金河　王树生　田维民　刘凤阁　张忠来　张丙华　宋卫行　宋立艳　宋华佩　周传江
郑庆忠　范丽华　赵金坡　胡学和　于长河　王希祥　王金廷　冯凤治　田桂兰　左瑞红
刘兴财　刘安章　刘金福　刘惠明　刘福升　张中路　李铁民　沈福江　杨九贤　董传峰

3. 三团（黄骅镇）

团长：郑清堂　副团长：姬同乐　杨福堂

代表（24 名）：

张国通　郑清堂　刘树海　李金伦　左俊华　范秀荣　李华亭　宋宝云　高树龙　孙玉生
王俊华　韩凤池　姬同乐　张印成　王兴昌　胡庆国　刘东安　李金香　柴九合　张志强
贾荣佩　杨福堂　张秀荣　韩树勋

4. 四团（南排河镇、新村回族乡）

团长：刘学秀　副团长：宋云亭　田连起　杨金华

代表（30 名）：

王金格　李金广　张树槐　任振兰　李树胜　胡廷栋　刘学秀　王盛民　宋振波　王相红
孙树田　陈秀煜　张树功　赵清峰　刘金钊　刘福顺　任振东　杨金华　张桂英　荆树锋
姬长峰　宋云亭　刘金华　王作元　苑长云　时少田　时金楼　田连起　陈国祥　王志龙

5. 五团（羊二庄回族乡）

团长：李金城　副团长：宋长升　刘俊义

代表（26 名）：

孟德祥　李金城　张振华　李玉芦　陈志明　宋玉华　竹　贤　张义华　张永利　杨洪升
赵效文　刘永悦　李文德　孙崇福　杨永祥　张志田　宋长升　张月芬　崔锡武　王秀丽
王汝玺　刘俊义　吴秀珍　赵双楼　刘永发　李汝提

6. 六团（旧城乡）

团长：于志成　副团长：刘维新

代表（19 名）：

张芳兰　李宝兴　李振泽　刘学忠　李汝各　丰树英　李文兴　张世杰　高秀云　刘维新

张广新　李义德　于志成　刘俊英　于德池　张宾如　白志洪　李学政　张芳熙

7. 七团（滕庄子乡、官庄乡）

团长：李之宏　副团长：于增江　张洪禄

代表（30名）：

宋作霖　孙连城　张洪禄　滕仁智　刘玉山　吴茂如　马之江　赵玉兰　王文村　杨秀藏
宁绍堂　曹淑玲　李之宏　胡学升　刘振桥　王旭晨　张玉生　李跃兴　庞玉勤　张贤军
陈茂林　闫书申　张云兰　于增江　滕连霞　周维亮　刘永才　闫广文　齐秀风　韩化普

8. 八团（齐家务乡）

团长：白义甫　副团长：徐云利

代表（20名）：

白义甫　王崇吉　杨之国　张宝荣　吕广君　魏登瑞　郭兰平　李绪江　刘学才　闫绍强
马庆云　刘景凯　徐云利　孙淑英　冯秀芳　宋玉森　郭忠田　宋兴昌　李殿举　赵树彬

9. 九团（吕桥乡）

团长：张玉才　副团长：赵宝恒

代表（17名）：

吕广柱　董作敏　武素珍　郑从福　郑凤娥　周云生　赵宝恒　崔竹宾　孙吉合　张玉才
马玉田　王崇智　吕广元　唐双峰　邓俊娥　韩汝洲　窦桂芬

10. 十团（常郭乡）

团长：商树桴　副团长：赵志德　赵　燕

代表（23名）：

赵芳元　白玉新　李文华　孙连堂　崔树华　齐玉章　唐玉良　王金娈　商树桴　张金明
冯金成　刘广文　赵志德　邓华清　张淑香　邓秀兰　夏相臣　李振伦　赵　燕　陈玉营
刘恩河　陈文英　刘文华

（六）第六次会议代表

1. 一团（市直单位、经委、部队盐场、部队靶场、采油二厂、长芦黄骅盐场）

团长：孔祥伟　副团长：李玉楼

代表（31名）：

闫兴华　孔祥伟　李中华　刘云凤　王墨庄　刘恩甲　张淑玲　吴月浮　刘文昌　李秀云
田立坤　王德荣　杨洪榜　李勃然　褚连友　李玉楼　张连元　吴宇杰　王英明　张洪芬
胡学禹　王保东　李洪珍　岳骏志　韩永福　王　维　张培根　左志权　王化和　刘兴峰
张博贤

2. 二团（中捷农场、南大港农场）

团长：范丽华　副团长：刘惠明

代表（30名）：

王金河　王树生　田维民　刘凤阁　张忠来　张丙华　宋卫行　宋立艳　宋华佩　周传江
郑庆忠　范丽华　赵金坡　胡学和　于长河　王希祥　王金廷　冯凤治　田桂兰　左瑞红

刘兴财　刘安章　刘金福　刘惠明　刘福升　张中路　李铁民　沈福江　杨九贤　董传峰

3. 三团（黄骅镇）

团长：刘福顺　副团长：姬同乐

代表（25名）：

李振伦　刘福顺　郑清堂　刘树海　李金伦　左俊华　范秀荣　李华亭　宋宝云　高树龙
孙玉生　王俊华　韩风池　姬同乐　张印成　王兴昌　胡庆国　刘东安　李金香　柴九合
张志强　贾荣伍　杨福堂　张秀荣　韩树勋

4. 四团（南排河镇、新村回族乡）

团长：张国通　副团长：刘学秀

代表（29名）：

张国通　王金格　李金广　张树槐　任振兰　李树胜　胡廷栋　刘学秀　王盛民　宋振波
王相红　孙树田　陈秀煜　张树功　赵清峰　刘金钊　任振东　张桂英　荆树锋　姬长峰
宋云亭　刘金华　王作元　苑长云　时少田　时金楼　田连起　陈国祥　王志龙

5. 五团（羊二庄回族乡）

团长：宋长升　副团长：陈志明

代表（27名）：

孟德祥　李金城　张振华　李玉芦　陈志明　宋玉华　竹　贤　张义华　张永利　杨洪升
赵效文　刘永悦　李文德　孙崇福　杨永祥　张志田　宋长升　张月芬　崔锡武　王秀丽
王汝玺　刘俊义　吴秀珍　赵双楼　刘永发　李汝提　杨金华

6. 六团（旧城乡）

团长：于志成　副团长：张广新

代表（19名）：

张芳兰　李宝兴　李振泽　刘学忠　李汝各　丰树英　李文兴　张世杰　高秀云　刘维新
张广新　李义德　于志成　刘俊英　于德池　张宾如　白志洪　李学政　张芳熙

7. 七团（滕庄子乡、官庄乡）

团长：于增江　副团长：李之宏

代表（30名）：

宋作霖　孙连城　张洪禄　滕仁智　刘玉山　吴茂如　马之江　赵玉兰　王文村　杨秀藏
宁绍堂　曹淑玲　李之宏　胡学升　刘振桥　王旭晨　张玉生　李跃兴　庞玉勤　张贤军
陈茂林　闫书申　张云兰　于增江　滕连霞　周维亮　刘永才　闫广文　齐秀风　韩化普

8. 八团（齐家务乡）

团长：吕广君　副团长：白义甫

代表（20名）：

白义甫　王崇吉　杨之国　张宝荣　吕广君　魏登瑞　郭兰平　李绪江　刘学才　闫绍强
马庆云　刘景凯　徐云利　孙淑英　冯秀芳　宋玉森　郭忠田　宋兴昌　李殿举　赵树彬

9. 九团（吕桥乡）

团长：张玉才　副团长：崔竹宾

代表（17 名）：

吕广柱　董作敏　武素珍　郑从福　郑凤娥　周云生　赵宝恒　崔竹宾　孙吉合　张玉才
马玉田　王崇智　吕广元　唐双峰　邓俊娥　韩汝洲　窦桂芬

10. 十团（常郭乡）

团长：崔树华　副团长：孙连堂

代表（22 名）：

赵芳元　白玉新　李文华　孙连堂　崔树华　齐玉章　唐玉良　王金娈　商树桴　张金明
冯金成　刘广文　赵志德　邓华清　张淑香　邓秀兰　夏相臣　赵　燕　陈玉营　刘恩河
陈文英　刘文华

四、黄骅市第四届人民代表大会代表（1998 年 2 月—2003 年 4 月）

（一）第一次会议代表

1. 一团（市直单位、人武部）

团长：李玉楼　副团长：李德忠　杨淑兰

代表（23 名）：

闫兴华　张树志　李振伦　于长河　刘兆印　李德忠　李玉楼　李忠华　孔祥伟　刘云凤
刘志岭　刘淑会　田立坤　胡福起　张玉才　李秀云　赵成玉　白明芳　罗金成　吴月孚
韩玉萍　杨淑兰　张洪江

2. 二团（南大港农场、港骅矿区、长芦黄骅盐场）

团长：石政勋　副团长：李树田　高云桥

代表（17 名）：

石政勋　张义清　刘双贵　胡学和　左瑞红　边长滨　刘福升　王立兰　刘福祥　董传峰
董瑞霞　史玉华　李铁民　高云桥　蒋协武　李树田　李清海

3. 三团（中捷农场、港口开发区、港务局、北京军区黄骅盐场、北京军区黄骅高炮靶场）

团长：刘凤阁　副团长：王清坤

代表（18 名）：

王清坤　董维清　王洪芳　陈国祥　贾世明　岳俊志　张中路　刘凤阁　宋华佩　杨作臣
王振华　苏绍兰　刘少俊　王金河　赵国君　路世彤　郑庆忠　张　霞

4. 四团（黄骅镇）

团长：商玉龙　副团长：张志德　荣会昌

代表（19 名）：

张福臣　杨福堂　商玉龙　王福洪　张志德　张秀荣　张忠来　邓玉树　李金香　周长荣

马福山　左俊华　张春树　李华亭　荣会昌　刘树海　范秀荣　韩树勋　张建发

5. 五团（羊二庄回族镇）

团长：赵吉通　副团长：赵长升　马胜利

代表（20名）：

张志田　王元波　孟德祥　赵吉通　杨作瑞　王海祥　沈国林　王秀丽　张永利　宋玉华
张义华　王汝玺　陈志明　刘金娥　马胜利　吕树礼　于志明　赵长升　任连栋　董淑英

6. 六团（南排河镇）

团长：张国通　副团长：王德文　刘家伟

代表（22名）：

赵文广　刘树英　赵淑霞　张国通　王金朋　任振兰　王胜敏　孔繁禹　李金广　刘金华
苑长云　周云发　王德文　赵清峰　刘金钊　荆树峰　夏玉荣　张秀云　刘家伟　王金甫
张福英　杨文生

7. 七团（旧城镇）

团长：董文昌　副团长：于志成　马兴峰

代表（16名）：

董文昌　马兴峰　于志成　张芳兰　赵芳元　王宝仓　于德池　张广新　张志泉　李学政
陈连营　刘学忠　李海生　张福进　李宝兴　王胜珍

8. 八团（吕桥镇）

团长：李殿玉　副团长：吕文行

代表（16名）：

李世明　李树洪　孙吉合　田金昌　李殿玉　吕文行　程金岭　徐恒祥　韩广顺　邓俊娥
王普江　邓凤娥　王连银　吕玉华　王义才　董作敏

9. 九团（常郭镇）

团长：崔树华　副团长：康学生　左德生

代表（18名）：

杨洪榜　刘海凤　张世杰　崔树华　左德生　康学生　刘福江　李文华　孙连堂　王金鸾
冯金城　邓玉金　孙学敏　邓秀兰　徐连发　齐林等　陈文英　刘树普

10. 十团（齐家务乡）

团长：韩金坡

代表（15名）：

宋有洪　王德荣　李瑞田　韩金坡　王崇吉　李贵霞　杨之国　李绪江　陈桂琴　程　克
邸金萍　郑玉龙　田增红　王伯功　陈笃伟

11. 十一团（滕庄子乡）

团长：王晋文　副团长：刘兆忠

代表（16名）：

温志成　胡廷栋　井学祥　王晋文　刘兆忠　杨秀藏　张建良　胡学升　刘振桥　孟祥瑞
刘少庆　宋兰英　李秀阁　滕玉江　刘玉山　宋敬岩

12. 十二团（官庄乡）

团长：胡占琪　副团长：张文敏　王春祥

代表（13名）：

张占省　刘连清　胡占琪　王春祥　张文敏　左德敏　闫书深　张云兰　陈茂林　齐秀凤
孟宪法　李连明　韩化普

（二）第二次会议代表

1. 一团（市直单位、人武部）

团长：李玉楼　副团长：李德忠　杨淑兰

代表（23名）：

闫兴华　张树志　李振伦　于长河　刘兆印　李德忠　李玉楼　李忠华　孔祥伟　刘云凤
刘志岭　刘淑会　田立坤　胡福起　张玉才　李秀云　赵成玉　白明芳　罗金成　吴月孚
韩玉萍　杨淑兰　张洪江

2. 二团（南大港农场、港骅矿区、长芦黄骅盐场）

团长：石政勋　副团长：李树田　高云桥

代表（17名）：

石政勋　张义清　刘双贵　胡学和　左瑞红　边长滨　刘福升　王立兰　刘福祥　董传峰
董瑞霞　史玉华　李铁民　高云桥　蒋协武　李树田　李清海

3. 三团（中捷农场、港口开发区、港务局、北京军区黄骅盐场）

团长：刘凤阁　副团长：王清坤

代表（17名）：

王清坤　董维清　王洪芳　陈国祥　贾世明　张中路　刘凤阁　张　霞　宋华佩　杨作臣
王振华　苏绍兰　刘少俊　王金河　赵国君　路世彤　郑庆忠

4. 四团（黄骅镇）

团长：商玉龙　副团长：张志德　荣会昌

代表（19名）：

张福臣　杨福堂　商玉龙　王福洪　张志德　张秀荣　张忠来　邓玉树　李金香　周长荣
马福山　左俊华　张春树　李华亭　荣会昌　刘树海　范秀荣　韩树勋　张建发

5. 五团（羊二庄回族镇）

团长：赵吉通　副团长：赵长升　马胜利

代表（20名）：

张志田　王元波　孟德祥　赵吉通　杨作瑞　王海祥　沈国林　王秀丽　张永利　宋玉华
张义华　王汝玺　陈志明　刘金娥　马胜利　吕树礼　于志明　赵长升　任连栋　董淑英

6. 六团（南排河镇）

团长：张国通　副团长：王德文　刘家伟

代表（22名）：

赵文广　刘树英　赵淑霞　张国通　王金朋　任振兰　王胜敏　孔繁禹　李金广　刘金华

苑长云　周云发　王德文　赵清峰　刘金钊　荆树峰　夏玉荣　张秀云　刘家伟　王金甫
张福英　杨文生

7. 七团（旧城镇）

团长：马兴峰　副团长：于志成

代表（16名）：

董文昌　马兴峰　于志成　张芳兰　赵芳元　王宝仓　于德池　张广新　张志泉　李学政
陈连营　刘学忠　李海生　张福进　李宝兴　王胜珍

8. 八团（吕桥镇）

团长：李殿玉　副团长：吕文行

代表（15名）：

李世明　李树洪　孙吉合　田金昌　李殿玉　吕文行　程金岭　徐恒祥　韩广顺　邓俊娥
王普江　邓凤娥　王连银　王义才　董作敏

9. 九团（常郭镇）

团长：崔树华　副团长：康学生

代表（17名）：

刘海凤　张世杰　崔树华　左德生　康学生　刘福江　李文华　孙连堂　王金鸾　冯金城
邓玉金　孙学敏　邓秀兰　徐连发　齐林等　陈文英　刘树普

10. 十团（齐家务乡）

团长：韩金坡　副团长：杨之国

代表（15名）：

宋有洪　王德荣　李瑞田　韩金坡　王崇吉　李贵霞　杨之国　李绪江　陈桂琴　程　克
邸金萍　郑玉龙　田增红　王伯功　陈笃伟

11. 十一团（滕庄子乡）

团长：王晋文　副团长：刘兆忠

代表（16名）：

温志成　胡廷栋　井学祥　王晋文　刘兆忠　杨秀藏　张建良　胡学升　刘振桥　孟祥瑞
刘少庆　宋兰英　李秀阁　滕玉江　刘玉山　宋敬岩

12. 十二团（官庄乡）

团长：胡占琪　副团长：张文敏　王春祥

代表（13名）：

张占省　刘连清　胡占琪　王春祥　张文敏　左德敏　闫书深　张云兰　陈茂林　齐秀凤
孟宪法　李连明　韩化普

（三）第三次会议代表

1. 一团（市直单位、人武部）

团　长：李玉楼　副团长：李德忠　杨淑兰

代表（23名）：
王　进　郭建英　李振伦　于长河　刘兆印　李德忠　李玉楼　李忠华　孔祥伟　刘云凤　刘志岭　刘淑会　田立坤　胡福起　张玉才　李秀云　赵成玉　白明芳　罗金成　吴月孚　韩玉萍　杨淑兰　张洪江

2. 二团（南大港农场、港骅矿区、长芦黄骅盐场）

团长：石政勋　副团长：李树田　高云桥

代表（17名）：
石政勋　张义清　刘双贵　胡学和　左瑞红　边长滨　刘福升　王立兰　刘福祥　董传峰　董瑞霞　史玉华　李铁民　高云桥　蒋协武　李树田　李清海

3. 三团（中捷农场、港口开发区、港务局、沧州长华盐场、北京部队高炮靶场）

团长：刘凤阁　副团长：王清坤

代表（18名）：
王清坤　董维清　王洪芳　陈国祥　贾世明　张和平　刘凤阁　张　霞　宋华佩　杨作臣　王振华　苏绍兰　刘少俊　王金河　赵国君　路世彤　郑庆忠　杨卓彦

4. 四团（黄骅镇）

团长：商玉龙　副团长：荣会昌

代表（19名）：
张福臣　杨福堂　商玉龙　王福洪　张志德　张秀荣　张忠来　邓玉树　李金香　周长荣　马福山　左俊华　张春树　李华亭　荣会昌　刘树海　范秀荣　韩树勋　张建发

5. 五团（羊二庄回族镇）

团长：赵吉通　副团长：赵长升　马胜利

代表（21名）：
张志田　王元波　孟德祥　赵吉通　杨作瑞　王海祥　沈国林　王秀丽　张永利　宋玉华　张义华　王汝玺　陈志明　刘金娥　马胜利　吕树礼　于志明　赵长升　任连栋　董淑英　于志成

6. 六团（南排河镇）

团长：张国通　副团长：王德文　刘家伟

代表（22名）：
赵文广　刘树英　赵淑霞　张国通　王金朋　任振兰　王胜敏　孔繁禹　李金广　刘金华　苑长云　周云发　王德文　赵清峰　刘金钊　荆树峰　夏玉荣　张秀云　刘家伟　王金甫　张福英　杨文生

7. 七团（旧城镇）

团长：马兴峰　副团长：张广新

代表（15名）：
董文昌　马兴峰　张芳兰　王胜珍　赵芳元　王宝仓　于德池　张广新　张志泉　李学政　陈连营　刘学忠　李海生　张福进　李宝兴

8. 八团（吕桥镇）

团长：李殿玉　副团长：吕文行

代表（15名）：
李世明　李树洪　孙吉合　田金昌　李殿玉　吕文行　程金岭　徐恒祥　韩广顺　邓俊娥
王普江　邓凤娥　王连银　王义才　董作敏
9. 九团（常郭镇）
团长：张新华　副团长：康学生
代表（18名）：
贝　军　张世杰　崔树华　左德生　康学生　刘福江　李文华　孙连堂　王金鸾　冯金城
邓玉金　孙学敏　邓秀兰　徐连发　齐林等　陈文英　刘树普　张新华
10. 十团（齐家务乡）
团长：吕佳明　副团长：韩金坡
代表（16名）：
宋有洪　王德荣　贾恩芳　韩金坡　王崇吉　李贵霞　杨之国　李绪江　陈桂琴　程　克
邸金萍　郑玉龙　田增红　王伯功　陈笃伟　吕佳明
11. 十一团（滕庄子乡）
团长：刘兆忠　副团长：刘玉山
代表（15名）：
温志成　胡廷栋　王晋文　刘玉山　刘兆忠　杨秀藏　张建良　胡学升　刘振桥　孟祥瑞
刘少庆　宋兰英　李秀阁　滕玉江　宋敬岩
12. 十二团（官庄乡）
团长：王春祥　副团长：张文敏　井学祥
代表（14名）：
张占省　刘连清　胡占琪　王春祥　张文敏　左德敏　闫书深　张云兰　陈茂林　齐秀凤
孟宪法　李连明　韩化普　井学祥

（四）第四次会议代表

1. 一团（市直单位、人武部）
团长：李玉楼　副团长：李德忠　杨淑兰
代表（23名）：
王　进　郭建英　李振伦　于长河　刘兆印　李德忠　李玉楼　李忠华　孔祥伟　刘云凤
刘志岭　刘淑会　田立坤　胡福起　张玉才　李秀云　赵成玉　白明芳　罗金成　吴月孚
韩玉萍　杨淑兰　张洪江
2. 二团（南大港农场、港骅矿区、长芦黄骅盐场）
团长：石政勋　副团长：李树田　高云桥　董瑞霞
代表（17名）：
石政勋　张义清　刘双贵　胡学和　左瑞红　边长滨　刘福升　王立兰　刘福祥　董传峰
董瑞霞　史玉华　李铁民　高云桥　蒋协武　李树田　李清海

3. 三团（中捷农场、港口开发区、港务局、沧州长华盐场、北京部队高炮靶场）
团长：刘凤阁　副团长：王清坤
代表（18 名）：
王清坤　董维清　王洪芳　陈国祥　贾世明　张和平　刘凤阁　张　霞　宋华佩　杨作臣
王振华　苏绍兰　刘少俊　王金河　赵国君　路世彤　郑庆忠　杨卓彦
4. 四团（黄骅镇）
团长：商玉龙　副团长：荣会昌
代表（19 名）：
张福臣　杨福堂　商玉龙　王福洪　张志德　张秀荣　张忠来　邓玉树　李金香　周长荣
马福山　左俊华　张春树　李华亭　荣会昌　刘树海　范秀荣　韩树勋　张建发
5. 五团（羊二庄回族镇）
团长：赵长升　副团长：马胜利
代表（21 名）：
张志田　王元波　孟德祥　赵吉通　杨作瑞　王海祥　沈国林　王秀丽　张永利　宋玉华
张义华　王汝玺　陈志明　刘金娥　马胜利　吕树礼　于志明　赵长升　任连栋　董淑英
于志成
6. 六团（南排河镇）
团长：张国通　副团长：王德文
代表（21 名）：
赵文广　刘树英　赵淑霞　张国通　王金朋　任振兰　王胜敏　孔繁禹　李金广　刘金华
苑长云　周云发　王德文　赵清峰　刘金钊　荆树峰　夏玉荣　张秀云　王金甫　张福英
杨文生
7. 七团（旧城镇）
团长：马兴峰　副团长：张广新　于德池
代表（15 名）：
董文昌　马兴峰　张芳兰　王胜珍　赵芳元　王宝仓　于德池　张广新　张志泉　李学政
陈连营　刘学忠　李海生　张福进　李宝兴
8. 八团（吕桥镇）
团长：王月周　副团长：吕文行
代表（16 名）：
李世明　李树洪　孙吉合　田金昌　李殿玉　吕文行　程金岭　徐恒祥　韩广顺　邓俊娥
王普江　郑凤娥　王连银　王义才　董作敏　王月周
9. 九团（常郭镇）
团长：张新华　副团长：李绍鹏
代表（18 名）：
贝　军　张世杰　崔树华　左德生　康学生　刘福江　李文华　孙连堂　王金鸾　冯金城
邓玉金　李绍鹏　邓秀兰　徐连发　齐林等　陈文英　刘树普　张新华

10. 十团（齐家务乡）
团长：吕佳明　副团长：韩金坡
代表（15 名）：
王德荣　贾恩芳　韩金坡　王崇吉　李贵霞　杨之国　李绪江　陈桂琴　程　克　邸金萍
郑玉龙　田增红　王伯功　陈笃伟　吕佳明
11. 十一团（滕庄子乡）
团长：刘兆忠　副团长：刘玉山
代表（15 名）：
温志成　胡廷栋　王晋文　刘玉山　刘兆忠　杨秀藏　张建良　胡学升　刘振桥　孟祥瑞
刘少庆　宋兰英　李秀阁　滕玉江　宋敬岩
12. 十二团（官庄乡）
团长：刘佳伟　副团长：张文敏　井学祥
代表（15 名）：
张占省　刘连清　胡占琪　王春祥　张文敏　左德敏　闫书深　张云兰　陈茂林　齐秀凤
孟宪法　李连明　韩化普　井学祥　刘佳伟

（五）第五次会议代表

1. 一团（市直单位、人武部）
团长：李玉楼　副团长：李德忠　杨淑兰
代表（23 名）：
王　进　郭建英　李振伦　于长河　刘兆印　李德忠　李玉楼　李忠华　孔祥伟　刘云凤
刘志岭　刘淑会　田立坤　胡福起　张玉才　李秀云　赵成玉　白明芳　罗金成　吴月孚
韩玉萍　杨淑兰　张洪江
2. 二团（南大港农场、港骅矿区、长芦黄骅盐场）
团长：石政勋　副团长：李树田　高云桥　董瑞霞
代表（17 名）：
石政勋　张义清　刘双贵　胡学和　左瑞红　边长滨　刘福升　王立兰　刘福祥　董传峰
董瑞霞　史玉华　李铁民　高云桥　蒋协武　李树田　李清海
3. 三团（中捷农场、港口开发区、港务局、沧州长华盐场、北京部队高炮靶场）
团长：刘凤阁　副团长：王清坤
代表（17 名）：
王清坤　董维清　王洪芳　陈国祥　贾世明　杨卓彦　刘凤阁　张　霞　宋华佩　杨作臣
王振华　苏绍兰　刘少俊　王金河　赵国君　路世彤　郑庆忠
4. 四团（黄骅镇）
团长：商玉龙　副团长：荣会昌
代表（19 名）：
张福臣　杨福堂　商玉龙　王福洪　张志德　张秀荣　张忠来　邓玉树　李金香　周长荣

马福山　左俊华　张春树　李华亭　荣会昌　刘树海　范秀荣　韩树勋　张建发

5. 五团（羊二庄回族镇）

团　长：赵长升　副团长：马胜利　于志成

代表（21 名）：

张志田　王元波　孟德祥　赵吉通　杨作瑞　王海祥　沈国林　王秀丽　张永利　宋玉华
张义华　王汝玺　陈志明　刘金娥　马胜利　吕树礼　于志明　赵长升　任连栋　董淑英
于志成

6. 六团（南排河镇）

团长：王德文　副团长：张国通　杨文生

代表（21 名）：

赵文广　刘树英　赵淑霞　张国通　王金朋　任振兰　王胜敏　孔繁禹　李金广　刘金华
苑长云　周云发　王德文　赵清峰　刘金钊　荆树峰　夏玉荣　张秀云　王金甫　张福英
杨文生

7. 七团（旧城镇）

团长：马兴峰　副团长：张广新　于德池

代表（15 名）：

董文昌　马兴峰　张芳兰　王胜珍　赵芳元　王宝仓　于德池　张广新　张志泉　李学政
陈连营　刘学忠　李海生　张福进　李宝兴

8. 八团（吕桥镇）

团长：王月周　副团长：吕文行

代表（16 名）：

商宗岳　李树洪　孙吉合　张汝亮　李殿玉　吕文行　程金岭　徐恒祥　韩广顺　邓俊娥
王普江　郑凤娥　王连银　王义才　董作敏　王月周

9. 九团（常郭镇）

团长：张新华　副团长：李绍鹏

代表（18 名）：

臧宝恒　张世杰　崔树华　左德生　康学生　刘福江　李文华　孙连堂　王金鸾　冯金城
邓玉金　李绍鹏　邓秀兰　徐连发　齐林等　陈文英　刘树普　张新华

10. 十团（齐家务乡）

团长：吕佳明　副团长：韩金坡

代表（15 名）：

王德荣　贾恩芳　韩金坡　王崇吉　李贵霞　杨之国　李绪江　陈桂琴　程　克　邸金萍
郑玉龙　田增红　王伯功　陈笃伟　吕佳明

11. 十一团（滕庄子乡）

团长：刘兆忠　副团长：刘玉山

代表（15 名）：

温志成　胡廷栋　王晋文　刘玉山　刘兆忠　杨秀藏　张建良　胡学升　刘振桥　孟祥瑞
刘少庆　宋兰英　李秀阁　滕玉江　宋敬岩

12. 十二团（官庄乡）
团长：刘佳伟　副团长：张文敏　井学祥
代表（14名）：
刘连清　胡占琪　王春祥　刘佳伟　张文敏　左德敏　闫书深　张云兰　陈茂林　齐秀凤
孟宪法　李连明　韩化普　井学祥

五、黄骅市第五届人民代表大会代表（2003年4月—2007年7月）

（一）第一次会议代表

1. 一团（市直单位、人武部）
团长：李德忠　副团长：马维华
代表（22名）：
高景安　陈西峰　胡福起　于金秀（女，回族）沈海生　马维华　许东兴　刘国力
王晋文　韩金坡　李德忠　刘玉敏（女）刘延亭　刘印荣　刘云凤（女）刘胜林
张永丽（女）张洪江　马志云（女）周绍忠　赵云河　安　宁（回族）
2. 二团（南大港农场、港骅矿区、长芦盐场）
团长：刘国林　副团长：李树田
代表（17名）：
李树田　李清海　张明忠　范兰锁　高云桥　左瑞红（女）张华北　张义清　刘增华
李　勇　史玉华　石培清　张敬起（回族）刘国林　杨富柱　董瑞霞（女）王爱新（女）
3. 三团（中捷农场、港口开发区、港务局、神华集团）
团长：董传玉　副团长：刘树颖　张汝晶
代表（18名）：
何善琦　陈书林　刘树颖　王志龙　张汝晶　时国霞（女，回族）赵恩来（回族）
张金省（女）王占其　董传玉　王秀霞（女）冯建荣　赵国君（女）王振华　张建军
赵国华　刘国章（回族）王治禄
4. 四团（黄骅镇）
团长：张春杰　副团长：赵建华
代表（19名）：
王元波（回族）刘兴德　刘金华　孙永壮　常玉良（回族）夏金环（女）赵树芳（女）
李月玲（女）褚文起　沈秀琴（女）张洪瑞　张福臣　杨香智　张春杰　张俊平（女）
赵建华　张少瑞（女）张志敏（回族）杨伟丽（女）
5. 五团（羊二庄回族镇）
团长：温广才　副团长：程书清

代表（20 名）：

温志成　董文昌　张志田　张　魏（女）李连彬　沈国林　王秀丽（女）张永利
孙玉敏（女）张义华（回族）陈学文　程书清　刘金娥（女，回族）温广才
张福岭（回族）孙从明　郭连庆　任连栋　赵玉荣（女）庞之祥

6. 六团（南排河镇）

团长：赵锡铸　副团长：张树军

代表（22 名）：

刘彦红　刘树英　王瑞艳（女）赵锡铸　任振兰（女）李寿山　王胜敏　孔繁禹
李金广　王泽奎　刘金华（女）周云发　赵清峰　张树军　刘金钊　荆树峰
夏玉荣（女，回族）张秀云（女，回族）王金甫　张付英（女）张如辰　杨文生

7. 七团（旧城镇）

团长：于金义　副团长：周金城

代表（16 名）：

范振兰（女）周金城　马玉桥　于金义　李学政（回族）张德玉　王希荣　刘金辉（女）
陈连营　刘学忠　刘恩清　秦玉杰　张广新　张广新　王胜珍（女）白志营

8. 八团（吕桥镇）

团长：王月周　副团长：王玉山

代表（16 名）：

李树鸿　程金岭　徐恒祥　刘炳义　韩广顺　孙吉合　徐恒义　王玉山　王连银（女）
石爱英（女）吴忠祥　黄绍水　杜焕青　王义才　王月周　董作敏

9. 九团（常郭镇）

团长：刘玖锁　副团长：丰树森

代表（17 名）：

臧宝恒　刘玖锁　刘福江　刘凤龙　商金生　李忠然　范方海　韩连祥　邓玉金
郭艳玲（女）韩永珍（女）丰树森　刘兴华　沈之尧　孙文成　陈文英（女）
高文荣（女）

10. 十团（齐家务乡）

团长：刘家伟　副团长：高振岭

代表（16 名）：

刘靖亭（回族）李玉波　夏爱华（女）刘家伟　李桂霞（女）杨庆琰　李铁祥　程　克
董玉红（女）邸金萍（女）高振岭　温振江　陈秀梅（女）王百功　尹玉杰　张化岭

11. 十一团（滕庄子乡）

团长：孟祥普　副团长：孟宪鹏

代表（16 名）：

左俊华（女）刘福香（女）张建良　王淑云（女）张世杰　韩文彬　田松青
吴玉霞（女）刘绍庆　胡庆彪　孟祥普　滕淑江　刘玉山　李从华（回族）孟宪鹏
宋作峰

12. 十二团（官庄乡）
团长：王振山　副团长：胡希明
代表（13名）：
商宗岳　闫书申　吴玉娥（女）徐连江　陈茂林　胡希明　范芳峰　李连明　张纯治
王运起　韩效安　尹树田（回族）王振山

（二）第二次会议代表

1. 一团（市直单位、人武部）
团长：李德忠　副团长：马维华
代表（21名）：
高景安　陈西峰　安　宁（回族）刘延亭　胡福起　李德忠　马维华　刘国力　王晋文
韩金坡　刘印荣　赵云河　刘云凤（女）许东兴　刘玉敏（女）于金秀（女，回族）
张洪江　马志云（女）周绍忠　刘胜林　张永丽（女）
2. 二团（南大港管理区、港骅矿区、长芦盐场）
团长：刘国林　副团长：李树田
代表（17名）：
李　勇　刘国林　李树田　李清海　张明忠　范兰锁　高云桥　左瑞红（女）张华北
张义清　刘增华　史玉华　石培清　张敬起（回族）杨富柱　董瑞霞（女）王爱新（女）
3. 三团（沧州临港经济技术开发区、港口开发区、港务局、神华集团）
团长：董传玉　副团长：刘树颖　张汝晶
代表（18名）：
王占其　董传玉　刘树颖　张汝晶　何善琦　陈书林　王志龙　时国霞（女，回族）
赵恩来（回族）张金省（女）王秀霞（女）冯建荣　赵国君（女）王振华　张建军
赵国华　刘国章（回族）王治禄
4. 四团（黄骅镇）
团长：张春杰　副团长：赵建华
代表（19名）：
王元波（回族）刘兴德　张春杰　赵建华　沈秀琴（女）刘金华　孙永壮　常玉良（回族）
夏金环（女）赵树芳（女）李月玲（女）褚文起　张洪瑞　杨香智　张俊平（女）
张少瑞（女）张志敏（回族）杨伟丽（女）张福臣
5. 五团（羊二庄回族镇）
团长：温广才　副团长：程书清
代表（20名）：
温志成　董文昌　温广才　程书清　庞之祥　张义华（回族）张志田　张　魏（女）
李连彬　沈国林　王秀丽（女）张永利　孙玉敏（女）陈学文　刘金娥（女，回族）
张福岭（回族）孙从明　郭连庆　任连栋　赵玉荣（女）

6. 六团（南排河镇）

团长：赵锡铸　副团长：张树军

代表（22 名）：

刘彦红　赵锡铸　张树军　孔繁禹　杨文生　夏玉荣（女，回族）刘树英　王瑞艳（女）
任振兰（女）李寿山　王胜敏　李金广　王泽奎　刘金华（女）周云发　赵清峰
刘金钊　荆树峰　王金甫　张付英（女）张如辰　张秀云（女，回族）

7. 七团（旧城镇）

团长：于金义　副团长：周金城

代表（16 名）：

范振兰（女）于金义　周金城　秦玉杰　白志营　马玉桥　李学政（回族）张德玉
王希荣　刘金辉（女）陈连营　刘学忠　刘恩清　张广新　王胜珍（女）张广新

8. 八团（吕桥镇）

团长：王月周　副团长：徐恒义

代表（16 名）：

李树鸿　王月周　徐恒义　孙吉合　王玉山　王义才　程金岭　许恒祥　刘炳义　韩广顺
王连银（女）徐恒义　石爱英（女）吴忠祥　黄绍水　杜焕青　董作敏

9. 九团（常郭镇）

团长：刘玖锁　副团长：丰树森

代表（17 名）：

臧宝恒　刘玖锁　丰树森　刘凤龙　孙文成　刘福江　商金生　李忠然　范方海　韩连祥
邓玉金　郭艳玲（女）韩永珍（女）刘兴华　沈之尧　陈文英（女）高文荣（女）

10. 十团（齐家务乡）

团长：刘家伟　副团长：高振岭

代表（16 名）：

刘靖亭（回族）李玉波　夏爱华（女）刘家伟　高振岭　李桂霞（女）杨庆琰　李铁祥
程　克　董玉红（女）邸金萍（女）温振江　陈秀梅（女）王百功　尹玉杰　张化岭

11. 十一团（滕庄子乡）

团长：孟祥普　副团长：孟宪鹏

代表（16 名）：

左俊华（女）张世杰　孟祥普　孟宪鹏　刘玉山　刘绍庆　刘福香（女）张建良
王淑云（女）韩文彬　田松青　吴玉霞（女）胡庆彪　滕淑江　李从华（回族）宋作峰

12. 十二团（官庄乡）

团长：王振山　副团长：胡希明

代表（13 名）：

商宗岳　王振山　胡希明　闫书申　徐连江　陈茂林　尹树田（回族）范芳峰　李连明
张纯治　王运起　韩效安　吴玉娥（女）

（三）第三次会议代表

1. 一团（市直单位、人武部）

团长：李德忠　副团长：马维华

代表（22 名）：

杨洪榜　安　宁（回族）刘延亭　胡福起　李德忠　马维华　刘国力　王晋文　韩金坡
张春杰　刘印荣　赵云河　刘云凤（女）许东兴　刘玉敏（女）于金秀（女，回族）
武洪才　张洪江　马志云（女）周绍忠　刘胜林　张永丽（女）

2. 二团（南大港管理区、港骅矿区、沧盐集团）

团长：刘国林　副团长：张明忠

代表（17 名）：

李树田　李　勇　刘国林　张明忠　李清海　范兰锁　高云桥　左瑞红（女）张华北
张义清　刘增华　史玉华　石培清　张敬起（回族）杨富柱　董瑞霞（女）王爱新（女）

3. 三团（沧州临港经济技术开发区、港口开发区、神华集团）

团长：董传玉　副团长：刘树颖　张汝晶

代表（18 名）：

贾　全　董传玉　刘树颖　张汝晶　何善琦　陈书林　王志龙　时国霞（女，回族）
赵恩来（回族）张金省（女）王秀霞（女）冯建荣　赵国君（女）王振华　张建军
赵国华　刘国章（回族）王治禄

4. 四团（黄骅镇、羊三木回族乡）

团长：夏　军　副团长：张剑华（回族）

代表（20 名）：

王元波（回族）刘兴德　夏　军　张剑华（回族）沈秀琴（女）赵建华　刘金华
孙永壮　常玉良（回族）夏金环（女）赵树芳（女）李月玲（女）褚文起　张洪瑞
杨香智　张俊平（女）张少瑞（女）张志敏（回族）杨伟丽（女）张福臣

5. 五团（羊二庄回族镇）

团长：温广才　副团长：张永利

代表（19 名）：

温志成　温广才　张永利　程书清　庞之祥　张义华（回族）张志田　张　魏（女）
李连彬　沈国林　王秀丽（女）陈学文　孙玉敏（女）刘金娥（女，回族）孙从明
张福岭（回族）郭连庆　任连栋　赵玉荣（女）

6. 六团（南排河镇）

团长：赵锡铸　副团长：张树军

代表（22 名）：

刘彦红　赵锡铸　张树军　孔繁禹　杨文生　夏玉荣（女，回族）刘树英　王瑞艳（女）
任振兰（女）李寿山　王胜敏　李金广　王泽奎　刘金华（女）周云发　赵清峰
刘金钊　荆树峰　王金甫　张付英（女）张如辰　张秀云（女，回族）

7. 七团（旧城镇）
团长：于金义　副团长：刘恩清
代表 15 名：
范振兰（女）　于金义　刘恩清　贺连岭　白志营　马玉桥　李学政（回族）　张德玉
王希荣　刘金辉（女）　陈连营　刘学忠　张广新　王胜珍（女）　张广新
8. 八团（吕桥镇）
团长：王月周　副团长：徐恒义
代表（17 名）：
陈西峰　李树鸿　王月周　徐恒义　孙吉合　王玉山　王义才　程金岭　徐恒祥　刘炳义
韩广顺　王连银（女）　石爱英（女）　吴忠祥　黄绍水　杜焕青　董作敏
9. 九团（常郭镇）
团长：刘浩强　副团长：韩连祥
代表（18 名）：
董文昌　刘浩强　韩连祥　刘玖锁　刘凤龙　丰树森　孙文成　商金生　李忠然　范方海
邓玉金　刘福江　郭艳玲（女）　刘兴华　韩永珍（女）　沈之尧　陈文英（女）
高文荣（女）
10. 十团（齐家务乡）
团长：于春雷　副团长：高振岭
代表（16 名）：
刘靖亭（回族）　郑祖池　夏爱华（女）　于春雷　高振岭　李桂霞（女）　杨庆琰
李铁祥　程　克　董玉红（女）　邸金萍（女）　温振江　陈秀梅（女）　王百功　尹玉杰
张化岭
11. 十一团（滕庄子乡）
团长：孟祥普　副团长：刘玉山
代表（16 名）：
左俊华（女）　孟祥普　刘玉山　刘家伟　孟宪鹏　刘绍庆　刘福香（女）　张建良
王淑云（女）　韩文彬　田松青　吴玉霞（女）　胡庆彪　滕淑江　李从华（回族）　宋作峰
12. 十二团（官庄乡）
团长：王振山　副团长：徐连江
代表（13 名）：
谢荣珂　王振山　徐连江　胡希明　闫书申　陈茂林　尹树田（回族）　范芳峰　李连明
张纯治　王运起　韩效安　吴玉娥（女）

（四）第四次会议代表

1. 一团　（市直单位）
团长：李德忠　副团长：马维华

代表（20 名）：

郭建英　刘延亭　胡福起　李德忠　马维华　刘国力　王晋文　韩金坡　张春杰　刘印荣
赵云河　刘云凤（女）　许东兴　刘玉敏（女）　于金秀（女，回族）　张洪江　马志云（女）
周绍忠　刘胜林　张永丽（女）

2. 二团（南大港管理区、港骅矿区、沧盐集团）

团长：刘国林　副团长：张明忠

代表（17 名）：

李树田　李　勇　刘国林　张明忠　李清海　范兰锁　高云桥　左瑞红（女）　张华北
张义清　刘增华　史玉华　石培清　张敬起（回族）　杨富柱　董瑞霞（女）　王爱新（女）

3. 三团　（沧州临港经济技术开发区、港口开发区）

团长：刘树颖　副团长：张汝晶

代表（16 名）：

贾　全　刘树颖　张汝晶　董传玉　陈书林　王志龙　时国霞（女，回族）　赵国华
赵恩来（回族）　张金省（女）　王秀霞（女）　冯建荣　赵国君（女）　王振华　张建军
刘国章（回族）

4. 四团（黄骅镇、羊三木回族乡）

团长：夏　军　副团长：张剑华（回族）

代表（20 名）：

王元波（回族）　刘兴德　夏　军　张剑华（回族）　沈秀琴（女）　赵建华　刘金华
孙永壮　常玉良（回族）　夏金环（女）　赵树芳（女）　李月玲（女）　褚文起　张洪瑞
杨香智　张俊平（女）　张少瑞（女）　张志敏（回族）　杨伟丽（女）　张福臣

5. 五团（羊二庄回族镇）

团长：温广才　副团长：张永利

代表（19 名）：

温志成　温广才　张永利　程书清　庞之祥　张义华（回族）　张志田　张　魏（女）
李连彬　沈国林　王秀丽（女）　陈学文　孙玉敏（女）　刘金娥（女，回族）　孙从明
张福岭（回族）　郭连庆　任连栋　赵玉荣（女）

6. 六团（南排河镇）

团长：赵锡铸　副团长：赵清峰

代表（22 名）：

刘彦红　赵锡铸　赵清峰　孔繁禹　杨文生　夏玉荣（女，回族）　刘树英　王瑞艳（女）
任振兰（女）　李寿山　王胜敏　李金广　王泽奎　刘金华（女）　周云发　刘金钊
荆树峰　王金甫　张付英（女）　张树军　张如辰　张秀云（女，回族）

7. 七团（旧城镇）

团长：于金义　副团长：刘恩清

代表（15 名）：

范振兰（女）　于金义　刘恩清　贺连岭　白志营　马玉桥　李学政（回族）　张德玉
王希荣　刘金辉（女）　陈连营　刘学忠　张广新　王胜珍（女）　张广新

8. 八团（吕桥镇）

团长：王月周　副团长：徐恒义

代表（17 名）：

陈西峰　李树鸿　王月周　徐恒义　孙吉合　王玉山　王义才　程金岭　徐恒祥　刘炳义
韩广顺　王连银（女）石爱英（女）吴忠祥　黄绍水　杜焕青　董作敏

9. 九团（常郭镇）

团长：刘浩强　副团长：韩连祥

代表（19 名）：

董文昌　黄瑞强　刘浩强　韩连祥　刘玖锁　刘凤龙　丰树森　孙文成　商金生　李忠然
范方海　邓玉金　刘福江　郭艳玲（女）刘兴华　韩永珍（女）沈之尧　陈文英（女）
高文荣（女）

10. 十团（齐家务乡）

团长：于春雷　副团长：高振岭

代表（15 名）：

刘靖亭（回族）夏爱华（女）于春雷　高振岭　李桂霞（女）杨庆琰　李铁祥　程　克
董玉红（女）邸金萍（女）温振江　陈秀梅（女）王百功　尹玉杰　张化岭

11. 十一团（滕庄子乡）

团长：孟祥普　副团长：刘玉山

代表（16 名）：

左俊华（女）孟祥普　刘玉山　刘家伟　孟宪鹏　刘绍庆　刘福香（女）张建良
王淑云（女）韩文彬　田松青　吴玉霞（女）胡庆彪　滕淑江　李从华（回族）宋作峰

12. 十二团（官庄乡）

团长：王振山　副团长：徐连江

代表（13 名）：

谢荣珂　王振山　徐连江　胡希明　闫书申　陈茂林　尹树田（回族）范芳峰　李连明
张纯治　王运起　韩效安　吴玉娥（女）

六、黄骅市第六届人民代表大会代表（2007 年 7 月—2012 年 2 月）

（一）第一次会议代表

1. 一团（市直单位、人武部）

团长：张春杰　副团长：赵恩亭

代表（28 名）：

苑海森　胡福起　张春杰　赵恩亭　马志文　闫通章　商铎华　杜国良　刘淑会（女，回族）

张义振　许东兴　刘国力　王志军　吕立铭　孙福田　赵亚莉（女）王金峰　刘香芝（女）
刘玉敏（女）张义清　魏永军　刘云凤（女）闫景奎　赵云河　张庆宽　周绍忠
王英明（女）马志云（女）
2. 二团（羊三木回族乡、港骅矿区、沧盐集团）
团长：张剑华（回族）副团长：刘凤华
代表（14 名）：
王元波（回族）张剑华（回族）刘凤华　张振彬（回族）王秀刚（回族）
王志广（回族）张志敏（回族）李树田　李清海　赵学胜　崔树明　赵景茂　范兰锁
高云桥
3. 三团（黄骅镇）
团长：赵锡铸　副团长：张洪桥
代表（17 名）：
郭建英　贾　全　赵锡铸　张洪桥　李兆亮　刘金华　刘金营　许秀臣　王广福（回族）
夏金环（女）赵树芳（女）李月玲（女）褚文起　张洪瑞　卞永洪　杨香智
张少瑞（女）
4. 四团（羊二庄回族镇）
团长：张洪义　副团长：王连顺
代表（21 名）：
董文昌　张洪义　王连顺　王金瑞　王友海（回族）张永利　张　旺（回族）赵旭德
辛昌盛　张义华（回族）张振良（回族）刘宝平（回族）刘宝珍（女）李成营
李景田　张宝清　王玉德　郭连庆　王秀杰（女）刘淑艳（女）赵玉荣（女）
5. 五团（南排河镇）
团长：张吉宏　副团长：王之鹏
代表（23 名）：
刘彦红　张吉宏　王之鹏　张华熙　贺连岭　尹凤刚　王　志　赵金池　谢玉英（女）
任振兰（女）王淑杰　王胜敏　胡金升　王泽奎　刘金华（女）周云发　赵清峰
荆树峰　夏秀霞（女）张秀云（女，回族）史艳华（女，回族）张如辰　张付英（女）
6. 六团（旧城镇）
团长：刘　彬　副团长：王清彩（女）
代表（17 名）：
边老刚　单继泽　刘　彬　王清彩（女）刘凤龙　张广新　张长海　张玉才　王胜珍（女）
李金鹏　马玉桥　白志营　刘学忠　蒋宝泽　陈桂芹（女）张德玉　李德恒（回族）
7. 七团（吕桥镇）
团长：王振山　副团长：臧忠合
代表（18 名）：
谢荣珂　王振山　臧忠合　沈　健　程秀珍（女）王少云（回族）徐恒义　王文会
韩广顺　石传福　于西红　王义才　杜焕青　李宝英（女）黄绍水　石爱英（女）
刘炳义　刘金香（女）

8. 八团（常郭镇）
团长：王玉芬（女） 副团长：孙 进
代表（19 名）：
李树鸿 刘延亭 王玉芬（女） 孙 进 康学树 刘福江 商金生 赵文岐 李忠然
孙文成 邓玉金 邓长青 张胜德 邓奎岐 李之杰 沈松柱 姚金明 王雪梅（女）
邓淑华（女）
9. 九团（齐家务乡）
团长：于春雷 副团长：张 文
代表（17 名）：
商玉龙 何寿彪 于春雷 张 文 于洪俊（女） 李桂霞（女） 杨庆琰 王淑丽（女）
孙国周 吕丽荣（女） 王百功 王景峰 王百文 于怀河 温振江 李道利 尹玉杰
10. 十团（滕庄子乡）
团长：李兆胜 副团长：王振岭
代表（18 名）：
赵淑英（女） 李兆胜 王振岭 张树军 刘家伟 王平一 张建良 王淑云（女）
吴玉霞（女） 韩文彬 李希月 胡庆彪 滕峰如 刘绍庆 刘玉山 滕吉新 宋作峰
李从华（回族）
11. 十一团（官庄乡）
团长：胡福岗 副团长：韩效宏
代表（14 名）：
黄瑞强 胡福岗 韩效宏 张贤梅（女，回族） 赵宝恒 张玉艳（女） 徐连江 陈茂林
胡庆余 张纯治 韩效安 孙文岭 陈云明 付之平

（二）第二次会议代表

1. 一团（市直单位、人武部）
团长：张春杰 副团长：赵恩亭
代表（28 名）：
苑海森 胡福起 张春杰 赵恩亭 马志文 闫通章 商铎华 杜国良 刘淑会（女，回族）
张义振 许东兴 刘国力 王志军 吕立铭 孙福田 赵亚莉（女） 王金峰 刘香芝（女）
刘玉敏（女） 张义清 魏永军 刘云凤（女） 闫景奎 赵云河 张庆宽 周绍忠
王英明（女） 马志云（女）
2. 二团（羊三木回族乡、港骅矿区、沧盐集团）
团长：张剑华（回族） 副团长：刘凤华
代表（14 名）：
王元波（回族） 张剑华（回族） 刘凤华 张振彬（回族） 王秀刚（回族） 王志广（回族）
张志敏（回族） 李树田 李清海 赵学胜 崔树明 赵景茂 范兰锁 高云桥

3. 三团（黄骅镇）

团长：赵锡铸　副团长：张洪桥

代表（18名）：

郭建英　贾　全　赵锡铸　张洪桥　李兆亮　刘金华　刘金营　许秀臣　王广福（回族）
夏金环（女）赵树芳（女）李月玲（女）褚文起　张洪瑞　卞永洪　杨香智　张少瑞（女）
邢承业

4. 四团（羊二庄回族镇）

团长：张洪义　副团长：王连顺

代表（22名）：

许芳林　董文昌　张洪义　王连顺　王金瑞　王友海（回族）张永利　张　旺（回族）
赵旭德　辛昌盛　张义华（回族）张振良（回族）刘宝平（回族）刘宝珍（女）
李成营　李景田　张宝清　王玉德　郭连庆　王秀杰（女）刘淑艳（女）赵玉荣（女）

5. 五团（南排河镇）

团长：张吉宏　副团长：王之鹏

代表（24名）：

刘彦红　张吉宏　王之鹏　张华熙　贺连岭　尹凤刚　王　志　赵金池　谢玉英（女）
任振兰（女）王淑杰　王胜敏　胡金升　王泽奎　刘金华（女）周云发　赵清峰
荆树峰　夏秀霞（女）张秀云（女，回族）史艳华（女，回族）张如辰　张付英（女）
王鹤荀

6. 六团（旧城镇）

团长：刘　彬　副团长：王清彩（女）

代表（18名）：

边老刚　贾恩芳　单继泽　刘　彬　王清彩（女）刘凤龙　张广新　张长海　张玉才
王胜珍（女）李金鹏　马玉桥　白志营　刘学忠　蒋宝泽　陈桂芹（女）张德玉
李德恒（回族）

7. 七团（吕桥镇）

团长：王振山　副团长：臧忠合

代表（18名）：

谢荣珂　王振山　臧忠合　沈　健　程秀珍（女）王少云（回族）徐恒义　王文会
韩广顺　石传福　于西红　王义才　杜焕青　李宝英（女）黄绍水　石爱英（女）
刘炳义　刘金香（女）

8. 八团（常郭镇）

团长：王玉芬（女）副团长：孙　进

代表（20名）：

李树鸿　刘延亭　王玉芬（女）孙　进　康学树　白义刚　刘福江　商金生　赵文岐
李忠然　孙文成　邓玉金　邓长青　张胜德　邓奎岐　李之杰　沈松柱　姚金明
王雪梅（女）邓淑华（女）

9. 九团（齐家务乡）
团长：于春雷　副团长：张　文
代表（18 名）：
商玉龙　王清坤　于春雷　张　文　何寿彪　于洪俊（女）李桂霞（女）杨庆琰
王淑丽（女）孙国周　吕丽荣（女）王百功　王景峰　王百文　于怀河　温振江
李道利　尹玉杰
10. 十团（滕庄子乡）
团长：李兆胜　副团长：王振岭
代表（18 名）：
赵淑英（女）李兆胜　王振岭　张树军　刘家伟　王平一　张建良　王淑云（女）
吴玉霞（女）韩文彬　李希月　胡庆彪　滕峰如　刘绍庆　刘玉山　滕吉新　宋作峰
李从华（回族）
11. 十一团（官庄乡）
团长：胡福岗　副团长：韩效宏
代表（14 名）：
黄瑞强　胡福岗　韩效宏　张贤梅（女，回族）赵宝恒　张玉艳（女）徐连江　陈茂林
胡庆余　张纯治　韩效安　孙文岭　陈云明　付之平

（三）第三次会议代表

1. 一团（市直单位、人武部）
团长：张春杰　副团长：赵恩亭
代表（28 名）：
苑海森　胡福起　张春杰　赵恩亭　马志文　闫通章　商铎华　杜国良
刘淑会（女，回族）张义振　许东兴　刘国力　王志军　吕立铭　孙福田　赵亚莉（女）
王金峰　刘香芝（女）刘玉敏（女）张义清　魏永军　刘云凤（女）闫景奎　赵云河
张庆宽　周绍忠　王英明（女）马志云（女）
2. 二团（羊三木回族乡、港骅矿区、沧盐集团）
团长：张剑华（回族）副团长：刘凤华
代表（14 名）：
王元波（回族）张剑华（回族）刘凤华　张振彬（回族）王秀刚（回族）
王志广（回族）张志敏（回族）李树田　李清海　赵学胜　崔树明　赵景茂　范兰锁
高云桥
3. 三团（黄骅镇）
团长：赵锡铸　副团长：张洪桥
代表（18 名）：
郭建英　贾　全　赵锡铸　张洪桥　李兆亮　刘金华　刘金营　许秀臣　王广福（回族）
夏金环（女）赵树芳（女）李月玲（女）褚文起　张洪瑞　卞永洪　杨香智

张少瑞（女）　邢承业

4. 四团（羊二庄回族镇）

团长：张洪义　副团长：王连顺

代表（22名）：

许芳林　董文昌　张洪义　王连顺　王金瑞　王友海（回族）　张永利　张　旺（回族）

赵旭德　辛昌盛　张义华（回族）　张振良（回族）　刘宝平（回族）　刘宝珍（女）

李成营　李景田　张宝清　王玉德　郭连庆　王秀杰（女）　刘淑艳（女）　赵玉荣（女）

5. 五团（南排河镇）

团长：张吉宏　副团长：王之鹏

代表（24名）：

刘彦红　张吉宏　王之鹏　张华熙　贺连岭　尹凤刚　王　志　赵金池　谢玉英（女）

任振兰（女）　王淑杰　王胜敏　胡金升　王泽奎　刘金华（女）　周云发　赵清峰

荆树峰　夏秀霞（女）　张秀云（女，回族）　史艳华（女，回族）　张如辰　张付英（女）

王鹤荀

6. 六团（旧城镇）

团长：刘　彬　副团长：王清彩（女）

代表（18名）：

边老刚　贾恩芳　单继泽　刘　彬　王清彩（女）　刘凤龙　张广新　张长海　张玉才

王胜珍（女）　李金鹏　马玉桥　白志营　刘学忠　蒋宝泽　陈桂芹（女）　张德玉

李德恒（回族）

7. 七团（吕桥镇）

团长：王振山　副团长：臧忠合

代表（18名）：

谢荣珂　王振山　臧忠合　沈　健　程秀珍（女）　王少云（回族）　徐恒义　王文会

韩广顺　石传福　于西红　王义才　杜焕青　李宝英（女）　黄绍水　石爱英（女）

刘炳义　刘金香（女）

8. 八团（常郭镇）

团长：王玉芬（女）　副团长：孙　进

代表（20名）：

李树鸿　刘延亭　王玉芬（女）　孙　进　康学树　白义刚　刘福江　商金生　赵文岐

李忠然　孙文成　邓玉金　邓长青　张胜德　邓奎岐　李之杰　沈松柱　姚金明

王雪梅（女）　邓淑华（女）

9. 九团（齐家务乡）

团长：于春雷　副团长：张　文

代表（18名）：

商玉龙　王清坤　于春雷　张　文　何寿彪　于洪俊（女）　李桂霞（女）　杨庆琰

王淑丽（女）　孙国周　吕丽荣（女）　王百功　王景峰　王百文　于怀河　温振江

李道利　尹玉杰

10. 十团（滕庄子乡）
团长：李兆胜　副团长：王振岭
代表（18名）：
赵淑英（女）　李兆胜　王振岭　张树军　刘家伟　王平一　张建良　王淑云（女）
吴玉霞（女）　韩文彬　李希月　胡庆彪　滕峰如　刘绍庆　刘玉山　滕吉新　宋作峰
李从华（回族）
11. 十一团（官庄乡）
团长：胡福岗　副团长：韩效宏
代表（14名）：
黄瑞强　胡福岗　韩效宏　张贤梅（女，回族）　赵宝恒　张玉艳（女）　徐连江　陈茂林
胡庆余　张纯治　韩效安　孙文岭　陈云明　付之平

（四）第四次会议代表

1. 一团（南大港产业园区、中捷产业园区、化工园区）
团长：董海龙　副团长：刘树颖
代表（15名）：
郝　忠　尹恩远　董海龙　刘树颖　夏福珂　张召堂　吕振华　巴　力　王振华　马大玲
孙纪木　朱朝阳　许建华　杨树增　刘玉新（女）
2. 二团（市直单位、人武部）
团长：张春杰　副团长：赵恩亭
代表（31名）：
赵俊奇　胡福起　张春杰　赵恩亭　马志文　商铎华　杜国良　许东兴　刘国力　王志军
吕立铭　孙福田　王金峰　张义清　魏永军　刘云凤（女）　闫景奎　赵云河　周绍忠
王英明（女）　马志云（女）　王凤臣　刘淑会（女，回族）　赵亚莉（女）　刘香芝（女）
刘玉敏（女）　张华熙　王平一　李兆胜　张洪义　康学树
3. 三团（羊三木回族乡、港骅矿区、沧盐集团）
团长：张剑华（回族）　副团长：刘凤华
代表（14名）：
王元波（回族）　张剑华（回族）　刘凤华　张振彬（回族）　王秀刚（回族）
王志广（回族）　张志敏（回族）　李树田　李清海　赵学胜　崔树明　赵志勇　范兰锁
高云桥
4. 四团（黄骅镇）
团长：王振山　副团长：张洪桥
代表（19名）：
回学勇（回族）　贾　全　赵锡铸　王振山　张洪桥　臧忠和　邢成业　刘金华　刘金营
许秀臣　王广福（回族）　夏金环（女）　赵树芳（女）　卞永洪　李月玲（女）　褚文起
张洪瑞　杨香智　张少瑞（女）

5. 五团（羊二庄回族镇）

团长：沈　健

代表（20名）：

许方林　董文昌　沈　健　王金瑞　张永利　辛昌盛　张　旺（回族）赵旭德

张义华（回族）张振良（回族）李景田　刘宝平（回族）刘宝珍（女）李成营

张宝清　王玉德　郭连庆　王秀杰（女）刘淑艳（女）赵玉荣（女）

6. 六团（南排河镇）

团长：张吉宏　副团长：张义振

代表（23名）：

刘彦红　张吉宏　张义振　贺连岭　尹凤刚　王　志　赵金池　谢玉英（女）

任振兰（女）王淑杰　王胜敏　胡金升　王泽奎　刘金华（女）周云发　赵清峰

荆树峰　夏秀霞（女）张秀云（女，回族）史艳华（女，回族）张如辰　刘浩强

张付英（女）

7. 七团（旧城镇）

团长：刘　彬　副团长：王清彩（女）

代表（18名）：

边老刚　贾恩芳　单继泽　刘　彬　王清彩（女）刘凤龙　张广新　张长海　张玉才

王胜珍（女）李金鹏　马玉桥　白志营　刘学忠　蒋宝泽　陈桂芹（女）张德玉

李德恒（回族）

8. 八团（吕桥镇）

团长：李兆亮

代表（17名）：

崔炳甫　李红旗　李兆亮　程秀珍（女）王少云（回）徐恒义　王文会　韩广顺

石传福　于西红　王义才　杜焕青　李宝英（女）黄绍水　石爱英（女）刘炳义

刘金香（女）

9. 九团（常郭镇）

团长：于春雷　副团长：王连顺

代表（19名）：

李树鸿　于春雷　王连顺　刘福江　商金生　白义刚　姚金明　赵文岐　张　刚　李忠然

孙文成　邓玉金　邓长青　张胜德　邓奎岐　李之杰　沈松柱　王雪梅（女）邓淑华（女）

10. 十团（齐家务乡）

团长：王友海（回族）副团长：张　文

代表（18名）：

商玉龙　王友海（回族）张　文　王清坤　何寿彪　于洪俊（女）李桂霞（女）杨庆琰

王淑丽（女）孙国周　吕丽荣（女）王百功　王景峰　王百文　于怀河　温振江

李道利　尹玉杰

11. 十一团（滕庄子乡）

团长：闫通章　副团长：王振岭

代表（18 名）：
赵淑英（女） 闫通章 王振岭 王之鹏 张树军 刘家伟 宋作峰 张建良
王淑云（女） 吴玉霞（女） 韩文彬 李希月 胡庆彪 滕峰如 刘绍庆 刘玉山
滕吉新 李从华（回族）
12. 十二团（官庄乡）
团长：胡福岗 副团长：韩效宏
代表（15 名）：
黄瑞强 胡福岗 韩效宏 孙 进 张贤梅（女，回族） 赵宝恒 张玉艳（女） 徐连江
陈茂林 胡庆余 张纯治 韩效安 孙文岭 陈云明 付之平

（五）第五次会议代表

1. 一团（南大港产业园区、中捷产业园区、临港化工产业园区）
团长：董海龙 副团长：刘树颖
代表（15 名）：
郝 忠 尹恩远 董海龙 刘树颖 夏福珂 吕振华 张召堂 巴 力 王振华 马大玲
孙纪木 朱朝阳 许建华 杨树增 刘玉新（女）
2. 二团（市直单位、人武部）
团长：张春杰 副团长：赵恩亭
代表（35 名）：
胡福起 张春杰 赵恩亭 马志文 商铎华 杜国良 许东兴 刘国力 王志军 吕立铭
孙福田 王金峰 张义清 魏永军 刘云凤（女） 闫景奎 赵云河 周绍忠 王英明（女）
马志云（女） 王凤臣 赵亚莉（女） 刘香芝（女） 刘玉敏（女） 张华熙 王平一
李兆胜 张洪义 康学树 刘凤华 张洪桥 张 文 王振岭 王清彩（女） 刘凤龙
3. 三团（羊三木回族乡、港骅矿区、沧盐集团）
团长：张剑华（回族） 副团长：张振彬（回族）
代表（13 名）：
王元波（回族） 张剑华（回族） 张振彬（回族） 王秀刚（回族） 王志广（回族）
张志敏（回族） 李树田 李清海 赵学胜 崔树明 赵志勇 范兰锁 高云桥
4. 四团（黄骅镇）
团长：王振山 副团长：臧忠和
代表（19 名）：
回学勇（回族） 贾 全 赵锡铸 王振山 臧忠和 邢成业 刘金华 刘金营 许秀臣
王广福（回族） 夏金环（女） 赵树芳（女） 卞永洪 李月玲（女） 褚文起 张洪瑞
杨香智 张少瑞（女） 刘淑会（女，回族）
5. 五团（羊二庄回族镇）
团长：沈 健 副团长：张义华（回族）

代表（19名）：

许方林 董文昌 沈 健 张义华（回族） 王金瑞 张永利 辛昌盛 张 旺（回族）
赵旭德 张振良（回族） 李景田 刘宝平（回族） 刘宝珍（女） 李成营 王玉德
郭连庆 王秀杰（女） 刘淑艳（女） 赵玉荣（女）

6. 六团（南排河镇）

团长：张吉宏 副团长：张义振

代表（23名）：

刘彦红 张吉宏 张义振 贺连岭 尹凤刚 刘浩强 王 志 赵金池 谢玉英（女）
任振兰（女） 王淑杰 王胜敏 胡金升 王泽奎 刘金华（女） 周云发 赵清峰
荆树峰 夏秀霞（女） 张秀云（女，回族） 史艳华（女，回族） 张如辰 张付英（女）

7. 七团（旧城镇）

团长：刘 彬 副团长：白志营

代表（16名）：

边老刚 贾恩芳 单继泽 刘 彬 白志营 张广新 张长海 张玉才 王胜珍（女）
李金鹏 马玉桥 刘学忠 蒋宝泽 陈桂芹（女） 张德玉 李德恒（回族）

8. 八团（吕桥镇）

团长：李兆亮 副团长：韩效宏

代表（18名）：

崔炳甫 李红旗 李兆亮 韩效宏 程秀珍（女 ） 王少云（回族） 徐恒义 王文会
韩广顺 石传福 于西红 王义才 杜焕青 李宝英（女） 黄绍水 石爱英（女）
刘炳义 刘金香（女）

9. 九团（常郭镇）

团长：于春雷 副团长：王连顺

代表（18名）：

李树鸿 张 刚 于春雷 王连顺 白义刚 商金生 姚金明 沈松柱 赵文岐 李忠然
孙文成 邓玉金 邓长青 张胜德 邓奎岐 李之杰 王雪梅（女） 邓淑华（女）

10. 十团（齐家务乡）

团长：王友海（回族） 副团长：何寿彪

代表（17名）：

商玉龙 王友海（回族） 何寿彪 王清坤 于洪俊（女） 李桂霞（女） 杨庆琰
王淑丽（女） 孙国周 吕丽荣（女） 王百功 王景峰 王百文 于怀河 温振江
李道利 尹玉杰

11. 十一团（滕庄子乡）

团长：闫通章 副团长：王之鹏

代表（17名）：

赵淑英（女） 刘家伟 闫通章 王之鹏 张树军 宋作峰 张建良 王淑云（女）
吴玉霞（女） 韩文彬 李希月 胡庆彪 滕峰如 刘绍庆 刘玉山 滕吉新
李从华（回族）

12. 十二团（官庄乡）
团长：胡福岗　副团长：孙　进
代表（15 名）：
黄瑞强　胡福岗　孙　进　于健喜　张贤梅（女，回族）　赵宝恒　张玉艳（女）　徐连江
陈茂林　胡庆余　张纯治　韩效安　孙文岭　陈云明　付之平

七、黄骅市第七届人民代表大会代表（2012 年 2 月—2017 年 2 月）

（一）第一次会议代表

1. 一团（临港经济技术开发区、中捷产业园区、南大港产业园区）
团长：杜建军　副团长：刘树颖
代表（29 名）：
谢友泉　尹恩远　杜建军　刘树颖　王学军（回族）　吕振华　张召堂　巴　力　王振华
贾启才　孙纪木　张希泉　许建华　杨树增　刘玉新（女）　刘丽丽（女）　明玉峰
刘立著　蔡战胜　张瑞华（回族）　陈海烈　黄　红（女）　周希胜　崔治福　李贻峰
石　峰　郑崇霞（女）　王晨光（回族）　王　莉（女）
2. 二团（市直单位、人武部）
团长：商铎华　副团长：赵云河
代表（26 名）：
商铎华　赵云河　于洪俊（女）　孔令杰　张鹏翔　刘炳发　牛保根　刘　彬　李锡志
许东兴　赵金忠　韩春华　康学树　刘香芝（女）　李拥军（回族）　靳振林　杜国良
高阳春　闫景奎　王凤臣　刘洪良　杨志海　刘德林　周绍忠　夏丽华（女）　金　玲（女）
3. 三团（羊三木回族乡、油区基地、沧盐集团）
团长：刘宝玉　副团长：张建军
代表（12 名）：
张洪义　刘宝玉　张建军　张德胜（回族）　王治广（回族）　于洪林　程同海　高文强
王秀刚（回族）　赵芳秋　赵志勇　刘建军
4. 四团（黄骅镇）
团长：臧忠合　副团长：刘海洲
代表（18 名）：
董文昌　臧忠合　刘海洲　王　力　于建喜　沈海滨　刘金奎　邵建萍（女）
王广福（回族）　刘树行　赵广杰　李月玲（女）　张福增　刘金营　卞永洪　杨香智
郑国昌　穆建霞（女）

5. 五团（羊二庄回族镇）

团长：沈　健　副团长：刘建勋

代表（20名）：

回学勇（回族）　沈　健　刘建勋　张学伟（回族）　王金瑞　张永利　张　旺（回族）　赵旭德　辛昌盛　张义华（回族）　张振良（回族）　王秀杰（女）　李景田　刘秀香（女）　周庆岗　姬正强　刘宝平（回族）　郭连庆　刘淑艳（女）　陈　静（女）

6. 六团（南排河镇）

团长：张义振　副团长：沈海洋

代表（20名）：

张建华　张义振　沈海洋　刘浩强　吴公才（回族）　肖宝青　史洪梅（女）　王新港　赵秀华（女）　李丙胜　胡金升　夏文星　王世坤　赵树勋　赵清峰　尹凤刚　高宪珍（女）　张如辰　张付英（女）　张秀云（女，回族）

7. 七团（旧城镇）

团长：张振彬（回族）　副团长：刘金鹏

代表（17名）：

王元波（回族）　张振彬（回族）　刘金鹏　王春祥　滕翠林　霍庆荣（女）　张玉才　张长海　张金明　李德恒（回族）　张广新　李金鹏　陈同向　白志营　蒋宝泽　孟繁悦　张德玉

8. 八团（吕桥镇）

团长：张吉宏　副团长：于锦辉

代表（19名）：

潘海瀛　李红旗　单继泽　张吉宏　于锦辉　吴勇刚　石爱英（女）　徐恒进　董宪庆　石家庆　张　艳　王义才　于熙洪　于锦松　王文会　刘丙义　韩广顺　王少云（回族）　刘金香（女）

9. 九团（常郭镇）

团长：王连顺　副团长：周洪恩

代表（18名）：

马志明　王连顺　周洪恩　胡福岗　白义刚　赵国旺　赵文起　孙文成　张德荣　张春雨　宋国俊　蒋观海　商金生　张福堂　张胜德　李德然　齐月晖　王雪梅（女）

10. 十团（齐家务乡）

团长：王友海（回族）　副团长：张　伟

代表（18名）：

张长瑞　许建国　王友海（回族）　张　伟　邢承业　李凤江　李　健　程春林　尹玉杰　董久升　于怀和　秦凤格　吕丽荣（女）　王百文　康振云（女）　王景峰　温振江　李道利

11. 十一团（滕庄子乡）

团长：闫通章　副团长：于国庆

代表（18名）：

王振山　闫通章　于国庆　张华熙　张树军　王之鹏　韩文彬　关士杰（满族）刘玉山　王建英（女）宋兴仓　李从华（回族）许锡明（满族）滕吉新　张　宁　王英明（女）　胡振海　张建良

12. 十二团（官庄乡）

团长：何寿彪　副团长：佟建锋

代表（14名）：

叶永贺　何寿彪　佟建锋　刘治海　徐连江　于寿彦　陈云明　付之平　韩效安　张纯治　赵宝恒　闫寿学　张宝宇　张贤梅（女，回族）

（二）第二次会议代表

1. 一团（临港经济技术开发区、中捷产业园区、南大港产业园区）

团长：杜建军　副团长：刘树颖

代表（27名）：

谢友泉　尹恩远　杜建军　刘树颖　王学军（回族）吕振华　张召堂　王振华　贾启才　孙纪木　张希泉　王　莉（女）许建华　杨树增　刘玉新（女）刘丽丽（女）明玉峰　刘立著　蔡战胜　张瑞华（回族）陈海烈　黄　红（女）周希胜　崔治福　李贻峰　石　峰　王晨光（回族）

2. 二团（市直单位、人武部）

团长：商铎华　副团长：赵云河

代表（24名）：

商铎华　赵云河　于洪俊（女）孔令杰　张鹏翔　刘炳发　夏丽华（女）刘　彬　李锡志　许东兴　赵金忠　韩春华　康学树　刘香芝（女）李拥军（回族）靳振林　杜国良　高阳春　闫景奎　刘洪良　杨志海　刘德林　周绍忠　金　玲（女）

3. 三团（羊三木回族乡、油区基地、沧盐集团）

团长：刘宝玉　副团长：张建军

代表（11名）：

张洪义　刘宝玉　张建军　张德胜（回族）王治广（回族）于洪林　刘建军　高文强　王秀刚（回族）赵芳秋　赵志勇

4. 四团（黄骅镇）

团长：臧忠合　副团长：刘海洲

代表（18名）：

董文昌　臧忠合　刘海洲　王　力　于建喜　沈海滨　刘金奎　邵建萍（女）　王广福（回族）刘树行　赵广杰　李月玲（女）张福增　刘金营　卞永洪　杨香智　郑国昌　穆建霞（女）

5. 五团（羊二庄回族镇）

团长：沈　健　副团长：刘建勋

代表（19 名）：

回学勇（回族）　沈　健　刘建勋　张学伟（回族）　王金瑞　张永利　张　旺（回族）　赵旭德　辛昌盛　张义华（回族）　张振良（回族）　王秀杰（女）　李景田　刘秀香（女）　周庆岗　姬正强　陈　静（女）　郭连庆　刘淑艳（女）

6. 六团（南排河镇）

团长：张义振　副团长：沈海洋

代表（20 名）：

张建华　张义振　沈海洋　刘浩强　吴公才（回族）　肖宝青　史洪梅（女）　王新港　赵秀华（女）　李丙胜　胡金升　夏文星　王世坤　赵树勋　赵清峰　尹凤刚　高宪珍（女）　张如辰　张付英（女）　张秀云（女，回族）

7. 七团（旧城镇）

团长：张振彬（回族）　副团长：刘金鹏

代表（17 名）：

王元波（回族）　张振彬（回族）　刘金鹏　王春祥　滕翠林　霍庆荣（女）　张玉才　张长海　张金明　李德恒（回族）　张广新　李金鹏　陈同向　白志营　蒋宝泽　孟繁悦　张德玉

8. 八团（吕桥镇）

团长：张吉宏　副团长：于锦辉

代表（19 名）：

潘海瀛　李红旗　单继泽　张吉宏　于锦辉　吴勇刚　石爱英（女）　徐恒进　董宪庆　石家庆　张　艳　王义才　于熙洪　于锦松　王文会　刘丙义　韩广顺　王少云（回族）　刘金香（女）

9. 九团（常郭镇）

团长：王连顺　副团长：周洪恩

代表（18 名）：

马志明　王连顺　周洪恩　胡福岗　白义刚　赵国旺　赵文起　孙文成　张德荣　张春雨　宋国俊　蒋观海　商金生　张福堂　张胜德　李德然　齐月晖　王雪梅（女）

10. 十团（齐家务乡）

团长：王友海（回族）　副团长：张　伟

代表（18 名）：

张长瑞　许建国　王友海（回族）　张　伟　邢承业　董久升　李　健　程春林　尹玉杰　李凤江　于怀和　秦凤格　吕丽荣（女）　王百文　康振云（女）　王景峰　温振江　李道利

11. 十一团（滕庄子乡）

团长：闫通章　副团长：于国庆

代表（18 名）：

王振山　闫通章　于国庆　张华熙　张树军　王之鹏　韩文彬　关士杰（满族）　刘玉山　王建英（女）　宋兴仓　李从华（回族）　许锡明（满族）　滕吉新　张　宁　王英明（女）

胡振海　张建良

12. 十二团（官庄乡）

团长：何寿彪　副团长：佟建锋

代表（14 名）：

叶永贺　何寿彪　佟建锋　刘治海　徐连江　于寿彦　陈云明　付之平　韩效安　张纯治
赵宝恒　闫寿学　张宝宇　张贤梅（女，回族）

（三）第三次会议代表

1. 一团（临港经济技术开发区、中捷产业园区、南大港产业园区）

团长：杜建军　副团长：刘树颖

代表（28 名）：

丁绣峰　刘　强　刘立著　杜建军　刘树颖　张召堂　吕振华　崔治福　王学军（回族）
王振华　贾启才　孙纪木　张希泉　王　莉（女）许建华　杨树增　刘玉新（女）
刘丽丽（女）明玉峰　谢友泉　蔡战胜　张瑞华（回族）陈海烈　黄　红（女）周希胜
李贻峰　石　峰　王晨光（回族）

2. 二团（市直单位、人武部）

团长：商铎华　副团长：赵云河

代表（27 名）：

李　英　商铎华　赵云河　于洪俊（女）孔令杰　张鹏翔　刘炳发　夏丽华（女）
周绍忠　金　玲（女）臧忠合　肖宝青　刘　彬　李锡志　许东兴　张义振　韩春华
康学树　刘香芝（女）李拥军（回族）靳振林　杜国良　高阳春　闫景奎　刘洪良
杨志海　刘德林

3. 三团（羊三木回族乡、油区基地、沧盐集团）

团长：刘宝玉　副团长：张建军

代表（11 名）：

张洪义　刘宝玉　张建军　张德胜（回族）王治广（回族）于洪林　刘建军　高文强
王秀刚（回族）赵芳秋　赵志勇

4. 四团（黄骅镇）

团长：王　力　副团长：刘海洲

代表（18 名）：

董文昌　王　力　刘海洲　沈海洋　于建喜　沈海斌　刘金奎　邵建萍（女）
王广福（回族）刘树行　赵广杰　李月玲（女）张福增　刘金营　卞永洪　杨香智
郑国昌　穆建霞（女）

5. 五团（羊二庄回族镇）

团长：沈　健　副团长：刘建勋

代表（19 名）：

朱春燕　沈　健　刘建勋　张学伟（回族）王金瑞　张永利　张　旺（回族）赵旭德

辛昌盛　张义华（回族）　张振良（回族）　王秀杰（女）　李景田　刘秀香（女）　周庆岗　姬正强　陈　静（女）　郭连庆　刘淑艳（女）

6. 六团（南排河镇）

团长：赵金忠　副团长：于锦辉

代表（20 名）：

张建华　赵金忠　于锦辉　刘浩强　吴公才（回族）　闫通章　史洪梅（女）　王新港　赵秀华（女）　李丙胜　胡金升　夏文星　王世坤　赵树勋　赵清峰　尹凤刚　高宪珍（女）　张如辰　张付英（女）　张秀云（女，回族）

7. 七团（旧城镇）

团长：张振彬（回族）　副团长：刘金鹏

代表（17 名）：

王元波（回族）　张振彬（回族）　刘金鹏　王春祥　吴勇刚　霍庆荣（女）　张玉才　张长海　张金明　李德恒（回族）　张广新　李金鹏　陈同向　白志营　蒋宝泽　孟繁悦　张德玉

8. 八团（吕桥镇）

团长：滕翠林　副团长：刘治海

代表（19 名）：

潘海瀛　李红旗　单继泽　张吉宏　滕翠林　刘治海　石爱英（女）　徐恒进　董宪庆　石家庆　张　艳　王义才　于熙洪　于锦松　王文会　刘丙义　韩广顺　王少云（回族）　刘金香（女）

9. 九团（常郭镇）

团长：王连顺　副团长：周洪恩

代表（18 名）：

马志明　王连顺　周洪恩　胡福岗　白义刚　赵国旺　赵文起　孙文成　张德荣　张春雨　宋国俊　蒋观海　商金生　张福堂　张胜德　李德然　齐月晖　王雪梅（女）

10. 十团（齐家务乡）

团长：王友海（回族）　副团长：张　伟

代表（18 名）：

贾兆德　许建国　王友海（回族）　张　伟　邢成业　董久升　李　健　程春林　尹玉杰　李凤江　于怀河　秦凤格　吕丽荣（女）　王百文　康振云（女）　王景峰　温振江　李道利

11. 十一团（滕庄子乡）

团长：王之鹏　副团长：于国庆

代表（17 名）：

王振山　王之鹏　于国庆　张华熙　张树军　韩文彬　张建良　关士杰（满族）　刘玉山　王建英（女）　宋兴仓　李从华（回族）　许锡明（满族）　滕吉新　张　宁　王英明（女）　胡振海

12. 十二团（官庄乡）

团长：何寿彪　副团长：佟建峰

代表（13 名）：
叶永贺　何寿彪　佟建峰　张宝宇　徐连江　于寿艳　陈云明　付之平　韩效安　张纯治
赵宝恒　闫寿学　张贤梅（女，回族）

（四）第四次会议代表

1. 一团（临港经济技术开发区、中捷产业园区、南大港产业园区）
团长：杜建军　副团长：张学伟（回族）
代表（28 名）：
丁绣峰　刘　强　刘立著　杜建军　张学伟（回族）张召堂　吕振华　崔治福
王学军（回族）王振华　贾启才　孙纪木　张希泉　王　莉（女）沈　健　杨树增
刘玉新（女）刘丽丽（女）明玉峰　谢友泉　蔡战胜　张瑞华（回族）陈海烈
黄　红（女）周希胜　李贻峰　石　峰　王晨光（回族）
2. 二团（市直单位、人武部）
团长：商铎华　副团长：赵云河
代表（32 名）：
李　英　商铎华　赵云河　于洪俊（女）孔令杰　张鹏翔　刘炳发　夏丽华（女）
周绍忠　金　玲（女）臧忠合　刘树颖　张建军　刘治海　董久升　何寿彪　刘　彬
李锡志　许东兴　张义振　韩春华　康学树　刘香芝（女）李拥军（回族）靳振林
杜国良　高阳春　闫景奎　刘洪良　杨志海　刘德林　王连顺
3. 三团（羊三木回族乡、油区基地、沧盐集团）
团长：刘宝玉　副团长：李国旺
代表（10 名）：
张洪义　刘宝玉　李国旺　张德胜（回族）王治广（回族）于洪林　刘建军　高文强
王秀刚（回族）赵芳秋
4. 四团（黄骅镇）
团长：王　力　副团长：程　刚
代表（18 名）：
赵广杰　王　力　程　刚　沈海洋　于建喜　贺连岭　沈海滨　刘金奎　邵建萍（女）
王广福（回族）刘树行　李月玲（女）张福增　刘金营　卞永洪　杨香智　郑国昌
穆建霞（女）
5. 五团（羊二庄回族镇）
团长：王友海（回族）副团长：张义华（回族）
代表（19 名）：
朱春燕　王友海（回族）张义华（回族）许建忠　王普庆　王金瑞　张永利
张　旺（回族）赵旭德　辛昌盛　张振良（回族）王秀杰（女）李景田　刘秀香（女）
周庆岗　姬正强　陈　静（女）郭连庆　刘淑艳（女）

6. 六团（南排河镇）

团长：赵金忠　副团长：赵松龄

代表（20名）：

张建华　赵金忠　赵松龄　吴公才（回族）闫通章　于锦辉　史洪梅（女）王新港　赵秀华（女）李丙胜　胡金升　夏文星　王世坤　赵树勋　赵清峰　尹凤刚　高宪珍（女）张如辰　张付英（女）张秀云（女，回族）

7. 七团（旧城镇）

团长：张振彬（回族）副团长：张　伟

代表（18名）：

王元波（回族）张振彬（回族）张　伟　王春祥　吴勇刚　王荣军　霍庆荣（女）张玉才　张长海　张金明　李德恒（回族）张广新　李金鹏　陈同向　白志营　蒋宝泽　孟繁悦　张德玉

8. 八团（吕桥镇）

团长：滕翠林　副团长：赵双福

代表（19名）：

潘海瀛　李红旗　单继泽　张吉宏　滕翠林　赵双福　石爱英（女）徐恒进　董宪庆　石家庆　张　艳　王义才　于熙鸿　于锦松　王文会　刘丙义　韩广顺　王少云（回族）刘金香（女）

9. 九团（常郭镇）

团长：王之鹏　副团长：宋红霞（女）

代表（18名）：

马志明　王之鹏　宋红霞（女）胡福岗　白义刚　肖宝青　赵文起　孙文成　张德荣　张春雨　宋国俊　蒋观海　商金生　张福堂　张胜德　李德然　齐月晖　王雪梅（女）

10. 十团（齐家务乡）

团长：孙　进　副团长：刘金鹏

代表（17名）：

贾兆德　许建国　孙　进　刘金鹏　马红胜　李　健　程春林　尹玉杰　李凤江　于怀河　秦凤格　吕丽荣（女）王百文　康振云（女）王景峰　温振江　李道利

11. 十一团（滕庄子乡）

团长：张冠峰　副团长：宋铁军

代表（16名）：

王振山　张冠峰　宋铁军　张华熙　韩文彬　张建良　关士杰（满族）刘玉山　王建英（女）宋兴仓　李从华（回族）许锡明（满族）滕吉新　张　宁　王英明（女）胡振海

12. 十二团（官庄乡）

团长：赵国旺　副团长：佟建峰

代表（13名）：

张金保　赵国旺　佟建峰　张宝宇　徐连江　于寿艳　陈云明　付之平　韩效安　张纯治

赵宝恒　闫寿学　张贤梅（女，回族）

（五）第五次会议代表

1. 一团（临港经济技术开发区、中捷产业园区、南大港产业园区）
团长：张学伟（回族）　副团长：王学军（回族）
代表（23 名）：
刘　强　张学伟（回族）　王学军（回族）　张召堂　吕振华　崔治福　王振华　贾启才
孙纪木　沈　健　张希泉　石　峰　王　莉（女）　刘玉新（女）　蔡战胜　张瑞华（回族）
陈海烈　刘丽丽（女）　明玉峰　黄　红（女）　王晨光（回族）　李贻峰　周希胜
2. 二团（市直单位、人武部）
团长：商铎华　副团长：赵云河
代表（32 名）：
李　英　商铎华　赵云河　于洪俊（女）　孔令杰　张鹏翔　刘炳发　夏丽华（女）
周绍忠　金　玲（女）　臧忠合　刘树颖　张建军　刘治海　董久升　何寿彪　刘　彬
李锡志　许东兴　张义振　韩春华　康学树　刘香芝（女）　李拥军（回族）　靳振林
杜国良　高阳春　闫景奎　刘洪良　杨志海　刘德林　王连顺
3. 三团（羊三木回族乡、油区基地、沧盐集团）
团长：刘宝玉　副团长：李国旺
代表（10 名）：
张洪义　刘宝玉　李国旺　张德胜（回族）　王治广（回族）　于洪林　刘建军　高文强
王秀刚（回族）　赵芳秋
4. 四团（黄骅镇）
团长：王　力　副团长：程　刚
代表（18 名）：
赵广杰　王　力　程　刚　沈海洋　于健喜　贺连岭　沈海滨　刘金奎　邵建萍（女）
王广福（回族）　刘树行　李月玲（女）　张福增　刘金营　卞永洪　杨香智　郑国昌
穆建霞（女）
5. 五团（羊二庄回族镇）
团长：王友海（回族）　副团长：张义华（回族）
代表（20 名）：
朱春燕　王友海（回族）　张义华（回族）　许建忠　王金瑞　张永利　郭连庆
张　旺（回族）　赵旭德　辛昌盛　张振良（回族）　王秀杰（女）　李景田　刘秀香（女）
周庆岗　姬正强　陈　静（女）　刘淑艳（女）　徐志华　董宪庆
6. 六团（南排河镇）
团长：孙　进　副团长：赵松龄
代表（20 名）：
张建华　孙　进　赵松龄　吴公才（回族）　闫通章　于锦辉　史洪梅（女）　王新港

赵秀华（女）　李丙胜　胡金升　夏文星　王世坤　赵树勋　赵清峰　尹凤刚　高宪珍（女）
张如辰　张付英（女）　张秀云（女，回族）

7. 七团（旧城镇）

团长：吴勇刚　副团长：张玉才

代表（18名）：

王元波（回族）　吴勇刚　张玉才　王春祥　张振彬（回族）　张　伟　王荣军
霍庆荣（女）　张长海　张金明　李德恒（回族）　张广新　李金鹏　陈同向　白志营
蒋宝泽　孟繁悦　张德玉

8. 八团（吕桥镇）

团长：滕翠林　副团长：赵双福

代表（18名）：

潘海瀛　李红旗　单继泽　张吉宏　滕翠林　赵双福　石爱英（女）　徐恒进　张宝宇
石家庆　张　艳　王义才　于熙洪　于锦松　王文会　刘丙义　刘金香（女）
王少云（回族）

9. 九团（常郭镇）

团长：肖宝青　副团长：宋红霞（女）

代表（17名）：

马志明　肖宝青　宋红霞（女）　胡福岗　白义刚　王之鹏　赵文起　张德荣　张春雨
宋国俊　蒋观海　齐月晖　商金生　张福堂　张胜德　李德然　王雪梅（女）

10. 十团（齐家务乡）

团长：刘金鹏　副团长：程春林

代表（16名）：

贾兆德　许建国　刘金鹏　程春林　马红胜　李　健　尹玉杰　李凤江　于怀河　秦凤格
吕丽荣（女）　王百文　康振云（女）　王景峰　温振江　李道利

11. 十一团（滕庄子乡）

团长：张冠峰　副团长：宋铁军

代表（16名）：

王振山　张冠峰　宋铁军　张华熙　韩文彬　张建良　关士杰（满族）　刘玉山
王建英（女）　宋兴仓　李从华（回族）　许锡明（满族）　滕吉新　张　宁　王英明（女）
胡振海

12. 十二团（官庄乡）

团长：赵国旺　副团长：王普庆

代表（13名）：

张金保　赵国旺　王普庆　佟建峰　徐连江　于寿艳　陈云明　付之平　韩效安　张纯治
赵宝恒　闫寿学　张贤梅（女，回族）

八、黄骅市第八届人民代表大会代表（2017 年 2 月—2021 年 7 月）

（一）第一次会议代表

1. 一团（渤海新区）
团长：王学军（回族） 副团长：文学峰
代表（25 名）：
黄瑞强　王学军（回族） 文学峰　王玉芬（女） 刘国林　时少梅（女，回族） 刘建军　刘国新　李树森　刘晓波（回族） 阚志龙　冯介忠　王　莉（女） 卢娜娜（女） 赵付瑞　周宗广　陈蒙蒙（女） 杨金亭　时花敏（女） 李桂昌　李贻峰　张茂玉　孙玮红（女） 李　毅　方学刚
2. 二团（骅东街道）
团长：于锦辉　副团长：高阳春
代表（8 名）：
靖瑞锋　于锦辉　高阳春　李拥军（回族） 孟繁悦　程沛林　周金龙　沈学荣
3. 三团（骅中街道）
团长：杨文田　副团长：李玉娟（女）
代表（9 名）：
杨文田　李玉娟（女） 于建喜　许东兴　刘玉军　卢纯辉　胡文辉　金　玲（女） 杨宝恒
4. 四团（骅西街道）
团长：吴伟生　副团长：林　浩
代表（12 名）：
庞玉发　靳振林　吴伟生　林　浩　杜国良　张鹏翔　吕立中　刘香芝（女） 高振荣（女） 刘俊良　张耀利　张秀杰（女，回族）
5. 五团（羊三木回族乡、油区基地）
团长：张德胜（回族） 副团长：李国旺
代表（10 名）：
屈国治　赵锡铸　张德胜（回族） 李国旺　姚晓雨（回族） 王治广（回族） 于洪林　王海龙（回族） 王秀军（回族） 王　超
6. 六团（黄骅镇）
团长：王普庆　副团长：刘永刚
代表（19 名）：
朱春燕　赵广杰　肖宝清　王普庆　刘永刚　周洪岐　沈海滨　刘金奎　韩宝菊（女）

王广福（回族）　刘　勇　李月玲（女）　张福增　赵连国　杨金槐　杨香智　郑国昌
穆建霞（女）　张　韬

7. 七团（羊二庄回族镇）

团长：赵国旺　副团长：刘　奇（回族）

代表（19 名）：

卢晓东　赵国旺　刘　奇（回族）　许建忠　李文胜（回族）　闫玉华（女）　刘一霖
张　旺（回族）　赵建平　鲁学强　徐志华　赵　青（女）　李井田　刘秀香（女）　周庆岗
周希友　王秀杰（女）　张振杰（回族）　刘成刚（回族）

8. 八团（南排河镇）

团长：宋铁军　副团长：赵　健

代表（16 名）：

张吉宏　宋铁军　赵　健　张　彬　马红胜　李高峰　宋金秀（女）　王新港　王德彬
李丙胜　胡金升　赵玉坤　杨文合　赵树勋　杜清河　胡文双（女）

9. 九团（旧城镇）

团长：吴勇刚　副团长：王　宁

代表（17 名）：

夏爱华（女）　张金保　吴勇刚　王　宁　刘广练　王荣军　张长顺　张金明　张长海
李金鹏　李荣江　白义刚　林秀荣（女）　张文强　刘春香（女）　候永新　马丽丽（女）

10. 十团（吕桥镇）

团长：程　刚　副团长：王洪港

代表（18 名）：

邵长增　张金旭　程　刚　王洪港　陈　静（女）　聂　晶（女）　石家庆　刘丙义
高振涛　张宝宇　张　艳　张德利（回族）　于江坤（女）　王义军　韩景德　李新合
石爱英（女）　徐恒周

11. 十一团（常郭镇）

团长：宋红霞（女）　副团长：赵树岭

代表（18 名）：

贾兆德　孟祥普　宋红霞（女）　赵树岭　王金瑞　于连松　赵文起　张广海　张春雨
张　岩（女）　韩永林　邓连凯　商金生　邓玉金　张胜德　刘海良　马建国　刘建波

12. 十二团（齐家务乡）

团长：刘金鹏　副团长：周延博

代表（18 名）：

张剑华（回族）　许建国　刘金鹏　周延博　白义刚　赵　林　尹玉杰　李凤江　于怀河
刘宝桐　肖　超（女）　吴云路　王百刚　田忠新　边忠海　王一平　温振江　岳开贵

13. 十三团（滕庄子乡）

团长：张冠峰　副团长：孙文忠

代表（17 名）：

宋忠秋　王振山　张冠峰　孙文忠　刘　兴　李　霞（女）　关世杰（满族）　王洪来

于荣森　宋兴仓　王彦红　胡希元　滕吉新　张　宁　孙月娟（女）贾启昌　滕义平

14. 十四团（官庄乡）

团长：沈海洋　副团长：赵永福

代表（14 名）：

程秀珍（女）沈海洋　赵永福　何寿彪　张俊义　于寿艳　陈云明　付之平　郭庆展　徐连江　董德法　尚付鹏　王希茜（女）孙秀梅（女，蒙古族）

（二）第二次会议代表

1. 一团（渤海新区）

团长：王学军（回族）副团长：文学峰

代表（24 名）：

黄瑞强　王学军（回族）文学峰　王玉芬（女）刘国林　孙玮红（女）刘建军　刘国新　李树森　刘晓波（回族）方学刚　冯介忠　王　莉（女）卢娜娜（女）赵付瑞　周宗广　陈蒙蒙（女）杨金亭　时花敏（女）李桂昌　李贻峰　张茂玉　时少梅（女，回族）李　毅

2. 二团（骅东街道）

团长：赵松龄　副团长：高阳春

代表（8 名）：

靖瑞锋　赵松龄　高阳春　李拥军（回族）孟繁悦　程沛林　周金龙　沈学荣

3. 三团（骅中街道）

团长：杨文田　副团长：李玉娟（女）

代表（9 名）：

杨文田　李玉娟（女）于建喜　许东兴　刘玉军　卢纯辉　胡文辉　金　玲（女）杨宝恒

4. 四团（骅西街道）

团长：吴伟生　副团长：林　浩

代表（11 名）：

靳振林　吴伟生　林　浩　杜国良　张秀杰（女，回族）张鹏翔　吕立中　刘香芝（女）高振荣（女）刘俊良　张耀利

5. 五团（羊三木回族乡、油区基地）

团长：张德胜（回族）副团长：李国旺

代表（10 名）：

屈国治　赵锡铸　张德胜（回族）李国旺　姚晓雨（回族）王治广（回族）于洪林　王海龙（回族）王秀军（回族）王　超

6. 六团（黄骅镇）

团长：王普庆　副团长：刘永刚

代表（18名）：
朱春燕　肖宝青　王普庆　刘永刚　周洪岐　穆建霞（女）沈海滨　刘金奎
韩宝菊（女）王广福（回族）刘　勇　李月玲（女）张福增　赵连国　杨金槐　杨香智
郑国昌　张　韬
7. 七团（羊二庄回族镇）
团长：赵国旺　副团长：刘　奇（回族）
代表（19名）：
卢晓东　赵国旺　刘　奇（回族）许建忠　李文胜（回族）闫玉华（女）刘一霖
张　旺（回族）赵建平　鲁学强　徐志华　赵　青（女）李井田　刘秀香（女）周庆岗
周希友　王秀杰（女）张振杰（回族）刘成刚（回族）
8. 八团（南排河镇）
团长：宋铁军　副团长：赵　健
代表（16名）：
张吉宏　宋铁军　赵　健　张　彬　马红胜　李高峰　宋金秀（女）王新港　王德彬
李丙胜　胡金升　赵玉坤　杨文合　赵树勋　杜清河　胡文双（女）
9. 九团（旧城镇）
团长：吴勇刚　副团长：王　宁
代表（17名）：
夏爱华（女）张金保　吴勇刚　王　宁　刘广练　王荣军　张长顺　张金明　张长海
李金鹏　李荣江　白义刚　林秀荣（女）张文强　刘春香（女）侯永新　马丽丽（女）
10. 十团（吕桥镇）
团长：程　刚　副团长：王洪港
代表（18名）：
邵长增　张金旭　程　刚　王洪港　陈　静（女）聂　晶（女）石家庆　刘丙义
高振涛　张宝宇　张　艳　张德利（回族）于江坤（女）王义军　韩景德　李新合
石爱英（女）徐恒周
11. 十一团（常郭镇）
团长：宋红霞（女）副团长：赵树岭
代表（17名）：
贾兆德　孟祥普　宋红霞（女）赵树岭　王金瑞　于连松　赵文起　张广海　张春雨
张　岩（女）韩永林　邓连凯　商金生　邓玉金　张胜德　刘海良　刘建波
12. 十二团（齐家务乡）
团长：刘金鹏　副团长：周延博
代表（17名）：
张剑华（回族）许建国　刘金鹏　周延博　白义刚　赵　林　尹玉杰　李凤江　于怀河
刘宝桐　肖　超（女）吴云路　王百刚　田忠新　边忠海　岳开贵　温振江
13. 十三团（滕庄子乡）
团长：张冠峰　副团长：孙文忠

代表（18名）：

宋忠秋　王振山　张冠峰　孙文忠　于锦辉　刘　兴　李　霞（女）关世杰（满族）
王洪来　宋兴仓　王彦宏　胡希元　于荣森　张　宁　孙月娟（女）贾启昌　滕义平
滕吉新

14. 十四团（官庄乡）

团长：沈海洋　副团长：赵永福

代表（14名）：

程秀珍（女）沈海洋　赵永福　何寿彪　张俊义　于寿艳　陈云明　付之平　郭庆展
徐连江　董德法　尚付鹏　王希茜（女）孙秀梅（女，蒙古族）

（三）第三次会议代表

1. 一团（渤海新区）

团长：王学军（回族）副团长：文学峰

代表（23名）：

黄瑞强　王学军（回族）文学峰　王玉芬（女）刘国林　孙玮红（女）刘建军　刘国新
李树森　刘晓波（回族）方学刚　冯介忠　王　莉（女）卢娜娜（女）赵付瑞　周宗广
陈蒙蒙（女）张茂玉　时花敏（女）李贵昌　李贻峰　李　毅　时少梅（女，回族）

2. 二团（骅东街道）

团长：赵松龄　副团长：王　磊

代表（8名）：

高阳春　赵松龄　王　磊　李拥军（回族）孟繁悦　程沛林　周金龙　沈学荣

3. 三团（骅中街道）

团长：杨文田　副团长：潘俊祥

代表（11名）：

杨文田　潘俊祥　李玉娟（女）于建喜　许东兴　刘玉军　卢纯辉　金　玲（女）
胡文辉　杨宝恒　刘其德

4. 四团（骅西街道）

团长：吴伟生　副团长：姬新春

代表（13名）：

高勇华　周金忠　吴伟生　姬新春　杜国良　张鹏翔　林　浩　刘香芝（女）
高振荣（女）刘俊良　张耀利　张秀杰（女，回族）吕立中

5. 五团（羊三木回族乡、油区基地）

团长：张德胜（回族）副团长：李国旺

代表（11名）：

屈国治　赵锡铸　张德胜（回族）李国旺　姚晓雨（回族）王治广（回族）于洪林
王　刚　王秀军（回族）王　超　王　宁

6. 六团（黄骅镇）

团长：王普庆　副团长：刘永刚

代表（21 名）：

朱春燕　庞丽敏（女）　肖宝青　王普庆　刘永刚　周洪岐　沈海滨　刘金奎　韩宝菊（女）
王广福（回族）　刘　勇　李月玲（女）　张福增　赵连国　杨金槐　杨香智　郑国昌
穆建霞（女）　张　韬　刘玖新　刘月林

7. 七团（羊二庄回族镇）

团长：赵国旺　副团长：刘　奇（回族）

代表（19 名）：

赵国旺　刘　奇（回族）　许建忠　李文胜（回族）　闫玉华（女）　张　旺（回族）
刘一霖　徐志华　赵建平　鲁学强　周庆岗　赵　青（女）　李井田　刘秀香（女）
刘成钢（回族）　周希友　王秀杰（女）　张振杰（回族）　宋文亮

8. 八团（南排河镇）

团长：宋铁军　副团长：赵　健

代表（16 名）：

张吉宏　宋铁军　赵　健　张　彬　马红胜　李丙胜　宋金秀（女）　王新港　王德彬
赵树勋　胡金升　赵玉坤　杨文合　杜清河　胡文双（女）　倪秀杰（女）

9. 九团（旧城镇）

团长：吴勇刚　副团长：王　宁

代表（16 名）：

夏爱华（女）　张金保　吴勇刚　王　宁　刘广练　王荣军　张长顺　张金明　张长海
李金鹏　李荣江　白义刚　林秀荣（女）　张文强　刘春香（女）　候永新

10. 十团（吕桥镇）

团长：程　刚　副团长：王洪港

代表（19 名）：

邵长增　张金旭　程　刚　王洪港　陈　静（女）　聂　晶（女）　石家庆　刘丙义
高振涛　张宝宇　张　艳　张德利（回族）　于江坤（女）　王义军　韩景德　李新合
石爱英（女）　徐恒周　高　东

11. 十一团（常郭镇）

团长：宋红霞（女）　副团长：赵树岭

代表（18 名）：

贾兆德　孟祥普　宋红霞（女）　赵树岭　王金瑞　于连松　赵树栋　张广海　张春雨
张　岩（女）　韩永林　邓连凯　商金生　邓玉金　张胜德　刘海良　刘建波　赵文起

12. 十二团（齐家务乡）

团长：刘金鹏　副团长：周延博

代表（17 名）：

张剑华（回族）　许建国　刘金鹏　周延博　白义刚　赵　林　尹玉杰　李凤江　于怀河
刘宝桐　肖　超（女）　吴云路　王百刚　田忠新　边忠海　岳开贵　温振江

13. 十三团（滕庄子乡）

团长：张冠峰　副团长：孙文忠

代表（18 名）：

宋忠秋　王振山　张冠峰　孙文忠　于锦辉　刘　兴　李　霞（女）关世杰（满族）
王洪来　宋兴仓　王彦宏　胡希元　于荣森　张　宁　孙月娟（女）贾启昌　滕义平
滕吉新

14. 十四团（官庄乡）

团长：沈海洋　副团长：赵永福

代表（14 名）：

程秀珍（女）沈海洋　赵永福　何寿彪　张俊义　刘宏新　陈云明　付之平　郭庆展
徐连江　董德法　尚付鹏　王希茜（女）孙秀梅（女，蒙古族）

（四）第四次会议代表

1. 一团（渤海新区）

团长：王学军（回族）副团长：文学峰

代表（22 名）：

黄瑞强　王学军（回族）文学峰　王玉芬（女）刘国林　孙玮红（女）刘建军　刘国新
李树森　刘晓波（回族）方学刚　王　莉（女）卢娜娜（女）赵付瑞　周宗广
陈蒙蒙（女）张茂玉　时花敏（女）李贵昌　李贻峰　李　毅　时少梅（女，回族）

2. 二团（骅东街道）

团长：孙福强　副团长：王　磊

代表（10 名）：

孙福强　王　磊　高阳春　李拥军（回族）孟繁悦　程沛林　周金龙　沈学荣
刘　岚（女）韩　磊

3. 三团（骅中街道）

团长：高　翔　副团长：潘俊祥

代表（10 名）：

高　翔　潘俊祥　赵国旺　许东兴　刘玉军　卢纯辉　金　玲（女）胡文辉　杨宝恒
刘其德

4. 四团（骅西街道）

团长：周鸿恩　副团长：姬新春

代表（14 名）：

高勇华　周金忠　周鸿恩　姬新春　杜国良　张鹏翔　林　浩　刘香芝（女）
高振荣（女）刘俊良　张耀利　张秀杰（女，回族）吕立中　董金钢

5. 五团（羊三木回族乡、油区基地）

团长：宋红霞（女）副团长：刘忠亮（回族）

代表（10名）：

屈国治　赵锡铸　宋红霞（女）刘忠亮（回族）姚晓雨（回族）王治广（回族）

于洪林　王　刚　王秀军（回族）王　超

6. 六团（黄骅镇）

团长：王普庆　副团长：王仁杰

代表（22名）：

朱春燕　庞丽敏（女）肖宝青　王普庆　王仁杰　周洪岐　沈海滨　刘金奎　韩宝菊（女）

王广福（回族）刘　勇　李月玲（女）张福增　赵连国　杨金槐　杨香智　郑国昌

穆建霞（女）张　韬　刘玖新　刘月林　张建港

7. 七团（羊二庄回族镇）

团长：沈海洋　副团长：刘　奇（回族）

代表（19名）：

沈海洋　刘　奇（回族）许建忠　李文胜（回族）闫玉华（女）张　旺（回族）

刘一霖　徐志华　赵建平　鲁学强　周庆岗　赵　青（女）李井田　刘秀香（女）

刘成钢（回族）周希友　王秀杰（女）张振杰（回族）宋文亮

8. 八团（南排河镇）

团长：宋铁军　副团长：刘立立（女）

代表（17名）：

张吉宏　宋铁军　刘立立（女）张　彬　庞　谦　李丙胜　宋金秀（女）王新港

王德彬　赵树勋　胡金升　赵玉坤　杨文合　杜清河　胡文双（女）倪秀杰（女）

白福禄

9. 九团（旧城镇）

团长：张冠峰　副团长：张连海

代表（16名）：

夏爱华（女）张金保　张冠峰　张连海　刘广练　王荣军　张长顺　张金明　张长海

李金鹏　李荣江　白义刚　林秀荣（女）张文强　刘春香（女）候永新

10. 十团（吕桥镇）

团长：程　刚　副团长：刘玉亮

代表（19名）：

邵长增　郭淑仙（女）程　刚　刘玉亮　陈　静（女）聂　晶（女）石家庆　刘丙义

高振涛　张宝宇　张　艳　张德利（回族）于江坤（女）王义军　韩景德　李新合

石爱英（女）徐恒周　高　东

11. 十一团（常郭镇）

团长：吴勇刚　副团长：周　欣（女）

代表（18名）：

贾兆德　孟祥普　吴勇刚　周　欣（女）王金瑞　于连松　吕金龙　张广海　张春雨

张　岩（女）韩永林　邓连凯　商金生　邓玉金　张胜德　刘海良　刘建波　赵文起

12. 十二团（齐家务乡）
团长：赵　林　副团长：赵树岭
代表（16名）：
许建国　赵　林　赵树岭　白义刚　王　宁　尹玉杰　李凤江　于怀河　刘宝桐
肖　超（女）　吴云路　王百刚　田忠新　边忠海　岳开贵　温振江
13. 十三团（滕庄子乡）
团长：张德胜（回族）　副团长：孙文忠
代表（17名）：
宋忠秋　王振山　张德胜（回族）　孙文忠　刘　兴　李　霞（女）　关世杰（满族）
王洪来　宋兴仓　王彦宏　胡希元　于荣森　张　宁　孙月娟（女）　贾启昌　滕义平
滕吉新
14. 十四团（官庄乡）
团长：赵松龄　副团长：王　芬（女）
代表（13名）：
程秀珍（女）　赵松龄　王　芬（女）　张俊义　刘宏新　陈云明　付之平　郭庆展
徐连江　董德法　尚付鹏　王希茜（女）　孙秀梅（女，蒙古族）

（五）第五次会议代表

1. 一团（渤海新区）
团长：王学军（回族）　副团长：文学峰
代表（22名）：
黄瑞强　王学军（回族）　文学峰　王玉芬（女）　刘国林　孙玮红（女）　刘建军　刘国新
李树森　刘晓波（回族）　方学刚　王　莉（女）　卢娜娜（女）　赵付瑞　周宗广
陈蒙蒙（女）　张茂玉　时花敏（女）　李贵昌　李贻峰　李　毅　时少梅（女，回族）
2. 二团（骅东街道）
团长：孙福强　副团长：王　磊
代表（11名）：
孙福强　王　磊　高阳春　李拥军（回族）　张德胜（回族）　张俊义　程沛林　周金龙
沈学荣　刘　岚（女）　韩　磊
3. 三团（骅中街道）
团长：高　翔　副团长：康俊海
代表（11名）：
高　翔　康俊海　赵国旺　潘俊祥　许东兴　刘玉军　卢纯辉　金　玲（女）　胡文辉
杨宝恒　刘其德
4. 四团（骅西街道）
团长：周鸿恩　副团长：姬新春

代表（15 名）：

高勇华　彭良营　周鸿恩　姬新春　杜国良　张鹏翔　林　浩　刘香芝（女）

高振荣（女）刘俊良　张耀利（回族）张秀杰（女，回族）吕立中　董金钢　张文康

5. 五团（羊三木回族乡、油区基地）

团长：宋红霞（女）副团长：王有辉

代表（11 名）：

屈国治　赵锡铸　宋红霞（女）王有辉　刘忠亮（回族）姚晓雨（回族）

王治广（回族）于洪林　王　刚　王秀军（回族）王　超

6. 六团（黄骅镇）

团长：王普庆　副团长：王仁杰

代表（22 名）：

朱春燕　庞丽敏（女）肖宝青　王普庆　王仁杰　周洪岐　沈海滨　刘金奎

韩宝菊（女）王广福（回族）刘　勇　李月玲（女）张福增　赵连国　杨金槐　杨香智

郑国昌　穆建霞（女）张　韬　刘玖新　刘月林　张建港

7. 七团（羊二庄回族镇）

团长：沈海洋　副团长：刘　奇（回族）

代表（20 名）：

郑玉中　沈海洋　刘　奇（回族）许建忠　李文胜（回族）闫玉华（女）

张　旺（回族）刘一霖　徐志华　赵建平　鲁学强　周庆岗　赵　青（女）李井田

刘秀香（女）刘成钢（回族）周希友　王秀杰（女）张振杰（回族）宋文亮

8. 八团（南排河镇）

团长：宋铁军　副团长：刘立立（女）

代表（16 名）：

宋铁军　刘立立（女）庞　谦　张　彬　李丙胜　宋金秀（女）王新港　王德彬

赵树勋　胡金升　赵玉坤　杨文合　杜清河　胡文双（女）倪秀杰（女）白福禄

9. 九团（旧城镇）

团长：张冠峰　副团长：张连海

代表（15 名）：

夏爱华（女）张金保　张冠峰　张连海　刘广练　王荣军　张长顺　张金明　张长海

李金鹏　李荣江　白义刚　林秀荣（女）张文强　刘春香（女）

10. 十团（吕桥镇）

团长：程　刚　副团长：刘玉亮

代表（18 名）：

邵长增　郭淑仙（女）程　刚　刘玉亮　陈　静（女）聂　晶（女）石家庆　刘丙义

高振涛　张　艳　张德利（回族）于江坤（女）王义军　韩景德　李新合　石爱英（女）

徐恒周　高　东

11. 十一团（常郭镇）

团长：于连松　副团长：左德鹏

代表（19 名）：

贾兆德　孟祥普　于连松　左德鹏　王金瑞　周　欣（女）吕金龙　张广海　张春雨　张　岩（女）韩永林　邓连凯　商金生　邓玉金　张胜德　刘海良　刘建波　赵文起　齐权丞

12. 十二团（齐家务镇）：

团长：赵　林　副团长：赵树岭

代表（18 名）：

孟　辉　许建国　赵　林　赵树岭　白义刚　王　宁　尹玉杰　李风江　于怀河　刘宝桐　肖　超（女）吴云路　王百刚　田忠新　边忠海　岳开贵　温振江　侯永新

13. 十三团（滕庄子镇）：

团长：刘　兴　副团长：谷洪璞

代表（18 名）：

宋忠秋　王振山　刘　兴　谷洪璞　孙文忠　李　霞（女）关世杰（满族）王洪来　宋兴仓　王彦宏　胡希元　于荣森　张　宁　孙月娟（女）贾启昌　滕义平　滕吉新　胡晓亮

14. 十四团（官庄乡）：

团长：赵松龄　副团长：白俊杰

代表（13 名）：

程秀珍（女）赵松龄　白俊杰　刘宏新　王　芬（女）陈云明　付之平　郭庆展　徐连江　董德法　尚付鹏　王希茜（女）孙秀梅（女，蒙古族）

第二章　人民代表大会

第一节　黄骅市人民代表大会

一、黄骅市第一届人民代表大会（1989 年 11 月—1990 年 3 月）

黄骅市第一届人民代表大会共召开 1 次代表会议。

第一次会议

黄骅市第一届人民代表大会第一次会议于 1989 年 11 月 9 日—10 日在市电焊网厂工人文化宫召开，会期 1.5 天，应出席会议的代表 178 人（其中 176 人为县人大代表征得原选区选民同意转为市人大代表，另 2 人为新补选的代表）。会议在大会主席团主持下，通过了《关于撤销黄骅县设立黄骅市有关问题的决议》，决议决定黄骅县人民代表大会常务委员会、黄骅县人民政府、黄骅县人民法院、黄骅县人民检察院分别改为黄骅市人民代表大会常务委员会、黄骅市人民政府、黄骅市人民法院、黄骅市人民检察院，上述机关的下属机构也做相应改称；黄骅县政权机关领导人，由黄骅县第九届人大常委会任命和决定任命的国家工作人员，均相应改为市的职务称谓；黄骅县辖各乡镇人民代表大会和人民政府改为黄骅市辖各乡镇人民代表大会和人民政府；黄骅市国家机关及其所属机构各乡镇人民政府自 1989 年 11 月 10 日起正式对外办公。会议接受 1 名人大常委会副主任的辞职请求，补选黄骅市人大常委会副主任和黄骅市人民政府市长各 1 名。会议宣告了黄骅县建制的撤销和黄骅市建制的设立。会议号召全市人民动员起来，为把黄骅建成繁荣昌盛、民主文明的滨海新城而努力奋斗。

会议应到代表 178 人，因病因事请假 24 人，实到 154 人，出席率 86.4%。市委各部、室、委、办负责人，市人民政府及其所属部门负责人，全体市政协委员，乡镇人大代表联组组长，市人大常委会机关有关人员共 238 人列席会议。

二、黄骅市第二届人民代表大会（1990 年 3 月—1993 年 2 月）

黄骅市第二届人民代表大会共召开 3 次代表会议。

（一）第一次会议

黄骅市第二届人民代表大会第一次会议，于 1990 年 3 月 14 日—17 日在市电焊网工人文化宫召开，会期 4 天。会议应到代表 240 人，实到 240 人，列席 67 人。

人民代表大会听取了市长王继丰所作的《黄骅市人民政府工作报告》、市人大常委会主任王润惠所作的《黄骅市人大常委会工作报告》、市人民法院院长胡学和所作的《黄骅市人民法院工作报告》、市人民检察院检察长王连喜所作的《黄骅市人民检察院工作报告》、市计委主任陈国祥所作的《黄骅市 1990 年国民经济和社会发展计划的报告》和市财政局局长吕明庆所作的《黄骅市 1989 年财政决算和 1990 年财政预算的报告》。代表们经过认真讨论和审议，通过了上述 6 个报告并分别作出相应的决议。会议选举产生黄骅市第二届人大常委会主任、副主任、委员，黄骅市人民政府市长、副市长，黄骅市人民法院院长和黄骅市人民检察院检察长。会议号召全市人民同心同德、艰苦奋斗，为全面完成 1990 年的各项任务而奋斗。

（二）第二次会议

黄骅市第二届人民代表大会第二次会议，于 1991 年 3 月 27 日—30 日在市电焊网厂工人文化宫召开，会期 4 天。会议应到代表 237 人，因事因病请假 29 人，出席会议的代表共 208 人。市委各部、室、委、办负责人，市人民政府及其所属部门负责人，乡镇人大主席团常务主席和秘书长等共 83 人列席大会。省人大代表李启敬应邀列席会议。

审议和批准了《黄骅市人民政府工作报告》《关于 1991 年国民经济和社会发展计划的报告》《关于 1990 年财政决算和 1991 年财政预算的报告》；审议批准了《黄骅市人大常委会工作报告》《黄骅市人民法院工作报告》《黄骅市人民检察院工作报告》，并通过了相应的决议。与会代表在认真审查上述 6 个报告的同时，提出建议批评和意见共 116 件。经议案审查委员会审查后，归纳整理转交有关部门办理。会议还根据《中华人民共和国地方各级人民代表大会和地方各级人民政府组织法》（以下简称《地方组织法》）有关规定，采取无记名投票方式，依法补选黄骅市人大常委会副主任 1 名。

会议的召开对于贯彻治理整顿的方针政策，依法和推进人民代表大会制度，保证宪法和法律的贯彻实施以及促进全市政治经济稳定发展都具有重要的意义。

一、准备充分，组织严密。为了开好该次大会，市人大常委会在大会召开前两个月就开始了筹备工作。先后两次召开主任会议，研究、确定会议的时间和议程安排以及会议其他问题，听取会议筹备情况的工作汇报。具体抓了3个方面的工作：一是会议资料工作动手早、行动快。六项工作报告分头起草，如期定稿，及时印刷并按时送到代表的手中。二是召开会议通知早，保证了代表的出席率。年前，市人大就向各乡镇人大主席团发了通知，讲明了大会的主要议程和任务、要求。各乡镇接到通知后积极组织代表联系选民，搜集群众的意见，代表大会代表议政水平有了提高。三是后勤服务工作安排较好。为了保证大会的顺利召开，会议后勤部门进行了精心安排，招待部门热情服务，代表们十分满意。

二、市长参加专项审议，面对面解答代表提出的意见、建议。市政府对开好该次大会也十分重视。大会期间，市长、副市长都出席或列席会议，并深入各代表团面对面听取代表们对政府工作的意见、建议。同时，还分别参加了渔业工业乡镇企业、财贸、文教卫生等专项审议，针对代表们对各方面工作提出的意见、建议，能够当场答复的，市政府领导都做了具体的答复，不能当场直接答复的做解释说明，并表示市政府会尽快研究、答复代表。代表们对此表示满意。

三、市委重视，切实加强领导。市委对开好该次人民代表大会十分重视。会前，市委和市人大常委会党组专门召开会议认真研究。在会议进行过程中。市委领导对会议各种文件认真阅读并提出具体的修改意见，同时深入代表和代表团中间一起审议各项报告，参加讨论。大会期间成立了临时党组，市委书记王宝良担任临时党组书记，各代表团也都成立了党小组，确保了大会各项议程的实施。

代表大会取得了圆满成功，主要表现有4个方面：

一、严格按法律程序办事，正确行使权力。充分发扬民主，严格依法办事，是开好人民代表大会的关键。会前，市人大常委会认真审查了代表资格，依法进行了各项准备工作。3月12日召开了市二届人大常委会第七次会议，听取了关于召开黄骅市第二届人民代表大会第二次会议的各项筹备工作汇报。讨论通过了市人大常委会工作报告。提前7天向代表们下发了6个工作报告的草案及代表议案纸，使代表们有充裕的时间审议大会文件，做调查研究，收集选民的意见。对大会进行过程中代表们讨论的时间也做了充足的安排，代表们在讨论中畅所欲言，提出了许多好的意见和建议，正确地行使了自己的权利。

二、代表参政议政的水平提高。代表大会代表出勤率比预期高，达到88%，说明代表对出席人民代表大会的重视。各乡镇在召开会议前积极组织代表开展各种形式的活动，如组织代表视察、调查活动。对代表参政议政起到积极作用。代表的议政能力有所提高，主要表现在：一是代表们审议各项工作报告发言积极，既能阐明问题又能提出措施；二是从代表们的发言和会上提出的意见、建议看，已由只注重自己身边的生活问题而转向议大事和全局性问题，如经济发展、农业投入等。

三、选举工作依法进行。为了搞好该次会议的选举工作，大会根据《地方组织法》的规定制定了补选办法。大会候选人的产生以及会议的整个选举过程都严格依法进行。

四、专项审查取得了较好的效果。3月27日和3月28日分别组织了对农渔业、工业、乡镇企业和财贸（含城建）、文教卫生4个方面工作会议。会上41名代表对4个方面的工作提出了许多好的意见、建议。针对目前农民卖粮难的问题，代表们建议要尽快制定具体措施解决，以免挫伤农民的积极性。对农业的投入问题，许多代表建议要重视管理，增强效益。代表们还对近年来渔民违反国家法令政策，掠夺式捕捞危害海洋资源的做法表示忧虑，建议依法加强管理。市长和代表对这种面对面交换意见的审议方法很满意，认为它既沟通了相互之间的思想，获得了共识，提高了代表们参与管理国家事务的意识，又可避免决策的失误 ，从而促进政府工作。

（三）第三次会议

黄骅市第二届人民代表大会第三次会议，于 1992 年 3 月 24 日—28 日在市影剧院召开，会期 4.5 天。会议应到代表 240 人，因事因病请假 37 人，出席会议的代表共 203 人。市委各部、室、委、办负责人，市人民政府正副市长及所属部门的负责人，乡镇人大主席团常务主席、秘书长以及全体政协委员共 390 人列席大会。

大会在中共黄骅市委的领导下，认真贯彻落实党的基本路线，充分发扬社会主义民主，严格依法办事，审查批准了《黄骅市人民政府工作报告》《关于国民经济和社会发展十年规划及第八个五年计划的报告》《关于 1991 年财政预算执行情况和 1992 年财政预算的报告》；审查批准了《黄骅市人大常委会工作报告》《黄骅市人民法院工作报告》《黄骅市人民检察院工作报告》，并作出了相应的决议。与会代表在认真审查上述 6 个报告的同时，提出意见、批评和建议共 127 件。大会根据《地方组织法》的规定，采取无记名投票方式，依法补选胡廷栋为黄骅市人大常委会副主任，补选李金伦为黄骅市人大常委会委员。

大会是在全市人民认真学习贯彻邓小平同志关于建设有中国特色的社会主义的一系列重要论述和中央政治局全体会议精神的情况下召开的。大会自始至终以邓小平同志关于建设有中国特色的社会主义理论为指导，以搞好经济建设、深化改革、扩大开放为中心议题，献计献策，充分显示了全市人民团结一致、开拓进取的信心和决心。为了把大会开好，坚持做到了以下几个方面：

一、做好大会的各项准备工作。市人大常委会先后 3 次召开主任会议研究召开会议的有关事宜，召开常委会听取会议筹备情况的汇报，和市政协 2 次召开联席会议协调召开两会的具体问题。主要抓好三个方面的工作：一是提前召开各乡镇人大主席团常务主席、秘书长会议，明确大会的议程和任务，要求各乡镇会前组织好代表的视察、检查，广泛收集代表和群众的意见、建议；二是做好会议资料的起草工作，按时印刷下发到代表手中；三是安排好大会的服务工作。

二、市政府领导认真听取代表的意见、建议。市政府领导对开好该次大会十分重视。大会期间，在家的市长、副市长都出席或列席了会议，并到各代表团听取代表的意见、建议。同时，分管农渔业、工业、乡镇企业和科教、文化、卫生工作的 4 位副市长还分别参加了 3 个专项审议会，面对面地听取了代表们对三项工作的意见、建议，并对一些问题做了解答。

三、市委重视并切实加强领导。为了把大会开好，市委常委会讨论确定了大会的议程、时间。市委书记王宝良、副书记孟德祥出席大会。大会期间成立了临时党组，由王宝良任党组书记，各代表团也成立了党小组，确保了大会各项任务的实现。

大会完成了预定任务，取得了圆满成功，其主要特点有 4 个方面：

一、严格按法律程序办事，正确行使民主权利。正确行使民主权利，充分发扬民主，严格依法办事，是开好人民代表大会的关键。该次人民代表大会无论是会前各项议程的确定，还是会议进行中的具体实施都体现了这一原则。会前，市人大常委会认真审查了代表资格，讨论修改了市人大常委会工作报告，听取了会议筹备情况的汇报，大会期间，安排较为充裕的时间讨论会议报告，使代表们畅所欲言，较好地行使了代表的权利。

二、代表素质有了提高。黄骅市第二届人大代表经过两年代表工作的实践，素质有了一定的提高。会前，代表们积极深入选区，广泛收集人民群众对“一府两院”的意见和建议。会议期间，“一府两院”对会前代表搜集的42件提案比较圆满地用文字答复了代表，代表比较满意。同时，代表们认真审议各项工作报告，做到既能阐明问题，又能提出改进工作的措施。代表议大事的自觉性提高。从代表的发言和提出的意见、建议看，代表已从只注重自己身边生活问题的解决转向议全面性、重大的问题，如增加农业收入、提高企业经济效益等。

三、选举工作依法进行。为了搞好该次大会的选举工作，大会根据《中华人民共和国各级人民代表大会和地方各级人民政府组织法》的规定，制定了补选办法，代表认真讨论、酝酿了候选人，选举工作顺利圆满完成了任务。

四、专项审议取得较好效果。大会期间，安排了农渔、工业乡镇企业和科技、教育、文化、卫生3个专项审议会。市政府主管副市长和有关科局主要负责人参加了会议。会上，代表们畅所欲言，提出了许多好的意见、建议。在审议工业、乡镇企业工作时，根据黄骅市乡镇企业的发展现状代表们提出，要充分利用当前的有利时机，大力扶持乡镇企业的发展，要多上项目、加大投入的比重。建议有关部门尽快制定乡镇企业人才流动的具体规定，以利于乡镇企业更好地发展；代表们还针对农渔民负担重、科技兴农以及农田水利设施失修等许多具体问题提出了意见、建议。市政府主管领导当场都作了答复，并表示对代表们提出的有重要参考价值的意见、建议认真采纳，积极落实。

三、黄骅市第三届人民代表大会（1993年2月—1998年2月）

黄骅市第三届人民代表大会共召开6次代表会议。

（一）第一次会议

黄骅市第三届人民代表大会第一次会议，于1993年2月9日—12日在市影剧院召开，会期4天。会议应到代表248人，因事因病请假的13人，出席会议的代表共235人，列席76人。

大会是在全国上下认真贯彻落实党的十四大精神的形势下召开的，是全市人民政治生活中的大事。来自全市各条战线的代表以国家主人翁的姿态和高度的责任感、使命感，认真履行职责，共商黄骅市建设和发展大计，讨论、决定黄骅市各项工作任务和大政方针，使大会开成了一个振奋精神、更新观念、开拓进取、增强信心的大会，开成了一个深化改革、扩大开放、加快经济发展的大会。

大会期间，全体与会代表认真审议通过了市人大常委会、市人民政府、市人民法院和市人民检察院的工作报告；审查和批准了《黄骅市1993年国民经济和社会发展计划的报告》《黄骅市1992年财政决算和1993年财政预算的报告》，并对以上报告作出相应的决议。大会议按照法律规定，经过充分酝酿，民主协商，选举产生了黄骅市第三届人民代表大会常务委员会组成人员，黄骅市人民政府市长、副市长，黄骅市人民法院院长和黄骅市人民检察院检察长。全体与会代表对黄骅市三年来的各项工作所取得的突出成就表示满意，并给予很高的评价，对黄骅市今后几年的发展战略和设想给予充分肯定，对黄骅市新的领导班子充满信心。大会为黄骅市社会、政治稳定和经济的高速发展打下良好的基础，对黄骅市的民主与法制建设和完成向社会主义市场经济的转变，产生巨大的保障和推动作用。

（二）第二次会议

黄骅市第三届人民代表大会第二次会议，于 1993 年 8 月 24 日在市电焊网厂工人文化宫召开，会期 1 天。会议应到代表 248 人，因事因病请假的 6 人，出席会议的代表共 242 人。大会选举黄骅市出席沧州市第九届人民代表大会代表 40 人。

（三）第三次会议

黄骅市第三届人民代表大会第三次会议，于 1994 年 3 月 18 日—21 日在市影剧院召开，会期 4 天。会议应到代表 246 人，因事因病请假的 20 人，出席会议的代表共 226 人。市委各部、室、委、办、负责人，市人民政府及所属部门负责人，市直企事业单位的负责人，乡镇长和部分乡镇人大主席团秘书长及市政协委员共 312 人列席会议。

代表大会在中共黄骅市委的领导下，认真贯彻党的十四大和十四届三中全会及中共黄骅市委二届二次全委（扩大）会议精神，以建立社会主义市场经济体制、深化改革、扩大开放为基调，充分体现了发扬民主、严格依法办事的原则，会议充满了民主、团结、求实、奋进的气氛。大会审查批准了《黄骅市人民政府工作报告》《黄骅市 1993 年国民经济和社会发展计划执行情况与 1994 年国民经济和社会发展计划的报告》《黄骅市 1993 年财政预算执行情况的报告》，审查批准了《黄骅市人民代表大会常务委员会工作报告》《黄骅市人民法院工作报告》《黄骅市人民检察院工作报告》，并作出了相应的决议。与会代表在审查 6 个报告时，提出建议、批评和意见 122 件。这些建议、批评和意见，经议案审查委员会审查后，归纳分类转交有关部门办理。会议还根据《地方组织法》有关规定，采取无记名投票方式，依法补选黄骅市人大常委会副主任 1 名。

大会有以下几方面的特点：

一、准备充分、组织严密。为了把大会开好，会前，市三届人大常委会第七次会议作出了《关于召开黄骅市第三届人民代表大会第三次会议的决定》。第八次会议又专门听取了会议筹备情况的汇报。对大会的具体事宜进行了讨论，并先后召开主任会议、乡镇人大主席团负责人会议进行具体研究和部署。为做好会议的筹备工作，市人大常委会及各工作部门进行了具体分工，成立了秘书、会务、议案、后勤等工作组织，分工细致，责任明确，各司其职。本次会议，对各类资料进行了适当的分解，资料工作动手早、责任明，做到了如期定稿打印，保证了大会需要，主要报告提前 7 天发到了代表手中。会务、后勤组在大会筹备过程中，精心安排、扎实工作，为大会的成功召开付出了积极努力。大会期间，议案组夜以继日地搜集代表建议、批评和意见，并对代表建议进行研究和整理，为代表参政议政创造了良好的环境。

二、市委重视、加强领导。市委对开好该次人民代表大会高度重视，会前，市委常委会会议听取了市人大常委会党组关于市三届人大三次会议筹备情况的汇报，进行了认真研究和安排，对会议的有关文件提出了修改意见；市委办公室与市人大常委会办公室联合下发了《关于召开黄骅市第三届人民代表大会第三次会议的通知》，对各乡镇及有关单位提出了具体要求；市委领导王宝良、孟德祥、赵芳元等出席和主持了会议，对会议进行了具体指导。市委组织部抽调 1 名副部长、3 名工作人员到会负责组织工作，对会议的顺利进行起到了重要作用。

三、市政府全体领导分别出席和列席了会议，听取代表对政府工作的审议。市长田文德和各位副市长分别参加了各代表团的讨论，面对面地听取代表的批评和意见，当场回答代表们提出的具体问题。市长田文德还自始至终陪同了代表的参观活动。

四、会议气氛热烈、宣传工作广泛。市三届人大三次会议是在黄骅市经济建设和各项事业都取得很大成就及加快建立社会主义市场经济体制和各项改革步伐的形势下召开的。为及时报道会议盛况，精心组织会议宣传工作，会前市电视台开办了“人民代表风采”专题节目，广泛宣传了人民代表的事迹，为会议的召开创造了良好的氛围。大会期间，会议成立了记者组，对大会和代表活动及时进行了报道，记者组还对人民代表进行了现场采访。为迎接大会的召开，市区各部门、大会现场、代表驻地及讨论参观地点的主要建筑物上彩旗招展，悬挂张贴了大幅标语。通过对会议的宣传，烘托了气氛，增强了透明度，使人民代表大会制度更加深入人心，对于大会的胜利召开发挥了重要作用。

五、听取和审议报告与实地参观考察相结合。大会期间，在代表听取和审议的过程中，会议组织代表参观考察了华洋石油城等 8 个单位，现场听取了有关单位领导的介绍和汇报，使代表开阔了视野，振奋了精神，感受到了黄骅的建设速度和变化，使代表审议各项报告更有针对性，为代表参政议政创造了良好条件，增强了会议的实际效果。

六、代表参政议政水平有了较大提高。人民代表对大会的召开高度重视，出席率达到 91.8%。会前代表在当地进行了视察、调查活动，搜集了选民的意见和要求，为参加大会做了充分的准备。会议期间，代表讨论、审议各项报告发言积极热烈、畅所欲言、气氛活跃，提出的意见、建议具有代表性与可行性，对黄骅市经济和各项事业的发展有较大的实用价值。

七、选举工作依法进行。这次大会的选举任务完成得顺利圆满，大会根据《地方组织法》有关规定制定了补选办法，从候选人的产生到公布当选结果整个选举过程都严格依法进行。

总之，这次人民代表大会圆满地完成了预定的各项任务，取得了很大成功。但也存有不足之处，有待今后解决和完善。

（四）第四次会议

黄骅市第三届人民代表大会第四次会议，于 1995 年 3 月 6 日—8 日在市影剧院召开，会期 3 天。会议应到代表 249 人，因事因病请假 28 人，出席会议的代表共 221 人。市委各部、室、委、办负责人，市人民政府及所属部门负责人，市直企业事业单位的负责人，乡镇长和部分乡镇人大主席团秘书长共 109 人列席会议。

代表大会在中共黄骅市委的领导下，认真贯彻党的十四届三中、四中全会精神，以“抓住机遇，深化改革，扩大开放，促进发展，保持稳定”为指针，充分发扬社会主义民主、严格依法办事。审查和批准了《黄骅市人民政府工作报告》《黄骅市 1994 年国民经济和社会发展计划执行情况与 1995 年国民经济和社会发展计划的报告》《黄骅市 1994 年财政预算执行情况和 1995 年财政预算的报告》，审查和批准了《黄骅市人民代表大会常务委员会工作报告》《黄骅市人民法院工作报告》《黄骅市人民检察院工作报告》，并作出了相应的决议。与会代表在审查 6 个报告的同时，10 人以上提出议案 17 件，立案 2 件，拟交市人大常委会审议决定，其余列为重要建议、批评和意见。提出建议、批评和意见 77 件。经议案审查委员会审查后，归纳整理转交有关部门办理。会议根据《地方组织法》有关规定，采取无记名投票方式，依法选举黄骅市人民政府市长 1 名。会议还表彰了 1994 年度先进人大主席团和 32 名优秀人大代表。

市三届人大四次会议，是一次充分发扬社会主义民主、集思广益、献计献策、确保黄骅小康目标实现的大会，是一次振奋精神、团结一致、求真务实、艰苦奋斗、开拓进取的大会，对促进全市政治、经济和社会稳定都具有重要的意义。

大会有以下几方面特点：

一、市委重视，加强领导。市委对开好这次人民代表大会十分重视，会前，市委常委会听取了市人大常委会党组关于市三届人大四次会议筹备情况的汇报，进行认真研究和安排，对会议的有关文件提出了修改意见；市委就开好两会下发了《关于确保三届人大四次会议和政协三届三次会议圆满召开的通知》；市委办公室与市人大常委会办公室联合下发了《关于召开黄骅市第三届人民代表大会第四次会议的通知》，对各乡镇及有关单位提出了具体要求；市委领导王昆山、孟德祥、赵芳元等始终出席会议，对会议进行具体指导；会议期间建立了临时党组，市委书记王昆山任临时党组书记，各代表团也都建立了临时党小组，市委组织部抽调 1 名副部长、4 名工作人员到会负责组织工作，对会议的顺利进行起到重要作用。

二、准备充分，组织严密。大会会期安排 3 天，时间紧、任务重，对会议的准备、组织等各个环节提出了更高的要求。会前，市三届人大常委会第十三次会议作出了《关于召开黄骅市第三届人民代表大会第四次会议的决定》。市人大常委会第十五次会议又专门听取了会议筹备情况的汇报，并先后召开主任会议、乡镇人大主席团负责人会议进行具体部署。为做好会议的筹备工作，市人大常委会及各工作部门进行了具体分工，成立了秘书、会务、议案、后勤等工作组织。分工明确，责任到人，各司其职，对各类资料进行适当的分解，资料工作动手早、责任明，做到了如期定稿打印，保证了大会需要，主要报告提前发到了代表手中。会务、后勤组在大会筹备过程中，认真负责，精心安排，扎实工作，为大会的成功召开付出了积极努力。会议期间，议案组夜以继日地搜集代表议案、建议、批评和意见，对代表建议进行研究与整理，为代表参政议政创造了良好的环境。

三、市政府对开好该次大会高度重视。大会期间，市长、副市长都出席或列席了会议，并深入各代表团面对面听取代表对政府工作报告的审议，针对代表对各方面工作提出建议、批评和意见能够当场答复的，都做了认真的答复。不能当场答复的做解释说明，并表示市政府尽快研究、答复代表。代表们对此表示满意。

四、及时报道会议盛况，精心组织宣传工作。会前，市电视台开办了“人民代表风采”专题节目，广泛地宣传了人民代表的先进事迹。大会期间，会议成立了新闻组，对大会和代表活动及时进行了报道，他们还深入各个代表团对人民代表进行现场采访，使人民代表大会制度更加深入人心，对于大会的胜利召开发挥了重要作用。

五、代表参政议政水平有了较大提高。人大代表对大会的召开高度重视，出席率达到89%。会前代表们广泛地联系选民进行视察、调查，搜集选民的意见和要求。会议期间，代表审议各项报告发言积极热烈，畅所欲言，提出的建议和意见具有代表性和可行性，对黄骅市经济发展和社会稳定有较高的实用价值。

六、会议对1994年度4个先进乡镇人大主席团和32名优秀人大代表进行了表彰。这是黄骅市人大常委会建立以来的第一次，表明了人大代表工作的深化和完善。进一步激发了人民代表履行职责的积极性，增强了人大代表的主人翁意识和责任感，为开创黄骅市人大工作的新局面奠定了良好的基础。

七、选举工作依法进行。为了做好会议的选举工作，大会根据《地方组织法》有关规定制定了选举办法，从候选人的产生到公布选举结果。整个过程都严格依法进行。

市三届人大四次会议，圆满地完成了预定的各项任务，将对黄骅市政治、经济、社会稳定起到很大的推动作用。但也存有不足之处，有待于今后解决和完善。

（五）第五次会议

黄骅市第三届人民代表大会第五次会议，于1996年2月29日—3月2日在黄骅市人民法院会议室召开，会期3天。会议应到代表249人，因事因病请假的31人，出席会议的代表共218人。市委各部、室、委、办负责人，市人民政府及所属部门负责人，市直企业事业单位的负责人，部分乡镇长和乡镇人大主席团秘书长共92人列席会议。

代表大会在中共黄骅市委的领导下，认真贯彻党的十四大精神，以“改革、发展、稳定”为指针，充分发扬社会主义民主、严格依法办事。听取和审议了《黄骅市人民政府工作报告》，审查和批准了《黄骅市1995年国民经济和社会发展计划执行情况与1996年国民经济和社会发展计划的报告》《黄骅市人民政府关于全市国民经济和社会发展“九五”计划和2010年远景目标的报告》《黄骅市1995年财政预算执行情况和1996年财政预算的报告》，听取和审议了《黄骅市人民代表大会常务委员会工作报告》《黄骅市人民法院工作报告》《黄骅市人民检察院工作报告》，并作出了相应的决议。与会代表在审查7个报告的同时，10人以上提出议案19件，提出建议、批评和意见32件，共51件。经议案审查委员会审查，均作建议、批评和意见处理。会后转交有关部门办理。会议根据《地方组织法》有关规定，采取无记名投票方式，依法选举黄骅市人民代表大会常务委员会委员2人。会议还表彰了1995年度优秀人大代表35名。

市三届人大五次会议，是一次充分发扬社会主义民主，团结进取、求真务实的大会，对促进全市政治、经济和社会稳定都具有重要的意义。

大会有以下几方面特点：

一、市委重视，加强领导。市委对开好该次人民代表大会十分重视，会前，市委常委会听取了市人大常委会党组关于市三届人大五次会议筹备情况的汇报，进行认真研究和安排，对会议的有关文件提出了修改意见；市委办公室与市人大常委会办公室联合下发了《关于召开黄骅市第三届人民代表大会第五次会议的通知》，对各乡镇及有关单位提出了具体要求；市委领导闫兴华、孟德祥、赵芳元等出席了会议，对会议进行具体指导；会议期间，各代表团都建立了临时党小组，市委组织部抽调1名副部长、2名工作人员到会负责组织工作，对会议的顺利进行起到重要作用。会上，市委书记闫兴华作了题为《努力做好新时期人大工作》的讲话。要求各级党委高度重视人大工作，增强做好人大工作的自觉性；明确任务，努力做好新形势下的人大工作；加强和改善党对人大工作的领导，开创黄骅市人大工作的新局面。

二、准备充分，组织严密。大会会期安排3天，时间紧、任务重，对会议的准备、组织等各个环节提出了更高的要求。会前，市三届人大常委会第二十二次会议作出了《关于召开黄骅市第三届人民代表大会第五次会议的决定》，听取了会议筹备情况的汇报，并先后召开主任会议、乡镇人大主席团负责人会议进行具体部署。为做好会议的筹备工作，人大常委会及各工作部门进行了具体分工，成立了秘书、会务、议案、后勤等工作组织。分工明确，责任到人，各司其职，对各类资料进行适当的分解，资料工作动手早、责任明，做到了如期定稿打印，保证了大会需要。会务、后勤组在大会筹备过程中，认真负责，精心安排，扎实工作，为大会的成功召开付出了积极努力。会前，组织代表提出议案、建议、批评和意见，保证了会议讨论时间。会议期间，议案组夜以继日地搜集代表议案、建议、批评和意见，对代表建议进行研究和整理，为代表参政议政创造了良好的环境。

三、市政府对开好该次大会高度重视。大会期间，市长、副市长都出席或列席了会议，并深入各代表团面对面听取代表对政府工作报告的审议，针对代表对各方面工作提出建议、批评和意见能够当场答复的，都做了认真的答复。不能当场答复的做解释说明，并表示市政府尽快研究、答复代表。代表们对此表示满意。

四、及时报道会议盛况，精心组织宣传工作。会前，市电视台开办了“人大代表风采”专题节目，广泛地宣传了人大代表的先进事迹。大会期间，会议成立了新闻组，对大会和代表活动及时进行了报道，对于大会的胜利召开发挥了重要作用。

五、代表参政议政水平有了较大提高。人大代表对大会的召开高度重视，出席率达到87%。会前代表们广泛地联系选民进行视察、调查，搜集选民的意见和要求。会议期间，代表审议各项报告发言积极热烈，畅所欲言，提出的建议和意见具有代表性和可行性，对黄骅市经济发展和社会稳定有较高的实用价值。

六、会议对1995年度35名优秀人大代表进行了表彰。进一步激发了人大代表履行职责的积极性，增强了人大代表的主人翁意识和责任感，为开创了黄骅市人大工作的新局面奠定了良好的基础。

七、选举工作依法进行。为了做好会议的选举工作，大会根据《地方组织法》有关规定制定了选举办法，从候选人的产生到公布选举结果，整个选举工作都严格依法进行。

市三届人大五次会议，圆满地完成了预定的各项任务，将对黄骅市政治、经济、社会稳定起到很大的推动作用。但也存有不足之处，有待于今后解决和完善。

（六）第六次会议

黄骅市第三届人民代表大会第六次会议，于1997年3月6日—3月9日在黄骅市人民法院会议室召开，会期4天。会议应到代表250人，因事因病请假30人，出席会议的代表共220人。市委各部、室、委、办负责人，市人民政府及所属部门负责人，市直企事业单位的负责人，部分乡镇长和乡镇人大主席共102人列席会议。

代表大会在中共黄骅市委的领导下，认真贯彻党的十四大精神，以“改革、发展、稳定”为指针，充分发扬社会主义民主、严格依法办事。听取和审议了《黄骅市人民政府工作报告》，审查和批准了《黄骅市1996年国民经济和社会发展计划执行情况与1997年国民经济和社会发展计划的报告》《黄骅市1996年财政预算执行情况和1997年财政预算的报告》，听取和审议了《黄骅市人民代表大会常务委员会工作报告》《黄骅市人民法院工作报告》《黄骅市人民检察院工作报告》，并作出了相应的决议。与会代表在审查6个报告的同时，十人以上提出议案16件，提出建议、批评和意见21件，共37件。经议案审查委员会审查，均作建议、批评和意见处理，会后转交有关部门办理。会议根据《地方组织法》有关规定，采取无记名投票方式，依法选举黄骅市人民代表大会常务委员会主任、副主任各1人，黄骅市人民政府副市长3人。会议还表彰了1996年度优秀人大代表33名。

市三届人大六次会议是一次充分发扬社会主义民主、团结进取、求真务实的大会，对促进全市政治、经济和社会稳定具有重要的意义。

大会有以下几方面特点：

一、市委重视，加强领导。市委对开好该次人民代表大会十分重视，会前，市委常委会听取了市人大常委会党组关于市三届人大六次会议筹备情况的汇报，进行认真研究和安排，对会议的有关文件提出了修改意见；市委办公室与市人大常委会办公室联合下发了《关于召开黄骅市第三届人民代表大会第六次会议的通知》，对各乡镇及有关单位提出了具体要求；市委领导闫兴华、孟德祥、赵芳元、杨洪榜等出席了会议，对会议进行具体指导；会议期间，各代表团都建立了临时党小组，市委组织部抽调1名副部长、3名工作人员到会负责组织工作，对会议的顺利进行起到重要作用。

二、准备充分，组织严密。大会会期安排4天，时间紧、任务重，对会议的准备、组织等各个环节提出了更高的要求。会前，市三届人大常委会第三十次会议作出了《关于召开黄骅市第三届人民代表大会第六次会议的决定》，听取了会议筹备情况的汇报，并先后召开主任会议、乡镇人大主席会议进行具体部署。为做好会议的筹备工作，市人大常委会及各工作部门进行了具体分工，成立了秘书、会务、议案、后勤等工作组织。分工明确，责任到人，各司其职，对各类资料进行适当的分解，资料工作动手早、责任明，做到了如期定稿打印，保证了大会需要。会务、后勤组在大会筹备过程中，认真负责，精心安排，扎实工作，为大会的成功召开付出了积极努力。会前，组织代表提出议案、建议、批评和意见，保证了会议讨论时间。会议期间，议案组夜以继日地搜集代表议案、建议、批评和意见，对代表建议进行研究和整理，为代表参政议政创造了良好的环境。

三、市政府对开好该次大会高度重视。大会期间，市长、副市长都出席或列席了会议，并深入各代表团面对面听取代表对政府工作报告的审议，针对代表对各方面工作提出建议、批评和意见能够当场答复的，都做了认真的答复。不能当场答复的做解释说明，并表示市政府尽快研究、答复代表。代表们对此表示满意。

四、及时报道会议盛况，精心组织宣传工作。会前，市电视台开办了“人大代表风采”专题节目，广泛地宣传了人大代表的先进事迹。大会期间，会议成立了新闻组，对大会和代表活动及时进行了报道，对于大会的胜利召开发挥了重要作用。

五、代表参政议政水平有了较大提高。人大代表对大会的召开高度重视，出席率达到88%。

会前代表们广泛地联系选民进行视察、调查，搜集选民的意见和要求。会议期间，代表审议各项报告发言积极热烈，畅所欲言，提出的建议和意见具有代表性和可行性，对黄骅市经济发展和社会稳定有较高的实用价值。

六、会议对1996年度33名优秀人大代表进行了表彰。进一步激发了人大代表履行职责的积极性，增强了人大代表的主人翁意识和责任感，为开创黄骅市人大工作的新局面奠定了良好的基础。

七、选举工作依法进行。为了做好该会议的选举工作，大会根据《地方组织法》有关规定制定了选举办法，从候选人的产生到公布选举结果，整个选举工作都严格依法进行。

市三届人大六次会议，圆满地完成了预定的各项任务，对黄骅市政治、经济、社会稳定起到很大的推动作用。但也存有不足之处，有待于今后解决和完善。

四、黄骅市第四届人民代表大会（1998年2月—2003年4月）

黄骅市第四届人民代表大会共召开5次代表会议。

（一）第一次会议

黄骅市第四届人民代表大会第一次会议于1998年2月18日—21日在黄骅市人民法院会议室召开，会期4天。大会应到代表213人，因事因病请假7人，出席会议的代表共206人。市委各部、室、委、办的负责人，市人民政府及所属部门的负责人，部分乡镇人大主席共76人列席大会。

代表大会在中共黄骅市委的领导下，认真贯彻中共十五大精神，坚持以邓小平理论为指导，充分发扬社会主义民主，严格依法办事，听取和审议了《黄骅市人民政府工作报告》，审查和批准了《黄骅市1997年国民经济和社会发展计划执行情况与1998年国民经济和社会发展计划的报告》《黄骅市1997年财政预算执行情况和1998年财政预算的报告》，听取和审议了《黄骅市第三届人民代表大会常务委员会工作报告》《黄骅市人民法院工作报告》《黄骅市人民检察院工作报告》，并通过了相应的决议。与会代表在审查6个报告的同时，10人以上提出议案16件，提出建议、批评和意见21件，共37件。经议案审查委员会审查，均作建议、批评和意见处理。会后转交有关部门办理，并答复代表。

会议根据《地方组织法》的规定，选举产生了黄骅市人民代表大会常务委员会主任1人、副主任5人、委员15人，黄骅市人民政府市长1人、副市长8人，黄骅市人民法院院长1人，黄骅市人民检察院检察长1人，沧州市第十届人民代表大会代表33人。

市四届人大一次会议，是一次振奋精神、更新观念、团结一致、开拓进取的大会，是一次抓住机遇、真抓实干、实现跨世纪奋斗目标的动员大会，也是一次充分发扬民主、集思广益、为把黄骅建设成北方张家港的誓师大会，必将对促进全市政治、经济和社会稳定产生深远的影响。

大会有以下几个特点：

一、市委重视，加强领导。市委对开好该次人民代表大会十分重视，会前，市委常委会听取了市人大常委会党组关于四届人大一次会议筹备情况的汇报，进行认真研究和安排，对会议的有关文件提出了修改意见；市委下发了《关于召开黄骅市第四届人民代表大会第一次会议的通知》，对各乡镇及有关单位提出了具体要求；市委常委全体领导出席了会议，对会议进行具体指导；为大会顺利圆满完成各项任务起到了重要作用。

二、准备充分，组织严密。大会会期安排4天，由于1998年是换届选举和大会筹备工作同时进行，时间紧、任务重，对会议的准备、组织等各个环节提出了更高的要求。会前，市三届人大常委会第三十六次会议作出了关于召开《黄骅市第四届人民代表大会第一次会议的决定》，听取了会议筹备情况的报告。为做好会议筹备工作，市人大常委会及各工作部门进行具体分工，成立了秘书、会务、议案、后勤等工作组织。分工明确，责任到人，对各类资料进行适当的分解，资料工作动手早，做到了如期定稿打印，保证了大会需要。会务、后勤、议案组在大会筹备过程中，认真负责，精心安排，扎实工作，为大会的成功召开付出了积极努力。

三、宣传工作广泛深入。为了及时报道会议盛况，大会期间，成立了由广播、电视、宣传、文化、特区报等部门组成的新闻组，对大会和代表活动及时进行了报道和现场采访，并召开了记者招待会。会议报道及时准确，较好地宣传了人民代表大会制度。

四、代表参政议政能力有了较大提高。人大代表对大会的召开高度重视，出席率达到96.7%。会前代表们广泛联系选民，视察、调查，搜集选民的意见和要求。会议期间，代表审议各项报告发言积极热烈，畅所欲言，提出的建议和意见具有代表性和可行性，对黄骅市经济发展和社会稳定有较高的实用价值。

五、选举工作依法进行。为了做好该次会议的选举工作，大会根据《地方组织法》的有关规定制定了选举办法，从候选人的产生到公布选举结果，整个选举工作都严格依法进行。

（二）第二次会议

黄骅市第四届人民代表大会第二次会议，于1999年1月28日—30日在市人民法院会议室召开，会期3天。会议应到代表210人，因事因病请假16人，出席会议的代表共194人。市委各部、室、委、办负责人，市人民政府及所属部门负责人，市直企事业单位的负责人，部分乡镇长和乡镇人大主席共95人列席会议。

代表大会在中共黄骅市委的领导下，认真贯彻党的十五大和十五届三中全会精神，以“改革、发展、稳定”为指针，充分发扬社会主义民主、严格依法办事。听取和审议了《黄骅市人民政府工作报告》，审查和批准了《黄骅市1998年国民经济和社会发展计划执行情况与1999年国民经济和社会发展计划的报告》《黄骅市1998年财政预算执行情况和1999年财政预算的报告》，听取和审议了《黄骅市人民代表大会常务委员会工作报告》《黄骅市人民法院工作报告》《黄骅市人民检察院工作报告》，并作出了相应的决议。与会代表在审查6个报告的同时，10人以上提出议案25件，提出建议、批评和意见10件，共35件。经议案审查委员会审查，均作建议、批评和意见处理。会后转交有关部门办理。

市四届人大二次会议，是一次充分发扬社会主义民主、团结进取、求真务实的大会，对促进全市政治、经济和社会稳定具有重要的意义。

大会有以下几方面特点：

一、市委重视，加强领导。市委对开好该次人民代表大会十分重视，会前，市委常委会听取了市人大常委会党组关于市四届人大二次会议筹备情况的汇报，进行认真研究和安排，对会议的有关文件提出了修改意见；市委下发了《关于召开黄骅市第四届人民代表大会第二次会议的通知》，对各乡镇及有关单位提出了具体要求；市委书记闫兴华及副书记、市委常委出席了会议，对会议进行具体指导；会议期间，各代表团都建立了临时党小组，对会议的顺利进行起到重要作用。

二、准备充分，组织严密。大会会期安排3天，且由往年的春节后召开提前为春节前召开，时间紧、任务重，对会议的准备、组织等各个环节提出了更高的要求。会前，市四届人大常委会第八次会议作出了《关于召开黄骅市第四届人民代表大会第二次会议的决定》，听取了会议筹备情况的汇报，并先后召开主任会议、乡镇人大主席会议进行具体部署。为做好会议的筹备工作，市人大常委会及各工作部门进行了具体分工，成立了秘书、会务、议案、后勤等工作组织。分工明确，责任到人，各司其职，对各类资料进行适当的分解，负责资料工作的人员加班加点，昼夜鏖战，做到了如期定稿打印，保证了大会需要。会务、后勤组在大会筹备过程中，认真负责，精心安排，扎实工作，为大会的成功召开付出了积极努力。会前，组织代表积极提出议案、建议、批评和意见，保证了会议讨论时间。会议期间，议案组夜以继日地搜集代表议案、建议、批评和意见，对代表建议进行研究和整理，为代表参政议政创造了良好的环境。

三、市政府对开好这次大会高度重视。大会期间，市长、副市长都出席或列席了会议，并深入各代表团面对面听取代表对政府工作报告的审议，针对代表对各方面工作提出建议、批评和意见能够当场答复的，都做了认真的答复。不能当场答复的做解释说明，并表示市政府尽快研究、答复代表。代表们对此表示满意。

四、及时报道会议盛况，精心组织宣传工作。大会期间，会议成立了新闻组，对大会和代表活动及时进行了报道，对于大会的胜利召开发挥了重要作用。

五、代表参政议政水平有了较大提高。人大代表对大会的召开高度重视，出席率达到92.4%。会前代表们广泛地联系选民进行视察、调查，搜集选民的意见和要求。会议期间，代表审议各项报告发言积极热烈，畅所欲言，提出的建议和意见具有代表性和可行性，对黄骅市经济发展和社会稳定有较高的实用价值。

市四届人大二次会议，圆满地完成了预定的各项任务，将对黄骅市政治、经济、社会稳定起到很大的推动作用。但也存有不足之处，有待于今后解决和完善。

（三）第三次会议

黄骅市第四届人民代表大会第三次会议，于2000年1月24日至1月26日在市财政培训中心召开，会期3天。会议应到代表213人，因事因病请假的21人，出席会议的代表共192人。市委各部、室、委、办负责人，市人民政府及所属部门负责人，市直企事业单位的负责人，部分乡镇长和乡镇人大主席共96人列席会议。

代表大会在中共黄骅市委的领导下，认真贯彻党的十五大和十五届三中、四中全会精神，以“改革、发展、稳定”为指针，充分发扬社会主义民主、严格依法办事。大会听取和审议了《黄骅市人民政府工作报告》，审查和批准了《黄骅市1999年国民经济和社会发展计划执行情况与2000年国民经济和社会发展计划的报告》《黄骅市1999年财政预算执行情况和2000年财政预算的报告》，听取和审议了《黄骅市人民代表大会常务委员会工作报告》《黄骅市人民法院工作报告》《黄骅市人民检察院工作报告》，并作出了相应的决议。与会代表在审查6个报告的同时，10人以上提出议案17件，提出建议、批评和意见11件，共28件。经议案审查委员会审查，均作建议、批评和意见处理。会后转交有关部门办理。

会议选举胡学和为黄骅市人大常委会副主任，选举郭建英为黄骅市人民政府市长，选举张和平为黄骅市人民法院院长，选举贾恩芳为黄骅市人民检察院检察长。

（四）第四次会议

黄骅市第四届人民代表大会第四次会议，于2001年3月21日—23日在市财政培训中心召开，会期3天。会议应到代表213人，因事因病请假30人，出席会议的代表共183人。河北省九届人大代表和沧州市十届人大代表，市委各部、室、委、办负责人，市人民政府及所属部门负责人，市直企事业单位的负责人，部分乡镇长和乡镇人大主席共106人列席会议。

代表大会在中共黄骅市委的领导下，认真贯彻党的十五大和十五届五中全会精神，以“三个代表”重要思想为指导。听取和审议了《黄骅市国民经济和社会发展第十个五年计划纲要的报告》，审查和批准了《黄骅市国民经济和社会发展第十个五年计划纲要》《黄骅市2000年国民经济和社会发展计划执行情况与2001年国民经济和社会发展计划的报告》《黄骅市2000年财政预算执行情况和2001年财政预算的报告》，听取和审议了《黄骅市人民代表大会常务委员会工作报告》《黄骅市人民法院工作报告》《黄骅市人民检察院工作报告》，并作出了相应的决议。与会代表在审查6个报告的同时，10人以上提出议案35件，提出建议、批评和意见29件，共64件。经议案审查委员会审查，均作建议、批评和意见处理。会后转交有关部门办理。

市四届人大四次会议，是一次充分发扬社会主义民主、团结进取、求真务实的大会，对促进全市政治、经济和社会稳定具有重要的意义。

大会有以下几方面特点：

一、市委重视，加强领导。市委对开好该次人民代表大会十分重视，会前，市委常委会听取了市人大常委会党组关于市四届人大四次会议筹备情况的汇报，进行认真研究和安排；市委下发了《关于召开黄骅市第四届人民代表大会第四次会议的通知》，对各乡镇及有关单位提出了具体要求；市委书记王进及副书记、市委常委出席了会议，对会议进行具体指导；会议期间，各代表团都建立了临时党小组，对会议的顺利进行起到重要作用。

二、准备充分，组织严密。大会会期安排3天，时间紧、任务重，对会议的准备、组织等各个环节提出了更高的要求。会前，市四届人大常委会第二十四次会议作出了《关于召开黄骅市第四届人民代表大会第四次会议的决定》，听取了会议筹备情况的汇报。为做好会议的筹备工作，市人大常委会及各工作部门进行了具体分工，成立了秘书、会务、议案、后勤等工作组织。分工明确，责任到人，各司其职，对各类资料进行适当的分解，负责资料工作的人员加班加点，做到了如期定稿打印，保证了大会需要。会务、后勤组在大会筹备过程中，认真负责，精心安排，扎实工作，为大会的成功召开付出了积极努力。会前，组织代表提出议案、建议、批评和意见，保证了会议讨论时间。会议期间，议案组认真搜集代表议案、建议、批评和意见，对代表建议进行研究和整理，为代表参政议政创造了良好的环境。

三、市政府对开好该次大会高度重视。大会期间，市长、副市长都出席或列席了会议，并深入各代表团面对面听取代表对政府工作报告的审议，针对代表对各方面工作提出建议、批评和意见能够当场答复的，都做了认真的答复。不能当场答复的做解释说明，并表示市政府尽快研究、答复代表。代表们对此表示满意。

四、及时报道会议情况，精心组织宣传工作。大会期间，会议成立了新闻组，对大会和代表活动及时进行了报道，对于大会的胜利召开发挥了重要作用。

五、代表参政议政水平有了较大提高。人大代表对大会的召开高度重视。会前代表们广泛地联系选民进行视察、调查，搜集选民的意见和要求。会议期间，代表审议各项报告发言积极热烈，畅所欲言，提出的建议和意见具有代表性和可行性，对黄骅市经济发展和社会稳定有较高的实用价值。

市四届人大四次会议圆满地完成了预定的各项任务，对黄骅市政治、经济、社会稳定起到很大的推动作用。但也存有不足之处，有待于今后解决和完善。

（五）第五次会议

黄骅市第四届人民代表大会第五次会议，于2002年3月4日—6日在市财政培训中心召开，会期3天。会议应到代表211人，因事因病请假22人，出席会议的代表共189人。河北省九届人大代表和沧州市十届人大代表，市委各部、室、委、办负责人，市人民政府及所属部门负责人，市直企事业单位的负责人，部分乡镇长和乡镇人大主席共112人列席会议。

代表大会在中共黄骅市委的领导下，认真贯彻党的十五大和十五届五中、六中全会精神，以“三个代表”重要思想为指导。听取和审议了《黄骅市政府工作报告》，审查和批准了《黄骅市2001年国民经济和社会发展计划执行情况与2002年国民经济和社会发展计划的报告》《黄骅市2001年财政预算执行情况和2002年财政预算的报告》，听取和审议了《黄骅市人民代表大会常务委员会工作报告》《黄骅市人民法院工作报告》《黄骅市人民检察院工作报告》，并作出了相应的决议。与会代表在审查6个报告的同时，10人以上提出议案17件，提出建议、批评和意见23件，共40件。经议案审查委员会审查，均作建议、批评和意见处理。会后转交有关部门办理。

会议根据《地方组织法》的规定，选举黄骅市人民代表大会常务委员会副主任1人、黄骅市人民法院院长1人、黄骅市人民检察院检察长1人。

市四届人大五次会议，是一次充分发扬社会主义民主、团结进取、求真务实的大会，对促进全市政治、经济和社会稳定具有重要的意义。

大会有以下几方面特点：

一、市委重视，加强领导。市委对开好该次人民代表大会十分重视，会前，市委常委会听取了市人大常委会党组关于市四届人大五次会议筹备情况的汇报，进行认真研究和安排；市委下发了《关于召开黄骅市第四届人民代表大会第五次会议的通知》，对各乡镇及有关单位提出了具体要求；市委书记王进及副书记、市委常委出席了会议，对会议进行具体指导。

二、准备充分，组织严密。大会会期安排3天，时间紧、任务重，对会议的准备、组织等各个环节提出了更高的要求。会前，市四届人大常委会第三十二次会议作出了《关于召开黄骅市第四届人民代表大会第五次会议的决定》，听取了会议筹备情况的汇报。为做好会议的筹备工作，市人大常委会及各工作部门进行了具体分工，成立了秘书、会务、议案、后勤等工作组织。分工明确，责任到人，各司其职，对各类资料进行适当的分解，做到了如期定稿打印，保证了大会需要。资料、会务、后勤组在大会筹备过程中，认真负责，精心安排，扎实工作，为大会的成功召开付出了积极努力。会议期间，议案组认真搜集代表议案、建议、批评和意见，对代表建议进行研究和整理，为代表参政议政创造了良好的环境。

三、市政府对开好该次大会高度重视。大会期间，市长、副市长都出席或列席了会议，并深入各代表团面对面听取代表对政府工作报告的审议，针对代表对各方面工作提出建议、批评和意见能够当场答复的，都做了认真的答复。代表们对此表示满意。

四、及时报道会议盛况，精心组织宣传工作。大会期间，会议成立了新闻组，对大会和代表活动及时进行了报道，对于大会的胜利召开发挥了重要作用。

五、代表参政议政水平有了较大提高。人大代表对大会的召开高度重视。会前代表们广泛地联系选民进行视察、调查，搜集选民的意见和要求。会议期间，代表审议各项报告发言积极热烈，畅所欲言，提出的建议和意见具有代表性和可行性，对黄骅市经济发展和社会稳定有较高的实用价值。

六、选举工作依法进行。为了做好该次会议的选举工作，大会根据《地方组织法》的有关规定制定了选举办法，从候选人产生到公布选举结果，整个选举工作都严格依法进行。

市四届人大五次会议圆满地完成了预定的各项任务，将对黄骅市政治、经济、社会稳定起到很大的推动作用。但也存有不足之处，有待于今后解决和完善。

五、黄骅市第五届人民代表大会（2003年4月—2007年7月）

黄骅市第五届人民代表大会共召开4次代表会议。

（一）第一次会议

黄骅市第五届人民代表大会第一次会议于2003年4月7日—10日在市财政培训中心召开。会议是在全市人民深入学习贯彻“三个代表”重要思想和党的十六大精神的形势下召开的。会议应到代表212人，因事因病请假2人，出席会议的代表210人，列席人员95人。

会议议程

大会听取审议黄骅市人民政府代市长陈西峰所作的《黄骅市人民政府工作报告》，审查批准市计划统计局局长孔繁禹所作的《关于2002年国民经济和社会发展计划执行情况与2003年国民经济和社会发展计划的报告》，审查批准市财政局局长张世杰所作的《黄骅市2002年财政预算执行情况和2003年财政预算的报告》，听取和审议市人大常委会主任孟德祥所作的《黄骅市人民代表大会常务委员会工作报告》、市人民法院院长李勇所作的《黄骅市人民法院工作报告》、市人民检察院检察长王占其所作的《黄骅市人民检察院工作报告》，并作出相应的决议。会议依法选举产生黄骅市人民代表大会常务委员会主任1人、副主任4人、委员16人；选举产生黄骅市人民政府市长1人、副市长7人；选举产生市人民法院院长1人，市人民检察院检察长（须报经上一级人民检察院检察长提请本级人民代表大会常务委员会批准）1人；选举黄骅市出席沧州市第十一届人民代表大会代表33人。

（二）第二次会议

黄骅市第五届人民代表大会第二次会议于2004年1月4日—6日在市财政培训中心召开。会议应到代表211人，因事因病请假20人，出席会议的代表共191人，列席106人。

会议议程

听取和审议黄骅市人民代表大会常务委员会工作报告；听取和审议黄骅市人民政府工作报告；听取和审议黄骅市2003年国民经济和社会发展计划执行情况与2004年国民经济和社会发展计划（草案）的报告；审查、批准黄骅市2003年国民经济和社会发展计划执行情况和2004年国民经济和社会发展计划；听取和审议黄骅市2003年财政预算执行情况和2004年财政预算（草案）的报告；审查、批准黄骅市2003年财政预算执行情况和2004年财政预算；听取和审议黄骅市人民法院工作报告；听取和审议黄骅市人民检察院工作报告。

（三）第三次会议

黄骅市第五届人民代表大会第三次会议于2005年1月11日—13日在市财政培训中心召开。会议应到代表213人，因事因病请假21人，出席会议的代表共192人，列席121人。

会议议程

听取和审议黄骅市人民代表大会常务委员会工作报告；听取和审议黄骅市人民政府工作报告；听取和审议黄骅市2004年国民经济和社会发展计划执行情况与2005年国民经济和社会发展计划（草案）的报告；审查、批准黄骅市2004年国民经济和社会发展计划执行情况和2005年国民经济和社会发展计划；听取和审议黄骅市2004年财政预算执行情况和2005年财政预算（草案）的报告；审查、批准黄骅市2004年财政预算执行情况和2005年财政预算；听取和审议黄骅市人民法院工作报告；听取和审议黄骅市人民检察院工作报告；补选黄骅市人民代表大会常务委员会委员1人；补选黄骅市人民检察院检察长1人；表彰2004年度黄骅市优秀人大代表。

（四）第四次会议

黄骅市第五届人民代表大会第四次会议于2006年2月20日—22日在市财政培训中心召开。会议应到代表209人，因事因病请假3人，出席会议的代表共206人，列席125人。

会议议程

听取和审议黄骅市人民代表大会常务委员会工作报告；听取和审议黄骅市人民政府工作报告；审查和批准黄骅市国民经济和社会发展第十一个五年规划纲要（草案）；听取和审议黄骅市2005年国民经济和社会发展计划执行情况与2006年国民经济和社会发展计划（草案）的报告（书面）；审查、批准黄骅市2005年国民经济和社会发展计划执行情况和2006年国民经济和社会发展计划；听取和审议黄骅市2005年财政预算执行情况和2006年财政预算（草案）的报告（书面）；审查、批准黄骅市2005年财政预算执行情况和2006年财政预算；听取和审议黄骅市人民法院工作报告；听取和审议黄骅市人民检察院工作报告；表彰2005年度黄骅市优秀人大代表。

六、黄骅市第六届人民代表大会（2007年7月—2012年2月）

黄骅市第六届人民代表大会共召开5次代表会议。

（一）第一次会议

黄骅市第六届人民代表大会第一次会议于2007年7月13日—16日在市财政培训中心召开。会议应到代表206人，因事因病请假6人，出席会议的代表共200人，列席110人。

会议议程

听取和审议黄骅市第五届人大常委会主任温志成关于黄骅市人民代表大会常务委员会工作报告；听取和审议市人民政府代市长边老刚关于黄骅市人民政府工作的报告；听取和审议市发改局局长王志关于黄骅市2006年国民经济和社会发展计划执行情况与2007年国民经济和社会发展计划（草案）的报告（书面）；审查、批准黄骅市2006年国民经济和社会发展计划执行情况与2007年国民经济和社会发展计划；听取和审议市财政局局长刘家伟关于黄骅市2006年财政预算执行情况和2007年财政预算（草案）的报告（书面）；审查、批准黄骅市2006年财政预算执行情况和2007年财政预算；听取和审议市人民法院代院长单继泽关于黄骅市人民法院工作报告；听取和审议市人民检察院检察长贾全关于黄骅市人民检察院工作报告。选举事项：选举黄骅市第六届人民代表大会常务委员会主任、副主任、委员；选举黄骅市人民政府市长、副市长；选举黄骅市人民法院院长；选举黄骅市人民检察院检察长。

（二）第二次会议

黄骅市第六届人民代表大会第二次会议于2008年3月6日—9日在市财政培训中心召开。会议应到代表212人，出席会议的代表共212人，列席355人。

会议议程

听取和审议黄骅市第六届人大常委会副主任商玉龙关于黄骅市人民代表大会常务委员会工

作报告；听取和审议市人民政府市长边老刚关于黄骅市人民政府工作的报告；听取和审议市发改局局长王志关于黄骅市 2007 年国民经济和社会发展计划执行情况与 2008 年国民经济和社会发展计划（草案）的报告（书面）；审查、批准黄骅市 2007 年国民经济和社会发展计划执行情况与 2008 年国民经济和社会发展计划；听取和审议市财政局局长刘家伟关于黄骅市 2007 年财政预算执行情况和 2008 年财政预算（草案）的报告（书面）；审查、批准黄骅市 2007 年财政预算执行情况和 2008 年财政预算；听取和审议市人民法院院长单继泽关于黄骅市人民法院工作报告；听取和审议市人民检察院检察长贾全关于黄骅市人民检察院工作报告。选举事项：补（增）选黄骅市第六届人民代表大会常务委员会组成人员；选举沧州市第十二届人民代表大会代表。

（三）第三次会议

黄骅市第六届人民代表大会第三次会议于 2009 年 2 月 18 日—20 日在市财政培训中心召开。会议应到代表 212 人，因事因病请假 6 人，出席会议的代表共 206 人。

会议议程

听取和审议黄骅市第六届人大常委会主任许方林关于黄骅市人民代表大会常务委员会工作报告；听取和审议市人民政府市长边老刚关于黄骅市人民政府工作的报告；听取和审议市发改局局长王志关于黄骅市 2008 年国民经济和社会发展计划执行情况与 2009 年国民经济和社会发展计划（草案）的报告（书面）；审查、批准黄骅市 2008 年国民经济和社会发展计划执行情况与 2009 年国民经济和社会发展计划；听取和审议市财政局局长刘家伟关于黄骅市 2008 年财政预算执行情况和 2009 年财政预算（草案）的报告（书面）；审查、批准黄骅市 2008 年财政预算执行情况和 2009 年财政预算；听取和审议市人民法院院长单继泽关于黄骅市人民法院工作报告；听取和审议市人民检察院检察长贾全关于黄骅市人民检察院工作报告；表彰黄骅市 2008 年度优秀人大代表。

（四）第四次会议

黄骅市第六届人民代表大会第四次会议于 2010 年 3 月 2 日—4 日在市财政培训中心召开，会期 3 天。会议应到代表 227 人，因事因病请假 8 人，出席会议的代表共 219 人。

会议议程

听取和审议黄骅市第六届人大常委会主任许方林关于黄骅市人民代表大会常务委员会工作报告；听取和审议市人民政府市长边老刚关于黄骅市人民政府工作的报告；听取和审议市发改局局长贾兆德关于黄骅市 2009 年国民经济和社会发展计划执行情况与 2010 年国民经济和社会发展计划（草案）的报告（书面）；审查、批准黄骅市 2009 年国民经济和社会发展计划执行情况与 2010 年国民经济和社会发展计划；听取和审议市财政局局长王春祥关于黄骅市 2009 年财政预算执行情况和 2010 年财政预算（草案）的报告（书面）；审查、批准黄骅市 2009 年财政预算执行情况和 2010 年财政预算；听取和审议市人民法院院长单继泽关于黄骅市人民法院工作报告；听取和审议市人民检察院检察长贾全关于黄骅市人民检察院工作报告。选举事项：选举黄骅市第六届人大常委会副主任 2 人、委员 1 人；表彰黄骅市 2009 年度优秀人大代表。

（五）第五次会议

黄骅市第六届人民代表大会第五次会议于2011年3月2日—4日在市财政培训中心召开。会议应到代表225人，因事因病请假7人，出席会议的代表共218人。

会议议程

听取和审议黄骅市第六届人大常委会主任许方林关于黄骅市人民代表大会常务委员会工作报告；听取和审议市人民政府市长边老刚关于黄骅市人民政府工作报告；审议黄骅市国民经济和社会发展第十二个五年规划纲要（草案，书面）；审查和批准黄骅市国民经济和社会发展第十二个五年规划纲要；审议市发改局局长贾兆德关于黄骅市2010年国民经济和社会发展计划执行情况与2011年国民经济和社会发展计划（草案）的报告（书面）；审查和批准黄骅市2010年国民经济和社会发展计划执行情况与2011年国民经济和社会发展计划；审议市财政局局长王春祥关于黄骅市2010年财政预算执行情况和2011年财政预算（草案）的报告（书面）；审查和批准黄骅市2010年财政预算执行情况和2011年财政预算；听取和审议市人民法院院长单继泽关于黄骅市人民法院工作报告；听取和审议市人民检察院检察长贾全关于黄骅市人民检察院工作报告；表彰黄骅市2010年度优秀市级人大代表。

七、黄骅市第七届人民代表大会（2012年2月—2017年2月）

黄骅市第七届人民代表大会共召开5次代表会议。

（一）第一次会议

黄骅市第七届人民代表大会第一次会议于2012年2月8日—11日在市财政培训中心召开。会议应到代表229人，因事因病请假3人，出席会议的代表共226人。

会议议程

听取和审议黄骅市第六届人大常委会副主任李红旗关于黄骅市人民代表大会常务委员会工作报告；听取和审议黄骅市人民政府代市长潘海瀛关于黄骅市人民政府工作报告；审议市发展改革局局长吴公才关于黄骅市2011年国民经济和社会发展计划执行情况与2012年国民经济和社会发展计划（草案）的报告（书面）；审查和批准黄骅市2011年国民经济和社会发展计划执行情况与2012年国民经济和社会发展计划；审议市财政局局长王春祥关于黄骅市2011年财政预算执行情况和2012年财政预算（草案）的报告（书面）；审查和批准黄骅市2011年财政预算执行情况和2012年财政预算；听取和审议市人民法院院长单继泽关于黄骅市人民法院工作报告；听取和审议市人民检察院代检察长赵广杰关于黄骅市人民检察院工作报告。选举事项：选举黄骅市第七届人民代表大会常务委员会主任、副主任、委员；选举黄骅市人民政府市长、副市长；选举黄骅市人民法院院长；选举黄骅市人民检察院检察长。

（二）第二次会议

黄骅市第七届人民代表大会第二次会议于 2013 年 3 月 21 日—22 日在市财政培训中心召开。会议应到代表 223 人，因事因病请假 5 人，出席会议的代表共 218 人。

会议议程

听取和审议市人大常委会主任王元波关于黄骅市人民代表大会常务委员会工作报告；听取和审议市人民政府市长潘海瀛关于黄骅市人民政府工作报告；审议市发展改革局局长吴公才关于黄骅市 2012 年国民经济和社会发展计划执行情况与 2013 年国民经济和社会发展计划（草案）的报告（书面）；审查和批准黄骅市 2012 年国民经济和社会发展计划执行情况与 2013 年国民经济和社会发展计划；审议市财政局局长王春祥关于黄骅市 2012 年财政预算执行情况和 2013 年财政预算（草案）的报告（书面）；审查和批准黄骅市 2012 年财政预算执行情况和 2013 年财政预算；听取和审议市人民法院院长单继泽关于黄骅市人民法院工作报告；听取和审议市人民检察院检察长赵广杰关于黄骅市人民检察院工作报告；选举黄骅市出席沧州市第十三届人民代表大会代表；表彰黄骅市 2012 年度优秀人大代表。

（三）第三次会议

黄骅市第七届人民代表大会第三次会议于 2014 年 1 月 13 日—15 日在市财政培训中心召开。会议应到代表 225 人，因事因病请假 6 人，出席会议的代表共 219 人。

会议议程

听取和审议市人大常委会主任王元波关于黄骅市人民代表大会常务委员会工作报告；听取和审议市人民政府代理市长朱春燕关于黄骅市人民政府工作报告；审议市发展改革局局长吴公才关于黄骅市 2013 年国民经济和社会发展计划执行情况与 2014 年国民经济和社会发展计划（草案）的报告（书面）；审查和批准黄骅市 2013 年国民经济和社会发展计划执行情况与 2014 年国民经济和社会发展计划；审议市财政局局长王春祥关于黄骅市 2013 年财政预算执行情况和 2014 年财政预算（草案）的报告（书面）；审查和批准黄骅市 2013 年财政预算执行情况和 2014 年财政预算；听取和审议市人民法院院长单继泽关于黄骅市人民法院工作报告；听取和审议市人民检察院检察长赵广杰关于黄骅市人民检察院工作报告；补选市人民政府市长；表彰黄骅市 2013 年度优秀人大代表。

（四）第四次会议

黄骅市第七届人民代表大会第四次会议于 2015 年 1 月 6 日—8 日在市财政培训中心召开。会议应到代表 228 人，因事因病请假 4 人，出席会议的代表共 224 人。

会议议程

听取和审议市人大常委会主任王元波关于黄骅市人民代表大会常务委员会工作报告；听取和审议市人民政府市长朱春燕关于黄骅市人民政府工作报告；审议市发展改革局局长何寿彪关于黄骅市 2014 年国民经济和社会发展计划执行情况与 2015 年国民经济和社会发展计划（草案）的

报告（书面）；审查和批准黄骅市 2014 年国民经济和社会发展计划执行情况与 2015 年国民经济和社会发展计划；审议市财政局局长王春祥关于黄骅市 2014 年财政预算执行情况和 2015 年财政预算（草案）的报告（书面）；审查和批准黄骅市 2014 年财政预算执行情况和 2015 年财政预算；听取和审议市人民法院院长单继泽关于黄骅市人民法院工作报告；听取和审议市人民检察院检察长赵广杰关于黄骅市人民检察院工作报告；补选黄骅市第七届人民代表大会常务委员会委员；表彰黄骅市 2014 年度优秀人大代表。

（五）第五次会议

黄骅市第七届人民代表大会第五次会议于 2016 年 1 月 7 日—8 日在市财政培训中心召开。会议应到代表 221 人，因事因病请假 5 人，出席会议的代表共 216 人。

会议议程

听取和审议黄骅市第七届人大常委会主任王元波关于黄骅市人民代表大会常务委员会工作报告；听取和审议市人民政府市长朱春燕关于黄骅市人民政府工作报告；审议黄骅市国民经济和社会发展第十三个五年规划纲要草案（书面）；审查和批准黄骅市国民经济和社会发展第十三个五年规划纲要；审议市发改局局长何寿彪关于黄骅市 2015 年国民经济和社会发展计划执行情况与 2016 年国民经济和社会发展计划（草案）的报告（书面）；审查和批准黄骅市 2015 年国民经济和社会发展计划执行情况与 2016 年国民经济和社会发展计划；审议市财政局局长孟祥普关于黄骅市 2015 年财政预算执行情况和 2016 年财政预算（草案）的报告（书面）；审查和批准黄骅市 2015 年财政预算执行情况和 2016 年财政预算；听取和审议市人民法院院长单继泽关于黄骅市人民法院工作报告；听取和审议市人民检察院检察长赵广杰关于黄骅市人民检察院工作报告；表彰黄骅市 2015 年度优秀市级人大代表。

八、黄骅市第八届人民代表大会（2017 年 2 月—2021 年 7 月）

黄骅市第八届人民代表大会共召开 5 次代表会议。

（一）第一次会议

黄骅市第八届人民代表大会第一次会议于 2017 年 2 月 18 日—20 日在市财政培训中心召开。会议应到代表 220 人，因事因病请假 2 人，出席会议的代表共 218 人。

会议议程

会议听取和审议市七届人大常委会主任王元波关于黄骅市人民代表大会常务委员会工作报告；听取和审议市人民政府代理市长宋忠秋关于黄骅市人民政府工作报告；审议市发展改革局局长何寿彪关于黄骅市 2016 年国民经济和社会发展计划执行情况与 2017 年国民经济和社会发展

计划（草案）的报告（书面）；批准黄骅市 2017 年国民经济和社会发展计划；审议市财政局局长孟祥普关于黄骅市 2016 年财政预算执行情况和 2017 年财政预算（草案）的报告（书面）；批准黄骅市 2017 年财政预算；听取和审议市人民法院代理院长张金旭关于黄骅市人民法院工作报告；听取和审议市人民检察院检察长赵广杰关于黄骅市人民检察院工作报告；大会选举产生选举黄骅市第八届人民代表大会常务委员会主任、副主任、委员；选举黄骅市第八届人民代表大会专门委员会（法制、财政经济、城乡建设和环境保护、教科文卫）主任委员、副主任委员、委员；选举黄骅市人民政府市长、副市长；选举黄骅市人民法院院长；选举黄骅市人民检察院检察长；选举黄骅市出席沧州市第十四届人民代表大会代表。

（二）第二次会议

黄骅市第八届人民代表大会第二次会议于 2018 年 1 月 31 日—2 月 2 日在市财政培训中心召开。会议应到代表 216 人，因事因病请假 3 人，出席会议的代表共 213 人。

会议议程

听取和审议市八届人大常委会主任夏爱华关于黄骅市人民代表大会常务委员会工作报告；听取和审议市人民政府市长宋忠秋关于黄骅市人民政府工作报告；审议关于黄骅市 2017 年国民经济和社会发展计划执行情况与 2018 年国民经济和社会发展计划（草案）的报告（书面）；审查批准黄骅市 2018 年国民经济和社会发展计划；审议关于黄骅市 2017 年财政预算执行情况和 2018 年财政预算（草案）的报告（书面）；审查批准黄骅市 2018 年财政预算；听取和审议市人民法院院长张金旭关于黄骅市人民法院工作报告；听取和审议市人民检察院代理检察长庞丽敏关于黄骅市人民检察院工作报告；表彰优秀市级人大代表；大会选举。

（三）第三次会议

黄骅市第八届人民代表大会第三次会议于 2019 年 1 月 17 日—19 日在市财政培训中心召开。会议应到代表 224 人，因事因病请假 4 人，出席会议的代表共 220 人。

会议议程

听取和审议市八届人大常委会主任夏爱华关于黄骅市人民代表大会常务委员会工作报告；听取和审议市人民政府市长宋忠秋关于黄骅市人民政府工作报告；审议市发展改革局局长刘宏新关于黄骅市 2018 年国民经济和社会发展计划执行情况与 2019 年国民经济和社会发展计划（草案）的报告（书面），批准黄骅市 2019 年国民经济和社会发展计划；审议市财政局局长赵树栋关于黄骅市 2018 年财政预算执行情况和 2019 年财政预算（草案）的报告（书面），批准黄骅市 2019 年财政预算；听取和审议市人民法院院长张金旭关于黄骅市人民法院工作报告；听取和审议市人民检察院检察长庞丽敏关于黄骅市人民检察院工作报告；表决通过黄骅市第八届人民代表大会社会建设委员会主任委员、副主任委员、委员名单草案及黄骅市第八届人民代表大会城乡建设和环境保护委员会增补委员名单草案；表彰全市基层人大工作先进单位、先进“代表之家”及优秀市级人大代表。

（四）第四次会议

黄骅市第八届人民代表大会第四次会议于 2020 年 1 月 8 日—10 日在财政培训中心召开。会议应到代表 223 人，因事因病请假 3 人，出席会议的代表共 220 人。

会议议程

听取和审议市八届人大常委会主任夏爱华关于黄骅市人民代表大会常务委员会工作报告；听取和审议市人民政府市长宋忠秋关于黄骅市人民政府工作报告；审议市发展改革局局长刘宏新关于黄骅市 2019 年国民经济和社会发展计划执行情况与 2020 年国民经济和社会发展计划（草案）的报告（书面），批准黄骅市 2020 年国民经济和社会发展计划；审议市财政局局长赵国旺关于黄骅市 2019 年财政预算执行情况和 2020 年财政预算（草案）的报告（书面），批准黄骅市 2020 年财政预算；听取和审议市人民法院代理院长郭淑仙关于黄骅市人民法院工作报告；听取和审议市人民检察院检察长庞丽敏关于黄骅市人民检察院工作报告。大会选举事项：选举黄骅市人民法院院长；补选黄骅市第八届人民代表大会常务委员会委员；投票表决 2020 年黄骅市民生实事项目；表彰全市基层人大工作先进单位、先进“代表之家”及优秀市级人大代表。

（五）第五次会议

黄骅市第八届人民代表大会第五次会议于 2021 年 2 月 6 日—8 日在市财政培训中心召开。会议应到代表 229 人，因事因病请假 3 人，出席会议的代表共 226 人。

会议议程

听取和审议黄骅市人民代表大会常务委员会工作报告；听取和审议黄骅市人民政府工作报告；审议黄骅市国民经济和社会发展第十四个五年规划和 2035 年远景目标纲要（草案）；审议黄骅市 2020 年国民经济和社会发展计划执行情况与 2021 年国民经济和社会发展计划（草案）的报告（书面），批准黄骅市 2021 年国民经济和社会发展计划；审议黄骅市 2020 年财政预算执行情况与 2021 年财政预算（草案）的报告（书面），批准黄骅市 2021 年财政预算；听取和审议黄骅市人民法院工作报告；听取和审议黄骅市人民检察院工作报告；对 2020 年黄骅市民生实事项目完成情况进行满意度测评；票决产生 2021 年黄骅市民生实事项目；表彰全市基层人大工作先进单位、先进“代表之家”及优秀市级人大代表。

第二节　黄骅市人民代表大会选举产生人员名单

一、黄骅市第一届人民代表大会（1989 年 11 月—1990 年 3 月）

第一次会议（1989 年 11 月 9 日—10 日）

大会通过选举补选杨荣祥为黄骅市第一届人民代表大会常务委员会副主任、王继丰为黄骅市人民政府市长。

二、黄骅市第二届人民代表大会（1990 年 3 月—1993 年 2 月）

（一）第一次会议（1990 年 3 月 14 日—17 日）

大会选举结果：

黄骅市人大常委会主任：夏相臣

黄骅市人大常委会副主任：杨荣祥　贾竹笑　张芳熙　孙连城

黄骅市人大常委会委员：于树凯　王旭晨　王崇智　左俊华（女）　刘尚文　刘德全　刘金钊　杨九贤　宋玉森　范丽华（女）　庞玉勤　赵恩赞　耿永和　贾荣佩

黄骅市人民政府市长：王继丰

黄骅市人民政府副市长：苑二景　张芳兰（女，回族）　田文德　刘永才　张志波（回族）

黄骅市人民法院院长：胡学和

黄骅市人民检察院检察长：王连喜

（二）第二次会议（1991 年 3 月 27 日—30 日）

大会通过选举补选周云生为黄骅市第二届人民代表大会常务委员会副主任。

（三）第三次会议（1992 年 3 月 24 日—28 日）

大会通过选举补选胡廷栋为黄骅市第二届人民代表大会常务委员会副主任、李金伦为黄骅市第二届人民代表大会常务委员会委员。

三、黄骅市第三届人民代表大会（1993 年 2 月—1998 年 2 月）

（一）第一次会议（1993 年 2 月 9 日—12 日）

大会选举结果：

黄骅市人大常委会主任：夏相臣

黄骅市人大常委会副主任：张芳兰（女，回族） 杨荣祥 周云生 胡廷栋 庞玉勤

黄骅市人大常委会委员：王旭晨 王崇智 左俊华（女） 刘云凤（女） 刘凤阁 刘金钊 刘学秀 孙吉合 杨九贤 李中华 李金伦 宋玉森 赵 燕 胡庆国 贾荣佩

黄骅市人民政府市长：田文德

黄骅市人民政府副市长：刘永才 孟祥福 刘靖亭（回族） 范振兰（女）刘彦红 宋敬明 张忠民

黄骅市人民法院院长：胡学和

黄骅市人民检察院检察长：张中路

（二）第二次会议（1993 年 8 月 24 日）

大会选举黄骅市出席沧州市第九届人民代表大会代表 40 名：

王元芳（回族） 王加林 王英明（女） 王宝良 王爱华（女，回族） 田文德 白志洪 刘云凤（女） 刘凤阁 刘玉山 刘金升 刘金钊 刘福岭 刘福顺 毕照通 孙文城 孙树田 杜树勇 杨九贤 杨洪升 李文明 李明堂 张玉才 张世杰 张秀荣（女） 张国通 张宝荣（女） 张洪芬（女） 张振华（回族） 张培根 赵宗廷（满族） 夏相臣 高金生 曹淑玲（女） 崔竹宾 韩其生 程俊林 温永和 滕连霞（女） 潘德广

（三）第三次会议（1994 年 3 月 18 日—21 日）

大会通过选举补选张忠来为黄骅市第三届人民代表大会常务委员会副主任。

（四）第四次会议（1995 年 3 月 6 日—8 日）

大会通过选举补选李振伦为黄骅市人民政府市长。

（五）第五次会议（1996 年 2 月 29 日—3 月 2 日）

大会通过选举补选王汝玺、张红芬为黄骅市第三届人民代表大会常务委员会委员。

（六）第六次会议（1997 年 3 月 6 日—9 日）

大会通过选举补选孟德祥为黄骅市第三届人民代表大会常务委员会主任，王德荣为黄骅市第三届人民代表大会常务委员会副主任；补选赵文广、张占省、刘兆印为黄骅市人民政府副市长。

四、黄骅市第四届人民代表大会（1998 年 2 月—2003 年 4 月）

（一）第一次会议（1998 年 2 月 18 日—21 日）

大会选举结果：

黄骅市人大常委会主任：孟德祥

黄骅市人大常委会副主任：张芳兰（女，回族）　张忠来（回族）　王德荣　李树鸿　胡廷栋

黄骅市人大常委会委员：王汝玺　王宝仓　王德文　井学祥　左俊华（女）　石政勋　刘云凤（女）　刘凤阁　刘金钊　孙吉合　李中华　李瑞田　张广新　张志德　夏玉荣（女，回族）

黄骅市人民政府市长：张树志

黄骅市人民政府副市长：宋有洪　刘兴德　孟祥福　范振兰（女）　刘彦红　宋敬明　王元波（回族）　贝　军

黄骅市人民法院院长：胡学和

黄骅市人民检察院检察长：张中路（须报经沧州市人民检察院检察长提请沧州市人民代表大会常务委员会批准）

大会选举黄骅市出席沧州市第十届人民代表大会代表：
马胜利（回族） 王元芳（回族） 王永林 王英明（女） 王春岭（女） 王春燕（女）
石政勋 田金昌 朱兴华（满族） 刘云凤（女） 刘凤阁 刘玉山 刘金钊 刘福岭
闫兴华 孙文成 杜树勇 李树田 张玉才 张世杰 张国通 张树志 张振华（回族）
张淑华（女） 孟德祥 郭绍图 盛茂民 商玉龙 董文昌 韩玉平（女，回族） 温永和
滕永树 潘德广

（二）第三次会议（2000 年 1 月 24 日—26 日）

大会补选结果：
黄骅市人大常委会副主任：胡学和
黄骅市人民政府市长：郭建英
黄骅市人民法院院长：张和平
黄骅市人民检察院检察长：贾恩芳（须报经沧州市人民检察院检察长提请沧州市人民代表大会常务委员会批准）。

（三）第五次会议（2002 年 3 月 4 日—6 日）

大会补选结果：
黄骅市人大常委会副主任：赵芳元
黄骅市人民法院院长：李 勇
黄骅市人民检察院检察长：王占其（须报经沧州市人民检察院检察长提请沧州市人民代表大会常务委员会批准）。

五、黄骅市第五届人民代表大会（2003 年 4 月—2007 年 7 月）

（一）第一次会议（2003 年 4 月 7 日—10 日）

大会选举结果：
黄骅市人大常委会主任：温志成
黄骅市人大常委会副主任：刘兴德 范振兰（女） 李树鸿 左俊华（女）
黄骅市人大常委会委员：白志营 刘云凤（女） 刘凤龙 刘玉敏（女） 刘国林
许东兴 孙吉合 沈秀琴（女） 张树军 庞之祥 赵建华
胡福起 秦玉杰 夏玉荣（女，回族） 夏爱华（女） 董传玉
黄骅市人民政府市长：陈西峰

黄骅市人民政府副市长：董文昌　张长铎　于世勇　赵淑英（女）　吕佳明　白洪波
许建国

黄骅市人民法院院长：李　勇

黄骅市人民检察院检察长：王占其（须报经沧州市人民检察院检察长提请沧州市人民代表大会常务委员会批准）

大会选举黄骅市出席沧州市第十一届人民代表大会代表33名：

潘德广　刘家伟　张庆华　高景安　李铁昌　夏福柯　边洪玉　王英明（女）
王春岭（女）　刘玉山　李洁明　商宗岳　王立山　张春杰　陈西峰　吕振华　孙云增
赵吉通　许淑琴（女）　王连银（女）　李海斌　纪　清　李树田　张国通　温志成
尹恩远　张剑华（回族）　孟祥普　赵锡铸　于壁墀　刘淑霞（女）　刘淑会（女，回族）
张长岗（回族）

（二）第三次会议（2005年1月11日—13日）

大会通过选举补选贺连岭为黄骅市第五届人民代表大会常务委员会委员。

黄骅市人民检察院检察长：贾全（须报经沧州市人民检察院检察长提请沧州市人民代表大会常务委员会批准）。

六、黄骅市第六届人民代表大会（2007年7月—2012年2月）

（一）第一次会议（2007年7月13日—16日）

大会选举结果：

黄骅市人大常委会主任：郭建英

黄骅市人大常委会副主任：商玉龙　李树鸿　赵淑英（女）　胡福起

黄骅市人大常委会委员：于洪俊（女）　马志文　王之鹏　王志广（回族）　王连顺
王英明（女）　王金瑞　石传福　刘云凤（女）　刘玉敏（女）
许东兴　杜国良　张树军　张洪桥　张洪瑞　贺连岭
程秀珍（女）

黄骅市人民政府市长：边老刚

黄骅市人民副市长：董文昌　吕佳明　刁宝海　曹传勇　夏爱华（女）　许建国

黄骅市人民法院院长：单继泽

黄骅市人民检察院检察长：贾全（须报经沧州市人民检察院检察长提请沧州市人民代表大会常务委员会批准）

（二）第二次会议（2008年3月6日—9日）

大会通过选举补选许方林为黄骅市第六届人民代表大会常务委员会主任，贾恩芳为黄骅市第六届人民代表大会常务委员会副主任；白义刚、刑成业为黄骅市第六届人民代表大会常务委员会委员。

大会选举黄骅市出席沧州市第十二届人民代表大会代表：

于春雷　于锦军　于壁墀　王玉芬（女）王春玲（女）王振山　王桂梅（女）王鹤荀　尹恩远　田俊祥　白志营　边老刚　边洪玉　吕振华　回学勇（回族）刘志江　刘学库　刘淑会（女，回族）许方林　孙云增　李世明　李志新　李树田　李海斌　张　虹　张召堂　张国通　张剑华（回族）单继泽　孟祥普　赵国权　赵锡铸　贾　全　夏福珂　郭建英　董海龙　谢荣珂

（三）第四次会议（2010年3月2日—4日）

大会通过选举补选王清坤、李红旗为黄骅市第六届人民代表大会常务委员会副主任，于建喜为黄骅市第六届人民代表大会常务委员会委员。

七、黄骅市第七届人民代表大会（2012年2月—2017年2月）

（一）第一次会议（2012年2月8日—11日）

大会选举结果：

黄骅市人大常委会主任：王元波（回族）

黄骅市人大常委会副主任：李红旗　许建国　王振山　张洪义

黄骅市人大常委会委员：于建喜　于洪俊（女）于锦辉　王治广（回族）王英明（女）王金瑞　孔令杰　石家庆　付之平　白义刚　邢成业　刘金鹏　许东兴　杜国良　张广新　张建军　张树军　张鹏翔　陈　静（女）邵建萍（女）

黄骅市人民政府市长：潘海瀛

黄骅市人民政府副市长：张长瑞　夏爱华（女）王　锐　郑增强　张金桥　贾兆德

黄骅市人民法院院长：单继泽

黄骅市人民检察院检察长：赵广杰（须报经沧州市人民检察院检察长提请沧州市人民代表大会常务委员会批准）

（二）第二次会议（2013 年 3 月 21 日—22 日）

大会选举黄骅市出席沧州市第十三届人民代表大会代表 41 名：
刘立著　张长岗（回族）邓沛然　回学勇（回族）寇永峰　张恩波　杨树增　吕振华
张召堂　崔治福　许建华　明玉峰　詹国海　马永革　刘宝玉　王文娟（女，回族）
刘肇基　王赞兰（女）潘海瀛　叶永贺　赵广杰　刘建军　王义国　孙吉生
宋宝霞（女）史秀华（女）倪世江　陈海烈　臧忠合　刘淑会（女，回族）兰铁宁
宋忠秋　王元波（回族）单继泽　靳振林　刘云凤（女）于锦军　沈海滨　王桂梅（女）
刘淑霞（女）张金宏

（三）第三次会议（2014 年 1 月 13 日—15 日）

大会通过选举补选朱春燕为黄骅市人民政府市长。

（四）第四次会议（2015 年 1 月 6 日—8 日）

大会通过选举补选黄骅市第七届人民代表大会常务委员会委员：马红胜　王荣军　王普庆　许建忠　宋红霞（女）贺连岭　程　刚

八、黄骅市第八届人民代表大会（2017 年 2 月—2021 年 7 月）

（一）第一次会议（2017 年 2 月 18 日—20 日）

大会选举结果：
黄骅市人大常委会主任：夏爱华（女）
黄骅市人大常委会副主任：许建国　赵锡铸　王振山　孟祥普
黄骅市人大常委会委员：马红胜　王　宁　王义军　王治广（回族）王金瑞　王荣军
石家庆　付之平　白义刚　刘玉军　刘香芝（女）闫玉华（女）
许东兴　许建忠　孙月娟（女）杜国良　李　霞（女）
李拥军（回族）李国旺　杨宝恒　张　旺（回族）张长顺
张鹏翔　陈　静（女）林　浩　周延博　周金龙　赵永福
高阳春　穆建霞（女）
黄骅市第八届人民代表大会专门委员会：

黄骅市第八届人民代表大会法制委员会组成人员名单

主任委员：赵锡铸　男　市人大常委会党组成员

副主任委员：王荣军　男　市人大常委会内务司法科科长

委　员：于怀河　男　振兴汽配公司经理

王广福　男　黄骅镇后街村支部书记

杜国良　男　天天食品有限公司总经理

李丙胜　男　南排河镇前唐村党支部书记

张耀利　男　铭辉律师事务所律师

林　浩　男　市委组织部副部长

孟繁悦　男　市公安局骅东派出所所长

黄骅市第八届人民代表大会财政经济委员会组成人员名单

主任委员：王振山　男　市人大常委会副主任

副主任委员：李　霞　女　市人大常委会代表联络科主任科员

委　员：于连松　男　常郭镇人民政府镇长

王治广　男　河北宏泰专用汽车有限公司总经理

许建忠　男　市总工会主席

杨文田　男　骅中街道党委书记

何寿彪　男　市发改局局长

陈　静　女　市妇联主席

穆建霞　女　信誉楼百货集团董事长

黄骅市第八届人民代表大会城乡建设和环境保护委员会组成人员名单

主任委员：孟祥普　男　市人大常委会党组成员、财政局局长

副主任委员：闫玉华　女　市人大常委会内务司法科主任科员

委　员：于建喜　男　市盐业公司总经理

王海龙　男　黄骅市海龙房地产公司董事长

许东兴　男　河北海滨建工集团董事长

李玉娟　女　骅中街道党委组织委员

宋兴仓　男　登峰家具有限公司工程师

张　宁　男　河北大业房地产开发公司职员

张　旺　男　鑫大地建筑安装工程有限公司董事长

高振荣　女　博爱医院院长

韩景德　男　周西村第一书记

黄骅市第八届人民代表大会教育科学文化卫生委员会组成人员名单

主任委员：许建国　男　市人大常委会副主任

副主任委员：白义刚　男　市人大常委会科教文卫科科长

委　员：王义军　男　黄骅德富皮革公司总经理

王百刚　男　黄骅中油兴华石油销售有限公司董事长

刘香芝　女　春蕾教育集团董事长

李拥军　男　黄骅中学校长

杨宝恒　男　宏宝佳业有限公司董事长

张鹏翔　男　中国书法家协会会员
金　玲　女　骅中街道文化路社区工作人员
胡文辉　男　中国书法家协会会员
高阳春　男　市人民医院院长

黄骅市人民政府市长：宋忠秋

黄骅市人民政府副市长：张剑华（回族）李国德　张桂云（女，蒙古族）张　昕　王友海　王　力

黄骅市人民法院院长：张金旭

黄骅市人民检察院检察长：赵广杰（须报经沧州市人民检察院检察长提请沧州市人民代表大会常务委员会批准）

大会选举黄骅市出席沧州市第十四届人民代表大会代表39名：

杨　慧　张国栋　张龙华（回族）刘泽平　张胜军（回族）李武强　朱春燕　宋忠秋　贾兆军　夏爱华（女）张金保　王义国　于锦军　詹国海　沈海滨　许东兴　刘建国　徐志华　刘树彬　杨香智　张国旭　孙国忠　张长岗（回族）王立军　史秀华（女）刘云凤（女）张金宏　付之平　姬淑喆（女，回族）孙　新　张玉路　张兰芳（女）宋宝霞（女）刘淑霞（女）于洪林　王治广（回族）温振江　王　萍（女）马永革

（二）第二次会议（2018年1月31日—2月2日）

大会选举结果：

黄骅市监察委员会主任：邵长增

黄骅市人民检察院检察长：庞丽敏（女）（须报经沧州市人民检察院检察长提请沧州市人民代表大会常务委员会批准）

（三）第三次会议（2019年1月17日—19日）

大会选举结果：

黄骅市第八届人民代表大会建设委员会

主任委员：赵锡铸　男　市人大常委会副主任

副主任委员：王　宁　男　市人大常委会办公室副主任

委　员：于荣森　男　滕庄子乡慈庄村党支部书记
邓连凯　男　常郭镇东排村党支部书记
刘玖新　男　黄骅市新林坡塑料有限公司总经理
刘宏新　男　黄骅市发改局局长
杜清河　男　南排河镇季家堡渔民
李荣江　男　旧城镇李马口村党支部书记
沈学荣　男　黄骅市众邦公司高级工程师
周金龙　男　黄骅市泰丰建筑公司总经理

赵树栋　男　黄骅市财政局局长

大会通过选举补选城乡建设和环境保护委员会

委　员：刘其德　男　黄骅市德成驾校校长

（四）第四次会议（2020 年 1 月 8 日—10 日）

大会通过选举补选：

黄骅市第八届人民代表大会常务委员会委员：庞　谦　王广福（回族）刘其德
周　欣（女）赵树岭

黄骅市人民法院院长：郭淑仙（女）

第三章　人大常委会

第一节　黄骅市人大常委会的产生及组成

一、黄骅市人大常委会的产生及成员

（一）黄骅市第一届人大常委会（1989 年 11 月—1990 年 3 月）

1. 人大常委会的产生及组成

黄骅县 1989 年撤县设市，根据河北省人大常委会《关于召开黄骅市第一届人民代表大会第一次会议的批复》（冀人常办函〔1989〕62 号文），黄骅市第一届人民代表大会第一次会议于 1989 年 11 月 9 日—10 日召开，大会补选杨荣祥为黄骅市第一届人民代表大会常务委员会副主任。

1989 年 11 月，黄骅市第一届人民代表大会第一次会议决定，黄骅县第九届人大常委会改为黄骅市第一届人大常委会，黄骅县人大常委会主任、副主任、委员改为黄骅市人大常委会主任、副主任、委员。会议接受 1 名人大常委会副主任的辞职请求，补选 1 名人大常委会副主任。市一届人大常委会有主任 1 名、副主任 4 名、委员 12 名（其中驻会委员 4 名）。至 1990 年 3 月，常委会组成人员无变化。1989 年 11 月至 1990 年 3 月，市一届人大常委会共举行 5 次会议。

2. 人大常委会成员名单

王润惠

夏相臣

杨荣祥

孟繁珊

贾竹笑

主　任：王润惠（1989.11—1990.3）

副主任：夏相臣（1989.11—1990.3）

　　　　杨荣祥（1989.11—1990.3）

　　　　孟繁珊（1989.11—1990.3）

贾竹笑（1989.11—1990.3）

委　员：于金恒（1989.11—1990.3）

王旭晨（1989.11—1990.3）

刘尚文（1989.11—1990.3）

李益文（1989.11—1990.3）

刘金钊（1989.11—1990.3）

刘德全（1989.11—1990.3）

杨九贤（1989.11—1990.3）

庞玉勤（1989.11—1990.3）

张连璧（1989.11—1990.3）

张延喜（1989.11—1990.3）

赵恩赞（回族，1989.11—1990.3）

高建华（女，1989.11—1990.3）

（二）黄骅市第二届人大常委会（1990 年 3 月—1993 年 2 月）

1. 人大常委会的产生及组成

黄骅市第二届人民代表大会常务委员会，由 1990 年 3 月 14 日—17 日召开的黄骅市第二届人民代表大会第一次会议选举产生，由主任 1 名、副主任 4 名、委员 14 名（其中驻会委员 6 名）组成。1991 年 3 月 27 日—30 日召开的黄骅市第二届人民代表大会第二次会议补选市人大常委会副主任 1 名，1992 年 3 月 24 日—28 日召开的黄骅市第二届人民代表大会第三次会议补选市人大常委会副主任 1 名、委员 1 名。1992 年 12 月至 1993 年 2 月，有主任 1 名、副主任 6 名、委员 14 名。

2. 人大常委会成员名单

夏相臣

杨荣祥

贾竹笑

张芳熙

孙连城

主　任：夏相臣（1990.3—1993.2）

副主任：杨荣祥（1990.3—1993.2）

贾竹笑（1990.3—1993.2）

张芳熙（1990.3—1993.2）

孙连城（1990.3—1993.2）

委　员：于树凯（1990.3—1993.2）
王旭晨（1990.3—1993.2）
王崇智（1990.3—1993.2）
左俊华（女，1990.3—1993.2）
刘尚文（1990.3—1993.2）
刘德全（1990.3—1992.3）
刘金钊（1990.3—1993.2）
杨九贤（1990.3—1993.2）
宋玉森（1990.3—1993.2）
范丽华（女，1990.3—1993.2）
庞玉勤（1990.3—1993.2）
赵恩赞（回族，1990.3—1993.2）
耿永和（1990.3—1993.2）
贾荣佩（1990.3—1993.2）

增补成员：

周云生

胡廷栋

黄骅市人大常委会副主任：周云生（1991.3—1993.2）
胡廷栋（1992.3—1993.2）

黄骅市人大常委会委员：李金伦（1992.3—1993.2）

（三）黄骅市第三届人大常委会（1993 年 2 月—1998 年 2 月）

1. 人大常委会的产生及组成

黄骅市第三届人民代表大会常务委员会，由 1993 年 2 月 9 日—12 日召开的黄骅市第三届人民代表大会第一次会议选举产生，有主任 1 名、副主任 5 名、委员 15 名。在组成人员中，连任 8 名，占 38.1%；新进 12 名，占 57.1%。人大常委会委员平均年龄 46 岁，大专以上文化程度的 3 名，1994 年 3 月，市三届人大三次会议补选副主任 1 名；1996 年 2 月，市三届人大常委会第二十二次会议，同意 2 名市人大常委会委员辞职请求，市三届人大五次会议补选市人大常委会委员 2 名；1997 年 3 月，市三届人大六次会议接受 1 名人大常委会主任和 1 名人大常委会副主任辞职的请求，同时补选主任 1 名、副主任 1 名。至 1998 年 2 月，有主任 1 名、副主任 6 名、委员 16 名。

2. 人大常委会成员名单

夏相臣

张芳兰

杨荣祥

周云生

胡廷栋

庞玉勤

主　任：夏相臣（1993.2—1997.3）
副主任：张芳兰（女，回族，1993.2—1998.2）
杨荣祥（1993.2—1998.2）
周云生（1993.2—1997.3）
胡廷栋（1993.2—1998.2）
庞玉勤（1993.2—1998.2）
委　员：王旭晨（1993.2—1998.2）
王崇智（1993.2—1998.2）
左俊华（女，1993.2—1998.2）
刘云凤（女，1993.2—1998.2）
刘凤阁（1993.2—1998.2）
刘金钊（1993.2—1998.2）
刘学秀（1993.2—1998.2）
孙吉合（1993.2—1998.2）
杨九贤（1993.2—1998.2）
李中华（1993.2—1998.2）
李金伦（1993.2—1996.2）
宋玉森（1993.2—1998.2）
赵　燕（1993.2—1996.2）
胡庆国（1993.2—1998.2）

贾荣佩（1993.2—1998.2）

增补成员：

孟德祥

张忠来

王德荣

黄骅市人大常委会：孟德祥（1997.3—1998.2）

黄骅市人大常委会副主任：张忠来（回族，1994.3—1998.2）

王德荣（1997.3—1998.2）

黄骅市人大常务委员会委员：王汝玺（1996.2—1998.2）

张洪芬（女，1996.2—1998.2）

（四）黄骅市第四届人大常委会（1998年2月—2003年4月）

1. 人大常委会的产生及组成

黄骅市第四届人民代表大会常务委员会，由1998年2月18日至21日召开的黄骅市第四届人民代表大会第一次会议选举产生，有主任1名、副主任5名、委员15名。在组成人员中连任10名，占50%；新进10名，占50%。常务委员会委员平均年龄45.2岁，大专以上文化程度的4名。2000年1月，市四届人大常委会第十六次会议接受1名委员的辞呈；同月，市四届人大三次会议补选副主任1名。2002年3月，市四届人大五次会议补选副主任1名；2002年9月，1名副主任病故。至2003年4月，有主任1名、副主任6名、委员14名。

2. 人大常委会成员名单

孟德祥

张芳兰

张忠来

王德荣

李树鸿

胡廷栋

主　任：孟德祥（1998.2—2003.4）
副主任：张芳兰（女，回族，1998.2—2003.4）
　　　　张忠来（回族，1998.2—2003.4）
　　　　王德荣（1998.2—2003.4）
　　　　李树鸿（1998.2—2003.4）
　　　　胡廷栋（1998.2—2003.4）
委　员：王汝玺（1998.2—2003.4）
　　　　王宝仓（1998.2—2003.4）
　　　　王德文（1998.2—2003.4）
　　　　井学祥（1998.2—2003.4）
　　　　左俊华（女，1998.2—2003.4）
　　　　石政勋（1998.2—2003.4）
　　　　刘云凤（女，1998.2—2003.4）
　　　　刘凤阁（1998.2—2003.4）
　　　　刘金钊（1998.2—2003.4）
　　　　孙吉合（1998.2—2003.4）
　　　　李中华（1998.2—2003.4）
　　　　李瑞田（1998.2—2000.1）
　　　　张广新（1998.2—2003.4）
　　　　张志德（1998.2—2003.4）
　　　　夏玉荣（女，回族，1998.2—2003.4）
增补成员：

赵芳元

胡学和

黄骅市人大常委会副主任：胡学和（2000.1—2002.9）
　　　　　　　　　　　　赵芳元（2002.3—2003.4）

（五）黄骅市第五届人大常委会（2003 年 4 月—2007 年 7 月）

1. 人大常委会的产生及组成

黄骅市第五届人民代表大会常务委员会，由 2003 年 4 月 7 日—10 日召开的黄骅市第五届人民代表大会第一次会议选举产生，有主任 1 名、副主任 4 名、委员 16 名。2004 年 11 月，市五届人大常委会第十四次会议接受 1 名委员的辞呈；2005 年 1 月，市五届人大三次会议补选委员 1 名。至 2007 年 7 月，有主任 1 名、副主任 4 名、委员 16 名。

2. 人大常委会成员名单

温志成

刘兴德

范振兰

李树鸿

左俊华

主　任：温志成（2003.4—2007.7）
副主任：刘兴德（2003.4—2007.7）
　　　　范振兰（女，2003.4—2007.7）
　　　　李树鸿（2003.4—2007.7）
　　　　左俊华（女，2003.4—2007.7）
委　员：白志营（2003.4—2007.7）
　　　　刘云凤（女，2003.4—2007.7）
　　　　刘凤龙（2003.4—2007.7）
　　　　刘玉敏（女，2003.4—2007.7）
　　　　刘国林（2003.4—2007.7）
　　　　许东兴（2003.4—2007.7）
　　　　孙吉合（2003.4—2007.7）
　　　　沈秀琴（女，2003.4—2007.7）
　　　　张树军（2003.4—2007.7）
　　　　庞之祥（2003.4—2007.7）
　　　　赵建华（2003.4—2007.7）
　　　　胡福起（2003.4—2007.7）
　　　　秦玉杰（2003.4—2004.11）

夏玉荣（女，回族，2003.4—2007.7）
夏爱华（女，2003.4—2007.7）
董传玉（2003.4—2007.7）

增补成员：

黄骅市人大常委会委员：贺连岭（2005.1—2007.7）

（六）黄骅市第六届人大常委会（2007年7月—2012年2月）

1. 人大常委会的产生及组成

黄骅市第六届人民代表大会常务委员会，由2007年7月13日—16日召开的黄骅市第六届人民代表大会第一次会议选举产生，有主任1名、副主任4名、委员17名。2008年3月，市六届人大二次会议，因工作需要，市人大常委会原主任提出辞呈，补选市人大常委会主任1名、副主任1名、委员2名。2010年2月，市六届人大常委会第二十次会议接受4名委员辞呈。2010年3月，市六届人大四次会议，补选市人大常委会副主任2名、委员1名。

2. 人大常委会成员名单

郭建英

商玉龙

李树鸿

赵淑英

胡福起

主　任：郭建英（2007.7—2008.3）
副主任：商玉龙（2007.7—2012.2）
李树鸿（2007.7—2012.2）
赵淑英（女，2007.7—2012.2）
胡福起（2007.7—2012.2）
委　员：于洪俊（女，2007.7—2012.2）
马志文（2007.7—2012.2）
王之鹏（2007.7—2010.2）
王治广（回族，2007.7—2012.2）
王连顺（2007.7—2010.2）
王英明（女，2007.7—2012.2）
王金瑞（2007.7—2012.2）
石传福（2007.7—2012.2）
刘云风（女，2007.7—2012.2）

刘玉敏（女，2007.7—2012.2）
许东兴（2007.7—2012.2）
杜国良（2007.7—2012.2）
张树军（2007.7—2012.2）
张洪桥（2007.7—2010.2）
张洪瑞（2007.7—2012.2）
贺连岭（2007.7—2010.2）
程秀珍（女，2007.7—2012.2）

增补成员：

许方林

贾恩芳

王清坤

李红旗

黄骅市人大常委会主任：许方林（2008.3—2012.2）
黄骅市人大常委会副主任：贾恩芳（2008.3—2012.2）
王清坤（2010.3—2012.2）
李红旗（2010.3—2012.2）
黄骅市人大常委会委员：白义刚（2008.3—2012.2）
邢成业（2008.3—2012.2）
于建喜（2010.3—2012.2）

（七）黄骅市第七届人大常委会（2012 年 2 月—2017 年 2 月）

1. 人大常委会的产生及组成

黄骅市第七届人民代表大会第一次会议于 2012 年 2 月 8 日—11 日召开，会议选举产生黄骅市第七届人民代表大会常务委员会，有主任 1 名、副主任 4 名、委员 20 名；2015 年 1 月，市七届人大四次会议，补选市人大常委会委员 7 名。

2. 人大常委会成员名单

王元波

李红旗

许建国

王振山

张洪义

主　任：王元波（回族，2012.2—2017.2）
副主任：李红旗（2012.2—2017.2）
许建国（2012.2—2017.2）
王振山（2012.2—2017.2）
张洪义（2012.2—2017.2）
委　员：于建喜（2012.2—2014.12）
于洪俊（女，2012.2—2014.12）
于锦辉（2012.2—2014.2）
王治广（回族，2012.2—2017.2）
王英明（女，2012.2—2017.2）
王金瑞（2012.2—2017.2）
孔令杰（2012.2—2014.12）
石家庆（2012.2—2017.2）
付之平（2012.2—2017.2）
白义刚（2012.2—2017.2）
邢成业（2012.2—2014.6）
刘金鹏（2012.2—2014.8）
许东兴（2012.2—2017.2）
杜国良（2012.2—2017.2）
张广新（2012.2—2017.2）
张建军（2012.2—2016.6）
张树军（2012.2—2014.6）
张鹏翔（2012.2—2017.2）
陈　静（女，2012.2—2017.2）
邵建萍（女，2012.2—2017.2）
增补成员：
黄骅市人大常委会委员：马红胜（2015.1—2017.2）
王荣军（2015.1—2017.2）

王普庆（2015.1—2015.6）
宋红霞（女，2015.1—2015.8）
许建忠（2015.1—2017.2）
贺连岭（2015.1—2017.2）
程　刚（2015.1—2016.6）

（八）黄骅市第八届人大常委会（2017 年 2 月—2021 年 7 月）

1. 人大常委会的产生及组成

黄骅市第八届人民代表大会常务委员会，由 2017 年 2 月 18 日—20 日召开的黄骅市第八届人民代表大会第一次会议选举产生，有主任 1 人、副主任 4 人、委员 30 人。黄骅市第八届人民代表大会第四次会议补选黄骅市第八届人民代表大会常务委员会委员 6 名。

2. 人大常委会成员名单

夏爱华

许建国

赵锡铸

王振山

孟祥普

主　任：夏爱华（女，2017.2—2021.7）
副主任：许建国（2017.2—2021.7）
　　　　赵锡铸（2017.2—2021.7）
　　　　王振山（2017.2—2021.7）
　　　　孟祥普（2017.2—2021.7）
委　员：马红胜（2017.2—2019.3）
　　　　王　宁（2017.2—2019.3）
　　　　王义军（2017.2—2021.7）
　　　　王治广（回族，2017.2—2021.7）
　　　　王金瑞（2017.2—2021.7）
　　　　王荣军（2017.2—2021.7）
　　　　石家庆（2017.2—2021.7）
　　　　付之平（2017.2—2019.12）
　　　　白义刚（2017.2—2021.7）
　　　　刘玉军（2017.2—2021.7）
　　　　刘香芝（女，2017.2—2021.7）

闫玉华（女，2017.2—2021.7）
许东兴（2017.2—2021.7）
许建忠（2017.2—2021.7）
孙月娟（女，2017.2—2021.7）
杜国良（2017.2—2021.7）
李　霞（女，2017.2—2021.7）
李拥军（回族，2017.2—2021.7）
李国旺（2017.2—2019.3）
杨宝恒（2017.2—2021.7）
张　旺（回族，2017.2—2021.7）
张长顺（2017.2—2021.7）
张鹏翔（2017.2—2021.7）
陈　静（女，2017.2—2021.7）
林　浩（2017.2—2021.7）
周延博（2017.2—2019.3）
周金龙（2017.2—2021.7）
赵永福（2017.2—2019.3）
高阳春（2017.2—2021.7）
穆建霞（女，2017.2—2021.7）

增补成员：
黄骅市人大常委会委员：庞　谦（2020.1—2021.7）
于荣森（2020.1—2021.7）
王广福（回族，2020.1—2021.7）
刘其德（2020.1—2021.7）
周　欣（女，2020.1—2020.7）
赵树岭（2020.1—2021.7）

二、黄骅市人大常委会内设机构

（一）黄骅市第一届人大常委会内设机构（1989 年 11 月—1990 年 3 月）

1. 内设机构

1987 年 11 月，市人大常委会的办事机构设办公室、政法科、财政经济科、教科文卫科。1988 年 1 月恢复代表联络科。至 1990 年 3 月，黄骅市第二届人民代表大会第一次会议召开，市人大常委会内设机构仍为“一室四科”。

2. 内设机构负责人

（1）黄骅市人大常委会办公室（1987.11—1990.3）

主要职责：起草常委会综合性文件，处理文书工作，管理档案，承担会务、保密、行政事务等事项，办理任免手续，接待来信来访，管理本单位离退休干部，办理常委会会议和主任会议交办的事项。

主　任：王旭晨（1987.11—1990.3）

副主任：张力耕（1987.11—1988.5）

宋玉森（1987.11—1988.1）

王汝玺（1988.5—1990.3）

袁仲凯（1989.10—1990.3）

（2）黄骅市人大常委会政法科（1987.11—1990.3）

主要职责：调查了解行政区域内宪法、法律的实施情况，检查督促执法责任制的落实，负责法院、检察院、公安、司法、民政、民族等部门的法律监督；办理与本科有关的质询和议案审议，并向常委会提出报告；受理人民群众对“一府两院”及其工作人员的申诉；组织讨论上级人大及其常委会下发征求意见的相关法律、法规、条例草稿，并提出意见；办理常委会会议和主任会议交办的事项。

副科长：于树凯（1987.11—1990.3）

（3）黄骅市人大常委会财政经济科（1987.11—1990.3）

主要职责：检查监督财政部门执行政策、法规和落实市人大及其常委会决议、决定的情况；调查掌握国民经济计划和财政预算的执行情况；办理财政方面的质询案和议案，并向常委会提出报告，审查有关建议、批评、意见和来信来访的办理结果；组织讨论上级人大及其常委会下发征求意见的相关法律、法规、条例草稿，并提出意见；办理常委会会议和主任会议交办的其他事项。

科　长：李益文（1987.11—1990.3）

副科长：耿永和（1987.11—1990.3）

（4）黄骅市人大常委会教科文卫科（1987.11—1990.3）

主要职责：调查掌握教育、科技、文化、卫生、计划生育、体育等工作的基本情况；检查监督上述部门执法情况和落实市人大及其常委会决议、决定情况；接待相关的人民群众和人大代表的来信来访，审查相关的人民代表建议、批评、意见的办理结果；组织讨论上级人大及其常委会下发征求意见的相关法律、法规、条例草稿，并提出意见；办理常委会会议和主任会议交办的其他事项。

科　长：刘尚文（1987.11—1990.3）

副科长：庞之祥（1989.10—1990.3）

（5）黄骅市人大常委会代表联络科（1988.1—1990.3）

1988 年 1 月恢复设立。主要职责：联系代表，组织代表活动，了解代表工作情况，推广代表工作经验；联系和指导乡、镇人大主席团工作；催促和办理代表提出的议案、建议、批评和意见；办理人大代表的罢免、补选手续；协助全国和省人大代表视察；接待市人大代表的来信来访；办理常委会会议、主任会议交办的其他事项。

科　长：贾荣佩（1988.1—1990.3）

副科长：宋玉森（1988.1—1990.3）

（二）黄骅市第二届人大常委会内设机构（1990年3月—1993年2月）

1. 内设机构

1990年8月，市人大常委会内设机构，由“一室四科”改为“一室四处”，即办公室、政法处、财政经济处、科教文卫处、代表联络处，并增设秘书长和副秘书长。

2. 内设机构负责人

秘 书 长：王旭晨（1990.8—1993.2）

副秘书长：袁仲凯（1990.8—1992.10）

　　　　　王汝玺（1990.8—1993.2）

（1）黄骅市人大常委会办公室（1990.3—1993.2）

主要职责：起草常委会综合性文件，处理文书工作，管理档案，承担会务保密、行政事务等事项，办理任免手续，接待来信来访，管理单位离休退休老干部，办理常委会会议和主任会议交办的事项。

主　任：王旭晨（1990.3—1993.2）

副主任：王汝玺（1990.3—1993.2）

　　　　袁仲凯（1990.3—1992.10）

　　　　刘国增（1990.12—1993.2）

　　　　赵连升（1992.10—1993.2）

（2）黄骅市人大常委会政法处（科）（1990.3—1993.2）

主要职责：调查了解行政区域内宪法、法律的实施情况，检查督促执法责任制的落实，负责法院、检察院、公安、司法、民政、民族等部门的法律监督；办理与处（科）有关的质询案和议案审议，并向常委会提出报告；受理人民群众对“一府两院”及其工作人员的申诉；组织讨论上级人大及其常委会下发征求意见的相关法律、法规、条例草稿，并提出意见；办理常委会会议和主任会议交办的事项。

处（科）长：于树凯（1990.12—1992.10）

副处（科）长：于树凯（1990.3—1990.12）

　　　　　　　孙吉合（1991.12—1993.2）

（3）黄骅市人大常委会财政经济处（科）（1990.3—1993.2）

主要职责：检查监督财政部门执行政策、法规和落实人大及其常委会决议、决定的情况；调查掌握国民经济和财政预算的执行情况；办理财政方面的质询和议案并向常委会提出报告，审查有关建议、批评、意见和来信来访的办理结果；组织讨论上级人大及其常委会下发征求意见的相关法律、法规、条例草案，并提出意见；办理常委会会议和主任会议交办的其他事项。

处（科）长：李益文（1990.3—1991.8）

　　　　　　李金伦（1991.8—1993.2）

副处（科）长：耿永和（1990.3—1993.2）

（4）黄骅市人大常委会教科文卫处（科）（1990.3—1993.2）

主要职责：调查掌握教育、科技、文化、卫生、计划生育、体育等工作的基本情况；检查上述部门执法情况和落实市人大及其常委会决议、决定情况；接待相关的人民群众和人大代表的来信来访，审查相关的人大代表建议、批评、意见的办理结果；组织讨论上级人大及其常委会下发征求意见的相关法律、法规、条例草稿，并提出意见；办理常委会会议和主任会议交办的其他事项。

处（科）长：刘尚文（1990.3—1990.12）

贾荣佩（1990.12—1993.2）

副处（科）长：庞之祥（1990.3—1993.2）

（5）黄骅市人大常委会代表联络处（科）（1990.3—1993.2）

主要职责：联系代表，组织代表活动，了解代表工作情况，推广代表工作经验；联系和指导乡、镇人大工作；督促办理代表提出的议案、建议、批评和意见；办理人大代表的罢免、补选手续；协助全国人大、省人大、沧州市人大代表视察、调查；接待人大代表的来信来访；办理常委会会议、主任会议交办的其他事项。

处（科）长：贾荣佩（1990.3—1990.12）

宋玉森（1990.12—1993.2）

副处（科）长：宋玉森（1990.3—1990.12）

（三）黄骅市第三届人大常委会内设机构（1993 年 2 月—1998 年 2 月）

1. 内设机构

1990 年 8 月，市人大常委会的内设办事机构设办公室、政法处、财政经济处、教科文卫处、代表联络处，同时设秘书长（非选举产生）和副秘书长。1994 年 6 月，设立城建环保处；1996 年 5 月，撤销城建环保处；1997 年 6 月，撤销秘书长、副秘书长职务设置。

2. 内设机构负责人

秘书长：王旭晨（1993.2—1997.6）

副秘书长：王汝玺（1993.2—1994.4）

宋玉森（1994.4—1997.6）

（1）黄骅市人大常委会办公室（1993.2—1998.2）

主要职责：起草常委会综合性文件，处理文书工作，管理档案，承担会务保密、行政事务等事项，办理任免手续，接待来信来访，管理单位离休退休老干部，办理常委会会议和主任会议交办的事项。

主　任：王旭晨（1993.2—1997.6）

王宝仓（1997.6—1998.2）

副主任：王汝玺（1993.2—1994.4）

刘国增（1993.2—1997.6）

赵连升（1993.2—1998.2）

（2）黄骅市人大常委会政法处（1993.2—1998.2）

主要职责：调查了解行政区域内宪法、法律的实施情况，检查督促执法责任制的落实，负责法院、检察院、公安、司法、民政、民族等部门的法律监督；办理与本处有关的质询案和议案审议，并向常委会提出报告；受理人民群众对“一府两院”及其工作人员的申诉；组织讨论上级人大及其常委会下发征求意见的相关法律、法规、条例草稿，并提出意见；办理常委会会议和主任会议交办的事项。

处　长：孙吉合（1993.4—1998.2）

副处长：孙吉合（1993.2—1993.4）

（3）黄骅市人大常委会财政经济处（1993.2—1998.2）

主要职责：检查监督财政部门执行政策、法规和落实人大及其常委会决议、决定的情况；调查掌握国民经济和财政预算的执行情况；办理财政方面的质询和议案，并向常委会提出报告，审查有关建议、批评、意见和来信来访的办理结果；组织讨论上级人大及其常委会下发征求意见的相关法律、法规、条例草案并提出意见；办理常委会会议和主任会议交办的其他事项。

处　长：李金伦（1993.2—1994.4）

　　　　胡学禹（1994.4—1997.6）

副处长：耿永和（1993.2—1993.4）

　　　　夏玉荣（女，回族，1996.7—1998.2）

（4）黄骅市人大常委会教科文卫处（1993.2—1998.2）

主要职责：调查掌握教育、科技、文化、卫生、计划生育、体育等工作的基本情况；检查上述部门执法情况和落实市人大及其常委会决议、决定情况；接待相关的人民群众和人大代表的来信来访，审查相关的人大代表建议、批评、意见的办理结果；组织讨论上级人大及其常委会下发征求意见的相关法律、法规、条例草稿，并提出意见；办理常委会会议和主任会议交办的其他事项。

处　长：贾荣佩（1993.2—1997.6）

副处长：庞之祥（1993.2—1998.2）

　　　　姚金英（女，1996.7—1998.2）

（5）黄骅市人大常委会代表联络处（1993.2—1998.2）

主要职责：联系代表，组织代表活动，了解代表工作情况，推广代表工作经验；联系和指导乡、镇人大工作；督促办理代表提出的议案、建议、批评和意见；办理人大代表的罢免、补选手续；协助全国人大、省人大、沧州市人大代表视察、调查；接待人大代表的来信来访；办理常委会会议、主任会议交办的其他事项。

处　长：宋玉森（1993.2—1994.4）

　　　　王汝玺（1994.4—1998.2）

（6）黄骅市人大常委会城建环保处（1994.6—1996.5）

1994 年 6 月设立，1996 年 5 月撤销。主要职责：负责对城市建设、土地管理、环境保护等方面的工作进行调查研究；了解有关法律、法规和上级人大及其常委会的有关决议、决定的贯彻实施情况，为市人大常委会讨论决定的问题起草文件、提供情况和依据。

处　长：胡庆国（1994.6—1996.5）

（四）黄骅市第四届人大常委会内设机构（1998年2月—2003年4月）

1. 内设机构

1998年2月，市人大常委会设办公室、政法处、财政经济处、教科文卫处、代表联络处5个办事机构。1998年5月，办事机构改设为办公室、政法工作室、财经工作室（教科文卫处并入财经工作室）、代表工作室。2002年5月，增设老干部科，挂靠办公室。

2. 内设机构负责人

（1）黄骅市人大常委会办公室（1998.2—2003.4）

主要职责：起草常委会综合性文件，处理文书工作，管理档案，承担会务、保密、行政事务等事项；办理干部任免手续；接待来信来访；管理单位离退休老干部。

主　任：王宝仓（1998.2—2001.5）
　　　　秦玉杰（2002.5—2003.4）
副主任：赵连升（1998.2—2002.5）
　　　　皮秀峰（1998.5—2003.4）
　　　　邢成业（2000.4—2003.4）
　　　　秦玉杰（2001.5—2002.5）

（2）黄骅市人大常委会老干部科（2002.5—2003.4）

2002年5月设立，挂靠市人大常委会办公室。主要职责：负责单位离退休老干部的管理、服务。

科　长：赵连升（2002.5—2003.4）

（3）黄骅市人大常委会政法处—政法工作室（1998.2—2003.4）

1998年5月，政法处改称政法工作室。主要职责：调查了解行政区域内宪法、法律的实施情况，检查督促执法责任制的落实，负责法院、检察院、公安、司法、民政、民族等部门的法律监督；办理政法方面的质询案和议案审议，并向常委会提出报告；受理人民群众对"一府两院"及其工作人员的申诉；组织讨论上级人大及其常委会下发征求意见的相关法律、法规、条例草案，并提出意见。

主　任（处长）：孙吉合（1998.2—2003.4）
副主任：姚金英（女，1998.5—2003.4）

（4）黄骅市人大常委会财政经济处—财经工作室（1998.2—2003.4）

1998年5月，财政经济处改称财经工作室。主要职责：检查监督财政部门执行政策、法规和落实人大及其常委会决议、决定的情况；调查掌握国民经济和财政预算的执行情况；办理财政方面的质询和议案并向常委会提出报告；调查掌握教育、科技、文化、卫生、计划生育、体育等工作的基本情况，审查有关建议、批评、意见和来信来访的办理结果；组织讨论上级人大及其常委会下发征求意见的相关法律、法规、条例草案，并提出意见。

主　任（处长）：夏玉荣（女，回族，1998.5—2003.4）
副主任（副处长）：夏玉荣（女，回族，1998.2—1998.5）
　　　　　　　　　程秀珍（女，1998.5—2003.4）

（5）黄骅市人大常委会教科文卫处（1998.2—1998.5）

1998年5月，教科文卫处并入财经工作室。主要职责：调查掌握教育、科技、文化、卫生、计划生育、体育等工作的基本情况；检查上述部门执法情况，落实市人大及其常委会决议、决定情况；接待相关的人民群众和人大代表的来信来访，审查相关的人大代表建议、批评、意见的办理结果；组织讨论上级人大及其常委会下发征求意见的相关法律、法规、条例草案，并提出意见。

处　长：（缺职）

副处长：庞之祥（1998.2—1998.5）

　　　　姚金英（女，1998.2—1998.5）

（6）黄骅市人大常委会代表联络处—代表工作室（1998.2—2003.4）

1998年5月，代表联络处改称代表工作室。主要职责：联系代表，组织代表活动，了解代表工作情况，推广代表工作经验；联系和指导乡镇人大工作；督促办理代表提出的议案、建议、批评和意见；办理人大代表的罢免、补选手续；协助全国人大、省人大、沧州市人大代表视察，调查；接待人大代表的来信来访。

主　任（处长）：王汝玺（1998.2—2001.5）

　　　　　　　　庞之祥（2001.5—2003.4）

副主任：庞之祥（1998.5—2001.5）

（五）黄骅市第五届人大常委会内设机构（2003年4月—2007年7月）

1. 内设机构

2003年4月，市人大常委会内设办公室、政法工作室、财经工作室、代表工作室4个职能工作室，老干部科挂靠办公室。同月，办事机构改设为“一室五科”，即办公室、内务司法科、财政经济科、代表联络科、科教文卫科、老干部科。至2007年7月，市人大常委会内设6个职能科室，编制36人。

2. 内设机构负责人

（1）黄骅市人大常委会办公室（2003.4—2007.7）

主要职责：起草常委会综合性文件，处理文书工作，管理档案，承担会务、保密、行政事务等事项；办理干部任免手续；接待来信来访。

主　任：秦玉杰（2003.4—2004.3）

　　　　贺连岭（2004.3—2007.7）

副主任：邢成业（2003.4—2007.7）

　　　　皮秀峰（2003.4—2004.3）

（2）黄骅市人大常委会政法工作室—内务司法科（2003.4—2007.7）

2003年4月，政法工作室改称内务司法科。主要职责：调查了解行政区域内宪法、法律的实施情况，检查督促执法责任制的落实，负责法院、检察院、公安、司法、民政、民族等部门的法律监督；办理政法方面的质询案和议案审议，并向市人大常委会提出报告；受理人民群众对“一府两院”及其工作人员的申诉；组织讨论上级人大及其常委会下发征求意见的相关法律、法规、条例草案，并提出意见。

科　长（主任）：孙吉合（2003.4—2007.5）

副科长（副主任）：姚金英（女，2003.4—2005.5）

张金锁（2007.5—2007.7）

（3）黄骅市人大常委会财经工作室—财政经济科（2003.4—2007.7）

2003 年 4 月，财经工作室改称财政经济科。主要职责：检查监督财政部门执行政策、法规和落实人大及其常委会决议、决定的情况；调查掌握国民经济和财政预算的执行情况；办理财政方面的质询和议案并向常委会提出报告；审查有关建议、批评、意见和来信来访的办理结果；组织讨论上级人大及其常委会下发征求意见的相关法律、法规、条例草案，并提出意见；对教育、科技、文化、卫生等职能部门相关法律法规的贯彻执行情况、工作开展情况，市人大常委会有关决议、决定落实情况进行监督检查；接待人大代表的来信来访：审查人大代表建议、批评和意见的办理结果；组织讨论上级人大及其常委会下发征求意见的相关法律、法规、条例草案，并提出意见。

科　长（主任）：夏玉荣（女，回族，2003.4—2005.5）

张树军（2005.5—2007.7）

副科长（副主任）：程秀珍（女，2003.4—2004.3）

田金才（2004.3—2007.7）

（4）黄骅市人大常委会代表工作室—代表联络科（2003.4—2007.7）

2003 年 4 月，代表工作室改称代表联络科。主要职责：联系代表，组织代表活动，了解代表工作情况，推广代表工作经验；联系和指导乡镇人大工作；督促办理代表提出的议案、建议、批评和意见；办理人大代表的罢免、补选手续；协助全国人大、省人大、沧州市人大代表视察、调查；接待人大代表的来信来访。

科　长（主任）：庞之祥（2003.4—2007.5）

王金瑞（2007.5—2007.7）

（5）黄骅市人大常委会科教文卫科（2003.4—2007.7）

2003 年 4 月设立。主要职责：对教育、科技、文化、卫生等职能部门相关法律法规的贯彻执行情况、工作开展情况、市人大常委会有关决议、决定落实情况进行监督检查；接待人大代表的来信来访；审查人大代表建议、批评和意见的办理结果；组织讨论上级人大及其常委会下发征求意见的相关法律、法规、条例草案，并提出意见。

科　长：程秀珍（女，2004.3—2007.7）

（6）黄骅市人大常委会老干部科（2003.4—2007.7）

主要职责：负责单位离退休老干部的管理、服务。

科　长：赵连升（2003.4—2007.5）

（六）黄骅市第六届人大常委会内设机构（2007 年 7 月—2012 年 2 月）

1. 内设机构

黄骅市人大常委会机构设置，设 1 个综合办事机构，即办公室；设 4 个业务工作科，即财政经济科、内务司法科、科教文卫科、代表联络科；设1个老干部协调服务的办事机构，即老干部科。

2. 内设机构负责人

（1）黄骅市人大常委会办公室

主要职责：负责市人大会议、常委会会议和常委会主任会议决定事项及常委会领导交办事项的组织实施和督促、检查；承办市人大及其常委会选举和任免工作；协助常委会副主任开展机关日常工作；协调各业务科的工作关系；负责常委会机关文秘、信访、人事、计生、纪检监察、廉政建设、保卫、接待、财务及机关后勤工作；负责市人民代表大会会议、常务委员会会议和主任会议及有关重要会议的会务工作。

文秘会务

主要职责：负责起草常委会工作要点、工作报告、工作总结、工作交流材料等综合性文稿；负责人大工作年鉴、大事记和组织史的编写工作；负责选举和人事任免工作；围绕市人民代表大会及其常委会的重要工作部署开展调研；负责常委会和机关重要会议的会务组织工作，并对会议决定事项及领导批办事项进行督查催办；负责市人大常委会及机关的文电处理、文件印发和文书档案、图书资料、保密等的管理工作；编印《黄骅市人大常委会会刊》等刊物；负责常委会新闻发布、对外宣传及人大工作的宣传报道和信息反馈；承办领导交办的有关事项。

行政事务

主要职责：负责人大机关的行政事务和公务接待等工作；负责人大机关的会议室管理工作；负责机关卫生管理工作；负责办公室电话接收、记录、传达工作；负责机关卫生、保卫、值班和上下班制度的落实和督导检查工作；承办领导交办的有关事项。

后勤服务

主要职责：负责人大机关的后勤服务工作；协助办公室主任抓好车辆和微机管理工作；负责机关政工和工资管理工作；负责机关党支部组织工作；负责刊物发行工作；承办领导交办的有关事项。

信访接待

主要职责：受理人民群众来信来访，承办上级人大常委会及其信访机构交办和本级市人大常委会领导批办的信访案件，并做好催办、督办工作；协助市人大常委会领导接待、约访人大代表和人民群众；调查了解人民群众来信来访中反映的突出问题；收集、综合、反映信访信息。

财务

主要职责：负责机关财务工作。

主　任：贺连岭（2007.4—2010.2）

　　　　于建喜（2010.2—2012.2）

副主任：邢成业（2007.7—2007.8）

　　　　马红胜（2007.8—2012.2）

（2）黄骅市人大常委会财政经济科

主要职责：负责有关经济法律、法规实施情况及对国民经济和社会发展计划、农村农业方面、财政预算的编制和执行情况及重要经济活动的法律监督和工作监督；对国民经济和社会发展计划报告（草案）、财政预算报告（草案）、决算报告（草案）以及国民经济和社会发展计划、预算的部分变更方案进行初审；按照《中华人民共和国各级人民代表大会常务委员会监督法》（以下简称《监督法》）有关规定，承办与本科有关的专项工作报告的初审、执法检查报告的形成以及常委会组成人员审议意见的汇总工作；对属于市人大及其常委会职权范围内与本科有关的问题进行调查研究，提出建议；督促办理同本科有关的议案，提出初审意见；承办或督办人大代表提出的有关建议、批评和意见以及人民群众的有关来信来访工作。

科　长：张树军（2007.7—2012.2）

副科长：田金才（2007.7—2010.2）

　　　　赵　丽（2010.2—2012.2）

（3）黄骅市人大常委会内务司法科

主要职责：负责有关内务司法部门的执法检查和工作监督；负责处理上级人大和市人大常委会领导批转、交办的群众控告、申诉案件和司法监督的具体工作；按照《监督法》有关规定，承办与本科有关的专项工作报告的初审、执法检查报告的形成以及常委会组成人员审议意见的汇总工作；对属于市人大及其常委会职权范围内与本科有关的问题进行调查研究，提出建议；承办或督办人大代表的有关建议、批评和意见以及人民群众的有关来信来访工作。

科　长：邢成业（2007.8—2012.2）

副科长：张金锁（2007.7—2012.2）

（4）黄骅市人大常委会科教文卫科

主要职责：负责有关城建、环保、科教、交通、文卫等方面的法律监督和工作监督，负责对城镇建设、环境与资源保护、科教文卫方面执行法律、法规的情况，以及对城乡建设、环境与资源保护、科教文卫中的重大决策和部署进行监督检查；按照《监督法》有关规定，承办与本科有关的专项工作报告的初审、执法检查报告的形成以及常委会组成人员审议意见的汇总工作；督促办理同本科有关的议案，提出初审意见；承办或督办人大代表提出的有关建议、批评和意见以及人民群众的有关来信来访工作。

科　长：程秀珍（2007.7—2007.8）

　　　　白义刚（2007.8—2012.2）

副科长：李　栋（2010.2—2012.2）

（5）黄骅市人大常委会代表联络科

主要职责：负责办理有关人大选举工作、代表工作方面的事项；办理代表的罢免和补选手续；指导乡镇人大主席团依法开展选举工作；负责市人民代表大会召开期间代表所提议案的综合工作和人大代表有关建议、批评和意见的交办、督办工作；负责联系工作、居住在黄骅市的全国、省和本级人大代表，为其在闭会期间开展活动提供服务；承办或督办人大代表的有关建议、批评和意见以及人民群众的有关来信来访工作。

科　长：王金瑞（2007.7—2012.2）

（6）黄骅市人大常委会老干部科

主要职责：负责市人大机关老干部的管理与服务工作。

负责人：张景海（2007.7—2012.2）

（七）黄骅市第七届人大常委会内设机构（2012年2月—2017年2月）

1. 内设机构

黄骅市人大常委会机构设置，设1个办公室；设4个业务工作科，即财政经济科、内务司法科、科教文卫科、代表联络科。

2. 内设机构负责人

（1）黄骅市人大常委会办公室

主要职责：负责市人大会议、常委会会议和常委会主任会议决定事项及常委会领导交办事项的组织实施和督促、检查；承办市人大及其常委会选举和任免工作；协助常委会副主任开展机关日常工作；协调各业务科的工作关系；负责常委会机关文秘、信访、人事、计生、纪检监察、廉政建设、保卫、接待、财务及机关后勤工作；负责市人民代表大会会议、常务委员会会议和主任会议及有关重要会议的会务工作。

文秘会务

主要职责：负责起草常委会工作要点、工作报告、工作总结、工作交流材料等综合性文稿；负责人大工作年鉴、大事记和组织史的编写工作；负责选举和人事任免工作；围绕市人民代表大会及其常委会的重要工作部署开展调研；负责常委会和机关重要会议的会务组织工作，并对会议决定事项及领导批办事项进行督查催办；负责市人大常委会及机关的文电处理、文件印发和文书档案、图书资料、保密等的管理工作；编印《黄骅市人大常委会会刊》等刊物；负责常委会新闻发布、对外宣传及人大工作的宣传报道和信息反馈；承办领导交办的有关事项。

行政事务

主要职责：负责人大机关的行政事务和公务接待等工作；负责人大机关的会议室管理工作；负责机关卫生管理工作；负责办公室电话接收、记录、传达工作；负责机关卫生、保卫、值班和上下班制度的落实和督导检查工作；承办领导交办的有关事项。

后勤服务

主要职责：负责人大机关的后勤服务工作；协助办公室主任抓好车辆和微机管理工作；负责机关政工和工资管理工作；负责机关党支部组织工作；负责刊物发行工作；承办领导交办的有关事项。

信访接待

主要职责：受理人民群众来信来访，承办上级人大常委会及其信访机构交办和本级市人大常委会领导批办的信访案件，并做好催办、督办工作；协助市人大常委会领导接待、约访人大代表和人民群众；调查了解人民群众来信来访中反映的突出问题；收集、综合、反映信访信息。

财务

主要职责：负责机关财务工作。

老干部工作

主要职责：负责市人大机关老干部的管理与服务工作。

主　任：于建喜（2012.2—2014.12）

　　　　马红胜（2014.12—2017.2）

副主任：马红胜（2012.2—2014.12）

王　宁（2015.8—2017.2）

（2）黄骅市人大常委会内务司法科

主要职责：负责有关内务司法部门的执法检查和工作监督；负责处理上级人大和市人大常委会领导批转、交办的群众控告、申诉案件和司法监督的具体工作；按照《监督法》有关规定，承办与本科有关的专项工作报告的初审、执法检查报告的形成以及常委会组成人员审议意见的汇总工作；对属于市人大及其常委会职权范围内与本科有关的问题进行调查研究，提出建议；承办或督办人大代表的有关建议、批评和意见以及人民群众的有关来信来访工作。

科　长：邢成业（2012.2—2014.6）

王荣军（2015.1—2017.2）

副科长：张金锁（2012.2—2014.8）

（3）黄骅市人大常委会财政经济科

主要职责：负责有关经济法律、法规实施情况及对国民经济和社会发展计划、农村农业方面、财政预算的编制和执行情况及重要经济活动的法律监督和工作监督；对国民经济和社会发展计划报告（草案）、财政预算报告（草案）、决算报告（草案）以及国民经济和社会发展计划、预算的部分变更方案进行初审；按照《监督法》有关规定，承办与本科有关的专项工作报告的初审、执法检查报告的形成以及常委会组成人员审议意见的汇总工作；对属于市人大及其常委会职权范围内与本科有关的问题进行调查研究，提出建议；督促办理同本科有关的议案，提出初审意见；承办或督办人大代表提出的有关建议、批评和意见以及人民群众的有关来信来访工作。

科　长：张树军（2012.2—2014.6）

副科长：赵　丽（2012.2—2016.6）

（4）黄骅市人大常委会科教文卫科

主要职责：负责有关科教文卫等方面的法律监督和工作监督，负责对科教文卫方面执行法律、法规的情况，以及对科教文卫中的重大决策和部署进行监督检查；按照《监督法》有关规定，承办与本科有关的专项工作报告的初审、执法检查报告的形成以及常委会组成人员审议意见的汇总工作；督促办理同本科有关的议案，提出初审意见；承办或督办人大代表提出的有关建议、批评和意见以及人民群众的有关来信来访工作。

科　长：白义刚（2012.2—2017.2）

副科长：李　栋（2012.2—2017.2）

（5）黄骅市人大常委会代表联络科

主要职责：负责办理有关人大选举工作、代表工作方面的事项；办理代表的罢免和补选手续；指导乡镇人大主席团依法开展选举工作；负责市人民代表大会召开期间代表所提议案的综合工作和人大代表有关建议、批评和意见的交办、督办工作；负责联系工作、居住在黄骅市的全国、省和本级人大代表，为其在闭会期间开展活动提供服务；承办或督办人大代表的有关建议、批评和意见以及人民群众的有关来信来访工作。

科　长：王金瑞（2012.2—2017.2）

副科长：刘　娜（2016.4—2017.2）

（八）黄骅市第八届人大常委会内设机构（2017年2月—2021年7月）

1. 内设机构

2017年2月，市人大常委会内设办公室及财政经济科、内务司法科、科教文卫科、代表联络科5个科室。2018年3月，改设办公室、代表选举任免工作委员会、法制工作委员会、财政经济工作委员会、教育科学文化卫生工作委员会、城乡建设和环境保护工作委员会，共计"一室五委"；另设3个街道人大工作委员会，即骅东街道人大工作委员会、骅中街道人大工作委员会、骅西街道人大工作委员会。

2. 内设机构负责人

（1）办公室

市人大常委会综合性办事机构。主要职责：负责市人民代表大会会议、市人大常委会会议、主任会议和市人大常委会的有关会议的准备工作和会务工作；起草、修改市人大常委会的有关文稿；负责人大制度和民主法治建设的舆论宣传工作；负责市人大常委会组成人员视察和专门调查的有关工作；就市人大及其常委会依法行使职权的情况和地方人大工作中取得的新经验和出现的新情况、新问题进行调查研究；负责协调市人大常委会各专门委员会、各工作机构的有关工作，对意见不一致的问题提出处理意见，报市人大常委会主任会议决定；参与市人大常委会组织的视察、调查、检查、评议活动，对本室工作有关的问题进行调查研究，提出意见和建议；对有关重要问题，向市人大常委会或主任会议提出报告；负责来宾接待和对外交往活动的具体工作；安排市人大常委会、有关专门委员会及各工作机构的人参加会议等各种公务活动；负责市人大常委会机关日常公务接洽、值班、文电处理、图书资料和档案管理、机要保密等工作；负责市人大常委会机关的纪检监察、机关干部管理培训、机构编制、人事劳资、工会、计划生育、老干部管理与服务等工作；负责机关工作保障、安全保卫、基建维修、财务财产管理、车辆管理等后勤工作；承办上级人大对口委室交办的事项和市人大常委会及其主任会议交办的其他事项。

主　任：马红胜（2017.2—2019.3）
　　　　庞　谦（2019.12—2021.7）
副主任：王　宁（2017.2—2019.3）
　　　　董兆辉（2019.3—2021.7）

（2）代表选举任免工作委员会

主要职责：联系驻黄骅市全国、省人大代表和由黄骅市选举产生的沧州市人大代表及市人大代表；办理市人大常委会联系指导乡镇人大的有关具体工作；办理和督促办理市人民代表大会会议期间代表提出的议案、建议、批评和意见，接待和处理各级人大代表的来信来访；办理市人大代表资格审查的具体工作；办理市人民代表大会换届选举以及市人大常委会指导乡镇人民代表大会选举的具体工作；负责全市各级人大代表培训的具体工作；组织全国、省、沧州市、黄骅市人民代表大会闭会期间的代表活动，总结全市有关人大代表活动方面的情况和经验；参与市人大常委会组织的视察、调查、检查、评议活动，对本委工作有关的问题进行调查研究，提出意见和建议；对有关重要问题，向市人大常委会或主任会议提出报告；承办上级人大对口委室交办的事项和市人大常委会及其主任会议交办的其他事项。

主　任（科长）：王金瑞（2017.2—2021.7）

副科长：刘　娜（2017.2—2018.3）

（3）市人大常委会法制工作委员会（法治和社会建设工作委员会）

主要职责：为市人大法制委员会提供文字、会务等服务性工作；拟写或审查有关法制司法方面的决议、决定草案和其他方案，向市人大常委会或主任会议提出报告；审查市国家机关的规范性文件和乡镇人大与本委有关的决议、决定，发现与宪法、法律、法规相抵触的问题，向市人大常委会或主任会议提出报告；参与市人大常委会组织的视察、调查、检查、评议活动，对本委工作有关的问题进行调查研究，提出意见和建议；对有关重要问题，向市人大常委会或主任会议提出报告；加强与对口联系部门的沟通协调，听取工作汇报，提出意见和建议，协助市人大及其常委会对司法机关执法情况进行监督；参与调查了解由市人大常委会任免的内务司法机关的工作人员；接待、受理群众来信来访，办理市人大常委会领导或主任会议交办的人大代表和人民群众控告、申诉的重要案件；承办上级人大对口委室交办的事项和市人大常委会及其主任会议交办的其他事项。

主　任（科长）：王荣军（2017.2—2021.7）

（4）市人大常委会财政经济委员会

主要职责：为市人大财政经济委员会提供文字、会务等服务性工作；拟写或审查与财政经济工作有关的决议、决定草案和其他议案，向市人大常委会或主任会议提出报告；对市人民政府及其有关工作部门贯彻和执行财政经济方面的法律、行政法规、地方性法规和市人大及其常委会有关决议、决定的情况进行调查研究和检查督促，并提出报告；审查国民经济和社会发展计划、财政预算草案及部分调整或变更草案，向人民代表大会会议或市人大常委会提出审查意见，协助市人大常委会监督检查计划、预算的执行情况；审查与本委有关的市人民政府及其有关部门规范性文件和乡镇人大的决定、决议，发现与宪法、法律、行政法规和地方性法规相抵触的问题，向市人大常委会或主任会议提出报告；参与市人大常委会组织的视察、调查、检查、评议活动，对本委工作有关的问题，进行调查研究提出意见和建议；对有关重要问题，向市人大常委会或主任会议提出报告；加强与对口联系部门的沟通协调，听取工作情况汇报，提出工作建议和意见；承办上级人大对口委室交办的事项和市人大常委会及其主任会议交办的其他事项。

主　任：李　霞（2018.3—2021.7）

（5）市人大常委会教育科学文化卫生工作委员会

主要职责：为市人大教育科学文化卫生委员会提供文字、会务等服务性工作；拟写或审查与教育、科技、文化、卫生工作有关的决议、决定草案和其他议案，向市人大常委会或主任会议提出报告；对市人民政府及其有关工作部门贯彻和执行教科文卫方面的法律、行政法规、地方性法规和市人大及其常委会有关决议、决定的情况进行调查研究和检查督促，并提出报告；审查与本委有关的市人民政府及其工作部门的规范性文件和乡镇人大的决定、决议，发现与宪法、法律、行政法规和地方性法规相抵触的问题，向市人大常委会或主任会议提出报告；加强与对口联系部门的沟通协调，听取工作情况汇报，提出工作建议和意见；参与市人大常委会组织的视察、调查、检查、评议活动，对本委工作有关的问题进行调查研究，提出意见和建议；对有关重要问题，向市人大常委会或主任会议提出报告；承办上级人大对口委室交办的事项和市人大常委会及其主任会议交办的其他事项。

主　任（科长）：白义刚（2017.2—2020.12）

杨全庆（2020.12—2021.7）

副科长：李　栋（2017.2—2018.3）

（6）市人大常委会城乡建设和环境保护工作委员会

主要职责：为市人大城乡建设和环境保护委员会提供文字、会务等服务性工作；拟写或审查与城乡建设和环境保护工作有关的决议、决定草案和其他议案，向市人大常委会或主任会议提出报告；对市人民政府及其有关工作部门贯彻和执行城乡建设和环境保护的法律、行政法规、地方性法规和市人大及其常委会有关决议、决定的情况进行调查研究和检查督促，并提出报告；审查与本委有关的市人民政府及其工作部门的规范性文件和乡镇人大的决定、决议，发现与宪法、法律、行政法规和地方性法规相抵触的问题，向市人大常委会或主任会议提出报告；加强与对口联系部门的沟通协调，听取工作情况汇报，提出工作建议和意见；参与市人大常委会组织的视察、调查、检查、评议活动，对本委工作有关的问题进行调查研究，提出意见和建议；对有关重要问题，向市人大常委会或主任会议提出报告；承办上级人大对口委室交办的事项和市人大常委会及其主任会议交办的其他事项。

主　任：闫玉华（2018.3—2021.7）

（7）街道人大工作委员会

主要职责：宣传和贯彻落实宪法、法律、法规和上级人大及其常委会的决议、决定，会同有关方面抓好基层民主法治建设；按照市人大常委会的交办和部署，组织辖区内的市人大代表开展视察活动，执法检查和预算审查等工作；联系辖区内的市人大代表和上级人大代表，接待代表的来访，反映代表的意见和要求，督促街道办事处及有关单位，认真办理代表提出的建议、批评和意见；组织和指导辖区内的市人大代表小组，进行学习，开展活动，联系选民，反映人民群众的意见和要求，根据市人大常委会的要求部署，组织市人大代表向原选区选民述职，接收评议，将代表的履职情况置于选民的监督之下；对街道办事处和市人民政府所属部门，派驻街道工作机构的工作，提出意见和建议；对辖区内社区建设、社会稳定、社会保障和人民群众关心的问题进行调查研究，向市人大常委会和有关部门反映情况，提出意见和建议；指导城市居民委员会和村民委员会，依照城市居民委员会组织法和村民委员会组织法开展自治活动；在市人大常委会和选举委员会的领导下，承办辖区内市人大代表选举的有关工作；办理市人大常委会交办的有关事项，并向常委会报告工作。

骅东街道人大工委主任：王　磊（2018.3—2021.7）

骅中街道人大工委主任：潘俊祥（2018.3—2020.7）

康俊海（2020.7—2021.7）

骅西街道人大工委主任：姬新春（2018.3—2021.7）

第二节　黄骅市人大常委会会议

黄骅市人民代表大会常务委员会是黄骅市人民代表大会的常设机关，对黄骅市人民代表大会负责并报告工作，其组成人员由黄骅市人民代表大会在代表中选举主任 1 名、副主任若干名、委员若干名，常务委员会会议由主任召集，每两个月至少召开一次。

根据宪法和地方组织法的规定，县级人大常委会会议主要议题是：听取并审议“一府两院”的阶段性工作报告或专题报告；审议有关议案，通过相应决议、决定；决定人事任免事项；等等。

一、黄骅市第一届人大常委会会议（1989 年 11 月—1990 年 3 月）

市第一届人大常委会第一次会议

1989 年 7 月，国务院批准撤销黄骅县设立黄骅市。为解决撤县设市的有关问题，黄骅县第九届人大常委会按照河北省人大常委会有关批示，于 1989 年 11 月 9 日—10 日召集召开了黄骅市第一届人民代表大会第一次会议。

1989 年 11 月，黄骅市第一届人民代表大会第一次会议决定，黄骅县第九届人大常委会改为黄骅市第一届人大常委会，黄骅县人大常委会主任、副主任、委员改为黄骅市人大常委会主任、副主任、委员。该次会议接受 1 名人大常委会副主任的辞职请求，补选 1 名人大常委会副主任。市一届人大常委会有主任 1 名、副主任 4 名、委员 12 名（其中驻会委员 4 名）。至 1990 年 3 月，常委会组成人员无变化。1989 年 11 月至 1990 年 3 月，市一届人大常委会共举行 5 次会议。

二、黄骅市第二届人大常委会会议（1990 年 3 月—1993 年 2 月）

（一）市第二届人大常委会第一次会议

1990 年 4 月 12 日，黄骅市第二届人大常委会第一次会议在黄骅市人大常委会会议室召开。市人大常委会主任夏相臣，副主任杨荣祥、贾竹笑、张芳熙、孙连城及委员共 19 人出席会议。

市人大常委会主任夏相臣主持会议。市人民政府市长王继丰、市人民法院副院长郭景春、市人民检察院副检察长张中路、市人民政府办公室主任纪元柱、市人大常委会机关科室负责人列席会议。

会议议程

学习中共中央中发〔1990〕2号文件；第七届全国人大代表温永和传达第七届全国人大三次会议精神；讨论通过《黄骅市人大常委会关于学习贯彻七届全国人大三次会议精神的决议》；讨论并通过《黄骅市第二届人大常委会1990年工作要点》《黄骅市人大常委会关于加强自身建设的决定》《黄骅市第二届人大常委会代表资格审查委员会主任委员、副主任委员、委员建议名单》；通过人事任免事项。

（二）市第二届人大常委会第二次会议

1990年6月1日，黄骅市第二届人大常委会第二次会议在黄骅市人大常委会会议室召开。市人大常委会主任夏相臣，副主任杨荣祥、贾竹笑、张芳熙、孙连城及委员17人出席会议。市人大常委会主任夏相臣主持会议。市人民政府副市长田文德，市人民法院副院长郭景春，市人民检察院副检察长张中路，以及市人民政府有关局、办负责人和市人大常委会科室负责人列席会议。

会议议程

听取和审议市人民政府关于贯彻实施《中华人民共和国土地管理法》（以下简称《土地管理法》）情况的报告；听取市人民政府关于廉政建设开展情况的汇报；听取市人民政府关于代表批评、建议和意见办理情况的汇报；通过人事任免事项。

会议意见建议

黄骅市第二届人大常委会第二次会议听取和审议市人民关于贯彻实施《土地管理法》情况报告，委员们认为，《土地管理法》实施以来，市人民政府针对黄骅市实际，高度重视土地管理工作，切实加强了对该项工作的领导，并运用法律、行政、经济、教育等手段，强化土地管理，取得了可喜的成绩，委员们表示满意。为了进一步加强和完善城乡土地管理工作，增强广大群众依法用地和珍惜土地的意识，刹住乱占、滥用土地的歪风，控制耕地锐减的势头，委员们提出以下几项建议：继续抓好以《土地管理法》为中心内容的土地管理法规教育和国土观念教育，尤其加强对基层干部的教育，抓好土地管理法制建设，强化执法措施；继续加强建设用地管理、土地规划和开发工作，不断总结、完善建设用地和土地开发计划管理的具体措施，严格批办手续，逐步推行农村宅基地、城乡企业和村办企业用地的有偿使用，加快土地使用制度的改革步伐；继续完善土地管理体制，按照中央有关文件精神和法律规定，坚持城乡土地建设用地统一管理，进一步明确统一立户标准和占地面积，加强土地管理机构和干部队伍建设，努力提高科学管理水平，提高执法严肃性，消除不安定因素；加强占地、征地费资金的管理和使用，严格手续，防止乱花滥用。

黄骅市第二届人大常委会第二次会议听取市人民政府关于廉政建设开展情况汇报，委员们在充分肯定前段工作成绩的同时，提出了四条建议：一是抓好重点，抓大案要案；二是抓好正反两方面典型，进行广泛宣传教育；三是抓好人民群众反映最强烈、要求最迫切的热点问题，认真做好人民群众的检举信访工作；四是抓好建章立制，使廉政建设工作有章可循，便于监督、检查。

（三）市第二届人大常委会第三次会议

1990 年 8 月 13 日，黄骅市第二届人大常委会第三次会议在黄骅市人大常委会会议室召开。市人大常委会主任夏相臣，副主任杨荣祥、贾竹笑、张芳熙、孙连城和委员共 15 人出席会议。市人大常委会主任夏相臣主持会议。市人民政府副市长苑二景、张志坡，市人民检察院检察长王连喜，市人民法院副院长许敬达，市财政局局长吕明庆，市计委副主任王森如，市人民政府副秘书长张忠信，市经委副主任陈金璋及市人大机关处室负责人列席会议。

会议议程

听取和审议市人民政府关于《1990 年上半年财政预算执行情况的报告》；听取市人民政府关于《1990 年上半年国民经济计划执行情况的报告》；听取市人民检察院《关于经济检察工作情况的汇报》；听取市人民政府《关于贯彻、执行全民所有制工业企业法的情况汇报》；听取市人大常委会相关领导关于全市执法责任制准备工作情况的汇报；讨论通过黄骅市人大常委会关于在全市实行执法责任制的决议；讨论通过市人大常委会关于科室改称的决定。

会议意见建议

黄骅市第二届人大常委会第三次会议听取和审议了市人民政府关于《1990 年上半年财政预算执行情况的报告》，市人大常委会成员认为财政的工作好坏直接关系着黄骅的经济建设和各部门运转。上半年市政府对财政工作抓得紧、抓得好，较好地完成了财政预算，但同时也面临着许多困难和问题，形势不容乐观，要采取措施，力争全年较好地完成预算计划。

黄骅市第二届人大常委会第三次会议听取和审议了市人民政府关于《1990 年上半年国民经济计划执行情况的报告》，会议认为上半年经济工作突出强化农业的基础地位的指导思想，注重产业产品结构的调整，狠抓管理和服务，实行重点倾斜政策，保证了国民经济持续、稳定、协调发展。针对存在的问题，市人大常委会成员建议：下半年要把工作重点放在控制乡镇企业经济滑坡上，要组织力量采取有力措施，争取乡镇企业有个好的转机，保证全年计划的顺利实施；市计委对乡镇企业的现状搞好调查研究，为今后的决策提供切实可靠的数据；乡镇企业、水产业的数字要尽可能反映现状，有关部门要严格把关。

黄骅市第二届人大常委会第三次会议听取了市人民检察院《关于经济检察工作情况的汇报》，市人大常委会一致认为，黄骅市经济检察工作在严厉打击经济犯罪、保护经济改革和维护经济秩序、廉洁执法等方面取得了很大成绩。委员们对今后工作提出如下建议：经济检察工作要注意广泛发动群众，突出重点，集中力量查处大案、要案；搞好纪检、监察、审计、信访等部门的联系，多层次、多渠道发现案源；提高干警的思想素质，廉洁执法。

黄骅市第二届人大常委会第三次会议听取了市人民政府《关于贯彻、执行全民所有制工业企业法的情况汇报》，市人大常委会组成人员一致认为，《中华人民共和国企业法》（以下简称《企业法》）贯彻两年来，对深化黄骅市企业改革，处理企业内部国家、集体、职工三者关系起到了积极作用。但目前贯彻落实《企业法》还存在一定问题。委员们建议：《企业法》的贯彻落实要向深层次发展，企业本身要学好、用好，市政府各相关部门也都要学懂弄通，提高依法办事的自觉性，为企业发展创造一个良好的社会环境。有关部门要制定好落实《企业法》的具体措施，帮助企业解决一些实际问题，更好地促进企业的发展；要严格执法，严格按《企业法》办事，做到有法必依、执法必严、违法必究；要加强思想政治工作，教育企业干部和职工学习大庆人的艰苦创业的精神，摆正国家、集体、个人三者利益的关系。

（四）市第二届人大常委会第四次会议

1990 年 10 月 16 日，黄骅市第二届人大常委会第四次会议在黄骅市人大常委会会议室召开。市人大常委会主任夏相臣，副主任杨荣祥、张芳熙、贾竹笑和委员共 18 人出席会议。市人大常委会主任夏相臣主持会议。市人民政府副市长张芳兰、田文德，市人民法院副院长李志明，市人民检察院副检察长张中路，市监察局局长王殿英，市民委主任王宪鹏，市水产局副局长姬宝进及市人大常委会各处室负责人列席会议。

会议议程

听取市人民政府《关于渔业生产情况的报告》；听取市人民政府《关于农业“78315”工程建设情况的报告》；听取市人民政府《关于廉政建设开展情况的报告》和《关于民族工作开展情况的报告》；讨论通过人事任免事项。

会议意见建议

黄骅市第二届人大常委会第四次会议听取了市人民政府《关于渔业生产情况的报告》。会议认为，市政府对 1990 年的渔业生产指导思想明确、工作重点突出，在技术指导资金扶持、饵料管理等方面做了大量的工作，使 1990 年的海洋捕捞、海水养殖、淡水养殖获得了较好的发展。但从渔区实际情况和渔民的反映看，在禁渔期存在执法不严、管理混乱及由此引起渔民苦乐不均的问题，渔民反映强烈。对此，要提到执法高度来认识，不要只看到少数人得利的一面，看不到破坏资源违反《中华人民共和国渔业法》（以下简称《渔业法》）的一面。因此，必须引起各级领导和有关职能部门的足够重视。要认真学习落实好《渔业法》，真正做到有法必依、执法必严、违法必究。同时要加强对外地流入劳动力的管理和控制，以利于有计划地安排当地劳动力的生产就业和维护社会安定。

黄骅市第二届人大常委会第四次会议听取了市人民政府副市长田文德所作的《关于农业“78315”工程建设情况的报告》。市人大常委会成员认为，市政府制定的农业“78315”工程，是符合黄骅市实际情况的，工程引进了技术和资金，对改变黄骅市农业的基本条件起到了积极作用，常委会成员从 4 个方面提出了需要加强和改进的意见、建议：第一，“78315”工程宣传不够，任务落实得不好，总任务有了，个别乡镇没落实到地块，需狠抓落实；第二，高产低产田改造的指标、措施需进一步明确与落实；第三，注意工程质量，防止出现形式化；第四，“78315”工程上头劲大、下头劲小，乡村重视程度不够，需进一步加强领导，明确责任。

黄骅市第二届人大常委会第四次会议听取了市政府《关于廉政建设开展情况的报告》。关于廉政建设，会议认为，市政府 1990 年以来做了大量的工作，采取了一些措施，纠正和处理了一些不廉洁的问题，促进了廉政建设的开展。但有的部门至今对该办和不该办的事，界限不太明确，不廉洁的问题仍然存在。市人大常委会成员建议：继续提高对加强廉政建设重要性的认识，不断提高开展廉政建设的自觉性；搞好制度建设，不断建立和完善规章制度，坚持“两公开”“一监督”，各部门都要建立和健全自我约束机制和公开办事制度，认真接受群众的检查监督，不断推广、宣传先进经验及典型；充分发挥审计部门的作用，利用审计发现不廉政问题，坚决制止行政、事业单位的“三乱”；继续抓好纠正行业不正之风，促进廉政建设的发展。

黄骅市第二届人大常委会第四次会议听取了市政府《关于民族工作开展情况的报告》。关于民族工作，会议认为，黄骅市民族工作市政府及有关部门抓得很好。少数民族乡村经济有了较快的发展，党的民族政策深入人心，民族团结进一步加强。对今后的民族工作，常委会成员提出建议：继续加强民族政策的宣传和落实；继续加强民族乡村的经济和文化教育事业，对后进的乡、村给予必要的支持；加强对少数民族的文化教育、法制教育和爱国主义教育，促进社会安定团结。

（五）市第二届人大常委会第五次会议

1990 年 12 月 14 日，黄骅市第二届人大常委会第五次会议在黄骅市人大常委会会议室召开。市人大常委会主任夏相臣，副主任杨荣祥、贾竹笑、张芳熙、孙连城和委员共 14 人参加会议。市人大常委会主任夏相臣主持会议。市人民政府副市长张芳兰、刘永才，市人民法院副院长李志明，市人民检察院副检察长刘志练，市人民政府秘书长纪元柱，市民政局局长刘金岩，市城建局局长田立坤及市人大常委会各处室负责人列席会议。

会议议程

听取和审议市人民政府关于《中华人民共和国村民委员会组织法》（以下简称《村民委员会组织法》）贯彻落实情况的报告；讨论通过市人民政府关于《城市总体规划》的决议；听取市法院《关于告诉申诉工作情况的汇报》；听取市人民政府《关于落实执法责任制情况的汇报》和《关于〈行政诉讼法〉宣传贯彻情况的汇报》；讨论通过黄骅市第二届人大常委会 1991 年工作要点和市人大常委会关于对国民经济和社会发展计划的审查监督暂行办法；讨论通过人事任免事项。

会议意见建议

黄骅市第二届人大常委会第五次会议听取和审议了市人民政府关于贯彻实施《村民委员会组织法》情况报告。会议认为，学习、落实《村民委员会组织法》，搞好村民委员会换届选举是人民群众政治生活中的一件大事，市政府做了一些工作，但对“一法一条例”的学习、宣传不够广泛、深入，有些乡镇干部对落实“一法一条例”、搞好村委会换届选举存有求稳怕“乱”的思想，直接影响了工作的开展。会议建议：市政府要提高对落实“一法一条例”重要性的认识，加强领导，真正把工作列入重要的议事日程，尽快制定出村民委员会换届选举的实施方案和选举办法，依法进行村民委员会换届选举工作。

黄骅市第二届人大常委会第五次会议听取了市法院《关于告诉申诉工作情况的汇报》。会议认为，市法院重视告诉申诉工作，1990 年以来，出现了告申数量下降、息诉率上升、重信重访和申诉老户减少、重点案件查处迅速的新局面，市人大常委会组成人员对此表示满意。针对存在的问题，市人大常委会组成人员建议：进一步转变工作作风，要教育干警文明接待热情服务，秉公执法，廉洁清正；提高办案质量，彻底改变和纠正申诉案件该立不立、该查不查、相互推诿的问题，最大限度地减少重复信访申诉；充实办案力量，根据目前信访任务重、人员少的实际，充实力量，健全制度。

黄骅市第二届人大常委会第五次会议听取了市人民政府《关于落实执法责任制情况的汇报》和《关于〈行政诉讼法〉宣传贯彻情况的汇报》，会议认为，黄骅市自推行执法责任制以来，市政府及所属部门认真落实市人大常委会的决议，提高认识，加强领导，制定具体的实施方案，使执法责任制在黄骅市顺利开展起来。对《中华人民共和国行政诉讼法》（以下简称《行政诉讼法》）的学习、宣传及实施前的准备工作，市政府也做了大量的工作，为该法在黄骅市的顺利实施创造了良好的条件。对今后的工作，会议提出三项建议。第一，继续加强对执法责任制工作的领导。扎扎实实开展工作，防止工作中出现虎头蛇尾的问题。各职能部门要结合治理“三乱”落实好部门执法责任制。第二，搞好法律法规的宣传，特别是搞好对群众的宣传和重点法律、法规的宣传。对《行政诉讼法》的宣传当前要作为重点认真抓好，解决好各阶层的思想认识问题。第三，搞好检查评比和经验交流。市政府对所属部门的执法责任制定期进行检查，并建立制度，总结先进经验，帮助指导后进单位以促进执法责任制的落实。

（六）市第二届人大常委会第六次会议

1991年2月1日，黄骅市第二届人大常委会第六次会议在黄骅市人大常委会会议室召开。市人大常委会主任夏相臣，副主任杨荣祥、贾竹笑、张芳熙、孙连城及委员共17人出席会议。市人大常委会主任夏相臣主持会议。市人民政府副市长张志坡，市人民法院副院长李志明，市人民检察院检察长王连喜，市人民政府秘书长纪元柱、副秘书长张忠信，市标准计量局局长董春华，市公安局副局长孙云洪，市经委副主任陈金璋，市乡镇企业局副局长郑健及市人大常委会处室负责人列席会议。

会议议程

听取和审议市人民政府《关于贯彻、执行〈计量法〉情况的报告》；听取市人民政府《关于1990年工业、乡镇企业发展情况的汇报》；听取市公安局《关于春节期间安全保卫工作安排意见的汇报》；通过关于召开黄骅市第二届人民代表大会第二次会议的决定。

会议意见建议

黄骅市第二届人大常委会第六次会议听取和审议了市人民政府《关于贯彻、执行〈计量法〉情况的报告》。会议认为，两年来，市政府及职能部门在贯彻、实施《中华人民共和国计量法》（以下简称《计量法》）方面做了大量工作，为稳定、发展黄骅市经济发挥了积极作用。但同时也指出，《计量法》贯彻实施发展不平衡，计量器具的鉴定、管理检查还需进一步加强，并应逐步形成制度。要树立为企业服务的观念，加强监测手段，不断提高监测水平。

黄骅市第二届人大常委会第六次会议听取和审议了市人民政府《关于1990年工业、乡镇企业发展情况的汇报》。会议认为，1990年市政府对工业、乡镇企业指导思想明确、措施得力，黄骅市企业生产、经营取得了较好的成绩，为今后的发展积累了经验、奠定了基础。

1991年是实施国民经济和社会发展十年规划和“八五”计划的第一年，工业和乡镇企业能否更好地发展对黄骅市顺利完成“八五”计划有着举足轻重的作用。为此，常委会组成人员建议：市政府对乡镇企业做好分类指导，对后进乡村要从技术、资金、人才等方面给予优惠政策，解决他们思想中的畏难情绪；进一步采取措施帮助市属企业中的后进单位，调整产品结构，强化管理，提高经济效益；在各企业中开展“比学赶帮超”活动，调动企业领导和职工积极性，促进企业更快发展；按照中央制止“三乱”的通知精神，进一步清理阻碍企业发展的“三乱”问题，不断增强企业的活力和后劲；抓好企业经济效益的提高，结合“质量、品种、效益年”活动，组织企业充分利用现有的生产条件，注重内部挖潜，使现有的生产条件发挥综合效益。

黄骅市第二届人大常委会第六次会议听取了市公安局《关于春节期间安全保卫工作安排意见的汇报》。会议认为，市公安局的安排意见具体，符合黄骅市实际，要认真抓好落实。会议建议：市政府要进一步做好春节安全保卫工作的组织领导，协调好各部门的关系，把该项工作做好；各机关、企业、居民区的值班要从严要求，尤其是重点部位的保卫工作要提前做好；结合村委会换届选举，建立健全村治保组织并发挥作用；加强对文化市场的检查，取缔买卖封建迷信用品活动。

（七）市第二届人大常委会第七次会议

1991 年 3 月 12 日，黄骅市第二届人大常委会第七次会议在黄骅市人大常委会会议室召开。市人大常委会主任夏相臣，副主任杨荣祥、贾竹笑、张芳熙、孙连城及委员共 17 人出席会议。市人大常委会主任夏相臣主持会议。市人民政府市长王继丰、市人民法院院长胡学和、市人民检察院检察长王连喜、市财政局局长吕明庆、市计委主任陈国祥和市人大常委会各处室负责人列席会议。

会议议程

听取市人民政府《关于黄骅市 1990 年财政决算和 1991 年财政预算（草案）的报告》；听取市人民政府《关于黄骅市 1991 年国民经济和社会发展计划（草案）的报告》；讨论修改《黄骅市人大常委会工作报告》；听取市人大常委会办公室关于市二届二次人代会筹备情况的汇报；听取市二届人大常委会代表资格审查委员会关于补选市二届人大代表的说明；讨论通过市人大常委会关于补选市二届人大代表的决定；通过人事任免事项。

会议意见建议

黄骅市第二届人大常委会第七次会议听取了市财政局局长吕明庆代表市政府所作的《关于黄骅市 1990 年财政决算和 1991 年财政预算（草案）的报告》。委员们一致同意该报告。认为，1990 年黄骅市财政工作在各种不利条件下，全市上下齐心协力，克服困难，较好地完成了各项预定目标，为黄骅市的发展创造了良好条件。1991 年，黄骅市财政工作的安排既突出了农业、城市建设和文教卫生等重点，又统筹兼顾了其他方面，适合黄骅市发展的实际情况。针对 1991 年的财政预算安排，会议建议：对各种开支项目的底数再进行一次认真核实，尤其是事业单位的经费基数分配要尽量合理，该少拨的少拨、不应拨的不拨，教育部门经费的底数也要搞清，人头费和办公费要分开预算；对公检法司部门的经费根据实际可适当倾斜，以利今后开展工作；对乡镇现有家属宿舍进行清理，在此基础上，根据需要进行解决。

（八）市第二届人大常委会第八次会议

1991 年 4 月 25 日，黄骅市第二届人大常委会第八次会议在黄骅市人大常委会会议室召开。

市人大常委会主任夏相臣 ，副主任杨荣祥、贾竹笑、张芳熙、孙连城、周云生及委员共 16 人出席会议。市人大常委会主任夏相臣主持会议。市人民政府市长王继丰和副市长刘永才、张志坡，市人民法院副院长李志明，市人民检察院副检察长张中路，市人民政府副秘书长李友良，市司法局局长郭福兴，市教育局局长岳腾伦，市城建局局长田立坤，市水利局局长刘福岭及市人大常委会各处室负责人列席会议。

会议议程

听取和审议市人民政府关于《中华人民共和国义务教育法》（以下简称《义务教育法》）贯彻实施情况的报告；听取市人民政府《关于今春农田水利基本建设开展情况的汇报》；听取市人民政府关于《人民调解委员会组织条例》贯彻实施情况的报告；听取市人民政府关于法制宣传教育第二个五年规划的情况报告；讨论通过市人民政府关于在公民中继续开展法制宣传教育的决议；听取市城建局关于城市建设项目安排情况和《城市建设管理办法》制定情况的汇报；通过人事任免事项。

会议意见建议

黄骅市第二届人大常委会第八次会议听取和审议了市人民政府关于《义务教育法》贯彻实施情况的报告。会议认为，黄骅市贯彻实施《义务教育法》五年来，取得了较大成绩。小学生入学率、升学率、巩固率、毕业率、教师的整体素质均有了较大的提高，教学条件有了明显的改善。但目前对《义务教育法》的学习、宣传还存在一定的问题，如小学生辍学以及乡镇教育经费不足等。会议建议：各级各部门要重视教育和教育事业的发展；教育主管部门要按照“八五”计划和“十年规划”的要求，进一步制定好义务教育规划；要加强学校的德育教育，把教书和育人摆到同等重要的位置。

黄骅市第二届人大常委会第八次会议听取了市人民政府《关于今春农田水利基本建设开展情况的汇报》。会议认为，在 1991 年春季黄骅市农田水利基本建设中，市人民政府及有关部门、各乡镇切实加强了领导，从制订计划，到组织实施，抓得紧、抓得好。在具体的实施过程中注意突出重点，抓好重点工程的建设，严把工程质量关，保证了工程按质按量完成，为黄骅市今后农业的发展，增强了农业后劲，创造了条件。市人大常委会组成人员对此表示满意。为搞好今后的工作，会议建议：树立防大涝的思想，要从黄骅市地处九河下梢、水利问题突出以及农田水利设施不适应需要的现实出发，在搞好乡村水利建设的同时，积极向上级有关部门争取财力、物力上大工程；积极采取措施，改变村级工程多、乡级工程少，小工程多、大工程少，土地流失严重的问题；从财力、物力、人力方面进一步搞好对农田水利工程的重点倾斜，对原来的水利设备要修复起来。

黄骅市第二届人大常委会第八次会议听取了市人民政府关于《人民调解委员会组织条例》（以下简称《条例》）贯彻实施情况。会议认为，市政府及主管部门在学习、宣传、落实《条例》中做了大量的工作，取得了很大的成绩。同时建议：要继续抓好《条例》的学习、宣传和落实工作，要逐步提高人们对这项工作的重要性的认识；加强对组织成员的思想、业务的指导，不断提高他们的素质；不断完善人民调解的法律程序，使人民调解工作逐步纳入法制的轨道；抓好典型，不断总结、推广先进经验。

黄骅市第二届人大常委会第八次会议听取了市人民政府关于法制宣传教育第二个五年规划的情况。会议认为，1991 年是实施第二个五年规划的第一年，做好 1991 年的工作很重要。市人大常委会组成人员建议：加强学习，提高认识，克服对法制宣传工作的厌倦情绪，要认真组织学习好李鹏总理在七届全国人大四次会议上的讲话、国务院关于法制宣传第二个五年规划的通知和省人大常委会的决议；做好启动准备工作，扎扎实实开好头，要搞好规划，抓紧部署实施；搞好结合，把搞好法制宣传第二个五年规划的实施同执法责任制有机结合起来；加强领导，健全机构，要根据任务、时间的要求，配备好人员，保证第二个五年规划的顺利实施；抓好宣传报道工作，利用各种宣传工具，积极宣传好法制宣传第二个五年规划的重大意义 ，并及时推广宣传教育和实施过程中的先进经验。

黄骅市第二届人大常委会第八次会议听取了市城建局关于城市建设项目安排情况和《城市建设管理办法》制定情况的汇报。会议认为，1991 年是黄骅市的“城市建设年”，搞好城市建设对加快黄骅市建设的步伐、适应对外开放的需要有着积极的意义。1991 年以来，市政府及主管部门围绕这一指导思想，积极主动地做了大量扎实有效的工作，只要继续认真抓下去，城区面貌定会有较大的改观。为做好这项工作，会议提出如下建议：城市建设资金要搞预算投入。市二届二次人代会批准 1991 年的城市建设预算资金为 338 万元，目前已施工或准备施工的项目已超出预算 191.5 万元，鉴于 1991 年收入可能减少，下半年调整预算增支的可能性很小，可把没有列入 1991 年预算项目的城建项目，适当向后推迟，分步实施。加强管理，严格按已批准的市区规划建设，防止出现为本部门利益影响城市整体规划的问题。新区内的排水和规划区内滥取土的问题要引起重视，尽快研究办法解决。

（九）市第二届人大常委会第九次会议

1991 年 7 月 18 日，黄骅市第二届人大常委会第九次会议在黄骅市人大常委会会议室召开。市人大常委会主任夏相臣，副主任杨荣祥、贾竹笑、张芳熙、孙连城、周云生及委员共 17 人出席会议。市人大常委会主任夏相臣、副主任杨荣祥分别主持了会议。市政府副市长张芳兰，市政协副主席魏登瑞，市人民法院副院长李志明，市人民检察院副检察长张中路，市人民政府副秘书长李友良、张忠信，市计划生育委员会主任范振兰，市卫生局局长胡庆勃，市乡镇企业局局长刘子荣，黄骅镇人大主席团常务主席郑清堂，滕庄子乡人大主席团常务主席王庆武，市政协副秘书长于向潭及市人大各处室负责人列席会议。

会议议程

听取和审议市人民政府关于《河北省计划生育条例》贯彻、落实情况的报告；听取市人民政府关于《河北省城镇公共卫生管理条例》贯彻、落实情况的汇报；听取和审议市人民政府关于《中华人民共和国乡村集体所有制企业条例》贯彻、落实情况的报告；讨论通过黄骅市人民检察院关于在长芦黄骅盐场设置人民检察院的请示报告；通过人事任免事项。

会议意见建议

黄骅市第二届人大常委会第九次会议听取和审议了市人民政府关于《河北省计划生育条例》（以下简称《条例》）贯彻、落实情况的报告。会议认为，黄骅市计生工作由于市政府高度重视和计划生育主管部门积极努力工作，黄骅市人口超计划增长势头得到了初步的控制，工作是扎实的，成绩是显著的。对此，市人大常委会组成人员表示满意。同时，会议也指出，目前人们还没有把《条例》提到法律的高度来认识，缺乏具体的措施，有的方面执行还不够严格。为此，相关部门要认真贯彻实施好《条例》，制定好具体的措施，整顿和解决好群众反映的热点问题，提高计生队伍的素质，在全社会形成齐抓共管的局面。

黄骅市第二届人大常委会第九次会议听取了市人民政府关于《河北省城镇公共卫生管理条例》(以下简称《条例》) 贯彻、落实情况的汇报。会议首先肯定了黄骅市自《条例》颁布以来，市政府及主管部门宣传落实《条例》，在人财物方面做了很大努力和投入，使黄骅市的市容环境、卫生条件、基础设施和人们的卫生意识等方面都有了不同程度的提高。但会议同时也指出，城市卫生工作同黄骅市日益发展的政治、经济形势的要求有相当大的差距，应引起各级各部门的高度重视。一是对《条例》的宣传不够，没有引起广泛重视；二是规章制度不够健全，《条例》的法律效力没有得到充分发挥；三是部门责任不清，没有把责任依法分解到有关部门认真落实；四是“门前三包”不落实。针对上述问题，常委会组成人员提出 3 点建议。第一，切实加强领导 ，落实好《条例》。各级各部门要高度重视城市卫生工作，把城市卫生工作真正列入议事日程，常抓不懈。要搞好宣传。用各种形式宣传《条例》，提高人们卫生意识和法律观念。第二，从实际出发，规定具体的措施，落实责任，提高广大干部、群众对这项工作认识。第三，搞好联合治理。城市卫生工作涉及面广、部门多 、工作难度大。各职能部门要在统一思想认识的基础上，落实责任，搞好协调，发挥职能作用。

黄骅市第二届人大常委会第九次会议听取和审议了市政府关于《中华人民共和国乡村集体所有制企业条例》(以下简称《条例》) 贯彻落实情况的报告。会议认为《条例》实施以来，市政府、企业主管部门和各乡镇很重视，利用各种形式宣传《条例》，并通过举办培训班和印发文件汇编等方式，加强对乡村企业干部和企业职工培训，提高人们对乡村企业法律地位的认识。但在贯彻、落实《条例》过程中也存在着学习、宣传不够深入，《条例》中有些条款不落实等问题。为此，市人大常委会组成人员建议：要充分认识乡村企业在黄骅市国民经济发展中的地位，利用一切形式搞好宣传，尤其是对薄弱环节和基础差的乡村企业要重点指导。加强制度建设，强化企业管理。提高经营者素质，维护好企业的合法权益。

（十）市第二届人大常委会第十次会议

1991 年 8 月 20 日，黄骅市第二届人大常委会第十次会议在黄骅市人大常委会会议室召开。市人大常委会主任夏相臣，副主任杨荣祥、贾竹笑、张芳熙、孙连城、周云生及委员共 16 人出席会议。市人大常委会主任夏相臣主持会议。市人民政府常务副市长田文德、副市长张芳兰，市政协副主席魏登瑞，市人民法院副院长李志明，市人民检察院副检察长张中路，市政府秘书长纪元柱，市财政局局长吕明庆，市税务局局长赵树君，市计委副主任王森如，市政协办公室副主任于向潭以及市人大常委会各处室负责人列席会议。

会议议程

听取和审议市人民政府《关于 1991 年上半年财政预算执行情况的报告》；听取和审议市人民政府《关于 1991 年国民经济和社会发展计划执行情况的报告》；听取市人民政府关于制定“十年规划”和“八五”计划情况的汇报；听取市人民政府关于代表建议、批评、意见办理情况的汇报；听取市评议公安工作办公室关于组织市人大代表评议公安工作的汇报；通过人事任免事项。

会议意见建议

黄骅市第二届人大常委会第十次会议听取和审议了市财政局局长吕明庆代表市政府所作的《关于1991年上半年财政预算执行情况的报告》。会议认为，黄骅市财政工作在市委、市政府的领导下，各部门积极克服各种不利因素，广开财源，财政收入和1990年同期相比有了提高，为黄骅市今后经济发展创造了条件、打下了基础。会议同时也指出，当前，在执行财政预算过程中还存在不少的问题，形势不容乐观。主要是：有些部门和单位对争创亿元市的重要意义认识不够，缺乏应有的紧迫意识；有些单位和部门执行人代会通过的预算缺乏严肃性和依法执行预算的自觉性；全市乡镇财政收入完成情况不够平衡；紧缩开支、勤俭办事业、过紧日子的思想在某种程度上还树立得不牢固。为此，会议建议各级各部门要统一思想认识，坚定信心，千方百计组织收入，控制和节减支出，深入开展“双增双节”运动，为创建亿元市而奋斗；要严格按有关法规和政策办事，制定具体的措施；抓好关键环节，强化预算管理，严肃财经纪律，保证全年财政收入的实现。

黄骅市第二届人大常委会第十次会议听取和审议了市人民政府《关于1991年国民经济和社会发展计划执行情况的报告》。会议认为，黄骅市国民经济和社会发展计划上半年完成情况较好。农业生产可望创历史最好水平。工业和乡镇企业上项目、上等级、上水平发展势头较好，其他各业也均有发展。为做好今后的工作，会议提出4点建议。第一，抓好关键环节，努力做好后5个月的工作，力争完成和超额完成1991年的计划，为顺利完成“十年规划”和“八五”计划打下坚实基础。第二，抓薄弱环节，保计划实现，保后劲增长。当前，企业“三角债”严重影响和束缚了企业的发展。要采取措施加以解决。农业投入少，尤其是基础工程投入少的问题应引起重视。渔业生产、海水养殖要继续抓好，争取扭转被动局面。第三，加强对农业的产后服务，把该项工作摆到重要的位置。第四，发挥主渠道作用，理顺流通环节。有关部门要做好调查研究，制定具体办法，为主渠道的发展创造良好的条件。

黄骅市第二届人大常委会第十次会议听取了市政府关于制定“十年规划”和“八五”计划情况的汇报。会议指出，制定好“十年规划”和“八五”计划，对黄骅市今后经济的发展有着极其重要的意义。会议建议：制定“规划”和“计划”要充分搞好调查研究，所定目标既要鼓舞人心，又要有科学性和可靠的措施做保证。

黄骅市第二届人大常委会第十次会议听取了市政府关于代表建议、批评、意见办理情况的汇报。市人大常委会组成人员对黄骅市1991年办理代表批评、意见、建议情况表示满意。一致认为，1991年的办理工作成绩不小，主要有3个特点。一是领导重视。市政府对办理工作认真研究，并确定具体的办案人员。对重要的意见、建议，市长亲自批办，各有关部门也都加强了对办理工作的领导，认识逐步提高。二是办理的速度快于往年。三是办案的质量高于往年，并积累了不少的经验。为进一步办好代表的意见、建议，会议提出建议：继续提高对办理人大代表建议、批评、意见的认识，尤其是提高具体办案部门的认识，要使他们树立“公仆”意识，增强办案的积极主动性；加强办案队伍，确保办案人员的相对稳定；加强制度建设，逐步做到办案制度化、规范化，对代表提出的建议、批评、意见 ，要立档管理；做好代表的回访工作，有关部门要根据实际情况，定期走访人大代表，征求对办理工作的意见，改进工作。

（十一）市第二届人大常委会第十一次会议

1991 年 10 月 24 日，黄骅市第二届人大常委会第十一次会议在黄骅市人大常委会会议室召开。市人大常委会主任夏相臣，副主任杨荣祥、贾竹笑、张芳熙、孙连城、周云生及委员共 14 人出席会议。市人大常委会主任夏相臣主持会议。市人民政府副市长田文德、市政协副主席李志明、市人民法院副院长郭景春、市人民检察院副检察长张中路、市财政局局长吕明庆、市城建局局长田立坤、市盐务局调研员赵春利、市政府法制科王之祥及市人大常委会各处室负责人、市政府有关部门负责人共 16 人列席会议。

会议议程

听取市人民政府《关于〈河北省乡镇财政管理条例〉贯彻、落实情况的报告》和《市政府财政预算执行情况审议意见的落实情况及预算收支平衡和追加预算情况的汇报》；讨论通过《黄骅市人民政府关于加强乡镇财政资金管理暂行办法》，讨论通过黄骅市人民政府《关于贯彻、实施〈河北省乡镇财政管理条例〉和〈黄骅市人民政府关于加强乡镇财政资金管理暂行办法〉的决定》；听取市人民政府《关于〈中华人民共和国盐业管理条例〉贯彻、实施情况的汇报》和《市政府关于执法责任制情况的汇报》；听取《市人民检察院关于贪污、贿赂检察工作的汇报》；通过《黄骅市人民政府关于城市建设管理暂行办法》；听取市人大常委会代表资格审查委员会主任孙连城关于补选市二届人大代表的说明，讨论通过相应的决议；通过人事任免事项。

会议意见建议

黄骅市第二届人大常委会第十一次会议听取了市人民政府《关于〈河北省乡镇财政管理条例〉贯彻、落实情况的报告》和《市政府财政预算执行情况审议意见的落实情况及预算收支平衡和追加预算情况的汇报》工作的情况报告。会议认为，自《河北省乡镇财政管理条例》(以下简称《条例》) 颁布以来，市政府及主管部门在贯彻、实施过程中，切实加强领导，积极探索，做了大量的工作，使《条例》得到了较好的贯彻、落实，乡镇财政状况有了显著的变化。以管理、落实《条例》为契机，主管部门不断探索、完善适应黄骅市乡镇财政体制的制度、方法。为保证乡镇各项工作的开展，推进全市国民经济稳定、协调发展起到了积极作用。但是，目前在贯彻、落实《条例》中还存在一些问题。一是执行《条例》不够严格。主要是《条例》中有些条款的内容没有得到很好的解决。例如乡级财政对市级财政存有依赖性、乡级财政调控机制薄弱等问题。二是法制观念淡薄。在实际工作中执行预算的自觉性不强，长官意志严重。三是乡镇财政该统管的没有统管起来，乡镇财政没有形成真正统一的财源。为此，市人大常委会组成人员建议：继续抓好《条例》的宣传、学习，提高乡镇领导干部对其重要意义的认识。要通过学习、落实《条例》，增强乡镇领导干部依法办事和严格执行人代会通过的财政预算的自觉性；市政府制定的《乡镇财政资金管理暂行办法》是落实《条例》的具体措施之一，适合黄骅市的实际情况；要利用多种形式贯彻到乡镇干部、群众中去，并抓好落实；市财政局要加强对乡、村两级财政工作的管理、指导、监督，依法理财，严肃纪律，注意抓好好坏两方面的典型；采取多种形式和途径，加强对财会人员的业务培训，提高业务素质。

关于市政府对财政预算执行情况审议意见的落实及年终实现预算平衡和追加预算情况。会议认为，市政府及主管部门为落实好审议意见做了许多工作。首先，大力宣传创建亿元市的重要意义，提高干部、群众对其重要意义的认识。其次，为保证预算及收支平衡制定了具体的措施，先后多次召开会议，分析形势，明确责任，强化税收征管，大力组织收入，取得了较好的效果。市人大常委会组成人员对此表示满意。为做好今后的工作，会议建议：制定财政预算要有科学性，执行预算要严肃认真，年初列入财政预算的项目要采取措施，克服困难抓紧时间完成，严禁把预算内资金挪作他用；对需要追加预算的项目，除政策性增支和发生重大的自然灾害外，严格按法律程序办事，做到先申报预算再追加资金；要下力气控制非生产性开支，控制招待费和会议费增长的势头；领导干部和领导机关要做执行财政预算的模范。

黄骅市第二届人大常委会第十一次会议听取市人民政府关于贯彻、实施《中华人民共和国盐业管理条例》（以下简称《条例》）情况报告。会议认为，自《条例》颁布以来，市政府及主管部门广泛开展学习、宣传活动。建立健全了执法机构，严格执法，加强盐业管理，保证了《条例》的贯彻、实施，有力地促进了盐业生产的发展。会议认为，盐业生产在黄骅市国民经济中处于重要的地位。贯彻、实施好《条例》对促进黄骅市盐业生产有着极为重要的意义。为此，提出以下 3 点建议。第一，有盐业生产的乡镇要抓好对《条例》的学习、宣传，全面领会《条例》的内容，通过学习提高执法的自觉性。第二，严格按《条例》办事。要认真对照《条例》搞好自查，落实好《条例》。对原来制定的符合《条例》规定的办法，该兑现落实的要积极兑现、落实。加强对原盐运销的管理，依法查处违法案件。第三，加强对新老盐场的管理。要加强对新建盐场的管理和领导，帮助解决好实际工作中的问题，争取早投产、早受益。老盐场在加强管理的同时，注意提高经济效益，并妥善处理好同附近群众利益相关的问题。

黄骅市第二届人大常委会第十一次会议听取了市人民政府关于推行执法责任制工作的情况报告。会议认为，一年多来，市政府重视对执法责任制工作的领导，各部门执法意识和水平有了明显的提高，推动了各项工作的开展。市人大常委会组成人员对此表示满意。为做好今后的工作，提出如下建议：继续提高对执法责任制工作的认识，切实加强领导，努力提高各部门执法水平；总结经验，抓好典型，认真总结好推行部门执法责任制的经验，抓好典型，提高各部门执法的自觉性；搞好年终评比，促进推行执法责任制工作的开展。

黄骅市第二届人大常委会第十一次会议听取了《市人民检察院关于贪污、贿赂检察工作的汇报》。会议认为，1991 年以来，市人民检察院继续把打击贪污、贿赂等经济犯罪活动作为检察工作的重点来抓。加强侦查工作，准确选取目标，主动出击，办案质量和水平有了明显的提高，从而有效地打击了经济领域的犯罪活动。针对今后工作，会议建议：要认真研究制定具体措施，保证案件来源的渠道畅通，及时发现和揭露犯罪，防止由于渠道不畅等造成应发现而发现不了的案件；对查处的案件应加强调查研究和分析，找出案件发生的规律，制定预防措施和堵塞漏洞的具体办法；要重视对行贿案件的打击。

（十二）市第二届人大常委会第十二次会议

1991 年 12 月 24 日，黄骅市第二届人大常委会第十二次会议在黄骅市人大常委会会议室召开。市人大常委会主任夏相臣，副主任杨荣祥、贾竹笑、张芳熙、孙连城、周云生及委员共 15 人出席会议。市人大常委会主任夏相臣主持会议。市人民政府、市人民法院、市人民检察院、市工商局及相关部门代表、市人大常委会各处室负责人列席会议。

会议议程

听取和审议市工商局关于《城乡集市贸易管理办法》贯彻实施情况的汇报；听取市政府关于 1991 年六件实事完成情况的汇报；听取市人民法院、市人民检察院关于执法责任制落实情况的汇报；听取市公安局关于社会治安综合治理情况的汇报；听取市二届人大常委会代表资格审查委员会，关于代表资格的审查报告；讨论通过黄骅市人大常委会工作报告；通过人事任免事项。

会议意见建议

黄骅市第二届人大常委会第十二次会议听取和审议了市工商局关于《城乡集市贸易管理办法》(以下简称《办法》) 贯彻实施情况的汇报。市人大常委会组成人员一致认为，自《办法》实施以来，市政府及主管部门做了大量的工作，促进黄骅市经济和社会的发展，主要存在经营者的执法观念不够强、集市基本建设有差距、假冒商品没有人制止等问题。建议：继续了解深入开展宣传，利用多种形式通过宣传提高消费者的法制观念，理顺市场秩序；继续宣传好、管理好市场，建议推广羊二庄市场管理的经验；继续抓好市场的基本建设，进一步达到有一个较好的购物环境；搞好市场，促进市场繁荣，制定对外地市场的优惠办法，把外商引进来；继续搞好保护消费者权益活动；加强对市场的领导，搞好队伍建设，提高队伍素质。

黄骅市第二届人大常委会第十二次会议听取了市人民法院、市人民检察院关于执法责任制落实情况的汇报。市人大常委会组成人员认为，市人民法院、市人民检察院在落实执法责任制方面做到了领导重视、制度健全、责任比较明确。需要注意的问题：有的干警法制观念淡薄，主要表现在重实体法轻程序法，有的案子长期得不到解决；有的司法人员在实际工作中不够严肃认真，给案件处理带来困难。提出以下建议：继续推行执法责任制；执法人员要继续加强法制教育；进一步搞好法律法规的宣传，尤其是对薄弱环节；对现存的积案，要找出原因尽快落实、解决。

黄骅市第二届人大常委会第十二次会议听取了关于市公安局关于社会治安综合治理情况的汇报。市人大常委会组成人员认为，社会治安综合治理工作要加强领导，注意发挥职能部门的作用，切实解决一些实际问题。但从目前情况看，社会治安状况没有明显的好转。案件发生率居高不下，所以现在对成绩不能估计过高。建议：继续加强领导，提高认识，增强参与意识，真正形成齐抓共管的局面；进一步发挥好各级各部门的作用；把行之有效的措施加以落实；抓好责任制的考核问题；抓准时机开展一下公开打击处理罪犯的活动。

（十三）市第二届人大常委会第十三次会议

1992 年 2 月 25 日，黄骅市第二届人大常委会第十三次会议在黄骅市人大常委会会议室召开。市人大常委会主任夏相臣，副主任杨荣祥、贾竹笑、张芳熙、孙连城、周云生及委员共 16 人出席会议。市人大常委会主任夏相臣主持会议。市人民政府副市长肖冰、市人大常委会党组成员胡廷栋、市政协副主席李志明，市人民法院副院长李志明，市人民检察院副检察长张中路、市人民政府秘书长张义华、市财政局局长张世杰、市计委主任张树功、市公安局副局长谢金乔及市人大常委会各处室负责人共 17 人列席会议。

会议议程

学习《河北省各级人民代表大会常务委员会监督工作条例》；听取市政府《关于 1991 年财政决算与 1992 年财政项算安排意见的汇报》；听取市政府《关于国民经济和社会发展十年规划与

“八五”计划和1992年计划的报告》；听取司法局关于普法工作情况的汇报；听取市公安局《关于中华人民共和国道路交通管理条例》执行情况的汇报；通过《黄骅市人大常委会工作报告》；听取市人大常委会办公室关于召开市二届人大三次会议筹备情况的汇报；讨论通过召开市二届人大三次会议的决定；通过人事任免事项。

会议意见建议

黄骅市第二届人大常委会第十三次会议听取了市政府《关于1991年财政决算与1992年财政预算安排意见的汇报》。会议认为，1991年，黄骅市财政工作由于市政府及主管部门的积极努力，圆满地完成了预算任务，实现了财政收入超亿元、创财政收入“八五”计划的“开门红”。1992年财政工作总的指导思想和奋斗目标明确，预算计划的安排是积极主动的，符合黄骅市实际情况，只要各部门齐心协力，努力工作，黄骅市财政工作一定会上一个新台阶。为做好1991年工作，会议提出2点建议：第一，加强财政预算的管理，认真落实《河北省财政预算管理条例》和黄骅市《乡镇财政资金管理办法》，严格预算管理制度，加强宏观调控和监督；第二，对重大项目的预算安排要严格管理，制定和完善各种管理制度，使投入的资金发挥其应有的效益。

黄骅市第二届人大常委会第十三次会议听取了市司法局关于普法工作情况的汇报。会议认为，1991年黄骅市普法工作认真加强农村社会主义法制教育和经济法规等专项学习、宣传、落实执法责任制，推动了依法治市活动的开展，为搞好法制宣传第二个五年规划奠定了基础。但在实际工作中也存在一些问题，主要是有的部门没有把普法工作列入重要的议事日程，对普法工作重要性认识不够。针对存在的问题，为促进普法和依法治市工作的开展，会议提出以下了3点建议。第一，认真总结“一五”普法工作取得的成绩和经验，研究、制定具体措施，解决好目前普法工作中存在的实际问题。要提高对普法工作重要性的认识，尤其是提高各级领导的认识，转变普法工作是软任务的思想观念，从人力、物力方面为普法工作提供必要的保证，促进普法工作向纵深发展。第二，认真落实好执法责任制。组织各执法部门采取多种形式宣传好本部门主管的法律、法规，并严格执法。第三，突出重点。普法要有针对性，要紧密结合党的中心任务制定普法规划，继续搞好社会主义法制教育，尤其搞好对青少年的法制教育和经济法规的学习宣传，并力求形式多样、逐步深化。

黄骅市第二届人大常委会第十三次会议听取了市公安局《关于中华人民共和国道路交通管理条例》执行情况的汇报。会议认为，市政府及主管部门在黄骅市机动车辆多、路况差的情况下，克服困难积极工作，为维护黄骅市交通秩序，保障交通安全，做出了一定的努力，取得了一定的成绩。针对存在的问题，为做好今后的工作，会议提出如下建议：继续深入学习、宣传好《中华人民共和国道路交通管理条例》，提高广大干部、群众的法制观念和全体干警依法办事的自觉性，在全社会形成一种遵守交通管理、自觉维护交通秩序的良好风尚；解决好以罚代法的问题，坚持依法治路，从严治警，不断提高交通管理人员的政治和业务素质，强化服务意识；扎扎实实做好基础工作，认真做好源头管理问题，强化各种制度、措施的落实，形成全社会齐抓共管的局面；对交通事故的处理要严格按条例和有关规定办理，做到公正、及时、果断。

（十四）市第二届人大常委会第十四次会议

1992年4月28日，黄骅市第二届人大常委会第十四次会议在黄骅市人大常委会会议室召开。市人大常委会主任夏相臣，副主任杨荣祥、贾竹笑、孙连城、周云生、胡廷栋及委员共17人出席会议。市人大常委会主任夏相臣主持会议。市人民政府副市长孟祥福，市人民法院院长胡学和，市人民检察院副检察长刘志练，市水利局局长刘福岭，市农林局局长康韵生，市土地局局长刘连发、副局长魏国栋，市城建局局长田立坤，市畜牧局副局长张春迎，黄骅镇人大主席团常务主席郑清堂，市政协副秘书长于向潭及人大各处室有关人员共15人列席会议。

会议议程

听取和审议《市政府关于〈中华人民共和国土地管理法〉和〈河北省土地管理条例〉贯彻实施情况的报告》；听取和审议《市政府关于〈河北省农作物种子条例〉贯彻实施情况的汇报》；听取和审议《市政府关于〈中华人民共和国水法〉贯彻实施情况的汇报》；讨论通过《黄骅市人民政府关于实施〈河北省计划生育条例〉的暂行办法》，并作出了《关于认真贯彻落实〈黄骅市人民政府关于实施（河北省计划生育条例）的暂行办法〉的决议》。

会议意见建议

黄骅市第二届人大常委会第十四次会议听取和审议了《市政府关于〈中华人民共和国土地管理法〉和〈河北省土地管理条例〉贯彻实施情况的报告》（以下简称“一法一条例”）。会议认为，自“一法一条例”实施以来，市政府及主管部门广泛开展了土地国情、国策教育，大力宣传“一法一例”，提高了全民国土意识。同时建立健全了各项管理制度，依法行政，查处了一批违法占地、越权批地等案件，土地管理工作取得了较好成绩。针对存在的问题，会议建议：要继续广泛深入地宣传好“一法一条例”，提倡节约用地，执法部门要大胆执法，对违反土地法规的案件要及时处理；各有关部门在土地管理工作中要加强协调，搞好配合，减少重复收费。

黄骅市第二届人大常委会第十四次会议听取和审议了《市政府关于〈河北省农作物种子条例〉贯彻实施情况的汇报》。会议认为，市政府及主管部门自《河北省农作物种子条例》实施以来，积极开展了各种形式的宣传活动，引进、实验优良品种，加强对种子的监督、检验，查处、打击各种销售伪劣种子的活动，为黄骅市农业的发展做了大量积极有效的工作。为进一步贯彻好《河北省农作物种子条例》，会议建议：继续抓好种子基地建设和服务机构建设，搞好重点投入，加强种子的引进、实验和监督、检查，为黄骅市农业再攀新台阶做出更大的努力。

黄骅市第二届人大常委会第十四次会议听取和审议了《市政府关于〈中华人民共和国水法〉贯彻实施情况的汇报》。会议认为，自《中华人民共和国水法》（以下简称《水法》）贯彻实施以来，市政府及主管部门做了大量工作，取得了一定成绩，主要表现在3个方面：一是领导重视，采取多种形式进行了广泛学习、宣传，并建立了专门管理机构，保证了法律、法规的正确实施；二是措施比较得力，制定完善了一系列地方配套制度，使《水法》管理工作逐步纳入了法制轨道；三是水资源管理初见成效，执法部门依法治水、科学管理，初步缓解了供需矛盾，控制了违章开采和盲目开采的现象。为了做好今后的工作，落实好《水法》，会议提出5点建议：继续广泛深入宣传《水法》，提高各部门以及广大干部群众对贯彻实施这部法律重要意义的认识，真正认识到水资源的潜在危机和依法管水、用水的重要性，不断增强执法部门的执法意识，提高执法水平；制定切实可行的计划用水、节约用水措施，建立严格的打井审批制度，实行定点、定井位开采地下水制度，提高地下水的利用率，弥补黄骅市水资源不足带来的实际问题；在加强水资源保护的同时，开发新水源。要把开发新水源逐步列入议事日程。做好地表水的储蓄、外水内引、废水回收、海水淡化等项工作的开展和研究；机井布局做到科学合理。市区几年来每年都打新井，但用水难问题并没有解决，究其原因和井位布局不够合理，造成新井出水少、寿命短，有直接关系。有关部门要结合城市总体规划，进行合理布局，减少投入资金的浪费，解决好用水难问题；加强河道管理，杜绝各种违法现象。对破坏水利设施和违法乱采地下水的单位和个人依法严肃处理。

（十五）市第二届人大常委会第十五次会议

1992 年 7 月 3 日至 4 日，黄骅市第二届人大常委会第十五次会议在黄骅市人大常委会会议室召开。市人大常委会副主任杨荣祥、贾竹笑、张芳熙、孙连城、周云生、胡廷栋及委员共 17 人出席会议。市人大常委会副主任杨荣祥主持会议。市人民法院副院长许敬达，市人民检察院副检察长张中路，市政府秘书长张义华、副秘书长李友良，市计划生育委员会主任范振兰，市审计局局长李云溪，市卫生局副局长李凯良，市工商局副局长任崇德，市政协副秘书长于向潭及市人大有关人员共 14 人列席会议。

会议议程

学习《中共中央、国务院关于发展第三产业的决定》；学习中共中央总书记江泽民在中央党校和河北省委书记邢崇智在中共河北省代表会议上的重要讲话；通过《黄骅市人大常委会关于进一步深化改革、扩大开放促进经济发展的决定》；学习《中华人民共和国全国人民代表大会和地方各级人民代表大会代表法》；听取和审议市政府《关于中华人民共和国食品卫生法》贯彻实施情况的报告；听取和审议市政府《关于〈河北省计划生育条例〉执行情况的报告》；听取和审议市政府《关于〈中华人民共和国审计条例〉贯彻实施情况的报告》；听取和审议市政府《关于代表意见、建议办理情况的汇报》；听取和审议市政府《关于畜牧业发展情况的汇报》；通过人事任免事项。

会议意见建议

黄骅市第二届人大常委会第十五次会议学习了《中共中央、国务院关于发展第三产业的决定》，学习了中共中央总书记江泽民在中央党校和河北省委书记邢崇智在中共河北省代表会议上的重要讲话。会议就如何进一步转变政府职能、转换企业经营机制、重视和引进人才等问题进行了热烈讨论。会议建议：各级各部门要认真学习邓小平南方谈话，学习好江泽民和邢崇智的重要讲话，解放思想、更新观念。充分认识加快改革开放的重要意义。各级人大要积极参与改革开放，以经济建设为中心，认真行使好职权，促进黄骅市改革开放事业的发展。

黄骅市第二届人大常委会第十五次会议听取和审议了市政府《关于中华人民共和国食品卫生法》（以下简称《食品卫生法》）贯彻实施情况的报告。会议认为，市政府及主管部门认真贯彻实施《食品卫生法》并取得了很大的成绩，执法部门监督意识，从业人员食品卫生观念都有了新的提高。但同时，也存在一些问题。会议建议：要进一步加强对《食品卫生法》的宣传，要从适应黄骅市对外开放和提高人民群众健康水平的高度来认识贯彻实施该法的重要性，要加强领导，制定和完善具体的实施办法，形成全社会齐抓共管的局面。

黄骅市第二届人大常委会第十五次会议听取和审议了市政府《关于〈河北省计划生育条例〉执行情况的报告》。会议认为，报告实事求是地反映了黄骅市计生工作的现状，市人大常委会组成人员对此表示满意。为做好今后的工作，会议建议：宣传工作要常抓不懈，计划生育是一项涉及面广、工作难度大的工作，法律宣传工作很重要，要采取各种形式广泛宣传条例，使之家喻户晓，人人明白；要搞好常年抓和突击抓相结合；严格执法，兑现政策，对个别违法问题要严肃查处。

黄骅市第二届人大常委会第十五次会议听取和审议了市政府《关于〈中华人民共和国审计条例〉贯彻实施情况的报告》。会议认为，市政府及主管部门认真贯彻实施《中华人民共和国审计条例》(以下简称《条例》)，为黄骅市经济建设起到了保驾护航的作用。但同时根据《条例》规定有监督不够到位的问题，为此，会议提出如下建议：要继续广泛深入地宣传贯彻好《条例》，提高各部门遵纪守法的自觉性；坚决依法办事，对各种违纪违法案件要依法查处，但同时要注意掌握政策界限，加强对财政预算执行情况和城建项目的审计监督，对财政预算执行中出现的问题要及时予以纠正。对城市建设中的重大项目要跟踪审计，以确保其顺利完成。提高审计干部的政治业务素质。审计部门在经济建设中肩负着重要的责任，为此，要加强对干部职工的思想政治教育，提高业务素质，以适应新形势的要求。

黄骅市第二届人大常委会第十五次会议还听取和审议了市政府《关于代表意见、建议办理情况的汇报》。会议认为，1992 年以来，市政府对办理代表的意见、建议很重视，多次召开有关部门会议，办案的速度和质量都有了提高，常委会对此表示满意。会议同时建议：办理人大代表的意见、建议工作是一项政策性很强的工作，要积极研究具体措施，提高各部门办案人员的素质，保证案件的办理质量；加强对办理代表意见、建议工作的领导，要把此项工作纳入各部门的目标管理岗位责任制，定期检查；对已答复代表并纳入落实计划的意见、建议要按时检查落实情况，以保证其落到实处。

黄骅市第二届人大常委会第十五次会议听取和审议了市政府《关于畜牧业发展情况的汇报》。会议认为，一年来，市政府按照“因地制宜，突出重点，抓好系列化服务，搞好集中产区建设，千方百计提高商品率”的指导思想，大力发展畜牧业生产，使黄骅市畜牧业呈现了较好的发展势头。常委会组成人员对此表示满意。为尽快发展黄骅市畜牧业，会议建议：制定好鼓励畜牧业发展的优惠政策，加强集中产区的建设，推广新技术，搞好指导服务工作。

（十六）市第二届人大常委会第十六次会议

1992 年 7 月 13 日，黄骅市第二届人大常委会第十六次会议在黄骅市人大常委会会议室召开。市人大常委会副主任杨荣祥、贾竹笑、张芳熙、孙连城、周云生、胡廷栋及委员共 15 人出席会议。市人大常委会副主任杨荣祥主持会议。市人大常委会各处室负责人共 5 人列席了会议。

会议议程

讨论通过《黄骅市人大常委会关于加快石港公路建设的决定》。

（十七）市第二届人大常委会第十七次会议

1992 年 9 月 3 日，黄骅市第二届人大常委会第十七次会议在黄骅市人大常委会会议室召开。市人大常委会主任夏相臣，副主任杨荣祥、贾竹笑、张芳熙、周云生、胡廷栋及委员共 17 人出席会议。市人大常委会主任夏相臣主持会议。市人民政府常务副市长田文德、副市长张忠民，市人民法院副院长李志明，市人民检察院副检察长张中路，市财政局局长张世杰，市计委副主任高福清，市政府办公室副主任张建国以及市人大常委会各处室负责人列席会议。

会议议程

听取和审议市政府《关于1992年上半年财政预算执行情况的报告》；听取和审议市政府《关于1992年上半年国民经济和社会发展计划执行情况的报告》；听取和审议市政府《关于工业、乡镇企业新上技改项目情况的汇报》；通过人事任免事项。

会议意见建议

黄骅市第二届人大常委会第十七次会议听取和审议了市政府《关于1992年上半年财政预算执行情况的报告》。会议认为，黄骅市财政工作形势是好的。市政府及财税部门克服各种不利因素，广开财源，积极组织收入，为实现年初预算做了大量工作，使财政收入比1991年同期有了新的增长，达到时间和任务双过半，为实现全年预算打下了有力基础。会议同时也指出，在预算执行过程中还存在一些问题，下半年财政形势也不容乐观。主要是全市乡镇财政收入完成情况不够平衡；预算执行不够严格，缺乏一定的约束力；对预算外资金的管理和使用缺乏必要的控制措施。为此，会议建议各级各部门要加强后4个月财政征管工作，大力扶持企业，培植财源，千方百计组织收入，以保证预算收入的实现；加强预算管理，严肃财经纪律，采取有力措施，以确保1991年财政收支平衡；继续深入开展“双增双节”，为全面实现全年预算而努力。

黄骅市第二届人大常委会第十七次会议听取和审议了市政府《关于1992年上半年国民经济和社会发展计划执行情况的报告》。会议认为，1992年上半年，黄骅市国民经济和社会发展计划完成情况总的形势是好的。工业、乡镇企业在上项目、创产值、增利润等方面均保持了良好的发展势头，林、渔、内贸各业也均有发展。但是，半年多来，农业、海产养殖业均遇到前所未有的自然灾害，损失严重，畜牧、外贸、市属骨干企业形势也不甚乐观，基本建设也存有一些问题。为做好后4个月的工作，努力保证计划的全面实现，会议建议：调整年初计划，制定补救措施。应认真研究分析和充分估计全市各业的优势和不足，适当调整各业指标，对仍有潜力的项目应提出增产增收的具体要求，对农业、海产养殖业也应采取补救措施，努力把灾害损失降低到最低限度；发展工业、乡镇企业应做到上新项目与巩固老企业并重，创产值与增利润同步，切实加强企业内部管理，解决好效益不高的问题；进一步树立和巩固农业的基础地位，增加对农业的投入，完善和保护农业基础设施，增强抵御自然灾害的能力；严格基本建设规模和资金的审批程序，市政府及主管部门应加强宏观控制和微观制约，特别对非生产基本建设项目应按人员编制严格控制规模。

黄骅市第二届人大常委会第十七次会议听取和审议了市政府《关于工业、乡镇企业新上技改项目情况的汇报》。会议认为，1992年以来，市政府在引进项目和外资方面做了大量工作，全市企业发展快、势头猛、形势喜人。会议建议：上新项目一要积极，二要慎重，看准了的要不失时机一抓到底，同时应加强对新上项目的具体领导，组织力量，采取会战的方式，缩短建设周期；加强对已上项目的管理，处理好“上”与“管”的关系，特别对经营不好的项目应进行分类指导，帮助解决实际问题；应注重人才的引进，在引进高级技术人才的同时，应特别注意高级经营管理人才的引进；新上项目的资金运用和管理问题应引起高度注意，应进行适当的行政干预，了解掌握资金去向，保证把有限的资金用在刀刃上；进一步贯彻落实《中华人民共和国企业法》，充分尊重企业的自主权利，避免摊敛现象，切实减轻企业负担。

（十八）市第二届人大常委会第十八次会议

1992 年 10 月 27 日—28 日，黄骅市第二届人大常委会第十八次会议在黄骅市人大常委会会议室召开。市人大常委会主任夏相臣，副主任杨荣祥、张芳熙、孙连城、周云生、胡廷栋及委员共 19 人出席会议。市人大常委会主任夏相臣，副主任张芳熙、孙连城分别主持会议。市人民政府副市长张芳兰、张忠民，市政协副主席董玉峰，市人民法院副院长李志明，市人民检察院副检察长刘志练，市政协秘书长况清瑞，市工商局局长刘凤池，市农林局副局长赵安臣以及市人大常委会有关处室负责人列席会议。

会议议程

听取和审议了市政府《关于贯彻实施〈国务院农民承担费用和劳务管理条例〉和〈河北省农民承担费用和劳务管理规定〉的报告》；听取和审议市政府《关于商品交易市场建设情况的报告》；听取和审议市人民法院《关于执行工作情况的报告》和市人民检察院《关于贪污、贿赂检察情况的报告》；讨论通过黄骅市市、乡两级换届选举工作委员会建议名单，市、乡选举委员会组成人员名单；讨论通过《黄骅市市、乡两级换届选举工作实施方案》；通过人事任免事项。

会议意见建议

黄骅市第二届人大常委会第十八次会议听取和审议了市政府《关于贯彻实施〈国务院农民承担费用和劳务管理条例〉和〈河北省农民承担费用和劳务管理规定〉的报告》。会议认为，条例和规定颁布实施以来，市政府及主管部门采取多种形式进行了学习宣传和贯彻，市、乡两级成立了领导小组，深入农村进行调查研究，在此基础上对农民承担费用项目进行了全面清理，清理出应取消的不合理负担 72 项，并进一步完善了农民负担管理制度，强化了监督部门的职能。会议同时指出，尽管市政府及主管部门在贯彻实施条例和规定过程中做了大量工作，但还存在一些问题。主要是：对条例和规定的宣传贯彻还不够深入，还有死角，广大人民群众还不懂得用法律保护自己的合法利益，有些领导和收费部门对农民负担过重问题缺乏足够的认识；农民负担居高不下，而且各种收费和摊派层层加码的现象，在个别乡镇、村庄还比较严重，在一定程度上影响了党群、干群关系。会议强调，农民负担过重问题严重影响了农村经济的发展和农村的安定以及农民的生产积极性，已到了非解决不可的时候了。为此，会议建议：应进一步加强对条例和规定的宣传、贯彻，在向广大农村深入贯彻的同时，更重要的是引起各级领导和收费部门的重视，把减轻农民负担问题提高到密切党群、干群关系的高度来认识；进一步清理收费项目，合理的一定收上来，不合理的坚决减下去，已拟定取消的 72 项收费项目要尽快落实；继续研究制定落实条例和规定的具体办法和措施；切实加强领导，农民负担监督工作委员会应尽快建立，并充分发挥职能作用，把这项工作抓紧抓好。

黄骅市第二届人大常委会第十八次会议听取和审议了市政府《关于商品交易市场建设情况的报告》。会议认为，1992 年以来，市政府围绕贯彻落实《河北省人民政府关于加快商品交易市场建设的决定》，加强领导，提高认识，拓宽融资渠道，制定优惠政策，在促进和加强商品交易市场建设方面做了大量工作，为适应改革开放和建立社会主义市场经济的需要，提出的“三线”“两片”的市场发展战略，规模宏大，鼓舞人心。会议指出，当前黄骅市的市场现状，不仅与作为沿海开放市、“河北特区”不相适应，也落后于周围县、市，应奋起直追。为此，会议建议：各级领导应高度重视，像抓生产建设那样抓市场建设，以促进商品流通；市场建设应有科学的规划，布局要合理要有地区特色，既要抓好重点市场（如海园市场）建设，也要抓好各乡镇集贸市场及小市场建设，要有一些功能齐全的综合性交易市场，也应建设一些专业市场；市场建设与管理并重，在加强市场设施等硬环境建设的同时，也要加强市场管理、优惠政策的制定等软环境的建设。

黄骅市第二届人大常委会第十八次会议听取和审议了市人民法院《关于执行工作情况的报告》和市人民检察院《关于贪污、贿赂检察情况的报告》。会议认为，关于执行工作，由于领导重视，做出了突出成绩，维护了法律的严肃性和国家、集体、个人的合法利益，提高了司法部门在群众中的信誉。贪污、贿赂是当前经济案件中的重点，1992 年以来，市检察院在贪污、贿赂检察工作中取得较大成效，对维护黄骅市的正常经济秩序和促进廉政建设产生了积极影响。根据当前执行工作和贪污、贿赂检察工作中存在的一些问题，会议提出如下建议：执行工作要保持经常性和连续性，对尚未执行或执行难的案件，要积极采取措施，尽快落实判决，在行政部门的法律无法执行的情况下，法院要强制执行；办案要严格依照法律，不受其他因素的影响和干扰，处理结果要能经受住时间和历史的考验，避免出现处理过宽的现象；市检察院要通过 1992 年的重大经济案件，认真摸索和总结打击经济犯罪的经验和教训，做到预防犯罪和打击犯罪相结合。

（十九）市第二届人大常委会第十九次会议

1992 年 11 月 11 日，黄骅市第二届人大常委会第十九次会议在黄骅市人大常委会会议室召开。市人大常委会主任夏相臣，副主任杨荣祥、贾竹笑、张芳熙、孙连城、周云生、胡廷栋及委员共 18 人出席会议。市人大常委会主任夏相臣主持了会议。市人民政府市长王继丰，市人大常委会、市政府办公室有关人员列席会议。

会议议程

通过人事任免事项。

三、黄骅市第三届人大常委会会议（1993 年 2 月—1998 年 2 月）

（一）市第三届人大常委会第一次会议

1993 年 4 月 6 日，黄骅市第三届人大常委会第一次会议在黄骅市人大常委会会议室召开。市人大常委会主任夏相臣，副主任张芳兰、杨荣祥、周云生、胡廷栋、庞玉勤及委员共 19 人出席会议。市人大常委会主任夏相臣主持会议。市人民政府市长田文德、副市长刘靖廷，市第二届人大常委会副主任孙连城，市人民法院院长胡学和，市人民检察院检察长张中路，市人民政府副秘书长李义安及市人大常委会机关工作人员列席会议。

会议议程

学习《中华人民共和国地方各级人民代表大会和地方各级人民政府组织法》《河北省各级人

大常委会监督工作条例》，讨论修改《黄骅市人大常委会工作细则》，讨论通过《黄骅市人大常委会1993年工作要点》；讨论通过代表资格审查委员会建议名单；通过人事任免事项；讨论通过市人民政府《关于切实减轻农民负担的决议》；讨论通过市人大常委会主任、副主任分工。

（二）市第三届人大常委会第二次会议

1993年6月3日，黄骅市第三届人大常委会第二次会议在黄骅市人大常委会会议室召开。市人大常委会主任夏相臣，副主任张芳兰、杨荣祥、周云生、胡廷栋、庞玉勤及委员21人出席会议。市人大常委会主任夏相臣主持会议。市人民政府市长田文德、副市长宋敬明，市人大常委会调研员张中来、张芳熙，市人民法院副院长郭景春，市检察院检察长张中路，市政府副秘书长李义安，黄骅镇人大主席团常务主席郑清堂，仁村乡人大主席团常务主席商树桴，市教委副主任陈林起，市工商物价局副局长王会朝，市城建局副局长尹凤刚，政协办公室副主任于向潭及市人大常委会机关和市政府有关工作人员共23人列席会议。

会议议程

听取和审议黄骅市人民政府关于《中华人民共和国义务教育法》和《河北省普及义务教育条例》实施情况的报告；听取和审议市人民政府关于黄骅市市场建设情况的报告；听取和审议市政府关于城区排水的安排意见；讨论通过人事任免事项；讨论通过市人大常委会《关于联系市人大代表暂行办法》和《关于办理代表建议、批评、意见的暂行办法》。

（三）市第三届人大常委会第三次会议

1993年7月29日至30日，黄骅市第三届人大常委会第三次会议在黄骅市人大常委会会议室召开。市人大常委会主任夏相臣，副主任张芳兰、杨荣祥、周云生、胡廷栋、庞玉勤及委员共20人出席了会议。市人大常委会主任夏相臣主持会议。市人民政府副市长孟祥福、刘彦红，市人民法院院长胡学和、副院长李志明，市人民检察院检察长张中路，市人大常委会调研员张忠来、张芳熙、孙连城，市经委主任白凤堂，市财政局局长张世杰，市政协副秘书长于向潭及市人大常委会机关有关人员共15人列席会议。

会议议程

听取和审议市人民政府《关于1993年上半年财政预算执行情况的报告》；听取市人民政府《关于市属工业发展情况的报告》；听取市人民法院《关于经济审判工作情况的汇报》；与会常委会组成人员视察市渤海贸易城建设现场、市化工机械厂、常郭乡渤海工业公司、市经济技术开发区。

会议意见建议

黄骅市第三届人大常委会第三次会议听取和审议市人民政府《关于1993年上半年财政预算执行情况的报告》。会议认为，市政府及财政部门1993年上半年紧紧围绕全市经济建设，解放思想，转变观念，强化税收征管机制，加快财政体制改革步伐，较好地完成了财政收入任务，实现了“双过半”。会议指出，上半年财政工作中的主要问题是：收入不够扎实，执行预算不够严格，预算约束力不强。会议建议：各级各部门要认真学习《河北省财政预算管理暂行条例》，提高执法意识和自觉性；要继续抓好“双增双节”措施的落实，严格预算管理，力争实现全年收支平衡。

黄骅市第三届人大常委会第三次会议听取市人民政府《关于市属工业发展情况的报告》。会议认为，市属工业企业上半年在市政府领导下，坚持“坚定不移上项目，坚持不懈抓管理，千方百计增效益”的工作思路，取得了一定的成绩。一是各项经济计划指标按计划完成，企业经济效益有所增长；二是新项目进展较快，重要技改项目按计划实施；三是个别经济效益差、不景气的企业开始走出困境。当前，市属工业发展也存在和出现了一些问题，除资金困难、电力紧张等硬件条件制约企业发展外，《全民所有制工业企业转换经营机制条例》赋予企业的权利没有很好地落实，有的新办企业生产和生活的关系没有妥善摆布好，个别企业管理水平低、经济效益差等也同样影响了企业发展。为做好今后工作，会议提出以下 3 点建议。第一，认真贯彻、落实《全民所有制工业企业转换经营机制条例》(以下简称《条例》)。各级各部门要在深化企业改革中，认真学习、贯彻好《条例》。通过学习，认真查找阻碍企业发展的问题和困难，把《条例》赋予企业的权利真正落实到企业中去，要树立为企业服务的思想，积极为企业发展出谋划策，为企业发展创造良好社会环境。第二，加大改革力度，加快发展步伐。市属工业企业当前生产和企业改革任务艰巨。要进一步解放思想，切实加强对工业企业生产和改革的领导，抓好以《条例》为中心的企业改革法律、法规的落实，加快工业生产发展目标、措施的落实。当前，要重点抓好以股份制为核心的深化企业内部机制改革，因厂制宜，逐个抓落实，促进市属企业的发展。第三，摆正企业生产和生活的关系。尤其是新项目和新建企业，要正确处理生产和生活的关系，要在集中精力抓企业生产和建设的基础上安排好生活，使企业尽快创造效益。

黄骅市第三届人大常委会第三次会议听取市人民法院《关于经济审判工作情况的汇报》。会议认为，市人民法院自 1987 年开展经济审判工作以来，在工作任务繁重、困难较多的情况下，审结各类经济案件 2500 多件，为企业和个人挽回了经济损失，为黄骅市经济发展做出了贡献。一是指导思想明确。紧紧围绕经济建设这个中心，加强对经济审判工作的领导，不断充实办案力量。二是超前搞好法律服务。通过深入企业建立经济联系点，聘请联络员，开展法律咨询，为企业上法律课等方法，提高了企业干部、职工的法律意识。三是坚持依法办案，提高办案质量。为做好今后工作，会议提出以下 3 点建议。第一，加强领导、充实力量，为企业保驾护航。要继续把经济审判工作作为中心工作来抓，从人力、物力给予倾斜，把经济审判工作抓紧抓好，抓出更大成效。第二，提高办案质量，不留积案。要认真总结多年来经济审判工作的经验，发扬成绩，克服缺点。根据办理经济审判案件的原则，对现存的积案进行一次全面的清理，能解决的抓紧时间解决，暂时解决不了的，拿出具体方案，限期解决。第三，提高办案人员政治素质和业务水平。要教育干警牢固树立全心全意为人民服务的思想，抓好业务学习，提高办案质量。

（四）市第三届人大常委会第四次会议

1993 年 8 月 18 日，黄骅市第三届人大常委会第四次会议在黄骅市人大常委会会议室召开。市人大常委会主任夏相臣，副主任张芳兰、周云生、胡廷栋、庞玉勤及委员共 20 人出席会议。市人大常委会主任夏相臣主持会议。市人大常委会调研员孙连城和有关人员列席会议。

会议议程

学习《沧州市人大换届选举工作实施方案》；听取市三届人民代表大会二次会议筹备情况的汇报；讨论通过《关于召开黄骅市第三届人民代表大会第二次会议的决定》；讨论通过召开黄骅市第三届人民代表大会第二次会议的具体时间。

（五）市第三届人大常委会第五次会议

1993 年 10 月 7 日，黄骅市第三届人民代表大会常务委员会第五次会议在黄骅市人大常委会会议室召开。市人大常委会主任夏相臣，副主任张芳兰、杨荣祥、周云生、庞玉勤及委员共 19 人出席了会议。市人大常委会主任夏相臣主持会议。市人民政府市长田文德和副市长孟祥福、刘靖亭、刘彦红，市人大常委会调研员张芳熙、张忠来，市人民法院副院长宋兴江，市检察院副检察长刘志练，市财政局局长张世杰，市乡镇企业局局长孙金潭，市水产局副局长姬宝进，市农经总站站长赵安臣及市人大常委会机关有关人员共 16 人列席会议。

会议议程

听取和审议市人民政府《关于〈农民承担费用和劳务管理条例〉、〈河北省农民承担费用和劳务管理规定〉的实施情况和中共中央、国务院办公厅关于〈切实减轻农民负担的紧急通知〉落实情况的报告》；听取市人民政府《关于 1993 年财政预算调整以及贯彻落实市三届人大常委会三次会议审议意见情况的报告》；听取市人民政府《关于当前渔业生产情况的报告》；听取市人民政府《关于今年以来乡镇企业发展情况的报告》。

会议意见建议

黄骅市第三届人大常委会第五次会议听取和审议了市政府《关于〈农民承担费用和劳务管理条例〉、〈河北省农民承担费用和劳务管理规定〉的实施情况和中共中央、国务院办公厅关于〈切实减轻农民负担的紧急通知〉落实情况的报告》。会议认为，黄骅市认真贯彻、落实以上法规和通知精神，加强组织领导，真抓实干，减负工作取得了一定的成效。但同时也应看到，黄骅市减负工作同中央通知及法规相比还有一定的差距。主要是个别单位和部门对搞好减负工作的重要意义缺乏认识，考虑部门利益多、全局利益少，该取消的项目有的还没有取消，该减下来的收费还没有减下来。因此，会议建议：各级各部门要继续贯彻落实《条例》、《规定》和中央通知精神，统一思想，提高对减负工作重要意义的认识；加强组织领导，充实机构和人员，强化监督意识，真正把减负工作落到实处。

黄骅市第三届人大常委会第五次会议听取了市政府《关于 1993 年财政预算调整以及贯彻落实市三届人大常委会三次会议审议意见情况的报告》。关于财政预算调整工作。会议认为，1993 年以来，市政府及财税部门克服种种不利因素，培植财源，强化征管，财政形势日趋好转，从而为改革和建设提供了所需资金。根据黄骅市实际作出的下半年预算调整方案，比较符合实际，是切实可行的。

关于落实市三届人大常委会三次会议审议意见情况。会议认为，3 个月来，市财税部门在各级各部门的支持和努力下，市人大常委会审议意见得到了较好的落实。一是严格执行预算管理条例，增强了预算约束力；二是强化了税收征管工作；三是加强了预算外资金管理，使预算外资金筹集与管理都较上半年有了明显的改观。针对下半年财政工作面临的形势和困难，会议提出了以下 3 点建议。第一，加大抓收入的力度，确保全年任务实现。要突出重点，继续抓好税收，严格控制减免税，加强对企业收入的管理，确保及时足额入库。要加强对房地产、国有土地有偿使用等管理，该入库的资金，坚决收上来。第二，控制支出，不留尾巴。在确保重点建设和重点开支的同时，千方百计把过快的开支压下来，不留尾巴。第三，搞好财政监督。充分发挥财政部门的作用，搞好对各职能部门的财政监督。结合财税物价大检查，对各职能部门的收费进行清理，该上缴的一律上缴，搞好收、支两条线。

黄骅市第三届人大常委会第五次会议听取了市政府《关于当前渔业生产情况的报告》。会议认为，渔业是黄骅市重要经济支柱之一。市政府对搞好渔业生产一直十分重视。1993 年以来，在渔区受灾、资金紧张等不利条件下，市政府积极采取措施，抓好影响渔业生产的关键环节。如针对养虾资金紧张跑资金、养殖业受灾后争取救灾款、投资改善渔业生产条件等，稳定了渔区干部、群众的情绪，保证了渔业生产的发展。针对目前渔业生产存在的问题，会议建议：要继续广泛深入宣传《中华人民共和国渔业法》，积极向有关部门反映，制定具体办法，解决好黄骅市沿海渔区污染问题；采取措施，抓好后几个月的渔业生产，确保渔业收入不减少；总结经验教训，解决虾农等待观望思想，针对 1993 年养殖业受灾的实际，要积极做好虾农的思想工作，稳定情绪，并提早落实资金，为 1994 年养虾生产创造条件；向渔业生产的深度进军，发动渔民搞好水产品深加工；采取措施，减轻渔民负担，按照上级有关规定，应取消的渔民负担要立即取消，该减下来的要坚决减下来。

黄骅市第三届人大常委会第五次会议听取了市政府《关于今年以来乡镇企业发展情况的报告》。会议认为，1993 年以来，黄骅市乡镇企业在资金、电力等十分紧张的不利条件下，又取得了新的成绩，说明市政府及各职能部门对发展乡镇企业指导思想明确、决心大、措施有力。主要表现在 3 个方面：一是各项经济指标创历史最高水平；二是技改项目效益好，新上项目多；三是以改革的思路抓管理，抓人才培训，企业管理水平显著提高。会议指出，目前各乡镇企业在发展中也存在和遇到了一些实际问题，除资金、电力紧张等因素制约企业发展外，管理粗放、向企业摊派过多等问题也同样影响了企业的发展。为此，会议建议：狠抓企业“三角债”，重点解决企业发展中资金短缺的问题，对新上项目，确定重点，从资金方面给予倾斜，争取早见效益；当前，集中主要精力抓好股份合作制（股份制）的推行工作，搞好督导，检查及验收，保证质量；继续抓好企业常规管理，提高管理水平。

（六）市第三届人大常委会第六次会议

1993 年 11 月 25 日至 26 日，黄骅市第三届人大常委会第六次会议在黄骅市人大常委会会议室召开。市人大常委会主任夏相臣，副主任张芳兰、杨荣祥、周云生、庞玉勤及委员共 18 人出席会议。市人大常委会主任夏相臣、副主任张芳兰分别主持会议。市人大常委会调研员张芳熙，市人民政府副市长刘永才、刘靖亭、范振兰，市人民法院副院长王平，市人民检察院检察长张中路，市人民政府副秘书长李义安、张建国，市经委副主任陈金璋，市计生委主任吕广敏及市人大常委会机关工作人员共 16 人列席会议。

会议议程

学习中共中央十四届三中全会公报；听取和审议市政府关于贯彻落实《全民所有制工业企

业转换经营机制条例》情况的报告；听取和审议市政府关于《河北省计划生育条例》实施情况的报告；听取和审议市政府关于《切实加强农业基础地位》措施落实情况的报告；讨论通过评议工商物价工作的实施方案；通过人事任免事项。

会议意见建议

黄骅市第三届人大常委会第六次会议听取和审议了市政府关于贯彻落实《全民所有制工业企业转换经营机制条例》（以下简称《条例》）情况的报告。会议认为，自《条例》颁布实施以来，黄骅市把贯彻落实《条例》作为深化企业改革和建立社会主义市场经济的首要任务来抓，市政府及主管部门做了大量富有成效的工作。政府部门职能开始转变，企业自主权逐步落实，企业内部改革继续深化，管理得到加强，效益有所提高，艰苦创业精神得以恢复和发扬。会议指出，在贯彻落实《条例》过程中也存在一些问题。例如：企业劳动用工权和拒绝摊派权还未完全落实到位；企业自主用权受到多方面制约，自主权困难；企业自身改革与外部改革不配套、不同步；政府部门在职能转变方面还比较迟缓；等等。针对上述问题，会议建议：各级领导要进一步解放思想，转变观念，加大贯彻《条例》的力度，狠抓《条例》的落实；严格执法，认真清理和解决“三乱”问题；企业自身进一步深化改革，在转换经营机制上加大力度，苦练内功；在推行股份制上要大胆探索，抓出成效，防止流于形式。

黄骅市第三届人大常委会第六次会议听取和审议了市政府关于《河北省计划生育条例》（以下简称《条例》）实施情况的报告。会议认为，1993 年以来，市政府及主管部门在贯彻实施《条例》方面做了大量艰苦、细致的工作。《条例》的宣传广泛深入，达到家喻户晓；建立了市、乡、村各级计生工作组织体系，健全了各种规章制度；同时做到经常性工作和突击性工作相结合，使黄骅市严峻的人口形势得到有效的控制。根据存在问题，会议建议：要进一步加大《条例》的宣传力度，在深度上下功夫；进一步落实独生子女的奖励政策，解决奖励不到位问题；加强对流动人口的管理，充分发挥村级计生组织的作用。

黄骅市第三届人大常委会第六次会议听取和审议了市政府关于《切实加强农业基础地位》措施落实情况的报告。会议认为，在 1993 年灾情严重的情况下，农业取得较好收成，是与市政府的努力工作分不开的。针对存在问题，会议建议：各级各部门要进一步贯彻中央农村工作会议精神，把农村问题、农民问题、农业问题列入重要议事日程，切实提高对农业基础地位的认识，千方百计增加农业投入，改善农业生产条件；要加快建立农村社会化服务体系的步伐，强化服务功能，搞好产前、产中、产后的技术、信息、物资和资金服务；加强对农村基层干部主要是村干部的管理和教育，提高他们的责任意识和开放意识，充分发挥“领头雁”的作用；1993 年冬至 1994 年春的渔业生产要引起高度重视，要千方百计地保证虾农养虾所用资金。

（七）市第三届人大常委会第七次会议

1994 年 1 月 26 日至 27 日，黄骅市第三届人大常委会第七次会议在黄骅市人大常委会会议室召开。市人大常委会主任夏相臣，副主任张芳兰、杨荣祥、周云生、胡廷栋、庞玉勤及委员共 17 人出席会议。市人大常委会主任夏相臣主持会议。市人大常委会调研员张芳熙、张忠来，市人民政府副市长刘永才，市人民法院副院长王平，市人民检察院检察长张中路，市人民政府副秘书长李义安，市公安局局长康德田及市人大、市政府机关有关工作人员共 14 人列席会议。

会议议程

听取市政府关于1993年社会治安管理工作情况的汇报；听取市政府及法、检“两院”关于执法责任制情况的报告；讨论通过《黄骅市人大常委会事宜规则》《黄骅市人大常委会人事任免办法》《黄骅市人大常委会组成人员守则》；通过《关于召开黄骅市第三届人民代表大会第三次会议的决定》；通过黄骅市人大常委会1994年工作要点和常委会会议议题安排；讨论修改黄骅市人大常委会工作报告；通过人事任免事宜。

会议意见建议

黄骅市第三届人大常委会第七次会议听取了市政府关于1993年社会治安管理工作情况的汇报。会议认为，1994年以来，市政府及主管部门在社会治安管理方面做了大量工作，采取了强有力的措施，取得了一定成绩，维护了社会安定。主要表现在公安部门的职能作用得到充分发挥，坚决打击了各种违法犯罪，适时地开展了集中打击和专项斗争，强化了治安管理与基层治安基础工作；破案率较往年有所提高，大案要案侦破及时、迅速，震慑了不法分子；公安队伍的战斗力明显增强，政治、业务素质不断提高。会议指出，黄骅市社会治安工作取得了很大成绩，但也还有一些问题，主要是：刑事案件上升，局部和重点区域治理缺乏力度，个别执法人员政治、业务水平较低。根据存在问题，会议建议：市政府要继续贯彻严打方针，打击各种犯罪活动；抓好重点区域的重点治理；做好春节期间的禁赌工作；进一步宣传贯彻《河北省社会治安综合治理条例》，把条例进一步落到实处；继续加强公安队伍的自身建设，切实解决个别干警政治、业务素质和职业道德水平不高的问题；要认真清理和解决乱收费、乱罚款的问题。

黄骅市第三届人大常委会第七次会议听取了市人民政府及法、检“两院”关于执法责任制情况的报告。会议认为，一年来，黄骅市的执法责任制工作取得了一定进展，一些做法和经验多次得到上级部门的肯定与表彰。会议指出，黄骅市执法责任制工作还存在一些问题，主要是个别部门对执法责任制工作重要意义还没有充分认识，落实执法责任措施不够具体，工作中执法意识较差，带有随意性。会议建议：要继续加强对执法责任制工作重要意义的宣传，加大执法力度，增强依法从政的自觉性；各执法部门要研究制定1994年的执法责任制计划和措施，使黄骅市执法责任制工作有新的发展和突破。

（八）市第三届人大常委会第八次会议

1994年3月9日，黄骅市第三届人大常委会第八次会议在黄骅市人大常委会会议室召开。市人大常委会主任夏相臣，副主任张芳兰、杨荣祥、周云生、胡廷栋、庞玉勤及委员共21人出席会议。市人大常委会主任夏相臣主持会议。市人大常委会调研员张芳熙、张忠来及有关工作人员列席会议。

会议议程

讨论通过召开黄骅市第三届人民代表大会第三次会议的具体时间；讨论通过大会日程（草案）；大会主席团和秘书长建议名单；大会主席团常务主席建议名单；大会执行主席分组建议名单；议案审查委员会建议名单；计划预算审查委员会建议名单；列席人员建议名单；讨论通过代表资格审查报告；讨论大会补选办法。

（九）市第三届人大常委会第九次会议

1994年4月22日—23日，黄骅市第三届人民代表大会常务委员会第九次会议在黄骅市人大常委会会议室召开。市人大常委会主任夏相臣，副主任杨荣祥、周云生、胡廷栋、庞玉勤、张忠来及委员共20人出席会议。市人大常委会主任夏相臣主持会议。市人民政府副市长刘彦红、郭洪波，市人大常委会调研员张芳熙，市人民法院副院长张福田，市人民检察院副检察长刘志练及市人大常委会、市政府有关部门负责人共20人列席会议。

会议议程

听取市人民政府《关于农业生产工作情况的汇报》；听取市人民政府《关于一季度全市乡镇企业发展情况的汇报》；听取市人民政府《关于村民委员会换届选举工作安排意见的报告》；通过人事任免事项。

会议意见建议

黄骅市第三届人大常委会第九次会议听取了市政府《关于农业生产工作情况的汇报》。会议认为，黄骅市当前农业生产的形势是好的，市政府及主管部门做了大量工作。主要是：市政府及主管部门对农业基础地位的认识有了根本性的转变，注重了对农业和农村工作的研究，加强了对农业生产结构的调整，制定了发展农业的总体思路和奋斗目标及具体措施与优惠政策，调动了广大农民的生产积极性。同时，1993年春季墒情好，农民生产热情空前高涨。会议指出，当前农业生产仍存在一些问题，主要是：支农资金还没有完全落实到位，沿海渔业养殖资金短缺，农用生产资料价格上涨，增加了生产成本；农业水利设施严重失修，水利工程老化，土地次生盐碱化；开发农业新项目短缺重点扶持和优惠政策；各行各业还没有把支持农业落到实处。针对存在的问题，会议提出5点建议。第一，抓住当前墒情好的有利时机，全力以赴，搞好春播，栽好果树，特别是要千方百计地抓好棉花的种植。要向农民大力宣传种植棉花的优惠政策和价格优势，调动农民的种棉积极性。棉花种植要落实面积、地块、保质保量。第二，搞好农业基础建设，接受1993年有水用不上的教训，做好引用黄河水的准备工作。抓好六十六排干、黄南排干、大排河、碱河、大浪淀等几条河溪两侧的灌溉问题。同时搞好农田基本建设，挖沟、筑埝，防止水土流失。第三，切实增加农业投入，千方百计地增加对农业的资金和物资投入，农业开发资金要全部落实到位，不到位的要迅速查清原因，抓紧落实，支农贷款要尽快解决。同时也要增加对农业的劳务投入，用好劳动积累工。第四，强化社会化服务。要进一步加强和完善农村社会化服务体系，强化服务功能，特别要搞好产前、产中、产后的服务，使农民产前有资金、物资和信息，产中有技术，产后有销路。第五，结合联产承包责任制和建立市场经济的实际，发展农业要减少行政干预，注意培养和发现典型，靠典型引路。目前黄骅市在种植、养殖方面已有不少先进典型，市政府应大力推广他们的经验，建立示范村、示范户、带动全市农业生产的高效、全面发展。

黄骅市第三届人大常委会第九次会议听取了市政府《关于一季度全市乡镇企业发展情况的汇报》。会议认为，1994年以来，全市乡镇企业的发展势头是好的，在资金紧张的情况下，乡镇企业在产值、收入、利润等方面比1993年都有不同程度的增长，市政府及主管部门制定的1994年后3个季度乡镇企业发展方案和措施切实可行。会议建议：市政府及主管部门要千方百计地解决资金短缺问题；结合实际情况，加快乡镇企业转换经营机制的步伐；在积极发展新项目的同时，也要搞好老企业的巩固和发展。

黄骅市第三届人大常委会第九次会议听取了市政府《关于村民委员会换届选举工作安排意见的报告》。会议认为，市政府对村民委员会换届选举工作重视，主管部门做了大量工作，研究制定了既积极又稳妥的换届选举工作安排意见。会议建议：村民委员会的换届选举工作是关系到基层政权建设的大事，各级政府要高度重视，列入日程，加强领导，建立组织（特别是乡级组织），摸清底数，细心研究，精心安排，搞好试点，拿出经验；从现在起，要制定出宣传方案，有计划地对“一法一例”进行学习宣传，特别是各级领导干部要首先学习好“一法一例”，选举工作全面铺开前要对有关人员进行严格培训；在选举过程中要严格依法办事，注意克服图省事、怕麻烦的思想，也要防止出现过于烦琐的倾向；选举产生后的村委会要健全下属机构，制定村规民约不能与有关法律相抵触，较大的村在选举村委会同时，还要建立村民代表会议，选举村民代表会议代表；认真接待、处理群众关于换届选举工作的来信来访，发现问题及时解决处理。

（十）市第三届人大常委会第十次会议

1994 年 6 月 28 日—29 日，黄骅市第三届人大常委会第十次会议在黄骅市人大常委会会议室召开。市人大常委会主任夏相臣，副主任张芳兰、杨荣祥、周云生、胡廷栋、庞玉勤、张忠来及委员 22 人出席会议。市人大常委会主任夏相臣主持会议。人大常委会调研员张芳熙，市人民政府副市长范振兰，市人民法院院长胡学和，市人民检察院检察长张中路，市人民政府副秘书长李义安，市财政局局长张世杰，市税务局局长赵书君、副局长吴宝申，市城建局副局长王化禄，黄骅镇人大主席团常务主席郑清堂及市人大常委会有关处、室负责人及工作人员列席会议。

会议议程

听取和审议《市政府关于〈中华人民共和国税收征收管理法〉贯彻实施情况的报告》；听取和审议《市政府关于〈城市市容和环境卫生管理条例〉贯彻实施情况的报告》；审查和批准黄骅市 1994 年财政预算，批准市人民政府《关于 1994 年财政预算的报告》；通过《黄骅市第三届人民代表大会常务委员会第十次会议关于黄骅市 1994 年财政预算的决议》；通过人事任免事项。

会议意见建议

黄骅市第三届人大常委会第十次会议听取和审议了《市政府关于〈中华人民共和国税收征收管理法〉贯彻实施情况的报告》。会议认为，自《中华人民共和国税收征收管理办法》（以下简称《税收征收管理法》）颁布实施以来，市政府及主管部门在宣传《税收征收管理法》、建立健全监督和检查机制、培训业务骨干、及时进行执法检查等方面，做了大量工作，取得一定成绩，有力地推动了税收征管工作的健康发展。会议也指出了在贯彻实施《税收征收管理法》方面存在的问题。主要是对《税收征收管理法》宣传缺乏深度，执行力不够，税收征管工作还没有科学化、合理化，忽视了征收与管理的有机结合。会议建议：进一步加大对《税收征收管理法》的宣传力度，要在深度上下功夫；各级政府要进一步加强对税收征管工作的领导，各部门要协同作战，严格依法治税；抓好正反两方面的典型，树立起依法纳税光荣，偷税、漏税可耻的社会风气。

黄骅市第三届人大常委会第十次会议听取和审议了《市政府关于〈城市市容和环境卫生管理条例〉贯彻实施情况的报告》。会议认为，《城市市容和环境卫生管理条例》（以下简称《条例》）自 1992 年 8 月颁布实施以来，市政府及主管部门做了大量工作，在《条例》的宣传、贯彻、环卫队伍建设和加速新城区的建设及老城区的改造等方面取得了一定成绩。会议指出，市政府及主管部门在贯彻实施《条例》过程中也存在一些亟待解决的问题。主要是《条例》的宣传、贯彻还缺乏广度和深度；在实施过程中，思想认识上缺乏应有的高度，行动上力度不够；市政府对环卫工作的协调不够得力；主管部门对环卫工作的内部管理不够完善；个别地段和区域的公共设施不配套，脏、乱、差现象比较严重。会议建议：要进一步学习、广泛深入地宣传和贯彻《条例》；市政府要搞好城建和环卫工作的协调和管理；要坚持在发展新城区的同时，不断改造老城区的指导思想；对会议中提出的具体问题，要认真研究，尽快解决。

（十一）市第三届人大常委会第十一次会议

1994 年 8 月 1 8 日，黄骅市第三届人大常委会第十一次会议在黄骅市人大常委会会议室召开。市人大常委会主任夏相臣，副主任张芳兰、杨荣祥、周云生、胡廷栋、庞玉勤、张忠来及委员共 20 人出席会议。市人大常委会主任夏相臣主持会议。市人民政府副市长郭洪波，市人民法院副院长张福田，市人民检察院副检察长刘志练，市计划委员会主任张树功，市卫生局局长胡庆勃，市城建局局长田立坤，黄骅镇人大主席团常务主席郑清堂及市人大常委会、市政府有关处、室负责人及工作人员列席会议。

会议议程

听取和审议《黄骅市人民政府关于 1994 年上半年国民经济和社会发展计划执行情况的报告》；听取市人民政府关于《公共场所卫生管理条例》贯彻执行情况的报告；通过黄骅市人大常委会《关于黄骅城市总体规划的决定》；通过黄骅市人大常委会《关于在市人大代表中评选优秀人大代表的办法（试行）》和《关于在市人大代表中开展评选优秀人大代表活动的决定》；通过人事任免事项。

会议意见建议

黄骅市第三届人大常委会第十一次会议听取和审议了《黄骅市人民政府关于 1994 年上半年国民经济和社会发展计划执行情况的报告》。会议认为，黄骅市 1994 年上半年国民经济和社会发展计划执行情况是好的，特别是在国家宏观调控、资金紧张、工业产品市场竞争激烈、流通领域普遍不景气和农业生产程度不同受灾的严峻情况下，市政府做了大量工作。主要表现在经济运行正常，乡镇企业发展迅速，秋粮生产形势喜人，各项主要经济指标都比 1993 年同期有所增长等方面；住房建设、教育事业、计划生育工作也取得较好成绩。会议指出，在执行国民经济和社会发展计划的过程中还存在一些问题。主要是市属工业、企业及流通领域亏损面较大，宏观调控力度不够，资金短缺，影响正常生产经营等。根据存在问题，会议建议：市政府及职能部门对上半年国民经济和社会发展计划完成情况要进行一次全面检查，认真总结经验，找出问题，制定可行有效的措施，做好后 4 个月的工作，保证全年计划的实现；要努力提高经济效益，加强企业管理，转换经营机制，把扭亏增盈、缩小亏损面、降低亏损额作为经济工作的重点；要加强宏观调控及部门、单位、乡镇之间的协调、配合工作，积极慎重地搞好资金投入，减少工业企业、乡镇企业投资的盲目性和建设的重复性；要盘活资金，严格控制非生产性开支，把有限的资金放在工业企业生产上，千方百计地保证重点企业的正常生产；要保持计划的连续性，市属工业企业、乡镇企业要为明年发展留足后劲；抓好秋粮后期管理，做好种麦准备，种足种好小麦；抓好秋季渔业生产，探索渔业经济发展的新路子。

黄骅市第三届人大常委会第十一次会议听取了市政府关于《公共场所卫生管理条例》(以下简称《条例》)贯彻执行情况的报告。会议认为，市政府及主管部门在贯彻执行《条例》方面做了大量工作，特别是在《条例》的宣传贯彻、体检换证、监督监测和公共场所卫生管理工作中取得一定成绩。会议指出，在贯彻执行《条例》过程中也存在一些问题，主要是：个别单位及其负责人对贯彻执行《条例》还缺乏足够的认识，执法意识比较淡薄，致使责任不够明确，卫生管理不善；贯彻实施《条例》部门间协调不够得力；卫生管理不能保持经常性和突击性管理相结合。会议建议：要继续开展对《条例》的多种形式的宣传，宣传要有广度和深度，要达到家喻户晓，人人皆知，以增强从业人员和广大居民公共卫生意识；市政府要做好有关部门间的协调工作，要继续实行检查、评比制度，对个别卫生条件差的单位要限期整顿；要在条件允许的情况下，尽最大努力增加监测设备，提高和完善监测手段。

(十二)市第三届人大常委会第十二次会议

1994 年 10 月 28 日，黄骅市第三届人大常委会第十二次会议在黄骅市人大常委会会议室召开。市人大常委会主任夏相臣，副主任张芳兰、杨荣祥、周云生、胡廷栋、庞玉勤、张忠来及委员 19 人出席会议。市人大常委会主任夏相臣，副主任张芳兰分别主持会议。市人民政府市长田文德、副市长孟祥福，市人民法院副院长王平，市人民检察院检察长张中路，市财政局局长张世杰，市人大常委会、市政府有关处、室负责人及工作人员列席会议。

会议议程

听取和审议《市政府关于今年 1—9 月份财政预算执行情况的报告》；听取市人民检察院《关于打击经济犯罪工作情况的汇报》；通过市人民检察院《关于申请设置盐业、农业银行、烟草专卖、农行南大港办事处、农行中捷办事处检察室的报告》；通过人事任免事项。

会议意见建议

黄骅市第三届人大常委会第十二次会议听取和审议了《市政府关于今年 1—9 月份财政预算执行情况的报告》。会议认为：1994 年以来市政府及财税部门克服各种不利因素，积极组织收入，紧缩开支，保证了改革开放和经济建设的顺利进行，做了大量工作，资金运行情况是好的。会议指出，1994 年的财政形势不容乐观，后 2 个月的形势更为严峻。存在的主要问题是：有关财税方面的法律、法规宣传不够；收入进度缓慢，没有实现时间进度；乡镇任务完成不平衡；税源流失，该征的税没有完全征上来。为此，会议建议：进一步加大对《中华人民共和国税收征收管理法》的宣传力度，强化法制观念；认真抓好财税大检查，清理、打击偷税、漏税行为；抓薄弱环节，加大征管力度，应收尽收；各级政府要进一步统一认识，坚定信心，采取过硬措施，齐抓共管，超常工作，确保 1994 年预算平衡。

黄骅市第三届人大常委会第十二次会议听取了市人民检察院《关于打击经济犯罪工作情况的汇报》。会议认为，市人民检察院认真贯彻落实党中央关于打击经济犯罪工作的指示精神，严格执法，狠抓办案，有力地打击了经济犯罪活动，保障了社会安定，取得一定成绩。会议建议：要加强自身建设，教育干警要发扬艰苦奋斗的精神，廉洁自律，自觉抵制资产阶级思想侵蚀；强化严格执法意识，不断提高干警抗干预能力；制定严格的检察纪律，从严治检；配合好财税大检查，重点打击偷税、漏税、抗税行为。

（十三）市第三届人大常委会第十三次会议

1994年12月20日至21日，黄骅市第三届人大常委会第十三次会议在黄骅市人大常委会会议室召开。市人大常委会主任夏相臣，副主任张芳兰、杨荣祥、周云生、胡廷栋、庞玉勤、张忠来及委员共20人出席会议，市人大常委会主任夏相臣主持会议。市人民政府常务副市长刘永才、副市长刘彦红，市人民法院院长胡学和、副院长张福田，市人民检察院检察长张中路及市人大常委会、市人民政府有关部门负责人和有关人员列席会议。

会议议程

听取和审议市政府关于《基本农田保护条例》贯彻实施情况的报告；听取和审议市政府关于《中华人民共和国消费者权益保护法》贯彻实施情况的报告；讨论通过《黄骅市人大常委会行政联系监督制度（试行）》；讨论通过黄骅市人大常委会关于召开黄骅市第三届人民代表大会第四次会议的决定；讨论通过黄骅市人大常委会代表资格审查委员会关于补选市三届人大代表的建议；讨论通过黄骅市人大常委会补选市第三届人民代表大会代表的决定；讨论通过黄骅市人大常委会1995年工作要点。

会议意见建议

黄骅市第三届人大常委会第十三次会议听取和审议了市政府关于《基本农田保护条例》（以下简称《条例》）贯彻实施情况的报告。会议一致认为，市政府及主管部门付出很大努力，做了大量艰苦细致的工作，在宣传贯彻、组织领导、制定措施、狠抓落实等方面取得一定成绩。会议对市政府及主管部门的报告及其工作表示满意。会议同时指出，《条例》在贯彻实施过程中，还存在一些问题，主要是：对《条例》的宣传还不够广泛深入；领导重视程度不够高；落实《条例》不够全面，基本农田保护措施不够得力；基本农田保护与经济建设用地及粮果关系处理不够妥当。会议建议：市政府及主管部门要进一步加大宣传力度，采取多形式、多渠道进行宣传，达到家喻户晓，人人皆知，提高广大人民群众，特别是各级领导和执法人员的土地国策观念和遵法、守法、严格执法的自觉性；强化监督职能，严格执行责任制，巩固基本农田保护成果；要结合对《条例》的宣传进行一次基本农田保护大检查，对检查中发现的问题，及时做出严肃处理；市政府要进一步协调土地、农林、水利等部门的工作，制定基本农田和设施保护的具体措施，把基本农田保护工作落到实处。

黄骅市第三届人大常委会第十三次会议听取和审议了市政府关于《中华人民共和国消费者权益保护法》（以下简称《消费者权益保护法》）贯彻实施情况的报告。会议充分肯定了市政府及主管部门的工作，原则通过了报告，认为报告中既没有情况分析，也没有摆出问题和提出改进措施，会议表示不满意。市政府副市长刘彦红、市工商局局长刘凤池就报告中的问题分别作了表态发言，表示认真接受会议意见。根据《消费者权益保护法》贯彻实施中存在的问题，会议建议：市政府及主管部门要对《消费者权益保护法》贯彻实施情况进行认真总结和分析，既要充分肯定执法工作的成绩，实事求是地指出执法中存在的问题，也要提出今后具体的执法措施；要继续开展对《消费者权益保护法》的宣传，并逐步引向深入；加大执法力度，抓好正反两方面典型，对积极遵守和维护法律的先进单位、先进人物要大力表彰，对生产销售假冒伪劣产品，缺斤短两、哄抬物价、牟取暴利的不法行为，要严肃查处，并对典型案例进行曝光；国营商业要发挥主渠道作用，带头执法、守法，千方百计地丰富物资，促进市场和物价的稳定；市政府要充分发挥工商、技术监督、卫生防疫、商业、供销、粮食等部门的作用，使之各司其职，齐抓共管，对全市的消费市场实行综合治理。

（十四）市第三届人大常委会第十四次会议

1995年1月14日，黄骅市第三届人大常委会第十四次会议在黄骅市人大常委会会议室召开。市人大常委会主任夏相臣，副主任张芳兰、杨荣祥、周云生、胡廷栋、庞玉勤、张忠来及委员15人出席会议。市人大常委会副主任张芳兰主持会议。市人大常委会有关处、室负责人及工作人员列席会议。

会议议程

补选沧州市第九届人民代表大会代表。

（十五）市第三届人大常委会第十五次会议

1995年2月11日，黄骅市第三届人大常委会第十五次会议在黄骅市人大常委会会议室召开。市人大常委会主任夏相臣，副主任张芳兰、杨荣祥、周云生、胡廷栋、庞玉勤、张忠来及委员共22人出席了会议。市人大常委会主任夏相臣主持了会议。市人民政府副市长范振兰、市人民法院副院长王平、市人民检察院副检察长刘志练及市人大常委会机关有关工作人员列席会议。

会议议程

讨论通过《黄骅市人民代表大会常务委员会工作报告（草案）》；听取市人大常委会办公室《关于市三届人大四次会议筹备工作情况的汇报》；通过人事任免事项。

（十六）市第三届人大常委会第十六次会议

1995年3月3日，黄骅市第三届人大常委会第十六次会议在黄骅市人大常委会会议室召开。市人大常委会主任夏相臣，副主任张芳兰、杨荣祥、周云生、胡廷栋、庞玉勤、张忠来及委员共18人出席会议。市人大常委会副主任张芳兰主持会议。市人大代表联络处处长王汝玺、市人大常委会办公室副主任赵连升列席了会议。

会议议程

讨论通过黄骅市第三届人大常委会代表资格审查委员会关于代表变化和补选代表的代表资格审查报告。

（十七）市第三届人大常委会第十七次会议

1995年5月11日至12日，黄骅市第三届人大常委会第十七次会议在黄骅市人大常委会会议室召开。市人大常委会主任夏相臣，副主任张芳兰、杨荣祥、周云生、胡廷栋、庞玉勤、张忠来及委员共21人出席会议。市人大常委会主任夏相臣主持会议。市人民政府副市长孟祥福，市人民法院副院长张福田，市人民检察院检察长张中路及市人大常委会、市人民政府有关部门负责人及工作人员列席会议。

会议议程

听取和审议市人民政府关于《中华人民共和国农业法》贯彻实施情况和当前农业生产情况的报告；听取和审议市人民政府关于《中华人民共和国科学技术进步法》和《河北省科学技术进步条例》贯彻实施情况的汇报；听取和审议市人民政府关于《中华人民共和国盐业管理条例》和《河北省盐业管理办法》贯彻实施情况的汇报；通过人事任免事项。

会议意见建议

黄骅市第三届人大常委会第十七次会议听取和审议了市人民政府关于《中华人民共和国农业法》(以下简称《农业法》)贯彻实施情况和当前农业生产情况的报告。会议认为，市政府及主管部门在贯彻实施《农业法》和1995年农业生产中做了大量工作，特别是在加强农业基础地位和加大农业工作力度、落实各项惠农政策、发挥农业科技人员作用、培养农业技术骨干、减轻农民负担和调整农业生产结构等方面取得一定成绩，为黄骅市农村小康建设打下了良好基础。会议指出，《农业法》的贯彻实施和当前农业生产还存在一些问题，主要是：对《农业法》宣传还缺乏广度和深度，加强农业基础地位的思想还不够牢固；落实《农业法》不够全面，特别是农业资金投入不合法律规定；土地锐减、土质次生盐碱化、乱占耕地和毁坏水利设施的现象严重；农村政策尚欠稳定，农业物资价格涨幅过大；科技人员为农业服务观念淡化；等等。会议建议：要进一步加大《农业法》的宣传力度，结合宣传对《农业法》的贯彻实施情况进行检查；要不断增加农业的财力、物力和人力的投入，调动集体、个人投入的积极性；要加强农田基本设施建设，增强农业增产、抗灾的综合能力，搞好沟渠，闸涵维修，充分利用黄河水；要继续调整农业生产结构，抓好棉花生产，不放松粮食生产，处理好粮果关系；要减少农业物资的流通环节，确保农资价格的稳定；要搞好科学种田，推广农业技术，确保农业生产稳定、高效地发展。

黄骅市第三届人大常委会第十七次会议听取和审议了市人民政府关于《中华人民共和国科学技术进步法》和《河北省科学技术进步条例》(以下简称“一法一例”)贯彻实施情况的汇报。会议认为，自“一法一例”颁布实施以来，市政府及主管部门在宣传贯彻条例，普及推广科学知识和技术、建立健全科技管理和技术服务体系、推进科技进步方面做了很多工作，使黄骅市的科技事业有了长足发展。会议指出，黄骅市在贯彻实施“一法一例”中的主要问题是：宣传“一法一例”的力度和广度不够；科技投入和科研资金不到位；科技组织不健全，存有断层；对科学技术是第一生产力的认识不足；尊重知识、尊重人才的气氛不浓；激励政策没有完全到位，知识分子和有功人员的优惠待遇没有很好地落实；人才匮乏、学非所有的问题比较突出。会议建议：要进一步加大宣传力度，提高各级领导对“一法一例”和科技事业的重视程度，提高广大人民群众的科技意识，抓好科学技术的推广和应用；千方百计地为科技事业增加投入，保证科技经费、科研资金到位；市政府要做好部门间的协调工作，抓好“一法一例”在各部门、各单位的全面落实，促进科技事业的全面发展；树立科技典型，推广先进经验，建立科技示范乡、示范村、示范户，推动全市科技事业的进步和发展。

黄骅市第三届人大常委会第十七次会议听取和审议了市人民政府关于《中华人民共和国盐业管理条例》(以下简称《条例》)和《河北省盐业管理办法》(以下简称《办法》)贯彻实施情况的汇报。会议认为，市政府和主管部门对《条例》和《办法》的贯彻实施情况是好的，在盐业管理工作中做了大量艰苦细致的工作，取得了一定成绩。当前，盐业管理中存在的主要问题是：

《条例》和《办法》的宣传不够广泛深入；盐业市场混乱，管理体制不顺；有关部门拖欠、占用生产单位盐款，生产经营单位资金困难。会议建议：市政府要在继续宣传贯彻《条例》和《办法》的同时加强领导，下决心解决盐业市场混乱的问题；要根据上级的指示精神，结合黄骅市实际情况理顺关系，理顺管理体制，充分发挥职能部门的作用，做到各负其责，各司其职；认真解决各级管理和运销单位占用货款资金问题，争取及时兑现。

（十八）市第三届人大常委会第十八次会议

1995 年 7 月 12 日，黄骅市第三届人大常委会第十八次会议在黄骅市人大常委会会议室召开。市人大常委会主任夏相臣，副主任张芳兰、杨荣祥、周云生、胡廷栋、庞玉勤、张忠来及委员共 19 人出席会议。市人大常委会主任夏相臣主持会议。市人民政府副市长刘靖亭，市人民法院副院长郭景春，市人民检察院副检察长刘志练及市人大常委会、市人民政府有关部门负责人，部分乡镇人大主席团负责人和有关人员列席会议。

会议议程

听取和审议市人民政府关于城市汛期排水安排情况的报告；听取和审议市人民政府关于《河北省散居少数民族权益保障条例》贯彻实施情况的报告；听取和审议市人民政府关于市属工业企业扭亏增盈情况的报告；通过人事任免事项。

会议意见建议

黄骅市第三届人大常委会第十八次会议听取和审议了市人民政府关于城市汛期排水安排情况的报告。会议认为，1995 年以来，市政府及主管部门在城市汛期排水工作中，付出了很大的努力，在加强对城市汛期排水工作的领导，摸清和掌握城区排水工程现状，查处排水隐患，落实汛期排水责任及人力、物力准备等方面做了大量工作。会议指出，当前城区汛期排水工作还存在一些亟待解决的问题。主要是随着城市建设和发展，原有排水系统已不适应，新的排水系统还没有形成；由于自然地理位置的限制，汛期排水自排不畅通，强排困难较大；汛期排水的人力、物力、财力安排不够充足，不符合防汛抗灾的要求。会议强调，1995 年汛情来势凶猛，城区部分区域已出现灾情，防汛抗灾已成当务之急。会议建议：市政府及有关部门要把城区汛期排水工作作为当前首要任务来抓，把长远规划和近期安排紧密结合起来，特别要全力抓好当前的城区排水工作；采取应急措施，以防不测，在人力、物力、排水设施上要做好充分准备，尤其是防汛资金要千方百计地筹措到位，确保城区安全度汛，保证城市居民生命和财产安全；要抓好排水不畅、积水严重的重点区域的防汛排水工作；市人民政府要加强领导，做好各部门、各单位的组织协调工作。

黄骅市第三届人大常委会第十八次会议听取和审议了市人民政府关于《河北省散居少数民族权益保障条例》（以下简称《条例》）贯彻实施情况的报告。会议认为，自《条例》颁布以来，市人民政府及主管部门为贯彻实施《条例》做了大量实际工作，在维护民族团结、发展民族经济及教育事业、尊重少数民族风俗习惯、保证宗教信仰自由等方面取得一定成绩。根据存在问题，会议建议：继续加强对《条例》宣传，在广度和深度上下功夫；加强在新形势下如何贯彻实施《条例》的研究和探讨，深入贯彻落实《条例》；按照《条例》要求，选拔少数民族干部。

黄骅市第三届人大常委会第十八次会议听取和审议了市人民政府关于市属工业企业扭亏增

盈情况的报告。会议认为，1995 年上半年，经过市人民政府及主管部门和企业广大干部职工的努力，黄骅市市属工业企业的扭亏增盈出现了好的势头，5 月整个工业系统实现了扭亏增盈。会议指出，黄骅市市属工业企业在扭亏增盈工作中存在的问题是：1995 年上半年的亏损面和亏损额与 1994 年同期相比没有下降；某些企业非生产性开支过大，原材料压库严重，扭亏增盈困难重重；有的企业管理粗放，由盈利企业变为亏损企业。会议建议：市政府要在继续抓企业转换经营机制的同时，抓好企业的内部管理、挖潜和改造；建立能者上、庸者下的用人机制；建立对企业负责人的约束机制，把企业的盈亏与企业负责人的切身利益密切联系起来；建立对企业的资产和经营情况的定期审计制度，准确反映企业盈亏；对新的亏损企业要深入地分析原因采取得力措施，防止出现新的亏损企业。

（十九）市第三届人大常委会第十九次会议

1995 年 9 月 14 日，黄骅市第三届人大常委会第十九次会议在黄骅市人大常委会会议室召开。市人大常委会主任夏相臣，副主任张芳兰、杨荣祥、周云生、胡廷栋、庞玉勤、张忠来及委员共 12 人出席会议。市人大常委会主任夏相臣主持会议。市人民政府副市长孟祥福，市人民法院院长胡学和，市人民检察院检察长张中路及市人大常委会、市人民政府有关部门负责人，部分乡镇人大主席团常务主席和有关工作人员列席会议。

会议议程

听取和审议市人民政府关于 1995 年上半年财政预算执行情况的报告；听取和审议市人民政府关于 1995 年以来《河北省计划生育条例》贯彻实施情况的报告；通过人事任免事项。

会议意见建议

黄骅市第三届人大常委会第十九次会议听取和审议了市人民政府关于 1995 年上半年财政预算执行情况的报告。会议认为，1995 年上半年的财政预算执行情况好于 1994 年。由于各级领导对财政工作的高度重视，市、乡两级政府及主管部门的积极努力，通过强化征管手段、层层落实财税征收任务、明确责任等有力措施，实现了财政收入的时间、任务“双过半”，为圆满完成全年预算任务打下了良好的基础。会议根据黄骅市上半年财政工作中存在的各乡镇收入不平衡、部分收入项目差距大等问题，建议市政府要认真总结上半年财政工作的经验，找出差距，正确估计 1995 年财政工作的形势，既不能盲目乐观，也不能悲观失望；要进一步统一思想，统一认识，坚定实现年初预算目标的信心，集中精力做好后 4 个月的财政工作；要采取有效措施，积极组织收入，该收的一定要收上来，要警惕个别企业出现收多报少问题；严格控制财政支出，对非支出不可的开支项目要严格履行手续，严格批准权限，最大限度地减少不合理开支。

黄骅市第三届人大常委会第十九次会议听取和审议了市人民政府关于 1995 年以来《河北省计划生育条例》（以下简称《条例》）贯彻实施情况的报告。会议认为，1995 年以来，通过市政府及主管部门的努力，黄骅市的计划生育工作取得了一定成绩，《条例》的学习、宣传和贯彻进一步深入，工作机制和计生网络进一步健全，工作重点突出，所取得的成绩有目共睹。针对存在问题，会议建议：计生工作要在求实上狠下功夫，做到各类指标统计真实可靠；要树立正反两方面典型，健全激励机制，对在计生工作中确有贡献的单位和个人要给予奖励；市政府要做好协调工作，各部门各单位要积极配合计生工作，形成齐抓共管的良好局面。

（二十）市第三届人大常委会第二十次会议

1995 年 11 月 8 日至 9 日，黄骅市第三届人大常委会第二十次会议在黄骅市人大常委会会议室召开。市人大常委会主任夏相臣，副主任张芳兰、杨荣祥、胡廷栋、庞玉勤、张忠来及委员共 20 人出席会议。市人大常委会主任夏相臣主持会议。市委组织部副部长刘峰俊，市人民政府副市长宋敬明，市人民法院副院长李志明，市人民检察院副检察长刘志练及市人大常委会、市人民政府有关部门负责人和有关工作人员列席会议。

会议议程

听取和审议《黄骅市人民政府关于〈中华人民共和国义务教育法〉和〈河北省普及义务教育条例〉贯彻实施情况的报告》；听取市人民法院关于经济审判工作的报告；听取市人大常委会任命的市司法局局长、市乡镇企业局局长、市城建局局长的述职报告，并进行评议；听取市评议工商行政管理工作办公室关于评议工商行政管理工作情况的汇报；讨论通过市人民检察院关于撤销市农业银行等 5 个检察室（黄骅市人民检察院黄骅农业银行检察室、黄骅市人民检察院农行南大港办事处检察室、黄骅市人民检察院农行中捷办事处检察室、黄骅市人民检察院烟草专卖检察室、黄骅市人民检察院盐业检察室）的报告；通过人事任免事项。

会议意见建议

黄骅市第三届人大常委会第二十次会议听取和审议了《黄骅市人民政府关于〈中华人民共和国义务教育法〉和〈河北省普及义务教育条例〉贯彻实施情况的报告》。会议认为，一年来，黄骅市“一法一例”的贯彻实施情况是好的，市政府及主管部门做了大量工作，特别是黄骅市已顺利通过国家“两基”验收，成为全国第一批实现普及九年义务教育的县市之一，并被沧州市委、市政府命名为实施“两基”先进市，在宣传“一法一例”、改善办学条件、提高教师素质和教学质量方面也取得很大成绩。会议同时指出，在贯彻实施“一法一例”过程中还存在一些问题，主要是分级办学、分级管理的思想还不够明确，教育经费征收工作缺乏力度，中学生辍学问题还没有得到有效控制，向学生乱收费问题还未根本解决。会议建议：要进一步理顺管理体制，落实分级办学责任；加大教育经费的征收力度，农民该承担的要摊足，该征收的教育附加税要征足，干部职工该交的要交足，国拨经费要拨足，保证教师工资的按时发放和教学工作的正常运行；要采取有效措施严格控制中学生的流失，巩固“两基”验收成果；要下大力气解决中小学乱收费问题，各级领导和主管部门要高度重视，措施要果断，解决要彻底。

黄骅市第三届人大常委会第二十次会议听取了市人民法院关于经济审判工作的报告。会议认为，市人民法院对经济审判工作高度重视，做了大量艰苦、细致的工作，在为企业追回外欠、处理市内企业经济纠纷、开展专项服务、搞好延伸服务、坚持严肃执法方面取得一定成绩，为黄骅市经济发展起到了保驾护航作用。针对经济审判工作中的问题，会议建议：通过对有关法律的学习和宣传，增强人们的守法意识和执法人员的业务素质，进一步提高办案质量和结案率；要注意重经济案件、轻民事案件，重经济效益、轻社会效益的倾向。

（二十一）市第三届人大常委会第二十一次会议

1995 年 12 月 21 日，黄骅市第三届人大常委会第二十一次会议在黄骅市人大常委会会议室召开。市人大常委会主任夏相臣，副主任张芳兰、杨荣祥、胡廷栋、庞玉勤、张忠来及委员共19人出席会议。市人大常委会主任夏相臣主持会议。市人民政府常务副市长刘永才、副市长刘靖亭，市人民法院副院长李志明，市人民检察院检察长张中路及市人大常委会、市人民政府有关部门负责人及有关工作人员列席了会议。

会议议程

听取和审议市人民政府关于《中华人民共和国劳动法》贯彻实施情况的报告；听取和审议市人民政府关于农田水利基本建设情况的汇报；通过《黄骅市人大常委会关于在全市实行错案和执法过错责任追究制的决议》《黄骅市人大常委会关于在司法机关和行政执法部门实行错案和执法过错责任追究制进行监督的暂行办法》；通过黄骅市人大常委会关于补选黄骅市人民代表大会代表的决定；通过黄骅市人大常委会1996年工作要点；通过人事任免事项。

会议意见建议

黄骅市第三届人大常委会第二十一次会议听取和审议了市人民政府关于《中华人民共和国劳动法》（以下简称《劳动法》）贯彻实施情况的报告。会议认为，《劳动法》颁布实施一年来，市政府及主管部门做了大量工作，在宣传贯彻、组织培训、督促检查、查处违法案件和加强执法队伍建设等方面取得一定成绩。会议同时指出，在贯彻实施《劳动法》过程中还存在一些问题，主要是主管部门的执法力度不够，个别企业特别是私营、三资、独资企业的法人的守法意识差，劳动者运用法律自我保护意识不强，致使个别企业侵害职工合法权益问题迟迟得不到解决。针对存在问题，会议建议：继续广泛深入宣传贯彻《劳动法》，进一步提高执法人员、企业法人和劳动者的执法、守法和自我保护意识；加快签订劳动合同和集体合同进度；市政府及主管部门要根据各类企业的实际情况，研究制定实施《劳动法》的具体办法，加大执法力度，迎接1996年的全国《劳动法》执法大检查。

黄骅市第三届人大常委会第二十一次会议听取和审议了市人民政府关于农田水利基本建设情况的汇报。会议认为，1995年以来，黄骅市农田水利基本建设工作取得一定成绩，市政府及主管部门做了大量工作。根据存在问题，会议建议：调动国家、集体、个人的积极性，增加农田水利基本建设的资金、人力、物力投入；结合黄骅市实际情况，研究探索农田水利基本建设的新思路，做好向机械化施工的转化工作，逐步提高机械化施工水平；搞好配套建设，最大限度地利用黄河水；加强排水设施建设，增强防洪抗涝能力。

（二十二）市第三届人大常委会第二十二次会议

1996年2月1日，黄骅市第三届人大常委会第二十二次会议在黄骅市人大常委会会议室召开。市人大常委会主任夏相臣，副主任张芳兰、胡廷栋、庞玉勤、张忠来及委员共15人出席会议。市人大常委会主任夏相臣主持会议。市人民政府副秘书长李义安，市人民法院院长胡学和，市人民检察院检察长张中路及市人大常委会、市人民政府有关部门负责人和工作人员列席会议。

会议议程

听取市人民政府关于1995年财政决算和1996年财政预算安排情况的报告；黄骅市1995年国民经济和社会发展计划执行情况与1996年国民经济和社会发展计划（草案）的报告；通过市人大常委会工作报告（草案）；听取市人大常委会办公室《关于市三届人大五次会议筹备工作情

况的汇报》；通过关于召开黄骅市第三届人民代表大会第五次会议的决定；讨论通过两位市人大常委会委员的辞呈。

（二十三）市第三届人大常委会第二十三次会议

1996年2月29日，黄骅市第三届人大常委会第二十三次会议在黄骅宾馆四楼会议室召开。市人大常委会主任夏相臣，副主任张芳兰、杨荣祥、胡廷栋、庞玉勤、张忠来及委员共18人出席会议。市人大常委会主任夏相臣主持会议。市人大常委会代表联络处处长王汝玺、市人大常委会办公室副主任赵连升列席会议。

会议议程

讨论通过黄骅市第三届人民代表大会第五次会议计划预算审查委员会主任委员人选；讨论通过黄骅市第三届人民代表大会常务委员会代表资格审查委员会关于代表变化和补选代表的代表资格审查报告。

（二十四）市第三届人大常委会第二十四次会议

1996年4月29日—30日，黄骅市第三届人大常委会第二十四次会议在黄骅市人大常委会会议室召开。市人大常委会主任夏相臣，副主任张芳兰、周云生、胡廷栋、庞玉勤、张忠来及委员共20人出席会议。市人大常委会主任夏相臣主持会议。市人民政府副市长孟祥福、贝军，市人民法院院长胡学和、副院长宋兴江，市人民检察院副检察长刘志练及市人大常委会、市人民政府有关部门负责人、有关工作人员，黄骅镇人大负责人列席会议。

会议议程

听取和审议黄骅市人民政府关于《中华人民共和国农业法》贯彻实施情况及当前农业生产情况的报告；听取和审议黄骅市人民政府关于《河北省城镇公共卫生管理暂行条例》贯彻实施情况的报告；听取黄骅市水务局关于黄骅市给水工程建设情况的汇报；通过人事任免事项。

会议意见建议

黄骅市第三届人大常委会第二十四次会议听取和审议了黄骅市人民政府关于《中华人民共和国农业法》（以下简称《农业法》）贯彻实施情况及当前农业生产情况的报告。会议认为，《农业法》颁布实施以来，市人民政府及主管部门做了大量工作，取得一定成绩，主要表现是各级政府重视农业的程度较前有所提高，积极引导农业种植结构的调整，发展农业的思路是明确的，农业科技得到了普及、推广，农民生产积极性提高。会议指出，黄骅市在贯彻实施《农业法》当中成绩是主要的，但也存在一些问题。主要是：农业投入不到位，农业基础地位较《农业法》规定还有差距；滥批乱占耕地现象比较严重，闲弃撂荒地增多，土壤次生盐渍化面积扩大，可耕种面积有减无增；农业科技服务体系还不健全，农业科技人员待遇落实不到位，农业科技还没有得到最大限度的推广，农业开发资金利用效益差。针对上述问题，会议提出以下6点建议。加大《农业法》的宣传力度，增强执法意识。依照《农业法》的规定，市财政要逐年增加对农业生产的资金投入，鼓励集体和农民个人增加对土地的投入，把农业、农村和农民工作真正纳入依法管理的轨道。采取有力措施，遏制耕地不断减少的势头。搞好村庄和城镇规划，严格宅基地和建筑用地审批手续；搞好农田水利基本建设，改良土壤，防止水土流失和次生盐渍化。围绕“以水增粮”的发展战略，做好利用黄河水工作，搞好配套工程，最大限度地避免损失和浪费。认真落实延长土地承包期工作，调动农民种田的积极性，防止掠夺性生产和急功近利的短期行为。结合实际情况继续优化、调整农业生产结构。抓紧制定“1133”工程具体实施措施，明确任务，落实责任，确保如期实现。加强农业科技队伍建设和农业科技推广。加强种子基地建设，逐步实现黄骅市种子自给自足；进一步完善农业科技网络，建立和完善农业科技服务体系，稳定科技队伍，落实科技人员的各项待遇。

黄骅市第三届人大常委会第二十四次会议听取和审议了黄骅市人民政府关于《河北省城镇公共卫生管理暂行条例》(以下简称《条例》)贯彻实施情况的报告。会议认为：黄骅市贯彻实施《条例》总的情况是好的，城镇公共卫生管理逐步纳入了正规化、法制化轨道，1995 年被命名为“省级卫生城市”，会议对此表示满意。会议指出，黄骅市贯彻实施《条例》工作还存在一些不容忽视的问题：其一，贯彻实施《条例》思想认识上缺乏高度，行动上缺乏力度；其二，城镇公共卫生管理工作协调不够得力，责任不够明确，尚未形成协同作战、齐抓共管的管理体制，财力不足制约了公共卫生管理；其三，个别地段依然存在脏、乱、差现象。会议提出 3 点建议。第一，进一步加大学习、宣传《条例》的力度，提高和统一各级领导、各部门的思想认识，提高执法人员的法律意识和执法水平，增强居民的城市意识，依法搞好公共卫生管理工作。第二，要依法制定公共卫生管理制度和规划，对污染源、污染点的治理要长计划、短安排，抓住重点，逐年解决；要层层落实责任，加大管理力度，把工作落到实处。要搞好原“七一”砖厂大坑、城区公厕、排水干渠、垃圾点的清理工作；要加强领导，搞好协调，发挥主管部门的作用，调动各方面的积极性，齐抓共管综合治理。第三，要把灭鼠、灭蝇、灭蚊、灭犬列入工作日程，抓紧抓好。

(二十五) 市第三届人大常委会第二十五次会议

1996 年 5 月 22 日，黄骅市第三届人大常委会第二十五次会议在黄骅市人大常委会会议室召开。市人大常委会主任夏相臣，副主任张芳兰、周云生、胡廷栋、庞玉勤、张忠来及委员共 20 人出席会议。市人大常委会主任夏相臣主持会议。市人民政府市长李振伦、副市长刘彦红，市人民法院院长胡学和，市人民检察院检察长张中路及市人大常委会、市人民政府有关部门负责人，有关工作人员列席会议。

会议议程

通过人事任免事项；通过黄骅市人大常委会关于撤销市人大常委会城建环保处的决定。

(二十六) 市第三届人大常委会第二十六次会议

1996 年 7 月 4 日，黄骅市第三届人大常委会第二十六次会议在黄骅市人大常委会会议室召开。市人大常委会主任夏相臣，副主任张芳兰、周云生、胡廷栋、庞玉勤、张忠来及委员共 20 人出席会议。市人大常委会主任夏相臣主持会议。市人民政府副市长孟样福，市人民法院副院长张福田，市人民检察院检察长张中路及市人大常委会、市人民政府有关部门负责人和有关工作人员列席会议。

会议议程

听取和审议市人民政府关于《河北省预算外资金管理条例》贯彻实施情况的报告；听取和审议市政府关于《中华人民共和国电力法》宣传贯彻情况的汇报；通过人事任免事项。

会议意见建议

黄骅市第三届人大常委会第二十六次会议听取和审议了市人民政府关于《河北省预算外资金管理条例》(以下简称《条例》)贯彻实施情况的报告。会议认为，市人民政府做了大量工作，预算外资金管理已纳入法制轨道，规范了收费标准，有效地制止了乱收费，对社会稳定、解决分配不公、促进经济发展起到了积极作用。会议同时指出，在贯彻实施《条例》过程中还存在一些不容忽视的问题，主要是：法制观念淡薄，认识不到位，有些部门本位主义思想较重，对依法管理预算外资金思想上支持不够，坐收坐支、截留挪用现象时有发生；乱收费问题尚未根除；对单位预算外资金的使用监督、调控缺乏力度，支出不合理、不规范，管理不严密，乱支滥花、浪费现象依然存在。针对存在问题，会议建议：进一步加大《条例》宣传力度，要在管理上狠下功夫，使依法管好预算外资金成为各级领导、各部门的自觉行动；采取有力措施，加强收费管理，按照法律规定的收费标准，该收的应收尽收，不该收的坚决不收，违法的要坚决查处，强化预算外资金的管理和监督，预算外收入要实行预算内管理，使之取之合理、用之有度。

黄骅市第三届人大常委会第二十六次会议听取和审议了市人民政府关于《中华人民共和国电力法》(以下简称《电力法》)宣传贯彻情况的汇报。会议认为,《电力法》颁布以来，市政府及主管部门做了大量工作，取得一定成绩。但尚存在一些问题。根据问题，会议建议：继续加大《电力法》学习、宣传力度，真正树立电力也是商品的观念，使电力供应和使用纳入法制轨道；要加强电力调度，确保黄骅市经济建设和人民生活需要；要依法管好电力供应，强化监督机制、实行账目公开，注重加强农村电工队伍的管理，提高服务意识和质量。

(二十七)市第三届人大常委会第二十七次会议

1996年7月22日，黄骅市第三届人大常委会第二十七次会议在黄骅市人大常委会会议室召开。市人大常委会主任夏相臣，副主任张芳兰、周云生、胡廷栋、庞玉勤、张忠来及委员共19人出席会议。市人大常委会副主任张芳兰主持会议。市人大常委会办公室副主任赵连升、教科文卫处副处长庞之祥及有关人员列席会议。

会议议程

研究确定各乡镇乡级人民代表大会代表分配名额；任命各乡、镇选举委员会组成人员。

(二十八)市第三届人大常委会第二十八次会议

1996年9月3日，黄骅市第三届人大常委会第二十八次会议在黄骅市人大常委会四楼会议室召开。市人大常委会副主任张芳兰、周云生、胡廷栋、庞玉勤、张忠来及委员共20人出席会议。市人大常委会副主任张芳兰主持会议。市人民政府副市长孟祥福、宋敬明，市人民法院副院长姬同乐，市人民检察院检察长张中路和市人民政府有关部门、市人大常委会机关处室负责人和有关工作人员列席会议。

会议议程

听取和审议黄骅市人民政府关于 1996 年上半年财政预算执行情况的报告；听取黄骅市人民政府关于文化娱乐市场管理整顿情况的汇报。

（二十九）市第三届人大常委会第二十九次会议

1996 年 11 月 6 日，黄骅市第三届人大常委会第二十九次会议在黄骅市人大常委会四楼会议室召开。市人大常委会主任夏相臣，副主任张芳兰、周云生、胡廷栋、庞玉勤、张忠来及委员共 20 人出席会议。市人大常委会主任夏相臣主持会议。市人民政府副市长刘彦红，市人民法院副院长宋兴江，市人民检察院副检察长刘志练和市人民政府有关部门、市人大常委会机关处室负责人及有关工作人员列席会议。

会议议程

听取和审议黄骅市人民政府关于《中华人民共和国环境保护法》和《河北省环境保护条例》贯彻实施情况的报告；听取黄骅市人民法院关于民事审判工作情况的报告，讨论修订黄骅市人民代表大会常务委员会人事任免办法。

（三十）市第三届人大常委会第三十次会议

1997 年 1 月 8 日，黄骅市第三届人大常委会第三十次会议在黄骅市人大常委会四楼会议室召开。市人大常委会主任夏相臣，副主任张芳兰、周云生、胡廷栋、庞玉勤、张忠来及委员共 19 人出席会议。市人大常委会主任夏相臣主持会议。市人民政府副市长王德荣，市人民法院副院长姬同乐，市人民检察院检察长张中路和市人民政府有关部门、市人大常委会机关有关负责人及有关工作人员列席会议。

会议议程

听取和审议黄骅市人民政府关于“1996 年八个方面实事落实情况的报告”；听取黄骅市人民政府关于《河北省城市建设管理条例》贯彻实施情况的报告；通过人事任免事项；通过黄骅市人大常委会关于召开黄骅市第三届人民代表大会第六次会议的决定。

会议意见建议

黄骅市第三届人大常委会第三十次会议听取和审议了黄骅市人民政府关于“1996 年八个方面实事落实情况的报告”。会议认为，市人民政府做了大量工作，八个方面的实事完成情况是好的，会议对此表示满意。会议指出八个方面的实事中，有个别项目尚未完成，如机械化施工队尚未建立，停产半停产企业职工生活困难的问题尚未完全解决等。会议建议：对尚未完成的实事凡符合黄骅市实际的，要列入下年计划继续完成；人民代表大会批准的项目投资需要变更的，须报市人大常委会批准，以维护人代会决议的严肃性。

黄骅市第三届人大常委会第三十次会议听取了黄骅市人民政府关于《河北省城市建设管理条例》（以下简称《条例》）贯彻实施情况的报告。会议认为，报告如实反映了黄骅市城市建设管理工作，市人民政府及主管部门在贯彻实施《条例》方面做了大量工作，成绩显著。但是也存在一些不容忽视的问题，一是市政管理不到位，街道建设质量低，管理不善，几条主要街道履修不好，造成恶性循环浪费资金；二是城区排水不畅通；三是冬季积雪清扫不及时；四是城市绿化跟不上城市建设的发展步伐。会议建议：进一步加大宣传力度，提高市民的城市意识，自觉执行《条例》；加大城市卫生、市容市貌的管理力度，消灭垃圾死角；加强绿化工作，做到种、养、管并重。

（三十一）市第三届人大常委会第三十一次会议

1997 年 2 月 18 日，黄骅市第三届人大常委会第三十一次会议在黄骅市人大常委会会议室召开。市人大常委会主任夏相臣，副主任张芳兰、周云生、胡廷栋、庞玉勤、张忠来及委员共 18 人出席会议。市人大常委会主任夏相臣主持会议。市人大常委会党组书记孟德祥、党组成员王德荣和市人大常委会机关有关负责人和工作人员列席会议。

会议议程

讨论通过市人大常委会工作报告（草案）；讨论通过关于市三届人大六次会议有关事项的报告；决定黄骅市第三届人民代表大会第六次会议列席人员名单；讨论通过黄骅市第三届人民代表大会常务委员会代表资格审查委员会关于代表变化和补选代表的代表资格审查报告；通过人事任免事项。

（三十二）市第三届人大常委会第三十二次会议

1997 年 4 月 18 日，黄骅市第三届人大常委会第三十二次会议在黄骅市人大常委会四楼会议室召开。市人大常委会主任孟德祥，副主任张芳兰、胡廷栋、庞玉勤、张忠来、王德荣及委员共 20 人出席会议。市人大常委会主任孟德祥主持会议。市人大常委会调研员夏相臣，市人民政府副市长孟祥福，市人民法院副院长姬同乐，市人民检察院检察长张中路、副检察长刘志练和市人民政府有关部门、市人大常委会机关有关负责人及有关工作人员列席会议。

会议议程

听取和审议市人民政府关于《中华人民共和国义务教育法》贯彻实施情况的报告；听取市人民政府关于“三五”普法工作安排情况的报告；通过人事任免事项。

会议意见建议

黄骅市第三届人大常委会第三十二次会议听取了市人民政府关于“三五”普法工作安排情况的报告。会议认为，市人民政府对“三五”普法工作高度重视，“三五”普法工作安排指导思想明确、思路清晰、方法步骤切实可行，符合黄骅市实际。会议建议：市人民政府在实际工作中对“三五”普法工作要高度重视，加强领导，保证“三五”普法的顺利进行；要狠抓落实，要按照普法安排扎扎实实地开展工作，保证普法工作扎实有效；及时解决普法工作中出现的困难和问题，落实司法干警的待遇，创造一个良好的法治环境，为黄骅市“双向开放”工作服务。

（三十三）市第三届人大常委会第三十三次会议

1997 年 6 月 27 日，黄骅市第三届人大常委会第三十三次会议在黄骅市人大常委会四楼会议室召开。市人大常委会主任孟德祥，副主任张芳兰、胡廷栋、庞玉勤、张中来、王德荣及委员共19人出席会议。市人大常委会主任孟德祥主持会议。市人大常委会调研员夏相臣，市人民政府副市长刘兆印，市人民法院院长胡学和，市人民检察院检察长张中路、副检察长刘志练和市人民政府有关部门、市人大常委会机关有关负责人列席会议。

会议议程

听取和审议黄骅市人民政府关于《河北省农业投资条例》贯彻落实情况的报告；听取《黄骅市人民检察院关于反贪污贿赂工作情况的汇报》；通过人事任免事项。

会议意见建议

黄骅市第三届人大常委会第三十三次会议听取了《黄骅市人民检察院关于反贪污贿赂工作情况的汇报》。会议认为，市人民检察院在反贪污贿赂工作中履行了职能，集中查办了一批重大案件，收到了良好的社会效果。市人大常委会组成人员对汇报表示满意。会议建议：要继续从严治检，建设高素质的检察官队伍；继续严肃执法，抓好反贪污贿赂工作，要认真查办国家工作人员贪污贿赂案件，抓好大案要案的查处工作；要落实和完善举报奖励制度，做好保密工作，广辟案件来源。

（三十四）市第三届人大常委会第三十四次会议

1997年8月21日，黄骅市第三届人大常委会第三十四次会议在黄骅市人大常委会会议室召开。市人大常委会主任孟德祥，副主任张芳兰、胡廷栋、庞玉勤、张忠来、王德荣及委员共17人出席会议。市人大常委会主任孟德祥主持会议。市人大常委会调研员夏相臣，市人民政府副市长孟祥福，市检察院检察长张中路，市法院副院长张福田，市人大常委会机关、市人民政府有关部门的负责人列席会议。

会议议程

听取和审议黄骅市人民政府《关于1997年上半年财政预算执行情况的报告》；听取黄骅市人民政府《关于行政监察工作情况的汇报》；通过人事任免事项；通过《黄骅市人大常委会关于开展人大代表议政日活动的暂行办法》。

（三十五）市第三届人大常委会第三十五次会议

1997年10月28日，黄骅市第三届人大常委会第三十五次会议在黄骅市人大常委会会议室召开。市人大常委会主任孟德祥，副主任张芳兰、胡廷栋、张忠来、王德荣及委员共18人出席会议。市人大常委会主任孟德祥主持会议。市人民政府副市长刘兆印，市人民法院院长胡学和，市人民检察院检察长张中路，市人大常委会机关、市政府有关部门的负责人列席会议。

会议议程

听取黄骅市人民政府《关于1997年上半年国民经济和社会发展计划执行情况的报告》；讨论通过黄骅市人民代表大会换届选举工作实施方案；讨论通过黄骅市人民代表大会常务委员会关于黄骅市人民代表大会换届选举工作的决定；讨论通过黄骅市选举委员会；讨论通过黄骅市乡镇、市直和驻黄单位选举领导小组；讨论通过黄骅市人大代表名额分配方案；通过人事任免事项。

会议意见建议

黄骅市第三届人大常委会第三十五次会议听取了黄骅市人民政府《关于 1997 年上半年国民经济和社会发展计划执行情况的报告》。会议认为，上半年国民经济和社会发展计划执行情况是好的，基本实现了“双过半”的要求，市人大常委会组成人员对此表示满意。会议指出，国民经济和社会发展计划执行情况虽然取得了较好的成绩，但经济运行过程中有些问题和矛盾仍很突出，形势不容乐观。主要是：农业基础地位比较薄弱，抗灾能力不强；部分工业企业亏损严重，利税较上年下降幅度较大；对外开放工作力度不够，就业矛盾日益突出。针对以上问题，会议建议：市政府及有关职能部门要认真贯彻落实中共十五大精神，加大工作力度，奋力拼搏，保证实现全年计划目标；切实加强农业的基础地位，搞好抗灾自救，广开生产、经营渠道，力争把灾害减少到最低程度；市政府要尽快出台改革方案，加大企业改革力度，努力培育新的经济增长点，向改革和管理要效益，并注重关心和安排好下岗职工的生活；抓住黄骅大港启动的契机，进一步加大对内对外开放力度；要继续抓好经济方面法律、法规的贯彻落实，提高法制观念；鉴于农业和海上遭受严重的自然灾害，对原定国民经济和社会发展计划指标，可实事求是地予以调整，并报市人大常委会批准后执行。

（三十六）市第三届人大常委会第三十六次会议

1997 年 12 月 30 日，黄骅市第三届人大常委会第三十六次会议在黄骅市人大常委会三楼会议室召开。市人大常委会主任孟德祥，副主任张芳兰、胡廷栋、庞玉勤、张忠来、王德荣及委员共 17 人出席会议。市人大常委会主任孟德祥主持会议。市人民政府副市长孟祥福，市人民法院副院长张福田，市人民检察院副检察长刘志练和市人大常委会、市人民政府机关负责人及工作人员列席会议。

会议议程

听取黄骅市人民政府《关于办好八个方面实事落实情况的报告》；讨论通过黄骅市人大常委会关于召开黄骅市第四届人民代表大会第一次会议的决定。

（三十七）市第三届人大常委会第三十七次会议

1998 年 2 月 6 日，黄骅市第三届人大常委会第三十七会议在黄骅市人大常委会三楼会议室召开。市人大常委会主任孟德祥，副主任张芳兰、胡廷栋、庞玉勤、张忠来、王德荣及委员共 19 人出席会议。市人大常委会主任孟德祥主持会议。市委副书记张树志、李世明和市人大常委会机关处室负责人列席会议。

会议议程

讨论通过市人大常委会工作报告（草案）；听取关于黄骅市第四届人民代表大会第一次会议有关事项的报告；决定黄骅市第四届人民代表大会第一次会议列席人员名单；通过了人事任免事项。

（三十八）市第三届人大常委会第三十八次会议

1998 年 2 月 9 日，黄骅市第三届人大常委会第三十八次会议在黄骅市人大常委会三楼会议室召开。市人大常委会主任孟德祥，副主任张芳兰、庞玉勤、张忠来、王德荣及委员共 17 人出席会议。市人大常委会主任孟德祥主持会议。市人民政府副市长孟祥福、市人大常委会办公室主任王宝仓及工作人员列席会议。

会议议程

通过人事任免事项。

（三十九）市第三届人大常委会第三十九次会议

1998 年 2 月 15 日，黄骅市第三届人大常委会第三十九次会议在市人大常委会三楼会议室召开。市人大常委会主任孟德祥，副主任张芳兰、胡廷栋、庞玉勤、张忠来、王德荣及委员共 20 人出席会议。市人大常委会主任孟德祥主持会议。市人民政府副市长宋有洪，市人大常委会办公室主任王宝仓、副主任赵连升及工作人员列席会议。

会议议程

通过人事任免事项。

四、黄骅市第四届人大常委会会议（1998 年 2 月—2003 年 4 月）

（一）市第四届人大常委会第一次会议

1998 年 3 月 1 日，黄骅市第四届人大常委会第一次会议在黄骅市人大常委会四楼会议室召开。市人大常委会主任孟德祥，副主任张芳兰、张忠来、王德荣、李树鸿、胡廷栋及委员共 21 人出席会议。市人大常委会主任孟德祥主持会议。市人民政府副市长宋有洪、市人大常委会办公室副主任赵连升列席会议。

会议议程

通过人事任免事项；讨论通过黄骅市第四届人民代表大会常务委员会代表资格审查委员会名单（草案）。

（二）市第四届人大常委会第二次会议

1998 年 5 月 5 日，黄骅市第四届人大常委会第二次会议在黄骅市人大常委会四楼会议室召开。市人大常委会主任孟德祥，副主任张芳兰、张忠来、王德荣、李树鸿、胡廷栋及委员共 19 人出席会议。市人大常委会主任孟德祥主持会议。市人民政府副市长宋敬明，市人民法院院长胡学和，市人民检察院副检察长崔金标，市人大常委会机关、市政府有关部门的负责人列席会议。

会议议程

听取和审议黄骅市人民政府《关于〈中华人民共和国土地管理法〉和〈河北省土地管理条例〉贯彻实施情况的报告》；听取黄骅市人民政府关于控制学生流失和教育费附加征收情况的汇报；通过黄骅市人大常委会关于机构改革的决定；通过变更代表资格审查委员会主任委员的决定；通过人事任免事项。

会议意见建议

黄骅市第四届人大常委会第二次会议听取了黄骅市人民政府关于控制学生流失和教育费附加征收情况的汇报。会议认为，工作汇报实事求是，客观反映了黄骅市教育工作的现状。市人民政府及其职能部门针对黄骅市初中学生流失情况，及时采取有力措施，不断加大“控流”力度，一个全方位、多层次的“控流”机制在全市已基本形成，城乡教育费附加征收已逐步纳入正常轨道，针对黄骅市“控流”工作存在的问题，会议建议：进一步加大宣传和贯彻实施《义务教育法》的力度，提高各级领导和广大人民群众的思想认识，严格依法治教；市政府各有关职能部门要协调联动，加大执法督查工作力度，依法查处招用童工现象。

针对教育费附加征收存在的问题，会议提出以下几点建议。第一，市政府对城乡教育费附加征收要加强领导，加大征收力度，足额征收，专款专用。各级人民政府和市政府的主管领导一定要集中精力，抓好教育经费筹措使用管理工作，加大监督检查力度，依法保证教育经费筹措渠道畅通，保证义务教育经费的稳定来源和逐步增长。第二，《河北省义务教育经费筹措使用管理条例》第三十三条规定“各级人民政府应当将义务教育经费筹措使用情况，列入年度目标管理考核内容”，市政府要把农村教育费附加征收列入乡镇主要经济指标考核内容，做到任务清、责任明、足额征、不挪用。财政、教育等职能部门要加强宏观调控，提高资金使用效益。第三，城市教育费附加依法足额征收，用于教育。对城乡教育费附加征收完成不好，资金使用不合理的要依法追究责任。

（三）市第四届人大常委会第三次会议

1998 年 6 月 30 日，黄骅市第四届人大常委会第三次会议在黄骅市人大常委会四楼会议室召开。市人大常委会主任孟德祥，副主任张芳兰、张忠来、王德荣、李树鸿、胡廷栋出席会议。市人大常委会主任孟德祥主持会议。市人民政府副市长宋有洪，市人民法院副院长王平，市人民检察院检察长张中路，市人大常委会、市人民政府有关部门的负责人列席会议。

会议议程

听取和审议黄骅市人民政府关于《中华人民共和国劳动法》贯彻实施情况的报告；听取市人民政府关于城市防汛工作情况的汇报；听取市人民检察院关于反贪污贿赂工作情况的汇报；通过人事任免事项；通过《黄骅市人民代表大会常务委员会关于朔州市黄骅市缔结友好城市的决定》。

（四）市第四届人大常委会第四次会议

1998 年 9 月 2 日，黄骅市第四届人大常委会第四次会议在黄骅市人大常委会四楼会议室召开。市人大常委会主任孟德祥，副主任张芳兰、张忠来、王德荣、李树鸿、胡廷栋及委员共 18 人出席会议。市人大常委会主任孟德祥主持会议。市人民政府副市长孟祥福，市人民法院副院长刘俊义，市人民检察院检察长张中路和市人民政府、市人大常委会有关部门的负责人列席会议。

会议议程

听取和审议市人民政府关于 1998 年上半年财政预算执行情况的报告；听取和审议市人民政府关于《中华人民共和国食品卫生法》贯彻实施情况的报告；通过《黄骅市人民代表大会常务委员会关于全面推进依法治市的决议》；通过人事任免事项。

（五）市第四届人大常委会第五次会议

1998 年 11 月 5 日，黄骅市第四届人大常委会第五次会议在市人大常委会四楼会议室召开。市人大常委会主任孟德祥，副主任张芳兰、张忠来、李树鸿、胡廷栋及委员共 16 人出席会议。市人大常委会主任孟德祥主持会议。市人民政府副市长范振兰，市人民法院副院长刘宝刚，市人民检察院副检察长李林智及市人大常委会、市政府有关部门的负责人共 11 人列席会议。

会议议程

听取和审议黄骅市人民政府关于 1997—1998 年度《中华人民共和国环境保护法》执法情况的报告；听取黄骅市人民政府关于《河北省计划生育条例》执行情况的汇报；听取市人民法院关于执行工作情况的汇报；

会议意见建议

黄骅市第四届人大常委会第五次会议听取了黄骅市人民政府关于《河北省计划生育条例》执行情况的汇报。会议认为，黄骅市计划生育执法情况是好的，计划生育工作取得了可喜成果。会议建议：计划生育工作要坚持经常，常抓不懈；要在求真务实上下功夫，办实事，讲实话，掌握真实情况；继续抓好流动人口的计划生育与优化人口结构的工作。要讲究方法，既要做好工作，又要为黄骅市经济发展创造良好的环境。

黄骅市第四届人大常委会第五次会议听取了市人民法院关于执行工作情况的汇报。会议认为，黄骅市执行工作总的情况是好的，但执行难、积案偏多的问题依然存在。会议建议要继续提高执行率和执行质量，依法保护当事人的合法权利。

（六）市第四届人大常委会第六次会议

1998 年 12 月 10 日，黄骅市第四届人大常委会第六次会议在市人大常委会三楼会议室召开。市人大常委会主任孟德祥，副主任张芳兰、张忠来、王德荣、李树鸿、胡廷栋及委员共 15 人出席会议。市人大常委会主任孟德祥主持会议。

会议议程

任命各乡镇选举委员会主任、副主任、委员。

（七）市第四届人大常委会第七次会议

1998 年 12 月 23 日，黄骅市第四届人大常委会第七次会议在市人大常委会四楼会议室召开。市人大常委会主任孟德祥，副主任张芳兰、张忠来、王德荣、李树鸿、胡廷栋及委员共 19 人出席会议。市人大常委会主任孟德祥主持会议。市人民政府副市长宋有洪，市人民法院副院长刘俊义，市人民检察院检察长张中路及市人民政府、市人大常委会有关部门的负责人列席会议。

会议议程

听取和审议市人民政府关于《中华人民共和国税收征收管理法》贯彻实施情况的报告；听取市人民政府《关于 1998 年十大重点工作落实情况的报告》；修订黄骅市第四届人民代表大会常务委员会人事任免办法；通过人事任免事项。

会议意见建议

黄骅市第四届人大常委会第七次会议听取了市人民政府副市长宋有洪代表市人民政府所作的《关于 1998 年十大重点工作落实情况的报告》。会议认为：市人民政府在落实市四届人大一次会议提出的十大重点工作中，积极努力、措施得力、求真务实，取得了显著成效。会议对此表示满意。

（八）市第四届人大常委会第八次会议

1999 年 1 月 25 日，黄骅市第四届人大常委会第八次会议在市人大常委会四楼会议室召开。市人大常委会主任孟德祥，副主任张芳兰、张忠来、王德荣、李树鸿、胡廷栋及委员共 17 人出席了会议。市人大常委会主任孟德祥主持会议。

会议议程

听取市人大常委会办公室关于黄骅市第四届人民代表大会第二次会议筹备情况的报告；通过黄骅市第四届人大常委会代表资格审查委员会关于代表变化情况的报告；通过黄骅市人大常委会工作报告；通过黄骅市人大常委会关于召开黄骅市第四届人民代表大会第二次会议的决定；通过黄骅市人大常委会关于批准《河北省黄骅市国民经济与社会发展战略（1998—2010 年）》的决定。

（九）市第四届人大常委会第九次会议

1999 年 1 月 30 日，黄骅市第四届人大常委会第九次会议在骅泰酒店四楼会议室召开。市人大常委会主任孟德祥，副主任张芳兰、张忠来、王德荣、李树鸿、胡廷栋及委员共 19 人出席会议。市人大常委会主任孟德祥主持会议。市人民政府副市长孟祥福、市人民法院院长胡学和、市人民检察院检察长张中路及工作人员列席会议。

会议议程

通过人事任免事项。

（十）市第四届人大常委会第十次会议

1999年3月11日，黄骅市第四届人大常委会第十次会议在市人大常委会三楼会议室召开。市人大常委会主任孟德祥，副主任张芳兰、张忠来、王德荣、李树鸿、胡廷栋及委员共19人出席会议。市人大常委会主任孟德祥主持会议。

会议议程

通过人事任免事项。

（十一）市第四届人大常委会第十一次会议

1999年5月12日，黄骅市第四届人大常委会第十一次会议在黄骅市人大常委会四楼会议室召开。市人大常委会主任孟德祥，副主任张芳兰、张忠来、李树鸿、胡廷栋及委员共17人出席会议。市人大常委会党组成员胡学和，市人民政府副市长董文昌，市人民法院代院长张和平，市人民检察院代检察长贾恩芳及市人民政府、市人大常委会有关部门负责人列席会议。

会议议程

听取和审议市人民政府关于《中华人民共和国农业技术推广法》贯彻实施情况的报告；听取《黄骅市人大常委会调查组关于〈中华人民共和国农业技术推广法〉贯彻实施情况的调查报告》；听取市人民政府关于《行政监察工作情况的报告》。

会议意见建议

黄骅市第四届人大常委会第十一次会议听取了市人民政府关于《行政监察工作情况的报告》。会议认为，市人民政府及其职能部门认真贯彻实施《中华人民共和国行政监察法》，集中查办了一批案件，收到了良好的社会效果，常委会组成人员对报告表示满意。会议建议：要紧紧围绕党风廉政建设和人民群众关心的热点、难点问题深入开展执法监察；进一步加大行政监察工作力度，对严格执法的先进单位和个人要通报表扬，对典型案件和“三乱”行为要敢于曝光，以扩大教育面；要严格执法，建设一支高素质的行政监察队伍，工作要及时反馈，增加透明度。

（十二）市第四届人大常委会第十二次会议

1999年7月7日，黄骅市第四届人大常委会第十二次会议在黄骅市人大常委会四楼会议室召开。市人大常委会主任孟德祥，副主任张芳兰，张忠来、李树鸿、胡廷栋及委员共18人出席会议。市人大常委会主任孟德祥主持会议。市人大常委会党组成员胡学和，市人民政府副市长孟祥福，市人民法院副院长王平，市人民检察院副检察长崔金标及市人民政府、市人大常委会有关部门负责人列席会议。

会议议程

听取和审议市人民政府关于《中华人民共和国审计法》贯彻实施情况的报告；听取《黄骅市人大常委会调查组关于〈中华人民共和国审计法〉贯彻实施情况的调查报告》；听取市人民政府关于城区社会治安治理工作情况的汇报。

会议意见建议

黄骅市第四届人大常委会第十二次会议听取了市人民政府关于城区社会治安治理工作情况的汇报。会议认为，市人民政府及其职能部门从维护城区社会稳定、促进黄骅市经济发展的大局出发，有针对性地对城区治安治理做了大量工作，取得了较好的效果，常委会组成人员对报告表示满意。会议建议：要紧紧围绕黄骅市社会稳定和经济发展的大局，突出重点，严厉打击各类违法犯罪活动；进一步加大城区治安管理力度，进一步加强流动人口的管理，商业繁华地段和交通要道交通秩序的管理工作有待加强，不断提高干警的政治、业务素质，建设一支作风硬、业务精的干警队伍。

（十三）市第四届人大常委会第十三次会议

1999 年 9 月 2 日，黄骅市第四届人大常委会第十三次会议在黄骅市人大常委会四楼会议室召开。市人大常委会主任孟德祥，副主任张芳兰、张忠来、王德荣、李树鸿、胡廷栋及委员共 18 人出席会议。市人大常委会主任孟德祥主持会议。市人大常委会党组成员胡学和，市人民政府副市长孟祥福，市人民法院副院长王平，市人民检察院代检察长贾恩芳及市人民政府、市人大常委会有关部门负责人列席会议。

会议议程

听取和审议市人民政府关于 1999 年上半年财政预算执行情况的报告；听取市人民政府关于《中华人民共和国传染病防治法》贯彻实施情况的报告；听取市人民法院关于经济审判工作的报告。

会议意见建议

黄骅市第四届人大常委会第十三次会议听取了市人民政府关于《中华人民共和国传染病防治法》(以下简称《传染病防治法》) 贯彻实施情况的报告。会议认为，自《传染病防治法》颁布实施以来，市人民政府及其职能部门加强对传染病防治的领导和管理，较好地落实了各项防治措施，使黄骅市的传染病发病率呈明显下降趋势，保证了人民群众的身体健康，常委会组成人员对报告表示满意。会议建议：进一步加大宣传力度，不断提高广大人民群众的健康意识和自我保护意识；要坚持预防为主的原则，扎扎实实地做好日常防治工作及饮食服务从业人员的体检、验证工作，消除传染隐患，堵塞传染源；要积极创造条件不断加大对传染病防治的投入，进一步提高检测和防治水平；要加大执法工作力度，坚决打击流医违法活动，尤其对性病防治，要建立健全专门组织，实行统一规范管理。

黄骅市第四届人大常委会第十三次会议听取了市人民法院关于经济审判工作的报告。会议认为，市人民法院从维护法律尊严，促进全市经济发展的大局出发，不断强化服务意识，大力加强经济审判工作，对全市经济发展起到了保驾护航的作用，常委会组成人员表示满意。会议建议：市人民法院要紧紧围绕全市“改革、发展、稳定”的大局，依法独立地行使好审判权，积极推进依法治市进程；要深化审判方式改革，增加审判工作透明度；不断提高和增强服务意识，坚持严肃执法，提高办案水平，建设一支政治强、作风硬、业务精的法官队伍；当前“执行难”的问题困扰着经济审判工作的开展，案件执结率低，严重影响了法律的尊严，损害了债权人的合法权益。要借中央和上级关于解决“执行难”问题的东风，营造强大的执行声势，加大执法力度，依法制裁拒不履行、抗拒执行、干扰执行的违法犯罪行为。

（十四）市第四届人大常委会第十四次会议

1999 年 11 月 2 日，黄骅市第四届人大常委会第十四次会议在黄骅市人大常委会四楼会议室召开。市人大常委会主任孟德祥，副主任张芳兰、张忠来、王德荣、李树鸿、胡廷栋及委员共 20 人出席会议。市人大常委会主任孟德祥主持会议。市人大常委会党组成员胡学和，市人民政府副市长宋有洪，市人民法院代院长张和平，市人民检察院代检察长贾恩芳及市人民政府、市人大常委会有关部门负责人列席会议。

会议议程

听取和审议市农业局、市工业局、市卫生局、市公安局、市贸易局 5 位局长的述职报告；通过人事任免事项。

（十五）市第四届人大常委会第十五次会议

1999 年 12 月 30 日，黄骅市第四届人大常委会第十五次会议在黄骅市人大常委会三楼会议室召开。市人大常委会主任孟德祥，副主任张芳兰、张忠来、王德荣、李树鸿、胡廷栋及委员共 16 人出席会议。市人大常委会主任孟德祥主持会议。市人大常委会党组成员胡学和，市人民政府副市长宋有洪，市人民法院代院长张和平，市人民检察院代检察长贾恩芳及市人民政府、市人大常委会有关部门负责人列席会议。

会议议程

听取市土地局局长的述职报告；听取市人民政府关于 1999 年十五件大事、实事落实情况的报告；听取市人民检察院关于反贪污贿赂工作情况的汇报；听取市财政局局长关于 1999 年财政预算调整情况的说明；通过黄骅市人民代表大会常务委员会关于补选黄骅市第四届人民代表大会代表的决定；组织常委会组成人员对市人民政府 1999 年十五件大事、实事中涉及的部分工程项目，即建材市场、海鲜城、康安小区、康乐小区等进行视察。

（十六）市第四届人大常委会第十六次会议

2000 年 1 月 18 日，黄骅市第四届人大常委会第十六次会议在市人大常委会三楼会议室召开。市人大常委会主任孟德祥，副主任张芳兰、张忠来、李树鸿、胡廷栋及委员共 16 人出席会议。市人大常委会主任孟德祥主持会议。市人大常委会党组成员胡学和、市人民政府副市长孟祥福及市人大常委会机关有关人员列席会议。

会议议程

通过了人事任免事项；通过黄骅市第四届人民代表大会常务委员会代表资格审查委员会关于代表资格审查情况的报告；通过黄骅市人民代表大会常务委员会关于召开黄骅市第四届人民代表大会第三次会议的决定；通过黄骅市人大常委会工作报告；听取市人大常委会办公室关于黄骅市第四届人民代表大会第三次会议筹备情况的报告；通过黄骅市第四届人民代表大会第三次会议

列席人员名单；听取讨论黄骅市第四届人民代表大会第三次会议选举办法。

（十七）市第四届人大常委会第十七次会议

2000 年 2 月 25 日，黄骅市第四届人大常委会第十七次会议在市人大三楼会议室召开。市人大常委会主任孟德祥，副主任张芳兰、胡学和、张忠来、王德荣、李树鸿、胡廷栋及委员共 11 人出席会议。市人大常委会主任孟德祥主持会议。

会议议程

讨论研究部分市人大代表、离退休老干部及社会各界群众来信、来访、来电，反映黄骅港总体规划修改方案问题。

会议意见建议

黄骅市第四届人大常委会第十七次会议根据社会各界群众来信来访来电反映情况，对修改后的《黄骅港城市总体规划》（以下简称修改方案），与会市人大常委会委员认真研究修改方案，分析各界人士的意见、建议。会议指出：该修改方案与国家有关法规和政策有不吻合之处，且脱离区域城市布局实际；实施该修改方案将影响区域经济发展；实施该修改方案将影响黄骅乃至沧州市的对外开放进程；实施该修改方案不利于沧州东部的资源合理配置；实施该“修改方案”会影响安定团结的大局。为此，会议建议：对“黄骅港城市”暂不搞区划界定，待一定时间后和时机成熟时，根据港口驻地和黄骅市的各自发展规模与实力来进行划分，这是符合市场经济规律和城市发展规律的；将整个黄骅市行政区域全部划在港口建设范围内，仍保留“黄骅市”名称，有利于整个区域的资源合理配置，减少重复投资，促进港市经济发展和对外开放，并可消除其他一些方面的不必要纠纷；对“修改方案”进行重新论证，并且邀请涉及区划调整的县市参加，充分听取各方面的意见和呼声，以确保决策的科学性与民主性。

（十八）市第四届人大常委会第十八次会议

2000 年 4 月 11 日，黄骅市第四届人大常委会第十八次会议在黄骅市人大常委会四楼会议室召开。市人大常委会主任孟德祥，副主任张芳兰、张忠来、王德荣、李树鸿、胡廷栋及委员共 19 人出席会议。市人大常委会主任孟德祥主持会议。市人民政府副市长刘彦红，市人民法院院长张和平，市人民检察院检察长贾恩芳及市人民政府、市人大常委会有关部门负责人列席会议。

会议议程

听取市人民政府《关于黄骅市 1999 年市本级预算执行及其他财政收支的审计工作报告》；通过人事任免事项。

会议意见建议

黄骅市第四届人大常委会第十八次会议听取了市审计局局长郭福兴代表市政府所作的《关于黄骅市 1999 年市本级预算执行及其他财政收支的审计工作报告》。常委会听取预算执行情况的审计报告，为人大依法监督预算执行情况、加大监督力度开辟了一种好形式。会议认为，市政府及其职能部门在贯彻实施《中华人民共和国审计法》（以下简称《审计法》）方面做了大量工作，对 1999 年度财政预算执行情况理清了底数，指出了存在的问题，提出了今后改进与加强预算执行的具体建议，会议给予了充分肯定。同时，会议就以下几方面情况提议市政府及审计财政部门应引起高度重视：强化执行财政预算的严肃性，必要的调整必须履行法定程序；加强预算外资金的管理，严格执行《河北省预算外资金管理条例》，财政部门既要严格执法又要当守法的模范；对已发现的有法不依的行为应予重视，在黄骅市财力面临困难的情况下，再不能允许预算外资金坐收坐支现象的发生；对长期存在的财政外借款应采取妥善措施予以处理，尤其是面对国有企业转制的新形势，应尽量避免国有财产出现流失；进一步加大《审计法》的宣传力度，加强财政预算管理。会议还要求市人大工作部门要加大力度及时介入，监督预算执行的全过程。

（十九）市第四届人大常委会第十九次会议

2000 年 6 月 2 日，黄骅市第四届人大常委会第十九次会议在黄骅市人大常委会四楼会议室召开。市人大常委会主任孟德祥主持会议。市人大常委会副主任张芳兰、胡学和、张忠来、王德荣、李树鸿、胡廷栋及委员共 21 人出席会议。市人民政府副市长张长铎，市人民法院院长张和平，市人民检察院检察长贾恩芳及市人民政府、市人大常委会有关部门负责人列席会议。

会议议程

听取和审议市人民政府关于《中华人民共和国建筑法》贯彻实施情况的报告；审议通过《黄骅市人民代表大会常务委员会司法联系监督制度》；通过人事任免事项。

（二十）市第四届人大常委会第二十次会议

2000 年 8 月 24 日，黄骅市第四届人大常委会第二十次会议在黄骅市人大常委会四楼会议室召开。市人大常委会主任孟德祥主持会议，市人大常委会副主任张芳兰、张忠来、王德荣、李树鸿、胡廷栋及委员共 14 人出席了会议。市人民政府副市长孟祥福，市人民法院院长张和平，市人民检察院检察长贾恩芳及市人民政府、市人大常委会有关部门负责人列席会议。

会议议程

听取和审议市人民政府关于 2000 年上半年财政预算执行情况的报告；听取市人民政府关于《中华人民共和国村民委员会组织法》贯彻实施情况的报告；听取市人民法院、市人民检察院关于队伍建设及干部任用情况的报告；通过人事任免事项。

（二十一）市第四届人大常委会第二十一次会议

2000 年 10 月 31 日，黄骅市第四届人大常委会第二十一次会议在市人大常委会四楼会议室召开。市人大常委会主任孟德祥主持会议。市人大常委会副主任张芳兰、胡学和、张忠来、李树鸿、胡廷栋及委员共 18 人出席会议。市人民政府市长郭建英，副市长范振兰，市人民法院院长张和平，市人民检察院检察长贾恩芳及市人民政府、市人大常委会有关部门负责人列席会议。

会议议程

听取和审议市人民政府关于《中华人民共和国水法》贯彻实施情况的报告；听取市计生局、市教育局两位局长的述职报告；通过人事任免事项。

（二十二）市第四届人大常委会第二十二次会议

2000 年 12 月 28 日，黄骅市第四届人大常委会第二十二次会议在市人大常委会四楼会议室召开。市人大常委会副主任张芳兰受市人大常委会主任孟德祥委托主持会议，市人大常委会副主任胡学和、王德荣、李树鸿、胡廷栋及委员共 17 人出席会议。市人民政府市长郭建英，副市长宋敬明，市人民法院院长张和平，市人民检察院检察长贾恩芳及市人民政府、市人大常委会有关负责人列席会议。

会议议程

听取市政府《关于 2000 年主要工作任务落实情况的报告》；听取市交通局、市水产局两位局长的述职报告；通过黄骅市第四届人大常委会关于因经济犯罪罢免孙某某黄骅市第四届人民代表大会代表职务的建议和同意主任会议提请关于准许市人民检察院对市人大代表孙某某依法实施逮捕的决定；通过人事任免事项。组织市人大常委会组成人员对市人民政府 2000 年大事要事中涉及的部分工程项目，即三利公司、华兴街改造工程、307 国道市区段建设工程和福华肉联厂进行视察。

会议意见建议

黄骅市第四届人大常委会第二十二次会议听取了市人民政府市长郭建英代表市政府所作的《关于 2000 年主要工作任务落实情况的报告》。会议认为，市政府为确保 2000 年主要工作任务如期完成做了大量工作，工作力度较大，措施积极有效。一是加强领导，责任明确；二是掌握动态，加强督导；三是突出重点，狠抓落实；四是保证进度，注重质量。年初预定目标绝大部分较好地完成，对此常委会组成人员表示满意。尤其对福华肉联厂、三利公司、华兴街改造、307 国道市区段建设、渔港码头等一批投入大、进度快的工程给予了充分肯定。会议建议：市政府要利用新闻媒体，对 2000 年大事实事落实情况进行深入广泛的宣传报道。在新的一年里，再接再厉，要在不断加强市民城市意识和节水意识上做好文章，在谋划好农业结构调整、冬枣产业化发展等方面有新的突破和提高。

（二十三）市第四届人大常委会第二十三次会议

2001 年 2 月 13 日，黄骅市第四届人大常委会第二十三次会议在黄骅市人大常委会四楼会议室召开。市人大常委会主任孟德祥，副主任张芳兰、胡学和、张忠来、王德荣、李树鸿、胡廷栋及委员共 17 人出席会议。市人大常委会主任孟德祥主持会议。市人大常委会办公室有关人员列席会议。

会议议程

补选沧州市第十届人民代表大会代表。

（二十四）市第四届人大常委会第二十四次会议

2001 年 3 月 14 日，黄骅市第四届人大常委会第二十四次会议在市人大常委会四楼会议室召开。市人大常委会主任孟德祥，副主任张芳兰、胡学和、张忠来、王德荣、李树鸿、胡廷栋及委员共 21 人出席会议。市人大常委会主任孟德祥主持会议。市人大常委会办公室赵连升、皮秀峰列席会议。

会议议程

讨论通过关于召开黄骅市第四届人民代表大会第四次会议的决定；讨论通过黄骅市人大常委会工作报告；讨论通过黄骅市第四届人民代表大会常务委员会代表资格审查委员会关于代表变化情况的报告；讨论通过黄骅市第四届人民代表大会第四次会议列席人员；讨论通过黄骅市第四届人民代表大会第四次会议其他有关事项。

（二十五）市第四届人大常委会第二十五次会议

2001 年 4 月 19 日，黄骅市第四届人大常委会第二十五次会议在市人大常委会三楼会议室召开。市人大常委会主任孟德祥，副主任张芳兰、胡学和、张忠来、王德荣、李树鸿及委员共 13 人出席会议。市人大常委会主任孟德祥主持会议。市人大常委会办公室有关人员列席会议。

会议议程

通过黄骅市第四届人大常委会关于罢免张某某黄骅市第四届人民代表大会代表职务的建议。

（二十六）市第四届人大常委会第二十六次会议

2001 年 5 月 17 日，黄骅市第四届人大常委会第二十六次会议在市人大常委会四楼会议室召开。市人大常委会主任孟德祥，副主任张芳兰、胡学和、张忠来、王德荣、李树鸿、胡廷栋及委员共 19 人出席会议。市人大常委会主任孟德祥主持会议。市人民政府副市长刘彦红，市人民法院院长张和平，市人民检察院副检察长王树立及市人民政府、市人大常委会有关部门负责人列席会议。

会议议程

听取和审议市人民政府关于《中华人民共和国土地管理法》贯彻实施情况的报告；听取市人民政府关于《河北省清真食品管理条例》贯彻实施情况的报告；听取市人民政府关于农业产业结构调整情况的报告；听取市政府九个组成部门主要负责人的供职报告；通过人事任免事项。

会议意见建议

黄骅市第四届人大常委会第二十六次会议听取了市民族宗教局局长李文德代表市政府所作的关于《河北省清真食品管理条例》（以下简称《条例》）贯彻实施情况的报告。会议对市政府及职能部门贯彻落实《条例》的情况表示满意，《条例》的贯彻实施，有力地维护了少数民族的合法权益，巩固了民族团结。会议建议：要进一步加强对《条例》的宣传贯彻，从维护民族团结和社会稳定的高度，充分认识贯彻落实《条例》的重要意义。市政府要加强管理，加大监督力度和提高监测水平，打击制售假冒伪劣清真食品的违法行为。要依靠科技不断开发新的清真食品，满足回族群众的需求。

黄骅市第四届人大常委会第二十六次会议听取了市人民政府关于农业产业结构调整情况的报告。会议认为，市政府在加快农业产业结构调整方面思路清晰，做了大量实实在在的工作。会议建议：市政府要把突出抓好农业结构战略性调整，作为工作的主旋律，进一步统一思想认识，形成共识。切实树立竞争意识，抢抓机遇，培树典型，使全市冬枣、苜蓿发展尽快形成规模产业能力，引导农民致富。依托科技，培育后劲，不断扩大加工能力，生产具有高科技高附加值的产品，推动农村工作再上新台阶。会议对日趋严重的海上污染、渔区人民生产生活的出路问题非常关注，期望政府搞好调查研究，使“海上”的问题尽快得到解决。

（二十七）市第四届人大常委会第二十七次会议

2001 年 7 月 11 日，黄骅市第四届人大常委会第二十七次会议在市人大常委会四楼会议室召开。市人大常委会主任孟德祥，副主任张芳兰、胡学和、王德荣、李树鸿、胡廷栋及委员共 16 人出席会议。市人大常委会主任孟德祥主持会议。市人民政府副市长孟祥福，市人民法院院长张和平，市人民检察院检察长贾恩芳及市人民政府、市人大常委会有关部门负责人列席会议。

会议议程

听取和审议《黄骅市人民政府关于〈中华人民共和国药品管理法〉贯彻实施情况的报告》；听取《黄骅市人民法院关于民事审判工作情况的报告》；听取市建设局局长、市环保局局长、市民政局局长的述职报告；组织市人大常委会组成人员参观黄骅市打击假冒伪劣商品展览。

会议意见建议

黄骅市第四届人大常委会第二十七次会议听取和审议了《黄骅市人民政府关于〈中华人民共和国药品管理法〉贯彻实施情况的报告》，与会主任、委员进行了认真审议。针对存在问题，会议建议：要进一步加大对《中华人民共和国药品管理法》的宣传力度，增强群众的法律意识；进一步加大执法监督力度，使广大人民吃上放心药；加强药价管理，减轻患者经济负担；理顺监管机制，以提高综合执法水平。

黄骅市第四届人大常委会第二十七次会议听取了市人民法院院长张和平所作的《黄骅市人民法院关于民事审判工作情况的报告》，会议认为，市人民法院在民事审判工作中紧紧围绕“公正与效率”这个主题，从大局出发，充分发挥职能作用，为维护社会稳定和黄骅市各项事业的发展提供了有力的司法保障，会议对市人民法院的民事审判工作表示满意。会议建议：市人民法院要进一步加强法院素质培训，提高业务水平，以适应新时期社会和法律发展的要求；要加大民事审判改革的力度，靠改革来解决新形势下出现的新问题；要进一步落实有关监督制度与措施，加大对人情案、关系案、金钱案的查处力度，以提高办案质量，确保司法公正。

（二十八）市第四届人大常委会第二十八次会议

2001 年 8 月 21 日，黄骅市第四届人大常委会第二十八次会议在市人大常委会四楼会议室召开。市人大常委会主任孟德祥，副主任张芳兰、张忠来、王德荣、李树鸿、胡廷栋及委员共 17 人出席会议。市人大常委会主任孟德祥主持会议。市人民政府副市长孟祥福，市委副书记、市人民检察院检察长贾恩芳，市人民法院副院长王平及市人民政府，市人大常委会有关部门负责人列席会议。

会议议程

听取和审议《黄骅市人民政府关于 2001 年上半年财政预算执行情况的报告》；听取《黄骅

市人民政府关于行政监察工作情况的报告》；通过人事任免事项。

会议意见建议

黄骅市第四届人大常委会第二十八次会议听取了市监察局局长岳桂喜代表市政府所作的《黄骅市人民政府关于行政监察工作情况的报告》。会议认为，市人民政府及其职能部门在贯彻实施《中华人民共和国行政监察法》（以下简称《行政监察法》）工作中做了大量工作，收到了较好效果，会议对黄骅市行政监察工作表示满意。会议建议：市人民政府及其职能部门要进一步加大对《行政监察法》的宣传力度，不断增强国家公务人员依法行政的意识和自觉性；抓住人民群众反映强烈和有影响的典型案件，通过新闻媒介予以曝光，增强教育效果；要增强行政监察工作的透明度，做好信息反馈；围绕全市经济建设这个中心，大力治理优化经济发展环境，对破坏经济环境的单位和个人要给予严肃查处，充分发挥行政监察部门为全市经济建设保驾护航的作用。

（二十九）市第四届人大常委会第二十九次会议

2001 年 9 月 6 日，黄骅市第四届人大常委会第二十九次会议在市人大常委会四楼会议室召开。市人大常委会主任孟德祥，副主任张芳兰、张忠来、王德荣、李树鸿、胡廷栋及委员共 14 人出席会议。市人大常委会主任孟德祥主持会议。市人大常委会和市人民检察院有关人员列席会议。

会议议程

通过人事任免事项。

（三十）市第四届人大常委会第三十次会议

2001 年 10 月 30 日，黄骅市第四届人大常委会第三十次会议在市人大常委会四楼会议室召开。市人大常委会主任孟德祥，副主任张芳兰、张忠来、王德荣、李树鸿、胡廷栋及委员共 16 人出席会议。市人大常委会主任孟德祥主持会议。市人民政府副市长孟祥福，市人民法院院长张和平，市人民检察院代检察长王占其，市人民检察院反贪局局长穆桂忠及市人民政府、市人大常委会有关部门负责人列席会议。

会议议程

听取《黄骅市人民政府关于 2001 年财政收支预算调整的报告》；听取《黄骅市人民检察院反贪污贿赂工作情况的报告》；听取市人事局局长和市文化局局长的述职报告；通过人事任免事项。

会议意见建议

黄骅市第四届人大常委会第三十次会议听取了《黄骅市人民政府关于 2001 年财政收支预算调整的报告》（以下简称《调整报告》）。会议认为，《调整报告》指导思想明确，方案实事求是，是可行的。会议建议：从现在到年底这一段时间，财政工作要再接再厉，争取为全年的财政收支画上圆满的句号。针对当前新的增支因素不断增多、财政压力不断加大的问题，会议强调，对财政形势不要盲目乐观，要进一步增强全社会财政忧患意识，要在开源节流、培植税源上下功夫，要压缩不必要的财政开支，保证各项增资政策的出台，维持社会稳定。

黄骅市第四届人大常委会第三十次会议听取了市人民检察院代检察长王占其所作的《黄骅市人民检察院反贪污贿赂工作情况的报告》。会议建议：要进一步加大反贪力度，促进和加强廉政建设，不断优化经济环境；反贪工作要抓平衡，克服“三多三少”现象，（即被查处的案件下面的多上面的少、小案件多大案件少、圈外的多圈内的少）；要坚持一般预防与特殊预防并重。

（三十一）市第四届人大常委会第三十一次会议

2001 年 12 月 24 日，黄骅市第四届人大常委会第三十一次会议在市人大常委会四楼会议室召开。市人大常委会主任孟德祥，副主任张芳兰、胡学和、张忠来、王德荣、李树鸿、胡廷栋及委员共 19 人出席会议。市人大常委会主任孟德祥主持会议。市人民政府副市长孟祥福，市人民法院院长张和平，市人民检察院副检察长王树力及市人大常委会、市人民政府有关部门的负责人列席会议。

会议议程

听取《黄骅市人民政府关于 2001 年主要工作任务落实情况的报告》；听取《黄骅市人民政府关于社会治安综合治理情况的报告》；通过人事任免事项；组织市人大常委会组成人员对新世纪中学、五鑫花园制品有限公司、昌骅汽车改装厂等市政府 2001 年有关主要工作任务涉及部分项目的落实及运行情况进行了视察。

会议意见建议

黄骅市第四届人大常委会第三十一次会议认真听取了《黄骅市人民政府关于 2001 年主要工作任务落实情况的报告》。会议认为，在即将过去的 2001 年中，市政府做了大量实实在在的工作，基本上完成了四届人大四次会议上确定的目标、任务，在阶段性工作和总体工作进程中，得到全市各界群众较为公正的评价和理解。会议建议：2002 年政府的工作要及早谋划，鉴于当前黄骅市面临的三大机遇，市政府在制定新的发展盘子时，应特别注意谋划好大的经济发展战略和重点项目；建议市政府 2002 年工作重点要在围绕深化、优化经济环境，招商引资上项目等方面想实招、用实劲、求实效；各级各部门要从干部队伍做起，进一步解放思想，更新观念，加快职能转变，适应“入世”需要，更重要的是切实适应发展黄骅自己的需要。

黄骅市第四届人大常委会第三十一次会议听取了市公安局局长刘延亭受市政府委托所作的《黄骅市人民政府关于社会治安综合治理情况的报告》。会议认为，黄骅市的治安状况有所好转，这与市政府不断强化社会治安综合治理工作是分不开的。会议建议：要进一步加大社会治安综合治理工作宣传力度，包括公安部门自己，要大胆抓树一批正反两方面的典型，扬善惩恶；要继续坚持严打方针，确保社会稳定，为经济发展和人民安居乐业创造一个良好环境；要搞好群防群治，要善于发动和依靠人民群众积极参与，以弥补警力不足；进一步开展政治业务培训，提高干警素质。

（三十二）市第四届人大常委会第三十二次会议

2002 年 3 月 1 日，黄骅市第四届人大常委会第三十二次会议在市人大常委会四楼会议室召开。市人大常委会主任孟德祥，副主任张芳兰、胡学和、张忠来、王德荣、李树鸿、胡廷栋及委员共 19 人出席会议。市人大常委会主任孟德祥主持会议。市人民检察院代检察长王占其及市人大常委会各工作室负责人列席会议。

会议议程

通过人事任免事项；通过关于召开黄骅市第四届人民代表大会第五次会议的决定；讨论通过黄骅市第四届人大常委会关于《黄骅市人民政府关于2001年国民经济和社会发展计划部分变更的建议》的决定；讨论通过黄骅市第四届人民代表大会常务委员会代表资格审查委员会关于代表变化情况的审查报告；讨论通过黄骅市人大常委会工作报告；讨论通过黄骅市第四届人民代表大会第五次会议列席人员；讨论通过黄骅市第四届人民代表大会第五次会议其他有关事项。

（三十三）市第四届人大常委会第三十三次会议

2002年4月23日，黄骅市第四届人大常委会第三十三次会议在市人大常委会四楼会议室召开。市人大常委会主任孟德祥，副主任赵芳元、张芳兰、王德荣、李树鸿、胡廷栋及委员共16人出席会议。市人大常委会副主任张芳兰、主任孟德祥先后主持会议。市人民政府副市长宋敬明，市人民法院院长李勇，市人民检察院检察长王占其及市人大常委会、市人民政府有关部门的负责人列席会议。

会议议程

听取和审议《黄骅市人民政府关于〈社会力量办学条例〉和〈河北省民办教育条例〉贯彻实施情况的报告》；听取《黄骅市人民政府关于“四五”普法工作情况的报告》。

会议意见建议

黄骅市第四届人大常委会第三十三次会议听取和审议了市教育局局长李德忠代表市人民政府所作的《黄骅市人民政府关于〈社会力量办学条例〉和〈河北省民办教育条例〉贯彻实施情况的报告》。针对存在的问题，会议建议：进一步加大“两条例”的宣传力度，提高全社会对民办教育的认识，为民办教育的发展营造良好的社会环境；进一步加大监督力度，不断提高民办教育办学水平，严格审批程序，做到防患于未然；不断加大对民办教育的支持力度，营造宽松环境，落实优惠政策，增强服务意识。

黄骅市第四届人大常委会第三十三次会议听取了市司法局局长马兴峰代表市人民政府所作的《黄骅市人民政府关于“四五”普法工作情况的报告》。会议对过来一年的普法工作给予肯定，认为在面临诸多困难的情况下，市司法局做了大量的工作，取得了很好的社会效益。会议对如何做好今后的普法工作，提出以下意见：要提高全民对普法工作重要性的认识；普法要突出重点群体；要保障普法经费，加大对普法工作的资金投入。

（三十四）市第四届人大常委会第三十四次会议

2002年5月22日，黄骅市第四届人大常委会第三十四次会议在市人大常委会四楼会议室召开。市人大常委会主任孟德祥，副主任张芳兰、胡学和、张忠来、李树鸿、胡廷栋及委员共19人出席会议。市人大常委会主任孟德祥主持会议。市人民政府副市长董文昌、市人民法院院长李勇、市人民检察院检察长王占其及人大常委会各工作室负责人列席会议。

会议议程

通过人事任免事项；听取和审议《黄骅市人民政府关于〈黄骅市特色农业示范长廊建设规划实施方案〉的报告》；通过《黄骅市人大常委会关于〈黄骅市特色农业示范长廊建设规划实施方案〉的决议》；通过任命黄骅市乡级人大换届选举委员会组成人员。

会议意见建议

黄骅市第四届人大常委会第三十四次会议听取和审议了《黄骅市人民政府关于〈黄骅市特色农业示范长廊建设规划实施方案〉的报告》。会议认为，实施方案符合黄骅市实际，顺应民意，切实可行。会议建议：要进一步加大农业示范长廊建设的宣传力度，全市上下形成共识，广大干部群众要积极参与、支持长廊建设；要进一步加大工作力度，扎扎实实地做好第一年的工作，开好局，起好步；要抓好典型，以典型促全局，持之以恒一年接一年、一届接着一届地抓下去，保持黄骅市农业产业的连续性。

（三十五）市第四届人大常委会第三十五次会议

2002年6月28日，黄骅市第四届人大常委会第三十五次会议在黄骅市人大常委会会议室召开。市人大常委会主任孟德祥，副主任赵芳元、张芳兰、张忠来、李树鸿、胡廷栋及委员共16人出席会议。市人大常委会主任孟德祥主持会议。市人民政府副市长孟祥福，市人民检察院检察长王占其，市人民法院副院长刘宝岗及市人大常委会、市人民政府有关部门负责人列席会议。

会议议程

听取市人民政府关于《黄骅市农村税费改革试点方案的报告》；听取市人民政府《关于黄骅市2001年市本级预算执行及其他财政收支的审计工作报告》《黄骅市人民政府关于2002年城区排水工作的汇报》《黄骅市人民法院关于2002年上半年执行工作的报告》；听取和审议《市人民政府关于〈中华人民共和国食品卫生法〉贯彻实施情况的报告》。

会议意见建议

黄骅市第四届人大常委会第三十五次会议听取了市人民政府关于《黄骅市农村税费改革试点方案的报告》，表决通过了《黄骅市人大常委会关于〈黄骅市农村税费改革试点方案〉的决议》。会议要求，各级人民政府对此改革方案要大张旗鼓地宣传，使广大农民积极支持、配合税费改革工作。市人民政府要认真实施税费改革方案并不断改进，逐步完善，形成一套科学规范的制度，确保黄骅市农村税费改革取得圆满成功。

黄骅市第四届人大常委会第三十五次会议分别听取了市审计局局长张凤岗代表市人民政府所作的《关于黄骅市2001年市本级预算执行及其他财政收支的审计工作报告》、市建设局局长马维华代表市人民政府所作的《黄骅市人民政府关于2002年城区排水工作的汇报》、市人民法院副院长刘宝岗代表市人民法院所作的《黄骅市人民法院关于2002年上半年执行工作的报告》。会议同意3个报告，并对今后工作分别提出了建议：市政府及主管部门要加大审计监督力度，依法搞好审计工作；对城区排水要统一思想，提高认识，克服松懈麻痹思想；市人民法院要加大执行力度，用足一切法律手段，确保生效裁决得以执行，以保护当事人的合法权益，维护好市场经济秩序。

（三十六）市第四届人大常委会第三十六次会议

2002年8月30日，黄骅市第四届人大常委会第三十六次会议在黄骅市人大常委会会议室召开。市人大常委会主任孟德祥，副主任赵芳元、张芳兰、张忠来、王德荣、李树鸿、胡廷栋及委员共16人出席会议。市人大常委会主任孟德祥主持会议。市人民政府副市长孟祥福，市人民法院副院长刘宝岗，市人民检察院副检察长皮学生及市人大常委会、市人民政府有关部门的负责人列席会议。

会议议程

听取和审议《市人民政府关于黄骅市2002年上半年财政预算执行情况的报告》；听取市人民检察院关于实施法律监督工作情况的报告。

会议意见建议

黄骅市第四届人大常委会第三十六次听取市人民检察院关于实施法律监督工作情况的报告。会议要求，市人民检察院要加大对法律监督工作的宣传力度，使广大人民群众对检察院法律监督工作的性质有一个更加深入的了解，使之支持、配合检察院的工作，以有效地打击各种职务犯罪；要进一步加大法律监督工作力度，起到权力制衡，纠正、制止违法的监督功效。

（三十七）市第四届人大常委会第三十七次会议

2002年10月8日，黄骅市第四届人大常委会第三十七次会议在黄骅市人大常委会会议室召开。市人大常委会主任孟德祥，副主任赵芳元、张芳兰、张忠来、王德荣、李树鸿、胡廷栋及委员共15人出席会议。市人大常委会主任孟德祥主持会议。市人民政府副市长宋敬明，市人民检察院检察长王占其，市人民法院副院长王平及市人大常委会、市人民政府有关部门的负责人列席会议。

会议议程

通过人事任免事项。

（三十八）市第四届人大常委会第三十八次会议

2002年11月6日，黄骅市第四届人大常委会第三十八次会议在黄骅市人大常委会会议室召开。市人大常委会主任孟德祥，副主任赵芳元、张忠来、王德荣、胡廷栋及委员共15人出席会议。市人大常委会主任孟德祥主持会议。市人民政府副市长宋敬明，市人民法院副院长王平，市人民检察院副检察长王树力及市人大常委会、市人民政府有关部门的负责人列席会议。

会议议程

听取和审议《黄骅市人民政府关于〈中华人民共和国统计法〉贯彻执行情况的报告》；听取市农业局局长、市文体局局长的述职报告；审议并表决通过《黄骅市预防职务犯罪办法（草案）》。

会议意见建议

黄骅市第四届人大常委会第三十八次会议听取了市农业局局长赵恩亭、市文体局局长闫通章的述职报告。会议要求：市农业局的工作要防止后劲不足，注意搞好协调联动，要实事求是，宜林则林、宜果则果、宜草则草，结合群众的意愿因地制宜；市文体局要大力推广群众性的文体活动，同时要有精品意识，搞创新，上档次，市政府在文体设施的改善上要加大力度。

（三十九）市第四届人大常委会第三十九次会议

2002 年 12 月 23 日，黄骅市第四届人大常委会第三十九次会议在黄骅市人大常委会会议室召开。市人大常委会主任孟德祥，副主任赵芳元、张芳兰、张忠来、李树鸿、胡廷栋及委员共 17 人出席会议。市人大常委会主任孟德祥主持会议。市人民政府副市长孟祥福、市人民法院副院长刘俊义、市人民检察院副检察长崔金标及市人大常委会工作室负责人列席会议。

会议议程

讨论通过《黄骅市人大常委会关于黄骅市人民代表大会换届选举工作的决定》；讨论通过黄骅市选举委员会组成人员名单；讨论通过黄骅市乡镇、市直和驻黄单位选举领导小组成员名单；讨论通过《黄骅市人民代表大会换届选举工作实施方案》；讨论通过黄骅市市级人大代表名额分配方案；审议《黄骅市人民政府关于调整 2002 年财政收支预算的书面报告》。

五、黄骅市第五届人大常委会会议（2003 年 4 月—2007 年 7 月）

（一）市第五届人大常委会第一次会议

2003 年 4 月 15 日，黄骅市第五届人大常委会第一次会议在市人大常委会四楼会议室召开。市人大常委会主任温志成，副主任刘兴德、范振兰、李树鸿、左俊华及委员共 19 人出席会议。市人大常委会主任温志成主持会议。

会议议程

通过接受代表辞去沧州市第十一届人民代表大会代表请求；补选沧州市第十一届人民代表大会代表。

（二）市第五届人大常委会第二次会议

2003 年 4 月 29 日，黄骅市第五届人大常委会第二次会议在市人大常委会四楼会议室召开。市人大常委会主任温志成，副主任刘兴德、范振兰、李树鸿、左俊华及委员共 20 人出席会议。市人大常委会主任温志成主持会议。市人民政府副市长董文昌、赵淑英，市人民检察院检察长王占其，市人民法院副院长刘俊义及市人大常委会、市人民政府有关科室的负责人列席会议。

会议议程

听取《黄骅市人民政府关于非典型肺炎防治工作的报告》；通过黄骅市人大常委会关于内部

机构调整的决定；通过黄骅市第五届人民代表大会代表资格审查委员会主任委员、委员名单；通过人事任免事项。

会议意见建议

黄骅市第五届人大常委会第二次会议听取了市人民政府副市长赵淑英代表市人民政府所作的《黄骅市人民政府关于非典型肺炎防治工作的报告》。会议认为：从全国突发疫情到现在，在中共黄骅市委的领导下，市政府以对全市人民健康和生命安全高度负责的精神，果断把非典型肺炎防治工作放在突出重要的位置，领导有力，措施得力，工作到位，体现了市政府视人民的利益高于一切的强烈政治责任感，取得的成绩十分显著，到目前为止，全市未发现一例确诊和疑似病人。对此，市人大常委会对市政府前一段的工作给予充分肯定。结合黄骅实际，会议建议：市政府在今后的工作中，一要认真总结经验，查漏补缺，巩固预防成果；二要面向全市上下，特别是广大基层干部群众进一步加大正面宣传力度，用科学知识讲明、讲透“非典”可控、可防、又可治；三要把“非典”防治工作纳入法制化轨道；四要切实采取措施，切断病源所有流入渠道；五要对“非典”预防设施、设备加大投入；六要协调指挥工商、物价、公安、药监等职能部门，对制假售假、哄抬物价、囤积居奇等扰乱市场秩序、影响社会稳定的不法行为，要坚决予以查处和严厉打击；七要一手抓“非典”防治，一手抓经济发展，全力夺取双胜利。

（三）市第五届人大常委会第三次会议

2003 年 7 月 8 日，黄骅市第五届人大常委会第三次会议在市人大常委会会议室召开。市人大常委会主任温志成，副主任刘兴德、范振兰、李树鸿、左俊华及委员共 18 人出席会议。市人大常委会主任温志成主持会议。市人民政府常务副市长董文昌，市人民法院院长李勇，市人民检察院检察长王占其及市人大常委会各科室和市人民政府有关部门负责人列席会议。

会议议程

听取和审议市人民政府《关于〈中华人民共和国中小企业促进法〉和〈河北省支持和鼓励个体工商户私营企业发展条例〉贯彻落实情况的报告》；听取市人民政府《关于黄骅市 2002 年市本级预算执行及其他财政收支的审计工作报告》；听取市人民政府《关于〈中华人民共和国行政监察法〉贯彻实施情况的报告》；通过 2003 年下半年常委会会议议题（草案）；通过人事任免事项。

会议意见建议

黄骅市第五届人大常委会第三次会议听取和审议了市人民政府常务副市长董文昌代表市政府所作的《关于〈中华人民共和国中小企业促进法〉和〈河北省支持和鼓励个体工商户私营企业发展条例〉贯彻落实情况的报告》。会议认为：市人民政府及有关部门在贯彻落实“一法一条例”方面做了大量工作。特别是新一届政府上任以来，围绕实施“四大战略”，唱响“三骅”主旋律，经济发展的政策环境进一步宽松，职能部门服务意识不断增强，企业发展热情空前高涨，项目和工业园区建设步伐加快。会议针对存在问题，建议：进一步加大对“一法一条例”的学习宣传力度，营造全市人人参与，人人支持中小和个体私营企业经济发展的浓厚氛围，依法促进和保护中小和个体私营企业经济的发展；进一步优化经济发展环境，要在全市开展“人人都是发展环境，事事关系黄骅发展”的宣传教育活动，牢固树立“不抓环境就是放弃发展”的思想，行政执法部门要创造性地开展工作，为中小企业和个体私营企业提供优质高效的服务；进一步解放思想，更新观念，培养一支高素质的企业家队伍；要正确处理好当前计划与长远规划的关系，全力引进发展功在当代，利在千秋的好项目。

黄骅市第五届人大常委会第三次会议听取了市审计局局长张凤岗所作的《关于黄骅市2002年市本级预算执行及其他财政收支的审计工作报告》。会议认为，报告实事求是地反映了2002年市本级预算执行审计工作情况。会议建议：市人民政府在财政预算管理方面，要认真贯彻落实《中华人民共和国预算法》《中华人民共和国税收征收管理法》和《河北省预算外资金管理条例》的有关规定，依法聚好财、管好财、理好财。

黄骅市第五届人大常委会第三次会议听取了市监察局局长岳桂喜代表市政府所作的《关于〈中华人民共和国行政监察法〉贯彻实施情况的报告》。会议认为，监察工作措施有力，成绩显著。会议建议：监察部门在目前优化经济环境的形势下，要充分发挥好主力军作用，围绕“三骅”主旋律，进一步加大行政监察工作力度，为全市经济发展营造更加优良的环境。

（四）市第五届人大常委会第四次会议

2003年9月8日，黄骅市第五届人大常委会第四次会议在市人大常委会会议室召开。市人大常委会主任温志成，副主任刘兴德、范振兰、李树鸿、左俊华及委员共16人出席会议。市人大常委会主任温志成主持会议。市人民政府常务副市长董文昌，市人民法院副院长刘宝刚，市人民检察院副检察长皮学生及市人大常委会各科室和市人民政府有关部门负责人列席会议。

会议议程

听取和审议市人民政府《关于2003年上半年财政预算执行情况的报告》；听取市人民政府《关于2003年国民经济和社会发展计划执行情况的报告》；听取市人民政府《关于〈公共场所卫生管理条例〉贯彻落实情况的报告》；听取市人民法院《关于民事审判工作的报告》；通过《黄骅市人大常委会关于加强自身建设的决定》。

会议意见建议

黄骅市第五届人大常委会第四次会议听取和审议了市财政局局长张世杰代表市人民政府所作的《关于2003年上半年财政预算执行情况的报告》。会议认为，市人民政府及财税部门紧紧围绕“三骅”主旋律，全面贯彻落实“三会”精神，克服“非典”带来的不利影响，强化税收征管，狠抓增收节支，财政收入快速增长，实现了“双过半”，有力地支持了全市经济建设和社会各项事业的发展。财税工作取得的成绩来之不易，归功于市政府的正确领导和财税部门的积极努力，对此，市人大常委会组成人员表示满意。会议建议：市政府及财税部门要在进一步总结上半年工作的基础上，对全年财政预算进行科学调度，大力开展增收节支活动，采取更强有力的措施，确保全年预算任务圆满完成。

黄骅市第五届人大常委会第四次会议听取了市计划统计局局长孔繁禹代表市人民政府所作的《关于2003年国民经济和社会发展计划执行情况的报告》。会议认为，报告比较客观实际地反映了全市国民经济和社会发展运行状况，取得的成绩显著，存在的问题不可忽视，采取的措施切实可行。会议建议：一要科学摆布城区和乡村协调发展的关系；二要科学摆布当前建设与长远发展的关系；三要科学摆布政府行政管理与服务支持的关系；四要科学摆布发展经济与社会事业协调发展的关系。

黄骅市第五届人大常委会第四次会议听取了市卫生局局长刘印荣代表市政府所作的《关于〈公共场所卫生管理条例〉贯彻落实情况的报告》。会议认为，市政府及职能部门在贯彻落实《公共场所卫生管理条例》（以下简称《条例》）方面做了大量卓有成效的工作，会议同意这个报告。会议指出，在公共卫生管理方面还存在部门齐抓共管不协调的问题。会议建议：市政府及卫生、建设、文化、环保、教育等部门要把公共卫生管理纳入部门工作计划，坚持专业队伍与群众相结合的原则，实行综合治理。一要加大《条例》的宣传力度，提高市民的卫生意识，造就人人讲卫生的社会风尚。二要进一步加大公共卫生的管理力度，切实保护人民群众的身体健康，为黄骅市改革开放、经济发展创造良好的卫生环境。

黄骅市第五届人大常委会第四次会议听取了市人民法院副院长刘宝刚受院长李勇委托所作的《关于民事审判工作的报告》。会议认为，市人民法院在2003年以来的民事审判中做了大量富有成效的工作。会议指出，民事审判是一项很重要、很复杂、很艰苦的工作，关系到当事人的合法权益和社会稳定，要注重坚持依法审判和依法调解、依法调解和民间调解相结合的原则，处理好法律效果和社会效果的关系。会议强调，《市人民法院关于民事审判工作的报告》重点不突出，存在的主要问题没有找准，措施不具体，没有恰如其分地反映出2003年以来民事审判工作的情况。会议要求，市人民法院会后认真研究各位主任、委员提出的意见、建议，重新修改报告，然后向市人大常委会主任会议提交一个新的、高质量的报告。

（五）市第五届人大常委会第五次会议

2003年11月7日，黄骅市第五届人大常委会第五次会议在市人大常委会会议室召开。市人大常委会主任温志成，副主任刘兴德、李树鸿、左俊华及委员共17人出席会议。市人大常委会主任温志成主持会议。市人民政府副市长许建国，市人民法院院长李勇，市人民检察院检察长王占其及市人大常委会各科室负责人列席会议。市人大代表赵清峰、尹玉杰2人列席会议。

会议议程

听取和审议市人民政府《关于〈中华人民共和国消费者权益保护法〉贯彻实施情况的报告》；听取市人民政府《关于〈互联网上网服务营业管理条例〉贯彻实施情况的报告》；听取市人民检察院《关于反贪污贿赂工作情况的报告》；听取市交通局局长、市林业局局长的述职报告；通过人事任免事项。

会议意见建议

黄骅市第五届人大常委会第五次会议听取和审议了市人民政府副市长许建国代表市人民政府所作的《关于〈中华人民共和国消费者权益保护法〉贯彻实施情况的报告》。会议认为，市人民政府及有关职能部门在贯彻落实《中华人民共和国消费者权益保护法》（以下简称《消费者权益保护法》）方面做了大量工作，取得了显著成绩。一是注重实效，搞好学习宣传发动，在全社会营造浓厚的维权氛围；二是多措并举，建立完善了消费者维权体系；三是采取有力措施，规范市场经济秩序，净化了消费环境，维护了消费者的合法权益。报告总结成绩实事求是，查找问题客观实在，后续措施切实可行。对此，常委会组成人员表示满意。会议建议：市政府及有关部门要进一步加大《消费者权益保护法》的学习宣传力度，增强广大人民群众的法律观念和维权意识，形成监管部门依法行政，经营者依法经营，消费者依法维权的法治环境；进一步加大执法力度，市政府要发挥好协调作用，各部门齐抓共管，实行综合治理；各有关职能部门要站在维护改革、发展、稳定的高度，认真履行职责。切实增强服务意识，加强引导，支持和帮助企业申请产品认证工作，促进经济发展；要进一步加强执法队伍自身建设，依法行政，造就一支政治坚定、业务稳定、执法公正、作风优良的高素质执法队伍。

黄骅市第五届人大常委会第五次会议听取了市文体局局长闫通章代表市人民政府所作的《关于〈互联网上网服务营业管理条例〉贯彻实施情况的报告》。会议认为，市政府及职能部门认真贯彻落实条例的规定，加大对违规网吧的清理整顿力度，有力地打击了不法行为，净化了网络文化市场。会议建议：市政府及职能部门要站在维护黄骅市社会稳定大局的高度，加大对网吧经营者的教育和管理力度。文化、公安、教育等职能部门要协调联动，彻底取缔“黑网吧”，切实管好未成年人进入网吧这一突出问题，还网络文化市场一方净土。

黄骅市第五届人大常委会第五次会议听取了市人民检察院检察长王占其所作的《关于反贪污贿赂工作情况的报告》。会议认为，市人民检察院围绕市委、市政府中心工作，立足检察职能，采取有效措施，在积极预防职务犯罪和反贪污、贿赂工作中取得显著成绩，集中查办了一批贪、贿、挪案件，惩治了一批腐败分子。会议建议：市人民检察院要服从、服务于全市经济建设中心，努力为经济发展保驾护航。进一步加大反贪工作力度，排除干扰，在查办大案要案上有新的突破，要不断加强检察队伍的自身建设，提高队伍素质，全面提高侦查工作水平。市人大常委会全力支持检察机关依法办案、公正司法。

（六）市第五届人大常委会第六次会议

2003 年 12 月 12 日，黄骅市第五届人大常委会第六次会议在市人大常委会会议室召开。市人大常委会主任温志成，副主任刘兴德、范振兰、李树鸿、左俊华及委员共 16 人出席会议。市人大常委会主任温志成主持会议。市人民政府副市长张长铎、市人民检察院检察长王占其、市人民法院副院长王平及市人大各科室负责人列席了会议。经主任会议研究决定，市人大常委会邀请市人大代表周绍忠、李连彬 2 人列席会议。

会议议程

听取市人民政府《关于 2003 年度社会治安工作的报告》；听取市教育局局长述职报告；听取市国土资源局局长述职报告；听取市农业局局长述职报告。

会议意见建议

黄骅市第五届人大常委会第六次会议听取了黄骅市公安局局长刘延亭代表市人民政府所作的《关于 2003 年度社会治安工作的报告》。会议认为，市政府及职能部门认真贯彻落实中央有关稳定工作精神，坚持服从、服务经济建设中心，把维护稳定、加强社会治安管理置于首位，坚持预防为主的精神，有力打击了各类违法犯罪活动，维护了人民群众的生命财产安全，确保了一方平安，成绩功不可没。会议建议：市政府及职能部门要站在维护全市社会稳定大局的高度，全面提升社会治安管理工作实效，做到严打和治理有机结合起来，特别是“两节”将至，对影响社会稳定的突出问题，加大社会治安管理力度，确保全市社会稳定和人民安居乐业；要坚持专门工作与群众路线相结合的方针，抓好社会治安防控体系建设，不断提高快速反应能力，进一步加大对流动人口、出租房屋和公共娱乐场所的管理力度，及时消除治安隐患；围绕中心，服务大局，充分发挥特有职能，坚持打击、防范、管理、服务多措并举，为经济建设营造良好的治安环境；市政府要积极创造条件，在财力好转的情况下，在社会治安管理经费、警力和大要案保证金等方面给予政策倾斜，提高治安管理队伍的战斗力。

黄骅市第五届人大常委会第六次会议听取了市教育局局长李德忠的述职报告。常委会组成人员对教育局领导班子不断创新工作思路，教育工作实现“四个突破”，顺利通过创建中小学普及普通话达标市和“普九”第三轮复查两项省级验收等工作给予充分肯定，认为李德忠带领市教育局领导班子成员认真学习，廉洁勤政，继续巩固“普九”成果，不断开创教育工作新局面。

黄骅市第五届人大常委会第六次会议听取了市国土资源局局长张国通的述职报告。常委会组成人员进行了认真评议，一致认为，国土资源局领导班子围绕中心，服务大局，正确处理资源保护与经济发展的关系，工作突出了“五个创新”，确保了全市项目建设和经济发展的顺利进行，张国通是一名务实创新的称职局长，希望张国通继续带领国土资源局领导班子成员，进一步增强大局意识和服务意识，充分发挥国土资源局保护经济发展的作用，开拓创新，为全市经济和项目建设做出更大的贡献。

黄骅市第五届人大常委会第六次会议听取了市农业局局长赵恩亭的述职报告。常委会组成人员对农业局领导班子紧紧围绕“四大战略”，千方百计上项目、建龙头，立足于农业作物调整和“三农”工作，敢于迎难而上，勇于开拓创新，各方面工作取得的成绩给予肯定，认为赵恩亭是一名称职的局长。希望农业局领导班子成员，加压奋进、开拓创新、依法行政、勤政为民，为全市农业发展做出更大贡献。

（七）市第五届人大常委会第七次会议

2003 年 12 月 29 日，黄骅市第五届人大常委会第七次会议在市人大常委会会议室召开。市人大常委会主任温志成，副主任刘兴德、范振兰、李树鸿、左俊华及委员共 18 人出席会议。市人大常委会主任温志成主持会议。市人民政府副市长许建国，市人民检察院检察长王占其，市人民法院副院长王平及市人大常委会各科室负责人列席会议。

会议议程

通过黄骅市人大常委会关于召开黄骅市第五届人民代表大会第二次会议的决定；讨论通过黄骅市人民代表大会常务委员会工作报告（草案）；通过黄骅市人民代表大会常务委员会代表资格审查委员会关于代表变化情况的审查报告；讨论通过黄骅市第五届人民代表大会第二次会议大会议程、日程、大会主席团和秘书长建议名单、常务主席建议名单、大会执行主席分组建议名单、大会副秘书长建议名单、议案审查委员会建议名单、计划预算审查委员会建议名单，决定了市五届人大二次会议大会列席人员，通过市五届人大二次会议各代表团组成及各团列席人员名单。

（八）市第五届人大常委会第八次会议

2004 年 2 月 3 日，黄骅市第五届人大常委会第八次会议在市人大常委会会议室召开。市人大常委会副主任刘兴德、范振兰、李树鸿、左俊华及委员共19人出席会议。市人大常委会党组书记、副主任刘兴德受市人大常委会主任温志成委托主持会议。市人民政府副市长张长铎、市人民检察院检察长王占其、市人民法院副院长王平列席会议。

会议议程

讨论通过黄骅市人大常委会关于高扬“三骅”主旋律，加快建设现代化滨海城市进程的决定；讨论通过黄骅市人大常委会2004年工作要点；讨论通过黄骅市人大常委会2004年审议议题；通过黄骅市第五届人大常委会第九次会议议程（草案）。

（九）市第五届人大常委会第九次会议

2004年3月29日，黄骅市人大常委会第九次会议在市人大常委会会议室召开。市人大常委会主任温志成，副主任刘兴德、范振兰、李树鸿、左俊华及委员共20人出席会议。市人大常委会主任温志成主持会议。市人民政府常务副市长董文昌、市人民法院院长李勇、市人民检察院副检察长王树力列席会议。

会议议程

通过人事任免事项。

（十）市第五届人大常委会第十次会议

2004年5月17日，黄骅市第五届人大常委会第十次会议在市人大常委会会议室召开。市人大常委会主任温志成，副主任刘兴德、范振兰、李树鸿、左俊华及委员共17人出席会议。市人大常委会主任温志成主持会议。市人民政府常务副市长董文昌，市人民法院副院长刘宝刚，市人民检察院副检察长王树力，市政府有关部门、市人大常委会各科室、南排河镇及农村信用联合社的负责人列席会议。沧州市人大代表于壁墀、黄骅市人大代表赵清峰两人列席会议。

会议议程

听取《黄骅市人民政府关于2003年本级财政预算执行及其他财政收支情况的审计报告》；听取和审议《黄骅市人民政府关于“以海强市”战略实施及海洋经济发展情况的报告》。

会议意见建议

黄骅市第五届人大常委会第十次会议听取了市审计局局长张凤岗代表市政府所作的《黄骅市人民政府关于2003年本级财政预算执行及其他财政收支情况的审计报告》。会议认为，报告实事求是地反映了2003年市本级预算执行审计情况，从审计情况看，2003年本级预算执行和其他财政收支情况总体来说还是比较好的，但存在的一些问题也不容忽视。会议建议：市政府在预算管理方面，要认真贯彻落实《中华人民共和国预算法》《中华人民共和国税收征收管理法》和《河北省预算外资金管理条例》《河北省各级人民代表大会常务委员会预算审计监督条例》等法律、法规有关规定，依法为人民聚好财、管好财、理好财，保障黄骅市经济的持续、协调、健康发展。审计部门应按照《中华人民共和国审计法》规定的职权和程序，加强对财政的审计监督，维护财政经济秩序，促进廉政建设，保证国民经济的健康发展。

黄骅市第五届人大常委会第十次会议听取和审议了市政府常务副市长董文昌代表市人民政

府所作的《黄骅市人民政府关于“以海强市”战略实施及海洋经济发展情况的报告》。市人大常委会委员、市人大财政经济科科长夏玉荣代表市人大常委会调查组宣读了《关于“以海强市”发展海洋经济的调查报告》。会议认为：黄骅市人民政府紧紧围绕实施“以海强市”战略，针对全市海洋经济发展面临的诸多矛盾和问题做了大量卓有成效的工作，使黄骅市海洋经济呈现出良好的发展势头。对此，常委会组成人员表示满意。会议建议：市人民政府要进一步明确发展思路，促进海洋经济持续发展；明确发展模式，加速结构调整；狠抓综合治理，积极实施碧海行动计划；加大资金扶持力度，完善基础设施建设，加快渔区小城镇建设步伐。

（十一）市第五届人大常委会第十一次会议

2004 年 7 月 26 日，黄骅市第五届人大常委会第十一次会议在市人大常委会会议室召开。市人大常委会主任温志成，副主任刘兴德、范振兰、李树鸿、左俊华及委员共 18 人出席会议。市人大常委会主任温志成主持会议。市人民政府副市长许建国、市人民法院副院长姬同乐、市人民检察院代检察长贾全列席会议。

会议议程

听取和审议市人民政府《关于 2003 年全市财政收支决算的报告》；听取和审议市人民政府关于《河北省义务教育经费筹措使用管理条例》贯彻实施情况的报告；听取市人民政府《关于“四五”普法工作情况的报告》；分别对黄骅市民政局局长、市环保局局长进行述职评议；通过人事任免事项。

会议意见建议

黄骅市第五届人大常委会第十一次会议听取和审议了黄骅市财政局局长刘家伟代表市人民政府所作的《关于 2003 年全市财政收支决算的报告》。会议认为：2003 年市政府及财政、税务等有关部门以“三个代表”重要思想为指导，高扬“三骅”主旋律，认真实施“四大战略”，坚持依法治税，依法理财。战胜了“非典”“风暴潮”等困难，全市财政实现了良好运行，运行质量逐年提高，支出结构的优化，促进了黄骅经济和社会各项事业的全面发展。但财政预算执行中还存在一些深层次、很难排解的问题，财政面临的支出压力年年加大；预算执行仍有随意性。市政府及有关部门要认真贯彻执行《中华人民共和国预算法》《河北省各级人民代表大会常务委员会预算审查监督条例》等法律法规，增强预算意识，加强预算管理，优化支出结构，严肃财经纪律，努力提高资金的使用效益。会议要求：继续提高财政运行质量，全力抓好增收节支，集中财力办大事，保重点，保稳定，促发展；2004 年时间已经过半，市政府及财税部门要按照市人大五届二次会议批准的预算，认真组织实施，确保全年预算平衡；市政府要提前运作，精心谋划 2005 年预算盘子，继续抓好各项财政改革措施的落实，积极推行部门预算，充分发挥财政经济杠杆的职能作用，促进黄骅市经济和社会全面进步。会议表决通过了黄骅市人大常委会《关于批准黄骅市 2003 年全市财政决算的决议》。

黄骅市第五届人大常委会第十一次会议听取和审议了黄骅市人民政府副市长许建国代表市人民政府所作的关于《河北省义务教育经费筹措使用管理条例》贯彻实施情况的报告。会议认为：市政府在财力非常紧张的情况下，确保教师工资的发放，并初步完成了中小学学校的危房改造和布局调整等工作，基本实现了条例中规定的“三个增长”。事实证明，黄骅市各级政府为实现九年义务教育做了大量卓有成效的工作。会议要求：义务教育经费的筹措一定要到位。税务部门和财政部门肩负着义务教育经费筹措和管理的责任，要弄清义务教育经费筹措的重要性，这是为少年儿童实现九年义务教育的“口粮”，是法律赋予的重任，一定要按条例规定依法筹措到位。教育部门要配合财政部门积极争取上级资金，减轻黄骅市的财政压力。要在全社会营造支持教育、发展教育的浓厚氛围，积极吸引热爱教育的社会各界人士为教育事业的发展贡献力量。黄骅的教育黄骅办，各级各部门义不容辞。义务教育经费一定要管理好、使用好。必须加强农村义务教育经费的统一管理。坚持“县级统管，收支统筹，专户管理，专款专用，政府采购，集中支付”的原则。对于违反规定不及时拨付、挤占、挪用、截留义务教育经费，安排、使用义务教育经费方面存在违法、违纪行为的，一经查实，要追究领导和直接管理者的责任。2005 年，全国人大计划对义务教育相关的法规进行修订，当前正积极征求社会各界的意见。黄骅可以根据自身实际，逐步设立专户管理。

黄骅市第五届人大常委会第十一次会议听取了黄骅市司法局局长马兴峰代表市人民政府所作的《关于“四五”普法工作情况的报告》。会议认为：市人民政府在普法经费十分紧张的情况下，工作积极主动，采用多种形式，大力开展普法活动，取得很好的效果，促进了全市“三个文明”建设，增强了全市人民的法律意识，为维护黄骅市的社会稳定和经济发展发挥了重要作用。会议建议：市政府在总结前阶段工作经验的同时，继续加大普法力度，把宪法、行政许可法及时纳入普法重点，与时俱进，扎实工作，努力开创普法工作新局面，推进黄骅市依法治市进程。

黄骅市第五届人大常委会第十一次会议分别对黄骅市民政局局长张洪升、市环保局局长尹凤刚进行了述职评议。通过对局长张洪升述职报告的评议，会议认为：张洪升在就任民政局局长期间，坚持以“三个代表”重要思想为指导，团结带领局领导班子，坚持“上为党和政府分忧，下为人民群众解愁”的民政宗旨，积极唱响“三骅”主旋律，在完善城镇低保、开展救灾救济、强化殡改管理以及加强机关队伍建设等方面，充分发挥了民政局局长的职能作用，全面推动了民政事业的大发展，市人大常委会给予肯定。会议要求：张洪升在今后的工作中，要进一步解放思想、更新观念，加强学习、不断提高，不断适应新形势下的民政工作，为开创黄骅市民政工作新局面做出更大的贡献。

通过对局长尹凤刚述职报告的评议，会议认为：市环保局自建局以来，在尹凤刚的领导下，以服务改革发展大局为中心，以改善环境质量为目标，开拓进取，实干创新，优化了黄骅市经济发展的硬环境，促进了全市经济与环境的可持续发展。对此，市人大常委会是肯定的。同时，会议要求：尹凤刚在今后的工作中，要进一步加强队伍建设，提高环保执法人员的业务素质，增强依法办事、依法治污的自觉性和环保执法的严肃性。要进一步加大执法力度，使黄骅市环境再有一个大的改观，促进经济发展、人与自然的协调统一。

（十二）市第五届人大常委会第十二次会议

2004 年 8 月 30 日，黄骅市第五届人大常委会第十二次会议在市人大常委会会议室召开。市人大常委会主任温志成，副主任刘兴德、范振兰、李树鸿及委员共 14 人出席会议。市人大常委会主任温志成主持会议。市人民政府副市长于世勇、市人民法院院长李勇、市人民检察院代检察长贾全、沧州市人大代表李杰明、黄骅市人大代表张洪瑞列席会议。

会议议程

听取和审议市人民政府《关于2004年上半年财政预算执行情况的报告》；听取市人民政府《关于2004年上半年国民经济和社会发展计划执行情况的报告》；听取黄骅市人民检察院《关于法律监督工作情况的报告》。

会议意见建议

黄骅市第五届人大常委会第十二次会议听取和审议了黄骅市财政局局长刘家伟代表市人民政府所作的《关于2004年上半年财政预算执行情况的报告》。会议认为：市人民政府及财税部门以“三个代表”重要思想为指导，坚持依法行政、依法治税、依法理财，强化税收征管，狠抓增收节支，财政收入快速增长，实现了时间、任务“双过半”，有力地支持了全市经济建设和社会各项事业的全面发展。财税工作取得的成绩来之不易，归功于市政府的正确领导和财税部门的积极努力与扎实工作。会议要求：市政府及财税部门要在进一步总结上半年工作经验的基础上，对全市财政预算进行科学调度，大力开展增收节支活动，特别是面对国家宏观调控政策的影响，要超前谋划，积极应对，最大限度地减少财政经济的波动。要进一步完善财税激励政策，依法加强组织收入力度，合理调度财政资金，充分调动各级各部门组织收入的积极性，争取上级财政的转移支付，采取更强有力的措施，确保全年预算任务的圆满完成。同时，要规范财政资金管理，科学合理地调度国库资金，严格按照市五届人大二次会议批准的预算执行，确保全年财政收支平衡。

黄骅市第五届人大常委会第十二次会议听取了黄骅市计划统计局局长刘玖锁代表市人民政府所作的《关于2004年上半年国民经济和社会发展计划执行情况的报告》。会议认为：报告比较客观实际地反映了国民经济和社会发展运行状况，成绩显著，全市农业、工业、项目建设、城市建设、第三产业、科技教育和社会各项事业呈现出良好的发展态势，形势喜人。但也存在着向报告中谈到的农业发展前景、工业运行质量、对外开放等面临的不可忽视的问题。对此，会议建议市人民政府要科学摆布好以下四个关系：一是要科学摆布好城区和乡村协调发展的关系；二是要科学摆布好当前建设与长远发展的关系；三是要科学摆布好政府行政管理与服务支持的关系；四是要科学摆布好发展经济与社会各项事业协调发展的关系，以努力促进经济、社会、人口、资源、环境的协调和可持续发展。

黄骅市第五届人大常委会第十二次会议听取了黄骅市人民检察院代检察长贾全所作的《关于法律监督工作情况的报告》。会议认为：黄骅市人民检察院在中共黄骅市委和上级检察机关的正确领导下，紧紧围绕全市中心工作，坚持立检为公、执法为民，依法履行法律监督职责，促进了司法公正，净化了黄骅市发展环境，维护了全市的社会政治稳定。会议要求：1. 检察机关要牢固树立程序意识。《中华人民共和国刑事诉讼法》《中华人民共和国民事诉讼法》和《中华人民共和国行政诉讼法》及3个诉讼法的相关司法解释，系统构筑了检察机关实施法律监督的完备、缜密程序，是法律监督必须严格遵守的程序，如果违反法定程序，法律的权威就难以确立，当事人的合法权益就无法得以保障，司法公正的目标也就难以实现。2. 要努力提高检察队伍的素质。法律监督工作是一项政治性、法律性很强的工作，没有较高的政治素质和深厚的法律知识是很难胜任的。这就要求检察队伍一定要跟上形势的需要，下功夫研究法律；加强政治修养，抵制来自各方面的干扰与腐蚀，忠实地执行法律，消除司法腐败，确保司法公正。

（十三）市第五届人大常委会第十三次会议

2004年11月28日，黄骅市第五届人大常委会第十三次会议在市人大常委会会议室召开。市人大常委会主任温志成，副主任刘兴德、范振兰、李树鸿、左俊华及委员共15人出席会议。市人大常委会主任温志成主持会议。市人民政府副市长吕佳明，市人民法院副院长周洪利，市人民检察院副检察长王树力，黄骅市人大代表王晋文、刘印荣列席会议。

会议议程

听取和审议市人民政府《关于社会保障体系建设情况的报告》；听取市人民政府《关于中华人民共和国道路交通安全法宣传贯彻情况的报告》；分别对黄骅市民宗局局长、市科技局局长进行述职评议。

会议意见建议

黄骅市第五届人大常委会第十三次会议听取和审议了黄骅市劳动和社会保障局局长张春杰代表市人民政府所作的《关于社会保障体系建设情况的报告》。会议认为：黄骅市的社会保障事业在改革和发展中取得了长足进步，有效地支持了全市经济的健康运行，维护了社会的稳定。但也应清醒认识到工作的艰巨性和复杂性，目前，黄骅市的社会保障体系建设还存在不少矛盾和问题，保障覆盖面和保障水平与法律规定及社会进步的要求相比还有很大差距，保障体系建设还将是一个长期的过程，保障体系建设工作任重而道远。会议要求：第一，立足当前，突出重点。当前社会保障最突出的问题是社保覆盖面偏低，因此，市人民政府要把“让更多的人享有社会保障”作为优先目标，推进社会保障事业发展，依法做到应保尽保。第二，脚踏实地，扎实推进。“老有所养，病有所医，失有所助”是群众生活的基本要求，也是社保法律、政策人文关怀的重要体现，建立健全社会保障体系可以使广大群众保持对各项改革的乐观预期，起到稳定人心、稳定社会的作用。因此，市人民政府及劳动保障部门要站在实践“三个代表”重要思想的高度，站在国家、社会、人民群众利益和谐统一的高度，满腔热情、脚踏实地地把这项工作做实、做细、做好。

黄骅市第五届人大常委会第十三次会议听取了黄骅市公安局局长刘延亭代表市人民政府所作的《关于中华人民共和国道路交通安全法宣传贯彻情况的报告》。会议认为：道路交通安全法是国家对社会公共事务进行管理的一部法律，事关人民群众生命财产安全，事关人民群众的切身利益，宣传贯彻好该项法律。法律颁布以来，市公安局通过多种方式进行了宣传，提高了人民群众遵守道路交通安全法必要性和重要性的认识，提高了人们守法的自觉性，取得了很好的社会效果。会议要求：一要继续加大对该法的宣传力度，不留死角、死面，提高公众的交通安全意识；二要进一步加大执法力度，严厉打击各种违章行为，消除各种交通安全隐患，降低交通事故的发案率。

黄骅市第五届人大常委会第十三次会议分别对黄骅市民宗局局长李文德、市科技局局长李国超进行了述职评议。通过对局长李文德述职报告的评议，会议认为：李文德任市民宗局局长多年，在促进黄骅市的民族团结、发展少数民族经济、依法管理民宗事务等方面做了大量艰苦细致、卓有成效的工作，是一位称职的局长。民族问题始终是关系全市稳定的重要问题，民宗局在市委、市政府的正确领导下，全面把握新形势下的问题，认真做好新形势下的民族工作，助力黄骅市平等、团结、互助的社会主义民族关系不断发展和巩固。会议要求：李文德在今后的工作中要加强以下两个方面的工作。一要加大宣传力度，要广泛宣传民族宗教方面的法律法规，广泛开展民族团结的宣传教育，真正使全市各民族做到同呼吸、共命运、心连心。二要进一步加强自身建设。要深入学习党的民族政策，学习民族学、人类学、社会学和宗教学等有关民族问题的知识，不断丰富民宗干部，为做好民族工作所需要的各方面知识。要深入研究新情况，进一步认识和把握在新的历史条件下民族问题发展变化的特点和规律，创新民族工作的思路和方法，不断提高驾驭和解决民族问题的能力。

通过对局长李国超述职报告的评议，会议认为：李国超任市科技局局长以来，在市委、市政府的正确领导下，带领全局一班人做了大量工作，成效明显。会议要求：李国超在今后的工作中，要带领科技干部自觉树立和落实科学发展观，促进黄骅市加快经济结构调整，推动全市经济增长方式转变，增强经济发展的内在动力和活力，活跃黄骅市改革发展全局；要进一步贯彻落实科技兴市战略，以科技为先导，努力突破经济发展的瓶颈，以保持全市经济的健康、平稳增长。

（十四）市第五届人大常委会第十四次会议

2004 年 11 月 30 日，黄骅市第五届人大常委会第十四次会议在市人大常委会会议室召开。市人大常委会主任温志成，副主任刘兴德、范振兰、左俊华及委员共 13 人出席会议。市人大常委会主任温志成主持会议。

会议议程

听取市人民政府《关于 2004 年大事实事落实情况的报告》；听取和审议市人民法院《关于执行工作情况的报告》；通过市人民政府《关于调整 2004 年度财政预算的报告》；通过部分代表辞去黄骅市第五届人民代表大会代表辞呈。

会议意见建议

黄骅市第五届人大常委会第十四次会议听取了市政府常务副市长董文昌代表市人民政府所作的《关于 2004 年大事实事落实情况的报告》。会议认为：市人民政府坚持以科学发展观为指导，积极克服国家宏观调控政策的影响，认真落实中共黄骅市委全委二次（扩大）会议和黄骅市五届人大二次会议精神，本着“大事抓牢、实事办实，好事办好”的原则，围绕十七件大事实事，集中精力、狠抓落实，以重点工作的突破，活跃和带动了经济社会发展全局；落实责任，强化督导，确保了重点工作的完成；经济建设稳步运行，城市建设日新月异，社会各项事业都有较快发展，取得的效果是明显的，市人大常委会对市人民政府 2004 年大事实事的落实情况表示满意。对市人民政府今后的工作，会议建议：各项工作部署与安排要着眼于发展，立足于项目，贴近群众关心的热点与难点问题；要注重教育的发展，注重对优秀人才的吸引，经济要发展，人才是关键；在跨年度项目上，要加大推进力度，力争早日完成；要以时不我待的紧迫感和小进既退的危机感，紧紧抓住利用好黄骅市重要战略机遇期，贯彻落实好科学发展观，下大力调整经济结构，深化各项改革。

黄骅市第五届人大常委会第十四次会议听取和审议了市人民法院院长李勇所作的《关于执行工作情况的报告》。会议认为：执行难一直是困扰司法工作的社会问题，也成为广大人民群众关注的社会热点，执行工作不到位将人为影响到全市的经济发展和社会稳定。会议建议：市人民法院要加大法律宣传力度，提高公民的守法意识；要正确处理好执行工作与社会稳定的关系，公正及时地维护好当事人的合法权益，维护好全市的社会稳定和政治安定；要正确处理好执行工作与优化经济环境的关系，坚持法律面前人人平等的原则，使全市的经济环境进一步得到优化。

（十五）市第五届人大常委会第十五次会议

2005年1月5日，黄骅市第五届人大常委会第十五次会议在市人大常委会会议室召开。市人大常委会主任温志成，副主任刘兴德、范振兰、李树鸿、左俊华及委员共17人出席会议。市人大常委会主任温志成主持会议。市人民政府副市长许建国，市人民检察院检察长贾全，市人民法院副院长周洪利及市人大常委会、市人民政府有关科室负责人列席会议。

会议议程

通过黄骅市人民代表大会常务委员会关于召开黄骅市第五届人民代表大会第三次会议的决定；讨论通过黄骅市人民代表大会常务委员会工作报告（草案）；讨论通过黄骅市人民代表大会常务委员会代表资格审查委员会关于代表资格审查的报告；讨论通过黄骅市五届人大三次会议的大会议程（草案）、大会日程（草案）、大会主席团和秘书长建议名单、大会常务主席建议名单、大会执行主席分组建议名单、大会副秘书长建议名单、议案审查委员会主任委员、委员建议名单、大会列席人员名单、各代表团组成及入团列席人员名单、大会补选办法（草案）等有关事宜；补选沧州市第十一届人民代表大会代表；表决通过黄骅市人大常委会关于表彰2004年度优秀人大代表的决定及优秀人大代表名单。

（十六）市第五届人大常委会第十六次会议

2005年1月27日，黄骅市第五届人大常委会第十六次会议在市人大常委会会议室召开。市人大常委会主任温志成，副主任刘兴德、范振兰、李树鸿、左俊华及委员共17人出席会议。市人大常委会主任温志成主持会议。市人民政府副市长许建国，市人民法院副院长周洪利，市人民检察院副检察长王树力及市人大常委会、市人民政府有关科室负责人列席会议。

会议议程

补选沧州市第十一届人民代表大会代表。

（十七）市第五届人大常委会第十七次会议

2005年3月21日，黄骅市第五届人大常委会第十七次会议在市人大常委会会议室召开。市人大常委会主任温志成，副主任范振兰、李树鸿、左俊华及委员共17人出席会议。市人大常委会主任温志成主持会议。市人民政府副市长许建国，市人民法院院长李勇，市人民检察院检察长贾全及市人大常委会、市人民政府有关科室的负责人列席会议。

会议议程

讨论通过黄骅市人大常委会2005年工作要点；讨论通过黄骅市人大常委会2005年审议议题；通过人事任免事项；学习《中华人民共和国选举法》的部分章节和重要条款；由市人大常委会主任以《提高地方人大常委会审议质量几点体会》为题，对与会人员进行人大业务知识培训。

（十八）市第五届人大常委会第十八次会议

2005 年 5 月 16 日，黄骅市第五届人大常委会第十八次会议在市人大常委会会议室召开。市人大常委会主任温志成，副主任刘兴德、范振兰、李树鸿、左俊华及委员共 16 人出席会议。市人大常委会主任温志成主持会议。市人民政府副市长张长铎，市人民法院院长李勇，市人民检察院检察长贾全，黄骅市人大代表武洪才及市人大常委会、市人民政府有关科室的负责人列席会议。

会议议程

听取市人民政府《关于 2004 年度市本级预算执行及其他财政收支的审计报告》；听取市人民政府《关于 2004 年全市财政收支决算的报告》；市网通公司 2004 年以来的工作汇报；通过人事任免事项；由市人大常委会主任以《浅谈地方人大如何依法履行职权》为题，对与会人员进行人大业务知识培训。

会议意见建议

黄骅市第五届人大常委会第十八次会议听取了市审计局主要负责人王春祥代表市人民政府所作的《关于 2004 年度市本级预算执行及其他财政收支的审计报告》。会议认为：市人民政府的报告实事求是地反映了 2004 年市本级预算执行审计情况，从审计情况看，2004 年本级预算执行和其他财政收支情况总体来说，还是比较好的，但存在的一些问题，也不容忽视。会议建议：市人民政府在预算管理方面，要认真贯彻落实《中华人民共和国预算法》《中华人民共和国税收征收管理法》和《河北省预算外资金管理条例》《河北省各级人民代表大会常务委员会预算审计监督条例》等法律、法规的有关规定，依法为人民聚好财、管好财、理好财，保障黄骅市经济的持续、协调、健康发展。审计部门应按照《中华人民共和国审计法》规定的职权和程序，加强对财政的审计监督，维护财政经济秩序，促进廉政建设，保证国民经济的健康发展。

黄骅市第五届人大常委会第十八次会议听取了市网通公司经理王刚所作的市网通公司 2004 年以来的工作汇报。会议提出 2 点建议。第一，要牢固树立优质服务意识，企业经营的好坏，能不能给消费者提供优质、高质量的服务是关键。现今，通信市场竞争异常激烈，没有好的服务，网通想占领更大的市场就有一定困难。各项服务做好了，消费者就会满意，就会吸引广大潜在的消费者，网通自身就会赢得更大的发展空间，而且会激发其他通信企业比拼服务质量，广大消费者就会从中受益。消费者满意了，就会使预期市场向现实市场的尽快转化，从而达到网通、其他通信企业、消费者三赢的良好效果。第二，要提高企业人员的素质。企业的竞争就是人才的竞争，是企业人员整体素质的竞争。要注重对职工的培训，对优秀人才的吸引，要严把入门关。要加强企业文化建设，打造全市一流的通信大军，抢占全市通信市场制高点，为黄骅市的大发展、快发展，提供优质、高效的通信服务。

（十九）市第五届人大常委会第十九次会议

2005 年 7 月 4 日，黄骅市第五届人大常委会第十九次会议在市人大常委会会议室召开。市人大常委会主任温志成，副主任刘兴德、李树鸿、左俊华及委员 14 人出席会议。市人大常委会主任温志成主持会议。市人民政府常务副市长董文昌，市人民法院副院长周洪利，市人民检察院副检察长王树力及市人大常委会、市人民政府有关科室、有关部门负责人列席会议。

会议议程

听取市人民政府《关于2005年大事实事落实情况的报告》；听取市人民检察院《2005年上半年反贪污贿赂工作情况的报告》；进行专题法律讲座，由市国土资源局相关领导对《中华人民共和国土地管理法》进行讲解。

会议意见建议

黄骅市第五届人大常委会第十九次会议听取了市政府常务副市长董文昌代表市人民政府所作的《关于2005年大事实事落实情况的报告》。会议认为：市政府在2005年上半年大事实事的推进落实上，力度大、措施硬，取得了明显成效，实现了时间过半、任务过半的工作目标。特别是在城市建设方面，城建工程数量多、规模大、进度快，呈现处处开花的良好局面，为建设现代化滨海城市奠定了更加坚实的基础。会议建议：首先要举全市之力做好项目工作。一是争取更加广泛的社会支持，进一步浓厚项目建设的舆论氛围，为项目建设创造更好的外部环境；二是加大对外宣传力度，把黄骅推介出去，提高黄骅的外在知名度，增强对外招商的吸引力；三是成立专门的招商机构，实施有针对性的区域招商和以商招商，重点做好以白庄（台湾）工业园为媒介的对台招商工作；四是加快中小企业协会建设，切实为中小企业的发展解决更多的实际问题；五是继续深入做好优化经济环境工作，以经济环境的大改善来带动项目建设的大发展。其次要创新有为地搞好城市建设，一是要树立精品意识，在打造城建精品工程上下功夫；二是要加快经济适用住房建设，解决好中低收入家庭的住房问题；三是要加强城市卫生和环境治理，切实改变城市面貌，谋求城市建设的跨越式发展。最后要注重做好环境保护工作。要牢固树立科学的发展观，强化环境保护意识，采取更加有力的措施，切实做好环境保护工作。

黄骅市第五届人大常委会第十九次会议听取了市人民检察院副检察长王树力代表市人民检察院所作的《2005年上半年反贪污贿赂工作情况的报告》。会议认为：黄骅市人民检察院在中共黄骅市委和上级检察机关的正确领导下，紧紧围绕全市中心工作，牢牢把握反腐倡廉和维护稳定的工作大局，坚持依法办案、公正司法，为全市改革发展稳定做出了重要贡献。会议提出2点建议。第一，要坚持做到打击犯罪，预防犯罪“两手抓”。检察机关作为反腐败的主要力量，坚决打击各种职务犯罪，又要从源头上预防职务犯罪行为的发生，坚持“两手抓，两手都要硬，”一手抓打击犯罪，依法查处贪污贿赂等职务犯罪案件，是法律赋予检察机关的神圣职责，也是反腐败斗争的客观需要。一手抓预防犯罪。检察机关在大力查处贪污贿赂等职务犯罪的同时，要坚持“教育是基础，法制是保证，监督是关键”的方针，结合检察机关的职责范围和实际工作情况，积极开展职务犯罪预防工作。第二，要努力做到干警素质、办案质量“双提高”。一是提高反贪干警的整体素质。真正建立起一支政治坚强、公正廉洁、纪律严明、业务精通、作风优良的反贪队伍。二要提高办案质量。要端正办案指导思想，规范办案程序，严格依法办案，坚决杜绝执法犯法现象。积极主动地接受外部监督制约，强化内部监督制约机制，以保证高质量办案，为“打造和谐黄骅”做出更大的贡献。

（二十）市第五届人大常委会第二十次会议

2005年8月19日，黄骅市第五届人大常委会第二十次会议在市人大常委会会议室召开。市人大常委会主任温志成，副主任刘兴德、范振兰、李树鸿、左俊华及委员共18人出席会议。市人大常委会主任温志成主持会议，市人民政府常务副市长董文昌，市人民法院院长李勇，市人民法院副院长姬同乐，市人民检察院副检察长王树力，沧州市人大代表李杰明，黄骅市人大代表刘绍庆，市人大常委会、市人民政府有关科室负责人列席会议。

会议议程

听取和审议市人民政府《关于2005年上半年财政预算执行情况的报告》；听取市人民政府《关于2005年上半年国民经济和社会发展计划执行情况的报告》；听取和审议市人民政府《关于农村人畜安全饮水情况的报告》；听取市人民法院《关于民事审判工作情况的报告》；通过人事任免事项。

会议意见建议

黄骅市第五届人大常委会第二十次会议听取和审议了市财政局局长刘家伟代表市人民政府所作的《关于2005年上半年财政预算执行情况的报告》。会议认为：2005年上半年市人民政府认真落实黄骅市第五届人民代表大会第三次会议确定的各项预算任务，以科学的发展观为指导，抢抓“扩权”机遇，坚持依法治税，科学理财，积极组织财政收入，科学安排支出，继续深化改革，收入持续保持了较高增幅和较快进度，实现了时间、任务“双过半”，工资发放和重点支出得到了较好保障。总体上看，上半年全市财政预算执行情况良好。会议指出，上半年财政预算执行中仍存在一些不容忽视的问题，主要是财政收入总量依然偏小，政策性减收影响当年财政收支平衡；财力留存、财政支出压力过大，乡镇财力缺口较大，预算管理尚需加强。针对以上问题，会议建议：一是要充分发挥财政职能，不断强化财政管理。下半年，财政工作要继续按照“抓征收、严管理、调结构、控支出”的工作思路和“一要吃饭，二要建设”的原则，严格执行市五届人大第三次会议批准的财政预算决议，既要应收尽收，严格管理，又要着眼长远，培植税源。真正把有限的资金用在关键时、花在紧要处。二是要严格依法治税，优化支出结构，税务部门要加强税收征管工作，坚持依法治税，严厉查处偷税、骗税、逃税等违法行为，努力做到应收尽收，要坚持量力而行的原则，进一步调整优化财政支出结构，严格控制一般性支出，强化预算约束，确保完成全年财政预算任务。三是要转变理财观念，提高理财水平。要通过规范管理，控制支出，加大招商引资力度、积极培植税源等多种措施，逐步改善黄骅市的财政状况，变被动财政为主动财政，使财政预算工作更好地服从服务于全市改革、发展和稳定的大局。

黄骅市第五届人大常委会第二十次会议听取了市计划统计局局长刘玖锁代表市人民政府所作的《关于2005年上半年国民经济和社会发展计划执行情况的报告》。会议认为：市人民政府的报告详细地反映了2005年上半年市本级国民经济和社会发展计划执行情况，报告中提出问题很准确，措施也很有针对性，但在落实过程中存在的一些问题也不容忽视。会议建议：一要统筹兼顾，着力解决瓶颈问题。针对项目建设中的土地制约问题，要通过灵活政策，统筹规划，有效地解决好项目用地问题；要加强信息对接，创造融资条件，创新金融产品，努力解决企业融资难问题。二要加大投入，强力实施项目带动战略，继续加大招商引资力度，要创新招商方式，使招商引资有一个大的突破；抓住“扩权”机遇，加强与省各相关部门的沟通衔接，力争使黄骅市的一些重大项目能列入省和国家重大项目规划；积极为项目建设搞好服务，要实行项目事先、事中、事后全程服务，要通过项目建设的大发展，推动经济建设的大发展。三要深化改革，加快社会发展步伐，要按照完善社会保障体系要求，推进农村社保体系建设，要增强法律意识，提高依法行政的能力和水平；要采取有力措施，解决好社会上的难点和热点问题，不断提升社会发展水平。

黄骅市第五届人大常委会第二十次会议听取和审议了市水务局局长赵吉通代表市人民政府所作的《关于农村人畜安全饮水情况的报告》。会议认为：对农村安全饮水工作，市政府高度重视，措施得力，成效显著，特别是创造性地实施苦咸水淡化工程，走出了一条农村饮水安全的新路子。会议对市人民政府的工作表示满意。会议指出：虽然黄骅市的农村安全饮水工作取得了很大成绩。但存在的以下问题也不容忽视。一是农村安全饮水解困资金缺乏，集体经济比较薄弱的村庄筹集配套资金存在很大难度；二是饮水设施普遍老化，使一些有井村逐渐变成无井村；三是工业园区超采地下水现象突出，水环境污染较为严重。会议建议：一是要充分认识做好农村饮水工作的重大意义。解决农村饮水安全问题不仅是一项重要的经济工作任务，也是一项重要的政治任务；不仅关系全市经济社会的发展，也关系到整个社会的稳定和长治久安。要把农村饮水工作提到政治的高度来认识，市政府及有关部门一定要在思想上引起高度重视，以勤恳的态度、扎实的工作，以对党、对人民、对历史高度负责的态度做好农村饮水工作。二是继续加大对农村饮水工作的投入力度。市政府要在资金安排、贴息贷款、前期工作等方面对农村饮水工作给予倾斜，要加大投入力度。同时，要研究制定农村饮水工作相关政策和优惠措施，调动群众积极性，减少工程建设成本，拓宽资金渠道，促进农村饮水工作快速发展。三是统筹兼顾，抓好农村饮水安全建设工作。饮水安全建设是一项系统工程，除了饮水工程建设，还包括水源保护和监测体系建设等方面的内容。市政府要重视水源保护工作，要因地制宜建设饮水工程，要不断完善饮水安全监测体系，只有做到统筹考虑，才能使黄骅市的农村安全饮水工作取得更明显的实效，为全市经济和社会发展做出更大的贡献。

黄骅市第五届人大常委会第二十次会议听取了市人民法院副院长姬同乐代表市人民法院所作的《关于民事审判工作情况的报告》。会议认为：2005 年以来，市人民法院对民事审判工作做了大量卓有成效的工作，取得了突出成绩，维护了法律权威和严肃性，促进了经济繁荣，保障了社会稳定，较好地维护了党和人民的合法权益，树立了人民法院“公正、廉洁、文明、高效、亲民”的司法形象。会议建议：一要进一步增强做好民事审判工作的使命感和责任感，为构筑“和谐黄骅”提供有力的司法保障。二要坚持严肃执法，提高执法水平，确保办案质量；要坚决抵制“地方保护主义”和“部门保护主义”，维护法律尊严。三要进一步改进审判方式，提高办案质量和效率，不断探索新途径，进一步改进审判方式，重点在支持当事人举证、健全合议制度和支持公开审判制度等方面，积极探索新的做法，不断开创民事审判工作的新局面，把民事审判工作推向一个新阶段。

（二十一）市第五届人大常委会第二十一次会议

2005 年 10 月 25 日，黄骅市第五届人大常委会第二十一次会议在市人大常委会会议室召开。市人大常委会主任温志成，副主任刘兴德、范振兰、李树鸿、左俊华及委员共 17 人出席会议。市人大常委会主任温志成主持会议。市人民政府副市长赵淑英、市人民检察院检察长贾全、市人民法院副院长周洪利、市委组织部常务副部长左德生、沧州市人大代表刘淑会、黄骅市人大代表刘学忠、市人大常委会、市人民政府有关科室负责人列席会议。

会议议程

听取和审议市人民政府关于《中华人民共和国食品卫生法》贯彻执行情况的报告；听取市工商局1—9月的工作汇报；听取市水务局局长、市计生局局长的述职报告。

会议意见建议

黄骅市第五届人大常委会第二十一次会议听取和审议了市人民政府副市长赵淑英代表市人民政府所作的关于《中华人民共和国食品卫生法》(以下简称《食品卫生法》)贯彻执行情况的报告。会议认为，市人民政府及职能部门在贯彻执行《食品卫生法》工作中做了大量的工作，开展了一系列扎实有效的活动，取得了一定的成效，全市人民的生命安全和身体健康得到了基本保障。会议同时指出，黄骅市贯彻执行《食品卫生法》工作虽然取得了一定的进展，但食品安全工作仍存在薄弱环节，主要表现在：一是宣传力度有待加强，全社会的食品卫生意识亟待提高；二是在食品生产、销售、消费等环节还存在许多问题，有的还相当严重；三是对食品安全隐患依法监管和打击力度不够，执法队伍素质有待提高。会议建议：市政府要牢固树立“政以民为本、民以食为天、食以安为先”的执政理念，充分认识食品安全工作的重要性，切实增强使命感和责任感，认真履行监管职责，全面贯彻执行好《食品卫生法》，提高全市食品卫生水平。

黄骅市第五届人大常委会第二十一次会议听取了市工商局1—9月的工作汇报。会议认为：市工商局过去工作求真务实，思路明、举措新，能够做到依法监管，较好地维护了黄骅市的市场经济秩序。会议建议：一是要进一步创新服务理念。根据黄骅市的实际情况和业务工作特点，在保持现有成效的基础上，进一步履行好服务职责，不断创新和发展工作方式方法，提高服务工作的水平和质量。重点围绕黄骅市“项目为纲”的战略思想，积极开展工作，更好地促进黄骅市招商工作的开展。二是要处理好严格执法与优化环境的关系。进一步树立科学的发展观，一方面要统筹安排，突出重点，打、防、治相结合，把好市场经济的大门，当好市场经济的裁判员；另一方面要进一步优化经济发展的软环境，为黄骅市工商业户的创业发展，创造一个宽松的发展环境。三是要进一步加强队伍建设。进一步抓好全市工商系统的精神文明建设、行风建设、效能建设和廉政建设，提高队伍的政治素质、作风素质和业务素质。以高素质的干部队伍，为服务地方经济，促进经济发展提供强有力的保障。

黄骅市第五届人大常委会第二十一次会议听取了市水务局局长赵吉通、市计生局局长商铎华的述职报告。会议认为，赵吉通自任现职以来，带领市水务局干部职工，尽职尽责，开拓创新，扎实工作，使黄骅市的水务事业获得了较大发展，较好地履行了水务局局长的职责，为黄骅的水务事业和全市经济建设做出了突出贡献，是一位称职局长。市计生局局长商铎华自任职以来，恪尽职守，依法办事，开拓创新，使黄骅市计生工作上了一个新台阶，会议对商铎华的工作表示满意，认为他是一位称职的局长。

(二十二) 市第五届人大常委会第二十二次会议

2005年12月20日，黄骅市第五届人大常委会第二十二次会议在市人大常委会会议室召开。市人大常委会主任温志成，副主任刘兴德、范振兰、李树鸿、左俊华及委员共20人出席会议。市人大常委会主任温志成主持会议。市人民政府市长陈西峰，副市长许建国，市人民检察院检察长贾全，市人民法院副院长姬同乐，市人大常委会、市人民政府有关科室负责人列席会议。

会议议程

听取市人民政府《关于2005年大事实事落实情况的报告》；听取和审议黄骅市人民政府《关于调整2005年全市财政收支预算的报告》；听取市农业银行2005年的工作汇报；听取市公安局局长、市安全生产监督管理局局长述职报告；通过人事任免事项。

会议意见建议

黄骅市第五届人大常委会第二十二次会议听取了市人民政府市长陈西峰代表市人民政府所作的《关于2005年大事实事落实情况的报告》。会议认为：一年来，市政府以大事实事的落实作为活跃带动全局工作的重点，科学部署、强化措施、明确责任、狠抓落实，各项大事实事都取得了实质性进展，特别是在城市建设和项目建设方面实现新的跨越，为推进全市的大发展、快发展做出了积极的努力，取得了明显成效，会议对市人民政府2005年大事实事的落实情况表示满意。会议建议：年终将至，希望市政府再鼓干劲，做好各项收尾工作，圆满落实好大事实事的任务目标，为2006年的各项工作打下更为坚实的基础，同时，要抓紧利用这段时间，对2005年落实大事实事的情况来个回头看，结合正在制定的“十一五”规划，进一步总结经验，谋划好下步工作，为加快2006年的发展步伐，推进全市的大发展、快发展、发展好做出更大的贡献。

黄骅市第五届人大常委会第二十二次会议听取了市农业银行行长王仁发所作的市农业银行2005年的工作汇报。会议认为：几年来，市农业银行加强对“三农”的扶持力度，有力地促进了全市项目建设，为黄骅经济发展做出了积极贡献，会议对市农业银行过去的工作表示满意。会议建议：一是要继续加大对地方经济的支持力度。地方经济的发展离不开金融支持，过去市农行为服务全市经济发展做出了突出贡献。今后希望市农行更加主动地融入经济建设中，充分发挥金融在地方建设中不可替代的作用。全力支持地方经济和社会各项事业发展。二是要优化信贷结构、加大信贷投入，要努力提高资产质量和经营效益，积极拓展业务，扩大金融产品与服务领域。同时，要狠抓队伍建设、树立服务意识，坚持群众观点，增强服务的主动性和自觉性，提高工作效率，营造优质服务环境。

黄骅市第五届人大常委会第二十二次会议听取了市公安局局长刘延亭、市安全生产监督管理局局长周金城的述职报告。会议认为：刘延亭自任现职以来，以身作则，率先垂范，抓班子带队伍，率领全体公安干警，严格执法，忠于职守，创新实干，加压奋进，各项工作均取得了很大的成绩，维护了全市社会稳定的大好局面。较好地履行了公安局局长的职责，是一位称职的市公安局局长。周金城自任职以来，以高度的责任感和使命感，开拓进取，扎实工作，保持了全市安全生产状况总体平稳的势头，促进了全市经济发展和社会稳定。认定他是一位称职的市安监局局长。

（二十三）市第五届人大常委会第二十三次会议

2006年2月14日，黄骅市第五届人大常委会第二十三次会议在市人大常委会会议室召开。市人大常委会主任温志成，副主任刘兴德、范振兰、李树鸿、左俊华及委员共18人出席会议。市人大常委会主任温志成主持会议。市人民政府常务副市长董文昌，市人民法院副院长周洪利，市人民检察院副检察长王树力及市人大常委会、市人民政府有关科室负责人列席了会议。

会议议程

通过黄骅市人民代表大会常务委员会关于召开黄骅市第五届人民代表大会第四次会议的决定；讨论通过黄骅市人民代表大会常务委员会工作报告（草案）；通过黄骅市人民代表大会常务委员会代表资格审查委员会关于代表资格审查的报告；通过黄骅市五届人大四次会议的大会议程（草案）、大会日程（草案）、大会主席团和秘书长建议名单、大会常务主席建议名单、大会执行主席分组建议名单、大会副秘书长建议名单、议案审查委员会主任委员、委员建议名单、大会列席人员名单、各代表团组成及各团列席人员名单等有关事宜；通过黄骅市人大常委会关于表彰2005年度优秀人大代表的决定及优秀人大代表名单。

（二十四）市第五届人大常委会第二十四次会议

2006年3月10日，黄骅市第五届人大常委会第二十四次会议在市人大常委会会议室召开。市人大常委会主任温志成，副主任刘兴德、范振兰、李树鸿、左俊华及委员共17人出席会议。市人大常委会主任温志成主持会议。市人民政府副市长许建国，市人民检察院检察长贾全，市人民法院副院长周洪利及市人大常委会、市人民政府有关科室的负责人列席会议。

会议议程

讨论通过黄骅市人大常委会2006年工作要点；讨论通过黄骅市人大常委会2006年审议议题；讨论通过黄骅市人大常委会《关于凝心聚力、加快发展、努力实现“十一五”规划宏伟目标的决议（草案）》。

（二十五）市第五届人大常委会第二十五次会议

2006年5月12日，黄骅市第五届人大常委会第二十五次会议在市人大常委会会议室召开。市人大常委会副主任刘兴德、范振兰、李树鸿、左俊华及委员共14人出席会议。市人大常委会副主任刘兴德主持会议。市人民政府副市长赵淑英，市人民法院院长李勇，市人民检察院副检察长王树力，市人大常委会、市人民政府有关科室负责人列席会议。

会议议程

听取市人民政府《关于2005年度市本级预算执行及其他财政收支的审计工作报告》；听取市人民政府《关于2005年全市财政收支决算的报告》；听取市人民政府《关于贯彻落实〈互联网上网服务营业场所管理条例〉有关情况的报告》；通过人事任免事项。

会议意见建议

黄骅市第五届人大常委会第二十五次会议听取了市审计局局长王春祥代表市人民政府所作的《关于2005年度市本级预算执行及其他财政收支的审计工作报告》。会议认为：市人民政府的报告实事求是地反映了2005年市本级预算执行审计情况。从审计情况看，2005年本级预算执行和其他财政收支情况总体来说还是比较好的，但存在的一些问题也不容忽视。会议建议：市人民政府在预算管理方面，要进一步提高财政预算的科学性和合理性。一要按照《中华人民共和国预算法》《中华人民共和国税收征收管理法》和《河北省预算外资金管理条例》等法律、法规的规定，加强预算安排的研究，强化对财政专项资金使用情况的科学预测，合理安排跨年度专项资金，不断增强财政预算的科学性和合理性。二要进一步提高财税管理的规范性和效益性。政府有关职能部门要从依法行政、提高资金使用效益的角度出发，不断提高财税管理工作的规范性和效益性，依法加强税收征管，挖掘增收潜力，防止税收流失，促进市级财政的持续稳定增长。三要进一步抓好审计监督工作。审计部门要不断提高审计报告的透明度，完善问责制等各项制度措施，切实抓好审计监管工作，充分发挥好“政府谋士”“经济卫士”的作用。

黄骅市第五届人大常委会第二十五次会议听取了市文体局局长张云洪代表市人民政府所作的《关于贯彻落实〈互联网上网服务营业场所管理条例〉有关情况的报告》。会议建议：一要提高认识，加大宣传力度，提高全社会特别是网吧经营者知法、懂法、守法意识，为网络的健康发展营造良好的空间。要加强对未成年人进入网吧危害性教育，引导未成年人健康地上网。千方百计从多方面营造适于未成年人成长的社会文化环境，努力开展健康向上的文化娱乐活动，让未成年人远离网吧。二要协调配合，加大管理力度，要实行政府领导责任制和部门管理责任制，确保责任到人、措施有力、监管到位。市政府相关部门要协调联动，相互配合，形成合力，从源头上引导和规范网吧经营者的经营行为，在日常管理、长效管理上下功夫，标本兼治，把网吧管理抓深、抓实、抓出成效。三要严格执法，加大打击力度，努力提升执法检查的水平，加强执法队伍建设，提高执法人员的素质，做到有法必依、执法必严。政府要运用法律、经济和市场的手段扶持一批规模较大、管理规范的网吧，坚决取缔无照经营、违法经营、侵害青少年身心健康的非法网吧。

（二十六）市第五届人大常委会第二十六次会议

2006 年 6 月 28 日，黄骅市第五届人大常委会第二十六次会议在市人大常委会会议室召开。市人大常委会主任温志成，副主任范振兰、李树鸿、左俊华及委员共 17 人出席会议。市人大常委会主任温志成主持会议。市人民政府副市长董文昌，市人民检察院检察长贾全，市人民法院副院长周洪利，市委组织部副部长许建忠，市人大常委会、市人民政府有关科室的负责人列席会议。

会议议程

听取市人民政府关于全市重点项目建设工作情况的报告；听取市人民检察院关于法律监督工作情况的报告；听取市气象局上半年工作汇报；通过人事任免事项。

会议意见建议

黄骅市第五届人大常委会第二十六次会议听取了市人民政府关于全市重点项目建设工作情况的报告。会议认为：市人民政府在 2006 年上半年重点项目建设的推进落实上力度大、工作到位，取得了可喜成绩。会议建议：一是精力再集中。必须进一步突出项目建设这个中心工作，在思想上更加解放，在精力上更加集中，真正做到“苦干不争论，先干不评论，实践做结论”，市政府要全力营造大上项目、快上项目、上大项目的氛围，把精力集中到项目建设的各个环节，认真整改项目建设中存在的问题，针对工作中的不足和薄弱环节，有关部门应密切配合，协同作战，共同推进重点项目的建设。二是措施再强化。要健全项目跟踪、联络服务机制，完善相应的配套制度。对于谋划项目，要及时跟进，咬住不放，严格时限要求，促其早日签约启动。对在建和续建项目，要明确专人，分解任务，落实责任，及时帮助协调解决项目推进中遇到的困难和问题。同时要创新举措，解决好项目建设中的土地和资金问题，为项目建设提供服务保障。三是作风再转变。要真正按照市委提出的“求真务实，埋头苦干”的总体要求，切实转变作风，进一步强化各级的责任意识，以扎实的工作作风，在项目工作上狠抓落实，不断加大工作力度，确保2006年重点项目建设目标的全面完成。

黄骅市第五届人大常委会第二十六次会议听取了市人民检察院关于法律监督工作情况的报告。会议认为：2006年以来，市人民检察院在法律监督方面做了大量卓有成效的工作，取得了突出成绩，维护了法律的权威性与严肃性，促进了经济繁荣，保障了社会稳定，树立了人民检察院“公正、廉洁、文明、高效、亲民”的司法形象。会议建议：一要进一步强化刑事立案监督、侦查活动监督、审判活动监督和刑罚执行监督，特别是要加强对检察机关自侦案件的监督，确保公正司法。充分运用依法提出抗诉和检察建议等手段，依法保护案件当事人的合法权益，增强监督的实际效果。二要深化检察改革，促进严格、公正、文明司法，积极探索和推行检察机关工作机制、管理机制的改革，深化司法改革，规范执法行为，不断创新和完善监督工作机制。三要继续加强检察队伍建设，提高检察官队伍的政治素质、业务素质和职业道德素质，进一步发挥好职能作用，切实维护司法公正。

黄骅市第五届人大常委会第二十六次会议听取了市气象局上半年工作汇报。会议认为：市气象局以全市经济发展大局为重，准确及时地提供气象信息服务，积极服务“三农”为全市人民的生产生活和生命财产安全，提供了气象保障。会议建议：一要切实加强组织领导，强化督促检查，抓好人员、制度、技术和设备落实，不断改进服务手段，提高服务质量，为党委、政府提供全方位、多层次、系列化气象服务。二要加强天气气候监测与评估，及时提供灾害性天气气候信息和对策建议，当前要针对夏季防汛做好各种灾害性天气预报服务，确保重大气象服务不出现明显失误。

（二十七）市第五届人大常委会第二十七次会议

2006年8月31日，黄骅市第五届人大常委会第二十七次会议在市人大常委会会议室召开。市人大常委会主任温志成，副主任刘兴德、李树鸿、左俊华及委员共17人出席会议。市人大常委会主任温志成主持会议。市人民政府副市长董文昌，市人民法院院长李勇，市人民检察院检察长贾全，黄骅市人大代表赵云河，韩金坡，温振江，市人大常委会，市人民政府有关科室的负责人列席会议。

会议议程

听取和审议市人民政府《关于2006年上半年财政预算执行情况的报告》；听取市人民政府《关于2006年上半年国民经济和社会发展计划执行情况的报告》；听取市人民政府《关于中华人民共和国行政监察法》贯彻执行情况的报告。

会议意见建议

黄骅市第五届人大常委会第二十七次会议听取和审议了市财政局局长刘家伟代表市人民政府所作的《关于2006年上半年财政预算执行情况的报告》。会议认为：2006年上半年市人民政府以科学发展观为指导，坚持依法治税，科学理财，积极组织财政收入，实现应收尽收，科学安排支出，工资发放和重点支出得到了较好保障。总体上看，上半年全市财政预算执行情况良好。会议指出，上半年财政预算执行中仍存在一些不容忽视的问题，主要是财政收入增长基础不稳，财政收支矛盾依然突出，政府债务偿还压力较大，预算管理尚需加强。针对以上问题，会议建议：一是要加强财源建设，优化税收收入结构。进一步加强招商引资工作，注重引进对财政收入贡献大和有利于促进就业的项目，不断培植新的财源，积极优化税源结构。努力帮助企业求发展，加快重点项目建设，大力扶持有规模效应、税源稳定的支柱型企业，培植新的重点税源；积极支持民营经济、中小企业加快发展，加快第三产业发展，增强后续财源，引导和鼓励发展税源经济。二是要大力组织财政收入，严格依法治税，努力做到应收尽收。严格执法，依法治税，以税聚财，进一步加大对重点税源的监控力度。加大财税稽查和执法力度，实现应收尽收。积极优化税源结构，不断挖掘新的税源增收渠道。完善收入征管体系，确保全年财政收入完成。三是要积极调整和优化支出结构，保证重点支出，促进经济协调发展。进一步规范财政支出管理，落实增收节支措施，严格执行支出预算，提高财政资金使用的有效性。合理筹措资金，保证财政重点支出，提高社会保障能力。完善专项资金管理制度，加强财政支出的宏观调控作用，实现经济增长和结构优化相同步，促进经济社会加快发展。

黄骅市第五届人大常委会第二十七次会议听取了市计划统计局局长刘玖锁代表市人民政府所作的《关于2006年上半年国民经济和社会发展计划执行情况的报告》。会议认为：市人民政府的报告详细地反映了2006年上半年市本级国民经济和社会发展计划执行情况。报告中提出的问题很准确，措施也很有针对性，但在落实过程中存在的一些问题也不容忽视。会议建议：一是要集中精力，突出重点，全面完成全年国民经济和社会发展计划目标。全市上下要继续强化发展意识，以项目建设为突破口，创新招商思路，强化招商引资，奠定跨越发展基础；突出结构调整，提高综合竞争力；突出“亮点”培植，增创发展新优势；突出城市化，提升城市化水平，力争在经济的发展上有一个大的突破。二是要加强农业基础地位，确保农民收入稳定增长。继续把“三农”问题作为全部工作的重中之重，坚持不懈地抓紧抓实抓好。继续落实好各项财政支农政策，加大对农村基础设施建设的投入，促进农村经济健康发展。三是要加快教育、科技、公共卫生体系等社会公共事业的发展。市政府应坚持以人为本的科学发展观，采取措施，加大社会发展投入，协调好经济和社会发展并举的关系。

黄骅市第五届人大常委会第二十七次会议听取了市监察局局长马兴峰代表市人民政府所作的《关于中华人民共和国行政监察法》贯彻执行情况的报告。会议建议：一要做好宣传教育，营造良好执法环境。加强行政监察法及相关法律法规的学习宣传，尤其要加强对监察部门的工作职能、监察范围的宣传，不断拓宽宣传渠道，扩大宣传的影响力和覆盖面，提高广大干部群众对行政监察工作重要性的认识。二要强化执法监察，促进廉政勤政。把群众关心的热点、难点问题作为工作重点，不断规范行政行为，坚决纠正部门和行业不正之风，努力推进公共权力的公开运作，加大对案件的查处力度，确保政令畅通和法律法规的正确实施，促进廉政勤政建设。三要进一步理顺关系，增强监察实效。把加强行政监察工作摆上重要位置，切实加强组织领导，明确职责，为行政监察工作开展提供有力的支持和保障。着力探索新的监督方式，强化行政监察的事前和事中监督。

（二十八）市第五届人大常委会第二十八次会议

2006年11月14日，黄骅市第五届人大常委会第二十八次会议在市人大常委会会议室召开。

市人大常委会主任温志成，副主任刘兴德、范振兰、李树鸿、左俊华及委员共16人出席会议。市人大常委会主任温志成主持会议。市人民政府副市长赵淑英，市人民检察院检察长贾全，市人民法院副院长姬同乐，黄骅市人大代表田松青，市人大常委会、市人民政府有关科室的负责人列席会议。

会议议程

听取和审议市人民政府《关于调整2006年全市财政收支预算的报告》；听取和审议市人民政府《关于〈农业法〉贯彻执行情况的报告》；听取市食品药品监督管理局1—10月工作汇报；通过人事任免事项。

会议意见建议

黄骅市第五届人大常委会第二十八次会议听取和审议了市农业局局长赵恩亭代表市人民政府所作的《关于〈农业法〉贯彻执行情况的报告》。会议认为：近年来，市政府及农业部门认真贯彻执行《中华人民共和国农业法》(以下简称《农业法》)，按照中央一号文件的精神，把“三农”工作摆上重要议事日程，加强领导，强化措施，农业投入逐年增加，农村产业结构进一步优化，各项惠农政策得到较好落实，农村经济呈现前所未有的发展势头。特别是市农业部门以项目建设为抓手，努力实现农业发展的新突破，截至目前，共引进建设农业项目25个，引进无偿资金1200万元，许多项目已初步显现成效，项目带动力明显增强，会议对此予以充分肯定。会议指出，贯彻实施《农业法》虽取得了明显成效，但也存在一些不容忽视的问题。一是学习宣传不够广泛深入。二是农业投入总量不足。三是农业基础设施薄弱；四是农产品流通加工体系不够完善；五是农村社会保障制度尚需完善。为更好地贯彻执行好《农业法》，会议建议：要充分认识贯彻实施《农业法》的重要性，增强贯彻实施《农业法》的责任感和使命感。《农业法》是在我国农业方面具有基本法性质的一部法律。反映了广大农民群众利益的根本要求，要从贯彻落实“三个代表”重要思想，坚持和落实科学发展观，统筹城乡发展，全面推进新农村建设和构建和谐社会，推进依法行政，维护广大农民群众的根本利益出发，增强贯彻实施《农业法》责任感和使命感，积极推进《农业法》法制建设，促进依法治农、依法兴农、依法护农；要切实加大对《农业法》执法和监督工作力度，加大对农业的支持保护力度。要深入学习宣传《农业法》，进一步增强干部群众的法律意识。要加大农业投入，积极调整财政支出结构和投资结构，向“三农”倾斜。要加强农村基础设施建设，进一步提高农业综合生产能力和抵御自然灾害的能力。要加大执法力度，维护农民合法权益。要切实加强农业法制工作，建立健全农业行政执法责任制，加强执法人员的培训和管理，规范执法行为，加大执法力度，提高农业行政执法效率和执法水平，树立农业执法的权威和形象。

黄骅市第五届人大常委会第二十八次会议听取了市食品药品监督管理局1—10月工作汇报。会议认为：市人民政府及职能部门在贯彻执行《中华人民共和国食品卫生法》(以下简称《食品卫生法》)工作中做了大量的工作，开展了一系列扎实有效的活动，取得了一定的成效，全市人民的生命安全和身体健康得到了基本保障。会议同时指出，黄骅市贯彻执行《食品卫生法》工作虽然取得了一定的进展，但食品安全工作仍存在薄弱环节，主要表现在：一是宣传力度有待加强，全社会的食品卫生意识亟待提高。二是在食品生产、销售、消费等环节还存在许多问题，有的还相当严重。三是对食品安全隐患依法监管和打击力度不够，执法队伍素质有待提高。会议建议，市政府要牢固树立“政以民为本、民以食为天、食以安为先”的执政理念，充分认识食品安全工作的重要性，切实增强使命感和责任感，认真履行监管职责，全面贯彻执行好《食品卫生法》，提高全市食品卫生水平。

（二十九）市第五届人大常委会第二十九次会议

2006年12月20日，黄骅市第五届人大常委会第二十九次会议在市人大常委会会议室召开。市人大常委会副主任刘兴德、李树鸿、左俊华及委员共15人出席会议。市人大常委会副主任刘兴德主持会议。市人民政府常务副市长董文昌，市人民检察院检察长贾全，市人民法院副院长周洪利，市人大常委会、市人民政府有关科室负责人列席会议。

会议议程

听取和审议市人民政府《关于黄骅市第五届人民代表大会第四次会议代表议案和建议、批评及意见办理情况的报告》；听取和审议市人民政府关于《〈中华人民共和国治安管理处罚法〉贯彻执行情况的报告》；听取市人事局局长、市水产局局长的述职报告。

会议意见建议

黄骅市第五届人大常委会第二十九次会议听取和审议了市人民政府常务副市长董文昌代表市人民政府所作的《关于黄骅市第五届人民代表大会第四次会议代表议案和建议、批评及意见办理情况的报告》。会议认为：市政府坚持高标准、严要求，以热情、诚恳、负责的态度认真办理人大代表建议，制定了相关制度及坚持领导亲自抓典型等各项措施，使承办工作有人抓、有人管、有人办，每一条建议都能尽快落到实处，代表对答复满意率达到了97%。会议同时提出，市政府在2006年的代表建议办理工作中，虽然取得了一定的成绩，但仍存在一些不足。市政府及各承办单位要重视承办人员的队伍建设，进一步提高代表意见、建议的办理质量，严格按程序规范办理，加大对部分建议办理的协调力度，认真落实办理结果。对正在办理的意见、建议要进一步加大办理力度，加强与代表的沟通与联系，增强办理工作的透明度，力争做到件件有回音，事事有着落，不断提高代表意见、建议办理的满意率。

黄骅市第五届人大常委会第二十九次会议听取和审议了市公安局局长刘延亭代表市政府所作的《〈中华人民共和国治安管理处罚法〉贯彻执行情况的报告》。会议认为：市公安局为进一步宣传、贯彻执行《中华人民共和国治安管理处罚法》（以下简称《治安管理处罚法》）从自身做起，通过组织培训、学习及开展一系列的活动，使广大民警在短时间内熟练掌握和准确适用这部法律，并将其融入工作中，保证了这部法律全面、正确的贯彻执行。会议建议：市政府及有关部门要进一步加大《治安管理处罚法》的宣传力度，采取多种形式组织学习，开展广泛的宣传，努力提高全社会对《治安管理处罚法》的认识和理解，增强群众的法律意识，营造良好的执法氛围；要继续抓好干警的业务培训；加强公安干警的思想教育，牢固树立依法行政和执法为民的思想；要总结和推广《治安管理处罚法》贯彻实施过程中好的做法和经验，保证《治安管理处罚法》在黄骅市的进一步贯彻实施，为黄骅市人民群众的生活、工作和经济社会各项事业的建设提供平安和谐的社会环境。

黄骅市第五届人大常委会第二十九次会议听取了市人事局局长岳桂喜、市水产局局长杨文生的述职报告。会议认为，市人事局局长岳桂喜自任现职以来，积极推进事业单位人事制度改革，创新工作内容，服务经济发展，带领市人事局干部职工开拓创新、扎实工作，使黄骅市人事工作突破创新，有了较大发展，较好地履行了人事局局长的职责，是一位称职的局长。市水产局局长杨文生自任现职以来，恪尽职守，尽职尽责，带领全局干部职工努力为渔区经济建设服务，使工，黄骅市渔业事业迈上了一个新台阶，会议对杨文生的工作表示满意，认为他是一位称职的局长。

（三十）市第五届人大常委会第三十次会议

2007 年 1 月 9 日，黄骅市第五届人大常委会第三十次会议在市人大常委会会议室召开。市人大常委会主任温志成，副主任刘兴德、李树鸿、左俊华及委员 15 人出席会议。市人大常委会主任温志成主持会议。市人民政府副市长许建国，市人民法院院长李勇，市人民检察院检察长贾全及市人大常委会、市人民政府有关科室、有关部门负责人列席会议。

会议议程

补选沧州市第十一届人民代表大会代表。

（三十一）市第五届人大常委会第三十一次会议

2007 年 2 月 7 日，黄骅市第五届人大常委会第三十一次会议在市人大常委会会议室召开。市人大常委会主任温志成，副主任刘兴德、范振兰、李树鸿、左俊华及委员共 19 人出席会议。市人大常委会主任温志成主持会议。市人民政府副市长董文昌，市人民法院院长李勇，市人民检察院检察长贾全，市人大常委会，市人民政府有关科室的负责人列席会议。

会议议程

通过人事任免事项。

（三十二）市第五届人大常委会第三十二次会议

2007 年 4 月 2 日，黄骅市第五届人大常委会第三十二次会议在市人大常委会会议室召开。市人大常委会主任温志成，副主任刘兴德、范振兰、左俊华及委员共 18 人出席会议。市人大常委会主任温志成主持会议。市人民政府常务副市长董文昌，市人民检察院检察长贾全，市人民法院副院长周洪利及市人大常委会、市人民政府有关科室的负责人列席会议。

会议议程

通过黄骅市人大常委会关于市、乡两级人民代表大会换届选举时间决定（草案）；通过黄骅市、乡两级人民代表大会换届选举工作实施方案（草案）；通过黄骅市人大常委会关于成立黄骅市选举委员会的决定（草案）；通过黄骅市人大常委会关于乡镇选举委员会及市直选举领导小组组成人员的决定（草案）；通过人事任免事项。

（三十三）市第五届人大常委会第三十三次会议

2007 年 4 月 16 日，黄骅市第五届人大常委会第三十三次会议在市人大常委会会议室召开。

市人大常委会主任温志成，副主任刘兴德、范振兰、李树鸿、左俊华及委员共17人出席会议。市人大常委会主任温志成主持会议。市人民政府常务副市长董文昌，市人民法院院长李勇，市人民检察院检察长贾全及市人大常委会、市人民政府有关科室负责人列席会议。

会议议程

通过黄骅市人大常委会关于黄骅市市级人大代表名额分配方案的决定（草案）；通过黄骅市人大常委会关于黄骅市乡级人大代表名额分配方案的决定（草案）。

（三十四）市第五届人大常委会第三十四次会议

2007年4月29日，黄骅市第五届人大常委会第三十四次会议在市人大常委会会议室召开。市人大常委会主任温志成，副主任刘兴德、范振兰、李树鸿、左俊华及委员共11人出席会议。市人大常委会主任温志成主持会议。市人大常委会党组成员商玉龙，市人民政府常务副市长董文昌，市人民检察院检察长贾全，市人民法院副院长周洪利及市人大常委会、市人民政府有关科室负责人列席会议。

会议议程

通过黄骅市人大常委会关于推迟换届选举日的决定（草案）。

（三十五）市第五届人大常委会第三十五次会议

2007年5月30日，黄骅市第五届人大常委会第三十五次会议在市人大常委会会议室召开。市人大常委会主任温志成，副主任刘兴德、范振兰、李树鸿、左俊华及委员共18人出席会议。市人大常委会主任温志成主持会议。市人民政府常务副市长董文昌，市人民检察院检察长贾全，市人民法院副院长周洪利，市人大常委会、市人民政府有关科室负责人列席会议。

会议议程

通过人事任免事项。

（三十六）市第五届人大常委会第三十六次会议

2007年7月12日，黄骅市第五届人大常委会第三十六次会议在市人大常委会会议室召开。市人大常委会主任温志成，副主任刘兴德、范振兰、李树鸿、左俊华及委员共18人出席会议。市人大常委会主任温志成主持会议。市人民政府代理市长边老刚，市人民政府常务副市长董文昌，市人民政府副市长赵淑英，市委组织部副部长左德生，市人民检察院检察长贾全，市人民法院副院长周洪利，市人大常委会、市人民政府有关科室负责人列席会议。

会议议程

通过黄骅市人民代表大会常务委员会关于召开黄骅市第六届人民代表大会第一次会议的决定；讨论通过黄骅市人民代表大会常务委员会工作报告（草案）；通过黄骅市人民代表大会常务委员会代表资格审查委员会关于代表资格审查的报告；通过黄骅市第六届人民代表大会第一次会议的大会议程（草案）、大会日程（草案）；大会主席团和秘书长建议名单；大会常务主席建议名单；大会执行主席分组建议名单；大会副秘书长建议名单；议案审查委员会主任委员、委员建议名单；计划预算审查委员会主任委员、委员建议名单；大会列席人员建议名单；大会各代表团组成及入团列席人员名单；大会选举办法（草案）等有关事宜；通过人事任免事项。

六、黄骅市第六届人大常委会会议（2007 年 7 月—2012 年 2 月）

（一）市第六届人大常委会第一次会议

2007 年 8 月 23 日，黄骅市第六届人大常委会第一次会议在黄骅市人大常委会会议室召开。市人大常委会主任郭建英，副主任商玉龙、李树鸿、赵淑英、胡福起及市人大常委会委员共 22 人出席会议。市人大常委会主任郭建英主持会议。市人大常委会党组成员王清坤、市人民政府常务副市长董文昌、市人民法院院长单继泽、市人民检察院检察长贾全列席会议。

会议议程

听取市人民政府关于 2006 年市财政预算执行及其他财政收支情况的审计工作报告；审查批准市人民政府 2006 年财政决算报告；讨论通过《黄骅市人大常委会组成人员守则》；讨论通过黄骅市第六届人大常委会代表资格审查委员会主任委员、委员建议名单；讨论通过《黄骅市人大常委会 2007 年下半年审议议题（草案）》；通过人事任免事项。

（二）市第六届人大常委会第二次会议

2007 年 10 月 31 日，黄骅市第六届人大常委会第二次会议在黄骅市人大常委会会议室召开。市人大常委会副主任商玉龙、李树鸿、赵淑英、胡福起等常委会组成人员共 21 人出席会议。市人大常委会副主任商玉龙主持会议。市人大常委会党组副书记贾恩芳、党组成员王清坤，市人民政府常务副市长董文昌，市人民法院副院长周洪利，市人民检察院副检察长王树力列席会议。

会议议程

听取和审议市人民政府 2007 年上半年财政预算执行情况的报告；听取市人大常委会调查组关于市人民政府 2007 年上半年财政预算执行情况的调查报告；听取市人民政府 2007 年上半年国民经济和社会发展计划执行情况的报告；听取了市人民政府关于《中华人民共和国城市规划法》及《河北省城市规划条例》贯彻落实情况的报告；讨论通过《黄骅市人大常委会议事规则（草案）》；讨论通过《黄骅市人民代表大会常务委员会联系市人民代表大会代表的暂行办法（草案）》；讨论通过《黄骅市人大常委会人事任免办法（草案）》；通过人事任免事项。

会议意见建议

黄骅市第六届人大常委会第二次会议听取和审议了市人民政府 2007 年上半年财政预算执行情况的报告。并听取了市人大常委会调查组关于市人民政府 2007 年上半年财政预算执行情况的调查报告，会议就做好下半年财政工作提出了四点建议：一是要进一步发挥好财政调控功能，狠抓财源建设。二是要依法加强税收征管，确保财政收入稳定增长。三是要强化预算管理，提高财政运行质量；四是要完善征管体系，提高财政支配能力。

（三）市第六届人大常委会第三次会议

2007 年 12 月 21 日，黄骅市第六届人大常委会第三次会议在黄骅市人大常委会会议室召开。市人大常委会副主任商玉龙、李树鸿、赵淑英、胡福起及市人大常委会委员共 21 人出席会议。市人大常委会副主任商玉龙主持会议。市人大常委会党组副书记贾恩芳、党组成员王清坤，市人民政府常务副市长董文昌，市人民法院副院长周洪利，市人民检察院副检察长王树力列席会议。

会议议程

审查批准市人民政府关于调整 2007 年全市财政收支预算的报告；听取市人民政府关于黄骅市第六届人民代表大会第一次会议代表议案和建议、批评及意见办理情况的报告；听取市人民政府关于推进新型农村合作医疗制度建设情况的工作报告；宣读黄骅市人大常委会调查组《关于新型农村合作医疗制度建设和工作运行情况的报告》；听取黄骅市人民法院关于审判质量管理工作的报告；听取黄骅市人民检察院关于诉讼监督工作情况的报告；通过人事任免事项。

（四）市第六届人大常委会第四次会议

2008 年 3 月 3 日，黄骅市第六届人大常委会第四次会议在黄骅市人大常委会会议室召开。市人大常委会主任郭建英，市人大常委会副主任商玉龙、李树鸿、赵淑英、胡福起及市人大常委会委员 22 人出席会议。市人大常委会主任郭建英主持会议。市人大常委会党组副书记贾恩芳、党组成员王清坤，市人民政府常务副市长董文昌，市人民法院院长单继泽，市人民检察院检察长贾全列席会议。

会议议程

表决通过黄骅市人民代表大会常务委员会关于召开黄骅市第六届人民代表大会第二次会议的决定（草案）；审议黄骅市人民代表大会常务委员会工作报告（草案）；审议黄骅市人民代表大会常务委员会代表资格审查委员会关于补选代表的代表资格的审查报告（草案）；审议黄骅市人大常委会关于召开黄骅市第六届人民代表大会第二次会议的其他有关事宜［包括大会议程（草案），大会日程（草案），大会主席团和秘书长建议名单，大会常务主席建议名单，大会执行主席分组建议名单，大会副秘书长建议名单，议案审查委员会主任委员、委员建议名单，计划预算审查委员会主任委员、委员建议名单，大会列席人员名单（草案），大会各代表团组成及入团列席人员名单（草案），大会选举办法（草案）］；通过人事任免事项。

（五）市第六届人大常委会第五次会议

2008 年 4 月 15 日，黄骅市第六届人大常委会第五次会议在黄骅市人大常委会会议室召开。市人大常委会主任许方林，副主任贾恩芳、商玉龙、李树鸿、赵淑英、胡福起及委员共 25 人出席会议。市人大常委会主任许方林主持会议。市人大常委会党组成员王清坤、市人民政府常务副市长董文昌、市人民法院院长单继泽、市人民检察院检察长贾全列席会议。

会议议程

讨论通过黄骅市人大常委会2008年工作要点（草案）；讨论通过2008年黄骅市人大常委会审议议题（草案）；学习《中华人民共和国各级人民代表大会常务委员会监督法》。

（六）市第六届人大常委会第六次会议

2008年6月24日，黄骅市第六届人大常委会第六次会议在黄骅市人大常委会会议室召开。市人大常委会主任许方林，副主任贾恩芳、商玉龙、李树鸿、赵淑英、胡福起及委员共22人出席会议。市人大常委会主任许方林主持会议。

会议议程

听取市政府关于2007年财政预算执行情况及其他财政收支情况的审计工作报告；审查批准市政府2007年财政决算报告；审查批准市政府关于将偿还黄骅市城区、镇区道桥建设、排水、绿化改造项目建设贷款资金列入财政预算的报告；听取和审议市政府关于《中华人民共和国药品管理法》贯彻落实情况的报告；听取市政府关于《中华人民共和国城市房地产管理法》贯彻落实情况的报告；讨论通过黄骅市人大常委会关于在市人大代表中评选优秀人大代表的办法（草案）。

（七）市第六届人大常委会第七次会议

2008年9月5日，黄骅市第六届人大常委会第七次会议在黄骅市人大常委会会议室召开。市人大常委会主任许方林，副主任贾恩芳、商玉龙、李树鸿、赵淑英、胡福起及委员共23人出席会议。市人大常委会主任许方林主持会议。

会议议程

听取市政府2008年上半年国民经济和社会发展计划执行情况的报告；听取和审议市政府2008年上半年财政预算执行情况的报告；研究讨论黄骅市人大常委会调研组关于2008年上半年财政预算执行情况的调研报告；听取市政府关于重点工业项目建设情况的报告；听取市政府关于优化经济发展环境工作情况的报告；通过人事任免事项。

（八）市第六届人大常委会第八次会议

2008年10月28日，黄骅市第六届人大常委会第八次会议在黄骅市人大常委会会议室召开。市人大常委会主任许方林，副主任贾恩芳、商玉龙、李树鸿、赵淑英、胡福起及委员共21人出席会议。市人大常委会主任许方林主持会议。

会议议程

听取和审议市政府关于全市社会治安治理工作情况的报告；研究讨论黄骅市人大常委会调研组关于全市社会治安治理工作情况的调研报告；听取市政府关于全市教育工作有关情况的报告；听取市法院关于队伍建设情况的报告。

（九）市第六届人大常委会第九次会议

2008 年 11 月 27 日，黄骅市第六届人大常委会第九次会议在黄骅市人大常委会会议室召开。市人大常委会主任许方林，副主任贾恩芳、商玉龙、李树鸿、赵淑英、胡福起及委员共 24 人出席会议。市人大常委会主任许方林主持会议。

会议议程

通过人事任免事项。

（十）市第六届人大常委会第十次会议

2008 年 12 月 19 日，黄骅市第六届人大常委会第十次会议在黄骅市人大常委会会议室召开。市人大常委会主任许方林，副主任贾恩芳、商玉龙、李树鸿、赵淑英、胡福起及委员共 24 人出席会议。市人大常委会主任许方林主持会议。

会议议程

审查批准市政府关于 2008 年财政收支预算调整方案的报告；听取市政府关于代表建议、批评和意见办理情况的报告；听取市检察院关于查办职务犯罪工作情况的报告；通过人事任免事项。

（十一）市第六届人大常委会第十一次会议

2009 年 1 月 14 日，黄骅市第六届人大常委会第十一次会议在黄骅市人大常委会会议室召开。市人大常委会主任许方林，副主任贾恩芳、商玉龙、李树鸿、赵淑英、胡福起及委员共 22 人出席会议。市人大常委会主任许方林主持会议。

会议议程

补选沧州市第十二届人大代表。

（十二）市第六届人大常委会第十二次会议

2009 年 2 月 4 日，黄骅市第六届人大常委会第十二次会议在黄骅市人大常委会会议室召开。市人大常委会主任许方林，副主任贾恩芳、商玉龙、李树鸿、赵淑英、胡福起及委员共 24 人出席会议。市人大常委会主任许方林主持会议。

会议议程

表决通过黄骅市人民代表大会常务委员会关于召开黄骅市第六届人民代表大会第三次会议的决定（草案）；审议黄骅市人民代表大会常务委员会工作报告（草案）；审议黄骅市人民代表大会常务委员会代表资格审查委员会关于补选代表的代表资格的审查报告（草案）；审议黄骅市人大常委会关于召开黄骅市第六届人民代表大会第三次会议的其他有关事宜［包括大会议程（草案），大会日程（草案），大会主席团和秘书长建议名单，大会常务主席建议名单，大会执行主席分组建议名单，大会副秘书长建议名单，议案审查委员会主任委员、委员建议名单，计划预算审查委员会主任委员、委员建议名单，大会列席人员名单（草案），大会各代表团组成及各团列席人员名单（草案）]。

（十三）市第六届人大常委会第十三次会议

2009 年 3 月 17 日，黄骅市第六届人大常委会第十三次会议在黄骅市人大常委会会议室召开。市人大常委会主任许方林，副主任贾恩芳、商玉龙、李树鸿、赵淑英、胡福起及委员共 24 人出席会议。市人大常委会主任许方林主持会议。

会议议程

听取和审议黄骅市人大常委会 2009 年工作要点（草案）；听取和审议黄骅市人大常委会 2009 年会议议题（草案）。

（十四）市第六届人大常委会第十四次会议

2009 年 4 月 23 日，黄骅市第六届人大常委会第十四次会议在黄骅市人大常委会会议室召开。市人大常委会主任许方林，副主任贾恩芳、商玉龙、李树鸿、赵淑英、胡福起及委员共 24 人出席会议。市人大常委会主任许方林主持会议。

会议议程

听取市政府关于社会救助体系建设情况的报告；听取市人民法院关于为建设滨海中心城市提供司法保障的报告；听取市人民检察院关于充分发挥法律监督职能服务滨海中心城市建设情况的报告；通过人事任免事项。

（十五）市第六届人大常委会第十五次会议

2009 年 6 月 24 日，黄骅市第六届人大常委会第十五次会议在黄骅市人大常委会会议室召开。市人大常委会主任许方林，副主任贾恩芳、商玉龙、李树鸿、赵淑英、胡福起及委员共 23 人出席会议。市人大常委会主任许方林主持会议。

会议议程

听取和审议市政府关于清理行政审批和收费项目工作情况的报告；听取市政府关于 2008 年财政预算执行情况及其他财政收支情况的审计工作报告；审查批准市政府 2008 年财政决算报告；讨论通过黄骅市人大常委会关于《市政府关于清理行政审批和收费项目工作情况的报告》的审议意见（草案）。

（十六）市第六届人大常委会第十六次会议

2009 年 8 月 28 日，黄骅市第六届人大常委会第十六次会议在黄骅市人大常委会会议室召开。市人大常委会主任许方林，副主任贾恩芳、商玉龙、李树鸿、赵淑英、胡福起及委员共 24 人出席会议。市人大常委会主任许方林主持会议。

会议议程

听取和审议市政府关于2009年上半年财政预算执行情况的报告；听取市政府关于2009年上半年国民经济和社会发展计划执行情况的报告；听取市政府关于重点工业项目建设情况的报告；听取和审议市政府关于黄骅市道理等城市基础设施项目建设资金有关问题的报告。

（十七）市第六届人大常委会第十七次会议

2009年11月10日，黄骅市第六届人大常委会第十七次会议在黄骅市人大常委会会议室召开。市人大常委会主任许方林，副主任贾恩芳、商玉龙、李树鸿、赵淑英、胡福起及委员共22人出席会议。市人大常委会主任许方林主持会议。

会议议程

听取和审议市政府关于《中华人民共和国农业技术推广法》贯彻实施情况的报告；听取市政府关于黄骅新城总体规划实施情况的报告；表决通过黄骅市人大常委会关于增选第六届人民代表大会代表工作的实施方案（草案）；表决通过黄骅市人大常委会关于成立黄骅市选举委员会的决定（草案）；表决通过黄骅市人大常委会关于增选第六届人民代表大会代表选举时间的决定（草案）；讨论通过黄骅市人大常委会关于《市政府关于〈农业技术推广法〉贯彻实施情况的报告》的审议意见。

（十八）市第六届人大常委会第十八次会议

2009年11月30日，黄骅市第六届人大常委会第十八次会议在黄骅市人大常委会会议室召开。市人大常委会主任许方林，副主任贾恩芳、商玉龙、李树鸿、赵淑英、胡福起及委员共23人出席会议。市人大常委会主任许方林主持会议。

会议议程

审查批准黄骅市人民政府关于黄骅市城区、镇区道桥建设、排水、绿化改造项目建设资金有关问题的报告。

（十九）市第六届人大常委会第十九次会议

2009年12月28日，黄骅市第六届人大常委会第十九次会议在黄骅市人大常委会会议室召开。市人大常委会主任许方林，副主任贾恩芳、商玉龙、李树鸿、赵淑英、胡福起及委员共24人出席会议。市人大常委会主任许方林主持会议。

会议议程

听取市政府关于惠农政策贯彻落实情况的报告；听取市法院关于审判管理工作情况的报告；通过人事任免事项。

（二十）市第六届人大常委会第二十次会议

2010年2月8日，黄骅市第六届人大常委会第二十次会议在黄骅市人大常委会会议室召开。市人大常委会主任许方林，副主任贾恩芳、商玉龙、李树鸿、赵淑英、胡福起及委员共24人出席会议。市人大常委会主任许方林主持会议。

会议议程

通过人事任免事项。

（二十一）市第六届人大常委会第二十一次会议

2010年2月23日，黄骅市第六届人大常委会第二十一次会议在黄骅市人大常委会会议室召开。市人大常委会主任许方林，副主任贾恩芳、商玉龙、李树鸿、赵淑英、胡福起及委员共23人出席会议。市人大常委会主任许方林主持会议。

会议议程

表决通过黄骅市人民代表大会常务委员会关于召开黄骅市第六届人民代表大会第四次会议的决定（草案）；审议黄骅市人民代表大会常务委员会工作报告（草案）；审议黄骅市人民代表大会常务委员会代表资格审查委员会关于黄骅市第六届人民代表大会增选代表及补选代表的代表资格的审查报告（草案）；审议黄骅市人大常委会关于召开黄骅市第六届人民代表大会第四次会议的其他有关事宜[包括大会议程（草案），大会日程（草案），大会主席团和秘书长建议名单，大会常务主席建议名单，大会执行主席分组建议名单，大会副秘书长建议名单，议案审查委员会主任委员、委员建议名单，计划预算审查委员会主任委员、委员建议名单，大会列席人员名单（草案），大会各代表团组成及入团列席人员名单（草案），大会选举办法（草案）]。

（二十二）市第六届人大常委会第二十二次会议

2010年4月29日，黄骅市第六届人大常委会第二十二次会议在黄骅市人大常委会会议室召开。市人大常委会主任许方林，副主任贾恩芳、商玉龙、李树鸿、王清坤、赵淑英、胡福起、李红旗及委员共24人出席会议。市人大常委会主任许方林主持会议。

会议议程

听取市政府关于惠农政策贯彻落实情况的报告；听取市法院关于审判管理工作情况的报告；通过人事任免事项。

（二十三）市第六届人大常委会第二十三次会议

2010年6月29日，黄骅市第六届人大常委会第二十三次会议在黄骅市人大常委会会议室召开。市人大常委会主任许方林，副主任贾恩芳、商玉龙、李树鸿、王清坤、赵淑英、胡福起、李红旗及委员共21人出席会议。市人大常委会主任许方林主持会议。

会议议程

听取市政府2009年预算执行情况及其他财政收支情况的审计工作报告；审查和批准市政府2009年全市财政决算情况的报告；听取市检察院关于诉讼监督工作情况的报告；通过人事任免事项。

（二十四）市第六届人大常委会第二十四次会议

2010年8月31日，黄骅市第六届人大常委会第二十四次会议在黄骅市人大常委会会议室召开。市人大常委会主任许方林，副主任贾恩芳、商玉龙、李树鸿、王清坤、赵淑英、胡福起、李红旗及委员共20人出席会议。市人大常委会主任许方林主持会议。

会议议程

听取市政府关于2010年上半年国民经济和社会发展计划执行情况的报告；听取和审议市政府关于2010年上半年财政预算执行情况的报告；听取市政府关于城市重点工程贷款资金使用情况的报告；讨论通过黄骅市人大常委会关于《黄骅市政府关于2010年上半年财政预算执行情况的报告》的审议意见（草案）。

（二十五）市第六届人大常委会第二十五次会议

2010年11月5日，黄骅市第六届人大常委会第二十五次会议在黄骅市人大常委会会议室召开。市人大常委会主任许方林，副主任贾恩芳、商玉龙、李树鸿、王清坤、赵淑英、胡福起、李红旗及委员共21人出席会议。市人大常委会主任许方林主持会议。

会议议程

听取和审议市政府关于《义务教育法》贯彻实施情况的报告；听取市政府关于平安黄骅创建工作情况的报告；讨论通过黄骅市人大常委会关于《市政府关于〈义务教育法〉贯彻实施情况的报告》的审议意见（草案）；通过人事任免事项。

（二十六）市第六届人大常委会第二十六次会议

2010年12月22日，黄骅市第六届人大常委会第二十六次会议在黄骅市人大常委会会议室召开。市人大常委会主任许方林，副主任贾恩芳、商玉龙、李树鸿、王清坤、赵淑英、胡福起、李红旗及委员共24人出席会议。市人大常委会主任许方林主持会议。

会议议程

审查和批准市政府关于调整2010年全市财政收支预算的报告；听取市政府关于代表建议、批评和意见办理情况的报告；表决通过市人大常委会关于表彰优秀市级人大代表的决定（草案）；通过人事任免事项。

（二十七）市第六届人大常委会第二十七次会议

2011年2月11日，黄骅市第六届人大常委会第二十七次会议在黄骅市人大常委会会议室召开。市人大常委会主任许方林，副主任贾恩芳、商玉龙、李树鸿、王清坤、赵淑英、胡福起、李红旗及委员共 24 人出席会议。市人大常委会主任许方林主持会议。

会议议程

补选沧州市第十二届人大代表。

（二十八）市第六届人大常委会第二十八次会议

2011 年 2 月 21 日，黄骅市第六届人大常委会第二十八次会议在黄骅市人大常委会会议室召开。市人大常委会主任许方林，副主任贾恩芳、商玉龙、李树鸿、王清坤、赵淑英、胡福起、李红旗及委员共 24 人出席会议。市人大常委会主任许方林主持会议。

会议议程

表决通过黄骅市人民代表大会常务委员会关于召开黄骅市第六届人民代表大会第五次会议的决定（草案）；审议黄骅市人民代表大会常务委员会工作报告（草案）；审议黄骅市人民代表大会常务委员会代表资格审查委员会关于黄骅市第六届人民代表大会代表变化情况的审查报告（草案）；审议黄骅市人大常委会关于召开黄骅市第六届人民代表大会第五次会议的其他有关事宜［包括大会议程（草案），大会日程（草案），大会主席团和秘书长名单（草案），大会常务主席名单（草案），大会执行主席分组名单（草案），大会副秘书长名单（草案），议案审查委员会主任委员、委员名单（草案），计划预算审查委员会主任委员、委员名单（草案），大会列席人员名单（草案），大会各代表团组成及各团列席人员名单］。

（二十九）市第六届人大常委会第二十九次会议

2011 年 4 月 29 日，黄骅市第六届人大常委会第二十九次会议在黄骅市人大常委会会议室召开。市人大常委会主任许方林，副主任贾恩芳、商玉龙、李树鸿、王清坤、赵淑英、胡福起、李红旗及委员共 21 人出席会议。市人大常委会主任许方林主持会议。

会议议程

听取市政府关于《中华人民共和国土地管理法》贯彻实施情况的报告；听取市法院关于阳光司法工作情况的报告；通过人事任免事项。

（三十）市第六届人大常委会第三十次会议

2011 年 6 月 28 日，黄骅市第六届人大常委会第三十次会议在黄骅市人大常委会会议室召开。市人大常委会主任许方林，副主任贾恩芳、商玉龙、李树鸿、王清坤、赵淑英、胡福起、李红旗及委员共 24 人出席会议。市人大常委会主任许方林主持会议。

会议议程

听取市政府关于 2010 年预算执行情况及其他财政收支情况的审计工作报告；审查和批准市政府 2010 年全市财政决算情况的报告；听取市政府关于医药卫生体制改革工作实施情况的报告。

（三十一）市第六届人大常委会第三十一次会议

2011 年 8 月 24 日，黄骅市第六届人大常委会第三十一次会议在黄骅市人大常委会会议室召开。市人大常委会主任许方林，副主任贾恩芳、商玉龙、李树鸿、王清坤、赵淑英、胡福起、李红旗及委员共 22 人出席会议。市人大常委会主任许方林主持会议。

会议议程

通过人事任免事项；听取市政府关于 2011 年上半年国民经济和社会发展计划执行情况的报告；听取和审议市政府关于 2011 年上半年财政预算执行情况的报告；听取市政府关于社会保障体系建设情况的报告；讨论通过黄骅市人大常委会关于《市政府上半年财政预算执行情况的报告》的审议意见。

（三十二）市第六届人大常委会第三十二次会议

2011 年 10 月 20 日，黄骅市第六届人大常委会第三十二次会议在黄骅市人大常委会会议室召开。市人大常委会主任许方林，副主任贾恩芳、商玉龙、李树鸿、王清坤、赵淑英、胡福起、李红旗及委员共 24 人出席会议。市人大常委会主任许方林主持会议。

会议议程

听取和审议市政府关于全市农田水利基本建设情况的报告；听取市检察院关于队伍建设情况的工作报告；讨论通过黄骅市人大常委会关于《市政府关于全市农田水利建设情况的报告》的审议意见；通过人事任免事项。

（三十三）市第六届人大常委会第三十三次会议

2011 年 12 月 2 日，黄骅市第六届人大常委会第三十三次会议在黄骅市人大常委会会议室召开。市人大常委会主任许方林，副主任贾恩芳、商玉龙、李树鸿、王清坤、赵淑英、胡福起、李红旗及委员共 24 人出席会议。市人大常委会主任许方林主持会议。

会议议程

研究决定换届选举有关事项：黄骅市人大常委会关于市、乡两级人民代表大会换届选举时间的决定（草案）；黄骅市人大常委会关于成立黄骅市选举委员会的决定（草案）；黄骅市乡级人大代表名额分配方案的决定（草案）；黄骅市市级人大代表名额分配方案的决定（草案）；黄骅市、乡两级人民代表大会换届选举工作实施方案（草案）；黄骅市人大常委会关于成立乡镇选举委员会及新区、市直选举领导小组的决定（草案）；通过人事任免事项。

（三十四）市第六届人大常委会第三十四次会议

2011 年 12 月 31 日，黄骅市第六届人大常委会第三十四次会议在黄骅市人大常委会会议室召开。市人大常委会主任许方林，副主任贾恩芳、商玉龙、李树鸿、王清坤、赵淑英、胡福起、李红旗及委员共 23 人出席会议。市人大常委会主任许方林主持会议。

会议议程

审查和批准市政府关于调整2011年全市财政收支情况的报告；听取市政府关于代表建议、批评和意见办理情况的报告；通过人事任免事项。

（三十五）市第六届人大常委会第三十五次会议

2012年1月19日，黄骅市第六届人大常委会第三十五次会议在黄骅市人大常委会会议室召开。市人大常委会主任许方林，副主任贾恩芳、商玉龙、李树鸿、王清坤、赵淑英、胡福起、李红旗及委员共24人出席会议。市人大常委会主任许方林主持了会议。

会议议程

补选沧州市第十二届人民代表大会代表。

（三十六）市第六届人大常委会第三十六次会议

2012年1月31日，黄骅市第六届人大常委会第三十六次会议在黄骅市人大常委会会议室召开。市人大常委会主任许方林，副主任贾恩芳、商玉龙、李树鸿、王清坤、赵淑英、胡福起、李红旗及委员共24人出席会议。市人大常委会主任许方林主持会议。

会议议程

表决通过黄骅市人民代表大会常务委员会关于召开黄骅市第七届人民代表大会第一次会议的决定（草案）；审议黄骅市人民代表大会常务委员会工作报告（草案）；审议黄骅市人民代表大会常务委员会代表资格审查委员会关于黄骅市第七届人民代表大会代表资格的审查报告（草案）；审议黄骅市人大常委会关于召开黄骅市第七届人民代表大会第一次会议的其他有关事宜［包括大会议程（草案），大会日程（草案），大会主席团和秘书长名单（草案），大会常务主席名单（草案），大会执行主席分组名单（草案），大会副秘书长名单（草案），议案审查委员会主任委员、委员名单（草案），计划预算审查委员会主任委员、委员名单（草案），大会列席人员名单（草案），大会各代表团组成及各团列席人员名单，大会选举办法（草案）］。

七、黄骅市第七届人大常委会会议（2012年2月—2017年2月）

（一）市第七届人大常委会第一次会议

2012年3月13日，黄骅市第七届人大常委会第一次会议在黄骅市人大常委会会议室召开。市人大常委会主任王元波，副主任李红旗、许建国、王振山、张洪义及市人大常委会委员共25人出席会议。市人大常委会主任王元波主持会议。列席会议的有市人民政府常务副市长张长瑞，市人民法院院长单继泽，市人民检察院检察长赵广杰，市人大、市政府有关科室负责人，各乡镇人大负责人。会议邀请市人大代表高阳春、刘洪良列席。

会议议程

市人大常委会业务学习；讨论通过《黄骅市人大常委会组成人员守则（草案）》；讨论通过《黄骅市人大常委会议事规则（草案）》；讨论通过《黄骅市人大常委会人事任免办法（草案）》；讨论通过黄骅市人大常委会 2012 年工作要点、会议议题（草案）；审查批准市政府关于采用委托代建模式实施棚户区改造项目的报告；通过人事任免事项。

（二）市第七届人大常委会第二次会议

2012 年 4 月 27 日，黄骅市第七届人大常委会第二次会议在黄骅市人大常委会会议室召开。市人大常委会主任王元波，副主任李红旗、许建国、王振山、张洪义及市人大常委会委员共 23 人出席会议。市人大常委会主任王元波主持会议。列席会议的有市人民政府副市长王锐，市人民法院院长单继泽，市人民检察院副检察长皮学生，市人大、市政府有关科室负责人，各乡镇人大负责人。会议邀请市人大代表李拥军、张旺列席。

会议议程

听取市政府关于全市绿化工作情况的报告；听取和审议黄骅市人大常委会执法检查组关于检查《中华人民共和国安全生产法》和《河北省安全生产条例》实施情况的报告；听取市法院关于未成年人犯罪审判工作情况的报告；讨论通过黄骅市第七届人大常委会代表资格审查委员会主任委员、委员名单（草案）；表决通过黄骅市人民代表大会常务委员会关于确认主任会议许可对市七届人大代表刘宝平依法采取强制措施并暂停其代表职务的决定（草案）；审查批准黄骅市人民政府关于在公民中开展法制宣传教育的第六个五年规划（草案）。

（三）市第七届人大常委会第三次会议

2012 年 6 月 28 日，黄骅市第七届人大常委会第三次会议在黄骅市人大常委会会议室召开。市人大常委会主任王元波，副主任李红旗、许建国、王振山、张洪义及市人大常委会委员共 24 人出席会议。市人大常委会主任王元波主持会议。列席会议的有市人民政府副市长张金桥，市人民法院院长单继泽，市人民检察院检察长赵广杰，市人大、市政府有关部门负责人，各乡镇人大负责人。会议邀请市人大代表刘浩强、康学树列席。

会议议程

听取市政府关于 2011 年市财政预算执行情况及其他财政收支情况的审计工作报告；审查和批准市政府 2011 年全市财政决算情况的报告；听取和审议市政府关于城市交通治理工作情况的报告；通过人事任免事项；询问市政府关于国务院《信访条例》宣传执行情况。

（四）市第七届人大常委会第四次会议

2012 年 8 月 29 日，黄骅市第七届人大常委会第四次会议在黄骅市人大常委会会议室召开。市人大常委会主任王元波，副主任李红旗、许建国、王振山、张洪义及市人大常委会委员共 25

人出席会议。市人大常委会主任王元波主持会议。列席会议的有市人民政府常务副市长张长瑞，市人民检察院检察长赵广杰，市人民法院副院长周洪利，市人大、市政府有关部门负责人，乡镇人大负责人。会议邀请市人大代表刘彬、商铎华列席。

会议议程

听取市政府关于2012年上半年国民经济和社会发展计划执行情况的报告；听取和审议市政府关于2012年上半年财政预算执行情况的报告；听取市政府关于残疾人就业工作情况的报告；听取和审议市政府关于提请审议市树市花评选结果的议案；通过人事任免事项。

（五）市第七届人大常委会第五次会议

2012年10月30日，黄骅市第七届人大常委会第五次会议在黄骅市人大常委会会议室召开。市人大常委会主任王元波，副主任李红旗、许建国、王振山、张洪义及市人大常委会委员共25人出席会议。市人大常委会主任王元波主持会议。列席会议的有市人民政府副市长贾兆德，市人民法院院长单继泽，市人民检察院检察长赵广杰，市人大、市政府有关部门负责人，各乡镇人大负责人。会议邀请市人大代表赵云河、刘德林列席。

会议议程

听取和审议市政府关于重点工业项目建设情况的报告；听取市政府关于文化设施建设情况的报告；听取市检察院关于查办和预防职务犯罪工作情况的报告；通过人事任免事项。

（六）市第七届人大常委会第六次会议

2012年12月28日，黄骅市第七届人大常委会第六次会议在黄骅市人大常委会会议室召开。市人大常委会主任王元波，副主任李红旗、许建国、王振山、张洪义及市人大常委会委员共25人出席会议。市人大常委会主任王元波主持会议。列席会议的有市人民政府常务副市长张长瑞，市人民检察院检察长赵广杰，市人民法院副院长周洪利，市人大、市政府有关部门负责人，乡镇人大负责人。会议邀请市人大代表李拥军、吴公才列席。

会议议程

审查和批准市政府关于调整2012年全市财政收支情况的报告；听取市政府关于教育硬件设施建设情况的报告；听取市政府关于代表建议、批评和意见办理情况的报告；表决通过黄骅市人大常委会关于表彰优秀市级人大代表的决定（草案）；中共十八大精神专题学习。

（七）市第七届人大常委会第七次会议

2013年3月19日，黄骅市第七届人大常委会第七次会议在黄骅市人大常委会会议室召开。市人大常委会主任王元波，副主任李红旗、许建国、王振山、张洪义及市人大常委会委员共25人出席会议。市人大常委会主任王元波主持会议。列席会议的有市人民法院副院长周洪利，市人民检察院副检察长皮学生，市人大、市政府有关科室负责人，各乡镇人大负责人。

会议议程

表决通过黄骅市人民代表大会常务委员会关于召开黄骅市第七届人民代表大会第二次会议的决定（草案）；审议黄骅市人民代表大会常务委员会工作报告（草案）；审议黄骅市人民代表大会常务委员会代表资格审查委员会关于黄骅市第七届人民代表大会代表变化情况的审查报告（草案）；审议黄骅市人大常委会关于召开黄骅市第七届人民代表大会第二次会议的其他有关事宜［包括大会议程（草案），大会日程（草案），大会主席团和秘书长建议名单，大会常务主席建议名单，大会副秘书长建议名单，议案审查委员会主任委员、委员建议名单，计划预算审查委员会主任委员、委员建议名单，大会列席人员名单（草案），大会各代表团组成及各团列席人员名单（草案），大会选举办法（草案）］。

（八）市第七届人大常委会第八次会议

2013 年 4 月 3 日，黄骅市第七届人大常委会第八次会议在黄骅市人大常委会会议室召开。市人大常委会主任王元波，副主任李红旗、许建国、王振山、张洪义及市人大常委会委员共 25 人出席会议。市人大常委会主任王元波主持会议。列席会议的有市人民政府副市长郑增强，市人民法院副院长周洪利，市人民检察院副检察长皮学生，市人大、市政府有关科室负责人，各乡镇人大负责人。

会议议程

讨论通过黄骅市人大常委会 2013 年工作要点、会议议题（草案）；听取黄骅市第七届人民代表大会第二次会议代表提出建议情况的报告。

（九）市第七届人大常委会第九次会议

2013 年 4 月 28 日，黄骅市第七届人大常委会第九次会议在黄骅市人大常委会会议室召开。市人大常委会主任王元波，副主任李红旗、许建国、王振山、张洪义及市人大常委会委员共 25 人出席会议。市人大常委会主任王元波主持会议。列席会议的有市人民政府副市长张金桥，市人民法院院长单继泽，市人民检察院副检察长皮学生，市人大、市政府有关科室负责人。

会议议程

听取和审议市政府关于黄骅新城核心区规划情况的报告。

（十）市第七届人大常委会第十次会议

2013 年 6 月 27 日，黄骅市第七届人大常委会第十次会议在黄骅市人大常委会会议室召开。市人大常委会主任王元波，副主任李红旗、许建国、王振山、张洪义及市人大常委会委员共 25 人出席会议。市人大常委会主任王元波主持会议。列席会议的有市人民政府常务副市长张长瑞，市人民法院副院长周洪利，市人民检察院副检察长刘国良，市人大、市政府有关科室负责人，各乡镇人大负责人。本次会议特邀市人大代表金玲、齐月晖列席。

会议议程

听取和审议市政府关于乡镇工业园区建设情况的报告；听取市政府关于社会保障工作和社会保险基金管理情况的报告；听取市人大常委会视察组关于全市生态绿化建设情况的视察报告；听取市人大常委会视察组关于全市保障性住房建设管理情况的视察报告；通过人事任免事项。

（十一）市第七届人大常委会第十一次会议

2013 年 8 月 29 日，黄骅市第七届人大常委会第十一次会议在黄骅市人大常委会会议室召开。市人大常委会主任王元波，副主任李红旗、许建国、王振山、张洪义及市人大常委会委员共 25 人出席会议。市人大常委会主任王元波主持会议。列席会议的有市人民政府常务副市长张长瑞，市人民法院院长单继泽，市人民检察院副检察长皮学生，市人大、市政府有关科室负责人，各乡镇人大负责人。会议特邀市人大代表康学树、商铎华列席。

会议议程

听取市政府关于 2012 年预算执行情况及其他财政收支情况的审计工作报告；审查和批准市政府关于 2012 年全市财政决算情况的报告；听取市政府关于 2013 年上半年国民经济和社会发展计划执行情况的报告；听取和审议市政府关于 2013 年上半年财政预算执行情况的报告；听取市人大常委会调研组关于 2013 年上半年全市财政预算执行情况的调研报告；听取市政府关于实施棚户区改造项目贷款资金使用情况的报告；听取市人大常委会视察组关于全市食品安全工作情况的视察报告；通过人事任免事项。

（十二）市第七届人大常委会第十二次会议

2013 年 10 月 24 日，黄骅市第七届人大常委会第十二次会议在黄骅市人大常委会会议室召开。市人大常委会主任王元波，副主任李红旗、许建国、王振山、张洪义及市人大常委会委员共 25 人出席会议。市人大常委会主任王元波主持会议。列席会议的有市人民政府常务副市长张长瑞，市人民法院院长单继泽，市人民检察院检察长赵广杰，市人大、市政府有关科室负责人，各乡镇人大负责人。会议特邀市人大代表张长海、程春林列席。

会议议程

听取市政府关于实施棚户区改造项目贷款资金使用情况的报告；听取市法院关于发回重审案件审理工作情况的报告；听取市检察院关于法律审判监督工作情况的报告。

（十三）市第七届人大常委会第十三次会议

2013 年 11 月 19 日，黄骅市第七届人大常委会第十三次会议在黄骅市人大常委会会议室召开。市人大常委会主任王元波，副主任李红旗、许建国、王振山、张洪义及市人大常委会委员共 25 人出席会议。市人大常委会主任王元波主持会议。列席会议的有市人民政府副市长贾兆德，市人民检察院检察长赵广杰，市人民法院副院长周洪利，市人大、市政府有关科室负责人，各乡镇人大负责人。会议特邀市人大代表金玲、齐月晖列席。

会议议程

通过人事任免事项。

（十四）市第七届人大常委会第十四次会议

2013年12月13日，黄骅市第七届人大常委会第十四次会议在黄骅市人大常委会会议室召开。市人大常委会主任王元波，副主任李红旗、许建国、王振山、张洪义及市人大常委会委员共25人出席会议。市人大常委会主任王元波主持会议。列席会议的有市人民政府副市长王锐，市人民法院院长单继泽，市人民检察院副检察长刘国良，市人大、市政府有关科室负责人，各乡镇人大负责人。会议特邀市人大代表李锡志、刘香芝列席。

会议议程

审查和批准市政府关于调整2013年全市财政收支情况的报告；听取市政府关于代表建议、批评和意见办理情况的报告；补选沧州市人大代表；通过人事任免事项；表决通过黄骅市人大常委会关于表彰2013年度优秀市级人大代表的决定（草案）。

（十五）市第七届人大常委会第十五次会议

2014年1月3日，黄骅市第七届人大常委会第十五次会议在黄骅市人大常委会会议室召开。市人大常委会主任王元波，副主任李红旗、许建国、王振山、张洪义及市人大常委会委员共25人出席会议。市人大常委会主任王元波主持会议。列席会议的有市人民政府副市长王锐，市人民法院副院长周洪利，市人民检察院副检察长刘国良，市人大、市政府有关科室负责人，各乡镇人大负责人。会议特邀市人大代表宋国俊、张长海列席。

会议议程

表决通过黄骅市人民代表大会常务委员会关于召开黄骅市第七届人民代表大会第三次会议的决定（草案）；审议黄骅市人民代表大会常务委员会工作报告（草案）；审议黄骅市人民代表大会常务委员会代表资格审查委员会关于黄骅市第七届人民代表大会代表变化情况的审查报告（草案）；审议黄骅市人大常委会关于召开黄骅市第七届人民代表大会第三次会议的其他有关事宜［包括大会议程（草案），大会日程（草案），大会主席团和秘书长名单（草案），大会常务主席名单（草案），大会副秘书长名单（草案），议案审查委员会主任委员、委员名单（草案），计划预算审查委员会主任委员、委员名单（草案），大会各代表团组成及各团列席人员名单（草案），大会选举办法（草案），大会列席人员名单（草案）］；通过人事任免事项。

（十六）市第七届人大常委会第十六次会议

2014年2月26日，黄骅市第七届人大常委会第十六次会议在黄骅市人大常委会会议室召开。市人大常委会主任王元波，副主任李红旗、许建国、王振山、张洪义及市人大常委会委员共25人出席会议。市人大常委会主任王元波主持会议。列席会议的有市人民政府常务副市长贾兆德，市人民法院副院长周洪利，市人民检察院副检察长刘国良，市人大、市政府有关科室负责人人，各乡镇人大负责人。会议特邀市人大代表韩文彬、李健列席。

会议议程

讨论通过黄骅市人大常委会2014年工作要点、会议议题（草案）；通过人事任免事项；学习党的群众路线教育实践活动有关精神文件；部署“打造增长极、黄骅怎么干”大讨论活动。

（十七）市第七届人大常委会第十七次会议

2014年4月2日，黄骅市第七届人大常委会第十七次会议在黄骅市人大常委会会议室召开。市人大常委会主任王元波，副主任李红旗、许建国、王振山、张洪义及市人大常委会委员共24人出席会议。市人大常委会主任王元波主持会议。

会议议程

表决通过黄骅市人民代表大会常委会关于确认主任会议许可对黄骅市七届人大代表董某某依法采取强制措施并暂停其代表职务的决定（草案）。

（十八）市第七届人大常委会第十八次会议

2014年4月24日，黄骅市第七届人大常委会第十八次会议在黄骅市人大常委会会议室召开。市人大常委会主任王元波，副主任李红旗、许建国、王振山、张洪义及市人大常委会委员共24人出席会议。市人大常委会主任王元波主持会议。列席会议的有市人民政府副市长李国德，市人民法院院长单继泽，市人民检察院检察长赵广杰，市人大、市政府有关科室负责人，乡镇人大负责人。会议特邀市人大代表周庆岗、张纯治列席。

会议议程

听取市政府关于新农村合作医疗工作情况的报告；听取市法院关于民事案件调解工作情况的报告；听取市人民检察院关于监所检察及刑罚执行监督工作情况的报告；听取市政府关于水污染治理情况的报告。

（十九）市第七届人大常委会第十九次会议

2014年6月26日，黄骅市第七届人大常委会第十九次会议在黄骅市人大常委会会议室召开。市人大常委会主任王元波，副主任李红旗、许建国、王振山、张洪义及市人大常委会委员共24人出席会议。市人大常委会主任王元波主持会议。列席会议的有市人民政府副市长王锐，市人民法院院长单继泽，市人民检察院检察长赵广杰，市人大、市政府有关科室负责人，各乡镇人大负责人。会议特邀市人大代表赵文起、张福堂列席。

会议议程

听取和审议市政府关于农业特色产业发展情况的报告；听取和审议市政府关于2014年事业单位公开招聘工作的报告；讨论通过市人大常委会关于代表建议、批评和意见的办理办法（草案）；通过人事任免事项。

（二十）市第七届人大常委会第二十次会议

2014 年 8 月 28 日，黄骅市第七届人大常委会第二十次会议在黄骅市人大常委会会议室召开。市人大常委会主任王元波，副主任李红旗、许建国、王振山、张洪义及市人大常委会委员共 22 人出席会议。市人大常委会主任王元波主持会议。列席会议的有市人民政府常务副市长贾兆德，市人民法院院长单继泽，市人民检察院副检察长皮学生，市人大、市政府有关科室负责人，各乡镇人大负责人。会议特邀市人大代表金玲、王秀刚列席。

会议议程

听取市政府关于 2013 年财政预算执行情况及其他财政收支情况的审计工作报告；审查和批准市政府关于 2013 年全市财政收支决算情况的报告；听取市政府关于 2014 年上半年国民经济和社会发展计划执行情况的报告；听取和审议市政府关于 2014 年上半年财政预算执行情况的报告；听取市政府关于天网覆盖工程建设情况的报告；通过人事任免事项。

（二十一）市第七届人大常委会第二十一次会议

2014 年 10 月 30 日，黄骅市第七届人大常委会第二十一次会议在黄骅市人大常委会会议室召开。市人大常委会主任王元波，副主任李红旗、许建国、王振山、张洪义及市人大常委会委员共 21 人出席会议。市人大常委会主任王元波主持会议。列席会议的有市人民政府副市长郑增强，市人民法院副院长周洪利，市人民检察院副检察长皮学生，市人大、市政府有关科室负责人，各乡镇人大负责人。会议特邀市人大代表李金鹏、蒋宝泽列席。

会议议程

听取市政府关于新上重点工业项目的报告；听取市政府关于教育新建项目进展情况的报告。

（二十二）市第七届人大常委会第二十二次会议

2014 年 12 月 25 日，黄骅市第七届人大常委会第二十二次会议在黄骅市人大常委会会议室召开。市人大常委会主任王元波，副主任李红旗、许建国、王振山、张洪义及市人大常委会委员共 19 人出席会议。市人大常委会主任王元波主持会议。列席会议的有市人民政府副市长夏爱华、市人民法院院长单继泽、市人民检察院检察长赵广杰、市人大有关科室负责人、各乡镇人大负责人。

会议议程

听取市政府关于三公经费支出情况的报告；审查和批准市政府关于调整 2014 年全市财政收支情况的报告；听取市政府关于人事编制变化情况的报告；听取市政府关于代表议案和建议、批评、意见办理情况的报告；通过人事任免事项；补选市人大常委会代表资格审查委员会委员；接受部分人大代表辞职。

（二十三）市第七届人大常委会第二十三次会议

2014年12月31日，黄骅市第七届人大常委会第二十三次会议在黄骅市人大常委会会议室召开。市人大常委会主任王元波，副主任李红旗、许建国、王振山、张洪义及市人大常委会委员共19人出席会议。市人大常委会主任王元波主持会议。列席会议的有市人民政府副市长夏爱华、市人民法院院长单继泽、市人民检察院检察长赵广杰、市人大有关科室负责人、各乡镇人大负责人。

会议议程

通过人事任免事项；表决通过关于表彰2014年度优秀市级人大代表的决定（草案）；表决通过黄骅市人民代表大会常务委员会关于召开黄骅市第七届人民代表大会第四次会议的决定（草案）；审议黄骅市人民代表大会常务委员会工作报告（草案）；审议黄骅市人民代表大会常务委员会代表资格审查委员会关于黄骅市第七届人民代表大会代表变化情况的审查报告（草案）；审议黄骅市人大常委会关于召开黄骅市第七届人民代表大会第四次会议的其他有关事宜［包括大会议程（草案），大会日程（草案），大会主席团和秘书长名单（草案），大会常务主席名单（草案），大会副秘书长名单（草案），议案审查委员会主任委员、委员名单（草案），计划预算审查委员会主任委员、委员名单（草案），大会各代表团组成及入团列席人员名单（草案），大会选举办法（草案），大会列席人员名单（草案）］；审议补选黄骅市第七届人大常委会委员候选人名单（草案）；补选沧州市人大代表。

（二十四）市第七届人大常委会第二十四次会议

2015年1月30日，黄骅市第七届人大常委会第二十四次会议在黄骅市人大常委会会议室召开。市人大常委会主任王元波，副主任李红旗、许建国、王振山、张洪义及市人大常委会委员共25人出席会议。市人大常委会主任王元波主持会议。列席会议的有市人民政府副市长贾兆德、市人民法院院长单继泽、市人民检察院检察长赵广杰、市人大有关科室负责人、各乡镇人大负责人。

会议议程

通过人事任免事项；听取和审议黄骅市人民政府关于批准黄骅市凤凰湾商业服务区土地综合整治项目贷款资金纳入本级财政预算的议案；讨论通过黄骅市人大常委会2015年工作要点及会议议题（草案）。

（二十五）市第七届人大常委会第二十五次会议

2015年2月15日，黄骅市第七届人大常委会第二十五次会议在黄骅市人大常委会会议室召开。市人大常委会主任王元波，副主任李红旗、许建国、王振山、张洪义及市人大常委会委员共23人出席会议。市人大常委会主任王元波主持会议。

会议议程

表决通过《黄骅市人大常委会关于许可对市七届人大代表韩广顺依法采取强制措施的

决定》。

（二十六）市第七届人大常委会第二十六次会议

2015年4月23日，黄骅市第七届人大常委会第二十六次会议在黄骅市人大常委会会议室召开。市人大常委会主任王元波，副主任李红旗、许建国、王振山、张洪义及市人大常委会委员共25人出席会议。市人大常委会主任王元波主持会议。列席会议的有市人民政府常务副市长贾兆德、市人民法院院长单继泽、市人民检察院检察长赵广杰、市人大有关科室负责人、各乡镇人大负责人。会议特邀市人大代表张纯治、宋兴仓列席。

会议议程

听取和审议黄骅市人民政府关于2015年全市财政预算（草案）的报告；听取黄骅市人大常委会财经科关于2015年全市财政预算（草案）的初审报告；听取黄骅市人民法院关于司法公开工作情况的报告；听取黄骅市人民检察院关于查办职务犯罪工作情况的报告；通过人事任免事项。

（二十七）市第七届人大常委会第二十七次会议

2015年6月26日，黄骅市第七届人大常委会第二十七次会议在黄骅市人大常委会会议室召开。市人大常委会主任王元波，副主任李红旗、许建国、王振山、张洪义及市人大常委会委员共25人出席会议。市人大常委会主任王元波主持会议。列席会议的有市人民政府副市长夏爱华，市人民法院院长单继泽、市人民检察院检察长赵广杰、市人大有关科室负责人、各乡镇人大负责人。会议特邀市人大代表赵树勋、韩文彬列席。

会议议程

听取黄骅市人民政府关于《中华人民共和国药品管理法》（以下简称《药品管理法》）贯彻执行情况的报告；听取黄骅市人大常委会视察组关于《药品管理法》贯彻执行情况的视察报告；听取黄骅市人大常委会专题询问工作组关于城区水污染治理工作专题询问情况的报告；表决通过黄骅市人民代表大会常务委员会关于确认主任会议许可对市七届人大代表杨树增依法采取强制措施的决定（草案）；通过人事任免事项。

（二十八）市第七届人大常委会第二十八次会议

2015年8月20日，黄骅市第七届人大常委会第二十八次会议在黄骅市人大常委会会议室召开。市人大常委会主任王元波，副主任李红旗、许建国、王振山、张洪义及市人大常委会委员共24人出席会议。市人大常委会主任王元波主持会议。列席会议的有市人民政府副市长夏爱华，市人民法院院长单继泽、市人民检察院党组副书记孙云鹏、市人大常委会有关科室负责人、市政府有关部门负责人、各乡镇人大负责人。会议特邀市人大代表周正岗、张长海列席。

会议议程

审查和批准市政府关于2014年全市财政决算情况的报告；听取市政府关于2014年财政预算执行情况及其他财政收支情况的审计工作报告；听取市政府关于2015年上半年国民经济和社

会发展计划执行情况的报告；听取和审议市政府关于2015年上半年财政预算执行情况的报告；通过人事任免事项。

（二十九）市第七届人大常委会第二十九次会议

2015年10月14日，黄骅市第七届人大常委会第二十九次会议在黄骅市人大常委会会议室召开。市人大常委会主任王元波，副主任李红旗、许建国、王振山、张洪义及市人大常委会委员共18人出席了会议。市人大常委会主任王元波主持会议。

会议议程

审议回学勇辞去沧州市第十三届人民代表大会代表职务有关事项。

（三十）市第七届人大常委会第三十次会议

2015年10月29日，黄骅市第七届人大常委会第三十次会议在黄骅市人大常委会会议室召开。市人大常委会主任王元波，副主任李红旗、许建国、王振山、张洪义及市人大常委会委员共23人出席会议。市人大常委会主任王元波主持会议。列席会议的有市人民政府副市长郑增强，市人民法院院长单继泽、市人民检察院检察长赵广杰、市人大常委会有关科室负责人、市政府有关部门负责人、各乡镇人大负责人。会议特邀市人大代表齐月晖、吕丽荣列席。

会议议程

听取市政府关于重点工业项目和招商引资工作情况的报告；听取市人大常委会视察组关于全市新上重点工业项目及城建重点工程建设视察情况的报告；听取市政府关于打造新兴旅游产业工作情况的报告；听取和审议市政府关于2015年新增地方政府债券资金分配情况的报告；通过人事任免事项。

（三十一）市第七届人大常委会第三十一次会议

2015年11月26日，黄骅市第七届人大常委会第三十一次会议在黄骅市人大常委会会议室召开。市人大常委会主任王元波，副主任李红旗、许建国、王振山、张洪义及市人大常委会委员共23人出席会议。市人大常委会主任王元波主持会议。列席会议的有市人民政府常务副市长贾兆德、市人民法院副院长周洪利、市人民检察院副检察长刘国良。

会议议程

表决靖瑞锋的任职事项；审议部分市人大代表的辞职事项。

（三十二）市第七届人大常委会第三十二次会议

2015年12月22日，黄骅市第七届人大常委会第三十二次会议在黄骅市人大常委会会议室召开。市人大常委会主任王元波，副主任李红旗、许建国、王振山、张洪义及市人大常委会委员共23人出席会议。市人大常委会主任王元波主持会议。列席会议的有市人民政府常务副市长贾兆德，市人民检察院检察长赵广杰、市人民法院副院长周洪利、市人大常委会科室负责人、各乡镇人大主席。会议特邀市人大代表郑国昌、辛昌盛列席。

会议议程

听取黄骅市人民政府关于美丽城镇和美丽乡村建设情况的报告。审查黄骅市人民政府关于调整2015年全市财政收支情况的报告。听取黄骅市人民政府关于全市人事变化情况和财政开支人员变化情况的报告。听取黄骅市人民政府关于代表议案和建议、批评、意见办理情况的报告。听取和审议市人大常委会预算审查组关于2016年财政预算初步方案的审查报告。通过人事任免事项。补选第十三届沧州市人大代表。审议黄骅市第七届人民代表大会第五次会议有关事项：表决黄骅市人民代表大会常务委员会关于召开黄骅市第七届人民代表大会第五次会议的决定（草案）；审议黄骅市人民代表大会常务委员会工作报告（草案）；审议黄骅市人民代表大会常务委员会代表资格审查委员会关于黄骅市第七届人民代表大会代表变化情况的审查报告（草案）；表决黄骅市人大常委会关于表彰2015年度优秀人大代表的决定（草案）；审议黄骅市人大常委会关于召开黄骅市第七届人民代表大会第五次会议的其他有关事宜［包括大会议程（草案），大会日程（草案），大会主席团和秘书长名单（草案），大会常务主席名单（草案），大会副秘书长名单（草案），议案审查委员会主任委员、委员名单（草案），计划预算审查委员会主任委员、委员名单（草案），大会各代表团组成和各团列席人员名单（草案），大会列席人员名单（草案）］。

（三十三）市第七届人大常委会第三十三次会议

2016年2月24日，黄骅市第七届人大常委会第三十三次会议在黄骅市人大常委会会议室召开。市人大常委会主任王元波，副主任李红旗、许建国、王振山、张洪义及市人大常委会委员共23人出席会议。市人大常委会主任王元波主持会议。列席会议的有市人民政府副市长夏爱华、市人民法院院长单继泽、市人民检察院副处级检察员皮学生、市人大常委会有关科室负责人、各乡镇人大主席。会议特邀市人大代表金玲、张纯治列席。

会议议程

通过人事任免事项；讨论通过《黄骅市人大常委会2016年工作要点》。

（三十四）市第七届人大常委会第三十四次会议

2016年4月20日，黄骅市第七届人大常委会第三十四次会议在黄骅市人大常委会会议室召开。市人大常委会主任王元波，副主任李红旗、许建国、王振山、张洪义及市人大常委会委员共23人出席会议。市人大常委会主任王元波主持会议。列席会议的有市人民政府常务副市长贾兆德、市人民法院院长单继泽、市人民检察院检察长赵广杰、市人大常委会有关科室负责人、各乡镇人大主席。会议特邀程春林、宋兴仓两位市人大代表列席。

会议议程

听取市人民法院关于立案登记制度实施情况的报告；听取市人民检察院关于刑事检察工作情况的报告；审议任免案。

（三十五）市第七届人大常委会第三十五次会议

2016 年 6 月 28 日，黄骅市第七届人大常委会第三十五次会议在黄骅市人大常委会会议室召开。市人大常委会主任王元波，副主任李红旗、许建国、王振山、张洪义及市人大常委会委员共 23 人出席会议。市人大常委会主任王元波主持会议。列席会议的有市人民政府常务副市长贾兆德、市人民法院副院长周洪利、市人民检察院副检察长刘国良、市人大常委会有关科室负责人、市政府有关部门负责人、各乡镇人大负责人。会议特邀市人大代表李金鹏、齐月晖列席。

会议议程

听取审议黄骅市人民政府关于 2015 年全市财政决算情况的报告，审查 2015 年全市财政决算；听取审议黄骅市人民政府关于 2015 年财政预算执行情况及其他财政收支情况的审计工作报告；审议黄骅市人民政府关于提请审议批准《黄骅市撤乡设镇、撤乡设街工作实施方案》的议案；审议黄骅市人民政府关于提请审议批准《黄骅市城区供水管网及城乡供水一体化项目合作方案》的议案；审议任免案。

（三十六）市第七届人大常委会第三十六次会议

2016 年 7 月 18 日，黄骅市第七届人大常委会第三十六次会议在黄骅市人大常委会会议室召开。市人大常委会主任王元波，副主任李红旗、许建国、王振山、张洪义及市人大常委会委员共 21 人出席会议，市人大常委会主任王元波主持会议。

会议议程

审议张建华辞去黄骅市第七届人民代表大会代表职务的请求。

（三十七）市第七届人大常委会第三十七次会议

2016 年 8 月 12 日，黄骅市第七届人大常委会第三十七次会议在黄骅市人大常委会会议室召开。市人大常委会主任王元波，副主任李红旗、许建国、王振山、张洪义及市人大常委会委员共 21 人出席会议。市人大常委会主任王元波主持会议。列席会议的有黄骅市人民政府副市长张金桥，黄骅市人民法院副院长周洪利，黄骅市人民检察院副检察长张景毅，渤海新区、中捷产业园区、南大港产业园区、临港经济技术开发区建设部门负责人，黄骅市住建、交通、财政部门负责人，黄骅市羊二庄镇、南排河镇党政负责人。

会议议程

审议《黄骅市人民政府关于提请审议批准〈黄骅市城乡总体规划（2015—2030 年）〉的议案》，并听取规划文件的情况说明；审议《黄骅市人民政府关于提请审议批准黄骅市农村路网改造提升工程项目贷款还款资金纳入全市财政预算的议案》，并听取相关情况的说明。

（三十八）市第七届人大常委会第三十八次会议

2016 年 8 月 26 日，黄骅市第七届人大常委会第三十八次会议在黄骅市人大常委会会议室召开。市人大常委会主任王元波，副主任李红旗、许建国、王振山、张洪义及市人大常委会委员共21人出席会议。市人大常委会主任王元波主持会议。列席会议的有市人民政府常务副市长贾兆德、市人民法院院长单继泽、市人民检察院检察长赵广杰、市人大常委会有关科室负责人、市政府有关部门负责人、各乡镇人大负责人。会议特邀市人大代表沈海滨、王新岗列席。

会议议程

听取市政府关于2016年上半年国民经济和社会发展计划执行情况的报告；听取和审议市政府关于2016年上半年财政预算执行情况的报告；听取市政府关于人事、编制、工资情况的报告；听取市政府关于全市基础教育专题询问工作整改情况的报告；通过人事任免事项。

（三十九）市第七届人大常委会第三十九次会议

2016年10月27日，黄骅市第七届人大常委会第三十九次会议在黄骅市人大常委会会议室召开。市人大常委会主任王元波，副主任李红旗、许建国、王振山、张洪义及市人大常委会委员共21人出席会议。市人大常委会主任王元波主持会议。列席会议的有市人民政府常务副市长贾兆德、市人民法院院长单继泽、市人民检察院副检察长刘国良、市人大常委会有关科室负责人、市政府有关部门负责人、各乡镇人大负责人。会议特邀市人大代表王秀刚、王文会列席。

会议议程

审议黄骅市人民政府关于提请审议批准《2016年政府新增债券资金分配方案》的议案；审议黄骅市人民政府关于提请审议批准《2016年全市财政收支预算调整方案》的议案；听取黄骅市人民政府关于乡镇园区和新上重点工业项目建设情况的报告；审议任免案。

（四十）市第七届人大常委会第四十次会议

2016年11月17日，黄骅市第七届人大常委会第四十次会议在黄骅市人大常委会会议室召开。市人大常委会主任王元波，副主任李红旗、许建国、王振山、张洪义及市人大常委会委员共21人出席会议。市人大常委会主任王元波主持会议。列席会议的有市人民法院院长单继泽、市人民检察院副检察长刘国良、市人大常委会有关科室负责人、各乡镇人大负责人。

会议议程

审议《黄骅市人大常委会主任会议关于提请审议黄骅市市乡两级人民代表大会换届选举若干事项的议案》。

（四十一）市第七届人大常委会第四十一次会议

2016年12月20日，黄骅市第七届人大常委会第四十一次会议在黄骅市人大常委会会议室召开。市人大常委会主任王元波，副主任李红旗、许建国、王振山、张洪义及市人大常委会委员共21人出席会议。市人大常委会主任王元波主持会议。列席会议的有市人民政府常务副市长贾兆德、市人民法院副院长周洪利、市人民检察院副检察长刘国梁、市人大常委会有关科室负责人。

会议议程

审议任免案。

（四十二）市第七届人大常委会第四十二次会议

2016 年 12 月 29 日，黄骅市第七届人大常委会第四十二次会议在黄骅市人大常委会会议室召开。市人大常委会主任王元波，副主任李红旗、许建国、王振山、张洪义及市人大常委会委员共 21 人出席会议。市人大常委会主任王元波主持了会议。列席会议的有市人民政府常务副市长贾兆德、市人民法院副院长周洪利、市人民检察院检察长赵广杰、市人大常委会有关科室负责人。会议特邀市人大代表宋兴仓、张长海列席。

会议议程

听取市政府关于人事、编制、工资工作情况的报告；听取市政府关于代表议案和建议、批评、意见办理情况的报告；审议市政府关于提请审议黄骅市南排河、新石碑河水系综合治理项目纳入政府购买服务项目的议案。

（四十三）市第七届人大常委会第四十三次会议

2017 年 1 月 25 日，黄骅市第七届人大常委会第四十三次会议在黄骅市人大常委会会议室召开。市人大常委会主任王元波，副主任李红旗、许建国、王振山、张洪义及市人大常委会委员共 21 人出席会议。市人大常委会主任王元波主持会议。列席会议的有市人民政府副市长李国德、市人民法院副院长周洪利、市人民检察院党组副书记孙云鹏、市人大常委会有关科室负责人。

会议议程

审议任免案。

（四十四）市第七届人大常委会第四十四次会议

2017 年 2 月 13 日，黄骅市第七届人大常委会第四十四次会议在黄骅市人大常委会会议室召开。市人大常委会主任王元波，副主任李红旗、许建国、王振山、张洪义及市人大常委会委员共 21 人出席会议。市人大常委会主任王元波主持会议。列席会议的有市人民政府常务副市长张剑华，市人民法院代理院长张金旭、市人民检察院副检察长刘国良、市人大有关科室负责人、各乡镇人大负责人。

会议议程

表决黄骅市人民代表大会常务委员会关于召开黄骅市第八届人民代表大会第一次会议的决定（草案）；审议黄骅市人大常委会关于召开黄骅市第八届人民代表大会第一次会议的其他有关事宜［包括大会议程（草案），大会日程（草案），大会主席团和秘书长名单（草案），大会常务主席名单（草案），大会副秘书长名单（草案），议案审查委员会主任委员、委员名单（草案），大会列席人员名单（草案），大会各代表团组成及各团列席人员名单（草案），大会选举办法（草案）］；审议设立 4 个专门委员会的有关事宜；审议黄骅市人大常委会代表资格审查委员会关于黄骅市第八届人民代表大会代表资格的审查报告（草案）；审议黄骅市人民代表大会常务委员会工作报告（草案）。

八、黄骅市第八届人大常委会会议（2017 年 2 月—2021 年 7 月）

（一）市第八届人大常委会第一次会议

2017 年 3 月 29 日，黄骅市第八届人大常委会第一次会议在黄骅市人大常委会会议室召开。市人大常委会主任夏爱华，副主任许建国、赵锡铸、王振山、孟祥普及委员共 30 人出席会议。市人大常委会主任夏爱华主持会议。列席会议的有市人民政府副市长张昕、市人民检察院检察长赵广杰、市人民法院副院长周洪利、市人大常委会有关科室负责人、各乡镇人大负责人、市政府有关部门负责人。会议特邀市人大代表于怀河、孟凡悦列席。

会议议程

讨论通过黄骅市人大常委会议事规则（草案）；讨论通过黄骅市人民代表大会常务委员会人事任免办法（草案）；讨论通过黄骅市人民代表大会常务委员会讨论决定重大事项的规定（暂行）（草案）；讨论通过黄骅市人民代表大会常务委员会组成人员守则（草案）；讨论通过黄骅市人民代表大会专门委员会议事规则（草案）；讨论通过黄骅市人大常委会关于进一步加强自身建设的意见（草案）；讨论通过黄骅市人大常委会关于进一步加强代表工作的意见（草案）；表决黄骅市第八届人大常委会代表资格审查委员会名单（草案）；讨论通过黄骅市人大常委会 2017 年工作要点、会议议题和活动安排（草案）。

（二）市第八届人大常委会第二次会议

2017 年 4 月 20 日，黄骅市第八届人大常委会第二次会议在黄骅市人大常委会会议室召开。市人大常委会主任夏爱华，副主任许建国、赵锡铸、王振山、孟祥普及委员共 35 人出席会议。市人大常委会主任夏爱华主持会议。列席会议的有市人民政府常务副市长张剑华、市人民法院院长张金旭、市人民检察院检察长赵广杰、市人大常委会有关科室负责人、各乡镇人大负责人。

会议议程

审议黄骅市人民政府关于提请何寿彪等 23 人任职的议案。

（三）市第八届人大常委会第三次会议

2017 年 5 月 25 日，黄骅市第八届人大常委会第三次会议在黄骅市人大常委会会议室召开。市人大常委会主任夏爱华，副主任许建国、赵锡铸、王振山、孟祥普及委员共 35 人出席会议。市人大常委会主任夏爱华主持会议。列席会议的有市人民政府副市长张昕、市人民检察院检察长赵广杰、市人民法院副院长周洪利、市人大常委会有关科室负责人、各乡镇人大负责人、市政府有关部门负责人。会议特邀市人大代表于怀河、孟凡悦列席。

会议议程

审议任免案；审查《黄骅市人民政府关于在公民中开展法制宣传教育的第七个五年规划（2016—2020 年）（草案）》；听取《黄骅市人民检察院关于侦查监督工作情况的报告》。

（四）市第八届人大常委会第四次会议

2017 年 6 月 29 日，黄骅市第八届人大常委会第四次会议在黄骅市人大常委会会议室召开。市人大常委会主任夏爱华，副主任许建国、赵锡铸、王振山、孟祥普及委员共 35 人出席会议。市人大常委会主任夏爱华主持会议。列席会议的有市人民政府常务副市长张剑华、市人民法院副院长周洪利、市人民检察院副检察长张景毅、市人大常委会有关科室负责人、各乡镇人大负责人，市政府有关部门负责人。会议特邀市人大代表高振涛、刘一霖列席。

会议议程

审议任免案；听取黄骅市人民政府关于 2016 年全市财政决算情况的报告；听取黄骅市人民政府关于 2016 年财政预算执行情况及其他财政收支情况的审计报告；听取市政府关于推进全市义务教育均衡发展工作情况的报告。

（五）市第八届人大常委会第五次会议

2017 年 7 月 26 日，黄骅市第八届人大常委会第五次会议在黄骅市人大常委会会议室召开。市人大常委会主任夏爱华，副主任许建国、赵锡铸、王振山、孟祥普及委员共 35 人出席会议。市人大常委会主任夏爱华主持会议。列席会议的有市人民政府副市长张桂云、市人民法院副院长周洪利、市人民检察院副检察长刘国良、市人大常委会有关科室负责人。

会议议程

审议《黄骅市人民政府关于提请审议批准创建“全国质量强市示范强市”的议案》。

（六）市第八届人大常委会第六次会议

2017 年 8 月 31 日，黄骅市第八届人大常委会第六次会议在黄骅市人大常委会会议室召开。市人大常委会主任夏爱华，副主任许建国、赵锡铸、王振山、孟祥普及委员共 35 人出席会议。市人大常委会主任夏爱华主持会议。列席会议的有市人民政府常务副市长张剑华、市人民法院院长张金旭、市人民检察院副检察长张景毅、市人大常委会有关科室负责人、各乡镇人大负责人、市政府有关部门负责人。

会议议程

听取黄骅市人民政府关于集中供热准备工作情况的报告；审议任免案；开展政府部门述职评议（园林局、环卫局）；听取黄骅市人民政府关于 2017 年上半年国民经济和社会发展计划执行情况的报告；听取和审议黄骅市人民政府关于 2017 年上半年财政预算执行情况的报告。

（七）市第八届人大常委会第七次会议

2017年10月31日，黄骅市第八届人大常委会第七次会议在黄骅市人大常委会会议室召开。市人大常委会主任夏爱华，副主任许建国、赵锡铸、王振山、孟祥普及委员共33人出席会议。市人大常委会主任夏爱华主持会议。列席会议的有市人民政府常务副市长张剑华，市人民法院院长张金旭、市人民法院副院长许元峰、市人民检察院副检察长张景毅、市人大常委会有关科室负责人，各乡镇人大负责人、市政府有关部门负责人。会议还特邀市人大代表沈学荣、金玲列席。

会议议程

听取黄骅市人民政府关于2017年冬季供热工程财政负担资金等情况的报告；听取黄骅市人民政府关于全市基础教育工作整改落实情况的报告；审议黄骅市人民政府关于提请审议批准《2017年市本级财政收支预算调整方案》的议案；审议黄骅市人民政府关于提请审议批准《黄骅市"乡财县管"改革管理办法（试行）》的议案；审议黄骅市人民政府关于提请审议批准实施新市医院项目建设的议案；听取黄骅市人民法院关于基本解决执行难工作情况的报告；述职评议。

（八）市第八届人大常委会第八次会议

2017年12月13日，黄骅市第八届人大常委会第八次会议在黄骅市人大常委会会议室召开。市人大常委会主任夏爱华，副主任许建国、赵锡铸、王振山、孟祥普及委员共34人出席会议。市人大常委会主任夏爱华主持会议。

会议议程

审议《黄骅市人大常委会主任会议关于提请审议补选刘振华为沧州市第十四届人大代表的议案》。

（九）市第八届人大常委会第九次会议

2017年12月29日，黄骅市第八届人大常委会第九次会议在黄骅市人大常委会会议室召开。市人大常委会主任夏爱华，副主任许建国、赵锡铸、王振山、孟祥普及委员共35人出席会议。市人大常委会主任夏爱华主持会议。列席会议的有市人民政府常务副市长张剑华、市政府副市长王友海、市人民检察院检察长赵广杰、市人民法院副院长高文利、市人民检察院副检察长刘国良、市人大常委会有关科室负责人、各乡镇人大负责人、市政府有关部门负责人。会议还特邀市人大代表沈海滨、宋兴仓列席。

会议议程

听取和审议黄骅市人民政府关于城市重点项目建设工作情况的报告；听取黄骅市人民政府关于全市食品安全整改落实情况的报告；听取黄骅市人民政府关于城区水污染治理工作整改落实情况的报告；听取黄骅市人民政府关于代表议案和建议、批评、意见办理情况的报告；审议黄骅市人民政府关于提请审议批准新医院项目增加投资的议案；述职评议。

（十）市第八届人大常委会第十次会议

2018 年 1 月 18 日，黄骅市第八届人大常委会第十次会议在黄骅市人大常委会会议室召开。市人大常委会主任夏爱华，副主任许建国、赵锡铸、王振山、孟祥普及委员共 35 人出席会议。市人大常委会主任夏爱华主持会议。

会议议程

审议《黄骅市人大常委会主任会议关于提请审议补选邵长增同志为沧州市第十四届人大代表的议案》。

（十一）市第八届人大常委会第十一次会议

2018 年 1 月 25 日，黄骅市第八届人大常委会第十一次会议在黄骅市人大常委会会议室召开。市人大常委会主任夏爱华，副主任许建国、赵锡铸、王振山、孟祥普及委员共 35 人出席会议。市人大常委会主任夏爱华主持会议。列席会议的有市政府副市长王友海、市人民法院院长张金旭、市人民检察院副检察长刘国良、市人大常委会各科室负责人、市政府有关部门负责人、各乡镇人大主席、各街道负责联系人大工作的人员。

会议议程

审议《黄骅市人民政府关于提请审议批准〈关于解决城中村农民住房问题的实施意见（试行）〉的议案》。审议人大代表辞职事项。听取和审议《黄骅市人大财经委员会关于 2018 年财政收支预算草案的审查报告》。讨论通过《黄骅市人大常委会监督工作计划（2018—2020）（草案）》。讨论通过《黄骅市人大常委会监督工作实施办法（草案）》。审议黄骅市第八届人民代表大会第二次会议有关文件：表决黄骅市人民代表大会常务委员会关于召开黄骅市第八届人民代表大会第二次会议的决定（草案）；审议黄骅市第八届人民代表大会常务委员会代表资格审查委员会关于黄骅市第八届人民代表大会代表变化情况和补选代表的代表资格审查报告（草案）；表决黄骅市人大常委会关于表彰 2017 年度优秀人大代表的决定（草案）；审议黄骅市人大常委会关于召开黄骅市第八届人民代表大会第二次会议的其他有关事宜［包括大会议程（草案），大会日程（草案），大会主席团和秘书长名单（草案），大会常务主席名单（草案），大会副秘书长名单（草案），议案审查委员会主任委员、委员名单（草案），大会各代表团组成及各团列席人员名单（草案），大会列席人员名单（草案），大会选举办法（草案）］；审议黄骅市人民代表大会常务委员会工作报告（草案）。

（十二）市第八届人大常委会第十二次会议

2018 年 1 月 30 日，黄骅市第八届人大常委会第十二次会议在黄骅市人大常委会会议室召开。市人大常委会主任夏爱华，副主任许建国、赵锡铸、王振山、孟祥普及委员共 35 人出席会议。市人大常委会主任夏爱华主持会议。列席会议的有市人民检察院副检察长刘国良、市人大常委会有关科室负责人。

会议议程

审议任免案。

（十三）市第八届人大常委会第十三次会议

2018年2月2日，黄骅市第八届人大常委会第十三次会议在黄骅市人大常委会会议室召开。市人大常委会主任夏爱华，副主任许建国、赵锡铸、王振山、孟祥普及委员共35人出席会议。市人大常委会主任夏爱华主持会议。列席会议的有市监察委主任邵长增、市人大常委会有关科室负责人。

会议议程

审议任免案。

（十四）市第八届人大常委会第十四次会议

2018年3月19日，黄骅市第八届人大常委会第十四次会议在黄骅市人大常委会会议室召开。市人大常委会主任夏爱华，副主任许建国、赵锡铸、王振山、孟祥普及委员共35人出席会议。市人大常委会主任夏爱华主持会议。列席会议的有市监察委主任邵长增，市人民政府副市长王友海，市人民法院院长张金旭，市人民检察院检察长庞丽敏，市人大常委会有关科室负责人，各乡镇人大、各街道人大工委负责人。

会议议程

审议任免案；讨论通过《黄骅市人大常委会2018年工作要点、会议议题和活动安排（草案）》；讨论通过《全市乡镇、街道人大工作督导考评办法（草案）》；讨论通过《黄骅市人大常委会“双联”活动实施办法（草案）》。

（十五）市第八届人大常委会第十五次会议

2018年4月28日，黄骅市第八届人大常委会第十五次会议在黄骅市人大常委会会议室召开。市人大常委会主任夏爱华，副主任许建国、赵锡铸、王振山、孟祥普及委员共35人出席会议。市人大常委会主任夏爱华主持会议。列席会议的有市监察委主任邵长增、市人民政府副市长王友海、市人民法院副院长张金旭、市人民检察院检察长庞丽敏、市人大常委会有关委室负责人、各乡镇人大负责人、各街道人大工委负责人、市政府有关部门负责人。会议特邀市人大代表沈学荣、张秀洁列席。

会议议程

审议任免案；听取市人民政府关于推进交通秩序治理工作情况的报告；听取市人民法院关于提高审判质效、提升司法公信情况的报告；听取市人民检察院关于刑事执行工作情况的报告；听取市人民政府关于质量强市创建工作情况的报告；听取市人民政府关于推进城区市场建设管理工作情况的报告；讨论通过《黄骅市人大常委会代表建议、批评、意见办理办法（草案）》。

（十六）市第八届人大常委会第十六次会议

2018 年 7 月 13 日，黄骅市第八届人大常委会第十六次会议在黄骅市人大常委会会议室召开。市人大常委会主任夏爱华，副主任许建国、赵锡铸、王振山、孟祥普及委员共 35 人出席会议。市人大常委会主任夏爱华主持会议。列席会议的有市监察委主任邵长增、市人民政府副市长王友海、市人民法院副院长周洪利、市人民检察院党组副书记孙云鹏、市人大常委会有关委室负责人、各乡镇人大负责人、各街道人大工委负责人、市政府有关部门负责人。会议特邀市人大代表刘一霖、张德利列席。

会议议程

听取市人民政府关于深化“健康黄骅、品质医疗”行动开展情况的报告；听取市人民政府关于全市精准脱贫工作情况的报告；听取市人民政府关于扫黑除恶专项斗争工作情况的报告；听取市人民政府关于城区水污染治理整改落实工作情况的报告；述职评议。

（十七）市第八届人大常委会第十七次会议

2018 年 7 月 16 日，黄骅市第八届人大常委会第十七次会议在黄骅市人大常委会会议室召开。市人大常委会主任夏爱华，副主任许建国、赵锡铸、王振山、孟祥普及委员共 35 人出席会议。市人大常委会主任夏爱华主持会议。

会议议程

审议市八届人大代表辞职事项。

（十八）市第八届人大常委会第十八次会议

2018 年 8 月 20 日，黄骅市第八届人大常委会第十八次会议在黄骅市人大常委会会议室召开。市人大常委会主任夏爱华，副主任许建国、赵锡铸、王振山、孟祥普及委员共 35 人出席会议。市人大常委会主任夏爱华主持会议。列席会议的有市人民政府副市长王友海，市人民法院院长张金旭，市监察委副主任王连顺，市人民检察院党组成员、检委会专职委员史炳红，市人大常委会有关委室负责人。

会议议程

审议任免案。

（十九）市第八届人大常委会第十九次会议

2018 年 9 月 10 日，黄骅市第八届人大常委会第十九次会议在黄骅市人大常委会会议室召开。市人大常委会主任夏爱华，副主任许建国、赵锡铸、王振山、孟祥普及委员共 35 人出席会议。市人大常委会主任夏爱华主持会议。列席会议的有市人民政府常务副市长张剑华，市监察委主任邵长增、市人民法院院长张金旭、市人民检察院检察长庞丽敏、市人大常委会有关委室负责人、各乡镇人大负责人、各街道人大工委主任、市政府有关部门负责人。

会议议程

审议市政府关于2017年全市财政决算情况的报告，审查和批准2017年全市财政决算；听取市政府关于2017年财政预算执行情况及其他财政情况的审计工作报告；听取市政府关于2018年上半年国民经济和社会发展计划执行情况的报告；听取审议市政府关于2018年上半年财政预算执行情况的报告；听取市政府关于《中华人民共和国药品管理法》执法检查整改落实情况的报告；审议《黄骅市人大常委会主任会议关于提请确认许可对市八届人大代表王某某采取强制措施的议案》。

（二十）市第八届人大常委会第二十次会议

2018年11月7日，黄骅市第八届人大常委会第二十次会议在黄骅市人大常委会会议室召开。市人大常委会主任夏爱华，副主任许建国、赵锡铸、王振山、孟祥普及委员共35人出席会议。市人大常委会主任夏爱华主持会议。列席会议的有市监察委主任邵长增、市人民政府副市长王友海、市人民法院副院长周洪利、市人民检察院副检察长张景毅、市人大常委会有关委室负责人。

会议议程

审议任免案。

（二十一）市第八届人大常委会第二十一次会议

2018年12月27日，黄骅市第八届人大常委会第二十一次会议在黄骅市人大常委会会议室召开。市人大常委会主任夏爱华，副主任许建国、赵锡铸、王振山、孟祥普及委员共35人出席会议。市人大常委会主任夏爱华主持会议。列席会议的有市人民政府常务副市长张剑华，市监察委副主任王连顺，市人民检察院党组副书记孙云鹏，市人民法院政治处主任滕金江，市人大常委会有关委室负责人，各乡镇、街道人大负责人，市政府有关部门负责人。

会议议程

审查黄骅市人民政府关于2018年市本级财政收支预算调整方案的报告；审议通过《黄骅市人大常委会国有资产监督实施办法（试行）》；听取市政府关于新市医院项目建设情况及预算资金使用情况的报告；听取市监察委全年工作情况的报告；听取市政府关于市区集中供热情况的报告；听取市政府关于城市公共交通管理工作情况的报告；审议市八届人大代表辞职事项。

（二十二）市第八届人大常委会第二十二次会议

2019年1月11日，黄骅市第八届人大常委会第二十二次会议在黄骅市人大常委会会议室召开。市人大常委会主任夏爱华，副主任许建国、赵锡铸、王振山、孟祥普及委员共35人出席会议。市人大常委会主任夏爱华主持会议。列席会议的有市政府副市长王友海，市人民法院院长张金旭，市监察委副主任陈思文，市人民检察院纪检组书记夏文义，市人大常委会各委室负责人，市政府有关部门负责人，各乡镇、街道人大负责人。

会议议程

听取市人大财经委员会关于2019年财政收支预算（草案）的审查报告。听取市政府关于代表议案和建议、批评、意见办理情况的报告。审议《黄骅市人大常委会“双联”活动代表建议办理办法》。审议黄骅市第八届人民代表大会第三次会议有关文件：表决黄骅市人民代表大会常务委员会关于召开黄骅市第八届人民代表大会第三次会议的决定（草案）；审议黄骅市第八届人民代表大会常务委员会代表资格审查委员会关于黄骅市第八届人民代表大会代表变化情况和补选代表的代表资格审查报告（草案）；表决黄骅市人大常委会关于表彰2018年度基层人大工作先进单位、先进“代表之家”及优秀人大代表的决定（草案）；审议关于召开黄骅市第八届人民代表大会第三次会议的其他事宜［包括大会议程（草案），大会日程（草案），大会主席团和秘书长名单（草案），大会常务主席名单（草案），大会副秘书长名单（草案），议案审查委员会主任委员、委员名单（草案），大会各代表团组成及入团列席人员名单（草案），大会列席人员名单（草案），黄骅市第八届人民代表大会第三次会议关于设立黄骅市第八届人民代表大会社会建设委员会，增补黄骅市第八届人民代表大会城乡建设和环境保护委员会委员的决定（草案），黄骅市第八届人民代表大会第三次会议关于黄骅市人民代表大会社会建设委员会主任委员、副主任委员、委员及城乡建设和环境保护委员会增补委员名单的表决办法（草案）］；黄骅市第八届人民代表大会社会建设委员会主任委员、副主任委员、委员名单（草案）；黄骅市第八届人民代表大会城乡建设和环境保护委员会增补委员名单（草案）；审议黄骅市人民代表大会常务委员会工作报告（草案）。

（二十三）市第八届人大常委会第二十三次会议

2019年3月20日，黄骅市第八届人大常委会第二十三次会议在黄骅市人大常委会会议室召开。市人大常委会主任夏爱华，副主任许建国、赵锡铸、王振山、孟祥普及委员共35人出席会议。市人大常委会主任夏爱华主持会议。列席会议的有市人民政府常务副市长张剑华，市监察委副主任王连顺，市人民法院副院长周洪利，市人民检察院纪检组书记夏文义，市人大常委会有关委室负责人，各乡镇人大负责人、各街道人大工委主任。

会议议程

审议市八届人大常委会组成人员辞职事项；讨论通过《黄骅市人大常委会2019年工作要点及议题、活动安排》；审议《黄骅市人民政府关于提请审议批准实施2019年20项民心工程的议案》；审议任免案。

（二十四）市第八届人大常委会第二十四次会议

2019年4月29日，黄骅市第八届人大常委会第二十四次会议在黄骅市人大常委会会议室召开。市人大常委会主任夏爱华，副主任许建国、赵锡铸、王振山、孟祥普及委员共30人出席会议。市人大常委会主任夏爱华主持会议。列席会议的有市人民政府副市长王友海、市人民法院院长张金旭、市监察委副主任王连顺、市人民检察院党组副书记孙云鹏、市人大常委会有关委室负责人、各乡镇人大负责人、各街道人大工委主任。

会议议程

审议任免案；听取市政府关于全市学前教育专题询问整改落实情况的报告；听取市政府关于城区污水治理专题询问整改落实情况的报告；听取市政府关于城区市场建设专题询问整改落实情况的报告；听取市政府关于全市生态环境状况的报告。

（二十五）市第八届人大常委会第二十五次会议

2019 年 6 月 28 日，黄骅市第八届人大常委会第二十五次会议在黄骅市人大常委会会议室召开。市人大常委会主任夏爱华，副主任许建国、赵锡铸、王振山、孟祥普及委员共 30 人出席会议。市人大常委会主任夏爱华主持会议。列席会议的有市人民政府副市长张昕、市人民法院院长张金旭、市监察委副主任王连顺、市人民检察院党组副书记孙云鹏、市政府有关部门负责人、市人大常委会有关委室负责人、各乡镇人大负责人、各街道人大工委负责人。

会议议程

审议任免案；审查市人民政府关于 2018 年全市财政决算情况的报告；听取市人民政府关于 2018 年财政预算执行情况及其他财政收支情况的审计工作报告；听取市人民政府关于劳动就业保障工作情况的报告；讨论通过黄骅市人大常委会“河北发展、人大尽责”主题实践活动相关文件。

（二十六）市第八届人大常委会第二十六次会议

2019 年 9 月 5 日，黄骅市第八届人大常委会第二十六次会议在黄骅市人大常委会会议室召开。市人大常委会主任夏爱华，副主任许建国、赵锡铸、王振山、孟祥普及市人大常委会委员共 29 人出席会议。市人大常委会主任夏爱华主持会议。市人民政府副市长张昕，市人民法院院长张金旭，市监察委副主任王连顺，市人民检察院检察长庞丽敏，市政府有关部门负责人，财政部门负责人，市人大有关委室负责人，各乡镇人大、街道人大工委负责人列席会议。

会议议程

传达学习习近平总书记关于地方人大及其常委会工作的重要指示精神；听取审议市人民政府关于上半年计划、预算执行情况的报告；听取市人民法院关于开展道路交通事故损害赔偿纠纷“网上数据一体化处理”改革试点工作情况的报告；听取市人民检察院关于以“捕诉合一”为契机，推动刑事检察工作科学发展情况的报告；通过市人民法院有关人事任免案。

会议意见建议

黄骅市第八届人大常委会第二十六次会议听取和审议了市人民政府关于上半年计划、预算执行情况的报告，结合市人大常委会财经委专题调研报告，对全市上半年计划、预算执行工作进行了讨论，提出了有关审议意见。会议分别就市人民法院关于开展道路交通事故损害赔偿纠纷“网上数据一体化处理”改革试点工作情况和市人民检察院关于以“捕诉合一”为契机，推动刑事检察工作科学发展情况，听取了“两院”专题工作报告，提出了意见建议，开展了满意度测评。会上，市人大常委会主任夏爱华结合会议审议情况，强调市政府及发改、财政部门要继续保持上半年良好工作势头，认真对照常委会的审议意见，重点围绕破解当前计划预算执行工作中存在的短板问题，有针对性地强化举措、抓好落实，确保2019年度计划预算执行工作高质量完成。法检“两院”要充分参考常委会组成人员的意见建议，继续围绕事关全市经济发展、社会大局稳定、群众切身利益的热点难点问题，开展好相关专项工作，在实践探索中不断增强审判检察工作水平，切实让人民群众在每一起司法案件中都能感受到公平正义，为推动全市经济社会发展和维护社会长治久安作出更大努力。

（二十七）市第八届人大常委会第二十七次会议

2019年10月31日，黄骅市第八届人大常委会第二十七次会议在黄骅市人大常委会会议室召开。市人大常委会主任夏爱华，副主任许建国、赵锡铸、王振山、孟祥普及委员共30人出席会议。市人大常委会主任夏爱华主持会议。列席会议的有市人民政府副市长张桂云、市人民法院院长张金旭、市人民检察院党组副书记孙云鹏、市人大常委会有关委室负责人、市政府有关部门负责人、各乡镇人大负责人、各街道人大工委主任。会议还特邀市人大代表王洪来、金玲列席。

会议议程

审议任免案；听取市政府关于全市农村人居环境综合整治工作情况的报告；听取市政府关于地下水资源保护利用和“河长制”实施情况的报告；听取市政府关于2018年国有资产管理工作情况的报告；审议市政府关于2019年财政预算调整方案（草案）的议案。

（二十八）市第八届人大常委会第二十八次会议

2019年12月28日，黄骅市第八届人大常委会第二十八次会议在黄骅市人大常委会会议室召开。市人大常委会主任夏爱华，副主任许建国、赵锡铸、王振山、孟祥普及委员共30人出席会议。市人大常委会主任夏爱华主持会议。列席会议的有市监委主任邵长增，市人民政府副市长张昕，市人民法院副院长周洪利，市人民检察院党组副书记孙云鹏，市人大常委会各委室负责人，各乡镇、街道人大负责人。

会议议程

审议任免案；审议黄骅市人民检察院关于提请许可对市八届人大代表王义军采取强制措施的议案；听取黄骅市人民政府关于2019年20项民心工程落实情况的报告；听取黄骅市人民政府关于2020年黄骅市民生实事候选项目形成情况的报告；听取黄骅市人民政府关于代表议案和建议、批评、意见办理情况的报告；研究审议召开黄骅市第八届人民代表大会第四次会议有关事项；审议部分市人大常委会组成人员、市人大代表辞职事项。

（二十九）市第八届人大常委会第二十九次会议

2020年1月7日，黄骅市第八届人大常委会第二十九次会议在黄骅市人大常委会会议室召开。市人大常委会主任夏爱华，副主任许建国、赵锡铸、王振山、孟祥普及委员共29人出席会议。市人大常委会主任夏爱华主持会议。列席会议的有市人民政府副市长张昕，市人民法院代理院长郭淑仙，市人民检察院检察长庞丽敏 ，市监委副主任王连顺，市人大常委会各委室负责人，市政府财政部门负责人，各乡镇、街道人大负责人。

会议议程

听取市人大财经委员会关于2020年财政收支预算（草案）的审查报告；表决黄骅市人大常委会关于表彰2019年度基层人大工作先进单位、先进“代表之家”及优秀人大代表的决定（草案）；审议黄骅市第八届人民代表大会常务委员会代表资格审查委员会关于黄骅市第八届人民代表大会代表变化情况和补选代表的代表资格审查报告（草案）；审议黄骅市第八届人民代表大会第四次会议的有关事宜［包括议案审查委员会主任委员、委员名单（草案），大会各代表团组成及各团列席人员名单，大会列席人员名单，大会选举办法（草案），市人大常委会工作报告（草案）］。

（三十）市第八届人大常委会第三十次会议

2020年1月10日，黄骅市第八届人大常委会第三十次会议在黄骅市人大常委会会议室召开。市人大常委会主任夏爱华，副主任许建国、赵锡铸、王振山、孟祥普及委员共35人出席会议。市人大常委会主任夏爱华主持会议。列席会议的有市人民政府常务副市长孟辉、市监察委主任邵长增、市人民法院院长郭淑仙、市人民检察院检察长庞丽敏。

会议议程

审议市人民政府提请的任免议案。

（三十一）市第八届人大常委会第三十一次会议

2020年3月30日，黄骅市第八届人大常委会第三十一次会议在黄骅市人大常委会会议室召开。市人大常委会主任夏爱华，市人大常委会副主任许建国、赵锡铸、王振山、孟祥普及委员共35人出席会议。市人大常委会主任夏爱华主持会议。市人民政府常务副市长孟辉，市人民政府副市长张桂云，市人民法院院长郭淑仙，市人民检察院检察长庞丽敏，市监察委副主任王连顺，市政府水务、卫健部门负责人，各乡镇、街道人大负责人列席会议。

会议议程

讨论通过市人大常委会关于《黄骅市人大常委会2020年工作要点及会议、活动安排（草案）》；审议通过市人民政府相关议案，决定批准市人民政府实施2020年旅发大会城区规划景点项目和沧州东部农村江水置换工程；听取市人民政府关于2020年民生实事实施安排和病媒生物防治专题询问整改落实情况的报告。

（三十二）市第八届人大常委会第三十二次会议

2020年4月29日，黄骅市第八届人大常委会第三十二次会议在黄骅市人大常委会会议室召开。市人大常委会主任夏爱华，副主任许建国、赵锡铸、王振山、孟祥普及委员共35人出席会议。市人大常委会主任夏爱华主持会议。列席会议的有市人民政府常务副市长孟辉、市人民法院院长郭淑仙，市人民检察院检察长庞丽敏，市监察委副主任王连顺，市政府财政部门负责人，各乡镇、街道人大负责人。

会议议程

听取《黄骅市人民政府关于2019年国有资产管理情况的综合报告》；听取《黄骅市人民政府关于行政事业国有资产管理情况的专项报告》；听取《黄骅市人民法院关于速裁工作情况的报告》；听取《黄骅市人民检察院关于公益诉讼工作情况的报告》。

（三十三）市第八届人大常委会第三十三次会议

2020年7月6日，黄骅市第八届人大常委会第三十三次会议在黄骅市人大常委会会议室召开。市人大常委会主任夏爱华，副主任许建国、赵锡铸、王振山、孟祥普及委员共35人出席会议。市人大常委会主任夏爱华主持会议。列席会议的有市监察委主任邵长增，市人民政府常务副市长孟辉，市人民政府副市长彭良营、王友海，市人民法院院长郭淑仙，市人民检察院检察长庞丽敏，各乡镇、街道人大负责人。

会议议程

第一阶段：在市人大常委会会议室召开，审议以下议题：听取黄骅市公安局关于扫黑除恶、“惩腐打伞”工作情况的报告；听取黄骅市人民政府关于农民社区建设有关情况的报告；听取黄骅市人民政府关于全市“七五”普法工作情况的报告（书面）；审议任免案；审议市人大常委会组成人员辞职事项。第二阶段：在市委六楼会议室召开，专题审议“6+1”联动监督相关事项：听取“6+1”联动监督各领域代表视察报告及发现问题清单；听取黄骅市政府关于“6+1”重点领域清理规范、自查自纠报告；听取全市“6+1”重点领域清理规范、自查自纠各分项报告（书面）；开展“6+1”联动监督专题询问。

（三十四）市第八届人大常委会第三十四次会议

2020年9月23日，黄骅市第八届人大常委会第三十四次会议在黄骅市人大常委会会议室召开。市人大常委会主任夏爱华，副主任许建国、赵锡铸、王振山、孟祥普及委员共33人出席会议。市人大常委会主任夏爱华主持会议。市人民政府常务副市长孟辉，市人民法院院长郭淑仙，市人民检察院检察长庞丽敏，市监察委副主任王连顺，市政府财政、审计、发改部门负责人，市人大有关委室负责人，各乡镇人大、街道人大工委负责人列席会议。

会议议程

传达学习中共黄骅市委七届八次全会精神；听取《黄骅市人民政府关于2019年财政预算执行情况及其他财政收支情况审计工作报告》；审查批准《黄骅市人民政府关于2019年全市财政决算情况的报告》；听取审议《黄骅市人民政府关于2020年上半年财政预算执行情况的报告》和《黄骅市人大财经委关于2020年上半年全市财政预算执行情况的调研报告》；听取《黄骅市人民政府关于2020年上半年国民经济和社会发展计划执行情况的报告》《黄骅市人民政府关于2020年民生实事阶段实施情况的报告》《黄骅市人民政府关于便民市场建设专题询问整改落实情况的报告》；审议通过有关任免案；讨论通过落实习近平总书记部署要求，向全市各级人大代表发出“制止餐饮浪费行为培养勤俭节约习惯”的倡议书。

（三十五）市第八届人大常委会第三十五次会议

2020 年 11 月 30 日，黄骅市第八届人大常委会第三十五次会议在黄骅市人大常委会会议室召开。市人大常委会主任夏爱华，副主任许建国、赵锡铸、王振山、孟祥普及委员共 34 人出席会议。市人大常委会主任夏爱华主持会议。列席会议的有市人民政府常务副市长孟辉，市人民法院院长郭淑仙，市人民检察院检察长庞丽敏，市监察委副主任王连顺，市财政局、市发改局、市生态环境局等部门主要负责人，各乡镇、街道人大负责人。

会议议程

审议任免案；审查和批准《市人民政府关于提请审议 2020 年全市财政预算调整方案的议案》；审查和批准《市人民政府关于提请审议 2020 年全市地方政府债券及抗疫特别国债使用方案（草案）的议案》；审查和批准《市人民政府关于调整黄骅市国民经济和社会发展第十三个五年规划纲要部分指标的议案》；听取《市人民政府关于"十三五"规划完成情况的报告》；听取《市人民政府关于文体惠民工程专题询问整改落实情况的报告》（书面）；听取《市人民政府关于全年环境状况和环境保护目标完成情况的报告》；听取《黄骅市人民政府关于黄骅镇楼东村、后街村农民安置社区建设情况的报告》。

（三十六）市第八届人大常委会第三十六次会议

2020 年 12 月 31 日，黄骅市第八届人大常委会第三十六次会议在黄骅市人大常委会会议室召开。市人大常委会主任夏爱华，副主任许建国、赵锡铸、王振山、孟祥普及委员共 34 人出席会议。市人大常委会主任夏爱华主持会议。列席会议的有市监察委主任邵长增，市人民政府常务副市长孟辉，市人民法院院长郭淑仙，市人民检察院检察长庞丽敏，市政府财政局、发改局、民政局等部门主要负责人，各乡镇、街道人大负责人。

会议议程

补选沧州市第十四届人民代表大会代表；审议任免案；审议《黄骅市人民政府关于提请批准 2020 年全市财政预算调整方案（草案）的议案》；审议《黄骅市人民政府关于提请批准调整全市一般公共预算收入、全部财政收入"十三五"规划和 2020 年预期目标的议案》；听取《黄骅市人民政府关于优化营商环境工作情况的报告》；听取《黄骅市人民政府关于脱贫攻坚工作情况的报告》；听取《黄骅市人民政府关于代表建议、批评和意见办理情况的报告》。

（三十七）市第八届人大常委会第三十七次会议

2021 年 2 月 4 日，黄骅市第八届人大常委会第三十七次会议在黄骅市人大常委会会议室召开。市人大常委会主任夏爱华，副主任许建国、赵锡铸、王振山、孟祥普及委员共 31 人出席会议。市人大常委会主任夏爱华主持会议。列席会议的有市人民政府常务副市长孟辉，市监察委副主任王连顺，市人民检察院副检察长张景毅，市人民法院副院长周洪利，各乡镇、街道人大负责人。

会议议程

听取市政府关于 2021 年财政收支预算（草案）的说明和市人大财经委员会关于 2021 年财

政收支预算（草案）的审查报告。听取市政府关于2020年民生实事项目完成情况与2021年民生实事候选项目完成情况的报告。听取黄骅市人大常委会关于黄骅市2020年度民生实事项目督导情况的报告。表决通过黄骅市人大常委会关于表彰2020年度全市基层人大工作先进单位、先进“代表之家”及优秀市级人大代表的决定（草案）。审议代表辞职事项。审议黄骅市第八届人民代表大会常务委员会代表资格审查委员会关于黄骅市第八届人民代表大会代表变化情况和补选代表的代表资格审查报告（草案）。审议黄骅市第八届人民代表大会第五次会议有关文件：表决通过黄骅市人民代表大会常务委员会关于召开黄骅市第八届人民代表大会第五次会议的决定（草案）；表决黄骅市第八届人民代表大会第五次会议议程（草案）；表决黄骅市第八届人民代表大会第五次会议主席团和秘书长名单（草案）；表决黄骅市人大常委会工作报告（草案）。

（三十八）市第八届人大常委会第三十八次会议

2021年4月9日，黄骅市第八届人大常委会第三十八次会议在黄骅市人大常委会会议室召开。市人大常委会主任夏爱华，副主任许建国、赵锡铸、王振山、孟祥普及委员共31人出席会议。市人大常委会主任夏爱华主持会议。列席会议的有市人民政府常务副市长孟辉，市监察委副主任王连顺，市人民检察院副检察长张景毅，市人民法院副院长周洪利，各乡镇、街道人大负责人。

会议议程

审议任免案；讨论通过《黄骅市人大常委会2021年工作要点》；审议《黄骅市人民政府关于提请黄骅市人民医院项目增加建设资金的议案》。

（三十九）市第八届人大常委会第三十九次会议

2021年5月12日，黄骅市第八届人大常委会第三十九次会议在黄骅市人大常委会会议室召开。市人大常委会主任夏爱华，副主任许建国、赵锡铸、王振山、孟祥普及委员共31人出席会议。市人大常委会主任夏爱华主持会议。列席会议的有市监察委主任邵长增，市人民政府常务副市长孟辉，市人民法院院长郭淑仙，市人民检察院检察长庞丽敏，市政府财政局、发改局、民政局等部门主要负责人，各乡镇、街道人大负责人。

会议议程

表决通过《黄骅市人大常委会关于市乡两级人民代表大会换届选举时间的决定（草案）》；表决通过《黄骅市人大常委会关于任命黄骅市选举委员会组成人员的决定（草案）》；表决通过《黄骅市人大常委会关于任命各乡镇选举委员会组成人员及渤海新区、街道选举工作领导小组组成人员的决定（草案）》；表决通过《黄骅市人大常委会关于重新确定乡级人民代表大会代表总名额的决定（草案）》；审议《黄骅市市乡两级人民代表大会换届选举工作实施方案（草案）》。

（四十）市第八届人大常委会第四十次会议

2021年6月11日，黄骅市第八届人大常委会第四十次会议在黄骅市人大常委会会议室召开。市人大常委会主任夏爱华，副主任许建国、赵锡铸、王振山、孟祥普及委员共31人出席会议。市人大常委会主任夏爱华主持会议。列席会议的有市监察委主任邵长增，市人民政府副市长张桂云，市人民法院院长郭淑仙，市人民检察院副检察长刘国良，各乡镇、街道人大负责人。

会议议程

审议任免案。

（四十一）市第八届人大常委会第四十一次会议

2021年7月22日，黄骅市第八届人大常委会第四十一次会议在黄骅市人大常委会会议室召开。市人大常委会主任夏爱华，副主任许建国、赵锡铸、王振山、孟祥普及委员共31人出席会议。市人大常委会主任夏爱华主持会议。列席会议的有市监察委主任邵长增，市人民政府副市长王友海，市人民法院院长郭淑仙，市人民检察院代理检察长刘金生，各乡镇、街道人大负责人。

会议议程

听取黄骅市第八届人民代表大会常务委员会代表资格审查委员会关于黄骅市第九届人民代表大会代表资格的审查报告（草案）。审议召开黄骅市第九届人民代表大会第一次会议的有关文件：表决黄骅市人民代表大会常务委员会关于召开黄骅市第九届人民代表大会第一次会议的决定（草案）；审议黄骅市第九届人民代表大会第一次会议议程（草案）；审议黄骅市第九届人民代表大会第一次会议主席团和秘书长名单（草案）；审议黄骅市第九届人民代表大会第一次会议主席团常务主席名单（草案）；审议黄骅市人大常委会工作报告（草案）。

第三节　黄骅市人大常委会人事任免

一、黄骅市第一届人大常委会任免人员名单

黄骅市第一届人民代表大会常务委员会第三次会议（1990 年 1 月）

决定免去：
周长荣黄骅市人民政府副市长职务。
决定任命：
张志坡为黄骅市人民政府副市长。

二、黄骅市第二届人大常委会任免人员名单

（一）黄骅市第二届人民代表大会常务委员会第一次会议（1990 年 4 月 12 日）

决定任命：
纪元柱为黄骅市政府办公室主任；
胡庆元为黄骅市劳动人事局局长；
胡庆勃为黄骅市卫生局局长；
范振兰为黄骅市计划生育委员会主任；
周云生为黄骅市商业局局长；
刘鹤智为黄骅市科学技术委员会主任；
刘连发为黄骅市土地管理局局长；
吕明庆为黄骅市财政局局长；
滕巨升为黄骅市畜牧局局长；
王金枝为黄骅市物价局局长；
王宪鹏为黄骅市民族事务委员会主任；

王印芳为黄骅市统计局局长；
王发生为黄骅市农林局局长；
刘福岭为黄骅市水利局局长；
陈国祥为黄骅市计划委员会主任；
李云溪为黄骅市审计局局长；
贾荣亮为黄骅市体育运动委员会主任；
刘金岩为黄骅市民政局局长；
刘恩甲为黄骅市交通局局长；
白凤堂为黄骅市经委主任；
康德田为黄骅市公安局局长；
董春华为黄骅市标准计量局局长；
姬长峰为黄骅市水产局局长；
王墨庄为黄骅市粮食局局长；
王殿英为黄骅市监察局局长；
刘凤池为黄骅市工商行政管理局局长；
郭福兴为黄骅市司法局局长；
岳腾伦为黄骅市文教局局长。
免去：
胡占琪黄骅市人民检察院检察员职务；
任承柱黄骅市人民检察院检察员职务；
索云才黄骅市人民检察院检察员职务。
任命：
高玉恒为黄骅市人民法院民事审判庭庭长、审判委员会委员；
王平为黄骅市人民法院执行庭庭长、审判委员会委员；
王玉强为黄骅市人民法院审判员；
宋竹兴为黄骅市人民法院审判员；
井金岗为黄骅市人民法院审判员；
潘金玉为黄骅市人民法院审判员；
董传岗为黄骅市人民法院审判员；
王普岭为黄骅市人民法院审判员；
杨明照为黄骅市人民法院审判员；
李洪柱为黄骅市人民法院审判员；
于建平为黄骅市人民法院审判员；
孟平为黄骅市人民法院审判员；
刘宝峰为黄骅市人民检察院检察员；
王其林为黄骅市人民检察院检察员；
刘富贵为黄骅市人民检察院检察员；
李春升为黄骅市人民检察院检察员；

穆桂忠为黄骅市人民检察院检察员；
王墨祥为黄骅市人民检察院检察员。

（二）黄骅市第二届人民代表大会常务委员会第二次会议（1990 年 6 月 1 日）

免去：
刘炳权中捷农场检察院检察员职务；
白贞礼黄骅市人民检察院检察员职务。
任命：
郭庆俊为黄骅市人民法院审判员；
王世安为黄骅市人民检察院检察委员会委员。

（三）黄骅市第二届人民代表大会常务委员会第四次会议（1990 年 10 月 16 日）

任命：
陈和平为南大港农场检察院副检察长；
赵书君为黄骅市检察院检察员。

（四）黄骅市第二届人民代表大会常务委员会第五次会议（1990 年 12 月 14 日）

免去：
王发生黄骅市农林局局长职务；
王印芳黄骅市统计局局长职务；
贾荣佩黄骅市人大常委会代表联络处处长职务；
刘尚文黄骅市人大常委会教科文卫处处长职务；
李建国黄骅市人民法院审判员、审判委员会委员职务。
决定任命：
康韵笙为黄骅市农林局局长；
刘承和为黄骅市统计局局长；
刘文昌为黄骅市文化局局长；
贾荣佩为黄骅市人大常委会教科文卫处处长；
宋玉森为黄骅市人大常委会代表联络处处长；
于树凯为黄骅市人大常委会政法处处长；
刘国增为黄骅市人大常委会办公室副主任。
任命：
罗金朋为黄骅镇人民法庭庭长；
王玉强为官庄乡人民法庭副庭长；
潘金玉为齐务乡人民法庭副庭长。

（五）黄骅市第二届人民代表大会常务委员会第七次会议（1991 年 3 月 12 日）

任命：
孟祥福为黄骅市人民政府副市长。

（六）黄骅市第二届人民代表大会常务委员会第八次会议（1991 年 4 月 25 日）

决定免去：
胡庆元黄骅市劳动人事局局长职务；
周云生黄骅市商业局局长职务。
决定任命：
胡庆元为黄骅市劳动局局长；
刘连清为黄骅市人事局局长。
免去：
田玉章黄骅市人民检察院检察员、检察委员会委员；
刘国良黄骅市人民检察院检察委员会委员；
王平黄骅市人民法院执行庭庭长职务。
任命：
董国楼为黄骅市人民法院刑事审判庭副庭长；
孙海峰为黄骅市人民法院执行庭副庭长；
商德才为黄骅市人民法院刑事审判庭副庭长；
刘森为黄骅市人民法院民事审判庭副庭长；
刘宝岗为黄骅市人民法院经济审判庭副庭长；
孙庆云为黄骅市人民法院行政审判庭副庭长；
潘金玉为黄骅市人民法院吕桥人民法庭副庭长；
王玉明为黄骅市人民法院贾象人民法庭副庭长；
刘祥义为黄骅市人民法院岭庄人民法庭副庭长；
张玉岭为黄骅市人民检察院检察员、检察委员会委员；
王普庆为黄骅市人民检察院检察委员会委员；
皮学生为黄骅市人民检察院检察委员会委员；
李国际为黄骅市人民检察院检察员。

（七）黄骅市第二届人民代表大会常务委员会第九次会议（1991 年 7 月 18 日）

免去：
刘炳杰中捷法庭副庭长职务。
任命：
刘金学为中捷人民法庭副庭长；

王墨华为中捷人民法庭审判员；
戴远征为黄骅市人民检察院贪污贿赂检察科检察员；
张玉三为黄骅市人民检察院贪污贿赂检察科检察员；
刘师祖为黄骅市人民检察院刑事检察科检察员；
杨长河为黄骅市人民检察院法纪检察科检察员；
姜长利为中捷检察院检察员；
郑国强为中捷检察院检察员。

（八）黄骅市第二届人民代表大会常务委员会第十次会议（1991年8月20日）

免去：
陈国祥黄骅市计划委员会主任职务；
李益文黄骅市人大常委会财经处处长职务。
决定任命：
张树功为黄骅市计划委员会主任；
李金伦为黄骅市人大常委会财经处处长。

（九）黄骅市第二届人民代表大会常务委员会第十一次会议（1991年10月24日）

决定免去：
岳腾伦黄骅市教育局局长职务。
决定任命：
吴宝儒为黄骅市教育局局长。
任命：
朱金林为黄骅市人民法院经济审判第二庭副庭长；
程玉森为黄骅市人民法院执行庭庭长；
郭庆俊为黄骅人民法庭副庭长；
宋竹兴为羊二庄人民法庭庭长；
礼晓莹为黄骅市人民法院审判员；
高秀峰为黄骅市人民法院审判员；
刘金月为黄骅市人民法院审判员；
孙福祥为黄骅市羊二庄人民法庭审判员；
张金田为中捷农场检察院副检察长（副科）。

（十）黄骅市第二届人民代表大会常务委员会第十二次会议（1991年12月24日）

免去：
刘金岩黄骅市民政局局长职务；

吕明庆黄骅市财政局局长职务；
刘祥义黄骅市岭庄乡人民法庭副庭长职务；
史清芳黄骅市人民法院民事审判庭副庭长职务。
决定任命：
胡庆强为黄骅市民政局局长；
张世杰为黄骅市财政局局长；
李瑞田为黄骅市商业局局长；
孙吉合为黄骅市人大常委会政法处副处长。

（十一）黄骅市第二届人民代表大会常务委员会第十五次会议（1992 年 7 月 3 日—4 日）

决定免去：
贾松行黄骅市人民政府副市长职务。
任命：
吴希云为黄骅市人民检察院副检察长、检察委员会委员；
刘常祥为黄骅市南大港农场人民检察院副检察长；
史炳红为黄骅市人民检察院检察员；
齐向阳为黄骅市人民检察院检察员；
张瑞祥为黄骅市人民检察院检察员；
刘振生为黄骅市人民检察院检察员；
张爱华为黄骅市人民检察院检察员。

（十二）黄骅市第二届人民代表大会常务委员会第十七次会议（1992 年 9 月 3 日）

免去：
陈和平南大港农场检察院副检察长职务；
商德才黄骅市人民法院刑事审判庭副庭长职务；
王玉强黄骅市官庄人民法庭副庭长职务；
孙庆云黄骅市人民法院行政审判庭副庭长职务；
程玉森黄骅市人民法院执行庭副庭长职务；
朱金林黄骅市人民法院经济审判第二庭副庭长职务。
任命：
井金岗为黄骅市岭庄人民法庭副庭长；
商德才为黄骅市人民法院民事审判庭副庭长；
王玉强为黄骅市人民法院经济审判第二庭副庭长；
孙庆云为黄骅市人民法院经济审判第二庭副庭长；
程玉森为黄骅市人民法院经济审判第二庭副庭长；

朱金林为黄骅市人民法院执行庭副庭长。

（十三）黄骅市第二届人民代表大会常务委员会第十八次会议（1992 年 10 月 27 日—28 日）

决定免去：
吴宝儒黄骅市教育局局长职务。
免去：
于树凯黄骅市人大常委会政法处处长职务；
袁仲凯黄骅市人大常委会副秘书长、办公室副主任职务。
决定任命：
吴宝儒为黄骅市教育委员会主任。
任命：
赵连升为黄骅市人大常委会办公室副主任。

（十四）黄骅市第二届人民代表大会常务委员会第十九次会议（1992 年 11 月 11 日）

决定免去：
张芳兰黄骅市人民政府副市长职务；
张志坡黄骅市人民政府副市长职务。
决定任命：
刘靖亭为黄骅市人民政府副市长；
刘彦红为黄骅市人民政府副市长；
范振兰为黄骅市人民政府副市长。

三、黄骅市第三届人大常委会任免人员名单

（一）黄骅市第三届人民代表大会常务委员会第一次会议（1993 年 4 月 6 日）

决定任命：
张义华为黄骅市人民政府秘书长；
张树功为黄骅市计委主任；
白凤堂为黄骅市经委主任；
吴宝儒为黄骅市教委主任；
刘鹤智为黄骅市科委主任；

李文德为黄骅市民委主任；
贾荣亮为黄骅市体委主任；
吕广敏为黄骅市计划生育委员会主任；
刘连清为黄骅市人事局局长；
胡庆元为黄骅市劳动局局长；
胡庆强为黄骅市民政局局长
刘承和为黄骅市统计局局长；
刘凤池为黄骅市工商物价局局长；
张世杰为黄骅市财政局局长；
王墨庄为黄骅市粮食局局长；
康韵笙为黄骅市农林局局长；
姬长峰为黄骅市水产局局长；
刘福岭为黄骅市水利局局长；
滕巨升为黄骅市畜牧局局长：
康德田为黄骅市公安局局长；
张金明为黄骅市司法局局长；
郭福兴为黄骅市审计局局长；
刘恩甲为黄骅市交通局局长：
王殿英为黄骅市监察局局长：
胡庆勃为黄骅市卫生局局长；
刘文昌为黄骅市文化局局长；
刘连发为黄骅市土地管理局局长：
董春华为黄骅市标准计量局局长；
孙金潭为黄骅市企业局局长；
田立坤为黄骅市城建局局长。
免去：
耿永和黄骅市人大常委会财经处副处长职务；
孙吉合黄骅市人大常委会政法处副处长职务：
王金忠黄骅市人民法院经济审判一庭副庭长职务；
朱金林黄骅市人民法院执行庭副庭长职务；
井金岗黄骅市岭庄法庭副庭长职务；
董国楼黄骅市人民法院刑事审判庭副庭长职务；
宋竹兴羊二庄法庭副庭长职务。
任命：
孙吉合为黄骅市人大常委会政法处处长；
张福田为黄骅市人民法院副院长、审判委员会委员；
王平为黄骅市人民法院副院长；
李国安为黄骅市人民法院告诉申诉庭庭长；

宋竹兴为黄骅市人民法院告诉申诉庭副庭长；
王金忠为黄骅市人民法院民事审判庭副庭长；
朱金林为黄骅市人民法院经济审判一庭副庭长；
井金岗为黄骅市人民法院行政审判庭副庭长；
董国楼为黄骅市羊二庄人民法庭副庭长；
贾宝军为黄骅市人民法院执行庭副庭长；
张玉岭为黄骅市人民检察院副检察长；
王树力为黄骅市人民检察院副检察长。

（二）黄骅市第三届人民代表大会常务委员会第二次会议（1993 年 6 月 3 日）

决定任命：
王德荣为黄骅市人民政府副市长；
赵吉琴为黄骅市人民政府副市长。
免去：
刘恒文黄骅市南大港农场人民检察院检察长职务；
王连成黄骅市人民检察院检察委员会委员职务；
赵金忠黄骅市人民检察院检察委员会委员职务。
任命：
刘长祥为黄骅市南大港农场人民检察院检察长；
王其林为黄骅市人民检察院检察委员会委员；
贾荣环为黄骅市人民检察院检察委员会委员；
刘树生为黄骅市人民检察院检察委员会委员；
王维军为黄骅市人民检察院检察员；
周立国为黄骅市人民检察院检察员；
叶奎为中捷人民检察院检察员。

（三）黄骅市第三届人民代表大会常务委员会第六次会议（1993 年 11 月 25 日—26 日）

决定任命：
郭洪波为黄骅市人民政府副市长。
任命：
刘荣昌为黄骅市人民法院审判委员会委员；
王玉强为黄骅市人民法院经济审判第二庭庭长；
陈金刚为黄骅市人民法院审判员；
闫卫华为黄骅市人民法院审判员；
张汝芳为黄骅市人民法院审判员；

韩永贵为黄骅市人民法院审判员；
董宪军为南大港人民法庭审判员。

（四）黄骅市第三届人民代表大会常务委员会第九次会议（1994年4月22日—23日）

免去：
王汝玺黄骅市人大常委会副秘书长、办公室副主任职务；
宋玉森黄骅市人大常委会代表联络处处长职务；
李金伦黄骅市人大常委会财经处处长职务；
李长荣黄骅市人民法院刑事审判庭庭长职务；
贾启安黄骅市旧城人民法庭副庭长职务；
宋竹兴黄骅市人民法院告诉、申诉庭副庭长职务；
朱金林黄骅市人民法院经济审判第一庭副庭长职务；
郭庆俊黄骅市黄骅人民法庭副庭长职务；
高玉恒黄骅市人民法院民事审判庭庭长职务；
刘吉元黄骅市吕桥人民法庭庭长职务；
罗金鹏黄骅市黄骅人民法庭庭长职务；
孙庆云黄骅市人民法院行政审判庭副庭长职务；
刘森黄骅市人民法院民事审判庭副庭长职务；
王玉明黄骅市旧城人民法庭副庭长职务；
董国楼黄骅市羊二庄人民法庭副庭长职务；
赵文义黄骅市人民检察院检察委员会委员职务；
张振友中捷友谊农场检察院检察长职务；
张金田中捷友谊农场检察院副检察长职务。
任命：
王汝玺为黄骅市人大常委会代表联络处处长；
胡学禹为黄骅市人大常委会财经处处长；
宋玉森为黄骅市人大常委会副秘书长（正局）；
李长荣为黄骅市黄骅人民法庭庭长；
贾启安为黄骅市黄骅人民法庭副庭长；
宋竹兴为黄骅市人民法院经济审判第三庭副庭长；
朱金林为黄骅市人民法院经济审判第三庭庭长；
郭庆俊为黄骅市人民法院经济审判第三庭副庭长；
杨晓莹为黄骅市人民法院刑事审判庭副庭长；
刘金月为黄骅市旧城人民法庭副庭长；
王玉红为黄骅市吕桥人民法庭副庭长；
高秀峰为黄骅市羊二庄人民法庭副庭长；
付春华为黄骅市海堡人民法庭副庭长；

田金峰为黄骅市黄骅人民法庭副庭长；
刘瑞华为黄骅市人民检察院检察员、检察委员会委员；
高希怀为黄骅市人民检察院检察委员会委员；
郑国友为黄骅市人民检察院检察员；
王之岭为黄骅市人民检察院检察员；
李清顺为黄骅市人民检察院检察员；
田炳义为黄骅市人民检察院检察员；
李建军为黄骅市人民检察院检察员；
王文泽为中捷友谊农场检察院副检察长。

（五）黄骅市第三届人民代表大会常务委员会第十次会议（1994 年 6 月 28 日—29 日）

免去：
董居亮南大港人民法庭副庭长职务。
任命：
胡庆国为黄骅市人大常委会城建环保处处长；
刘金学为中捷人民法庭庭长；
郑从瑞为南大港人民法庭副庭长。

（六）黄骅市第三届人民代表大会常务委员会第十一次会议（1994 年 8 月 18 日）

决定任命：
刘振河为黄骅市人民政府副市长；
张建华为黄骅市经济体制改革委员会主任。

（七）黄骅市第三届人民代表大会常务委员会第十二次会议（1994 年 10 月 28 日）

任命：
陈玉河为黄骅市人民法院审判员、审判委员会委员；
陈金刚为黄骅市人民法院审判委员会委员；
董丽英为黄骅市人民检察院检察员。

（八）黄骅市第三届人民代表大会常务委员会第十四次会议（1995 年 1 月 14 日）

补选：
王永林、杨素芹为沧州市第九届人民代表大会代表。

（九）黄骅市第三届人民代表大会常务委员会第十五次会议（1995年2月11日）

决定免去：
田文德黄骅市人民政府市长职务；
决定为命：
李振伦为黄骅市人民政府副市长、代理市长。

（十）黄骅市第三届人民代表大会常务委员会第十七次会议（1995年5月11日—12日）

任命：
张兴国为黄骅市人民检察院检察员；
杨玉生为黄骅市人民检察院检察员；
索云才为黄骅市人民检察院检察员。

（十一）黄骅市第三届人民代表大会常务委员会第十八次会议（1995年7月12日）

免去：
张建良黄骅市海堡人民法庭庭长职务；
宋竹兴黄骅市人民法院经济审判三庭副庭长职务；
张云岐黄骅市人民法院经济审判一庭庭长职务；
张金忠黄骅市人民法院民事审判庭副庭长职务；
郭庆俊黄骅市人民法院经济审判三庭副庭长职务；
贾启安黄骅人民法庭副庭长职务；
朱金林黄骅市人民法院经济审判三庭副庭长职务；
商德才黄骅市人民法院民事审判庭副庭长职务；
付春华黄骅市海堡人民法庭副庭长职务；
井金岗黄骅市人民法院行政审判庭副庭长职务；
曹绪奎黄骅市人民法院行政审判庭庭长、审判委员会委员职务；
李国安黄骅市人民法院告诉申诉庭庭长、审判委员会委员职务；
高玉恒黄骅市人民法院审判委员会委员职务；
程玉森黄骅市人民法院经济审判二庭副庭长职务；
孙国庭黄骅市南大港人民法庭庭长职务；
刘金学黄骅市中捷人民法庭庭长职务。
任命：
张建良为黄骅市人民法院行政审判庭庭长、审判委员会委员；
宋竹兴为黄骅市人民法院民事审判庭庭长、审判委员会委员；
董居亮为黄骅市南大港人民法庭庭长；

张金田为黄骅市中捷人民法庭庭长；
张云歧为黄骅市人民法院告诉申诉庭庭长；
张金忠为黄骅市人民法院经济审判二庭副庭长；
郭庆俊为黄骅市人民法院经济审判二庭副庭长；
贾启安为黄骅市人民法院民事审判庭副庭长；
朱金林为黄骅市人民法院告诉申诉庭副庭长；
商德才为黄骅市人民法院执行庭副庭长；
付春华为黄骅市人民法院执行庭副庭长；
井金岗为黄骅市海堡人民法庭副庭长；
王俊仁为黄骅市人民法院审判员；
王立山为黄骅市人民法院审判员；
韩月文为黄骅市人民法院审判员；
张发胜为黄骅市人民法院审判员；
郭长树为黄骅市人民法院审判员；
刘金岐为黄骅市人民法院审判员；
任俊杰为黄骅市人民法院审判员；
吴悦敏为黄骅市人民法院审判员；
丰俊杰为黄骅市中捷人民法庭审判员；
王明云为黄骅市人民法院审判员；
齐金凯为黄骅市人民法院审判员；
魏云良为黄骅市人民法院审判员；
周延刚为黄骅市人民法院审判员；
王景峰为黄骅市人民法院审判员；
曹延升为黄骅市人民法院审判员；
刘志政为黄骅市人民法院审判员；
吕绪礼为黄骅市人民法院审判员；
田杰清为黄骅市人民法院审判员；
王轶为黄骅市人民法院审判员；
陈庆鑫为黄骅市人民法院审判员；
董武为黄骅市人民法院审判员；
胡德忠为黄骅市人民法院审判员；
王坤英为黄骅市人民法院审判员；
田冀沙为黄骅市人民法院审判员。

（十二）黄骅市第三届人民代表大会常务委员会第十九次会议（1995年9月14日）

撤销：
孙海峰黄骅市人民法院执行庭庭长、审判员职务。

免去：
朱金林黄骅市人民法院告诉申诉庭副庭长职务；
商德才黄骅市人民法院执行庭副庭长职务。
任命：
朱金林为黄骅市人民法院执行庭副庭长；
商德才为黄骅市人民法院告诉申诉庭副庭长。

（十三）黄骅市第三届人民代表大会常务委员会第二十次会议（1995年11月8日—9日）

决定免去：
郭洪波黄骅市人民政府副市长职务。
决定为命：
贝军为黄骅市人民政府科技副市长。

（十四）黄骅市第三届人民代表大会常务委员会第二十一次会议（1995年12月21日）

决定为命：
宋有洪为黄骅市人民政府副市长。
补选：
李振伦为沧州市第九届人民代表大会代表。

（十五）黄骅市第三届人民代表大会常务委员会第二十四次会议（1996年4月29日—30日）

免去：
王文泽黄骅市人民检察院中捷农场检察院副检察长职务；
赵文义黄骅市人民检察院检察员职务；
索云才黄骅市人民检察院检察员职务。
任命：
王文泽为黄骅市人民检察院中捷农场检察院检察长；
张敏捷为黄骅市人民检察院检察员；
唐金峰为黄骅市人民检察院检察员；
王子亭为黄骅市人民检察院检察员；
张福德为黄骅市人民检察院检察员；
张建淮为黄骅市人民检察院检察员；
王丽莘为黄骅市人民检察院检察员。

（十六）黄骅市第三届人民代表大会常务委员会第二十五次会议（1996年5月22日）

决定免去：
王殿英黄骅市监察局局长职务；
张义华黄骅市市政府秘书长职务；
胡庆元黄骅市劳动局局长职务；
刘承和黄骅市统计局局长职务；
胡庆勃黄骅市卫生局局长职务；
王墨庄黄骅市粮食局局长职务；
康韵笙黄骅市农林局局长职务；
姬长峰黄骅市水产局局长职务；
董春华黄骅市技术监督局局长职务；
刘凤池黄骅市工商物价局局长职务；
刘恩甲黄骅市交通局局长职务；
吴宝儒黄骅市教委主任职务；
刘鹤智黄骅市科委主任职务；
张树功黄骅市计委主任职务；
白凤堂黄骅市经委主任职务；
贾荣亮黄骅市体委主任职务；
滕巨升黄骅市畜牧局局长职务；
边更堂黄骅市电力局局长职务。
免去：
胡庆国黄骅市人大城建环保处处长职务。
决定为命：
宋长升为黄骅市乡镇企业局局长；
张义华为黄骅市技术监督局局长；
吕佳明为黄骅市政府秘书长；
齐玉章为黄骅市工商管理局局长；
任国政为黄骅市贸易局局长；
孔繁禹为黄骅市计划局局长；
张玉才为黄骅市交通局局长；
李玉楼为黄骅市工业局局长；
于增江为黄骅市农林局局长；
胡福起为黄骅市电力局局长；
刘俊义为黄骅市监察局局长；
张金熙为黄骅市粮食局局长；
杨文生为黄骅市水产局局长；
刘志岭为黄骅市卫生局局长；

赵清轩为黄骅市科学技术局局长；
沈海生为黄骅市劳动局局长；
李志强为黄骅市统计局局长；
李德忠为黄骅市教育局局长；
尹凤岗为黄骅市环境保护局局长。
任命：
姬同乐为黄骅市黄骅人民法院副院长、审判委员会委员；
王俊仁为黄骅市黄骅人民法庭副庭长；
王立山为羊二庄人民法庭副庭长；
索云才为中捷人民法庭副庭长；
董宪军为南大港人民法庭副庭长；
范栋为南大港人民法庭审判员。

（十七）黄骅市第三届人民代表大会常务委员会第二十六次会议（1996 年 7 月 4 日）

免去：
郭景春市法院副院长、审判委员会委员职务；
李志明市法院副院长、审判委员会委员职务；
李长荣黄骅人民法庭庭长职务；
井金岗海堡人民法庭副庭长职务；
王玉红吕桥人民法庭副庭长职务；
刘金月旧城人民法庭副庭长职务；
郭庆俊市法院经济二庭副庭长职务；
高秀峰羊二庄人民法庭副庭长职务。
任命：
夏玉荣为市人大常委会财经处副处长；
姚金英为市人大常委会教科文卫处副处长；
李长荣为市法院刑事审判庭庭长；
井金岗为羊二庄人民法庭副庭长；
王玉红为市法院执行庭副庭长；
刘金月为吕桥人民法庭副庭长；
郭庆俊为旧城人民法庭副庭长；
高秀峰为海堡人民法庭副庭长；
张汝芳为市法院经济审判一庭副庭长；
龚长华为海堡人民法庭副庭长。

（十八）黄骅市第三届人民代表大会常务委员会第三十次会议（1997年1月8日）

决定为命：
王金峰为黄骅市国家安全局局长。

（十九）黄骅市第三届人民代表大会常务委员会第三十一次会议（1997年2月18日）

决定免去：
刘永才黄骅市人民政府副市长职务；
王德荣黄骅市人民政府副市长职务；
宋有洪黄骅市人民政府副市长职务。

（二十）黄骅市第三届人民代表大会常务委员会第三十二次会议（1997年4月18日）

决定免去：
任国政黄骅市贸易局局长职务；
张金明黄骅市司法局局长职务；
于增江黄骅市农林局局长职务。
决定为命：
赵成玉为黄骅市贸易局局长；
李冠祥为黄骅市司法局局长；
于增江为黄骅市农业局局长。
任命：
崔金标为黄骅市人民检察院副检察长、检察委员会委员、检察员；
郑从瑞为黄骅市人民检察院南大港人民检察院副检察长；
王秀和为黄骅市人民检察院检察员；
王爱荣为黄骅市人民检察院检察员；
王莉为黄骅市人民检察院检察员；
李金峰为黄骅市人民法院审判员；
韩文铎为黄骅市人民法院审判员；
胡志刚为黄骅市人民法院审判员；
许元峰为黄骅市人民法院审判员；
董海荣为黄骅市人民法院审判员；
于泳为黄骅市人民法院审判员；
夏丽平为黄骅市人民法院审判员；
丁金瑞为黄骅市人民法院审判员；
胡建英为黄骅市人民法院审判员；

胡亚钦为黄骅市人民法院审判员；
韩景韫为黄骅市人民法院审判员；
高文利为黄骅市人民法院审判员。
免去：
王连城黄骅市人民检察院检察员职务；
赵金钟黄骅市人民检察院检察员职务；
郑从瑞黄骅市人民法院南大港人民法庭副庭长职务。

（二十一）黄骅市第三届人民代表大会常务委员会第三十三次会议（1997 年 6 月 27 日）

免去：
王旭晨黄骅市人大常委会秘书长、办公室主任职务；
宋玉森黄骅市人大常委会副秘书长职务；
胡学禹黄骅市人大常委会财经处处长职务；
贾荣佩黄骅市人大常委会教科文卫处处长职务；
刘国增黄骅市人大常委会办公室副主任职务。
决定为命：
刘印荣为黄骅市物价局局长。
任命：
王宝仓为黄骅市人大常委会办公室主任；
骆建敏为黄骅市人民检察院检察员；
张宝如为黄骅市人民检察院检察员；
殷文利为黄骅市人民检察院检察员；
李宝林为黄骅市人民检察院检察员；
刘金强为黄骅市人民检察院检察员。

（二十二）黄骅市第三届人民代表大会常务委员会第三十四次会议（1997 年 8 月 21 日）

任命：
张秀森为黄骅市人民法院审判员、审判委员会委员；
董巨亮为黄骅市人民法院审判委员会委员；
张金田为黄骅市人民法院审判委员会委员；
刘华卫为黄骅市人民法院审判员；
陈艳梅为黄骅市人民法院审判员；
张春明为黄骅市人民检察院检察员；
王建国为黄骅市人民检察院检察员。

（二十三）黄骅市第三届人民代表大会常务委员会第三十五次会议（1997 年 10 月 28 日）

决定免去：
刘振河黄骅市副市长职务；
刘连清黄骅市人事局局长职务。
决定为命：
刘峰俊为黄骅市人事局局长。
任命：
邱观庆为黄骅市人民法院审判员；
王吉洪为黄骅市人民法院审判员；
刘希良为黄骅市人民法院审判员；
曾宪明为黄骅市人民法院审判员；
王从江为黄骅市人民法院审判员；
张立功为黄骅市人民法院审判员；
赵长岭为黄骅市人民法院审判员；
贾宝军为黄骅市人民法院审判员；
胡玉生为黄骅市人民法院审判员；
张树生为黄骅市人民法院审判员；
于树喜为黄骅市人民法院审判员；
郭文阁为黄骅市人民法院审判员；
李海栋为黄骅市人民法院审判员；
史卫红为黄骅市人民法院审判员。

（二十四）黄骅市第三届人民代表大会常务委员会第三十七次会议（1998 年 2 月 6 日）

决定免去：
李振伦黄骅市人民政府市长职务。
决定为命：
张树志为黄骅市人民政府副市长、代理市长。

（二十五）黄骅市第三届人民代表大会常务委员会第三十八次会议（1998 年 2 月 9 日）

决定免去：
赵文广黄骅市人民政府副市长职务；
刘靖亭黄骅市人民政府副市长职务；

刘兆印黄骅市人民政府副市长职务；
张占省黄骅市人民政府副市长职务。
决定为命：
宋有洪为黄骅市人民政府副市长。

（二十六）黄骅市第三届人民代表大会常务委员会第三十九次会议（1998年2月15日）

决定免去：
吕佳明黄骅市人民政府秘书长职务。
决定为命：
刘兴德为黄骅市人民政府副市长；
王元波为黄骅市人民政府副市长；
张凤岗为黄骅市人民政府办公室主任。

四、黄骅市第四届人大常委会任免人员名单

（一）黄骅市第四届人民代表大会常务委员会第一次会议（1998年3月1日）

决定为命：
张凤岗为黄骅市人民政府办公室主任；
孔繁禹为黄骅市计划局局长；
李志强为黄骅市统计局局长；
沈海生为黄骅市劳动局局长；
刘峰峻为黄骅市人事局局长；
胡庆强为黄骅市民政局局长；
李文德为黄骅市民族宗教局局长；
赵清轩为黄骅市科学技术局局长；
刘连发为黄骅市土地管理局局长；
张世杰为黄骅市财政局局长；
郭福兴为黄骅市审计局局长；
齐玉章为黄骅市工商行政管理局局长；
张义华为黄骅市技术监督局局长；
赵成玉为黄骅市贸易局局长；
张金熙为黄骅市粮食局局长；

李玉楼为黄骅市工业局局长；
张玉才为黄骅市交通局局长；
于增江为黄骅市农业局局长；
刘福岭为黄骅市水利局局长；
杨文生为黄骅市水产局局长；
宋长升为黄骅市乡镇企业局局长；
田立坤为黄骅市建设局局长；
尹凤刚为黄骅市环境保护局局长；
刘文昌为黄骅市文化局局长；
李德忠为黄骅市教育局局长；
刘志岭为黄骅市卫生局局长；
吕广敏为黄骅市计划生育局局长；
康德田为黄骅市公安局局长；
李冠祥为黄骅市司法局局长；
岳桂喜为黄骅市监察局局长；
王金峰为黄骅市国家安全局局长；
刘印荣为黄骅市物价局局长；
胡福起为黄骅市电力局局长。

（二）黄骅市第四届人民代表大会常务委员会第二次会议（1998年5月5日）

免去：
王汝玺黄骅市人大常委会代表联络处处长职务；
庞之祥黄骅市人大常委会教科文卫处副处长职务；
孙吉合黄骅市人大常委会政法处处长职务；
姚金英黄骅市人大常委会教科文卫处副处长职务；
夏玉荣黄骅市人大常委会财经处副处长职务。
决定为命：
张长铎为黄骅市人民政府副市长。
任命：
王汝玺为黄骅市人大常委会代表工作室主任；
庞之祥为黄骅市人大常委会代表工作室副主任
孙吉合为黄骅市人大常委会政法工作室主任；
姚金英为黄骅市人大常委会政法工作室副主任；
夏玉荣为黄骅市人大常委会财经工作室主任；
程秀珍为黄骅市人大常委会财经工作室副主任；
皮秀峰为黄骅市人大常委会办公室副主任；
刘俊义为黄骅市人民法院副院长、审判委员会委员；

刘宝岗为黄骅市人民法院副院长、审判委员会委员；
高秀峰为黄骅市人民法院经济审判第一庭庭长、审判委员会委员；
王金忠为黄骅市人民法院经济审判第二庭庭长、审判委员会委员；
朱金林为黄骅市人民法院执行庭庭长、审判委员会委员；
郭庆俊为吕桥人民法庭庭长；
王立山为海堡人民法庭庭长；
商德才为滕庄子人民法庭庭长；
井金岗为羊二庄人民法庭庭长；
田杰清为黄骅人民法庭副庭长；
韩永贵为官庄人民法庭副庭长；
胡德忠为旧城人民法庭副庭长；
刘福明为黄骅市人民检察院检察员；
张华新为黄骅市人民检察院检察员；
张玉东为黄骅市人民检察院检察员；
孙仕利为黄骅市人民检察院检察员；
杨庆和为黄骅市人民检察院检察员；
沈瑞艳为黄骅市人民检察院检察员；
李东红为黄骅市人民检察院检察员；
王辉为黄骅市人民检察院检察员。

（三）黄骅市第四届人民代表大会常务委员会第三次会议（1998年6月30日）

免去：
张玉岭黄骅市人民检察院副检察长、检察委员会委员、检察员职务；
刘志练黄骅市人民检察院副检察长职务。
决定免去：
宋长升黄骅市企业局局长职务。
决定为命：
李云清为黄骅市企业局局长。

（四）黄骅市第四届人民代表大会常务委员会第四次会议（1998年9月2日）

决定免去：
康德田黄骅市公安局局长职务。
决定任命：
董金生为黄骅市公安局局长。
任命：
井瑞清为黄骅市人民法院审判员；

张巨源为黄骅市人民法院审判员；
白志勇为黄骅市人民法院审判员；
王金柱为黄骅市人民法院审判员；
白戈为黄骅市人民法院审判员；
于铁林为黄骅市人民法院审判员；
崔洪杰为黄骅市人民法院审判员；
刘桂甫为黄骅市人民法院审判员；
石玉泉为黄骅市人民法院审判员；
刘嵩为黄骅市人民法院审判员；
刘恩录为黄骅市人民法院审判员；
张旗为黄骅市人民法院审判员；
张景毅为黄骅市人民检察院检察员、检察委员会委员。

（五）黄骅市第四届人民代表大会常务委员会第七次会议（1998年12月23日）

决定免去：
贝军黄骅市人民政府副市长职务；
决定任命：
董文昌为黄骅市人民政府副市长。

（六）黄骅市第四届人民代表大会常务委员会第九次会议（1999年1月30日）

免去：
宋兴江黄骅市人民法院副院长、审判委员会委员、审判员职务；
张福田黄骅市人民法院副院长职务。
决定免去：
张玉才黄骅市交通局局长职务；
胡庆强黄骅市民政局局长职务；
刘文昌黄骅市文化局局长职务；
田立坤黄骅市建设局局长职务。
决定任命：
王晋文为黄骅市交通局局长；
崔树华为黄骅市民政局局长；
曹万福为黄骅市文化局局长；
刘彦红兼任黄骅市建设局局长。
任命：
张玉才为黄骅市人民法院副院长、审判委员会委员、审判员；
韩月哲为黄骅市人民法院正科级审判员；

宋兴江同杰为黄骅市人民检察院检察委员会委员，检察员；
张博武为黄骅市人民检察院检察员。

（七）黄骅市第四届人民代表大会常务委员会第十次会议（1999 年 3 月 11 日）

决定免去：
胡学和黄骅市人民法院院长职务；
张中路黄骅市人民检察院检察长职务。
任命：
张和平为黄骅市人民法院副院长、审判委员会委员、代理院长；
贾恩芳为黄骅市人民检察院副检察长、检察委员会委员、检察员、代理检察长。

（八）黄骅市第四届人民代表大会常务委员会第十四次会议（1999 年 11 月 2 日）

免去：
李金峰黄骅市人民法院审判员职务。

（九）黄骅市第四届人民代表大会常务委员会第十六次会议（2000 年 1 月 18 日）

决定免去：
张树志黄骅市人民政府市长职务。
决定任命：
郭建英为黄骅市人民政府副市长、代理市长。
补选：
郭建英为沧州市第十届人民代表大会代表。

（十）黄骅市第四届人民代表大会常务委员会第十八次会议（2000 年 4 月 11 日）

决定免去：
宋有洪黄骅市人民政府副市长职务；
刘彦红黄骅市建设局局长（兼）职务；
刘福岭黄骅市水务局局长职务；
赵清轩黄骅市科技局局长职务；
于增江黄骅市农业局局长职务；
董金生黄骅市公安局局长职务。
决定任命：
赵吉通为黄骅市水务局局长；
马维华为黄骅市建设局局长；

赵恩亭为黄骅市农业局局长；
李国超为黄骅市科技局局长；
刘延亭为黄骅市公安局局长。
任命：
邢成业为黄骅市人大常委会办公室副主任。

（十一）黄骅市第四届人民代表大会常务委员会第十九次会议（2000 年 6 月 2 日）

免去：
董居亮黄骅市人民法院审判委员会委员、审判员、南大港法庭庭长职务。

（十二）黄骅市第四届人民代表大会常务委员会第二十次会议（2000 年 8 月 24 日）

任命：
高学新为黄骅市人民检察院检察员；
秦景党为黄骅市人民检察院检察员；
孙云鹏为黄骅市人民检察院检察员。

（十三）黄骅市第四届人民代表大会常务委员会第二十一次会议（2000 年 10 月 31 日）

免去：
张云岐黄骅市人民法院告诉申诉庭庭长职务；
李长荣黄骅市人民法院刑事审判庭庭长职务；
朱金林黄骅市人民法院执行庭庭长职务；
王金忠黄骅市人民法院经济审判第二庭庭长职务；
商德才黄骅市人民法院滕庄子法庭庭长职务；
韩永贵黄骅市人民法院官庄法庭副庭长职务；
田金峰黄骅市人民法院黄骅法庭副庭长职务；
王玉红黄骅市人民法院执行庭副庭长职务；
贾启安黄骅市人民法院民事审判庭副庭长职务；
潘金玉黄骅市人民法院吕桥法庭副庭长职务；
王俊红黄骅市人民法院黄骅法庭副庭长职务；
杨晓莹黄骅市人民法院刑事审判庭副庭长职务；
刘金月黄骅市人民法院吕桥法庭副庭长职务；
张汝芳黄骅市人民法院经济审判第一庭副庭长职务；
王玉强黄骅市人民法院经济审判第二庭庭长职务；
田杰清黄骅市人民法院黄骅法庭副庭长职务；

龚长华黄骅市人民法院海堡法庭副庭长职务；
胡德忠黄骅市人民法院旧城法庭副庭长职务；
王立山黄骅市人民法院海堡法庭庭长职务。
任命：
杨晓莹为黄骅市人民法院刑事审判庭庭长；
王明云为黄骅市人民法院民事审判庭副庭长；
刘金月为黄骅市人民法院经济审判第二庭庭长；
张汝芳为黄骅市人民法院审判监督庭庭长；
王玉强为黄骅市人民法院执行庭庭长；
田杰清为黄骅市人民法院黄骅人民法庭庭长；
龚长华为黄骅市人民法院海堡人民法庭庭长；
胡德忠为黄骅市人民法院旧城人民法庭庭长；
王立山为黄骅市人民法院滕庄子人民法庭庭长；
高文利为黄骅市人民法院立案庭庭长；
王从江为黄骅市人民法院立案庭副庭长；
吴悦敏为黄骅市人民法院立案庭副庭长；
刘华卫为黄骅市人民法院刑事审判庭副庭长；
于勇为黄骅市人民法院经济审判第一庭副庭长；
许元峰为黄骅市人民法院经济审判第二庭副庭长；
史卫红为黄骅市人民法院行政庭副庭长；
孙海峰为黄骅市人民法院审判监督庭副庭长；
周延刚为黄骅市人民法院执行庭副庭长；
白戈为黄骅市人民法院执行庭副庭长；
于铁林为黄骅市人民法院黄骅人民法庭副庭长；
齐金凯为黄骅市人民法院海堡人民法庭副庭长；
胡志刚为黄骅市人民法院滕庄子人民法庭副庭长；
郭文革为黄骅市人民法院吕桥人民法庭副庭长；
王景峰为黄骅市人民法院羊二庄人民法庭副庭长；
刘志政为黄骅市人民法院旧城人民法庭副庭长。

（十四）黄骅市第四届人民代表大会常务委员会第二十二次会议（2000 年 12 月 28 日）

免去：
张福田黄骅市人民法院审判委员会委员职务。
任命：
田杰清为黄骅市人民法院审判委员会委员；
龚长华为黄骅市人民法院审判委员会委员。

（十五）黄骅市第四届人民代表大会常务委员会第二十三次会议（2001年2月13日）

补选：
王宝良、邢登华为沧州市第十届人民代表大会代表。

（十六）黄骅市第四届人民代表大会常务委员会第二十五次会议（2001年4月19日）

决定免去：
张占省黄骅市第四届人民代表大会代表职务。

（十七）黄骅市第四届人民代表大会常务委员会第二十六次会议（2001年5月17日）

免去：
王宝仓黄骅市人大常委会办公室主任职务；
王汝玺黄骅市人大常委会代表工作室主任职务；
李林智黄骅市检察院副检察长，检察委员会委员、检察员职务；
刘志练黄骅市检察院检察员、检察委员会委员职务；
张玉才黄骅市法院副院长、审判委员会委员职务。
任命：
秦玉杰为黄骅市人大常委会办公室副主任（主持全面工作）；
庞之祥为黄骅市人大常委会代表工作室主任，免去其副主任职务；
皮学生为黄骅市人民检察院副检察长；
穆桂忠为黄骅市人民检察院检察委员会委员；
宋兴江为黄骅市人民法院审判委员会委员、审判员，免去其黄骅市人民检察院检察员、检察委员会委员职务；
董宪军为黄骅市人民法院南大港法庭庭长，免去其副庭长职务。
决定免去：
张金熙黄骅市粮食局局长职务；
赵成玉黄骅市贸易局局长职务；
刘连发黄骅市土地局局长职务；
刘志岭黄骅市卫生局局长职务；
吕广敏黄骅市计生局局长职务；
李玉楼黄骅市工业局局长职务；
李冠祥黄骅市司法局局长职务；
刘印荣黄骅市物价局局长职务；
李云清黄骅市企业局局长职务。
决定任命：
刘印荣为黄骅市卫生局局长；

李殿玉为黄骅市计生局局长；
韩金坡为黄骅市粮食局局长；
马胜利为黄骅市物价局局长；
陈泽栋为黄骅市工业局局长；
张国通为黄骅市土地局局长；
于增江为黄骅市贸易局局长；
马兴峰为黄骅市司法局局长；
张洪义为黄骅市企业局局长。

（十八）黄骅市第四届人民代表大会常务委员会第二十八次会议（2001年8月21日）

免去：
张汝芳黄骅市人民法院审判监督庭庭长职务；
高秀峰黄骅市人民法院经济审判第一庭庭长职务；
郭庆俊吕桥人民法庭庭长职务。
任命：
张汝芳为黄骅市人民法院经济审判第一庭庭长；
高秀峰为黄骅市人民法院吕桥人民法庭庭长；
郭庆俊为黄骅市人民法院审判监督庭庭长；
杨晓莹为黄骅市人民法院审判委员会委员；
张桂云为黄骅市人民法院审判员；
张仙为黄骅市人民法院审判员；
张文庆为黄骅市人民法院审判员；
宋修健为黄骅市人民法院审判员。

（十九）黄骅市第四届人民代表大会常务委员会第二十九次会议（2001年9月6日）

免去：
贾恩芳黄骅市人民检察院检察长、检察委员会委员、检察员职务。
任命：
王占其为黄骅市人民检察院副检察长、检察委员会委员、检察员、代理检察长。

（二十）黄骅市第四届人民代表大会常务委员会第三十次会议（2001年10月30日）

免去：
田杰清黄骅市人民法院审判委员会委员、审判员、黄骅法庭庭长职务。

（二十一）黄骅市第四届人民代表大会常务委员会第三十一次会议（2001 年 12 月 24 日）

任命：
刘师祖为黄骅市人民检察院检察委员会委员；
张宝如为黄骅市人民检察院检察委员会委员；
刘振生为黄骅市人民检察院检察委员会委员；
唐金峰为黄骅市人民检察院检察委员会委员；
杨长河为黄骅市人民检察院检察委员会委员；
王宝明为黄骅市人民检察院检察委员会委员；
张敏捷为黄骅市人民检察院检察委员会委员；
刘景生为黄骅市人民检察院检察委员会委员。

（二十二）黄骅市第四届人民代表大会常务委员会第三十二次会议（2002 年 3 月 1 日）

免去：
张和平黄骅市人民法院院长、审判委员会委员、审判员职务。
任命：
李勇为黄骅市人民法院副院长、审判委员会委员、审判员、代理院长。

（二十三）黄骅市第四届人民代表大会常务委员会第三十四次会议（2002 年 5 月 22 日）

免去：
秦玉杰黄骅市人大常委会办公室副主任职务；
赵连升黄骅市人大常委会办公室副主任职务。
决定免去：
张凤岗黄骅市市政府办公室主任职务；
沈海生黄骅市劳动局局长职务；
张国通黄骅市土地局局长职务；
杨文生黄骅市水产局局长职务；
孔繁禹黄骅市计划局局长职务；
李志强黄骅市统计局局长职务；
曹万福黄骅市文化局局长职务；
郭福兴黄骅市审计局局长职务；
崔树华黄骅市民政局局长职务；
张洪义黄骅市企业局局长职务；

陈泽栋黄骅市工业局局长职务。

任命：

秦玉杰为黄骅市人大常委会办公室主任；

赵连升为黄骅市人大常委会老干部科科长。

决定任命：

温广才为黄骅市人民政府办公室主任；

张凤岗为黄骅市审计局局长；

沈海生为黄骅市劳动和社会保障局局长；

张国通为黄骅市国土资源局局长；

杨文生为黄骅市海洋与水产局局长；

张鸿升为黄骅市民政局局长；

王炳礼为黄骅市林业局局长；

孔繁禹为黄骅市计划统计局局长；

赵云河为黄骅市经济贸易局局长；

闫通章为黄骅市文化体育局局长。

（二十四）黄骅市第四届人民代表大会常务委员会第三十七次会议（2002 年 10 月 8 日）

决定免去：

郭建英黄骅市人民政府市长职务；

任命：

高景安为黄骅市人民政府副市长、代理市长。

五、黄骅市第五届人大常委会任免人员名单

（一）黄骅市第五届人民代表大会常务委员会第一次会议（2003 年 4 月 15 日）

辞呈：

通过邢登华辞去沧州市第十一届人民代表大会代表职务。

补选：

于壁墀为沧州市第十一届人民代表大会代表。

（二）黄骅市第五届人民代表大会常务委员会第二次会议（2003 年 4 月 29 日）

任命：
秦玉杰为黄骅市人大常委会办公室主任；
庞之祥为黄骅市人大常委会代表联络科科长；
孙吉合为黄骅市人大常委会内务司法科科长；
夏玉荣为黄骅市人大常委会财政经济科科长；
赵连升为黄骅市人大常委会老干部科科长；
皮秀峰为黄骅市人大常委会办公室副主任；
邢成业为黄骅市人大常委会办公室副主任；
姚金英为黄骅市人大常委会内务司法科副科长；
程秀珍为黄骅市人大常委会财政经济科副科长。
决定任命：
杨文生为黄骅市海洋与水产局局长；
赵云河为黄骅市经济贸易局局长；
李国超为黄骅市科学技术局局长；
王炳礼为黄骅市林业局局长；
刘延亭为黄骅市公安局局长；
岳桂喜为黄骅市监察局局长；
张洪升为黄骅市民政局局长；
马兴峰为黄骅市司法局局长；
张世杰为黄骅市财政局局长；
刘峰峻为黄骅市人事局局长；
张国通为黄骅市国土资源局局长；
马维华为黄骅市建设局局长；
王晋文为黄骅市交通局局长；
赵吉通为黄骅市水务局局长；
赵恩亭为黄骅市农业局局长；
刘印荣为黄骅市卫生局局长；
商铎华为黄骅市计划生育局局长；
张凤岗为黄骅市审计局局长；
尹凤刚为黄骅市环境保护局局长；
孔繁禹为黄骅市计划统计局局长；
沈海生为黄骅市劳动和社会保障局局长；
李德忠为黄骅市教育局局长；
李文德为黄骅市民族宗教事务局局长；
闫通章为黄骅市文化体育局局长。

（三）黄骅市第五届人民代表大会常务委员会第三次会议（2003年7月8日）

免去：
王玉强黄骅市人民法院执行庭庭长职务；
张汝芳黄骅市人民法院经济审判第一庭庭长职务；
刘金月黄骅市人民法院经济审判第二庭庭长职务；
胡德忠黄骅市人民法院旧城法庭庭长职务；
许元峰黄骅市人民法院经济审判第二庭副庭长职务；
齐金凯黄骅市人民法院海堡法庭副庭长职务；
孙海峰黄骅市人民法院审判监督庭副庭长职务；
宋竹兴黄骅市人民法院民事审判庭庭长职务；
王明云黄骅市人民法院民事审判庭副庭长职务；
王景峰黄骅市人民法院羊二庄法庭副庭长职务；
付春华黄骅市人民法院执行庭副庭长职务；
周延刚黄骅市人民法院执行庭副庭长职务；
龚长华黄骅市人民法院海堡法庭庭长职务；
刘志政黄骅市人民法院旧城法庭副庭长职务；
郭文革黄骅市人民法院吕桥法庭副庭长职务；
史卫红黄骅市人民法院行政审判庭副庭长职务；
于勇黄骅市人民法院经济审判第一庭副庭长职务；
朱金林黄骅市人民法院审判委员会委员职务；
杨晓莹黄骅市人民法院审判委员会委员、刑事审判庭庭长职务；
张云岐黄骅市人民法院审判委员会委员职务；
李长荣黄骅市人民法院审判委员会委员职务；
王金忠黄骅市人民法院审判委员会委员职务；
王立山黄骅市人民法院滕庄子法庭庭长职务；
张金田黄骅市人民法院审判委员会委员、中捷法庭庭长职务；
索云才黄骅市人民法院中捷法庭副庭长职务。
决定免去：
沈海生黄骅市劳动和社会保障局局长职务。
任命：
王玉强为黄骅市人民法院审判委员会委员、民事审判第一庭庭长；
张汝芳为黄骅市人民法院审判委员会委员、民事审判第二庭庭长；
郭庆俊为黄骅市人民法院审判委员会委员；
刘金月为黄骅市人民法院审判委员会委员、执行一庭庭长；
董武为黄骅市人民法院审判委员会委员；
王俊仁为黄骅市人民法院审判委员会委员；
陈庆鑫为黄骅市人民法院审判委员会委员；

高文利为黄骅市人民法院审判委员会委员；
胡德忠为黄骅市人民法院审判委员会委员、黄骅法庭庭长；
许元峰为黄骅市人民法院民事审判第三庭庭长；
齐金凯为黄骅市人民法院海堡法庭庭长；
孙海峰为黄骅市人民法院审判员、滕庄子法庭庭长；
宋竹兴为黄骅市人民法院刑事审判庭庭长；
王明云为黄骅市人民法院民事审判第一庭副庭长；
王景峰为黄骅市人民法院民事审判第二庭副庭长；
付春华为黄骅市人民法院行政审判庭副庭长；
周延刚为黄骅市人民法院执行一庭副庭长；
龚长华为黄骅市人民法院执行二庭庭长；
刘志政为黄骅市人民法院执行二庭副庭长；
郭文革为黄骅市人民法院黄骅法庭副庭长；
史卫红为黄骅市人民法院海堡法庭副庭长；
于勇为黄骅市人民法院吕桥法庭副庭长；
张月甫为黄骅市人民法院审判员、中捷法庭庭长；
吴忠良为黄骅市人民法院审判员、中捷法庭副庭长；
刘桂甫为黄骅市人民法院南大港法庭副庭长。

（四）黄骅市第五届人民代表大会常务委员会第五次会议（2003年11月7日）

补选：
刘志江为沧州市第十一届人民代表大会代表。

（五）黄骅市第五届人民代表大会常务委员会第六次会议（2003年12月12日）

免去：
刘树生黄骅市人民检察院检察委员会委员职务；
王世安黄骅市人民检察院检察委员会委员职务；
宋长春黄骅市人民检察院检察委员会委员职务。
任命：
殷文立为黄骅市人民检察院检察委员会委员。

（六）黄骅市第五届人民代表大会常务委员会第九次会议（2004年3月29日）

决定免去：
王占其黄骅市人民检察院检察长、检察委员会委员、检察员职务；
崔金标黄骅市人民检察院副检察长职务；

秦玉杰黄骅市人大常委会办公室主任职务；
皮秀峰黄骅市人大常委会办公室副主任职务；
程秀珍黄骅市人大常委会财政经济科副科长职务。
任命：
贾全为黄骅市人民检察院副检察长、检察委员会委员、检察员、代理检察长。
决定免去：
王平黄骅市人民法院副院长职务；
刘俊义黄骅市人民法院副院长职务。
决定免去：
张世杰黄骅市财政局局长职务；
孔繁禹黄骅市计划统计局局长职务；
闫通章黄骅市文化体育局局长职务。
任命：
贺连岭为黄骅市人大常委会办公室主任；
程秀珍为黄骅市人大常委会教科文卫科科长；
田金才为黄骅市人大常委会财政经济科副科长。
决定任命：
张吉宏为黄骅市人民政府办公室主任；
张春杰为黄骅市劳动和社会保障局局长；
刘家伟为黄骅市财政局局长；
刘玖锁为黄骅市计划统计局局长；
周金城为黄骅市安全生产监督管理局局长；
张云洪为黄骅市文化体育局局长。

（七）黄骅市第五届人民代表大会常务委员会第十一次会议（2004年7月26日）

免去：
王平黄骅市人民法院审判委员会委员职务；
宋兴江黄骅市人民法院审判委员会委员职务；
刘俊义黄骅市人民法院审判委员会委员职务；
王俊仁黄骅市人民法院审判委员会委员职务；
宋竹兴黄骅市人民法院刑事审判庭庭长、审判委员会委员职务；
张建良黄骅市人民法院行政审判庭庭长、审判委员会委员职务；
井金岗黄骅市人民法院羊二庄法庭庭长职务；
王景峰黄骅市人民法院民事审判第二庭副庭长职务；
崔金标黄骅市人民检察院检察委员会委员职务；
刘瑞华黄骅市人民检察院检察委员会委员职务；
刘师祖黄骅市人民检察院检察委员会委员职务。

任命：
周洪利为黄骅市人民法院副院长；
陈庆鑫为黄骅市人民法院副院长；
张汝芳为黄骅市人民法院刑事审判庭庭长，免去其民事审判第二庭庭长职务；
龚长华为黄骅市人民法院民事审判第一庭庭长，免去其执行二庭庭长职务；
刘金月为黄骅市人民法院民事审判第二庭庭长，免去其执行一庭庭长职务；
王玉强为黄骅市人民法院民事审判第三庭庭长，免去其民事审判第一庭庭长职务；
郭庆俊为黄骅市人民法院执行一庭庭长，免去其审判监督庭庭长职务；
高秀峰为黄骅市人民法院行政审判庭庭长，免去其吕桥法庭庭长职务；
齐金凯为黄骅市人民法院羊二庄法庭庭长，免去其海堡法庭庭长职务；
王明云为黄骅市人民法院审判监督庭副庭长，免去其民事审判第一庭副庭长职务；
韩景韫为黄骅市人民法院民事审判第一庭副庭长；
刘国良为黄骅市人民检察院副检察长、检察委员会委员、检察员；
张景毅为黄骅市人民检察院副检察长；
李东红为黄骅市人民检察院检察委员会委员；
孙云鹏为黄骅市人民检察院检察委员会委员。

（八）黄骅市第五届人民代表大会常务委员会第十五次会议（2005年1月5日）

补选：
杨洪榜、郝忠为沧州市第十一届人民代表大会代表。

（九）黄骅市第五届人民代表大会常务委员会第十六次会议（2005年1月27日）

补选：
孙瑞彬、赵春改为沧州市第十一届人民代表大会代表。

（十）黄骅市第五届人民代表大会常务委员会第十七次会议（2005年3月21日）

免去：
高文利黄骅市人民法院立案庭庭长职务；
刘志政黄骅市人民法院执行二庭副庭长职务；
史卫红黄骅市人民法院海堡法庭副庭长职务；
高秀峰黄骅市人民法院行政审判庭庭长、审判委员会委员职务；
孙海峰黄骅市人民法院滕庄子法庭庭长职务；
郭文革黄骅市人民法院黄骅法庭副庭长职务；
刘华卫黄骅市人民法院刑事审判庭副庭长职务；
王从江黄骅市人民法院立案庭副庭长职务；

齐金凯黄骅市人民法院羊二庄法庭庭长、审判员职务；
于铁林黄骅市人民法院黄骅法庭副庭长职务；
于勇黄骅市人民法院吕桥法庭副庭长职务。
任命：
许元锋为黄骅市人民法院审判委员会委员；
高文利为黄骅市人民法院审判监督庭庭长；
刘志政为黄骅市人民法院执行二庭庭长；
张仙为黄骅市人民法院吕桥法庭庭长；
史卫红为黄骅市人民法院海堡法庭庭长；
宋修健为黄骅市人民法院立案庭庭长；
王景峰为黄骅市人民法院审判委员会委员、行政审判庭庭长；
郭文革为黄骅市人民法院滕庄子法庭庭长；
刘华卫为黄骅市人民法院黄骅法庭副庭长；
胡亚钦为黄骅市人民法院刑事审判庭副庭长；
崔洪杰为黄骅市人民法院民事审判第二庭副庭长；
刘中华为黄骅市人民法院审判员、海堡法庭副庭长；
董海荣为黄骅市人民法院执行二庭副庭长；
吕绪礼为黄骅市人民法院黄骅法庭副庭长；
王从江为黄骅市人民法院滕庄子法庭副庭长；
田立坤为黄骅市人民法院人民陪审员；
赵立新为黄骅市人民法院人民陪审员；
沈复元为黄骅市人民法院人民陪审员；
魏耀恩为黄骅市人民法院人民陪审员；
李金香为黄骅市人民法院人民陪审员；
于炳义为黄骅市人民法院人民陪审员；
刘树强为黄骅市人民法院人民陪审员；
张永利为黄骅市人民法院人民陪审员；
张洪通为黄骅市人民法院人民陪审员；
王洪民为黄骅市人民法院人民陪审员；
李刚为黄骅市人民法院人民陪审员；
李金广为黄骅市人民法院人民陪审员；
刘树英为黄骅市人民法院人民陪审员；
韩俊英为黄骅市人民法院人民陪审员；
岳桂生为黄骅市人民法院人民陪审员；
程金岭为黄骅市人民法院人民陪审员；
程克为黄骅市人民法院人民陪审员；
刘绍庆为黄骅市人民法院人民陪审员；
孙吉东为黄骅市人民法院人民陪审员；

赵文起为黄骅市人民法院人民陪审员；
宋华林为黄骅市人民法院人民陪审员；
刘兆章为黄骅市人民法院人民陪审员；
刘广法为黄骅市人民法院人民陪审员；
董连德为黄骅市人民法院人民陪审员；
张芳春为黄骅市人民法院人民陪审员；
张瑞国为黄骅市人民法院人民陪审员；
李淑琴为黄骅市人民法院人民陪审员；
宋东平为黄骅市人民法院人民陪审员；
刘国民为黄骅市人民法院人民陪审员；
高学新为黄骅市人民检察院检察委员会委员；
杨庆和为黄骅市人民检察院检察委员会委员；
史炳红为黄骅市人民检察院检察委员会委员；
齐向阳为黄骅市人民检察院检察委员会委员。

（十一）黄骅市第五届人民代表大会常务委员会第十八次会议（2005年5月16日）

免去：
夏玉荣黄骅市人大常委会财政经济科科长职务；
姚金英黄骅市人大常委会内务司法科副科长职务；
马兴峰黄骅市司法局局长职务。
任命：
张树军为黄骅市人大常委会财政经济科科长。
决定免去：
刘峰峻黄骅市人事局局长职务；
李文德黄骅市民族宗教事务局局长职务；
王晋文黄骅市交通局局长职务；
岳桂喜黄骅市监察局局长职务；
张凤岗黄骅市审计局局长职务；
决定任命：
岳桂喜为黄骅市人事局局长；
王春祥为黄骅市审计局局长；
张凤岗为黄骅市司法局局长；
马兴峰为黄骅市监察局局长；
马胜利为黄骅市民族宗教事务局局长；
白洪波兼任黄骅市交通局局长。

（十二）黄骅市第五届人民代表大会常务委员会第二十次会议（2005 年 8 月 19 日）

决定任命：

张新华为黄骅市人民政府副市长。

（十三）黄骅市第五届人民代表大会常务委员会第二十二次会议（2005 年 12 月 20 日）

决定免去：

张春杰黄骅市劳动和社会保障局局长职务；

李德忠黄骅市教育局局长职务。

决定任命：

刘玖锁为黄骅市发展改革局局长；

贾兆德为黄骅市商务局局长；

张国旭为黄骅市统计局局长；

商铎华为黄骅市人口和计划生育局局长；

杨文生为黄骅市水产局局长；

张春杰为黄骅市教育局局长；

李德忠为黄骅市劳动和社会保障局局长。

（十四）黄骅市第五届人民代表大会常务委员会第二十五次会议（2006 年 5 月 12 日）

免去：

胡德忠黄骅市人民法院黄骅人民法庭庭长职务；

龚长华黄骅市人民法院民事审判第一庭庭长职务；

刘金月黄骅市人民法院民事审判第二庭庭长职务；

张仙黄骅市人民法院吕桥人民法庭庭长职务；

胡志刚黄骅市人民法院滕庄子法庭副庭长职务；

王从江黄骅市人民法院滕庄子法庭副庭长职务；

高文利黄骅市人民法院审判监督庭庭长职务；

史卫红黄骅市人民法院海堡人民法庭庭长职务；

刘中华黄骅市人民法院海堡人民法庭副庭长职务；

董海荣黄骅市人民法院执行二庭副庭长职务；

高秀峰黄骅市人民法院审判员职务。

任命：

周洪利为黄骅市人民法院审判委员会委员；

于铁林为黄骅市人民法院审判委员会委员；

胡德忠为黄骅市人民法院民事审判第一庭庭长；

龚长华为黄骅市人民法院民事审判第二庭庭长；
刘金月为黄骅市人民法院审判监督庭庭长；
于勇为黄骅市人民法院羊二庄人民法庭庭长；
张仙为黄骅市人民法院黄骅人民法庭庭长；
胡志刚为黄骅市人民法院海堡人民法庭庭长；
王从江为黄骅市人民法院吕桥人民法庭庭长；
王淑云为黄骅市人民法院审判员。

（十五）黄骅市第五届人民代表大会常务委员会第二十六次会议（2006年6月28日）

决定免去：
于世勇黄骅市人民政府副市长职务。
决定任命：
刘志明为黄骅市人民政府副市长。

（十六）黄骅市第五届人民代表大会常务委员会第二十八次会议（2006年11月14日）

免去：
夏丽萍黄骅市人民法院后勤技术装备管理处副主任职务；
任命：
夏丽萍为黄骅市人民法院执行二庭副庭长；
张桂云为黄骅市人民法院吕桥人民法庭副庭长；
丁金瑞为黄骅市人民法院海堡人民法庭副庭长。

（十七）黄骅市第五届人民代表大会常务委员会第三十次会议（2007年1月9日）

补选：
刘学库、李世明为沧州市第十一届人民代表大会代表。

（十八）黄骅市第五届人民代表大会常务委员会第三十一次会议（2007年2月7日）

决定免去：
陈西峰黄骅市人民政府市长职务。
决定任命：
边老刚为黄骅市人民政府副市长、代理市长。

（十九）黄骅市第五届人民代表大会常务委员会第三十二次会议（2007年4月2日）

免去：
刘志政黄骅市人民法院执行二庭庭长职务；
宋修健黄骅市人民法院立案庭庭长职务；
任命：
刘志政为黄骅市人民法院执行立案庭庭长；
史卫红为黄骅市人民法院执行二庭庭长；
郑崇瑞为黄骅市南大港人民检察院检察长；
田炳义为黄骅市南大港人民检察院副检察长。

（二十）黄骅市第五届人民代表大会常务委员会第三十五次会议（2007年5月30日）

免去：
庞之祥黄骅市人大常委会代表联络科科长职务；
孙吉合黄骅市人大常委会内务司法科科长职务；
赵连升黄骅市人大常委会老干部科科长职务。
决定免去：
白洪波黄骅市交通局局长职务；
张吉宏黄骅市政府办公室主任职务；
杨文生黄骅市水产局局长职务；
马维华黄骅市建设局局长职务；
赵吉通黄骅市水务局局长职务；
尹凤刚黄骅市环境保护局局长职务；
刘玖锁黄骅市发展改革局局长职务。
任命：
王金瑞为黄骅市人大常委会代表联络科科长；
张金锁为黄骅市人大常委会内务司法科副科长；
决定任命：
于金义为黄骅市交通局局长；
孟祥普为黄骅市建设局局长；
刘浩强为黄骅市水务局局长；
尹凤刚为黄骅市水产局局长；
刘玖锁为黄骅市环境保护局局长；
王志为黄骅市发展改革局局长；
赵金忠为黄骅市政府办公室主任。

（二十一）黄骅市第五届人民代表大会常务委员会第三十六次会议（2007 年 7 月 12 日）

决定免去：
刘志明黄骅市人民政府副市长职务；
张长铎黄骅市人民政府副市长职务；
赵淑英黄骅市人民政府副市长职务；
白洪波黄骅市人民政府副市长职务；
张新华黄骅市人民政府副市长职务；
决定任命：
刁宝海为黄骅市人民政府副市长；
曹传勇为黄骅市人民政府副市长；
夏爱华为黄骅市人民政府副市长。
免去：
李勇黄骅市人民法院院长职务。
任命：
单继泽为黄骅市人民法院副院长、代理院长。

六、黄骅市第六届人大常委会任免人员名单

（一）黄骅市第六届人民代表大会常务委员会第一次会议（2007 年 8 月 23 日）

免去：
程秀珍黄骅市人大常委会教科文卫科科长职务；
邢成业黄骅市人大常委会办公室副主任职务；
张月甫黄骅市人民法院中捷人民法庭庭长职务；
吴忠良黄骅市人民法院中捷人民法庭副庭长职务。
任命：
贺连岭为黄骅市人大常委会办公室主任；
张树军为黄骅市人大常委会财政经济科科长；
王金瑞为黄骅市人大常委会代表联络科科长；
邢成业为黄骅市人大常委会内务司法科科长；
白义刚为黄骅市人大常委会教科文卫科科长；
马红胜为黄骅市人大常委会办公室副主任；
田金才为黄骅市人大常委会财政经济科副科长；

张金锁为黄骅市人大常委会内务司法科副科长；
吴忠良为黄骅市人民法院中捷人民法庭庭长职务；
蔡亮为黄骅市人民法院审判员、中捷人民法庭副庭长；
吕国明为黄骅市中捷农场人民检察院检察员；
于祖国为黄骅市南大港农场人民检察院检察员；
刘治军为黄骅市南大港农场人民检察院检察员。
决定免去：
张凤岗黄骅市司法局局长职务。
决定任命：
赵金忠为黄骅市政府办公室主任；
张春杰为黄骅市教育局局长；
于金义为黄骅市交通局局长；
刘家伟为黄骅市财政局局长；
刘延亭为黄骅市公安局局长；
刘宝玉为黄骅市司法局局长；
王春祥为黄骅市审计局局长；
孟祥普为黄骅市建设局局长；
刘印荣为黄骅市卫生局局长；
贾兆德为黄骅市商务局局长；
王志为黄骅市发展改革局局长；
赵恩亭为黄骅市农业局局长；
刘玖锁为黄骅市环境保护局局长；
刘浩强为黄骅市水务局局长；
尹凤刚为黄骅市水产局局长；
周金城为黄骅市安全生产监督管理局局长；
张国旭为黄骅市统计局局长；
李国超为黄骅市科学技术局局长；
张洪升为黄骅市民政局局长；
岳桂喜为黄骅市人事局局长；
李德忠为黄骅市劳动和社会保障局局长；
马胜利为黄骅市民族宗教事务局局长；
商铎华为黄骅市人口和计划生育局局长；
马兴锋为黄骅市监察局局长。

（二）黄骅市第六届人民代表大会常务委员会第三次会议（2007年12月21日）

任命：
戴远征为黄骅市人民检察院检察委员会委员；

张瑞祥为黄骅市人民检察院检察委员会委员；
王子亭为黄骅市人民检察院检察委员会委员；
秦景党为黄骅市人民检察院检察委员会委员；
刘金强为黄骅市人民检察院检察委员会委员。

（三）黄骅市第六届人民代表大会常务委员会第七次会议（2008 年 9 月 5 日）

任命：
李朝霞为黄骅市人民法院审判员；
刘秀杰为黄骅市人民法院审判员；
崔佳红为黄骅市人民法院审判员。

（四）黄骅市第六届人民代表大会常务委员会第九次会议（2008 年 11 月 27 日）

决定任命：
张立忠为黄骅市人民政府副市长。

（五）黄骅市第六届人民代表大会常务委员会第十次会议（2008 年 12 月 19 日）

决定免去：
刘延亭黄骅市公安局局长职务。
决定任命：
张刚为黄骅市公安局局长。

（六）黄骅市第六届人民代表大会常务委员会第十一次会议（2009 年 1 月 14 日）

补选：
张长岗为沧州市第十二届人民代表大会代表。

（七）黄骅市第六届人民代表大会常务委员会第十四次会议（2009 年 4 月 23 日）

决定任命：
董宪军为黄骅市人民法院审判委员会委员；
吴忠良为黄骅市人民法院审判委员会委员。

（八）黄骅市第六届人民代表大会常务委员会第十六次会议（2009年8月28日）

决定任命：
杨猛为黄骅市人民政府副市长。

（九）黄骅市第六届人民代表大会常务委员会第十九次会议（2009年12月28日）

补选：
许建华为沧州市第十二届人民代表大会代表。

（十）黄骅市第六届人民代表大会常务委员会第二十次会议（2010年2月8日）

免去：
贺连岭黄骅市人大常委会办公室主任职务。
任命：
于建喜为黄骅市人大常委会办公室主任；
赵丽为黄骅市人大常委会财政经济科副科长；
李栋为黄骅市人大常委会科教文卫科副科长。
决定免去：
张立忠黄骅市政府副市长职务；
曹传勇黄骅市政府副市长职务；
张春杰黄骅市教育局局长职务；
于金义黄骅市交通局局长职务；
刘家伟黄骅市财政局局长职务；
赵金忠黄骅市政府办公室主任职务；
刘宝玉黄骅市司法局局长职务；
王春祥黄骅市审计局局长职务；
孟祥普黄骅市建设局局长职务；
贾兆德黄骅市商务局局长职务；
王志黄骅市发展改革局局长职务；
赵恩亭黄骅市农业局局长职务；
刘玖锁黄骅市环境保护局局长职务；
尹风刚黄骅市水产局局长职务；
张国旭黄骅市统计局局长职务；
李国超黄骅市科学技术局局长职务；
张洪升黄骅市民政局局长职务；
岳桂喜黄骅市人事局局长职务；
李德忠黄骅市劳动和社会保障局局长职务；

马胜利黄骅市民族宗教事务局局长职务。

决定任命：

刘家伟为黄骅市人民政府副市长；

王学农为黄骅市政府办公室主任；

王春祥为黄骅市财政局局长；

孟祥普为黄骅市交通运输局局长；

张春杰为黄骅市人力资源和社会保障局局长；

张洪义为黄骅市民政局局长；

李兆胜为黄骅市审计局局长；

康学树为黄骅市教育局局长；

贾兆德为黄骅市发展改革局局长；

王志为黄骅市工业和信息化局局长；

赵云河为黄骅市商务局局长；

张云洪为黄骅市农业局局长；

赵金忠为黄骅市住房和城乡建设局局长；

刘炳发为黄骅市环境保护局局长；

张华熙为黄骅市城市管理局局长；

贺连岭为黄骅市司法局局长；

张长华为黄骅市民族宗教事务局局长；

杨树志为黄骅市统计局局长；

耿兆良为黄骅市食品药品监督管理局局长。

接受贺连岭、张洪桥、王之鹏、王连顺辞去黄骅市第六届人民代表大会常务委员会委员职务的请求。报黄骅市第六届人民代表大会第四次会议备案。

（十一）黄骅市第六届人民代表大会常务委员会第二十二次会议（2010年4月29日）

任命：

刘秀芳、李艳敏、滕传义、孙宏岩、郑景艳、赵志江、王海峰、王松、刘西斌、董传凯、李树岭、滕巨福、张立臣、蔡树林、刘连弟、刘俊良、王广福、马玉桥、刘金华、李凤强、宋立霞、夏文星、王世坡、高义贤、姜国森、程春林、吕广强、张金楼、郑富升、张永利、杜宝存、刘绍庆、赵文起、张玮曾、宋华林、刘广法、董连德、石云、李武强、张芳春、张玉军、于长春、刘国民、杨国莉、刘国胜、史维华为黄骅市人民法院陪审员。

（十二）黄骅市第六届人民代表大会常务委员会第二十三次会议（2010年6月29日）

免去：

姬同乐黄骅市人民法院审判委员会委员、副院长职务；

崔洪杰黄骅市人民法院民事审判第二庭副庭长职务；

王景峰黄骅市人民法院行政庭庭长职务；
龚长华黄骅市人民法院民事审判第二庭庭长职务；
王玉强黄骅市人民法院民事审判第三庭庭长职务；
刘金月黄骅市人民法院审判监督庭庭长职务；
胡亚钦黄骅市人民法院刑事审判庭副庭长职务；
吴悦敏黄骅市人民法院立案庭副庭长职务；
郭文阁黄骅市人民法院滕庄子人民法庭庭长职务；
胡志刚黄骅市人民法院海堡人民法庭庭长职务；
张仙黄骅市人民法院黄骅人民法庭庭长职务；
刘华卫黄骅市人民法院黄骅人民法庭副庭长职务；
周延刚黄骅市人民法院执行一庭副庭长职务；
丁金瑞黄骅市人民法院海堡人民法庭副庭长职务；
付春华黄骅市人民法院行政庭副庭长职务；
张汝芳黄骅市人民法院审判委员会委员、刑事审判庭庭长职务；
胡德忠黄骅市人民法院审判委员会委员、民事审判第一庭庭长职务；
郭庆俊黄骅市人民法院审判委员会委员、执行一庭庭长职务；
王明云黄骅市人民法院审判监督庭副庭长职务；
刘志政黄骅市人民法院立案庭庭长职务；
白戈黄骅市人民法院执行庭副庭长职务；
韩景韫黄骅市人民法院民事审判第一庭副庭长职务；
吕旭礼黄骅市人民法院黄骅人民法庭副庭长职务；
夏丽泮黄骅市人民法院执行二庭副庭长职务；
王树力黄骅市人民检察院检察委员会委员、副检察长职务；
穆桂忠黄骅市人民检察院检察委员会委员职务；
王其林黄骅市人民检察院检察委员会委员职务；
刘景生黄骅市人民检察院检察委员会委员职务；
高希怀黄骅市人民检察院检察委员会委员职务；
王普庆黄骅市人民检察院检察委员会委员职务；
杨长河黄骅市人民检察院检察委员会委员职务；
王宝明黄骅市人民检察院检察委员会委员职务。
任命：
崔洪杰为黄骅市人民法院审判委员会委员；
王景峰为黄骅市人民法院民事审判第三庭庭长；
龚长华为黄骅市人民法院民事审判第一庭庭长；
王玉强为黄骅市人民法院民事审判第二庭庭长；
刘金月为黄骅市人民法院执行一庭庭长；
胡亚钦为黄骅市人民法院审判委员会委员、刑事审判庭庭长；
吴悦敏为黄骅市人民法院审判委员会委员、立案庭庭长；

王桂洪为黄骅市人民法院审判委员会委员、审判监督庭庭长；
孙海峰为黄骅市人民法院审判委员会委员；
郭文阁为黄骅市人民法院黄骅人民法庭庭长；
胡志刚为黄骅市人民法院滕庄子人民法庭庭长；
张仙为黄骅市人民法院海堡人民法庭庭长；
刘华卫为黄骅市人民法院行政庭庭长；
周延刚为黄骅市人民法院民事审判第三庭副庭长；
丁金瑞为黄骅市人民法院民事审判第一庭副庭长；
付春华为黄骅市人民法院执行一庭副庭长；
白志勇为黄骅市人民法院行政庭副庭长；
王淑云为黄骅市人民法院审判监督庭副庭长；
胡建英为黄骅市人民法院刑事审判庭副庭长；
侯新为黄骅市人民法院审判员、刑事审判庭副庭长；
刘秀杰为黄骅市人民法院羊二庄人民法庭副庭长；
张文庆为黄骅市人民法院滕庄子人民法庭副庭长；
张云增为黄骅市人民法院南大港人民法庭副庭长；
李庆红为黄骅市人民法院审判员、民事审判第二庭副庭长；
闫广练为黄骅市人民法院审判员、黄骅人民法庭副庭长；
陈健为黄骅市人民法院审判员、执行二庭副庭长；
刘玉明为黄骅市人民法院审判员、海堡人民法庭副庭长；
张东为黄骅市人民法院审判员、中捷人民法庭副庭长；
庞鸿猛为黄骅市人民法院审判员；
刘玉峰为黄骅市人民检察院检察员；
杨国璐为黄骅市人民检察院检察员。

（十三）黄骅市第六届人民代表大会常务委员会第二十五次会议（2010 年 11 月 5 日）

决定免去：
刁宝海黄骅市人民政府副市长职务。
决定任命：
张凤岗为黄骅市人民政府副市长。

（十四）黄骅市第六届人民代表大会常务委员会第二十六次会议（2010 年 12 月 22 日）

任命：
刘玉宝为黄骅市人民法院人民陪审员；
卢纯峰为黄骅市人民法院人民陪审员；

王文砚为黄骅市人民检察院检察员；
于辉为黄骅市人民检察院检察员。

（十五）黄骅市第六届人民代表大会常务委员会第二十七次会议（2011 年 2 月 11 日）

补选：
焦彦龙、沈海生为沧州市第十二届人民代表大会代表。

（十六）黄骅市第六届人民代表大会常务委员会第二十九次会议（2011 年 4 月 29 日）

免去：
刘桂甫南大港人民法庭审判员、副庭长职务。
任命：
刘福利为南大港人民法庭副庭长。

（十七）黄骅市第六届人民代表大会常务委员会第三十一次会议（2011 年 8 月 24 日）

决定免去：
边老刚黄骅市人民政府市长职务；
董文昌黄骅市人民政府副市长职务；
吕佳明黄骅市人民政府副市长职务；
许建国黄骅市人民政府副市长职务；
刘家伟黄骅市人民政府副市长职务；
张凤岗黄骅市人民政府副市长职务；
杨猛黄骅市人民政府副市长职务。
决定任命：
潘海瀛为黄骅市人民政府副市长、代理市长；
张长瑞为黄骅市人民政府副市长；
王锐为黄骅市人民政府副市长；
贾兆德为黄骅市人民政府副市长；
张金桥为黄骅市人民政府副市长；
郑增强为黄骅市人民政府副市长。

（十八）黄骅市第六届人民代表大会常务委员会第三十二次会议（2011 年 10 月 20 日）

免去：
贾全黄骅市人民检察院检察长职务。

任命：
赵广杰为黄骅市人民检察院副检察长、代理检察长。
决定免去：
张刚黄骅市公安局局长职务。
决定任命：
靳振林为黄骅市公安局局长。

（十九）黄骅市第六届人民代表大会常务委员会第三十三次会议（2011 年 12 月 2 日）

任命：
王福兰为黄骅市人民法院审判员；
康白琳为黄骅市人民法院审判员。

（二十）黄骅市第六届人民代表大会常务委员会第三十四次会议（2011 年 12 月 31 日）

决定免去：
贾兆德黄骅市发展改革局局长职务；
张春杰黄骅市人力资源和社会保障局局长职务；
张洪义黄骅市民政局局长职务；
刘炳发黄骅市环境保护局局长职务；
商铎华黄骅市人口和计划生育局局长职务；
周金城黄骅市安全生产监督管理局局长职务。
决定任命：
吴公才为黄骅市发展改革局局长；
商铎华为黄骅市人力资源和社会保障局局长；
周金城为黄骅市人口和计划生育局局长；
刘彬为黄骅市民政局局长；
胡福岗为黄骅市环境保障局局长；
孙进为黄骅市安全生产监督管理局局长。

（二十一）黄骅市第六届人民代表大会常务委员会第三十五次会议（2012 年 1 月 19 日）

补选：
商宗岳、靳振林为沧州市第十二届人民代表大会代表。

七、黄骅市第七届人大常委会任免人员名单

（一）黄骅市第七届人民代表大会常务委员会第一次会议（2012 年 3 月 13 日）

决定任命：
马兴锋为黄骅市监察局局长；
王学农为黄骅市政府办公室主任；
商铎华为黄骅市人力资源和社会保障局局长；
靳振林为黄骅市公安局局长；
王春祥为黄骅市财政局局长；
吴公才为黄骅市发展改革局局长；
刘彬为黄骅市民政局局长；
杨树志为黄骅市统计局局长；
张长华为黄骅民族宗教事务局局长；
李兆胜为黄骅市审计局局长；
刘印荣为黄骅市卫生局局长；
孟祥普为黄骅市交通运输局局长；
赵金忠为黄骅市住房和城乡建设局局长；
刘浩强为黄骅市水务局局长；
康学树为黄骅市教育局局长；
张云洪为黄骅市农业局局长；
赵云河为黄骅市商务局局长；
王志为黄骅市工业和信息化局局长；
张华熙为黄骅市城市管理局局长；
周金城为黄骅市人口和计划生育局局长；
孙进为黄骅市安全生产监督管理局局长；
胡福岗为黄骅市环境保护局局长；
贺连岭为黄骅市司法局局长；
耿兆良为黄骅市食品药品监督管理局局长。

（二）黄骅市第七届人民代表大会常务委员会第三次会议（2012 年 6 月 28 日）

任命：
张德峰为黄骅市人民检察院检察员。

（三）黄骅市第七届人民代表大会常务委员会第四次会议（2012 年 8 月 29 日）

免去：
唐金峰黄骅市人民检察院检察委员会委员职务；
刘振生黄骅市人民检察院检察委员会委员职务；
齐向阳黄骅市人民检察院检察委员会委员职务；
殷文立黄骅市人民检察院检察委员会委员职务；
杨庆和黄骅市人民检察院检察委员会委员职务；
张瑞祥黄骅市人民检察院检察委员会委员职务；
刘金强黄骅市人民检察院检察委员会委员职务。

（四）黄骅市第七届人民代表大会常务委员会第五次会议（2012 年 10 月 30 日）

任命：
张景海为黄骅市人民法院陪审员。

（五）黄骅市第七届人民代表大会常务委员会第十次会议（2013 年 6 月 27 日）

任命：
戴军为黄骅市人民法院审判员。

（六）黄骅市第七届人民代表大会常务委员会第十一次会议（2013 年 8 月 29 日）

决定任命：
张吉宏为黄骅市人民政府副市长。

（七）黄骅市第七届人民代表大会常务委员会第十三次会议（2013 年 11 月 19 日）

决定免去：
潘海瀛黄骅市人民政府市长职务。
决定任命：
朱春燕为黄骅市人民政府副市长、代理市长。

（八）黄骅市第七届人民代表大会常务委员会第十四次会议（2013 年 12 月 13 日）

免去：
张东中捷人民法庭副庭长职务。

任命：
张旗为中捷人民法庭副庭长；
庞鸿猛为中捷人民法庭副庭长。
任命：
曹馨元为黄骅人民法院人民陪审员；
王敬为黄骅人民法院人民陪审员；
杨倩为黄骅人民法院人民陪审员；
谢莹莹为黄骅人民法院人民陪审员；
刘重重为黄骅人民法院人民陪审员；
贾飞燕为黄骅人民法院人民陪审员；
白峰为黄骅人民法院人民陪审员；
林金昌为黄骅人民法院人民陪审员；
刘国宏为黄骅人民法院人民陪审员；
郭锋为黄骅人民法院人民陪审员；
王秀森为黄骅人民法院人民陪审员；
李孝忠为黄骅人民法院人民陪审员；
康恩杰为黄骅人民法院人民陪审员；
董朝阳为黄骅人民法院人民陪审员；
刘志军为黄骅人民法院人民陪审员；
王立明为黄骅人民法院人民陪审员；
雷鹏为黄骅人民法院人民陪审员；
李志义为黄骅人民法院人民陪审员；
刘飞为黄骅人民法院人民陪审员；
刘盟为黄骅人民法院人民陪审员；
孙玉升为黄骅人民法院人民陪审员；
杨春泉为黄骅人民法院人民陪审员；
张晓晨为黄骅人民法院人民陪审员；
仉雯丽为黄骅人民法院人民陪审员。

（九）黄骅市第七届人民代表大会常务委员会第十五次会议（2014 年 1 月 3 日）

免去：
张长瑞黄骅市人民政府副市长职务。

（十）黄骅市第七届人民代表大会常务委员会第十六次会议（2014 年 2 月 26 日）

决定免去：
商铎华黄骅市人力资源和社会保障局局长职务；

赵金忠黄骅市住房和城乡建设局局长职务；
李兆胜黄骅市审计局局长职务；
张华熙黄骅市城市管理局局长职务；
刘印荣黄骅市卫生局局长职务。
决定任命：
李国德为黄骅市人民政府副市长；
商铎华为黄骅市住房和城乡建设局局长；
臧忠合为黄骅市人力资源和社会保障局局长；
王清彩为黄骅市卫生局局长；
张义振为黄骅市审计局局长；
张同森为黄骅市城市管理局局长。
免去：
陈庆鑫黄骅市人民法院副院长职务。

（十一）黄骅市第七届人民代表大会常务委员会第十九次会议（2014 年 6 月 26 日）

免去：
邢成业黄骅市人大常委会内务司法科科长职务；
张树军黄骅市人大常委会财政经济科科长职务。
决定免去：
孙进黄骅市安全生产监督管理局局长职务；
刘浩强黄骅市水务局局长职务；
吴公才黄骅市发展改革局局长（市科学技术局局长）职务。
决定任命：
李立平为黄骅市人民政府副市长；
吴公才为黄骅市水务局局长；
刘治海为黄骅市安全生产监督管理局局长；
何寿彪为黄骅市发展改革局局长。
任命：
刘飞为黄骅市人民检察院检察员。

（十二）黄骅市第七届人民代表大会常务委员会第二十次会议（2014 年 8 月 28 日）

免去：
张金锁黄骅市人大常委会内务司法科副科长职务；
刘宝岗黄骅市人民法院副院长职务。

（十三）黄骅市第七届人民代表大会常务委员会第二十二次会议（2014年12月25日）

决定免去：
贺连岭黄骅市司法局局长职务；
胡福岗黄骅市环境保护局局长职务。
决定任命：
胡福岗为黄骅市司法局局长；
孔令杰为黄骅市环境保护局局长。
免去：
龚长华黄骅市人民法院民事审判第一庭庭长职务；
王玉强黄骅市人民法院民事审判第二庭庭长职务：
刘金月黄骅市人民法院执行一庭庭长职务。
任命：
许元峰为黄骅市人民法院副院长。

（十四）黄骅市第七届人民代表大会常务委员会第二十三次会议（2014年12月31日）

免去：
于建喜黄骅市人大常委会办公室主任职务；
马红胜黄骅市人大常委会办公室副主任职务。
任命：
马红胜为黄骅市人大常委会办公室主任。

（十五）黄骅市第七届人民代表大会常务委员会第二十四次会议（2015年1月30日）

任命：
王荣军为黄骅市人大常委会内务司法科科长；
决定免去：
王春祥黄骅市财政局局长职务；
孟祥普黄骅市交通运输局局长职务。
决定任命：
孟祥普为黄骅市财政局局长；
张振斌为黄骅市交通运输局局长。

（十六）黄骅市第七届人民代表大会常务委员会第二十六次会议（2015 年 4 月 23 日）

任命：
许淑月为黄骅市人民法院审判员；
刘丽芳为黄骅市人民法院审判员；
滕奉朝为黄骅市人民法院审判员。
决定免去：
赵云河黄骅市商务局局长职务。

（十七）黄骅市第七届人民代表大会常务委员会第二十七次会议（2015 年 6 月 26 日）

决定免去：
王学农黄骅市政府办公室主任职务；
王清彩黄骅市卫生局局长职务；
周金城黄骅市人口和计划生育局局长职务。
决定任命：
王金楼为黄骅市政府办公室主任；
王清彩为黄骅市卫生和计划生育局局长。
免去：
刘秀杰黄骅市人民法院羊二庄人民法庭副庭长职务；
候新黄骅市人民法院刑事审判庭副庭长职务；
李庆红黄骅市人民法院民事审判第二庭副庭长职务；
刘玉明黄骅市人民法院海堡人民法庭副庭长职务；
吴悦敏黄骅市人民法院立案庭庭长职务；
闫广练黄骅市人民法院黄骅人民法庭副庭长职务；
刘宝岗黄骅市人民法院审判委员会委员职务；
王玉强黄骅市人民法院审判委员会委员职务；
刘金月黄骅市人民法院审判委员会委员职务；
王桂红黄骅市人民法院审判监督庭庭长职务；
胡亚钦黄骅市人民法院刑事审判庭庭长职务；
王景峰黄骅市人民法院民事审判第三庭庭长职务；
陈健黄骅市人民法院执行二庭副庭长职务。
任命：
刘秀杰为黄骅市人民法院执行一庭庭长；
候新为黄骅市人民法院刑事审判庭庭长；
李庆红为黄骅市人民法院立案庭庭长；
夏丽萍为黄骅市人民法院审判管理办公室主任；
刘玉明为黄骅市人民法院民事审判第二庭庭长；

董海荣为黄骅市人民法院民事审判一庭庭长；
吴悦敏为黄骅市人民法院民事审判第三庭庭长；
韩景镭为黄骅市人民法院审判监督庭庭长；
闫广练为黄骅市人民法院民事审判第二庭副庭长。

（十八）黄骅市第七届人民代表大会常务委员会第二十八次会议（2015年8月20日）

决定免去：
张长华黄骅市民族宗教事务局局长职务。
决定任命：
刘云飞为黄骅市人民政府副市长；
耿兆良为黄骅市食品药品监督管理局局长；
王之鹏为黄骅市工商行政管理局局长；
李岩为黄骅市质量技术监督局局长；
刘彬为黄骅市民政局局长；
张云洪为黄骅市农业局局长；
刘红梅为黄骅市行政审批局局长。
任命：
高文利为黄骅市人民法院副院长；
王桂红为黄骅市人民法院审判委员会专职委员；
胡亚钦为黄骅市人民法院审判委员会专职委员；
李朝霞为黄骅市人民法院黄骅人民法庭庭长；
孟庆亮为黄骅市人民法院审判员。
免去：
郭文阁黄骅市人民法院黄骅人民法庭庭长职务。
任命：
史炳红为黄骅市人民检察院检察委员会专职委员；
戴远征为黄骅市人民检察院检察委员会专职委员。
任命：
王宁为黄骅市人大常委会办公室副主任。

（十九）黄骅市第七届人民代表大会常务委员会第三十次会议（2015年10月29日）

任命：
刘丽芳为黄骅市人民法院立案庭副庭长；
许淑月为黄骅市人民法院黄骅人民法庭副庭长；
滕奉朝为黄骅市人民法院羊二庄人民法庭副庭长；
戴军为黄骅市人民法院吕桥人民法庭副庭长；

王轶为黄骅市人民法院审判委员会委员；
于勇为黄骅市人民法院审判委员会委员；
胡志刚为黄骅市人民法院审判委员会委员。

（二十）黄骅市第七届人民代表大会常务委员会第三十一次会议（2015年11月26日）

决定任命：
靖瑞锋为黄骅市人民政府副市长。

（二十一）黄骅市第七届人民代表大会常务委员会第三十二次会议（2015年12月22日）

免去：
张宝如黄骅市人民检察院检察委员会委员职务。
任命：
沈瑞艳为黄骅市人民检察院检察委员会委员；
王蕾为黄骅市人民检察院检察员。
补选：
张国栋为沧州市第十三届人民代表大会代表。

（二十二）黄骅市第七届人民代表大会常务委员会第三十三次会议（2016年2月24日）

决定免去：
康学树黄骅市教育局局长职务；
商铎华黄骅市住房和城乡建设局局长职务。
决定任命：
刘宝玉为黄骅市教育局局长；
赵国旺为黄骅市住房和城乡建设局局长。

（二十三）黄骅市第七届人民代表大会常务委员会第三十四次会议（2016年4月20日）

免去：
吴忠良黄骅市人民法院中捷人民法庭庭长职务；
蔡亮黄骅市人民法院中捷人民法庭副庭长职务。
任命：
刘娜为黄骅市人大常委会代表联络科副科长；

蔡亮为黄骅市人民法院中捷人民法庭庭长。
决定任命：
龚学军为黄骅市商务局局长。

（二十四）黄骅市第七届人民代表大会常务委员会第三十五次会议（2016 年 6 月 28 日）

决定免去：
赵丽黄骅市人大常委会财政经济科副科长职务；
李立平黄骅市人民政府副市长职务；
王志黄骅市工业和信息化局局长职务；
张云洪黄骅市农业局局长职务。
决定任命：
滕翠林为黄骅市农业局局长；
贾有堂为黄骅市工业和信息化局局长。

（二十五）黄骅市第七届人民代表大会常务委员会第三十八次会议（2016 年 8 月 26 日）

免去：
刘玉明黄骅市人民法院民事审判第二庭庭长职务；
刘丽芳黄骅市人民法院立案庭副庭长职务；
孙伟昌黄骅市人民法院人民陪审员职务。
任命：
陈健为黄骅市人民法院民事审判第二庭庭长。
任命：
王刚为黄骅市人民法院人民陪审员；
庞明霞为黄骅市人民法院人民陪审员；
刘宝光为黄骅市人民法院人民陪审员；
于江华为黄骅市人民法院人民陪审员；
刘耀宇为黄骅市人民法院人民陪审员；
林齐等为黄骅市人民法院人民陪审员。

（二十六）黄骅市第七届人民代表大会常务委员会第三十九次会议（2016 年 10 月 27 日）

免去：
孙海峰黄骅市人民法院审判委员会委员职务。

任命：

蔡亮为黄骅市人民法院审判委员会委员。

任命：

张长未为黄骅市人民法院人民陪审员；

宋立明为黄骅市人民法院人民陪审员；

滕奉君为黄骅市人民法院人民陪审员；

滕义平为黄骅市人民法院人民陪审员；

张建国为黄骅市人民法院人民陪审员；

刘万才为黄骅市人民法院人民陪审员；

夏鹏为黄骅市人民法院人民陪审员；

刘海玲为黄骅市人民法院人民陪审员；

孙瑞省为黄骅市人民法院人民陪审员；

闫红霞为黄骅市人民法院人民陪审员；

刘双来为黄骅市人民法院人民陪审员；

李芸芸为黄骅市人民法院人民陪审员。

（二十七）黄骅市第七届人民代表大会常务委员会第四十一次会议（2016 年 12 月 20 日）

决定免去：

朱春燕黄骅市人民政府市长职务。

决定任命：

宋忠秋为黄骅市人民政府副市长、代理市长。

（二十八）黄骅市第七届人民代表大会常务委员会第四十三次会议（2017 年 1 月 25 日）

决定免去：

贾兆德黄骅市人民政府副市长职务；

夏爱华黄骅市人民政府副市长职务；

张吉宏黄骅市人民政府副市长职务；

王锐黄骅市人民政府副市长职务；

张金桥黄骅市人民政府副市长职务；

赵国旺黄骅市住房和城乡建设局局长职务。

决定任命：

张剑华为黄骅市人民政府副市长；

张昕为黄骅市人民政府副市长；

王友海为黄骅市住房和城乡建设局局长。

免去：
单继泽黄骅市人民法院院长职务。
任命：
张金旭为黄骅市人民法院副院长、代理院长。

八、黄骅市第八届人大常委会任免人员名单

（一）黄骅市第八届人民代表大会常务委员会第二次会议（2017年4月20日）

决定任命：
孔令杰为黄骅市环境保护局局长；
王友海为黄骅市住房和城乡建设局局长；
何寿彪为黄骅市发展改革局局长；
吴公才为黄骅市水务局局长；
张振斌为黄骅市交通运输局局长；
贾有堂为黄骅市工业和信息化局局长；
王连顺为黄骅市监察局局长；
刘彬为黄骅市民政局局长；
胡福岗为黄骅市司法局局长；
臧忠合为黄骅市人力资源和社会保障局局长；
胡庆岗为黄骅市城市管理局局长；
滕翠林为黄骅市农业局局长；
龚学军为黄骅市商务局局长；
王清彩为黄骅市卫生和计划生育局局长；
张义振为黄骅市审计局局长；
耿兆良为黄骅市食品药品监督管理局局长；
王之鹏为黄骅市工商行政管理局局长；
李岩为黄骅市质量技术监督局局长；
刘治海为黄骅市安全生产监督管理局局长；
杨树志为黄骅市统计局局长；
刘红梅为黄骅市行政审批局局长。

（二）黄骅市第八届人民代表大会常务委员会第三次会议（2017 年 5 月 25 日）

决定任命：
王金楼为黄骅市人民政府办公室主任；
刘宝玉为黄骅市教育局局长。

（三）黄骅市第八届人民代表大会常务委员会第四次会议（2017 年 6 月 29 日）

决定免去：
王友海黄骅市住房和城乡建设局局长职务；
吴公才黄骅市水务局局长职务；
王金楼黄骅市政府办公室主任职务；
何寿彪黄骅市发展改革局局长职务。
决定任命：
王金楼为黄骅市住房和城乡建设局局长；
何寿彪为黄骅市水务局局长；
赵树栋为黄骅市财政局局长；
刘宏新为黄骅市发展改革局局长；
于锦辉为黄骅市政府办公室主任。

（四）黄骅市第八届人民代表大会常务委员会第六次会议（2017 年 8 月 31 日）

决定免去：
刘云飞黄骅市人民政府副市长职务；
龚长华黄骅市人民法院审判委员会委员职务。

（五）黄骅市第八届人民代表大会常务委员会第八次会议（2017 年 12 月 13 日）

补选：
刘振华为沧州市第十四届人民代表大会代表。

（六）黄骅市第八届人民代表大会常务委员会第十次会议（2018 年 1 月 18 日）

补选：
邵长增为沧州市第十四届人民代表大会代表。

（七）黄骅市第八届人民代表大会常务委员会第十一次会议（2018 年 1 月 25 日）

审议通过：
马建国辞去黄骅市第八届人民代表大会代表职务。

（八）黄骅市第八届人民代表大会常务委员会第十二次会议（2018 年 1 月 30 日）

免去：
赵广杰黄骅市人民检察院检察长职务。
任命：
庞丽敏为黄骅市人民检察院副检察长、代理检察长。

（九）黄骅市第八届人民代表大会常务委员会第十三次会议（2018 年 2 月 2 日）

免去：
董海荣黄骅市人民法院民事审判第一庭庭长职务；
胡志刚黄骅市人民法院滕庄子人民法庭庭长职务；
陈健黄骅市人民法院民事审判第二庭庭长职务；
吴悦敏黄骅市人民法院审判委员会委员、民事审判第三庭庭长、审判员职务；
李朝霞黄骅市人民法院黄骅人民法庭庭长职务；
韩景韫黄骅市人民法院审判监督庭庭长职务；
刘秀杰黄骅市人民法院执行一庭庭长职务；
张文庆黄骅市人民法院滕庄子人民法庭副庭长职务；
周延刚黄骅市人民法院民事审判第三庭副庭长职务；
许淑月黄骅市人民法院黄骅人民法庭副庭长职务；
吕旭礼黄骅市人民法院行政庭副庭长（正股）职务；
王淑云黄骅市人民法院审判监督庭副庭长职务；
戴军黄骅市人民法院吕桥人民法庭副庭长职务；
夏丽萍黄骅市人民法院审判管理办公室主任职务；
张仙黄骅市人民法院海堡人民法庭庭长职务；
于勇黄骅市人民法院羊二庄人民法庭庭长职务。
任命：
李庆红为黄骅市人民法院审判委员会委员；
刘丽芳为黄骅市人民法院审判委员会委员；
刘华卫为黄骅市人民法院审判委员会委员；
韩景韫为黄骅市人民法院审判委员会委员、民事审判二庭庭长；
李朝霞为黄骅市人民法院民事审判一庭庭长；
董海荣为黄骅市人民法院黄骅人民法庭庭长；

刘秀杰为黄骅市人民法院羊二庄人民法庭庭长；
陈健为黄骅市人民法院海堡人民法庭庭长；
张文庆为黄骅市人民法院滕庄子人民法庭庭长；
周延刚为黄骅市人民法院民事审判一庭副庭长；
许淑月为黄骅市人民法院民事审判一庭副庭长；
王丹为黄骅市人民法院民事审判一庭副庭长；
吕旭礼为黄骅市人民法院民事审判二庭副庭长；
王淑云为黄骅市人民法院民事审判二庭副庭长；
李辉为黄骅市人民法院民事审判二庭副庭长；
戴军为黄骅市人民法院黄骅人民法庭副庭长。

（十）黄骅市第八届人民代表大会常务委员会第十四次会议（2018 年 3 月 19 日）

任命：
王金瑞为市人大常委会选举任免代表工作委员会主任；
白义刚为市人大常委会教育科学文化卫生工作委员会主任；
王荣军为市人大常委会法制工作委员会主任；
闫玉华为市人大常委会城乡建设和环境资源工作委员会主任；
李霞为市人大常委会财政经济工作委员会主任；
王磊为骅东街道人大工委主任；
潘俊祥为骅中街道人大工委主任；
姬新春为骅西街道人大工委主任。

（十一）黄骅市第八届人民代表大会常务委员会第十五次会议（2018 年 4 月 28 日）

免去：
戴远征黄骅市人民检察院检察委员会专职委员职务。
任命：
李辉为黄骅市人民法院审判员；
高学新为黄骅市人民检察院检察委员会专职委员。
任命：
韩永贵为黄骅市人民法院人民陪审员；
贾启安为黄骅市人民法院人民陪审员；
付春华为黄骅市人民法院人民陪审员；
孙福祥为黄骅市人民法院人民陪审员；
戴加洪为黄骅市人民法院人民陪审员；
田金峰为黄骅市人民法院人民陪审员；
任建明为黄骅市人民法院人民陪审员；

程金岭为黄骅市人民法院人民陪审员。

（十二）黄骅市第八届人民代表大会常务委员会第十八次会议（2018年8月20日）

决定免去：
靳振林黄骅市公安局局长职务。
决定任命：
周金忠为黄骅市公安局局长。

（十三）黄骅市第八届人民代表大会常务委员会第二十次会议（2018年11月7日）

任命：
李传栋为黄骅市监察委员会委员。

（十四）黄骅市第八届人民代表大会常务委员会第二十三次会议（2019年3月20日）

决定任命：
于锦辉为黄骅市人民政府办公室主任；
刘宏新为黄骅市发展改革局局长；
刘宝玉为黄骅市教育局局长；
龚学军为黄骅市商务和工业信息化局局长；
于金秀为黄骅市民族宗教事务局局长；
周金忠为黄骅市公安局局长；
刘彬为黄骅市民政局局长；
胡福岗为黄骅市司法局局长；
赵国旺为黄骅市财政局局长；
康立斌为黄骅市人力资源和社会保障局局长；
孔令杰为黄骅市自然资源和规划局局长；
王金楼为黄骅市住房和城乡建设局局长；
胡庆岗为黄骅市城市管理综合行政执法局局长；
张振斌为黄骅市交通运输局局长；
何寿彪为黄骅市水务局局长；
滕翠林为黄骅市农业农村局局长；
张建军为黄骅市文化广电和旅游局局长；
刘金鹏为黄骅市卫生健康局局长；
贺连岭为黄骅市退役军人事务局局长；
刘治海为黄骅市应急管理局局长；
张义振为黄骅市审计局局长；

耿兆良为黄骅市市场监督管理局局长；
杨树志为黄骅市统计局局长；
刘红梅为黄骅市行政审批局局长；
王之鹏为黄骅市医疗保障局局长。
免去：
马红胜黄骅市人大常委会办公室主任职务；
王宁黄骅市人大常委会办公室副主任职务。
任命：
董兆辉为黄骅市人大常委会办公室副主任。

（十五）黄骅市第八届人民代表大会常务委员会第二十四次会议（2019年4月29日）

免去：
闫广练黄骅市人民法院民事审判第二庭副庭长、审判员职务。
任命：
王丹为黄骅市人民法院审判员。
免去：
孙吉东黄骅市人民法院人民陪审员职务；
任德洪黄骅市人民法院人民陪审员职务；
康凯黄骅市人民法院人民陪审员职务；
王健黄骅市人民法院人民陪审员职务；
于涛黄骅市人民法院人民陪审员职务；
董明黄骅市人民法院人民陪审员职务。
任命：
白福禄为黄骅市人民法院人民陪审员；
蔡林轩为黄骅市人民法院人民陪审员；
蔡永亮为黄骅市人民法院人民陪审员；
曹森如为黄骅市人民法院人民陪审员；
常洪亮为黄骅市人民法院人民陪审员；
程金岭为黄骅市人民法院人民陪审员；
崔锡坡为黄骅市人民法院人民陪审员；
崔治学为黄骅市人民法院人民陪审员；
戴加洪为黄骅市人民法院人民陪审员；
邓金凯为黄骅市人民法院人民陪审员；
董建峰为黄骅市人民法院人民陪审员；
董俊伶为黄骅市人民法院人民陪审员；
董林林为黄骅市人民法院人民陪审员；
董维众为黄骅市人民法院人民陪审员；

范方行为黄骅市人民法院人民陪审员；
付春华为黄骅市人民法院人民陪审员；
高鸿福为黄骅市人民法院人民陪审员；
高俊巍为黄骅市人民法院人民陪审员；
高宪胜为黄骅市人民法院人民陪审员；
高相松为黄骅市人民法院人民陪审员；
耿洪占为黄骅市人民法院人民陪审员；
郭家城为黄骅市人民法院人民陪审员；
郭庆俊为黄骅市人民法院人民陪审员；
韩雅男为黄骅市人民法院人民陪审员；
韩永贵为黄骅市人民法院人民陪审员；
胡艳香为黄骅市人民法院人民陪审员；
贾启安为黄骅市人民法院人民陪审员；
李冠祥为黄骅市人民法院人民陪审员；
李桂霞为黄骅市人民法院人民陪审员；
李建华为黄骅市人民法院人民陪审员；
李凯为黄骅市人民法院人民陪审员；
李丽英为黄骅市人民法院人民陪审员；
李玲为黄骅市人民法院人民陪审员；
李全辉为黄骅市人民法院人民陪审员；
李泽平为黄骅市人民法院人民陪审员；
李志义为黄骅市人民法院人民陪审员；
李中广为黄骅市人民法院人民陪审员；
李宗祥为黄骅市人民法院人民陪审员；
刘宝新为黄骅市人民法院人民陪审员；
刘彬为黄骅市人民法院人民陪审员；
刘飞为黄骅市人民法院人民陪审员；
刘国瑞为黄骅市人民法院人民陪审员；
刘海玲为黄骅市人民法院人民陪审员；
刘辉为黄骅市人民法院人民陪审员；
刘惠民为黄骅市人民法院人民陪审员；
刘洁为黄骅市人民法院人民陪审员；
刘晶为黄骅市人民法院人民陪审员；
刘树亭为黄骅市人民法院人民陪审员；
刘双来为黄骅市人民法院人民陪审员；
刘万才为黄骅市人民法院人民陪审员；
刘西斌为黄骅市人民法院人民陪审员；
刘耀宇为黄骅市人民法院人民陪审员；

刘一霖为黄骅市人民法院人民陪审员；
刘寅为黄骅市人民法院人民陪审员；
刘振兴为黄骅市人民法院人民陪审员；
刘之凯为黄骅市人民法院人民陪审员；
吕志刚为黄骅市人民法院人民陪审员；
马树行为黄骅市人民法院人民陪审员；
牟晓阳为黄骅市人民法院人民陪审员；
庞明霞为黄骅市人民法院人民陪审员；
庞作瑞为黄骅市人民法院人民陪审员；
任建明为黄骅市人民法院人民陪审员；
沈林为黄骅市人民法院人民陪审员；
沈淑梅为黄骅市人民法院人民陪审员；
时振帮为黄骅市人民法院人民陪审员；
宋惠为黄骅市人民法院人民陪审员；
宋立明为黄骅市人民法院人民陪审员；
苏勇建为黄骅市人民法院人民陪审员；
孙德峰为黄骅市人民法院人民陪审员；
孙福祥为黄骅市人民法院人民陪审员；
孙海峰为黄骅市人民法院人民陪审员；
孙瑞省为黄骅市人民法院人民陪审员；
孙玉升为黄骅市人民法院人民陪审员；
滕金泉为黄骅市人民法院人民陪审员；
滕义平为黄骅市人民法院人民陪审员；
田金峰为黄骅市人民法院人民陪审员；
万建霞为黄骅市人民法院人民陪审员；
王宝华为黄骅市人民法院人民陪审员；
王宝义为黄骅市人民法院人民陪审员；
王芳为黄骅市人民法院人民陪审员；
王刚为黄骅市人民法院人民陪审员；
王洪娣为黄骅市人民法院人民陪审员；
王吉臣为黄骅市人民法院人民陪审员；
王建茹为黄骅市人民法院人民陪审员；
王铁柱为黄骅市人民法院人民陪审员；
王霞为黄骅市人民法院人民陪审员；
王英为黄骅市人民法院人民陪审员；
吴杰为黄骅市人民法院人民陪审员；
夏鹏为黄骅市人民法院人民陪审员；
徐福玲为黄骅市人民法院人民陪审员；

许梁为黄骅市人民法院人民陪审员；
闫红霞为黄骅市人民法院人民陪审员；
闫庆香为黄骅市人民法院人民陪审员；
杨合堂为黄骅市人民法院人民陪审员；
杨洪旭为黄骅市人民法院人民陪审员；
杨金槐为黄骅市人民法院人民陪审员；
杨树军为黄骅市人民法院人民陪审员；
杨之洪为黄骅市人民法院人民陪审员；
殷俊同为黄骅市人民法院人民陪审员；
于江华为黄骅市人民法院人民陪审员；
于艳钊为黄骅市人民法院人民陪审员；
张兵为黄骅市人民法院人民陪审员；
张广利为黄骅市人民法院人民陪审员；
张洪春为黄骅市人民法院人民陪审员；
张洪珍为黄骅市人民法院人民陪审员；
张建功为黄骅市人民法院人民陪审员；
张建国为黄骅市人民法院人民陪审员；
张金楼为黄骅市人民法院人民陪审员；
张敬儒为黄骅市人民法院人民陪审员；
张君为黄骅市人民法院人民陪审员；
张良静为黄骅市人民法院人民陪审员；
张潇为黄骅市人民法院人民陪审员；
张新华为黄骅市人民法院人民陪审员；
张秀丽为黄骅市人民法院人民陪审员；
张秀山为黄骅市人民法院人民陪审员；
张长未为黄骅市人民法院人民陪审员；
张振杰为黄骅市人民法院人民陪审员；
赵树青为黄骅市人民法院人民陪审员；
赵文起为黄骅市人民法院人民陪审员；
赵玉霞为黄骅市人民法院人民陪审员；
赵越为黄骅市人民法院人民陪审员；
郑博文为黄骅市人民法院人民陪审员；
郑富根为黄骅市人民法院人民陪审员；
周庆良为黄骅市人民法院人民陪审员。

（十六）黄骅市第八届人民代表大会常务委员会第二十五次会议（2019年6月28日）

免去：
王福兰黄骅市人民法院审判员职务；
王玉强黄骅市人民法院审判员职务。

（十七）黄骅市第八届人民代表大会常务委员会第二十六次会议（2019年9月5日）

免去：
董海荣黄骅市人民法院民事审判第一庭庭长职务；
胡志刚黄骅市人民法院滕庄子人民法庭庭长职务；
陈健黄骅市人民法院民事审判第二庭庭长职务；
吴悦敏黄骅市人民法院审判委员会委员、民事审判第三庭庭长、审判员职务；
李朝霞黄骅市人民法院黄骅人民法庭庭长职务；
韩景韫黄骅市人民法院审判监督庭庭长职务；
刘秀杰黄骅市人民法院执行一庭庭长职务；
张文庆黄骅市人民法院滕庄子人民法庭副庭长职务；
周延刚黄骅市人民法院民事审判第三庭副庭长职务；
许淑月黄骅市人民法院黄骅人民法庭副庭长职务；
吕旭礼黄骅市人民法院行政庭副庭长职务；
王淑云黄骅市人民法院审判监督庭副庭长职务；
戴军黄骅市人民法院吕桥人民法庭副庭长职务；
夏丽萍黄骅市人民法院审判管理办公室主任职务；
张仙黄骅市人民法院海堡人民法庭庭长职务；
于勇黄骅市人民法院羊二庄人民法庭庭长职务。
任命：
李朝霞为黄骅市人民法院民事审判一庭庭长；
韩景韫为黄骅市人民法院民事审判二庭庭长；
董海荣为黄骅市人民法院黄骅人民法庭庭长；
刘秀杰为黄骅市人民法院羊二庄人民法庭庭长；
陈健为黄骅市人民法院海堡人民法庭庭长；
张文庆为黄骅市人民法院滕庄子人民法庭庭长；
周延刚为黄骅市人民法院民事审判一庭副庭长；
许淑月为黄骅市人民法院民事审判一庭副庭长；
王丹为黄骅市人民法院民事审判一庭副庭长；
吕旭礼为黄骅市人民法院民事审判二庭副庭长；
王淑云为黄骅市人民法院民事审判二庭副庭长；
李辉为黄骅市人民法院民事审判二庭副庭长；

戴军为黄骅市人民法院黄骅人民法庭副庭长。
任命：
李庆红为黄骅市人民法院审判委员会委员；
刘丽芳为黄骅市人民法院审判委员会委员；
刘华卫为黄骅市人民法院审判委员会委员；
韩景韫为黄骅市人民法院审判委员会委员。

（十八）黄骅市第八届人民代表大会常务委员会第二十七次会议（2019年10月31日）

任命：
高如平为黄骅市人民法院人民陪审员；
吴悦敏为黄骅市人民法院人民陪审员。

（十九）黄骅市第八届人民代表大会常务委员会第二十八次会议（2019年12月28日）

任命：
庞谦为黄骅市人大常委会办公室主任。
免去：
刘宝岗黄骅市人民法院审判员职务；
张金旭黄骅市人民法院院长职务。
任命：
郭淑仙为黄骅市人民法院副院长、代理院长。
免去：
王子亭黄骅市人民检察院检察委员会委员、检察员职务；
刘玉峰黄骅市人民检察院检察员职务；
刘飞黄骅市人民检察院检察员职务；
于辉黄骅市人民检察院检察员职务。

（二十）黄骅市第八届人民代表大会常务委员会第三十次会议（2020年1月10日）

决定免去：
张剑华黄骅市人民政府副市长职务；
李国德黄骅市人民政府副市长职务；
周金忠黄骅市公安局局长职务。
决定任命：
孟辉为黄骅市人民政府副市长；

彭良营为黄骅市人民政府副市长、市公安局局长。

（二十一）黄骅市第八届人民代表大会常务委员会第三十三次会议（2020年7月6日）

免去：
潘俊祥骅中街道人大工委主任职务。
任命：
康俊海为骅中街道人大工委主任。
决定免去：
张振斌黄骅市交通运输局局长职务；
王之鹏黄骅市医疗保障局局长职务；
刘宝玉黄骅市教育局局长职务；
刘红梅黄骅市行政审批局局长职务。
决定任命：
付勇为黄骅市医疗保障局局长；
张德胜为黄骅市交通运输局局长；
佟建峰为黄骅市教育局局长；
翟浩成为黄骅市行政审批局局长。
免去：
翟浩成黄骅市监察委员会委员职务。
任命：
迟玉岗为黄骅市监察委员会委员。
免去：
董传刚黄骅市人民法院审判员职务；
范栋黄骅市人民法院审判员职务；
康白琳黄骅市人民法院审判员职务；
张立功黄骅市人民法院审判员职务。
任命：
刘静为黄骅市人民法院审判员；
黄蕊为黄骅市人民法院审判员；
闫浩为黄骅市人民法院审判员；
杨雪为黄骅市人民法院审判员；
张甜为黄骅市人民法院审判员；
马玉超为黄骅市人民法院审判员。
免去：
李东红黄骅市人民检察院检察委员会委员职务。

（二十二）黄骅市第八届人民代表大会常务委员会第三十四次会议（2020 年 9 月 23 日）

免去：

戴远征黄骅市人民检察院检察委员会委员职务。

任命：

张德锋为黄骅市人民检察院检察委员会委员；

闫文成为黄骅市人民检察院检察员。

（二十三）黄骅市第八届人民代表大会常务委员会第三十五次会议（2020 年 11 月 30 日）

免去：

皮学生黄骅市人民检察院副检察长职务。

任命：

孙云鹏为黄骅市人民检察院副检察长。

（二十四）黄骅市第八届人民代表大会常务委员会第三十六次会议（2020 年 12 月 31 日）

免去：

白义刚市人大常委会教育科学文化卫生工作委员会主任职务；

王荣军市人大常委会法制工作委员会主任职务。

任命：

王荣军为市人大常委会法制和社会建设工作委员会主任；

杨全庆为市人大常委会教育科学文化卫生工作委员会主任。

（二十五）黄骅市第八届人民代表大会常务委员会第三十七次会议（2021 年 2 月 4 日）

审议通过：

吴永刚辞去黄骅市第八届人民代表大会代表职务。

（二十六）黄骅市第八届人民代表大会常务委员会第三十八次会议（2021 年 4 月 9 日）

决定免去：

张昕黄骅市人民政府副市长职务；

龚学军黄骅市商务和工业信息化局局长职务；
刘宏新黄骅市科学技术局局长职务。
决定任命：
李荣昊为黄骅市人民政府副市长；
龚学军为市科技工信和商务局局长。

（二十七）黄骅市第八届人民代表大会常务委员会第四十次会议（2021年6月11日）

决定免去：
宋忠秋黄骅市人民政府市长职务；
庞丽敏黄骅市人民检察院检察长职务。
决定任命：
毕汝卫为黄骅市人民政府副市长、代理市长；
刘金生为黄骅市人民检察院副检察长、代理检察长。

第四章　重要日常工作

第一节　常委会主要工作

一、监督工作

黄骅市历届人大常委会依照宪法和法律赋予的职权，充分发挥职能作用，认真做好监督工作，有力地推动黄骅市经济及社会各项建设事业的发展。

1990年9月，全市实行执法责任制。将国家和省已颁布的625部法律、法规按内容部署到对应的单位，明确职责，制定具体的考评办法和奖惩措施。每年利用1~2次常委会会议，对宅基地管理、计划生育、行政诉讼法的贯彻实施等所涉及的执法问题，由常委会会议通过后交有关部门落实。同年，市人大常委会制定《关于对“一府两院”工作实施法律监督的办法》。1992年至1993年，开展了27次执法检查，重点对公、检、法机关积案办理的督查，责成公、检、法机关互相配合，建立专门组织，实行专人专案，限期办结等措施。1995年12月，市三届人大常委会第二十一次会议上作出《黄骅市人民代表大会常务委员会关于推行“两错”责任追究制的决议》，制定《黄骅市人民代表大会常务委员会关于对司法机关和行政执法部门实行“两错”责任追究制进行监督的办法》。全市各行政执法部门开展自查自纠，聘请人大代表担任执法监督员，查处各类行政执法过错案件59起。市三届人大常委会第二十一次会议在审议市政府《关于农田水利基本建设情况报告》过程中，提出建立农田基本建设基金，搞好引用黄河水配套工程建设和管理。1998年2月至2003年3月，开展28次执法检查，对《中华人民共和国建筑法》《中华人民共和国环境保护法》《中华人民共和国乡镇企业法》《中华人民共和国审计法》等法律法规采取全面检查与重点抽查、执法部门自查与检查组检查、执法主体整改与跟踪抓落实相结合的方法进行检查。督导各级执法部门落实“两错”责任追究制，有59名人大代表受聘担任执法监督员。2000年6月，市四届人大常委会第十九次会议对《黄骅市人民代表大会常务委员会司法联系监督制度》进行修订。2003—2006年，开展23次执法检查，听取社会治安管理、市人民法院民事审判工作、市人民检察院反贪污贿赂工作、行政监察法贯彻执行情况的报告，提出建议28条。2006年，对法院积案执行工作进行专项监督，执结积案1494件。2008年，开展12次执法检查。市七届人大常委会，认真履行法定职权，积极开展创新实践，认真做好监督工作。2012年2月至2017年2月共听取“一府两院”专题工作报告52个，专题询问4次，提出审议意见15件，先后对《中华人民共和国安全生产法》《中华人民共和国环保法》《中华人民共和国大气污染防治法》《中华人民共和国食品安全法》《中华人民共和国药品管理法》《中华人民共和国旅游法》6

部法律开展执法检查，有力地推动有关法律法规在黄骅市的贯彻实施。市八届人大常委会，紧紧围绕市委中心工作、政府重项工作和群众急难盼愿，坚持寓支持于监督之中，2017 年 2 月至 2021 年 7 月，先后听取审议专项报告 56 项，组织执法检查 20 次，开展专题询问 7 次，人大监督更有力度，更见实效。一是深化联动监督。着眼推动中央、省、市委重大决策贯彻落实，动员 400 余名人大代表先后开展了以扶贫脱贫攻坚、大气污染防治、优化营商环境为重点的“三项联动监督”和以清理违法违规占用土地、违规违建项目、资源能源项目、房地产开发项目、矿山综合治理、地下水超采综合治理和加强公共卫生管理为重点的“6+1”联动监督。五级代表协同联动、真督实查、较真碰硬，推动各领域问题排查清仓见底，帮助政府抓好清理规范，健全长效机制，促进了一批长期存在且群众高度关切的难点、堵点问题有效解决。二是聚焦专项监督。法规所指、民心所向、监督所至。每年听取计划、预算、决算、审计、国有资产报告，推进预决算审查监督重点向支出预算和政策方向拓展，督促市政府改善收入结构，防范债务风险，保障重点支出，提高支出绩效。建成人大预算联网监督室，实现对财政运转的实时动态监督。组织“我为‘十四五’规划献一计”问卷调查，对“十三五”规划纲要完成情况进行审查，批准市政府对规划纲要部分指标做好科学调整。开展爱国卫生暨病媒生物防治、学校建设、非遗文化、拆违拆临、特色农业等工作专题调研，听取农民社区建设、生态环境质量状况等方面的专项工作报告，推动相关工作提质增效。三是加强法律监督。听取审议了市政府扫黑除恶、法院速裁、检察院公益诉讼等工作报告，就《中华人民共和国食品安全法》《中华人民共和国传染病防治法》等法律法规开展执法检查，促进依法行政、严格执法、公正司法，有力维护了社会法治和公平正义。加强规范性文件备案审查，出台《黄骅市人大常委会规范性文件备案审查工作规程》，备案审查规范性文件 60 件，实现了有件必备、有备必审、有错必纠。

二、视察调查工作

1986—2008 年，组织调查视察活动 157 次。其中，2003 年，走访 9 个乡镇的 27 家企业，视察调查项目建设和农业经济发展。2004 年，组织“以海兴市，发展海洋经济”专题调研，提出多措并举、激活渔区经济、加速海洋经济发展、完善基础设施等 6 条建议。2005 年 5 月，对全市 50 多家中小企业进行实地走访调查，提出 5 个方面的意见和建议。2006 年 10 月，开展城市建设与规划专题调研活动，为市委城市规划和建设工作决策提供参考依据。2007 年，开展城市规划区内坟墓迁移及公墓建设的调研活动，提出分步实施、长远规划等多项可行性建议。2008 年，向社会发放治安调查问卷 300 余份，走访公安系统 20 多个所站，提出加强防控体系建设等审议意见。市政府针对审议意见，组织开展“冬季亮剑”严打专项活动。2009 年 4 月，组织全市三级人大代表，视察全市新型农村合作医疗工作开展情况，积极向市政府提出改进意见和建议，市政府采取有效措施，极大地缓解了广大农村群众看病就医的负担，促进了广大农村的和谐、稳定、发展。2010 年 12 月，组织全市三级人大代表对全市重点项目建设情况进行视察，对全市重点项目建设提出意见和建议，转交市政府抓好落实，对全市重点项目建设和经济发展起到了积极促进作用。2011 年 9 月，联合市政协组织全市三级人大代表、政协委员对全市城市建设工作进行视察，对全市城市建设工作提出意见和建议，市政府积极采纳，有效落实，促进了黄骅市城市建设和城市管理工作提档升级。市七届人大常委会 2012 年 2 月至 2017 年 2 月，共组织代表视察 27 次，连续 5 年组织代表 300 余人次，实地查看了黄骅市开发区、城北工业园、旧城工业园等 15 个园区和北汽、鑫海、宏泰、信诺立兴等 30 个重点工业项目。为促进园区建设，常委会专题审议了市政府关于乡镇园区建设的报告，提出科学规划园区建设、加大园区建设投入、增强园区承载能力、提高园区服务水平等 18 条审议意见，并转交市政府办理落实。市人大常委会连续 3 年就全市新上重点工业项目建设情况开展代表视察，提出了创新招商、优化环境、精准服务等 13 条意见建议。市八届人大常委会，主动融入大局，紧跟市委工作部署，充分行使法定职权，推动市委各项决策部署落地见效。2017 年 2 月至 2021 年 7 月，共组织代表视察 30 次，专题调研 12 次。一是聚焦民生实事抓落实。连续 3 年组织全市各级人大代表对优化营商环境、四馆一中心、“断头路”打造、城区污水治理、便民市场建设、农村人居环境整治等工作进行监督，针对落实进度慢、成效不明显的问题开展“回头看”视察，听取整改报告，进行重点督导。组织各级人大代表 400 余人次，深入轨道交通实验基地、博翔石墨等 30 余个重点项目，现场打分评级，用最直接、最明确的方式督促责任部门发力加力。建立民生实事项目人大代表票决制，连续两年对代表“票决”出 18 个民生项目进行跟踪监督，组织代表多次巡回视察现场打分评议，以“钉钉子”的精神持续发力、问政问效，有力保障了五幼、开发区小学、骅东便民市场等民生实事项目建成投用，确保人民说了算、政府认真办。二是围绕中心搞服务。把调研作为监督的“起手式”，围绕乡镇人大工作、城市管理、“健康　黄骅、品质医疗”等开展调研 12 次，用调研成果服务市委决策。

三、专题询问工作

专题询问是人大常委会有计划、有组织、有重点地就某一方面工作强化监督的有效形式，是询问常态化的衍生与拓展，具有更强的灵活性、针对性和实效性。专题询问的主要工作程序：第一，成立小组，制定方案。每次专题询问前，市人大常委会都召开主任会议，专门研究此项工作，成立专题询问领导小组，制定周密的专题询问实施方案。第二，摸清底数、确定问题。第三，召开会议、开始询问。第四，提出意见、跟踪监督。专题询问会议结束后，各专题询问工作组根据专题询问情况整理形成审议意见，经市人大常委会主任会议审定后，提交相关机关研究办理。有关专委会根据审议意见跟踪监督相关部门的整改落实情况。

2015 年 5 月初至 6 月中旬，市人大常委会对黄骅市城区水污染治理工作开展专题询问。专题询问工作启动后，市人大常委会专题询问组先后征求了部分市人大代表及群众的意见，组织部分市人大代表对城区部分排水河道、水系及污水处理厂进行视察，最终选定城区管网规划、雨污分流、污水处理、水体监管等 10 个具体问题供询问组参考。6 月 10 日，召开专题询问工作会议，市人大常委会专题询问组，市政府主管副市长及市开发区、市住建局、市城管局、市环保局、市水务局、黄骅镇有关部门负责人到会应询，在听取市政府关于黄骅市城区污水治理情况的汇报后，询问会开始，询问组成员开始发言，市政府及有关部门负责人对专题询问组成员提出的10个方面的问题一一作了解答。市政府副市长代表市政府对整改工作作了表态发言，市人大常委会主管领导就加强黄骅市城区污水治理工作提出了具体意见和建议。会后，市人大常委会根据询问情况形成审议意见，转交市政府研究办理。通过此次专题询问，对黄骅市有效治理城区水污染、改善城区生态环境起到积极的促进作用。2016年4月上旬至6月上旬，市人大常委会对全市基础教育工作开展专题询问，专题询问工作启动后，市人大常委会专题询问组先后组织部分市人大代表进行了视察、调研、征求了社会各界意见。在此基础上，最终选定了城区中小学规划，城乡义务教育均衡发展，城区中小学大班额，城区幼儿园入园难、入园贵，稳定乡村教师队伍等多个方面和领域的11个具体问题，供专题询问组询问时参考。6月1日，召开专题询问工作会议，市人大常委会专题询问组全体成员、市政府主管副市长及市教育局全体领导班子成员和各科室负责人到会应询。在听取市政府关于全市基础教育情况的专项工作汇报后，询问会开始，10名询问组成员先后发言，从不同角度提出10个方面的问题，市教育部门有关负责人都认真面对，一一作了解答，市政府主管副市长就做好整改工作作了表态发言，市人大常委会主管领导就今后加强黄骅市基础教育工作提出了意见和建议。会后，市人大常委会根据询问情况形成审议意见，转交市政府研究办理。通过此次专题询问有效地提升了黄骅市基础教育水平，促进了全市教育教学质量的全面提高。2017年5月上旬至6月中旬，市人大常委会对黄骅市城区市场管理工作开展专题询问。专题询问工作启动后，市人大常委会专题询问组通过实地走访、同社区群众座谈、组织部分市人大代表集中视察等形式，最终确定了城区市场规划不到位、已建成市场基础设施滞后、市场管理责任主体不明确、马路市场治理情况不理想等10个具体问题，供专题询问组成员专题询问时参考。6月12日，召开专题询问会议，市人大常委会专题询问组全体成员、市政府主管副市长及市城管局、市住建局、市工商局、黄骅镇主要负责人到会应询，在听取市政府关于黄骅市城区市场工作情况的汇报后，询问开始，询问组成员先后发言，对询问组成员提出的10个方面的问题，各相关部门负责人都认真地做了详尽的解答，市政府主管副市长就整改工作作了表态发言，市人大常委会主管领导对今后加强黄骅市城区市场管理工作提出了具体建议和意见。会后，市人大常委会根据询问情况形成审议意见，提交市政府研究办理。通过该次专题询问，为更好地督促支持市政府依法行政，切实加强城区市场管理，进一步提升全市城市面貌和群众生活质量起到了积极的促进作用。2017年8月初至10月中旬，市人大常委会对黄骅市城市交通管理工作开展专题询问。该项工作启动以来，专题询问工作组通过实地走访、同社区群众座谈、组织部分市人大代表对重点路段、路口进行视察观摩，在掌握城区交通状况基本情况的基础上，把问题选定在有何举措解决上下班高峰车辆拥堵、路口交通信号灯设置不科学及监控设置加装、车辆乱停乱放、出租车治理、危险驾驶、几个城区重点路口路段交通如何规范、城市长期交通规划8个方面，供询问组成员在专题询问时参考。10月12日，召开专题询问工作会议，市人大常委会专题询问组全体成员，市政府主管副市长、市公安局、市城管局主要负责人参加应询，在听取市政府关于黄骅市城市交通管理专项工作的汇报后，询问会开始，询问组成员先后发言，相关单位负责人对询问组成员提出的8个方面的问题都认真作了解答，市政府主管副市长对整改工作作了表态发言，市人大常委会主管领导对今后如何加强黄骅市城市交通管理工作提出了具体的意见和建议。会后，市人大常委会根据专题询问情况形成审议意见，转交市政府研究办理。通过专题询问，对进一步加强黄骅市城市交通管理工作，切实提升交通管理水平起到积极作用。2008年5月上旬至7月底，启动对全市学前教育工作开展专题询问，市人大常委会高度重视，在此期间，市人大常委会专题询问工作组广泛征求了黄骅市市人大代表及社会各界的意见，市人大常委会又组织部分市人大代表对城区6所不同类型的幼儿园进行专题调研，召开了社会各界人员参加的座谈会，最终，市人大常委会专题询问工作组选定了“十三五”期间全市学前教育规划，特别是城区幼儿园规划，城区幼儿园入园难、入园贵，学前教育经费保障机制，学前教育师资队伍建设，规范学前教育机构办园行为等11个方面的具体问题供专题询问组成员询问时参考。7月31日，学前教育专题询问工作会议正式召开，市人大常委会专题询问组全体成员、市政府主管副市长、市教育局领导班子全体成员和科室负责人及市政府办、市住建局、市财政局、市物价局相关领导到会应询。专题询问组在听取市政府关于黄骅市学前教育情况的工作汇报后，8位成员先后发言，对黄骅市学前教育提出了非常客观和有针对性的8个方面的问题，市政府及有关部门负责人都一一作了解答，最后市政府主管副市长对整改工作作了表态发言，市人大常委会主管领导对黄骅市的学前教育工作提出了具体的意见和建议。会后，市人大常委会根据专题询问情况形成审议意见，提交市政府研究办理。通过专题询问，为进一步促进全市学前教育事业健康、稳定、持续发展，办人民满意教育起到了有力的促进作用。2019年5月，市人大常委会对黄骅市城区病媒生物防治工作开展专题询问。该工作启动后，市人大常委会询问组在征求部分市人大代表和群众意见、开展专项调研的基础上，拟定了询问问题的重点。如：病媒生物的分类、危害性、如何防治，每年何时开始病媒生物的防治工作，有关部门主要做了哪几项工作，每年市财政投入多少经费，对重点场所、企业、病媒生物的高发区相关部门是如何监管的等问题，供专题询问组全体成员参考。5月14日，召开专题询问会议，市人大常委会专题询问组全体成员、市政府办、市财政局、市卫健局、市城管局、市市场监督管理局及三个街道办事处的相关负责人到会应询，在听取市政府办关于黄骅市城区病媒生物防治情况的工作汇报后，有7名成员先后发言提问，相关部门负责人对询问组成员提出的7个方面的问题都非常认真的一一作了解答。最后，市人大常委会主管领导对黄骅市加强城区病媒生物防治工作提出了具体的意见和建议。会后，市人大常委会根据询问情况形成审议意见，转交市政府研究办理。通过专题询问对有效保护城市环境卫生，保障广大人民群众的身体健康，巩固黄骅市国家级卫生城市创建成果，大力创建国家级文明城市起到积极的推动作用。

四、代表工作

1988年1月，制定人民代表工作暂行办法和市级代表持证视察暂行办法。将人大代表以乡镇、农场、市直为单位分成28个小组，每季度开展一次小组活动。至1992年，市人大常委会组织代表持证视察8次，民主评议政府工作部门和乡镇工作4次。1993年至1996年，市人大常委会3次组织市、乡两级人大代表对工商、公安等8个系统进行行风评议，提出建议、批评和意见825条。1997年5月，建立人大代表议政制度，分别以《河北省农业投资条例》的贯彻实施和“严厉打击刑事犯罪，搞好社会治安综合治理”为专题，在全市进行2次集中议政活动。组织市、乡两级人大代表294名，提出建议、批评和意见86件。1999年3月和2002年6月，依法指导2次乡级人大换届选举工作，选出乡镇人大代表1236名。自2003年4月，在全市各级人大代表中开展“国徽在心中，代表建新功”活动。至2008年，全市有54名人大代表新上、引进项目60个，涉及资金3亿元；有42名人大代表为群众提供资金技术和信息服务，带领2000名群众共同致富。市七届人大常委会始终坚持创新服务，充分发挥代表主题作用。2012年2月至2017年2月，市七届人大常委会一是加强代表履职能力建设。五年来，采取集中学习、调研座谈寄送资料等多种方式共培训人大代表500余人次。二是丰富代表活动形式。创立了代表季度座谈会制度，使每一位代表在大会闭会期间更好的发挥履职建言作用，进一步提高代表的责任感和积极性。三年来，通过座谈会收集代表意见、建议160余条，及时转交相关部门办理，解决城区私搭乱建、农村垃圾处理等一批群众关心的难点问题。常委会还坚持邀请代表列席常委会会议、市政府重要决策性会议、法院庭审等重要活动，为代表履职搭建更为广泛的平台。市八届人大常委会，高度重视人大代表的主体地位，始终坚持服务代表、依靠代表、着力增强人大的主体凝聚力。2017年2月至2021年7月，市八届人大常委会一是建好家站“聚人气”。建设代表联络站是新时代人大工作的重大改革和重要创新。市人大常委会按照有阵地、有制度、有活动、有台账、有设备、有资料的“六有”标准，建成覆盖城乡的“人大代表之家”14个、“代表联络点”6个，为全市广大人大代表搭建起立足基层、贴近群众、覆盖城乡的履职平台。二是提升能力“强底气”。制定《关于进一步创新改进代表工作，充分发挥代表作用的意见》，每年组织开展思想政治、法规政策、履职业务集中培训，先后邀请300余人次代表列席人大会议及参加视察、专题调研、执法检查活动，通过深入学、实地看、互交流，不断提高代表履职能力水平。推荐代表担任“河长制”、监察工作特约监督员，在多元平台上显身手、展风采。黄骅市各级人大代表在关键时刻发挥重要作用，新冠疫情防控阻击战打响以来，驻黄骅市的各级人大代表积极响应、迅速行动，履职尽责，勇于担当，持续奋战在疫情防控、病患救治、基层排查、复产保供等各条战线，努力在应对疫情防控、保障城市运行、支持复工复产中发挥积极作用，彰显了“人民选我当代表，我当代表为人民”的家国情怀和社会担当。在此次疫情中，广大人大代表通过不同途径累计捐款1347万元，捐赠各类医用口罩、医用护目镜、红外线额温枪、消毒酒精、消毒液、方便面、蛋糕、热水暖瓶、热贴等大量应急物资物品，直接或间接参与防控一线代表1300人次。三是密切双联“提士气”。创建了“双联”工作机制，开展人大代表“一亮五增”活动，密切常委会与人大代表的联系、人大代表与人民群众的联系。围绕农村人居环境整治、脱贫攻坚、文明城市创建、民生改善等中心工作，以“主任联系代表日”“代表联系选民日”为载体，传递党和政府的声音，广泛收集群众意见建议，不断提升代表履职主动性、积极性、创造性。累计组织700余名市乡两级人大代表“面对面”向选民述职，提前完成了本届市级人大代表向选民述职全覆盖任务。四是督办建议“下力气”。建立常委会主任领衔督办、专委会归口督办、人大代表参与督办“三结合”的工作机制，推动人大代表建议转化为促发展、惠民生的政策举措和具体行动。市八届人民代表大会一至四次会议共收到代表建议258件，办结率达100%，推动了一批群众关心、社会关注的重点难点问题解决，实现了代表真满意，群众真受益。

第二节　办理人大代表建议工作

监督人民政府、人民法院、人民检察院办理人大代表对其工作提出的议案、建议、批评和意见，是人大常委会的重要职责。

严肃认真地对待人民代表提出的建议、批评和意见，是关系到尊重人民群众的民主权利，发扬社会主义民主、健全社会主义法制的一项政治任务。认真办好代表建议、批评和意见，是国家机关联系人民群众，改进工作，克服官僚主义，当好人民公仆的重要方面。要求各承办单位要把办理代表建议、批评和意见当作自己义不容辞的职责，切实抓紧，认真办理，对群众要求亟待解决而有条件解决的问题，政府要责成有关部门限期解决；对应该解决因受客观条件所限，一时不能解决的问题，要提出计划，积极创造条件，逐步解决。对黄骅市无权解决的问题要积极向上反映，对政策不允许的要向代表说明情况，真正做到件件有着落、事事有答复。市人大常委会要及时督办，听取办理工作的汇报，检查落实情况。承办部门要按时保质保量完成办理代表的建议、批评和意见的任务。

一、人大代表提出的建议和意见

（一）黄骅市第一届人民代表大会期间人大代表提出的建议和意见

第一次会议

黄骅市第一届人民代表大会第一次会议期间收到代表提出的议案和建议、批评和意见共131件。这些议案和建议、批评、意见，对贯彻落实党的方针、政策，加速黄骅市的改革开放和民主与法制建设进程，起到有力的推动作用。有许多议案和建议是代表经过调查研究或受人民群众嘱托提出的，反映了人民群众的意愿和要求。大会议案审查委员会对这些议案和建议、批评、意见进行了认真的审查，其中属于财经方面的54件、政法方面的16件、教科文卫方面的36件、其他方面的25件。这些建议、批评和意见，由议案审查委员会提交市人大常委会，在会后交市政府及其他相关单位研究办理并负责对代表作出答复。

（二）黄骅市第二届人民代表大会期间人大代表提出的建议和意见

1. 第一次会议

黄骅市第二届人民代表大会第一次会议期间，收到代表10人以上联名提出的议案55件，代表提出的建议、批评和意见81件，共136件。这些议案和建议、批评、意见，对加强黄骅市社会主义民主与法制建设、贯彻落实党的十三届四中、五中全会精神，搞好治理整顿、深化改革，加速社会主义物质文明和精神文明建设等方面，起到有力地推动作用。有许多议案、建议是代表经过调查研究和受人民群众嘱托提出的，反映了人民群众的愿望和要求。

大会议案审查委员会根据《中华人民共和国地方各级人民代表大会和地方各级人民政府组织法》（以下简称《地方组织法》）第十七条规定，对这些议案进行了认真的审理，具体处理意见如下：

一、代表10人以上提出的55件议案，不属于人民代表会议职权范围，而属于对各方面工作的意见和建议。议案审查委员会确定作为意见、建议处理，其分类是：财政经济方面的42件，包括农、林、渔、水利19件，工业1件，交通、邮电10件，土地管理1件，城建、环境保护4件，财政、税收5件，粮食供应1件，物资1件；教科文卫方面的9件，包括教育6件，改善医疗卫生条件3件；政法方面的4件，属民政建设的4件。

二、在会议期间收到代表提出的建议、批评和意见81件。其中：属于财政经济方面的54件，包括加强农、林、渔、水利建设的28件，电力、能源1件，交通、邮电7件，城建、环境保护9件，财政、税务3件，劳动人事工资4件，乡镇企业2件；属于教科文卫方面的16件，包括教育8件、医疗卫生8件；属于政法方面的10件，包括民政5件、领导作风1件、司法公安4件；属于人大工作方面的1件。

对这些建议、批评和意见，议案审查委员会委托市人大常委会代表联络科在会后分别交有关机关组织研究办理，并负责答复代表。

2. 第二次会议

黄骅市第二届人民代表大会第二次会议期间，收到代表10人以上联名提出的议案36件，代表提出的建议、批评和意见80件，共116件。这些议案和建议、批评、意见，对加强黄骅市社会主义民主与法制建设，贯彻落实党的十三届七中全会精神，搞好治理整顿、深化改革，加速社会主义物质文明和精神文明建设等方面，起到有力的推动作用。有许多议案、建议是代表经过调查研究和受人民群众嘱托提出的，反映了人民群众的愿望和要求。大会议案审查委员会根据《地方组织法》第十七条规定，对这些议案进行了认真的审理，具体处理意见如下：

一、代表10人以上提出的36件议案，经议案审查委员会审查认为，不属于人民代表大会职权范围，而属于各方面工作的意见和建议，因此确定作为重要意见、建议处理。其分类是：财政经济方面28件，包括农、林、渔、水利9件，劳动人事1件，交通、邮电6件，城建和环保6件，财政、税收2件，粮食供应1件，人民生活3件；教科文卫方面6件，包括教育5件，改善医疗卫生条件1件；政法方面2件；属于民政建设的1件，加强社会治安1件。

二、在会议期间收到代表提出的建议、批评和意见80件。其中：属于财政经济方面的60件，包括加强农、林、渔、水利建设的24件，电力、能源2件，交通、邮电8件，城建和环保3件，财政、税务5件，劳动人事工资4件，物价、计量、供销4件，粮食征购6件，土地管理

4件；属于教育卫生方面的6件，包括教育3件、医疗卫生3件；属于政法方面的13件，包括民政3件、领导作风1件、司法公安9件；属于人大工作方面的1件。

这些建议、批评和意见，议案审查委员会委托市人大常委会代表联络处在会后分别交有关部门研究办理，并负责答复代表。

3. 第三次会议

黄骅市第二届人民代表大会第三次会议期间，收到代表10人以上联名提出的议案17件；代表提出的建议、批评和意见68件，会前收到代表建议、批评和意见42件，共127件。这些议案和建议、批评、意见，对贯彻落实党的基本路线，加速黄骅市社会主义物质文明和精神文明及民主与法制建设，起到有力的推动作用。有许多议案、建议是代表经过调查研究和受人民群众嘱托提出的，反映了人民群众的愿望和要求。大会议案审查委员会根据《地方组织法》第十七条规定，对这些议案进行了认真的审理，具体处理意见如下：

一、代表10人以上提出的17件议案。其中，属于财经方面13件，教科文卫方面2件，政法方面2件。经议案审查委员会审查认为，不属于人民代表大会职权范围，而属于各方面工作的意见和建议，因此确定作为重要意见、建议处理。

二、会议前收到代表提出的建议、批评和意见42件，已按内容分别交市政府、市法院进行了办理，并在会议期间以文字形式答复了代表。

会议期间收到代表提出的建议、批评和意见68件。其中，属于财政经济方面的52件，教科文卫方面的8件，政法方面的5件，人大工作方面的3件。

这些建议和意见，议案审查委员会委托市人大常委会代表联络处，在会后分别交有关部门研究办理，并负责答复代表。

（三）黄骅市第三届人民代表大会期间人大代表提出的建议和意见

1. 第一次会议

黄骅市第三届人民代表大会第一次会议期间，收到代表10人以上联名提出的议案34件，代表提出的建议、批评和意见63件，共97件，这些议案和建议、批评、意见，对贯彻落实党的基本路线和党的十四大会议精神，加速黄骅市的改革开放和社会主义物质文明、精神文明及民主决策与法制建设，起到有力的推动作用。有许多议案，建议是代表经过调查研究和受人民群众嘱托提出的，反映了人民群众的愿望和要求，大会议案审查委员会根据《地方组织法》第十七条规定，对这些议案进行了认真的审查，具体处理意见如下：

一、代表10人以上提出的议案34件，经议案审查委员会审查认为，不属于人民代表大会职权范围，而属于各方面工作的意见和建议，因此确定作为重要意见、建议处理。其中，属于财经方面的28件，教科文卫方面的4件，政法方面的2件。

二、代表提出的建议、批评和意见63件。其中，属于财经方面的45件，教科文卫方面的12件，政法方面5件，人大工作方面的1件。

这些建议批评和意见，由议案审查委员会，提交市人大常委会，在会后分别交市人民政府、市人民法院、市人民检察院研究办理并负责答复代表。涉及人大工作方面的，由市人大常委会负责办理并直接答复代表。

2. 第二次会议

黄骅市第三届人民代表大会第二次会议期间收到代表10人以上联名提出的议案以及建议、批评和意见共52件，其中代表10人以上联名提出的议案32件，代表个人提出的建议、批评和意见20件。这些议案和建议、批评、意见，对贯彻落实党的路线、方针、政策，加速黄骅市的改革开放和民主与法制建设进程，起到有力的推动作用。这些议案和建议是代表经过调查研究或受人民群众嘱托提出的，是紧紧围绕黄骅市建设，就经济、城乡建设、政法、教科文卫、社会民生等领域提出的，反映了人民群众的意愿和要求。大会议案审查委员会对这些议案，建议、批评和意见进行了认真的审查，具体处理意见如下：

一、代表10人以上联名提出的议案32件。其中，涉及财经方面的8件，城乡建设方面的10件，政法方面的4件，道路交通方面的6件，教科文卫方面的2件，其他方面的2件。议案审查委员会对这些议案进行了充分讨论分析，认为这些议案有的是不属于本级人民代表大会及其常委会职权范围内的事项；有的没有具体方案，缺少议案的法定条件，因此，拟转作重要建议处理。

二、代表提出的建议、批评和意见20件。其中，属于财经方面的4件，教科文卫方面的7件，城乡建设方面的6件，道路交通方面的3件。

这些建议、批评和意见，连同大会期间收到的作为建议处理的议案，会后由市人大常委会办事机构整理归纳后交“一府两院”及其他相关单位办理，由承办单位答复代表；同时利用多种形式对建议进行督办，及时把办理结果向代表通报，征求代表对建议办理情况的意见。

3. 第三次会议

黄骅市第三届人民代表大会第三次会议期间收到代表10人以上联名提出的议案25件，代表提出的建议、批评和意见96件，共121件。这些议案和建议、批评、意见，对贯彻落实党的十四大和十四届三中全会精神，加速黄骅市的改革开放和社会主义物质文明、精神文明及民主法制建设，起到有力的推动作用。有许多议案、建议是代表经过深入选区调查研究和受人民群众嘱托提出的，反映了人民群众的愿望和要求。对提出的议案进行了认真的审查，具体处理意见如下：

一、代表10人以上提出的议案25件，经议案审查委员会审查认为，不属于人民代表大会职权范围，而属于各方面工作的意见和建议，因此确定作为重要意见、建议处理。其中，属于财经方面的17件，教科文卫方面的8件。

二、代表提出的建议、批评和意见96件。其中，属于财经方面的61件，教科文卫方面的19件，政法方面的10件，其他工作方面的6件。

这些建议、批评和意见，由议案审查委员会提交市人大常委会，在会后分别交市人民政府、市人民法院、市人民检察院研究办理并负责答复代表。

4. 第四次会议

黄骅市第三届人民代表大会第四次会议期间，收到代表10人以上联名提出的议案17件，代表提出的建议、批评和意见72件，共89件。这些议案和建议、批评、意见，对贯彻落实党的十四大和十四届三中、四中全会精神，加速黄骅市的改革开放和社会主义物质文明、精神文明及民主法制建设，起到有力的推动作用。有许多议案和建议是代表经过调查研究和受人民群众嘱托提出的，反映了人民群众的意愿和要求。大会议案审查委员会对这些议案和建议、批评、意见进行了认真的审查，具体处理意见如下：

一、代表10人以上提出的议案17件，议案审查委员会对这些议案进行了认真的审理，拟将2件议案交市人大常委会审议决定，将15件议案转为重要建议、批评和意见处理。

（一）拟交市人大常委会审议的2件：刘学秀等十名代表提出建议把国办教师工资由市财政统一管理（第1号）；张国通等10名代表提出把国办教师工资改镇财政为市财政支付（第2号）。

（二）拟将重要建议、批评和意见处理的15件。其中，属于财经方面的11件，政法方面的3件，城建环保方面的1件。

二、代表提出建议、批评和意见72件。其中，属于财经方面的48件，教科文卫方面的11件，政法方面的6件，城建环保方面的2件，人大工作方面的1件。其他工作方面4件。

这些建议、批评和意见，由议案审查委员会提交市人大常委会在会后分别交市人民政府、市人民法院、市人民检察院研究办理并负责答复代表；涉及人大工作方面的，由市人大常委会负责办理并直接答复代表。

5. 第五次会议

黄骅市第三届人民代表大会第五次会议期间收到代表10人以上联名提出的议案19件，代表提出的建议、批评和意见32件，共51件。这些议案和建议、批评、意见，对贯彻落实党的十四大和十四届五中全会精神，加速黄骅市的改革开放和社会主义物质文明、精神文明及民主法制建设，起到有力的推动作用。有许多议案和建议是代表经过调查研究和受人民群众嘱托提出的，反映了人民群众的意愿和要求。大会议案审查委员会对这些议案和建议、批评、意见进行了认真的审查，具体处理意见如下：

一、代表10人以上提出的议案19件。其中，属于财经方面的17件，城建环保方面的2件。经议案审查委员会审查，确定作为重要意见、建议处理。

二、代表提出的建议、批评和意见32件。其中，属于财经方面的17件，教科文卫方面的6件，政法方面的8件，城建环保方面的3件，其他工作方面的3件。

这些建议、批评和意见，由议案审查委员会提交市人大常委会，在会后交市人民政府研究办理并负责答复代表。

6. 第六次会议

黄骅市第三届人民代表大会第六次会议期间收到代表10人以上联名提出的议案16件，代表提出的建议、批评和意见21件，共37件（会后收到建议、批评和意见3件）。这些议案和建议、批评、意见，对贯彻落实党的方针、政策，加速黄骅市的改革开放和民主与法制建设进程，起到有力的推动作用。有许多议案和建议是代表经过调查研究或受人民群众嘱托提出的，反映了人民群众的意愿和要求。大会议案审查委员会对这些议案和建议、批评、意见进行了认真的审查，具体处理意见如下：

一、代表10人以上联名提出的议案共16件。其中，属于财经方面的14件，政法方面的1件，其他工作方面的1件。经议案审查委员会审查，确定作为重要意见、建议处理。

二、代表提出的建议、批评和意见21件。其中，属于财经方面的16件，教科文卫方面的3件，政法方面的2件。

这些建议、批评和意见，由议案审查委员会提交市人大常委会，在会后交市政府研究办理并负责对代表作出答复。

（四）黄骅市第四届人民代表大会期间人大代表提出的建议和意见

1. 第一次会议

黄骅市第四届人民代表大会第一次会议期间，收到代表10人以上联名提出的议案16件，代表提出的建议、批评和意见21件，共37件。这些议案和建议、批评、意见，对贯彻落实党的十四大、十五大精神，加速黄骅市的改革开放和民主与法制建设进程，起到有力的推动作用。有许多议案和建议是代表经过调查研究或受人民群众嘱托提出的，反映了人民群众的意愿和要求。大会议案审查委员会对这些议案和建议、批评、意见进行了认真的审查，具体处理意见如下：

一、代表10人以上联名提出的议案16件。其中，属于财经方面12件，政法方面2件，教科文卫方面1件，其他工作方面1件。经议案审查委员会审查，确定作为重要意见、建议处理。

二、代表提出的建议、批评和意见21件。其中，属于财经方面的16件，教科文卫方面的3件，政法方面的1件，其他方面的1件。

这些建议、批评和意见，由议案审查委员会提交市人大常委会，在会后交市“一府两院”研究办理并负责答复代表。

2. 第二次会议

黄骅市第四届人民代表大会第二次会议期间，收到代表10人以上联名提出的议案25件，代表提出的建议、批评和意见10件，共35件。这些议案和建议、批评、意见，对贯彻落实党的十五大和十五届三中全会精神，加速黄骅市的改革开放和民主与法制建设进程，起到有力的推动作用。有许多议案和建议是代表经过调查研究或受人民群众嘱托提出的，反映了人民群众的意愿和要求。大会议案审查委员会对这些议案和建议、批评、意见进行了认真的审查，具体处理意见如下：

一、代表10人以上联名提出的议案25件。其中，属于财经方面的21件，政法方面的4件，经议案审查委员会审查，确定作为重要意见、建议处理。

二、代表提出的建议、批评和意见10件。其中，属于财经方面的6件，教科文卫方面的1件，政法方面的3件。

这些建议、批评和意见，由议案审查委员会提交市人大常委会，在会后交市“一府两院”研究办理并负责答复代表。

3. 第三次会议

黄骅市第四届人民代表大会第三次会议期间，收到代表10人以上联名提出的议案17件，代表提出的建议、批评和意见11件，共28件。这些议案和建议、批评、意见，对贯彻落实党的十五大和十五届三中全会精神，加强黄骅市的改革开放和民主与法制建设进程，起到有力的推动作用。有许多议案和建议是代表经过调查研究或受人民群众嘱托提出的，反映了人民群众的意愿和要求。大会议案审查委员会对这些议案和建议、批评、意见进行了认真的审查，具体处理意见如下：

一、代表10人以上联名提出的议案17件。其中，属于财经方面的16件，政法方面的1件，经议案审查委员会审查，确定作为重要意见、建议处理。

二、代表提出的建议、批评和意见11件，其中属于财经方面的11件。

这些建议、批评和意见，由议案审查委员会提交市人大常委会，在会后交市“一府两院”

研究办理并负责答复代表。

4. 第四次会议

黄骅市第四届人民代表大会第四次会议期间，收到代表 10 人以上联名提出的议案 35 件，代表提出的建议、批评和意见 29 件，共 64 件。这些议案和建议、批评、意见，对贯彻落实党的十五大精神，加速黄骅市的改革开放和民主与法制建设进程，起到有力的推动作用。有许多议案和建议是代表经过调查研究或受人民群众嘱托提出的，反映了人民群众的意愿和要求。大会议案审查委员会对这些议案和建议、批评、意见进行了认真的审查，具体处理意见如下：

一、代表联名提出的议案 35 件。其中，属于财经方面的 23 件，政法方面的 11 件，教科文卫方面的 1 件。经议案审查委员会审查，确定作为重要意见、建议处理。

二、代表提出的建议、批评和意见 29 件。其中，属于财经方面的 21 件，政法方面的 3 件，教科文卫方面的 3 件，其他方面的 2 件。

这些建议、批评和意见，由议案审查委员会提交市人大常委会，在会后交市“一府两院”研究办理并负责答复代表。

5. 第五次会议

黄骅市第四届人民代表大会第五次会议期间，收到代表 10 人以上联名提出的议案 17 件，代表提出的建议、批评和意见 23 件，共 40 件。这些议案和建议、批评、意见，对贯彻落实十五大精神和“三个代表”重要思想，加速黄骅市的改革开放和民主与法制建设进程，起到有力的推动作用。有许多议案和建议是代表经过调查研究或受人民群众嘱托提出的，反映了人民群众的意愿和要求。大会议案审查委员会对这些议案和建议、批评、意见进行了认真的审查，具体处理意见如下：

一、代表联名提出的议案 17 件，其中属于财经方面 17 件。经议案审查委员会审查，确定作为重要意见、建议处理。

二、代表提出的建议、批评和意见 23 件。其中，属于财经方面的 17 件，政法方面的 1 件，教科文卫方面的 4 件，其他方面的 1 件。

这些建议、批评和意见，由议案审查委员会提交市人大常委会，在会后交市“一府两院”研究办理并负责答复代表。

（五）黄骅市第五届人民代表大会期间人大代表提出的建议和意见

1. 第一次会议

黄骅市第五届人民代表大会第一次会议期间，收到代表 10 人以上联名提出的议案 34 件，代表提出的建议、批评和意见 30 件，共 64 件。这些议案和建议、批评、意见，对贯彻落实十六大精神和“三个代表”重要思想，加速黄骅市的改革开放和民主与法制建设进程，起到有力的推动作用。有许多议案和建议是代表经过调查研究或受人民群众嘱托提出的，反映了人民群众的意愿和要求。大会议案审查委员会对这些议案和建议、批评、意见进行了认真的审查，具体处理意见如下：

一、代表联名提出的议案 34 件。其中，属于财经方面的 29 件，政法方面的 1 件，教科文卫方面的 2 件，其他方面的 2 件。经议案审查委员会审查，确定作为重要意见、建议处理。

二、代表提出的建议、批评和意见30件。其中，属于财经方面的22件，政法方面的2件，教科文卫方面的4件，其他方面的2件。

这些建议、批评和意见，由议案审查委员会提交市人大常委会，在会后交市“一府两院”研究办理并负责答复代表。

2. 第二次会议

黄骅市第五届人民代表大会第二次会议期间，收到代表10人以上联名提出的议案28件，代表提出的建议、批评和意见27件，共55件。这些议案、建议、批评和意见，对贯彻落实党的十六大精神和“三个代表”重要思想，以及进一步落实市委提出的“四大战略”、唱响“三个黄骅”主旋律，起到有力的推动作用。有许多议案和建议是代表经过调查研究或受人民群众嘱托提出的，反映了人民群众的意愿和要求。大会议案审查委员会对这些议案、建议、批评和意见进行了认真的审查，具体处理意见如下：

一、代表联名提出的议案28件。其中，属于财经方面的20件，教科文卫方面的2件，政法方面的4件，其他方面的2件，经议案审查委员会审查，确定作为重要意见、建议处理。

二、代表提出的建议、批评和意见27件。其中，属于财经方面的10件，政法方面的2件，教科文卫方面的11件，其他方面的4件。

这些建议、批评和意见，由市人大常委会交“一府两院”及其他有关单位办理，并由承办单位负责答复代表。

3. 第三次会议

黄骅市第五届人民代表大会第三次会议期间，收到代表10人以上联名提出的议案32件，代表提出的建议、批评和意见35件，共67件。这些议案、建议、批评和意见，对贯彻落实“三个代表”重要思想和党的十六大精神，以及进一步落实中共黄骅市委四届三次全会提出的“实干、创新、有为”的工作基调，起到有力的推动作用。有许多议案和建议是代表经过调查研究或受人民群众嘱托提出的，反映了人民群众的意愿和要求。大会议案审查委员会对这些议案、建议、批评和意见进行了认真的审查，具体处理意见如下：

一、代表联名提出的议案32件。其中，属于财经方面的24件，政法方面的4件，教科文卫方面的3件，其他方面的1件，经议案审查委员会审查，确定作为重要意见、建议处理。

二、代表提出的建议、批评和意见35件。其中，属于财经方面的23件，政法方面的6件，教科文卫方面的3件，其他方面的3件。

这些建议、批评和意见，由市人大常委会交“一府两院”及其他有关单位办理，并由承办单位负责答复代表。

4. 第四次会议

黄骅市第五届人民代表大会第四次会议期间，收到代表10人以上联名提出的议案32件，代表提出的建议、批评和意见20件，共52件。这些议案、建议、批评和意见，对贯彻落实党的十六大精神和“三个代表”重要思想，起到有力的推动作用。有许多议案和建议是代表经过调查研究或受人民群众嘱托提出的，反映了人民群众的意愿和要求。大会议案审查委员会对这些议案、建议、批评和意见进行了认真的审查，具体处理意见如下：

一、代表联名提出的议案32件。其中，属于财经方面的23件，教科文卫方面的5件，政法方面的4件，经议案审查委员会审查，确定作为重要意见、建议处理。

二、代表提出的建议、批评和意见 20 件。其中，属于财经方面的 15 件，政法方面的 1 件，教科文卫方面的 2 件，其他方面的 2 件。

这些建议、批评和意见，由市人大常委会交市“一府两院”及其他有关单位办理，并由承办单位负责答复代表。

（六）黄骅市第六届人民代表大会期间人大代表提出的建议和意见

1. 第一次会议

黄骅市第六届人民代表大会第一次会议期间收到代表提出的议案和建议、批评、意见共 58 件。这些议案和建议、批评、意见，对贯彻落实党的方针、政策，加速黄骅市的改革开放和民主与法制建设进程，起到有力的推动作用。有许多议案和建议是代表经过调查研究或受人民群众嘱托提出的，反映了人民群众的意愿和要求。大会议案审查委员会对这些议案和建议、批评、意见进行了认真的审查，其中属于财经方面的 38 件、政法方面的 5 件、教科文卫方面的 13 件、其他方面的 2 件。这些建议、批评和意见，由议案审查委员会提交市人大常委会，在会后交市政府及其他相关单位研究办理并负责对代表作出答复。

2. 第二次会议

黄骅市第六届人民代表大会第二次会议期间收到代表提出的议案和建议、批评、意见共 57 件。这些议案和建议、批评、意见，对贯彻落实党的方针、政策，加速黄骅市的改革开放和民主与法制建设进程，起到有力的推动作用。有许多议案和建议是代表经过调查研究或受人民群众嘱托提出的，反映了人民群众的意愿和要求。大会议案审查委员会对这些议案和建议、批评、意见进行了认真的审查，其中属于财经方面的 36 件、政法方面的 6 件、教科文卫方面的 12 件、其他方面的 3 件。这些建议、批评和意见，由议案审查委员会提交市人大常委会，在会后交市政府及其他相关单位研究办理并负责对代表作出答复。

3. 第三次会议

黄骅市第六届人民代表大会第三次会议期间收到代表提出的议案和建议、批评、意见共 59 件。这些议案和建议、批评、意见，对贯彻落实党的方针、政策，加速黄骅市的改革开放和民主与法制建设进程，起到有力的推动作用。有许多议案和建议是代表经过调查研究或受人民群众嘱托提出的，反映了人民群众的意愿和要求。大会议案审查委员会对这些议案和建议、批评、意见进行了认真的审查，其中属于财经方面的 37 件、政法方面的 5 件、教科文卫方面的 14 件、其他方面的 3 件。这些建议、批评和意见，由议案审查委员会提交市人大常委会，在会后交市政府及其他相关单位研究办理并负责对代表作出答复。

4. 第四次会议

黄骅市第六届人民代表大会第四次会议期间收到代表提出的议案和建议、批评、意见共 68 件。这些议案和建议、批评、意见，对贯彻落实党的方针、政策，加速黄骅市的改革开放和民主与法制建设进程，起到有力的推动作用。有许多议案和建议是代表经过调查研究或受人民群众嘱托提出的，反映了人民群众的意愿和要求。大会议案审查委员会对这些议案和建议、批评、意见进行了认真的审查，其中属于财经方面的 39 件、政法方面的 4 件、教科文卫方面的 19 件、其他方面的 6 件。这些建议、批评和意见，由议案审查委员会提交市人大常委会，在会后交市政府及其他相关单位研究办理并负责对代表作出答复。

5. 第五次会议

黄骅市第六届人民代表大会第五次会议期间收到代表提出的议案和建议、批评、意见共68件。这些议案和建议、批评、意见，对贯彻落实党的方针、政策，加速黄骅市的改革开放和民主与法制建设进程，起到有力的推动作用。有许多议案和建议是代表经过调查研究或受人民群众嘱托提出的，反映了人民群众的意愿和要求。大会议案审查委员会对这些议案和建议、批评、意见进行了认真的审查，其中属于财经方面的38件、政法方面的5件、教科文卫方面的20件、其他方面5件。这些建议、批评和意见，由议案审查委员会提交市人大常委会，在会后交市政府及其他相关单位研究办理并负责对代表作出答复。

（七）黄骅市第七届人民代表大会期间人大代表提出的建议和意见

1. 第一次会议

在市七届人大一次会议上，与会代表以市第六次党代会精神为指导，针对黄骅市经济建设、民主法制建设、精神文明建设和人民群众生活中的重大问题，紧紧围绕“五年翻两番、十年翻三番”，实施“三大任务”，打造“五个黄骅”的目标，积极提出议案和建议、批评、意见。会议期间，共收到代表提出的议案和建议、批评、意见56件。其中，代表10人以上联名提出的议案37件，代表提出的建议、批评和意见19件。根据《地方组织法》和《中华人民共和国全国人民代表大会和地方各级人民代表大会代表法》（以下简称《代表法》）的有关规定，大会议案审查委员会对这些议案，建议、批评和意见逐件进行了认真审查。议案审查委员会认为，代表所提的议案和建议、批评、意见是在深入调查、视察、走访选民的基础上，从改革、发展、稳定的大局出发提出来的，符合黄骅市的发展实际，代表了人民群众的呼声和利益。这些议案，建议、批评和意见对提升政府工作水平，促进黄骅市的经济发展和社会进步将会起到重要的推动作用。

议案审查委员会对代表们提出的议案和建议、批评、意见进行了认真的梳理分析，具体处理意见如下：

一、代表10人以上联名提出的议案37件。其中，涉及经济发展、园区项目建设方面的8件，城市建设方面的4件，道路交通方面的6件，农业水利电力建设方面的9件，教科文卫方面的4件，财经方面的2件，新农村建设方面的1件，政法方面的2件，其他方面的1件。大会议案审查委员会对这些议案进行了充分讨论分析，认为这些议案有的是不属于本级人民代表大会及其常委会职权范围内的事项；有的没有具体方案，缺少议案的法定条件。因此，拟转作重要建议处理。

二、代表提出的建议、批评和意见19件。其中，涉及经济发展、园区项目建设方面的5件，城市建设方面的3件，道路交通方面的1件，农业水利建设方面的2件，教科文卫方面的2件，财经方面的1件，环境保护方面的2件，其他方面的3件。

这些建议、批评和意见，连同大会期间收到的作为建议处理的议案，会后由市人大常委会办事机构整理归纳后交市“一府两院”及其他相关单位办理，并由承办单位负责答复代表；同时利用多种形式对建议进行督办，及时把办理结果向代表通报，随时征求代表对建议办理情况的意见。争取使代表建议“件件有着落，事事有答复”，努力提高代表对建议办理结果的满意度和参政议政的积极性。

2. 第二次会议

在黄骅市七届人大二次会议上，与会代表积极提出议案和建议、批评、意见。会议期间，共收到代表提出的议案和建议、批评、意见 37 件。其中，代表 10 人以上联名提出的议案 31 件，代表提出的建议、批评和意见 6 件。根据《地方组织法》和《代表法》的有关规定，议案审查委员会对代表提出的议案和建议、批评、意见进行了认真的梳理分析，具体处理意见如下：

一、代表 10 人以上联名提出的议案 31 件。其中，涉及经济发展、园区项目建设方面的 4 件，城镇建设方面的 9 件，道路交通方面的 4 件，农林水电方面的 8 件，教科文卫方面的 2 件，财经方面的 1 件，环境保护方面的 2 件，社会保障方面的 1 件。大会议案审查委员会对这些议案进行了充分讨论分析，认为这些议案有的是不属于本级人民代表大会及其常委会职权范围内的事项；有的没有具体方案，缺少议案的法定条件。因此，拟转作重要建议处理。

二、代表提出的建议、批评和意见 6 件。其中，涉及经济发展、项目建设方面的 1 件，城镇建设方面的 4 件，教科文卫方面的 1 件。

这些建议、批评和意见，连同大会期间收到的作为建议处理的议案，会后由市人大常委会办事机构整理归纳后交市“一府两院”及其他相关单位办理，并由承办单位负责答复代表。

3. 第三次会议

在黄骅市七届人大三次会议上，与会代表积极提出议案和建议、批评、意见。会议期间，共收到代表提出的议案和建议、批评、意见 47 件。其中，代表 10 人以上联名提出的议案 31 件，代表提出的建议、批评和意见 16 件。根据《地方组织法》和《代表法》的有关规定，议案审查委员会对代表提出的议案和建议、批评、意见进行了认真的梳理分析，具体处理意见如下：

一、代表 10 人以上联名提出的议案 31 件。其中，涉及经济发展、园区项目建设方面的 4 件，城镇建设方面的 9 件，道路交通方面的 4 件，农林水电方面的 8 件，教科文卫方面的 2 件，财经方面的 1 件，环境保护方面的 2 件，社会保障方面的 1 件。大会议案审查委员会对这些议案进行了充分讨论分析，认为这些议案有的是不属于本级人民代表大会及其常委会职权范围内的事项；有的没有具体方案，缺少议案的法定条件。因此，拟转作重要建议处理。

二、代表提出的建议、批评和意见 16 件。其中，涉及经济发展、项目建设方面的 11 件，城镇建设方面的 4 件，教科文卫方面的 1 件。

这些建议、批评和意见，连同大会期间收到的作为建议处理的议案，会后由市人大常委会办事机构整理归纳后交市“一府两院”及其他相关单位办理，并由承办单位负责答复代表。

4. 第四次会议

在黄骅市七届人大四次会议上，与会代表积极提出议案和建议、批评、意见。会议期间，共收到代表提出的议案、建议、批评和意见 67 件。其中代表 10 人以上联名提出的议案 45 件，代表提出的建议、批评和意见 22 件。根据《地方组织法》和《代表法》的有关规定，议案审查委员会对代表提出的议案和建议、批评、意见进行了认真的梳理分析，具体处理意见如下：

一、代表 10 人以上联名提出的议案 45 件。其中，涉及经济发展、园区项目建设方面的 8 件，城镇建设方面的 12 件，道路交通方面的 6 件，农林水电方面的 8 件，教科文卫方面的 2 件，财经方面的 1 件，环境保护方面的 7 件，社会保障方面的 1 件。大会议案审查委员会对这些议案进行了充分讨论分析，认为这些议案有的是不属于本级人民代表大会及其常委会职权范围内的事项；有的没有具体方案，缺少议案的法定条件。因此，拟转作重要建议处理。

二、代表提出的建议、批评和意见22件。其中，涉及经济发展、项目建设方面的14件，城镇建设方面的7件，教科文卫方面的1件。

这些建议、批评和意见，连同大会期间收到的作为建议处理的议案，会后由市人大常委会办事机构整理归纳后交市“一府两院”及其他相关单位办理，并由承办单位负责答复代表。

5. 第五次会议

在黄骅市七届人大五次会议上，与会代表积极提出议案和建议、批评、意见。会议期间，共收到代表提出的议案和建议、批评、意见43件。其中代表10人以上联名提出的议案34件，代表提出的建议、批评和意见9件。根据《地方组织法》和《代表法》的有关规定，议案审查委员会对代表提出的议案和建议、批评、意见进行了认真的梳理分析，具体处理意见如下：

一、代表10人以上联名提出的议案34件。其中，涉及经济发展、园区项目建设方面的4件，城镇建设方面的9件，道路交通方面的6件，农林水电方面的8件，教科文卫方面的2件，财经方面的1件，环境保护方面的3件，社会保障方面的1件。大会议案审查委员会对这些议案进行了充分讨论分析，认为这些议案有的是不属于本级人民代表大会及其常委会职权范围内的事项；有的没有具体方案，缺少议案的法定条件。因此，拟转作重要建议处理。

二、代表提出的建议、批评和意见9件。其中，涉及经济发展、项目建设方面的4件，城镇建设方面的4件，教科文卫方面的1件。

这些建议、批评和意见，连同大会期间收到的作为建议处理的议案，会后由市人大常委会办事机构整理归纳后交市“一府两院”及其他相关单位办理，并由承办单位负责答复代表。

（八）黄骅市第八届人民代表大会期间人大代表提出的建议和意见

1. 第一次会议

在市八届人大一次会议上，与会代表以市第七次党代会精神为指导，紧紧围绕推进实施“十二个新跨越”和建设沿海开放经济强市的目标要求，针对黄骅市经济建设、城乡建设、民主法制建设、生态环境建设、民生建设等方面的问题，积极提出议案和建议、批评、意见。会议期间，共收到代表提出的议案和建议、批评、意见80件。其中，代表10人以上联名提出的议案64件，代表个人提出的建议、批评和意见16件。根据《地方组织法》和《代表法》的有关规定，大会议案审查委员会对这些议案、建议、批评和意见逐件进行了认真审查。议案审查委员会认为，代表所提的议案和建议、批评、意见是在深入调查、走访选民的基础上，从改革、发展、稳定的大局出发提出来的，符合黄骅市的发展实际，代表了人民群众的呼声和利益。这些议案，建议、批评和意见对提升政府工作水平，促进黄骅市的经济发展和社会进步将会起到重要的推动作用。

议案审查委员会对代表提出的议案和建议、批评、意见进行了认真的梳理分析，具体处理意见如下：

一、代表10人以上联名提出的议案64件。其中，涉及财政经济方面的17件，美丽乡村建设方面的4件，城市建设方面的6件，道路交通方面的9件，农林水利方面的10件，教科文卫方面的11件，环境保护方面的2件，民生方面的3件，城镇化建设方面的2件。大会议案审查委员会对这些议案进行了充分讨论分析，认为这些议案有的是不属于本级人民代表大会及其常委会职权范围内的事项；有的没有具体方案，缺少议案的法定条件。因此，拟转作重要建议处理。

二、代表提出的建议、批评和意见16件。其中，涉及财政经济方面的5件，城市建设方面的3件，道路交通方面的1件，教科文卫方面的3件，环境保护方面的1件，民生方面的3件。

这些建议、批评和意见，连同大会期间收到的作为建议处理的议案，会后由市人大常委会办事机构整理归纳后交市“一府两院”及其他相关单位办理，并由承办单位负责答复代表；同时利用多种形式对建议进行督办，并及时把办理结果向代表通报，随时征求代表对建议办理情况的意见。争取使代表建议“件件有着落，事事有答复”，坚决杜绝敷衍塞责、相互推诿等现象的发生，努力提高代表对建议办理结果的满意度和参政议政的积极性。

2. 第二次会议

在市八届人大二次会议上，与会代表坚持以习近平新时代中国特色社会主义思想为统领，以市委七届三次全会精神为指导，以“十二个新跨越”为引领，紧紧围绕加快建设沿海强市、品质黄骅的目标要求，针对黄骅市经济建设、城乡建设、民主法制建设、生态环境建设、民生建设等方面的问题，积极提出议案和建议、批评、意见。会议期间，共收到代表提出的议案和建议、批评、意见69件。其中，代表10人以上联名提出的议案58件，代表个人提出建议、批评和意见11件。根据《地方组织法》和《代表法》的有关规定，大会议案审查委员会对这些议案、建议、批评和意见逐件进行了认真审查。议案审查委员会认为，代表所提的议案和建议、批评、意见是在深入调查、联系走访选民的基础上，从改革、发展、稳定的大局出发提出来的，符合黄骅市的发展实际，代表了人民群众的呼声和利益。这些议案，建议、批评和意见对提升政府工作水平，促进黄骅市的经济发展和社会进步将会起到重要的推动作用。

议案审查委员会对代表提出的议案和建议、批评、意见进行了认真的梳理分析，具体处理意见如下：

一、代表10人以上联名提出的议案58件。其中，属于园区项目建设方面的5件，财经方面的5件，农林水电方面的10件，道路交通方面的13件，教科文卫方面的7件，城市建设方面的3件，城镇化建设方面的5件，美丽乡村建设方面的2件，民生方面的4件，环境保护方面的1件，其他类的3件。大会议案审查委员会对这些议案进行了充分讨论分析，认为这些议案有的是不属于本级人民代表大会及其常委会职权范围内的事项；有的没有具体方案，缺少议案的法定条件。因此，拟转作重要建议处理。

二、代表提出的建议、批评和意见11件。其中，涉及教科文卫方面的6件，财经方面的2件，农林水电方面的1件，道路交通方面的1件，民生方面的1件。

这些建议、批评和意见，连同大会期间收到的作为建议处理的议案，会后由市人大常委会办事机构整理归纳后交市“一府两院”及其他相关单位办理，并由承办单位负责答复代表；同时利用多种形式对建议进行督办，并及时把办理结果向代表通报，随时征求代表对建议办理情况的意见。争取使代表建议“件件有着落，事事有答复”，坚决杜绝敷衍塞责、相互推诿等现象的发生，努力提高代表对建议办理结果的满意度和参政议政的积极性。

3. 第三次会议

在黄骅市第八届人民代表大会第三次会议上，与会代表坚持以习近平新时代中国特色社会主义思想为统领，以市委七届五次全会精神为指导，以“十二个新跨越”为引领，紧紧围绕加快建设沿海强市、品质黄骅的目标要求，针对黄骅市经济建设、城乡建设、民主法制建设、生态环境建设、民生建设等方面的问题，积极提出议案和建议、批评、意见。其间，共收到代表提出的议案和建议、批评、意见 76 件。其中，代表 10 人以上联名提出的议案 55 件，代表个人提出建议、批评和意见 21 件。根据《地方组织法》和《代表法》的有关规定，大会议案审查委员会对这些议案、建议、批评和意见逐件进行了认真审查。议案审查委员会认为，代表所提的议案和建议、批评、意见是在深入调查、联系走访选民的基础上，从改革、发展、稳定的大局出发提出来的，符合黄骅市的发展实际，代表了人民群众的呼声和利益。这些议案，建议、批评和意见对提升政府工作水平，促进黄骅市的经济发展和社会进步将会起到重要的推动作用。

议案审查委员会对代表提出的议案和建议、批评、意见进行了认真的梳理分析，具体处理意见如下：

一、代表 10 人以上联名提出的议案 55 件。其中，涉及园区项目建设方面的 8 件，财经方面的 2 件，农林水电方面的 11 件，道路交通方面的 10 件，教科文卫方面的 8 件，城市建设方面的 6 件，城镇化建设方面的 4 件，民生方面的 2 件，环境保护方面的 2 件，其他类的 2 件。大会议案审查委员会对这些议案进行了充分讨论分析，认为这些议案有的是不属于本级人民代表大会及其常委会职权范围内的事项；有的没有具体方案，缺少议案的法定条件。因此，拟转作重要建议处理。

二、代表提出的建议、批评和意见 21 件。其中，涉及教科文卫方面的 8 件，财经方面的 1 件，农林水电方面的 2 件，道路交通方面的 6 件，民生方面的 3 件，城市建设方面的 1 件。

这些建议、批评和意见，连同大会期间收到的作为建议处理的议案，会后由市人大常委会办事机构整理归纳后交市政府、市法院、市检察院、市监察委及其他相关单位办理，并由承办单位负责答复代表。

4. 第四次会议

在黄骅市第八届人民代表大会第四次会议上，与会代表坚持以习近平新时代中国特色社会主义思想为统领，以市委七届七次全会精神为指导，紧紧围绕加快建设“沿海强市、品质黄骅”的目标要求，针对黄骅市经济建设、城乡建设、民主法制建设、生态环境建设、民生建设等方面的问题，积极提出议案和建议、批评、意见。其间，共收到代表提出的议案和建议、批评、意见 59 件。其中，代表 10 人以上联名提出的议案 44 件，代表个人提出的建议、批评和意见 15 件。根据《地方组织法》和《代表法》的有关规定，大会议案审查委员会对这些议案和建议、批评、意见逐件进行了认真审查。议案审查委员会认为，代表所提的议案和建议、批评、意见是在深入调查、走访选民的基础上，从改革、发展、稳定的大局出发提出来的，符合黄骅市的发展实际，代表了人民群众的呼声和利益。这些议案，建议、批评和意见对提升政府工作水平，促进黄骅市的经济发展和社会进步将会起到重要的推动作用。

议案审查委员会对代表们提出的议案和建议、批评、意见进行了认真的梳理分析，具体处理意见如下：

一、代表 10 人以上联名提出的议案 44 件。其中，涉及园区项目建设方面的 8 件，城镇建设方面的 3 件，道路交通方面的 6 件，农林水电方面的 7 件，教科文卫方面的 9 件，环境保护方面的 1 件，民生方面的 5 件，政法方面的 2 件，其他方面的 3 件。大会议案审查委员会对这些议案进行了充分讨论分析，认为这些议案有的是不属于本级人民代表大会及其常委会职权范围内的事项；有的是没有具体方案，缺少议案的法定条件。因此，拟转作重要建议处理。

二、代表提出的建议、批评和意见 15 件。其中，涉及园区项目建设方面的 2 件，道路交通方面的 2 件，城镇建设方面的 2 件，教科文卫方面的 8 件，政法方面的 1 件。

这些建议、批评和意见，连同大会期间收到的作为建议处理的议案，会后由市人大常委会办事机构整理归纳后交市“一府两院”及其他相关单位办理，并由承办单位负责答复代表。

5. 第五次会议

在黄骅市第八届人民代表大会第五次会议上，与会代表坚持以习近平新时代中国特色社会主义思想为统领，以市委七届十次全会精神为指导，紧紧围绕推动高质量跨越式发展，加快建设“沿海强市、品质黄骅”的目标要求，针对黄骅市经济建设、城乡建设、民主法制建设、生态环境建设、民生建设等领域的问题，积极建言献策，提出议案和建议、批评、意见。其间，共收到代表提出的议案，建议、批评和意见 52 件。其中，代表 10 人以上联名提出的议案 42 件，代表个人提出的建议、批评和意见 10 件。根据《地方组织法》和《代表法》的有关规定，大会议案审查委员会对这些议案、建议、批评和意见逐件进行了认真审查。议案审查委员会认为，代表所提的议案和建议、批评、意见是在深入调查、走访选民的基础上，从改革、发展、稳定的大局出发提出来的，符合黄骅市的发展实际，代表了人民群众的呼声和利益。这些议案、建议、批评和意见将会对提升政府工作水平，促进黄骅市的经济发展和社会进步，起到重要的推动作用。

议案审查委员会对代表提出的议案、建议、批评和意见进行了认真的梳理分析，具体处理意见如下：

一、代表 10 人以上联名提出的议案 42 件。其中，涉及经济建设方面的 10 件，城乡建设方面的 9 件，农村人居环境方面的 4 件，道路交通方面的 3 件，农林水电方面的 6 件，教科文卫方面的 9 件，环境保护方面的 1 件。大会议案审查委员会对议案进行了充分讨论分析，认为这些议案有的是不属于本级人民代表大会及其常委会职权范围内的事项；有的没有具体方案，缺少议案的法定条件。因此，拟转作重要建议处理。

二、代表提出的建议、批评和意见 10 件。其中，涉及教科文卫方面的 6 件，城市建设方面的 3 件，道路交通方面的 1 件。

这些建议、批评和意见，连同大会期间收到的作为建议处理的议案，会后由市人大常委会办事机构整理归纳后交“一府两院”及其他相关单位办理，并由承办单位负责答复代表。

二、重点建议的办理工作

黄骅市部分年度人大代表重要议案、意见、建议及其办理情况一览表

表 1

年度	内容简要	办理情况
1989	黄骅镇完小因缺少教室，影响秋季招生	政府及时拨款建教室，按时招生
1990	加强渔业生产和提高乡、镇对企业的管理水平	南排河镇政府组织召开座谈会，到北京、沧州等地聘请技术员讲课、指导和培训

续表 1

年度	内容简要	办理情况
1991	对齐家务乡政府提出要重点搞好乡镇企业	乡政府成立业务员协会，收到反馈信息 100 条，考察项目 80 多次，救活 3 家“死企业”，巩固和发展 3 个老企业，兴办 2 个新企业
1993	市区坑塘蓄水面积逐渐缩小，排水设施建设滞后，导致城区排水问题严重	市政府从 1993 年 12 月至 1994 年 5 月中旬，维修排水设施，城区排水顺畅
1994	加大对养殖业的支持力度	市政府协调金融部门解决 200 多万元贷款，支持畜牧业发展
1995	如何充分利用黄河水，服务黄骅人民和经济建设	在李官庄东北修水库 1 座，另距黄北排干左堤 200 米处建水处理厂 1 座
1996	尽快启用和发展黄骅贸易城	市政府将有规模的商铺由海园市场迁入贸易城，派工商人员现场办公，从快办理手续，优先为外地客商安排摊位等措施
1997	市内公交车遭遇争抢客源，运行困难	公安交通管理部门采取措施，有效控制机动三轮车私拉乱停现象
1998	对全市果树进行更新换代	市政府把发展冬枣作为农业产业化的一号工程，引导、倡导农民种植
1999	农民缺乏科技知识，直接阻碍农村经济发展	政府加大科普投入，安排农业技术部门电视讲座。农业、林业技术部门开展科技下乡活动，并建立农业示范推广村
2000	关于进一步治理烟尘污染和噪音污染	实施“碧水、蓝天、绿地”计划，排查全市锅炉，更换 71 台不达标锅炉
2001	在推进依法治市进程中，注重加强村民法制教育	将村民法制教育作为“四五”普法重点内容，编印普法读本，开展送法下乡活动
2002	规范和扩建滕庄子粮食专业市场	市政府召开协调会，组建滕庄子粮食专业市场建设委员会，明确建设中相关部门的职责任务
2003	规范苜蓿收购市场	在全市设立 28 个收购网点，市领导带队下乡指导收购，组织相关部门配合联动，开展农机作业统一协调
2006	加大市内东区建设力度，实现东西区协调发展	市政府编制城市东扩规划，在老城区安装路灯并种植乔灌木，实现亮化、绿化，将老市政府大院改造列入当年重点项目
2007	加强冬枣标准化管理，建立冬枣销售体系	在全市实施无公害生产，建立冬枣专业交易市场 16 个，在京、津等地建立冬枣直销站

续表 1

年度	内容简要	办理情况
2008	加大对乡镇工业园区的扶植力度，促进市域经济发展	市政府投资 5000 万元建设园区公路，投资 1800 万元建设污水处理设施和其他配套设施
2009	关于整顿市区医疗秩序的建议	市政府采取严格措施规范市区医疗秩序。一是严格医疗机构人员、技术、设备准入。二是进一步健全医疗服务质量监控体系，减少医疗纠纷发生率。三是加强医师执业注册管理，完善医务人员流动管理
2010	加强对新农村建设的规划引导和政策指导	黄骅市委托省规划设计院编制黄骅市村庄空间布局规划，规划中充分考虑了各种因素、情况，从而把村庄合并成了 76 个社区（除城市规划区内），现已有部分社区正在编制村庄整体规划。伴随着规划编制的完成，新民居小区也将开始动工。争取在农村人居建新和村庄整体面貌的改观上树立典型样板，为广大农村住房建设提供良好示范
2011	提高食品生产标准、确保食品安全生产	市政府加大对全市食品安全生产的执法和监管力度。一是提高市场准入门槛标准，严格行政审批。二是严厉打击违法行为，确保食品安全。加强对企业法律法规的教育和培训，做好食品企业的抽样检验工作。三是实行重点帮扶，建立“旗舰型”企业
2012	加强城市排水系统建设	黄骅市大力实施排水整治系统。一是编制市区排水专项规划。二是加强市区防汛清淤工作。三是实施南排河清淤治理工作。投资 400 万元，对污水厂进行大修。对曝气系统、污泥浓缩装置全部进行了更新。新建 200 平方米的机修车间，更换、维修了全部中控设备，实现了处理设备的远程控制
2013	加强农村基础设施的建议	2013 年农村饮水安全工程项目已上报省发展改革委和水利厅，计划投资 954 万元解决全市 1.5 万农村人口和 0.68 万学校师生的饮水安全问题。2013 年，现代农业粮食产业项目将旧城镇列为主要建设地点，更新机井 30 眼，安装节水灌溉面积 2 万亩，总投资 2000 万元，2014 年底以前完成建设任务。积极申报农村道路建设计划，努力争取上级部门补助资金，对农村道路实施改建

续表 1

年度	内容简要	办理情况
2014	加强城市创建的建议	市政府坚持以国家级卫生城、文明城、园林城、环保模范城、双拥模范城为目标，建新的、改旧的、拆破的，推进了核心区路网、4 所学校、2 所医院、5 条“十公里绿化带”等重点项目建设；启动了土产公司、商务局仓库等片区征收改造，完成了泰丰公司片区房屋征收；实施了精品区域、精品路、精品胡同、精品社区创建，开展了细节扫描、清脏治乱活动，实现了市区环卫全覆盖，干净整洁、文明有序的城市环境成为美丽黄骅的最好名片
2015	关于加强道路桥梁建设问题	全市农村道路总投资 6341.25 万元，总里程 141.72 公里，其中村道涉及 84 个村、120.375 公里。老黄冯公路八里庄至大寺段、官庄北排至吕郭庄段、陈马口至 205 国道段均已竣工通车，暂未开工的 205 国道至王花庄段已列入 2015 年省厅农村公路建设计划，205 国道齐家务段将与 205 国道拓宽改造工程一并建设，目前 205 国道拓宽改造工程前期工作已经开展。2015 年全市桥梁新改建投入 3718.86 万元，主要涉及 205 国道慢车道的 8 座桥、5 座农村公路桥、12 座农业生产桥。吕北桥已竣工通车，暂未开工的吕家桥已列入沧州市危桥改造计划，子牙河行洪大桥也将与 205 国道拓宽改造工程一并建设
2016	关于民生相关问题的建议	2016 年，全市集中优势力量开展“十大专项整治行动”，集中解决了一大批民生难题和民生实事。开展清脏治乱行动，清运垃圾 3 万余吨；开展背街小巷整治，投资 1 亿元硬化小巷 500 余条；开展城中村整治，投资 4000 万元对 16 个城中村进行了集中改造；开展农贸市场整治，投资 2000 万元对海鲜城、贸易城、海园市场进行了全面改造；实施了蓝天绿地工程

续表 1

年度	内容简要	办理情况
2017	加强生态环境建设的建议	黄骅市始终保持严厉打击环境违法行为的高压态势，2017 年开展“利剑斩污”等七大专项整治行动。强力推进大气污染防治，实现全市所有煤场、料场苫盖监管全覆盖，建立了渣土车上路审批制度，严控秸秆焚烧。城区 323 台燃煤锅炉全部取缔，42 台工业锅炉全部淘汰。年初确定的 91 家“散乱污”企业全部整治到位，新发现的 663 家“散乱污”企业，取缔类 37 家全部取缔到位，其余 626 家全部停产整改。开展了水污染防治百日会战，严格落实三级“河长制”，开展了 5 条河流生态修复，完成污染坑塘治理 51 个。实施了森林围城、水网绿化、农田林网、村庄绿化、大方大片等绿化工程，全市造林绿化达 4 万亩，羊二庄镇万亩生态林带、滕庄子南滕线万亩采摘观光长廊正在加快推进。加快节能项目建设，年内新增集中供热面积 330 余万平方米，全面解决了燃煤锅炉淘汰后的集中供暖替代问题。逐步提高城市清洁能源使用比重，目前建成和在建风电项目 9 个，在建光电项目 1 个，累计清洁能源开发容量已超过 100 万千瓦。通过一系列举措的有效实施，全市已基本实现天蓝水清、地绿城美，生态环境得到了极大改善
2018	关于加强黄骅市医疗卫生建设的建议	自 2017 年 4 月以来，黄骅市启动了“健康黄骅·品质医疗”改革项目，2018 年 3 月底，总投资 460 万元的南海公园心脑血管疾病健康管理广场正式建成。该项目通过健康联合体和慢性病综合示范区建设，实现以治病为中心向以防病为中心的转变，并通过推广智能化家庭医生服务和覆盖市乡村三级的卫生信息专网，全方位提高市民健康素养和健康状况。目前黄骅市已分别与北京天坛医院、北京阜外医院、天津肿瘤医院签订了战略合作协议，与沧州市三级医疗机构达成合作意向，黄骅市四家二级医院、三家基层医疗试点机构在全省率先成立了健康联合体。同时，黄骅市正在积极创建国家级慢性病示范区，已接受国家健康促进基金会 1000 万元的健康检测设备投入。突出主动预防、防治融合，以多层级医疗机构上下贯通协同诊疗为支撑的卫生健康服务体系的建立将成为黄骅百姓的福音

续表 1

年度	内容简要	办理情况
2019	关于加强我市师资力量建设的建议	加大教师选招力度，2014—2019 年黄骅市共招录了 791 名教师，除黄骅中学、职教中心新招教师外，全部充实到黄骅市农村教学一线。积极推进师范高校毕业生实习基地建设，年内接收高校本科生 45 人。加强城乡教师交流互通，出台了《关于推进义务教育教师校长交流工作实施方案》，自 2018 年以来共交流校长 14 名，交流教师 185 人（其中阳光进城 89 人），进一步促进了城乡教育均衡发展。加大教师培训力度，充分利用“国培”等多种形式，培训教师近 8000 人次，不断深化教学改革，积极与苏派课改研究中心合作，在市直中小学和部分乡镇学校试行了“半月半日教研”活动，与北京名师工作室合作开展了为期 2 年的教师培训。目前，全市共计开展各类教研活动 30 余次，涉及教师万余人，教科研成果获国家级、省级、沧州市级奖励 100 余项，全市教育教学质量稳步提升
2020	完善基层公共文化设施网络	近年来，黄骅市以创建第三批国家公共文化服务体系示范区为契机，逐年加大财政投入力度，2018 年黄骅市投入 504 万元，2020 年黄骅市又投入 100 万元用于 120 个村综合文化服务中心的项目提升，黄骅市还鼓励引导社会力量积极参与农村文化建设。目前黄骅市行政村已全部建成基层综合文化服务中心，配备健身器材 287 套。黄骅市各乡镇综合文化站均配有 3 名以上专兼职人员，每个村配有 1 名享有财政补贴的文化管理员，目前全市已组建群众性文体队伍 1000 余支，同时深入实施了戏曲乡村行、每村每月放映一场电影等文化惠民工程，将“群众点单、政府买单”的惠民政策落到实处，进一步增进了群众的文化获得感和满意度

续表 1

年度	内容简要	办理情况
2021	加强生态环境工作的建议	市政府高度重视全市生态环境的治理。在空气质量上，黄骅市持续强化大气污染综合防治，完成农村“双代”2.18 万户，农村清洁取暖实现全覆盖。大气综合指数、$PM_{2.5}$ 浓度分别下降 11.8% 和 12%，空气优良天数达到 255 天，黄骅的蓝天白云越来越多。在河海环境上，常态化开展水体治理，生态补水 4500 万立方米，12 条重点河流水质持续稳定达标，河长制市级考核连续四年获得优秀等次。开展入海排污口溯源监测，规范近岸用海养殖，创新建立海上环卫制度。生态修复上，大力开展地下水超采综合治理，关停取水井 469 眼，取缔地热井 84 眼，深层地下水位连续 21 个月同比回升，单月回升幅度排名全省第一。完成国土空间生态修复规划编制，全年造林绿化 1.5 万亩

第五章　乡镇人大

黄骅市各乡镇人民代表大会是黄骅各乡镇地方国家权力机关，是我国最基层地方国家权力机关。几十年来，黄骅各乡镇人民代表大会围绕乡镇的中心工作，依法履行职权，为加强基层民主政治建设，促进经济和社会各项事业发展做出了积极贡献。

第一节　黄骅市乡镇人民代表大会及其主席团情况概述

1996年1月，黄骅市并乡扩镇，全市由辖3个镇、19个乡，改辖2个镇、7个乡。其中：仁村乡、羊三木回族乡与黄骅镇合并为黄骅镇；赵家堡乡、歧口镇与南排河镇合并为南排河镇；贾象乡与旧城乡合并为旧城乡；官庄乡保留原建制不变；毕孟乡、赵村乡与常郭乡合并为常郭乡；李村乡与齐家务乡合并为齐家务乡；岭庄乡与滕庄子乡合并为滕庄子乡；周青庄乡与吕桥乡合并为吕桥乡；许官乡、杨庄乡与羊二庄回族乡合并为羊二庄回族乡。2004年，羊三木又重新单独设立回族乡。

1987年4月，全县22个乡镇设立人大代表联组。由县人大常委会采取吸收联组组长列席常委会、召开联组工作会议、个别联系指导、送发文字材料、传播联组经验等形式帮助乡镇人大代表联组开展工作。1990年3月，乡镇人代会换届时，将联组改设为主席团，设常务主席和秘书长主持主席团工作。市人大常委会制定《乡镇人大主席团暂行办法》，明确乡镇人大主席团职责范围和工作程序以及与乡镇党委、政府之间的关系等，指导各乡镇人大主席团建立健全会议制度、学习制度、联系代表和代表联系选民制度，全市各乡镇均设人大主席团。1996年10月，人大主席团改设为乡镇人民代表大会主席、副主席。2004年，乡镇人大每届任期由3年改为5年。至2021年，乡镇人大历经1987年1月、1990年3月、1993年2月、1996年10月、1999年3月、2002年6月、2007年6月、2012年2月、2017年1月、2021年6月共10次换届。全市各乡镇均设人大和人大主席团主席、副主席，乡镇人大依照《中华人民共和国地方各级人民代表大会和地方各级人民政府组织法》的规定履行职权。

第二节　黄骅市乡镇人民代表大会及其主席团人员名单

乡镇人民代表大会是我国人民代表大会制度的重要组成部分，是最基层的地方国家权力机关，是乡镇人民行使管理国家和社会事务的政权组织形式，是我国人民民主专政的基础。黄骅市乡镇人民代表大会制度，随着乡镇区划变动和政权建设发展在实践中不断完善。特别是1996年10月，各乡镇人民代表大会改设主席、副主席以来，乡镇人大工作更加规范，制度更加健全，依照《中华人民共和国地方各级人民代表大会和地方各级人民政府组织法》的规定履行职权。

一、黄骅镇人民代表大会及其主席团（1996年10月—2021年6月）

自1996年10月以来，黄骅镇先后召开了第九、第十、第十一、第十二、第十三、第十四届人民代表大会。

（一）黄骅镇第九届人民代表大会（1996年10月—1999年3月）

主　席　张志德（1996.10—1999.3）
副主席　刘玉亭（1996.10—1999.2）
　　　　张印成（1996.10—1999.3）

（二）黄骅镇第十届人民代表大会（1999年3月—2002年6月）

主　席　杨俊霞（女，1999.3—2002.6）
副主席　张印成（1999.3—2001.5）
　　　　孙勇智（2001.5—2002.6）

（三）黄骅镇第十一届人民代表大会（2002年6月—2007年6月）

主　席　赵建华（2003.4—2004.3）
　　　　张华熙（2004.3—2005.5）
　　　　夏　军（2005.5—2006.4）
　　　　沈　健（2006.4—2007.6）
副主席　刘玉龙（2003.4—2004.3）
　　　　王树林（2004.3—2005.5）
　　　　李恩池（2005.5—2007.6）
　　　　李玉伟（2005.5—2007.6）

（四）黄骅镇第十二届人民代表大会（2007 年 6 月—2012 年 2 月）

主　席　张洪桥（2007.6—2010.2）
　　　　滕翠林（2010.2—2011.2）
　　　　刘海洲（2011.2—2012.2）
副主席　李恩池（2007.6—2010.2）
　　　　李锡华（2010.2—2011.4）
　　　　周　欣（2011.4—2012.2）

（五）黄骅镇第十三届人民代表大会（2012 年 2 月—2017 年 1 月）

主　席　刘海洲（2012.2—2014.7）
　　　　程　刚（2014.11—2016.6）
副主席　周　欣（2012.2—2014.11）
　　　　刘晓斐（2014.11—2017.1）

（六）黄骅镇第十四届人民代表大会（2017 年 1 月—2021 年 6 月）

主　席　刘永刚（2017.1—2019.3）
　　　　王仁杰（2019.3—2021.6）
副主席　刘晓斐（2017.1—2020.10）
　　　　于　岚（2017.1—2021.6）
　　　　高　通（2020.10—2021.6）

二、羊二庄回族镇人民代表大会及其主席团（1996 年 10 月—2021 年 6 月）

自 1996 年 10 月，羊二庄回族乡召开了第九届人民代表大会第一次会议。1998 年 3 月以来，羊二庄回族镇先后召开了第一、第二、第三、第四、第五、第六届人民代表大会。

（一）羊二庄回族乡第九届人民代表大会（1996 年 10 月—1998 年 3 月）

主　席　赵长升（1996.10—1998.3）
副主席　赵双楼（1996.10—1998.3）
　　　　刘永悦（1996.10—1998.3）

（二）羊二庄回族镇第一届人民代表大会（1998 年 3 月—1999 年 3 月）

主　席　赵长升（1998.3—1999.3）
副主席　赵双楼（1998.3—1999.3）
　　　　刘永悦（1998.3—1999.3）

（三）羊二庄回族镇第二届人民代表大会（1999 年 3 月—2002 年 6 月）

主　席　赵长升（1999.3—2001.6）
　　　　白志信（2001.6—2002.6）
副主席　于志诚（1999.3—2001.6）

（四）羊二庄回族镇第三届人民代表大会（2002 年 6 月—2007 年 7 月）

主　席　程书清（2002.6—2004.3）
　　　　温广才（2004.3—2006.4）
　　　　王友海（回族，2006.4—2007.7）
副主席　张国亭（2004.3—2007.7）
　　　　李国新（2005.5—2007.7）

（五）羊二庄回族镇第四届人民代表大会（2007 年 7 月—2012 年 2 月）

主　席　王连顺（2007.7—2010.2）
　　　　刘建勋（2010.2—2012.2）
副主席　李国新（2007.7—2010.2）
　　　　张世昌（2010.2—2012.2）

（六）羊二庄回族镇第五届人民代表大会（2012 年 2 月—2017 年 1 月）

主　席　刘建勋（2012.2—2015.4）
　　　　姜　涛（2015.4—2017.1）
副主席　张世昌（2012.2—2014.11）
　　　　张淳宇（2014.11—2016.2）

（七）羊二庄回族镇第六届人民代表大会（2017 年 1 月—2021 年 6 月）

主　席　刘　奇（2017.1—2021.6）
副主席　李　林（2017.1—2019.1）

皮颖翰（2017.1—2020.9）
王晓华（2020.9—2021.6）
刘　山（2020.11—2021.6）

三、黄骅市吕桥镇人民代表大会及其主席团（1996 年 10 月—2021 年 5 月）

自 1996 年 10 月，黄骅市吕桥乡召开了第九届人民代表大会第一次会议。1998 年 3 月以来，黄骅市吕桥镇先后召开了第一、第二、第三、第四、第五、第六届人民代表大会。

（一）黄骅市吕桥乡第九届人民代表大会（1996 年 10 月—1998 年 3 月）

主　席　吕文珩（1996.10—1998.3）
副主席　张连城（1996.10—1998.3）
　　　　吕广元（1996.10—1998.3）

（二）黄骅市吕桥镇第一届人民代表大会（1998 年 3 月—1999 年 3 月）

主　席　吕文珩（1998.3—1999.3）
副主席　张连城（1998.3—1999.3）
　　　　吕广元（1998.3—1999.1）

（三）黄骅市吕桥镇第二届人民代表大会（1999 年 3 月—2002 年 6 月）

主　席　吕文珩（1999.3—2001.4）
　　　　王玉山（2001.4—2002.6）
副主席　张连成（1999.3—2001.4）

（四）黄骅市吕桥镇第三届人民代表大会（2002 年 6 月—2007 年 6 月）

主　席　王玉山（2002.6—2003.4）
　　　　吴伟生（2004.3—2005.5；2006.5—2007.6）
　　　　王月周（2005.5—2006.5）
副主席　宋之忠（2002.6—2004.3）
　　　　董玉彬（2004.3—2007.6）
　　　　刘永刚（2005.5—2007.6）

（五）黄骅市吕桥镇第四届人民代表大会（2007 年 6 月—2011 年 9 月）

主　席　臧忠合（2007.6—2010.2）
　　　　韩效宏（2010.2—2011.9）
副主席　董玉彬（2007.6—2011.9）

（六）黄骅市吕桥镇第五届人民代表大会（2011 年 9 月—2017 年 1 月）

主　席　于锦辉（2011.11—2013.11）
　　　　赵双福（2014.11—2016.1）
　　　　王洪港（2016.2—2017.1）
副主席　董玉彬（2011.9—2016.1）
　　　　董兆辉（2016.2—2017.1）

（七）黄骅市吕桥镇第六届人民代表大会（2017 年 1 月—2021 年 5 月）

主　席　王洪港（2017.1—2019.2）
　　　　刘玉亮（2019.2—2021.5）
副主席　董兆辉（2017.1—2019.2）
　　　　刘建兴（2017.1—2021.5）
　　　　田炳峰（2019.3—2020.9）
　　　　高凤军（2020.9—2021.5）

四、黄骅市旧城镇人民代表大会及其主席团（1996 年 10 月—2021 年 6 月）

自 1996 年 10 月，黄骅市旧城乡召开了第九届人民代表大会第一次会议。1998 年 3 月以来，黄骅市旧城镇先后召开了第一、第二、第三、第四、第五、第六届人民代表大会。

（一）黄骅市旧城乡第九届人民代表大会（1996 年 10 月—1998 年 3 月）

主　席　于志成（1996.10—1998.3）
副主席　霍玉轩（1996.10—1997.4）
　　　　张延年（1997.4—1998.3）

（二）黄骅市旧城镇第一届人民代表大会（1998 年 3 月—1999 年 2 月）

主　席　于志成（1998.3—1999.2）
副主席　张延年（1998.3—1999.2）

（三）黄骅市旧城镇第二届人民代表大会（1999 年 2 月—2002 年 6 月）

主　席　于志成（1999.2—2000.3）
　　　　刘金伟（回族，2000.3—2002.2）
　　　　周金城（2002.2—2002.6）
副主席　张延年（1999.2—2001.4）
　　　　张同举（1999.2—2002.6）

（四）黄骅市旧城镇第三届人民代表大会（2002 年 6 月—2007 年 7 月）

主　席　周金城（2002.6—2003.4）
　　　　沈　建（2004.4—2005.5）
　　　　于金义（2005.5—2006.4）
　　　　王清彩（2006.4—2007.7）
副主席　张树德（2002.6—2003.6）
　　　　杨之新（2004.4—2007.7）
　　　　刘恩清（2005.4—2006.4）

（五）黄骅市旧城镇第四届人民代表大会（2007 年 7 月—2012 年 2 月）

主　席　王清彩（2007.7—2010.2）
　　　　刘金鹏（2010.2—2011.9）
副主席　杨之新（2007.7—2010.2）
　　　　赵合成（2010.2—2011.3）
　　　　孙建国（2011.3—2012.2）

（六）黄骅市旧城镇第五届人民代表大会（2012 年 2 月—2017 年 1 月）

主　席　张　伟（2014.12—2015.6）
　　　　王　宁（2015.6—2017.1）
副主席　孙建国（2012.2—2017.1）

（七）黄骅市旧城镇第六届人民代表大会（2017 年 1 月—2021 年 6 月）

主　席　王　宁（2017.1—2019.3）
　　　　张连海（2019.3—2021.6）
副主席　孙建国（2017.1—2019.3）
　　　　郑国成（2019.3—2021.6）
　　　　田炳峰（2019.3—2021.6）

五、黄骅市常郭镇人民代表大会及其主席团（1996 年 10 月—2021 年 6 月）

自 1996 年 10 月，黄骅市常郭乡召开了第八届人民代表大会第一次会议，1998 年 3 月以来，黄骅市常郭镇先后召开了第一、第二、第三、第四、第五、第六届人民代表大会。

（一）黄骅市常郭乡第八届人民代表大会（1996 年 10 月—1998 年 3 月）

主　席　康学生（1996.10—1998.3）
副主席　韩连祥（1996.10—1998.3）
　　　　刘振江（1996.10—1998.3）

（二）黄骅市常郭镇第一届人民代表大会（1998 年 3 月—1999 年 3 月）

主　席　康学生（1998.3—1999.3）
副主席　韩连祥（1998.3—1999.3）
　　　　刘振江（1998.3—1999.1）

（三）黄骅市常郭镇第二届人民代表大会（1999 年 3 月—2002 年 6 月）

主　席　李绍鹏（1999.3—2002.6）
副主席　韩连祥（1999.3—2001.5）

（四）黄骅市常郭镇第三届人民代表大会（2002 年 6 月—2007 年 7 月）

主　席　丰树森（2002.6—2004.4）
　　　　刘浩强（2004.4—2006.5）

孙　进（2006.5—2007.7）
副主席　白金鹏（2002.6—2004.4）
商希瑞（2004.4—2006.6）
田建国（2005.5—2007.7）

（五）黄骅市常郭镇第四届人民代表大会（2007 年 7 月—2012 年 2 月）

主　席　孙　进（2007.7—2010.2）
周洪恩（2010.2—2012.2）
副主席　白金鹏（2007.7—2010.2）
刘占军（2010.2—2011.3）
赵玉凤（2011.3—2012.2）

（六）黄骅市常郭镇第五届人民代表大会（2012 年 2 月—2017 年 1 月）

主　席　周洪恩（2012.2—2014.11）
宋红霞（2014.11—2015.7）
于连松（2015.7—2017.1）
副主席　赵玉凤（2012.2—2014.10）
李国彬（2015.7—2016.3）
陈占发（2016.3—2017.1）

（七）黄骅市常郭镇第六届人民代表大会（2017 年 1 月—2021 年 6 月）

主　席　赵树岭（2017.1—2019.3）
周　欣（2019.3—2020.5）
左德鹏（2020.5—2021.6）
副主席　陈占发（2017.1—2021.6）
王宝秀（2017.1—2021.6）

六、黄骅市滕庄子乡人民代表大会及其主席团（1996 年 10 月—2021 年 6 月）

自 1996 年 10 月以来，黄骅市滕庄子乡先后召开了第九、第十、第十一、第十二、第十三、第十四届人民代表大会。

（一）黄骅市滕庄子乡第九届人民代表大会（1996 年 10 月—1999 年 3 月）

主　席　李之宏（1996.10—1999.03）
副主席　陈国雄（1996.10—1999.03）

（二）黄骅市滕庄子乡第十届人民代表大会（1999 年 3 月—2002 年 6 月）

主　席　孟宪鹏（1999.3—2002.6）
副主席　陈国雄（1999.3—2001.6）

（三）黄骅市滕庄子乡第十一届人民代表大会（2002 年 6 月—2007 年 7 月）

主　席　孟宪鹏（2002.6—2004.3）
　　　　赵吉利（2004.3—2005.3）
　　　　孟祥普（2005.3—2006.4）
　　　　王振岭（2006.4—2007.7）
副主席　陈金楼（2002.6—2004.3）
　　　　李西华（2004.3—2007.7）
　　　　赵树岭（2005.3—2006.4）

（四）黄骅市滕庄子乡第十二届人民代表大会（2007 年 7 月—2012 年 2 月）

主　席　王振岭（2007.7—2010.2）
　　　　于国庆（2010.2—2012.2）
副主席　李西华（2007.7—2010.2）
　　　　李振海（2010.2—2011.1）
　　　　高洪新（2011.1—2012.2）

（五）黄骅市滕庄子乡第十三届人民代表大会（2012 年 2 月—2017 年 1 月）

主　席　于国庆（2012.2—2014.12）
　　　　宋铁军（2014.12—2015.8）
　　　　刘广练（2015.8—2017.1）
副主席　高洪新（2012.2—2014.8）
　　　　徐国彬（2015.8—2017.1）

（六）黄骅市滕庄子乡第十四届人民代表大会（2017 年 1 月—2021 年 6 月）

主　席　孙文忠（2017.1—2020.6）
　　　　谷洪璞（2020.6—2021.6）
副主席　徐国彬（2017.1—2020.7）
　　　　王克杰（2017.1—2021.6）
　　　　张立峰（2020.10—2021.6）

七、黄骅市官庄乡人民代表大会及其主席团（1996 年 10 月—2021 年 5 月）

自 1996 年 10 月以来，黄骅市官庄乡先后召开了第九、第十、第十一、第十二、第十三、第十四届人民代表大会。

（一）黄骅市官庄乡第九届人民代表大会（1996 年 10 月—1999 年 3 月）

主　席　张文敏（1996.10—1999.3）
副主席　李宝合（1996.10—1999.3）

（二）黄骅市官庄乡第十届人民代表大会（1999 年 3 月—2002 年 6 月）

主　席　张文敏（1999.3—2001.6）
　　　　胡希明（2001.6—2002.6）
副主席　李宝合（1999.3—2001.6）
　　　　田松强（2002.5—2002.6）

（三）黄骅市官庄乡第十一届人民代表大会（2002 年 6 月—2007 年 6 月）

主　席　胡希明（2002.6—2004.3）
　　　　王友海（回族，2004.3—2005.5）
　　　　王振山（2005.5—2006.5）
　　　　张华熙（2006.6—2007.6）
副主席　田松强（2002.6—2005.5）
　　　　陈留生（2005.5—2006.5）
　　　　张　彬（2005.5—2007.6）

（四）黄骅市官庄乡第十二届人民代表大会（2007 年 6 月—2012 年 2 月）

主　席　韩效宏（2007.6—2010.2）
　　　　于锦辉（2010.2—2011.9）
　　　　佟建峰（2011.9—2012.2）
副主席　张　彬（2007.6—2010.2）
　　　　刘洪新（2010.2—2011.9）
　　　　赵树平（2011.9—2012.2）

（五）黄骅市官庄乡第十三届人民代表大会（2012 年 2 月—2017 年 1 月）

主　席　佟建峰（2012.2—2015.1）
　　　　张俊义（2015.2—2016.12）
副主席　赵树平（2012.2—2014.5）
　　　　王志彬（2016.2—2017.1）

（六）黄骅市官庄乡第十四届人民代表大会（2017 年 1 月—2021 年 5 月）

主　席　赵永福（2017.1—2019.2）
　　　　王　芬（2019.2—2020.5）
　　　　白俊杰（2020.5—2021.5）
副主席　王志彬（2017.1—2019.2）
　　　　姜国森（2017.1—2021.5）
　　　　刘国栋（2019.2—2021.5）

八、黄骅市齐家务乡人民代表大会及其主席团（1996 年 10 月—2021 年 6 月）

自 1996 年 10 月以来，黄骅市齐家务乡先后召开了第九、第十、第十一、第十二、第十三、第十四届人民代表大会。

（一）黄骅市齐家务乡第九届人民代表大会（1996 年 10 月—1999 年 4 月）

主　席　白义浦（1996.10—1999.4）
副主席　康振歧（1996.10—1999.4）
　　　　马墨林（1996.10—1999.4）

（二）黄骅市齐家务乡第十届人民代表大会（1999年4月—2002年6月）

主　席　刘金昌（1999.4—2002.6）
副主席　马墨林（1999.4—2001.5）

（三）黄骅市齐家务乡第十一届人民代表大会（2002年6月—2007年6月）

主　席　高振岭（2002.6—2005.5）
　　　　于春雷（2005.5—2006.5）
　　　　张　文（2006.5—2007.6）
副主席　戴加安（2004.3—2007.5）
　　　　赵合成（2005.5—2007.6）

（四）黄骅市齐家务乡第十二届人民代表大会（2007年6月—2012年2月）

主　席　张　文（2007.6—2010.2）
　　　　张　伟（2010.2—2012.2）
副主席　赵合成（2007.6—2010.2）
　　　　周延博（2011.2—2011.3）
　　　　赵　媛（女，2011.3—2012.2）

（五）黄骅市齐家务乡第十三届人民代表大会（2012年2月—2017年1月）

主　席　张　伟（2012.2—2014.7）
　　　　赵　林（2015.6—2016.5）
副主席　赵　媛（2012.2—2014.12）
　　　　胡春浩（2016.3—2017.1）

（六）黄骅市齐家务乡第十四届人民代表大会（2017年1月—2021年6月）

主　席　周延博（2017.1—2019.2）
　　　　赵树岭（2019.2—2020.6）
副主席　姚倩倩（2017.1—2020.6）
　　　　胡春浩（2017.1—2019.2）
　　　　刘　娜（2019.5—2020.6）
2020年6月，齐家务撤乡设镇。
主　席　赵树岭（2020.6—2021.6）
副主席　刘　娜（2020.6—2020.9）

姚倩倩（2020.6—2020.9）
王　胜（2020.9—2021.6）

九、黄骅市南排河镇人民代表大会及其主席团（1996 年 10 月—2021 年 6 月）

自 1996 年 10 月以来，黄骅市南排河镇先后召开了第四、第五、第六、第七、第八、第九届人民代表大会。

（一）南排河镇第四届人民代表大会（1996 年 10 月—1999 年 3 月）

主　席　王德文（1996.10—1999.3）
副主席　陈国森（1996.10—1999.3）

（二）南排河镇第五届人民代表大会（1999 年 3 月—2002 年 6 月）

主　席　王德文（1999.3—2001.5）
　　　　张树军（2001.5—2002.6）
副主席　陈国森（1999.3—2001.5）

（三）南排河镇第六届人民代表大会（2002 年 6 月—2007 年 7 月）

主　席　张树军（2002.6—2005.5）
　　　　赵锡铸（2005.5—2006.4）
　　　　王之鹏（2006.4—2007.7）
副主席　陈秀煜（2002.6—2004.3）
　　　　白玉田（2005.5—2007.7）
　　　　张俊义（2005.5—2006.4）

（四）南排河镇第七届人民代表大会（2007 年 7 月—2011 年 9 月）

主　席　王之鹏（2007.7—2010.2）
　　　　肖宝青（2010.2—2011.9）
副主席　白玉田（2007.7—2010.2）
　　　　赵松龄（2010.2—2011.3）
　　　　范方仪（2011.3—2011.9）

（五）南排河镇第八届人民代表大会（2011 年 10 月—2017 年 1 月）

主　席　沈海洋（2011.10—2013.11）
　　　　赵松龄（2013.11—2016.2）
　　　　赵　健（2016.2—2017.1）
副主席　范方仪（2011.10—2016.2）
　　　　崔永刚（2016.2—2017.1）

（六）南排河镇第九届人民代表大会（2017 年 1 月—2021 年 6 月）

主　席　赵　健（2017.1—2019.3）
　　　　刘立立（2019.3—2021.6）
副主席　崔永刚（2017.1—2021.6）
　　　　孙建伟（2017.1—2021.6）

十、黄骅市羊三木回族乡人民代表大会及其主席团（2004 年 4 月—2021 年 6 月）

自 1996 年至 2004 年并乡扩镇后，羊三木回族乡并入黄骅镇。2004 年，羊三木又重新单独设立回族乡。自 2004 年 4 月以来，羊三木回族乡先后召开了第八、第九、第十、第十一届人民代表大会。

（一）黄骅市羊三木回族乡第八届人民代表大会（2004 年 4 月—2007 年 7 月）

主　席　张洪桥（2004.4—2007.7）
副主席　李国旺（2004.4—2007.7）

（二）黄骅市羊三木回族乡第九届人民代表大会（2007 年 7 月—2012 年 2 月）

主　席　刘凤华（2007.7—2010.2）
　　　　张建军（2010.2—2012.2）
副主席　李国旺（2007.7—2010.2）
　　　　左志军（2010.2—2011.3）
　　　　金双林（2011.3—2012.2）

（三）黄骅市羊三木回族乡第十届人民代表大会（2012 年 2 月—2017 年 1 月）

主　席　张建军（2012.2—2014.11）
　　　　李国旺（2014.11—2017.1）
副主席　金双林（2012.2—2015.4）
　　　　王富梁（2015.4—2017.1）

（四）黄骅市羊三木回族乡第十一届人民代表大会（2017 年 1 月—2021 年 6 月）

主　席　李国旺（2017.1—2019.2）
　　　　刘忠亮（2019.3—2020.5）
　　　　王有辉（2020.7—2021.6）
副主席　李凤署（2017.1—2021.6）
　　　　王富梁（2017.1—2019.2）
　　　　张立峰（2019.3—2020.10）

十一、新村回族乡人民代表大会及其主席团（1996 年 10 月—2021 年 6 月）

自 1996 年 10 月以来，新村回族乡先后召开了第二、第三、第四、第五、第六、第七届人民代表大会。

（一）新村回族乡第二届人民代表大会（1996 年 10 月—1999 年 4 月）

主　席　董维清（1996.10—1999.4）

（二）新村回族乡第三届人民代表大会（1999 年 4 月—2002 年 7 月）

主　席　张汝晶（1999.4—2002.7）

（三）新村回族乡第四届人民代表大会（2002 年 7 月—2007 年 12 月）

主　席　张汝晶（2002.7—2007.12）

（四）新村回族乡第五届人民代表大会（2007 年 12 月—2011 年 11 月）

主　席　贾启才（2007.12—2011.11）
副主席　王金朋（2007.12—2011.11）

（五）新村回族乡第六届人民代表大会（2011 年 11 月—2017 年 1 月）

主　席　贾启才（2011.11—2014.9）
　　　　文学峰（2014.9—2017.1）

（六）新村回族乡第七届人民代表大会（2017 年 1 月—2021 年 6 月）

主　席　文学峰（2017.1—2021.6）
副主席　姜俎臣（2017.1—2020.9）
　　　　孙　瑜（2020.9—2021.6）

第六章
人大工作的改革创新

第一节 新时期的人大工作（2017—2021）

黄骅市第八届人民代表大会第一次会议以来，市人大常委会坚持以习近平新时代中国特色社会主义思想为指导，深入学习贯彻习近平总书记关于坚持和完善人民代表大会制度的重要思想，牢牢把握“四个机关”职能定位，坚持党的领导、人民当家作主、依法治国有机统一，在服务党委中心工作，保障法律贯彻实施，助推经济社会发展，维护群众切身利益中勇于担当、忠诚履职，在推动新时代黄骅经济社会发展和民主法治建设中彰显了人大新作为，锤炼了人大新能力，树立了人大新形象。

在几年的工作实践中，市人大常委会始终坚持守正创新，围绕落实《黄骅市人大常委会关于进一步创新人大工作、加强自身建设的意见》，牢牢把握监督、代表工作两条主线，倾力打造法治人大、为民人大、有为人大、活力人大，在组织机构、监督工作、代表履职等方面取得了一系列具有黄骅特色、实践特色的创新成果，积累了宝贵经验。

一、组织机构的改革与建设

2015 年 6 月，中共中央转发了《全国人大常委会党组关于加强县乡人大工作和建设的若干意见》。2016 年以来，河北省委先后转发了省人大常委会党组关于加强县乡人大工作和建设的实施意见、关于推进县乡人大工作和建设的指导意见等多份重要文件，重点就加快县乡人大机构改革提出了明确要求。在黄骅市委的领导和支持下，市人大常委会严格依照法律程序、组织程序完成了相关机构改革任务，夯实了人大工作的组织基础，理顺了人大工作的运转机制，提升了人大队伍的履职能力，为进一步适应时代要求，全面加强改进自身工作，创造了前提条件。

（一）黄骅市人民代表大会机构改革

2017 年 2 月 20 日，黄骅市第八届人民代表大会第一次会议表决通过了关于设立市人民代表大会专门委员会的决定和各专门委员会组成人员名单。新设立的法制委员会、财政经济委员会、城乡建设和环境保护委员会、教育科学文化卫生委员会 4 个专门委员会，作为市人民代表大会的常设机构，由主任委员、副主任委员和委员若干人组成，受代表大会领导，在代表大会闭会期间，接受市人民代表大会常务委员会领导，依据宪法和法律要求开展工作。2019 年 1 月 17 日，经黄骅市第八届人民代表大会第三次会议表决通过，增设了社会建设委员会。

2018 年 4 月 24 日，为充分发挥专门委员会作用，增强其审议审查、监督、调研工作水平，市人大常委会组织举行了“人大智库”专家顾问团队聘任仪式。共聘请 76 名具有相关专业资质、从业经验丰富的专业人士，为各专门委员会分别组建了专家委员会，作为“借智外脑”，提供其对口领域的业务指导和顾问服务。

专门委员会的设立，丰富了黄骅市人大组织结构的层次，增进了代表工作参与深度，提升了人大工作的专业性、针对性，在增强监督实效、提升审议质量、深化调查研究等方面发挥了积极重要的作用。

（二）黄骅市人大常委会机关内设机构改革

机构改革前，按照编制要求，市人大常委会机关内设“一室四科”，即综合办事机构为办公室、工作机构为内务司法科、财政经济科、科教文卫科和代表联络科。2018 年机构改革后，市人大常委会机关内设机构为“一室五委”，撤销原 4 个科的编制，设立了法制工作委员会（2020 年 12 月，按上级要求，更名为法制和社会建设工作委员会）、财政经济工作委员会、教育科学文化卫生工作委员会、城乡建设和环境资源工作委员会、选举任免代表工作委员会。5 个工作委员会在承担原有 4 个业务科室职能的基础上，还根据工作需要，特别是结合行政体制改革、监察体制改革等要求，被赋予了一些新职能、新任务。

同时，按照机构改革要求，在市区 3 个街道（骅东、骅中、骅西）设立了人大工作委员会，作为人大常委会机关在街道的派出机构。街道人大工委设立后，市人民代表大会市直代表团就此拆分为骅东、骅中、骅西 3 个街道代表团，填补了长久以来街道人大机构空白，市区选区代表依法履职有了组织依托和服务保障。

（三）黄骅市乡镇人民代表大会组织改革

按照机构改革要求，全市 10 个乡镇均配齐了 1 名人大主席、2 名人大副主席，对人大主席团人员结构进行了优化，设立了人大主席团办公室，配备了专职工作人员。

市人大常委会高度重视基层人大工作，把促进乡镇街道人大工作规范化、常态化作为加强自身建设的重要一环。2018 年 3 月 19 日，黄骅市第八届人大常委会第十四次会议通过了《黄骅市乡镇、街道人大工作督导考评办法》，进一步明确了乡镇街道人大工作的主要内容、形式和要求，并在实际工作中加大了督导检查力度，市人大常委会主任会议成员到基层指导工作、联系代表成为常态。当年 11 月，市人大常委会在常郭镇“代表之家”组织召开了“发挥人大代表作用、促进基层工作”现场交流会，大力推广常郭镇、黄骅镇、骅中街道人大工作先进经验，带动全市基层人大在有效发挥代表作用，服务推动重点工作、区域发展、基层治理上提升能力水平。

二、监督工作的创新与提升

监督权是宪法和法律赋予人大及其常委会的基本职权，是县级国家权力机关服务党和人民事业最直接、最有效的方式。近年来，市人大常委会牢固树立寓服务于监督，监督必见效的履职理念，紧紧围绕市委中心工作、政府大事要事、人民急难愿盼，敢于较真碰硬，善于监督问效，勤于思考总结，在实践中摸索出一套有思路、讲科学、真管用的工作方法，人大监督工作呈现重点突出、切口精准、措施有力、成效显著的新特点。

（一）监督重点更精准

2018 年初，为增强监督工作的系统性、针对性、实效性，市人大常委会研究制定了首份跨年度工作安排——《黄骅市人大常委会监督工作计划（2018—2020）》。在计划起草过程中，常委会组织开展了多次调研，广泛征求了各级人大代表的意见建议，最终确定了服务全市经济发展、推动城市品质提升、力促民生事业发展等 10 个方面的主要任务。既妥善安排好每年度项目建设、城市建设、乡村振兴、生态环保、预算决算等监督“必答题”，更积极回应群众关切，抓“小切口”精准监督，安排了便民市场建设、交通秩序治理、养老事业发展、小区物业管理、人民信访工作等事关群众切身利益的“自选题”。

实践证明，该监督计划既立足于推动当前工作，又体现出一定的预见性；既着眼宏观大局，又聚焦微观难题，尤其是针对一系列有复杂历史背景，顽固性、反复性较强的具体问题，提出了分阶段跟踪督办的工作思路，明确了逐年递进的针对举措。这种“咬定青山不放松”的劲头，确保了常委会在推动解决难点问题上一步一个脚印，扎扎实实把监督工作干出成效，在实践中锤炼了人大常委会机关、人大队伍抓铁有痕、踏石留印的工作作风。

（二）监督流程更规范

“行百里者半九十”，人大监督工作有其内在规律，就事论事，看看情况，听听报告，摸不清实际情况，抓不住问题根源，就提不出切实可行的意见建议，无法推动工作落实。为此，市人大常委会在深入实践、认真总结的基础上，规范监督流程，创新监督方式，制定了《黄骅市人大常委会监督工作实施办法》。

监督工作实施办法重点针对听取审议工作报告、代表视察、专题询问、执法检查、工作评议、规范性文件备案审查等 7 种监督手段，细化步骤、量化要求、强化调研、深化跟踪，推动监督向事前事后双向延伸，向破解难题更深层次递进。就该制度，常委会的工作体会是，有效规范了以专委会为实施主体的各类各项监督举措，走马观花、浅尝辄止的作风问题、工作问题得到有效扭转，达到了“规规矩矩抓监督、切切实实有成效”的目的，是一套行之有效的好办法。

（三）监督成效更显著

目标清晰、路径科学是抓好监督的前提条件，但勇于担当尽责，敢于较真碰硬，善于推动整改，才是工作取得实效、落到实处的根本保证。市人大常委会始终坚持党委、政府的工作重心在哪里，人民群众的期盼在哪里，人大的监督工作就跟进到哪里，以实际行动扛起人大担当。

强化审议监督，服务重项工作。一直以来，组成人员审议意见少，质量低是制约常委会会议质量的主要问题。为此，市人大常委会于届初就有针对性建立了会前学习和分组审议制度。一手抓学习，坚持每会必学。学习人大工作的新精神、新要求、新方法、新经验，学习会议相关背景知识和市政市情，听取有关专委会初审、调研报告，增强常委会组成人员审议能力和知识储备，确保有的放矢。一手抓审议，做到议必有果。听取工作报告后，组成人员由常委会领导带领开展分组讨论，提出书面建议并在续会上宣读，会后整理形成专题审议意见呈报市委，转交政府研究办理。这一做法激发了常委会组成人员的履职热情，确保了人大审议意见充分吸纳和反馈民意，显著提升了审议质量。特别是针对营商环境、疫情防控、创建文明城市等重项工作议题，常委会提出的审议意见多次得到市委主要领导批示肯定，经相关部门采纳落实，取得了实在成效。

强化评议监督，助推项目建设。项目建设是市委中心工作的重中之重，发挥监督职能，推动项目达效是人大工作的重要使命。市人大常委会活用工作评议这一手段，每年针对项目建设、城市建设、民生事业以及联动监督相关议题等开展专项监督。常委会对照全市“十百千”项目清单，确定评议对象和项目，组织代表一线看情况，现场听汇报，查验重项工作落实情况，当场填写工作评议表，对项目进展和责任单位、责任人员绩效评定等次，评议结果呈报市委，转发市政府，并针对评价等次低，代表意见集中的问题予以跟进监督。

民生实事人大代表票决制度是人大工作的又一重大创新，是河北省在推进全过程人民民主方面的具体实践。为确保人民选出来的民生实事办好办快办实，市人大常委会坚持年初看安排，督促市政府细化民生实事实施方案，早启动、早开工；年中要进度，组织代表现场查看项目进展情况；年末验成果，听取市政府年度民生实事完成情况的报告，组织代表对民生实事项目逐一查验，逐一测评，提出意见建议，有力督促和支持了市政府把民生实事办到群众的心坎上。

2017 年，市八届人大常委会第六次会议，听取了市政府园林、环卫部门负责人履职情况报告，开展了工作评议。是市人大常委会首次以“人”为监督对象，开展任后监督。自此，常委会定期安排“一府一委两院”及有关部门负责人，报告依法履职、勤勉履职、为民履职、廉洁履职情况，并采用现场表决的方式进行评议，在督促黄骅市国家机关及有关部门负责人强化使命担当、主动接受监督、依法履行职责方面发挥了重要作用。

强化询问监督，破解民生难题。过去几年，市人大常委会坚持问题导向、结果导向，加强专题询问在实际工作中的运用。先后围绕城区水污染治理、全市基础教育、便民市场建设、交通秩序整治、全市学前教育、病媒生物防治、小区物业管理等议题组织开展了专题询问 12 次，有力提升对社会民生热点问题的监督刚性，取得了较好成效。相关工作信息得到上级人大通讯刊发，兄弟县市及外地县级人大多次到黄骅市学习、“取经”。

2017 年，市人大常委会重点开展了便民市场建设和交通秩序整治专题询问，通过深度开展调研走访，准确查找问题短板，追根探源的深度发问，提出了具体整改意见 17 项。专题询问会议邀请各界群众代表 30 余人列席，通过电视和网络媒体公开发布会议录像，有力增进了全社会对人大工作的认识和支持，为监督工作营造了更加良好的氛围。市政府接受监督、抓好整改的自觉性和责任感显著增强，及时完善了便民市场设施建设，取缔了部分马路市场，并就城区新建市场拿出了初步选址意见；交管部门增派警力，完善交通信号设施，高峰时段交通拥堵状况得到有效改观。

2020年初，市人大常委会为服务疫情防控大局，推动实施爱国卫生运动，组织开展了病媒生物防治专题询问。组织代表现场视察城区重点点位消杀工作，听取市卫健、城管部门专题工作汇报，就强化资金保障、消杀扩面提质、专业人员配备等工作进行了询问督导，促进病媒生物防治抓早抓细。自当年起，城区特别是环城水系周边居民反馈，蚊蝇较往年明显减少，有效斩断了疫情病媒传播途径，改善了城市人居环境。

此外，常委会还高度重视专题询问后政府整改落实情况，坚持每年就上年度专题询问事项开展跟踪监督，开展回头看视察，听取有关部门整改落实情况及整改成果巩固情况的汇报，严防问题回潮、前清后乱，确保监督成效最大化。

（四）监督内涵更丰富

守正创新、与时俱进是做好人大工作的基本原则，市人大常委会主动适应新要求、新任务、新问题，持续创新拓展监督工作覆盖面，丰富监督工作的新内涵。

2018年，市人大在首次选举产生监察委的基础上，积极探索对监察工作的监督实践。常委会组织40余名代表对市监察委机构建设和工作运转情况开展了视察，审议了市监察委全年工作情况报告。充分肯定了监察委在加快机构建设、预防惩治腐败等方面取得的成效，要求监察机关完善工作机制，坚持惩防并举，提升办案能力，全力维护黄骅市风清气正的良好政治生态，为黄骅高质量发展保驾护航。

2018年起，市人大常委会认真落实人大预算审查监督重点向支出预算和政策拓展以及建立地方政府向本级人大常委会报告国有资产管理情况制度的有关要求，每年度均开展预算编制审查工作，听取审议市政府关于国有资产管理情况的报告。特别是建成了预算暨国有资产联网监督室，实现了人大与政府就预算和国有资产管理的信息共享，把政府花的每一笔钱都置于人大监督之下，有效扭转了以往信息不对等、监督相对滞后的局面，增强了监督工作的针对性和时效性，为人大全口径预算监督提供了信息保障。

2019年，市人大常委会首次启动了规范性文件备案审查工作。截至2021年底，市人大常委会先后对市政府报备的《黄骅市加快培育规模以上工业企业、规模以上服务业企业、限额以上贸易企业暂行办法》《黄骅市市政基础设施工程移交管理办法》《黄骅市农业信贷担保贷款贴息资金管理暂行办法》等58件规范性文件进行了审查，实现了有件必备、有备必审。

三、人大代表工作的创新与发展

人大代表是人大工作的主体，智慧和力量的源泉。市八届人大常委会牢牢把握代表工作这一主线，于换届后第一次常委会上讨论通过了《黄骅市人大常委会关于进一步创新改进代表工作、充分发挥代表作用的意见》。在实际工作中，市人大常委会努力践行全过程人民民主，积极开展工作创新，建阵地、搭平台、抓活动，促履职、展风采，千方百计激发代表热情，服务代表履职，发挥代表作用。几年来，在市人大常委会的带领下，全市各级人大代表接地气、察民情、聚民智、惠民生，依法履职、为民履职的责任感、主动性、真本领显著增强，用实际行动在党委政府和人民群众之间架起了“连心桥”。

（一）抓好代表培训，增强履职本领

2017年换届之初，市八届人大代表中近六成为首次当选，为帮助代表尽快提升履职能力，胜任工作角色，市人大常委会专门制定了代表学习培训计划，坚持集中与自主相结合、综合与专题相结合、理论和实践相结合，每年聘请省市专家开展一到两次全体代表集中培训，定期向代表发放书面学习资料以及通过“黄骅人大”微信公众号和“代表之家”工作群发布相关信息，多渠道加强人大代表政治理论学习、法律业务学习，增进代表对全市各项工作情况的了解，积极推广先进履职经验和做法，营造看工作、学工作、比工作的良好氛围。经过持续不断的学习实践，广大代表履职的专业性、规范性显著增强，对代表履职干什么、怎么干、为谁干有了更深层次的理解和把握，为加强代表履职夯实了思想基础和能力基础。

（二）建好“代表之家”，优化服务保障

自2017年起，市人大常委会安排专项资金，协调工作用房，按照有办公设施、有标牌标语、有运转制度、有履职档案、有信息公示、有图书资料、有电脑设备、有人员经费的“八有”标准，先后在市常委会机关、各乡镇、街道以及有关企事业单位建设了14个“代表之家”、6个代表联络站。

“代表之家”既然建起来，就要用起来、活起来，常委会从规范“代表之家”运转出发，拿出了“软”“硬”兼备的督促办法。拿出了一套督导机制，制定了县乡两级人大代表述职评议办法，要求县乡两级人大代表每年在“代表之家”向所在选区选民代表述职，集中开展评议，虚心听取选民意见；建立了代表履职登记考核制度，为每一位人大代表建立履职档案，对其参与人大活动、提出建议等实际表现进行考评记录，作为年度优秀人大代表评选的主要依据，更好激发代表履职热情。配备了一套信息化系统，统一安装了视频联网系统，实现了对各“代表之家”管理和运转信息的实时动态掌控，极大提升了市人大督导、管理各“代表之家”工作效率。

“代表之家”的建成，有效解决了长久以来闭会期间人大代表履职缺少固定场所的问题。在市人大常委会的精心组织和安排下，代表每年近1000人次进“家”驻“站”，定期开展集中学习，接待选区选民，反馈意见建议，交流履职心得，代表履职的组织性和活跃度得到显著提升，激发出代表对“家”的归属感、责任感和荣誉感。比如，市人大代表杨金槐，充分依托东孙村代表联络站，组织所在选区市乡两级代表，开展网格化包联选民活动，帮助群众解决实际困难，有效提升了基层治理效能和水平，多次得到省市人大常委会领导肯定。

（三）用好双联机制，汇集民意民智

人大代表来自人民，服务人民。市人大常委会为密切自身与代表、代表与选民的联系，制定实施了《“双联”工作实施办法》。一方面主动加强常委会组成人员与基层人大代表的工作联系，制定了《常委会组成人员包联人大代表工作方案》，由市人大常委会领导带头，定期到“代表之家”，到包联代表工作单位，走访联系人大代表，面对面交流履职情况，听取代表对全市和人大工作的意见建议；另一方面着力加强人大代表同选民群众的血肉联系，市人大常委会结合市委重项工作部署，深入开展“一亮五增”活动，支持代表亮身份、增作为，围绕优化营商环境、创建文明城市、加强基层治理、办好民生实事等主题，每季度组织开展“代表联系选民日”活动。在活动中，基层代表主动深入群众，积极宣讲党委政府的惠民政策，察访人民群众的所思所盼。

在日渐密切的走访联系中，广大代表有效发挥了桥梁纽带作用，深入基层，深入群众，收集反馈了群众对全市重项工作的宝贵意见和大量第一手信息，推动解决了一批事关发展和民生的热点问题，有效畅通了汇聚民意、服务大局的“人大直通车”。特别是在2019年全市第三季度“代表联系选民日”活动暨“不忘初心、牢记使命、河北发展、人大尽责”主题实践活动中，广大代表积极走访群众1000余人次，反馈各类建议200余条。市人大常委会认真梳理总结这些建议，起草了活动收集问题建议情况的报告，围绕脱贫攻坚、大气污染防治和优化营商环境等方面向市委提出了8个方面的工作建议。市委对报告给予高度评价，认为代表提出的建议针对性、操作性强，印发各相关领导和部门，要求采取针对性措施，切实提升工作水平。

（四）搭好履职平台，拓展履职渠道

近年来，市人大常委会努力扩大代表对自身工作的参与，坚持邀请代表列席常委会会议，先后组织人大代表近2000余人次参加常委会视察调研、专题询问、述职评议、外出学习等活动，充分发动代表、依靠代表、服务代表成为人大工作的一大特色。

市人大常委会不断拓展思路，为代表参与和服务全市工作搭建新平台。加强代表同一府一委两院工作互动，安排代表列席市政府常务会议，组织代表参加滕庄子、齐家务“撤乡设镇”和全市供热工作听证会，参加“电视问政”栏目；安排代表旁听法院庭审，现场参与法院失信人员案件执行工作；选聘13名代表担任全市监察、“河长制”、城管等工作特邀监督员，推荐20余名代表参加“榜样的力量暨大美黄骅影像展”，让广大代表在更广阔的舞台上展示风采，发光发热。

几年来，经过充分的思想淬炼、政治历练、实践锻炼，全市各级人大代表的履职热情持续高涨，政治责任感、使命感不断增强，展现出新时代人大代表的新站位、新面貌、新担当。2020年初，新冠疫情突发。疫情就是命令，防控就是责任，黄骅市各级人大代表勇于担当，履职尽责，持续奋战在疫情防控各条战线，努力在抓好疫情防控、保障社会运转、加快复工复产中发挥积极作用。其间，广大代表通过不同途径累计捐款1347万元，捐赠了大量应急物资物品，彰显了“人民选我当代表，我当代表为人民”的家国情怀和社会担当，在全市人大工作进程中写下了浓墨重彩的一笔。

第七章　人　物

第一节 人物简介

温永和

温永和

温永和，男，1940年2月17日出生，汉族。1956年参加工作，1964年加入中国共产党。1961年，担任齐家务乡大麻沽村大队长。1966—2019年，担任村党支部书记。1988—1998年，当选为七届、八届全国人大代表。现任河北航凌电路板有限公司董事长。历年来多次受到省市各级党委、政府的表彰，先后获得“优秀共产党员”“河北省劳动模范”“全国优秀农民企业家”“全国优秀乡镇企业家”“全国劳模”等荣誉称号。并先后担任中国印制电路板行业协会常务理事、河北省企业家协会常务理事、河北省信息产业协会常务理事等社会职务。

1972年，温永和创办了黄骅县大麻沽线路板厂，1991年合资创建了河北航凌电路板有限公司，专业生产高精密度、高品质的电路板。拥有固定资产1.2亿元，全套生产、测试设备均从美国、德国、日本引进。为响应国家西部大开发战略，公司于2003年8月在重庆市永川投资1亿元建立重庆航凌电路板有限公司，从设备的自动化程度和技术的整体水平，均位于全国PCB行业前列，是西南地区现代化电子企业之一。

从1966年担任村党支部书记以来，温永和一干就是50多年，是全村人拥戴的党支部书记。改革的春风吹遍神州大地，经济发展迅猛，科技发展日新月异，人民生活逐步提高，国家综合国力大大增强。他参加工作以来，经常说：“一个企业光有经济效益是不够的，更要注重社会效益，回报社会，报效于国家。”因而航凌公司出资为村里新修了柏油马路15公里，为村上免费供应自来水。2004年出资20多万元把村北危桥修葺一新，还投资30余万元为村小学建起了多媒体教室和高标准幼儿园，解决了周围村镇大量富余劳动力就业问题，带动了地方经济的发展。

河北航凌公司自成立以来，一直服务于航空航天、国防军工、电子仪表等重要科研单位，公司产品最早应用于人造地球卫星、水下运载火箭等领域。这些年来，航凌公司在温永和的带领下又承担了神舟载人航天工程配套的电路板生产任务。尖端高科技配套产品具有研制投资大、风险高、不赚钱的特点，可是温永和要求全体干部职工，要不惜一切代价，宁可赔钱，也要支持国防建设，把这项生产任务提高到讲政治、爱祖国的高度上。在神舟载人飞船以及“嫦娥”探月航天工程中，航凌公司承担了多个型号的电路板的生产任务，直接供应多个航天、电子单位，应用于关键系统重要仪器设备上，由于成绩显著，受到河北省国防科工委的表彰。

温永和自参加工作以来兢兢业业，为当地经济的发展做出了杰出贡献。无论在什么工作岗位上，温永和都牢记党的宗旨，始终保持对人民高度负责的精神，尽职尽责，无私奉献。他是一位能驾驭全局、务实创新、群众拥护的党员干部。他身怀一腔爱民之心，善谋一方富民之策，以自己的实际行动体现了一个共产党员的先进性。

王振华

王振华

王振华，男，汉族，1953年7月6日出生，河北省海兴县人。1973年12月加入中国共产党，大学本科学历。正高级工程师，全国劳动模范，第十一届全国人大代表，第十二届河北省人大代表，现任河北中捷石化集团董事长。

1994年，王振华被委以重任出任当时的中捷炼油厂厂长，确立了“加快技术改造，实现规模效益”的企业发展定位。至此，中捷石化跨越发展的序幕被悄然拉开。

上任后，王振华带领中捷石化不断创新经营，先是通过工艺改造，建成了河北省地方炼油企业第一套常减压联合装置，随后他又亲自主持，先后投资建起了20万吨气体分馏、3万吨MTBE、12万吨聚丙烯、50万吨重交沥青、3万吨甲乙酮生产、50万吨重油催化，30万吨汽柴油加氢、10万吨二甲醚、250万吨常减压等一系列装置，打造了河北省独有的具有中捷石化产业特色的“油头化尾”的连续循环生产链条。2000年，中捷农场进行国有企业的民营化改造，王振华成功将中捷石化集团改为股份制企业。2006年，当中海石油因为自身发展需要，有意在渤海湾进军石化下游产业的消息传来时，王振华敏锐地察觉到实现中捷石化大发展的重大机遇来了，为促成与中海石油的合作，他无数次地北上进京、南下广州进行接触、磋商、谈判。2008年，通过各级政府的支持与帮助，通过自身的资产让渡，中捷石化最终以占股40%取得了与中海石油的股权合作，成立了中海石油中捷石化有限公司，为当地经济发展做出了重大贡献。随后，王振华又以“资金大投入、项目大建设、产业大延伸”的发展思路，投资10亿元建立了集团公司旗下的河北新启元能源技术开发股份有限公司，并很快成为地方的又一明星企业和纳税大户。2012年，中捷石化集团又制定了煤化油化一体化的产业战略，分阶段投资19亿元，建设了60万吨/年蒽油加氢装置。2014年，为延伸精细化工产业链条，成立了河北新欣园能源股份有限公司，并投资28亿元实施了工艺水平国内领先的“碳四精细化工一体化”项目，与新启元公司形成上下游链条式生产模式，成为集团公司经济发展新的增长极。2022年，结合国家绿色化工发展趋势，公司继续加快石化产业升级步伐，投资10亿元的6万吨/年绿色低碳丁烷法顺酐项目开工建设，为企业向可降解塑料领域延伸奠定基础。如今，在他的带领下，中捷石化集团已发展成一家拥有职工1300余人，资产规模达50亿元的大型集团公司。

带领企业发展的同时，多年来，王振华更是始终不忘社会责任，不仅在当地学校设立了助学基金，其个人在赈灾助教等方面出资多达800多万元，以企业名义在修路、助教、赈灾、防疫等方面出资更是多达2000多万元，为当地社会捐助、文化教育、科技卫生、老年人活动等公益事业做出了巨大的贡献，赢得了社会的普遍赞誉。

稳定促进企业发展，创新增添企业财富，良知担当社会责任，作为中捷石化的掌舵人，王振华始终秉承着“认真、真实、实在”的企业精神，用自己一串串坚实的脚印诠释着唯有不辞劳苦、才会收获成果，唯有知识引领、才会发展变强的成功。

孙纪木

孙纪木，男，汉族，1956年11月出生，浙江省绍兴市人，大学学历，经济师，中共党员，1978年12月参加工作。现任河北新华联合冶金控股集团董事局主席、党委书记，第十一、十二届全国人大代表，河北省冶金行业协会副会长。

孙纪木

孙纪木曾任浙江省绍兴县皋北乡、陶堰镇、富盛镇、红山乡、斗门镇乡镇领导和党委书记。后任浙江绍兴信联经贸有限公司董事长、总经理，邯郸县三联钢铁有限公司董事长、总经理，河北纵横钢铁集团有限公司董事长、党委书记，沧州中铁装备制造材料有限公司董事长、党委书记。现任河北新华联合冶金控股集团董事局主席、党委书记。

河北新华冶金集团为全资民营企业集团，集团总部设在沧州渤海新区。集团现有员工2万余人，总占地2万余亩，主要包括两大实体生产基地，分别为沧州渤海新区钢铁生产基地、河北纵横集团丰南钢铁有限公司。

经过十几年的不懈努力，现河北新华冶金集团已发展成为集烧结、炼铁、炼钢、热轧、冷轧、镀锌、煤化工、天然气、海水淡化、余热余气余压发电、污水综合处理、自建码头和海运于一体、装备一流的多元化经营的大型民营企业集团。2022年，集团居中国企业500强第138位，居中国民营企业第36位，在河北省民营企业中名列前茅。

孙纪木先后被民政部授予“全国爱心捐助先进个人”荣誉称号，被省政府授予“河北省优秀民营企业家”和“河北省十大杰出创业标兵”荣誉称号。

邵利民

邵利民，男，1968年3月出生，河北省秦皇岛市人，中共党员。1988年7月加入中国共产党，大学学历，高级政工师，第十三届全国人大代表。

邵利民

邵利民曾历任秦皇岛港杂货公司宣传科干事、纪委纪检员、工会办公室主任、党委组织科科级组织员、纪委科级纪检员，沧州渤海港务有限公司综合部副部长，沧州渤海港务有限公司党群工作部部长、纪委监察部部长，沧州渤海港务有限公司党政办公室主任，沧州黄骅港矿石港务有限公司党政办公室主任，沧州黄骅港原油港务有限公司副总经理，沧州矿石港务有限公司党政办公室主任，沧州黄骅港原油港务有限公司副总经理、工会主席，沧州黄骅港原油港务有限公司总经理。

2010—2017年，先后完成了黄骅港综合大港起步工程和黄骅港综合港区20万吨级矿石码头建设运营任务，为加快推进沧州沿淮经济发展贡献力量。

2014年5月，被河北省交通厅、河北省人力资源和社会保障厅、河北省交通运输工会评为河北省交通运输系统劳动模范、先进个人。2015年4月，被河北省总工会授予河北省五一劳动奖章。2016年4月，被全国总工会授予全国五一劳动奖章。2019年3月，在十三届全国人大二次全会上所提建议“关于破解京津冀协同发展中交通瓶颈的建议”被国家采纳，从2020年1月开始，全国范围内跨省高速公路的省界收费站全部拆除，进一步促进了国家交通事业的不断发展与进步。2022年6月，该建议在人民出版社发行的《我当代表为人民——人大代表议案建议故事》一书中发表。

2020年5月至2022年3月，在全国两会上为加快推进黄骅港30万吨级原油码头、LNG接收站项目早日实现开工建设，连续3次向国务院有关部门提出“关于将沧州渤海新区130991-0151号图斑作为用海遗留问题处置的建议”，该建议被国家采纳并对已填图斑进行了确权，为河北向海图强、向海发展做出了一定的贡献。

詹国海

詹国海

詹国海，男，汉族，1968年5月2日出生，河北省沧州市人，政治面貌群众，大专学历。系河北鑫海控股有限公司董事长，第十三届、十四届全国人大代表，全国工商联石油业商会副会长，河北省工商联副主席，沧州市总商会副会长。

詹国海1987年参加工作，先后在南大港农场畜牧公司和加油站工作。1994年响应国家号召自主创业，经过不懈奋斗，于2000年3月创建河北鑫海控股集团有限公司，并于2011年实施稳定产业链供应链项目工程，先后投资226亿元，完成了六期项目建设并投入运营。河北鑫海控股集团有限公司是集石油产品生产、研发、物流于一体的大型民营企业集团，是河北省首家拥有国家发改委和商务部批准的进口原油使用权和原油进口权的“双权”企业，是国家发展改革委批准认可的原油加工企业，原油一次加工能力为600万吨/年，现有职工2500人。

詹国海创建的河北鑫海控股集团有限公司，2022年在中国企业500强排名第492位。居中国制造业企业500强第251位、中国民营企业500强第238位、中国制造业民营企业500强第150位。2022年度，公司销售收入超500亿元，实现税收达58亿元。

詹国海先后荣膺“中国石油和化工优秀民营企业家”“河北省创业功臣”“河北省优秀民营企业家”“沧州民企十大领军人物”“沧州市劳动模范”“振兴沧州经济功勋奖章”“市长特别奖”“捐资助教先进个人”“美丽乡村建设捐资先进个人”“十佳道德模范”等荣誉。

刘玉山

刘玉山，1944年出生，黄骅市孔店村人。

刘玉山

1968年，24岁的刘玉山担任了孔店村党支部书记。在创业初期，孔店村农业毫无特色，集体经济一片空白。针对孙店村实际，刘玉山从转变村民传统单一的粮食作物种植方式入手，狠抓农业结构调整。1975年，他带领全村率先发展起了当时经济效益较高的苹果、梨、葡萄、桃等水果种植产业。1982年，开始重点培育小枣产业。1995年，全面发展冬枣产业。2003年，孔店村对原有的4700亩小枣全部实行了高接换头，使全村冬枣种植面积达1万多亩，农业种植结构调整收到了明显成效。2003年，经多方努力，孔店村和张家口集美公司合作，共同兴建了省内最大、全国一流、总投资5000万元的孔店冬枣专业市场。这个市场对沧州冬枣产业起到了巨大的拉动作用，并带动了餐饮、包装、运输等第三产业发展，经济效益和社会效益十分可观。2006年，市场销售冬枣近500万公斤，销售额近亿元，销售业务辐射到北京、南京、沈阳、上海等大中城市，冬枣专业市场运营取得的成效使刘玉山发展冬枣产业的信心更加坚定。如今，冬枣产业成了黄骅农民的“摇钱树”，刘玉山成为黄骅市将冬枣推向全国市场的第一人。2021年，孔店村成了全国乡村特色产业亿元村。

刘玉山带领的村两委坚持“人无我有、人有我新、人新我特”的农业结构方针，全力发展高效的生态农业，形成了独具特色的“孔店模式”。在实现了兴村富民目标之后，创建文明生态村成为刘玉山的又一个目标。在创建活动中，他凡事走在前。他们重点发展集体养殖业，推广使用沼气，治理了柴草乱放、粪土乱堆、垃圾乱倒、畜禽乱跑等问题。同时，在村庄周围、公路两旁及农户院内种植各种花草树木，让全村处处见绿。

同时，积极筹措资金对林区道路进行大范围整修，有效改善了林区出入环境。在“河北黄骅第二届冬枣采摘节”期间，他带头探索举办了“进农家院、吃农家饭、摘农家枣”活动，有效提高了冬枣的旅游参观价值，开辟了农民增收新途径。在他的倡议下，全村严格制定并落实了《村规民约》，深入开展创建“十星级文明户”和道德评议活动，革除陈规陋习，真正做到生态为“神”、文明为“魂”、发展为“本”。

多年来，全村累计投资6000余万元，对道路进行硬化，在村各条主要街道安装路灯500多盏；为全村群众办理了养老保险，解决了老有所养的问题；为每户安装了有线电视；翻建了学校，配置了微机；购置报刊图书1万余册，建成全乡最大的图书阅览室，掀起了“读书兴农，科技致富”的热潮。村委会还设置了全员奖励机制，上学层次越高，奖励越多。另外，对贫困学生进行资助，对于优秀的学生给予奖励，成绩越好的学生奖励金额越高，有的学生奖励金额达到上千元。

在刘玉山的带领下，孔店村被农业部命名为“全国生态农业村”，村支部多年被评为省、市先进基层党组织和红旗党支部。刘玉山曾获“全国劳动模范”“河北省劳动模范”称号。2003年，被省委授予全省“连续任职三十年优秀农村党支部书记”称号。被选为河北省人大六、七、八届人大代表，沧州市、黄骅市多届人大代表，并多次评为优秀人大代表，连续多年被沧州市委和黄骅市委评为优秀共产党员。

现在冬枣种植成为滕庄子镇孔店村特色主导产业，90% 的农户是冬枣专业户，是河北省最大的冬枣种植林下交易基地。经过多年发展，已形成生产、销售、储存、加工四位一体的冬枣种植“孔店模式”。经过刘玉山的带动，黄骅冬枣种植面积达到 15 万亩，年产值近 10 亿元。农民的收入也是一涨再涨，孔店村的年人均收入达到 5 万元多。孔店冬枣产业的壮大，直接拉动黄骅 9 个乡镇冬枣产业的发展。党支部书记刘玉山带领村民和周边乡镇走上了一条创新之路、发展之路。

从在盐碱地上培育冬枣到文明建设中提升人们生活质量，从冬枣产业模式到生产、销售、储存、加工四位一体的冬枣种植“孔店模式”，担任村书记 52 年多的刘玉山在默默付出中带领村民从贫穷走向了富裕，从高质量的生活走向文明发展的道路。

张洪瑞

张洪瑞

张洪瑞，汉族，1946 年 4 月出生于黄骅镇楼西村，初中文化，从 1961—1968 年先后在煤建公司、副食品公司做过临时工。1968—1984 年务农，曾任会计、生产队长等职。1984 年 6 月至 2008 年 12 月，任黄骅信誉楼百货集团有限公司董事长。现任黄骅信誉楼百货集团有限公司监事会主席。2003 年，被河北省社会科学院聘请为特邀研究员。2004 年，被河北省委政策研究室聘请为特邀研究员。先后被河北经贸大学、河北工业大学、北京大学聘请为客座教授。曾获河北省优秀企业家、全国商业道德委员会“重商德、守信誉建设者”等荣誉称号。被选为黄骅市人大第五届、第六届人大代表、黄骅市第六届人大常委会委员；沧州市政协第六、七、九届委员，第八届常委。被评为沧州市“十大好人、能人”之一。2015 年 10 月，获得全国道德模范提名奖。2016 年 5 月，被评为全国文明家庭。

1984 年在党的改革开放政策号召下，他响应“农民进城经商”的号召，带领 30 多名农民创建了营业面积为 280 平方米的黄骅信誉楼。近四十年的经营过程中，他结合百货零售业的特点，从管理模式、经营理念、运行机制、企业文化建设等方面都有较大突破，可谓与世界前沿的管理理论同步，给中国民营企业的发展树立了一面旗帜。在“夯实基础、把握规律、顺其自然、留有余地”的发展原则下，使企业得到稳健发展，截止到 2022 年底，已发展为 41 家逾万平方米自营百货店和 2 家自营独立超市，共 43 家店面、员工近 4 万人的大型百货集团，成为全国第一家在商务部备案的百货业态大型特许连锁经营企业。先后被评为“全国模范劳动关系和谐企业”“全国双爱双评先进单位”“全国百城万店无假货示范店”“全国精神文明建设先进单位”。闯出了一条科学发展之路。

他创办企业的使命是“让员工体现自身价值，享有成功人生”，致力于教学型组织建设，为企业培养了一支高素质的员工队伍和高级管理人才。信誉楼的企业文化已成为社会各界研究、学习的课题。

他以“信誉”命名企业，把“以信誉为本，切实维护消费者和供应商的利益”作为经营宗旨，1985 年刚开业便实行了退换货制度，1986 年在全国范围内首家推出“信誉卡”，得到了广大消费者的认可，赢得了社会信誉。

“具有高度的责任感，以向社会负责为己任”是他为信誉楼制定的企业精神。他经常教育员工，信誉楼的发展是社会各界及父老乡亲呵护的结果，财富来自社会，必须回报社会。他崇尚“天下兴亡，我的责任”，多年来热衷于社会公益事业。他不仅向社会回报物质财富，还有更重要的精神财富，也就是大力向社会传播诚信理念，使全社会感受“信誉”的魅力，为社会经济的发展和社会和谐做出贡献。

周洪转

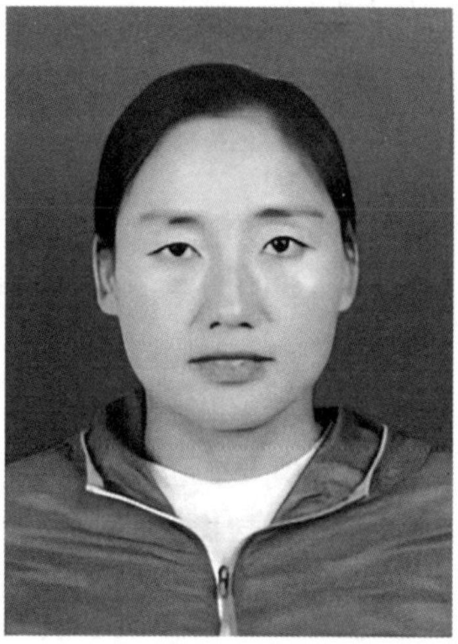
周洪转

周洪转，女，中国残疾人田径运动员。1988 年 12 月 12 日出生，河北黄骅人，沧州市第十一届人大代表。3 岁因小儿麻痹后遗症导致双腿残疾无法走路。2004 年，河北省挑选残疾人运动员，周洪转被送到湖北黄石的残疾人训练基地，开始了轮椅竞速项目的训练。

从 2005 年开始，周洪转开始代表河北省参加比赛，2007 年在韩国举行的马拉松全程比赛中拿下了第二名。在第七届全国残疾人运动会上，周洪转迎来了自己运动生涯的高峰，她一举获得 4 块金牌，同时打破 3 项全国纪录和 1 项世界纪录。2008 年，获北京残奥会女子 400 米 T53 级决赛亚军、女子 200 米 T53 级决赛季军、女子 800 米 T53 级决赛冠军。2016 年 9 月 8 日，在巴西里约残奥会田径女子 100 米 T53 级决赛中获得银牌，在 T53 级女子 400 米决赛中夺得金牌，并打破该项目世界纪录；800 米 T53 级决赛以 1 分 47 秒 45 的成绩获得冠军并打破世界纪录，为中国体育代表团摘得在里约残奥会上的第 100 枚金牌。2021 年 8 月 29 日，在东京 2020 年残奥会女子 800 米 T53 决赛中夺得银牌，在 400 米 T53 级决赛中获得铜牌。2021 年 10 月 23 日，在全国第十一届残运会暨第八届特奥会田径女子 800 米 T53 级比赛中获得金牌。在田径女子全程马拉松 T54 级比赛中获得第四名，获田径女子 400 米 T53 级银牌。

2004 年，被选拔为轮椅竞速 T53 级运动员。2005 年，在芬兰比赛中获 400 米第四名、800 米第五名。2005 年，获重庆全国锦标赛 400 米第一名、5000 米第三名。2006 年 4 月，获湖北省第十二届运动会 800 米第三名、1500 米第二名、400 米第一名、200 米第一名。2006 年 5 月，获河北省第六届女子 T53/54 级 400 米第一名。2006 年 6 月，获广东全国锦标赛 200 米第一名、400 米第一名、800 米第一名、4×100 米第一名。2006 年，获荷兰世界锦标赛 100 米第二名。2007 年，获韩国马拉松全程第二名。2007 年 5 月，在中华人民共和国第七届残疾人运动会上获 200 米冠军、400 米冠军、800 米冠军、4×100 米冠军。2007 年 7 月，获大连国际马拉松女子半程 21 公里第二名。2008 年 1 月，获阿联酋女子 10 公里马拉松第二名。2008 年 5 月，获女子好运北京 1500 米第二名。2008 年 9 月，获北京残奥会 200 米第三名、400 米第二名、800 米第一名。2009 年 4 月 25 日，获大连国际马拉松女子半程第四名。2009 年 12 月，获印度世界轮椅大会 400 米第一名、800 米第一名、1500 米第二名。2010 年 4 月，获大连国际马拉松女子 21 公里第二名。2010 年 6 月 18 日，获河北省第七届残疾人运动会 400 米第一名。2010 年 7 月，获北京残疾人运动会 400 米第一名、100 米第二名、200 米第二名、4×100 米第二名。2010 年 12 月 12 日，获广州残疾人亚运会 400 米第一名、200 米第二名、100 米第三名。2011 年 1 月 21 日，获新西兰国际世锦赛 4×400 米第一名、800 米第二名、100 米第三名、200 米第三名。2011 年 10 月 15 日，获浙江第八届全国运动会 4×100 米第一名、400 米第一名、4×400 米第二名。2012 年 1 月，获厦门马拉松 21 公里第三名。2012 年 8 月 29 日—9 月 9 日，获英国伦敦残奥会 100 米第二名、200 米第三名、400 米第一名、800 米第一名。2013 年 1 月 5 日，获厦门国际马拉松半程第二名。2013 年 7 月，获法国世界锦标赛 400 米第一名、800 米第一名。2014 年，获厦门国际马拉松女子半程第二名。2014 年 4 月 10 日—17 日，获北京黄金大奖赛 400 米第一名、200 米第一名。2014 年 5 月 6 日—14 日，获全国残疾人田径锦标赛 400 米第一名、4×400 米第一名、100 米第二名。2014 年 8 月 25 日，获河北邢台省运会 800 米第一名。2014 年 10 月 18 日，获韩国仁川亚运会 1500 米第一名、800 第一名、400 米第一名、100 米第二名。2014 年 11 月 1 日，获湖北黄石全国 10 公里马拉松第一名。2015 年 4 月 16 日，获第三届残疾人田径公开赛 400 米第一名、5000 第二名、1500 米第三名。2015 年 9 月 8 日—20 日，获中华人民共和国第九届残疾人运动会 400 米第一名、800 米第一名、200 米第二名。2015 年 10 月 6 日—31 日，获世界多哈卡塔尔世界锦标赛 1500 米第一名、400 米第二名、800 米第二名、5000 米第二名。2016 年，在北京大奖赛中荣获 3 枚金牌、1 枚银牌。2016 年 9 月 7 日—17 日，获巴西里约残奥会 400 米第一名、800 米第一名、4×400 米第一名、100 米第二名。2017 年，获全国残疾人锦标赛 800 米第一名、400 米第一名、1500 米第一名。2017 年，获英国世界锦标赛 400 米第一名、800 米第一名、100 米第三名。2018 年，获天津全国锦标赛 400 米第一名、100 米第二名、200 米第二名。2018 年 10 月 6 日—13 日，获印度尼西亚雅加达残疾人亚运会 100 米第一名、200 米第一名、400 米第一名、800 米第一名。2018 年，获河北石家庄省运会 100 米第一名、800 米第一名、400 米第一名。2019 年，获北京大奖赛 100 米第一名、400 米第一名、800 米第一名。2019 年，获中华人民共和国第十届残疾人运动会 200 米第二名、400 米第一名、800 米第一名、4×400 米第一名、全程马拉松第四名。2019 年，获迪拜世界锦标赛 100 米第二名、400 米第二名、800 米第三名。2021 年，获（2020 年）东京残奥会 100 米第二名、400 米第三名、800 米第二名。2021 年，获西安第十一届全国残疾人运动会 200 米第二名、400 米第二名、800 米第一名。

第二节　人物简表

全国人大代表、河北省人大代表一览表（黄骅选区）

表 2

届　别	姓　名	出生年月	籍　贯	文化程度	现任（或原任）职务
第七、第八届全国人大	温永和	1940.2	河北省黄骅市齐家务乡大麻沽	初中	河北航凌电路板有限公司董事长
第十一届全国人大	王振华	1953.7	河北省海兴县	大学本科	河北中捷石化集团有限公司董事长、总裁、党委书记
第十一、第十二届全国人大	孙纪木	1956.11	浙江省绍兴市	大学本科	沧州中铁装备制造材料有限公司董事长、党委书记，全国工商联冶金商会常务副会长
第十二届全国人大	蔡战胜	1973.8	陕西省渭南市	研究生	中海油中捷石化有限公司总经理、党委书记，中海石油华岳化工有限公司董事、总经理
第十三届全国人大	詹国海	1968.5	河北省南大港农场	大学专科	河北鑫海控股集团有限公司董事长
	邵利民	1968.3	河北省秦皇岛市	大学本科	沧州黄骅港原油港务有限公司总经理
省第七届人大	佟荫康	1923	—	大学本科	河北省建材局
	白沐	1929	河北省安新县	初中	沧州地委顾问
	王润惠	1931.7	河北省东光县金庄乡王家八里庄	函授大专	黄骅县人大常委会主任

续表 2

届 别	姓 名	出生年月	籍 贯	文化程度	现任（或原任）职务
省第七届人大	张芳兰（女，回族）	1943.9	河北省黄骅市羊二庄回族乡东段庄	中专	黄骅县政府副县长
	李启敬	1937	河北省南大港农场	大学本科	南大港农场副场长
	刘玉山	1944.8	河北省黄骅市滕庄子乡孔店	小学	滕庄子乡孔店村支部书记
省第八届人大	夏相臣	1937.11	河北省中捷农场王肖庄	大学专科	黄骅市人大常委会主任
	王元芳（回族）	1953.4	河北省黄骅市黄骅镇马庄	大学专科	黄骅港开发区管委会主任
省第八届人大	李明堂	1938.1	山东省宁津县相衙镇东李村	大学专科	长芦黄骅盐场场长
	孙树田	1948.11	河北省黄骅市南排河镇歧口	初中	南排河镇歧口村支部书记
	刘玉山	1944.8	河北省黄骅市滕庄子乡孔店	小学	滕庄子乡孔店村支部书记
省第九届人大	李文明	1946.1	河北省黄骅市常郭乡李子扎	大学专科	常郭乡李子扎村支部书记
	王元芳（回族）	1953.4	河北省黄骅市黄骅镇马庄	大学专科	黄骅港开发区管委会主任
	刘爱华（女）	1962.10	河北省南大港农场扣村	大学本科	黄骅中学教师
省第十届人大	高景安	1955.9	河北省东光县郑集乡东源流寺村	大学本科	黄骅市人民政府市长
	刘爱华（女）	1962.10	河北省南大港农场扣村	大学本科	黄骅中学教师
	王广福（回族）	1958.3	河北省黄骅市黄骅镇后街村	研究生	黄骅镇后街村支部书记

续表 2

届别	姓名	出生年月	籍贯	文化程度	现任（或原任）职务
省第十一届人大	回学勇（回族）	1956.11	河北省青县新兴镇线庄	大学专科	渤海新区党工委书记、管委会主任、黄骅市委书记
	边老刚	1956.10	河北省任丘市吕公堡镇北头村	大学专科	黄骅市人民政府市长
	刘爱华（女）	1962.10	河北省南大港农场扣村	大学本科	黄骅中学教师
	王广福（回族）	1958.3	河北省黄骅市黄骅镇后街村	研究生	黄骅镇后街村支部书记
省第十一届人大	王爱琴（女）	1963.11	甘肃省徽县	大学专科	沧州渤海新区建新教育投资有限公司董事长
	郝忠	1951.12	山西省怀仁市	大学本科	神华集团黄骅港务公司董事长
省第十二届人大	回学勇（回族）	1956.11	河北省青县新兴镇线庄	大学专科	沧州市委常委、渤海新区党工委书记、管委会主任兼黄骅市委书记
	王广福（回族）	1958.3	河北省黄骅市黄骅镇后街村	研究生	黄骅镇后街村党支部书记、广福商贸有限公司董事长、总经理
	曹瑞臻（女）	1960.9	河北省黄骅市	初中	河北五鑫花园制品有限公司包装车间职工
	张桂云（女，蒙古族）	1972.1	内蒙古自治区哲里木盟（今通辽市）	大学本科	黄骅市政协副主席
	王振华	1953.7	河北省海兴县	大学本科	河北中捷石化集团有限公司原董事长、总裁（高级工程师）
	谢友泉	1960.7	江苏省镇江市	研究生	神华集团公司总经理助理、神华黄骅港务公司董事长（高级工程师）

续表 2

届　别	姓　名	出生年月	籍　贯	文化程度	现任（或原任）职务
省第十三届人大	张国栋	1963.7	河北省滦县（今滦州市）	研究生	沧州市委常委、渤海新区党工委书记兼管委会主任
	张桂云（女，蒙古族）	1972.1	内蒙古自治区哲里木盟（今通辽市）	大学本科	黄骅市人民政府副市长
	刘全利	1968.12	河北省黄骅市	大学专科	河北凯意石化有限公司董事长
	宋桂江	1971.1	河北省昌黎县	研究生	神华黄骅港务公司生产保障党支部支部书记，技术中心经理，设备保障中心经理
省第十三届人大	陈增伟	1978.10	河北省黄骅市	大学专科	河北宏泰专用汽车有限公司工艺工装部经理
	李国正	1978.7	河北省青县	大学本科	沧州恒大童世界旅游开发有限公司总经理

第三节　沧州市人大代表名单（1993 年 9 月—2021 年 1 月）

一、沧州市九届人民代表大会代表名单

（一）沧州市九届人民代表大会第一次会议代表名单

沧州市九届人民代表大会第一次会议于 1993 年 9 月 8 日—10 日在沧州召开，出席会议的黄骅代表团代表共计 40 人。

王元芳（回族）　王英明（女）　王宝良　田文德　王加林　白志洪　王爱华（女，回族）
刘云风（女）　刘风格　刘玉山　刘金升　刘金钊　赵宗廷（满族）　张秀荣（女）　刘福岭
刘福顺　毕照通　孙文成　张振华（回族）　张宝荣（女）　孙树田　杜树勇　杨九贤

杨红升　张洪芬（女）　曹淑玲（女）　李文明　李明堂　张玉才　张世杰　滕连霞（女）
张国通　张培根　夏相臣　高金生　崔竹宾　韩其生　程俊林　温永和　潘德广

（二）沧州市九届人民代表大会第二次会议代表名单

沧州市九届人民代表大会第二次会议于 1994 年 3 月 26 日—29 日在沧州召开，出席会议的黄骅代表团代表共计 40 人。

王元芳（回族）　王英明（女）　王宝良　李明堂　王加林　张国通　王爱华（女，回族）
张洪芬（女）　刘福岭　张世杰　程俊林　张培根　刘云凤（女）　曹淑玲（女）　高金生
夏相臣　潘德广　韩其生　张宝荣（女）　张秀荣（女）　刘福顺　杨九贤　孙树田
刘金钊　滕连霞（女）　张玉才　温永和　崔竹宾　田文德　刘金升　赵宗廷（满族）
毕照通　杜树勇　刘凤阁　杨洪生　白志洪　张振华（回族）　刘玉山　孙文成　李文明

（三）沧州市九届人民代表大会第三次会议代表名单

沧州市九届人民代表大会第三次会议于 1995 年 3 月 14 日—18 日在沧州召开，出席会议的黄骅代表团代表共计 42 人。

王元芳（回族）　杨素芹（女）　王昆山　李明堂　张国通　刘福岭　王爱华（女，回族）
王英明（女）　张世杰　程俊林　潘德广　韩其生　张洪芬（女）　刘云凤（女）　高金生
王宝良　夏相臣　张培根　曹淑玲（女）　张宝荣（女）　刘福顺　杨九贤　孙树田
刘金钊　赵宗廷（满族）　滕连霞（女）　张玉才　温永合　崔竹宾　刘金升
张振华（回族）　张秀荣（女）　王永林　毕照通　杜树勇　刘凤阁　杨洪升　白志洪
刘玉山　孙文成　李文明　田文德

（四）沧州市九届人民代表大会第四次会议代表名单

沧州市九届人民代表大会第四次会议于 1996 年 3 月 8 日—12 日在沧州召开，出席会议的黄骅代表团代表共计 42 人。

王元芳（回族）　杨素芹（女）　闫兴华　李明堂　张国通　刘福岭　王爱华（女，回族）
张洪芬（女）　张世杰　程俊林　高金生　张培根　王英明（女）　刘云凤（女）　王宝良
夏相臣　潘德广　韩其生　曹淑玲（女）　张宝荣（女）　刘福顺　杨九贤　孙树田
刘金钊　赵宗廷（满族）　滕连霞（女）　张玉才　温永合　崔竹宾　刘金升
张振华（回族）　王永林　毕照通　杜树勇　刘凤阁　杨洪升　张秀荣（女）　白志洪
刘玉山　孙文成　李文明　李振轮

（五）沧州市九届人民代表大会第五次会议代表名单

沧州市九届人民代表大会第五次会议于 1997 年 2 月 25 日—28 日在沧州召开，出席会议的黄骅代表团代表共计 42 人。

王元芳（回族） 王英明（女） 闫兴华 李明堂 杨红榜 张国通 王爱华（女，回族）
张洪芬（女） 刘福岭 张世杰 程俊林 高金生 张振华（回族） 刘云凤（女） 王宝良
夏相臣 潘德广 韩其生 赵宗廷（满族） 曹淑玲（女） 张培根 刘福顺 杨九贤
孙树田 滕连霞（女） 张宝荣（女） 刘金钊 张玉才 温永和 崔竹宾 张秀荣（女）
刘金升 王永林 毕照通 杜树勇 刘凤阁 杨洪升 白志洪 刘玉山 孙文成 李文明
李振轮

二、沧州市十届人民代表大会代表名单

（一）沧州市十届人民代表大会第一次会议代表名单

沧州市十届人民代表大会第一次会议于 1998 年 3 月 25 日—29 日在沧州召开，出席会议的黄骅代表团代表共计 33 人。

王元芳（回族） 刘云凤（女） 潘德广 闫兴华 田金昌 刘凤阁 朱兴华（满族）
王春燕（女） 商玉龙 张国通 董文昌 张树志 马胜利（回族） 张淑华（女） 刘金升
杜树勇 张玉才 张世杰 张振华（回族） 王春岭（女） 刘福岭 温永和 滕永树
孟德祥 韩玉萍（女，回族） 王永林 石政勋 李树田 盛茂民 郭绍图 王英明（女）
孙文成 刘玉山

（二）沧州市十届人民代表大会第二次会议代表名单

沧州市十届人民代表大会第二次会议于 1999 年 3 月 16 日—19 日在沧州召开，出席会议的黄骅代表团代表共计 33 人。

王元芳（回族） 刘云凤（女） 潘德广 闫兴华 田金昌 刘凤阁 朱兴华（满族）
王春燕（女） 商玉龙 张国通 董文昌 张树志 马胜利（回族） 张淑华（女） 刘金升
杜树勇 张玉才 张世杰 王春岭（女） 刘福岭 温永和 滕永树 孟德祥 王永林
张振华（回族） 石政勋 李树田 盛茂民 郭绍图 孙文成 韩玉萍（女，回族）
王英明（女） 刘玉山

（三）沧州市十届人民代表大会第三次会议代表名单

沧州市十届人民代表大会第三次会议于 2000 年 2 月 14 日—18 日在沧州召开，出席会议的黄骅代表团代表共计 34 人。

王元芳（回族） 刘云凤（女） 潘德广 闫兴华 田金昌 刘凤阁 朱兴华（满族）

王春燕（女） 商玉龙 张国通 董文昌 王 进 马胜利（回族） 张淑华（女） 郭建英
刘金升 杜树勇 张玉才 张振华（回族） 王春岭（女） 张世杰 刘福岭 温永和
滕永树 韩玉萍（女，回族） 孟德祥 王永林 石政勋 李树田 盛茂民 王英明（女）
郭绍图 孙文成 刘玉山

（四）沧州市十届人民代表大会第四次会议代表名单

沧州市十届人民代表大会第四次会议于2001年3月25日—30日在沧州召开，出席会议的黄骅代表团代表共计36人。

王元芳（回族） 刘云凤（女） 潘德广 闫兴华 田金昌 刘凤阁 朱兴华（满族）
王春燕（女） 商玉龙 张国通 董文昌 王 进 马胜利（回族） 张淑华（女） 郭建英
刘金升 杜树勇 张玉才 张振华（回族） 王春岭（女） 张世杰 刘福岭 温永和
滕永树 韩玉萍（女，回族） 邢登华 孟德祥 王永林 石政勋 李树田 王英明（女）
盛茂民 郭绍图 孙文成 刘玉山 王宝良

（五）沧州市十届人民代表大会第五次会议代表名单

沧州市十届人民代表大会第五次会议于2002年2月21日—25日在沧州召开，出席会议的黄骅代表团代表共计37人。

王元芳（回族） 刘云凤（女） 潘德广 闫兴华 刘凤阁 商玉龙 朱兴华（满族）
王春燕（女） 张国通 董文昌 王 进 商宗岳 马胜利（回族） 张淑华（女） 郭建英
刘金升 杜树勇 张玉才 张振华（回族） 王春岭（女） 张世杰 刘福岭 温永和
滕永树 王英明（女） 邢登华 孟德祥 王永林 石政勋 李树田 韩玉萍（女，回族）
盛茂民 郭绍图 孙文成 刘玉山 王宝良 赵国权

三、沧州市十一届人民代表大会代表名单

（一）沧州市十一届人民代表大会第一次会议代表名单

沧州市十一届人民代表大会第一次会议于2003年6月16日—19日在沧州召开，出席会议的黄骅代表团代表共计33人。

张剑华（回族） 王英明（女） 潘德广 刘家伟 张庆华 高景安 王春岭（女）
许淑琴（女） 李铁昌 夏福柯 边洪玉 刘玉山 王连银（女） 李洁明 商宗岳
王立山 张春杰 陈西峰 刘淑霞（女） 吕振华 孙云增 赵吉通 李海斌 纪 清
刘淑会（女，回族） 李树田 张国通 温志成 尹恩远 孟祥普 张长岗（回族）
赵锡铸 于壁墀

（二）沧州市十一届人民代表大会第二次会议代表名单

沧州市十一届人民代表大会第二次会议于2004年1月31日—2月4日在沧州召开，出席会议的黄骅代表团代表共计34人。

王英明（女） 潘德广 刘家伟 张庆华 高景安 刘志江 夏福柯 王春岭（女）
边洪玉 刘玉山 李洁明 商宗岳 王立山 张春杰 许淑琴（女） 陈西峰 王立山
吕振华 孙云增 赵吉通 李海斌 王连银（女） 刘淑霞（女） 李树田 张国通
温志成 尹恩远 孟祥普 张剑华（回族） 赵锡铸 于壁墀 刘淑会（女，回族）
张长岗（回族） 纪 清

（三）沧州市十一届人民代表大会第三次会议代表名单

沧州市十一届人民代表大会第三次会议于2005年2月26日—3月1日在沧州召开，出席会议的黄骅代表团代表共计35人。

王英明（女） 潘德广 刘家伟 孙瑞彬 高景安 刘志江 夏福柯 王春岭（女）
边洪玉 刘玉山 李洁明 杨红榜 商宗岳 张春杰 赵春改（女） 陈西峰 吕振华
孙云增 赵吉通 李海斌 纪 清 许淑琴（女） 王连银（女） 郝 忠 李树田
张国通 温志成 尹恩远 张剑华（回族）孟祥普 赵锡铸 于壁墀 刘淑霞（女）
刘淑会（女，回族） 张长岗（回族）

（四）沧州市十一届人民代表大会第四次会议代表名单

沧州市十一届人民代表大会第四次会议于2006年1月19日—21日在沧州召开，出席会议的黄骅代表团代表共计35人。

潘德广 刘家伟 孙瑞彬 高景安 刘志江 夏福柯 王英明（女） 王春岭（女）
刘玉山 李洁明 杨红榜 商宗岳 许淑琴（女） 赵春改（女） 陈西峰 吕振华
孙云增 赵吉通 王连银（女） 刘淑霞（女） 郝 忠 李树田 张国通 温志成
刘淑会（女，回族）于壁墀 孟祥普 赵锡铸 张春杰 李海斌 张长岗（回族） 尹恩远
纪 清 边洪玉 张剑华（回族）

（五）沧州市十一届人民代表大会第五次会议代表名单

沧州市十一届人民代表大会第五次会议于2007年1月25日—28日在沧州召开，出席会议的黄骅代表团代表共计38人。

边洪玉 刘家伟 刘学库 高景安 刘志江 夏福柯 潘德广 王英明（女） 刘玉山
李洁明 郭建英 赵吉通 张春杰 陈西峰 王春岭（女） 赵春改（女） 吕振华
孙云增 商宗岳 李海斌 纪 清 王连银（女） 许淑琴（女） 郝 忠 李世明
赵锡铸 张国通 温志成 张剑华（回族）尹恩远 李红旗 孟祥普 张 虹 李树田

于壁墀　张长岗（回族）刘淑会（女，回族）刘淑霞（女）

（六）沧州市十一届人民代表大会第六次会议代表名单

沧州市十一届人民代表大会第六次会议于2008年1月4日—5日在沧州召开，出席会议的黄骅代表团代表共计33人。

王英明（女）王春岭（女）边洪玉　刘家伟　刘学库　高景安　刘玉山　赵春改（女）
许淑琴（女）李洁明　郭建英　赵吉通　张春杰　陈西峰　王连银（女）刘淑霞（女）
孙云增　商宗岳　李海斌　纪　清　李树田　张剑华（回族）李世明　边老刚　赵锡铸
张国通　温志成　李红旗　张长岗（回族）于壁墀　孟祥普　张　虹　刘淑会（女，回族）

四、沧州市十二届人民代表大会代表名单

（一）沧州市十二届人民代表大会第一次会议代表名单

沧州市十二届人民代表大会第一次会议于2008年3月20日—24日在沧州召开，出席会议的黄骅代表团代表共计30人。

王玉芬（女）于春雷　刘学库　郭建英　谢荣珂　于锦军　王鹤荀　王春岭（女）
张国通　李海斌　赵锡铸　李志新　边老刚　田俊祥　王桂梅（女）孟祥普　张　虹
边洪玉　王振山　赵国权　李世明　张剑华（回族）许方林　于壁墀　孙云增　李树田
单继泽　贾　全　刘淑会（女，回族）白志营

（二）沧州市十二届人民代表大会第二次会议代表名单

沧州市十二届人民代表大会第二次会议于2009年2月5日—7日在沧州召开，出席会议的黄骅代表团代表共计37人。

王春岭（女）于春雷　刘学库　郭建英　于锦军　王鹤荀　张国通　王桂梅（女）
李海斌　赵锡铸　韩连平　尹恩远　吕振华　夏福柯　张剑华（回族）赵锡铸　李志新
边老刚　田俊祥　孟祥普　张　虹　刘淑会（女，回族）边洪玉　王振山　赵国权
李世明　许方林　于壁墀　回学勇（回族）孙云增　李树田　单继泽　贾　全　白志营
张召堂　张长岗（回族）董海龙

（三）沧州市十二届人民代表大会第三次会议代表名单

沧州市十二届人民代表大会第三次会议于2010年1月26日—28日在沧州召开，出席会议

的黄骅代表团代表共计 37 人。

王春岭（女） 于春雷 刘学库 郭建英 于锦军 许建华 张国通 王桂梅（女）
李海斌 韩连平 尹恩远 吕振华 夏福柯 孟宪华 张剑华（回族） 赵锡铸 李志新
边老刚 田俊祥 孟祥普 张 虹 回学勇（回族） 边洪玉 王振山 赵国权 李世明
许方林 于壁墀 张长岗（回族） 孙云增 李树田 单继泽 贾 全 白志营 张召堂
刘淑会（女，回族） 董海龙

（四）沧州市十二届人民代表大会第四次会议代表名单

沧州市十二届人民代表大会第四次会议于 2011 年 2 月 23 日—26 日在沧州召开，出席会议的黄骅代表团代表共计 37 人。

王春岭（女） 于春雷 焦彦龙 郭建英 于锦军 许建华 张国通 王桂梅（女）
李海斌 韩连平 尹恩远 吕振华 夏福柯 孟宪华 张剑华（回族）赵锡铸 李志新
边老刚 田俊祥 孟祥普 张 虹 回学勇（回族）边洪玉 王振山 赵国权 李世明
许方林 于壁墀 张长岗（回族） 孙云增 李树田 单继泽 贾 全 白志营 张召堂
刘淑会（女，回族） 董海龙

（五）沧州市十二届人民代表大会第五次会议代表名单

沧州市十二届人民代表大会第五次会议于 2012 年 2 月 2 日—4 日在沧州召开，出席会议的黄骅代表团代表共计 42 人。

王春岭（女） 于春雷 焦彦龙 郭建英 于锦军 许建华 张国通 王桂梅（女）
李海斌 韩连平 尹恩远 吕振华 夏福柯 孟宪华 王玉芬（女） 赵广杰 赵锡铸
李志新 边老刚 田俊祥 孟祥普 张剑华（回族） 张 虹 边洪玉 刘立著 王振山
赵国权 李世明 回学勇（回族） 许方林 于壁墀 孙云增 李树田 单继泽 白志营
张长岗（回族） 张召堂 张恩波 商宗岳 靳振林 潘海瀛 刘淑会（女，回族）

（六）沧州市十二届人民代表大会第六次会议代表名单

沧州市十二届人民代表大会第六次会议于 2013 年 1 月 7 日—8 日在沧州召开，出席会议的黄骅代表团代表共计 42 人。

王春岭（女） 于春雷 焦彦龙 郭建英 于锦军 许建华 张国通 王桂梅（女）
李海斌 韩连平 尹恩远 吕振华 夏福柯 孟宪华 王玉芬（女） 赵广杰 赵锡铸
李志新 边老刚 田俊祥 孟祥普 张剑华（回族） 张 虹 边洪玉 刘立著
王振山 赵国权 李世明 回学勇（回族） 许方林 于壁墀 孙云增 李树田
单继泽 白志营 张长岗（回族） 张召堂 张恩波 商宗岳 靳振林 潘海瀛
刘淑会（女，回族）

五、沧州市十三届人民代表大会代表名单

（一）沧州市十三届人民代表大会第一次会议代表名单

沧州市十三届人民代表大会第一次会议于2013年4月9日—12日在沧州召开，出席会议的黄骅代表团代表共计41人。

张长岗（回族） 刘立著 邓沛然 寇永峰 张恩波 杨树增 吕振华 回学勇（回族）
张召堂 崔治福 许建华 明玉峰 詹国海 马永革 王赞兰（女） 刘宝玉 刘肇基
潘海瀛 叶永贺 赵广杰 刘建军 宋宝霞（女） 王义国 孙吉生 倪世江 陈海烈
臧忠合 兰铁宁 史秀华（女） 宋忠秋 单继泽 靳振林 于锦军 沈海滨 张金宏
王桂梅（女） 刘淑霞（女） 王文娟（女，回族） 刘淑会（女，回族）
王元波（回族） 刘云凤（女）

（二）沧州市十三届人民代表大会第二次会议代表名单

沧州市十三届人民代表大会第二次会议于2014年1月18日—21日在沧州召开，出席会议的黄骅代表团代表共计43人。

张长岗（回族） 刘立著 丁绣峰 朱春燕 寇永峰 杨树增 吕振华 回学勇（回族）
张召堂 崔治福 许建华 明玉峰 詹国海 马永革 王赞兰（女） 刘宝玉 刘 强
刘肇基 潘海瀛 叶永贺 赵广杰 宋宝霞（女） 刘建军 王义国 孙吉生 倪世江
陈海烈 臧忠合 史秀华（女） 兰铁宁 宋忠秋 单继泽 靳振林 于锦军 沈海滨
王桂梅（女） 刘淑霞（女） 张金宏 于建新 王文娟（女，回族） 刘淑会（女，回族）
王元波（回族） 刘云凤（女）

（三）沧州市十三届人民代表大会第三次会议代表名单

沧州市十三届人民代表大会第三次会议于2015年1月27日—29日在沧州召开。出席会议的黄骅代表团代表共计43人。

张长岗（回族） 刘立著 丁绣峰 朱春燕 寇永峰 杨树增 吕振华 王赞兰（女）
张召堂 崔治福 许建华 明玉峰 詹国海 马永革 宋宝霞（女） 刘宝玉 刘 强
刘肇基 潘海瀛 叶永贺 赵广杰 史秀华（女） 刘建军 王义国 孙吉生 倪世江
陈海烈 臧忠合 王元波（回族） 兰铁宁 宋忠秋 单继泽 靳振林 于锦军 沈海滨
刘云凤（女） 王桂梅（女） 刘淑霞（女） 张金宏 于建新 回学勇（回族）
王文娟（女，回族） 刘淑会（女，回族）

（四）沧州市十三届人民代表大会第四次会议代表名单

沧州市十三届人民代表大会第四次会议于 2016 年 1 月 27 日—29 日在沧州召开，出席会议的黄骅代表团代表共计 42 人。

张长岗（回族） 马永革 刘立著 张国栋 朱春燕 寇永峰 贾兆军 王赞兰（女）
吕振华 张召堂 崔治福 明玉峰 詹国海 李宏伟 宋宝霞（女） 刘宝玉 刘 强
刘肇基 潘海瀛 叶永贺 赵广杰 史秀华（女） 刘建军 王义国 孙吉生 倪世江
陈海烈 臧忠合 王元波（回族） 兰铁宁 宋忠秋 单继泽 靳振林 于锦军 沈海滨
王桂梅（女） 张金宏 于建新 刘运达 王文娟（女，回族） 刘淑会（女，回族）
刘淑霞（女）

六、沧州市十四届人民代表大会代表名单

（一）沧州市十四届人民代表大会第一次会议代表名单

沧州市十四届人民代表大会第一次会议于 2017 年 4 月 9 日在沧州召开，出席会议的黄骅代表团代表共计 39 人。

杨 慧 张国栋 张龙华（回族） 刘泽平 张胜军（回族） 李武强 朱春燕 宋忠秋
贾兆军 夏爱华（女） 张金保 王义国 于锦军 詹国海 沈海滨 许东兴 刘建国
徐志华 刘树彬 杨香智 张国旭 孙国忠 张长岗（回族） 王立军 史秀华（女）
刘云凤（女） 张金宏 付之平 姬淑喆（女，回族） 孙 新 张玉路 张兰芳（女）
宋宝霞（女） 刘淑霞（女） 于洪林 王治广（回族） 温振江 王 萍（女） 马永革

（二）沧州市十四届人民代表大会第二次会议代表名单

沧州市十四届人民代表大会第二次会议于 2017 年 12 月 19 日在沧州召开，出席会议的黄骅代表团代表共计 40 人。

杨 慧 张国栋 刘振华 张龙华（回族） 刘泽平 张胜军（回族） 李武强 朱春燕
宋忠秋 贾兆军 夏爱华（女） 张金保 王义国 于锦军 詹国海 沈海滨 许东兴
温振江 王 萍（女） 马永革 刘建国 徐志华 刘树彬 杨香智 张国旭 孙国忠
张长岗（回族） 王立军 史秀华（女） 刘云凤（女） 张金宏 付之平
姬淑喆（女，回族） 孙 新 张玉路 张兰芳（女） 宋宝霞（女） 刘淑霞（女）
于洪林 王治广（回族）

（三）沧州市十四届人民代表大会第三次会议代表名单

沧州市十四届人民代表大会第三次会议于 2018 年 2 月 6 日在沧州召开，出席会议的黄骅代表团代表共计 41 人。

于洪林　于锦军　马永革　王　萍（女）王义国　王立军　王治广（回族）史秀华（女）
付之平　朱春燕　刘云凤（女）刘泽平　刘建国　刘树彬　刘振华　刘淑霞（女）
许东兴　孙　新　孙国忠　李武强　杨　慧　杨香智　沈海滨　宋忠秋　宋宝霞（女）
张长岗（回族）张玉路　张龙华（回族）张兰芳（女）张国旭　张国栋　张金宏
张金保　张胜军（回族）邵长增　贾兆军　夏爱华（女）徐志华　姬淑喆（女、回族）
温振江　詹国海

（四）沧州市十四届人民代表大会第四次会议代表名单

沧州市十四届人民代表大会第四次会议于 2019 年 1 月 22 日在沧州召开，出席会议的黄骅代表团代表共计 41 人。

于洪林　于锦军　马永革　王　萍（女）王义国　王立军　王治广（回族）史秀华（女）
付之平　朱春燕　刘云凤（女）刘泽平　刘树彬　刘振华　刘淑霞（女）许东兴
孙　新　孙国忠　李武强　杨　慧　杨香智　沈海滨　宋忠秋　宋宝霞（女）
张长岗（回族）张玉路　张龙华（回族）张兰芳（女）张国旭　张国栋　张金宏
张金保　张胜军（回族）邵长增　贾兆军　夏爱华（女）徐志华　姬淑喆（女，回族）
温振江　韩新刚　詹国海

（五）沧州市十四届人民代表大会第五次会议代表名单

沧州市十四届人民代表大会第五次会议于 2020 年 1 月 14 日在沧州召开，出席会议的黄骅代表团代表共计 41 人。

于洪林　于锦军　马永革　王　萍（女）王义国　王立军　王治广（回族）史秀华（女）
付之平　朱春燕　刘云凤（女）刘泽平　刘树彬　刘振华　刘淑霞（女）许东兴
孙　新　孙国忠　李武强　杨　慧　杨香智　沈海滨　宋忠秋　宋宝霞（女）
张长岗（回族）张玉路　张龙华（回族）张兰芳（女）张国旭　张国栋　张金宏
张金保　张胜军（回族）邵长增　贾兆军　夏爱华（女）徐志华　姬淑喆（女，回族）
温　江　韩新刚　詹国海

（六）沧州市十四届人民代表大会第六次会议代表名单

沧州市十四届人民代表大会第六次会议于 2021 年 1 月 30 日在沧州召开，出席会议的黄骅代表团代表共计 38 人。

于洪林　于锦军　马永革　王　萍（女）王义国　王立军　王治广（回族）王景武

史秀华（女）付之平　朱春燕　刘云凤（女）刘泽平　刘树彬　刘振华　刘淑霞（女）
许东兴　孙　新　李武强　杨香智　沈海滨　宋忠秋　宋宝霞（女）张长岗（回族）
张玉路　张龙华（回族）张兰芳（女）张国旭　张金宏　张金保　张胜军（回族）
邵长增　夏爱华（女）徐志华　姬淑喆（女，回族）温振江　韩新刚　詹国海

附　录

黄骅市第一届人民代表大会第一次会议关于撤销黄骅县设立黄骅市有关问题的决议

（1989 年 11 月 10 日黄骅市第一届人民代表大会第一次会议通过）

根据中华人民共和国民政部民批〔1989〕6 号文件《关于河北省设立黄骅市的批复》，河北省人民政府〔1989〕91 号文件《关于设立黄骅市的通知》和河北省人大常委会冀人常办函〔1989〕62 号文件关于召开黄骅市第一届人民代表大会第一次会议的批示。就撤销黄骅县设立黄骅市的有关问题，作如下决议：

一、黄骅县人民代表大会常务委员会改为黄骅市人民代表大会常务委员会；黄骅县人民政府改为黄骅市人民政府；黄骅县人民法院改为黄骅市人民法院；黄骅县人民检察院改为黄骅市人民检察院。其机关印信均作相应更换。

上述机关的下属机构相应改称，其印信相应更换。

二、黄骅县人民代表大会常务委员会主任、副主任、委员，改为黄骅市人民代表大会常务委员会主任、副主任、委员；黄骅县人民政府县长、副县长改为黄骅市人民政府市长、副市长；黄骅县人民法院院长改为黄骅市人民法院院长；黄骅县人民检察院检察长改为黄骅市人民检察院检察长。

由黄骅县第九届人民代表大会常务委员会任命和决定任命的黄骅县人大常委会、黄骅县人民政府、黄骅县人民法院、黄骅县人民检察院的工作人员，均相应改为市的职务称谓。

三、黄骅县辖各乡、镇人民代表大会和人民政府改为黄骅市辖各乡、镇人民代表大会和人民政府，其届次不变。

四、自通过决议之日起，黄骅市国家机关及其所属机构各乡镇人民政府正式对外办公。

黄骅市人大常委会工作细则

（1985 年 10 月 17 日黄骅县第八届人民代表大会常务委员会第十二次会议通过；
1987 年 2 月 5 日黄骅县第八届人民代表大会常务委员会第二十一次进一步修改；
1988 年 7 月 27 日黄骅县第九届人民代表大会常务委员会第九次会议再次修改；
1993 年 4 月 6 日黄骅市第三届人民代表大会常务委员会第一次会议第三次修改。）

为了加强市人民代表大会常务委员会（以下简称人大常委会）的建设，做好人大常委会的工作，根据《中华人民共和国宪法》、《中华人民共和国地方各级人民代表大会和地方各级人民政府组织法》（以下简称《地方组织法》）的有关规定，结合我市的实际情况，制定本工作细则。

第一章 总 则

第一条 市人大常委会是市人民代表大会的常设机构，是地方国家权力机关，对市人民代表大会负责并报告工作。

第二条 市人大常委会工作总的指导思想和基本任务是：以经济建设为中心、坚持党的四项基本原则，坚持改革开放，坚持全心全意为人民服务的根本宗旨，坚持实事求是，调查研究，坚持充分发扬民主，严格依法办事。认真履行宪法和法律赋予的各项职权，发扬社会主义民主，健全社会主义法制，促进社会主义物质文明和精神文明建设，保证宪法及法律在本行政区域的正确实施。

第三条 市人大常委会在市委的领导下贯彻民主集中制原则，实行集体负责制。

第二章 工作职权

第四条 在本行政区域内，保证宪法、法律、行政法规和上级人民代表大会及其常务委员会决议的遵守和执行。

第五条 领导或主持市人民代表大会代表的选举。

第六条 召集市人民代表大会会议。

（一）市人民代表大会，每年至少举行一次会议，经过五分之一代表的提议，可以临时召集。

（二）市人民代表大会由市人大常委会召集。预备会议由市人大常委会主持。每届人民代表大会第一次会议预备会议由上届人大常委会主持。

（三）市人民代表大会举行会议的时候，由大会主席团主持会议。听取和审查市人大常委会、人民政府、人民法院、人民检察院的工作报告并做出相应的决议；选举市人大常委会组成人员，人民政府市长、副市长，人民法院院长，人民检察院检察长；选举省人民代表大会代表。

（四）召开市人民代表大会时，邀请市以上人大代表及市直有关部门负责同志列席会议。

第七条 讨论、决定本市工作的重大事项：

（一）讨论、决定本市的政治、经济、教育、科学、文化、卫生、民政、民族工作的重大事项。

（二）根据市人民政府的建议，决定对全市国民经济和社会发展计划、预算的部分变更。

（三）讨论、决定本市城镇建设总体规划和环境保护有关方面的重要事项。

（四）决定市人民检察院检察长与检察委员会多数人有争议的重大问题。

（五）决定批准拘留和决定同意立案、逮捕、审判触犯法律的市人民代表。

（六）决定授予地方的荣誉称号。

第八条 根据《河北省各级人大常委会监督工作条例》有关规定，监督市人民政府、人民法院、人民检察院和本级人民代表大会选举及常务委员会任命的国家工作人员。

第九条 联系人民代表大会代表，受理人民群众对“一府两院”和国家工作人员的申诉和意见。

第十条 推行部门执法责任制，逐步实现制度化、规范化。

第十一条 改变或撤销乡（镇）人民代表大会不适当的决议。

第十二条 撤销市人民政府的不适当的决定和命令。

第十三条　按照《地方组织法》《中华人民共和国人民法院组织法》和《中华人民共和国人民检察院组织法》的有关规定，决定任免国家工作人员。

（一）在市人民代表大会闭会期间，决定副市长的个别任免。在市长、人民法院院长、人民检察院检察长因故不能履行职务的时候，从市人民政府、人民法院、人民检察院副职领导人员中决定代理的人选。决定代理检察长，须报上一级人民检察院和人民代表大会常务委员会备案。

（二）任免市人大常委会秘书长、副秘书长，办公室主任、副主任，处长、副处长。

（三）根据市长的提名，决定市人民政府秘书长、局长、委员会主任的任免，报上一级人民政府备案。

（四）任免市人民法院副院长，本行政区内庭长、副庭长、审判委员会委员、审判员；任免市人民检察院副检察长、检察委员会委员、检察员，任免中捷农场和南大港农场人民检察院检察长、副检察长。

（五）在市人民代表大会闭会期间，决定撤销个别副市长的职务；决定撤销由它任命的本级人民政府其他组成人员及人民法院副院长、庭长、副庭长、审判委员会委员、审判员，人民检察院副检察长、检察委员会委员、检察员，中捷农场和南大港农场人民检察院检察长、副检察长的职务。

（六）在市人民代表大会闭会期间，人大常委会主任、副主任、委员，人民政府市长、副市长离休、退休或调离工作时，接受本人的辞呈。

（七）在市人民代表大会闭会期间，补选省人民代表大会出缺的代表和撤换个别代表。

第十四条　市人大常委会设立代表资格审查委员会，代表资格审查委员会的主任委员、副主任委员和委员的人选，由常务委员会主任会议在常务委员会组成人员中提名，常务委员会会议通过。

第三章　人大常务委员会会议

第十五条　会议的召开。

（一）常务委员会会议每两个月至少举行一次；常务委员会会议由常务委员会主任召集并主持。常务委员会主任可以委托副主任主持会议；常务委员会会议议程草案，由主任会议拟定，征求“一府两院”意见，经常务委员会讨论确定，年初拟定全年议程草案，上次会议确定下次会议议程；

（二）常务委员会举行会议的时候，常务委员会组成人员都要出席会议，因故不能出席会议时，必须请假；

常务委员会会议，必须由常务委员会全体组成人员的过半数出席，才能举行；

（三）常务委员会举行会议，在会议举行七天以前，将开会日期和提交会议审议的材料通知送交各委员。临时召开会议，临时通知；

（四）常务委员会举行会议的时候，“一府两院”领导人列席会议，常务委员会各处室负责人，市政府有关部门负责人列席会议；

部分乡镇人大主席团常务主席列席会议，必要时可以邀请全国人民代表大会代表和省、市人民代表大会代表列席会议。

第十六条　议案的提出和审议。

（一）主任会议可以向常务委员会提出常务委员会职权范围内的议案，由常务委员会会议审议；

市人民政府、市人民法院、市人民检察院常务委员会组成人员三人以上联名，可以向常务委员会提出属于常务委员会职权范围内的议案，由主任会议决定提请常务委员会会议审议，或者责成常务委员会有关处室讨论提出意见，再提请常务委员会会议审议；

（二）对任免案，提请任免机关的负责人介绍被任免人的基本情况和任免理由，并回答会议提出的询问；

（三）常务委员会认为必要的时候，可以组织关于特定问题的调查委员会，并且根据调查委员会的报告，作出相应的决议。

第十七条　听取和审议工作报告。

（一）常务委员会全体会议听取市人民政府、市人民法院、市人民检察院向常务委员会的工作报告。市人民政府所属委、办、局，受市人民政府委托，可以向常务委员会报告工作。

（二）市人民政府属于综合性的或重大事项的工作报告，应由市长或副市长到会作报告；属于一个部门的或专业性的工作报告，市人民政府可以委托所属委、办、局的正职向常务委员会作报告，正职因特殊情况不能作报告时，经市人民政府同意，可以由副职到会作报告；

（三）市人民法院、市人民检察院向常务委员会的工作报告，应分别由院长、检察长到会作报告，院长、检察长因故不能到会作报告时，可以委托副院长、副检察长到会作报告；

（四）市人民政府、市人民法院、市人民检察院应按规定的时间向常务委员会会议报告市人民代表大会代表和常务委员会成员提出的建议、批评和意见的办理情况。

第十八条　质询。

（一）在常务委员会会议期间，常务委员会组成人员三人以上联名，可以向常务委员会书面提出对市人民政府、市人民法院、市人民检察院的质询案；

（二）质询案由主任会议决定，由被质询机关的负责人作口头答复或者书面答复；

（三）质询案以书面答复的应当由被质询机关负责人签署，并印发常务委员会组成人员。提质询案的常务委员会组成人员如果对质询机关的答复不满意时，可以继续质询，并要求再作答复。必要时，常务委员会可以对质询案提出的问题作出决定。

第十九条　常务委员会举行会议的时候，常务委员会组成人员要充分发表意见，认真审议。常务委员会表决议案、决议、决定采用举手方式；任免、决定任免工作人员，采用无记名投票方式（人事任免办法另有规定的除外）逐人表决。表决由常务委员会全体组成人员的过半数通过。表决结果由会议主持人当场宣布。

常务委员会组成人员在常务委员会会议上的发言和表决不受法律追究。

第四章　主任会议

第二十条　主任会议一般每月举行一次，必要时可随时召开。

主任会议由主任、副主任组成，会议由主任主持。必要时可吸收常务委员会专职委员和有关处室负责人参加。

第二十一条　主任会议的议题由办公室主任搜集、整理，征求常务委员会副主任的意见，由常务委员会主任确定，议题确定后，提前三天通知各位主任、副主任做好准备。

经过讨论决定的事项，明确责任，认真落实，办公室负责联系督办，重大问题落实结果要在下一次会议上汇报。

主任会议由办公室指定专人做好记录，会后存档。

第二十二条　会议的主要内容。

（一）提出常务委员会会议议程草案，安排会议日程，确定常务委员会会议列席人员；

（二）听取市委和上级人民代表大会及其常委会会议精神传达；

（三）听取市人民政府及其所属部门、市人民法院、市人民检察院专题汇报，对其中不符合宪法、法律、法规规定的问题常务委员会予以纠正；

（四）听取重要的人民来信来访处理情况的汇报；

（五）督促、检查市人民代表大会及其常务委员会提出的建议、决议、决定的落实，并听取汇报；

（六）听取常务委员会办事机构日常工作的汇报，研究解决存在问题；

（七）讨论研究需提请常务委员会讨论和决定的议案、质询案，并作出是否列入议程和交受质询机关答复的决定；

（八）讨论研究调查、检查、视察方案和总结；

（九）研究确定需提交常务委员会讨论、决定的工作计划、总结、报告、决议和决定草案等事项；

（十）研究、确定常务委员会机关建设方面的重大事项；

（十一）初审人事任免的提请和罢免上一级代表的建议，提出出缺代表的补充人选和撤换个别代表的建议；

（十二）处理常务委员会授权的有关事项和重要工作。

第五章　工作机构

第二十三条　常务委员会工作机构设一室四处：办公室、财政经济处、教科文卫处、政法处、代表联络处。工作机构的增加、减少或合并，须经市人大常委会决定。

第二十四条　办公室的职责：负责常务委员会综合性文件的起草；办理机关的文书处理、档案管理、公务接洽、会议安排、保密、保卫、图书资料、行政事务、退离休老干部管理，接待办理来信来访，人事任免手续以及常务委员会主任会交办的其他事项。

第二十五条　财政经济处的职责：

（一）对财政经济方面的议案进行调查研究，提出意见，为常务委员会会议作好准备；

（二）调查了解财经部门执行政策、法律和人民代表大会及其常务委员会决议、决定的落实情况；

（三）调查了解国民经济计划和财政预算的执行情况；

（四）接待与本处工作有关的人民群众和人民代表来信来访，审查和本处工作有关的代表建议、批评、意见办理结果。

（五）办理常务委员会、主任会议交付的与本处有关的质询案，并向常务委员会、主任会议提出报告；

（六）对全国、省人民代表大会及其常务委员会下发征求意见的与本处有关的法律、法规草案，组织讨论，提出修改意见；

（七）办理常务委员会、主任会议交办的其他事项。

第二十六条　教科文卫处的职责：

（一）对有关教科文卫方面的议案进行调查研究，提出意见，为常务委员会会议作好准备；

（二）调查了解科学、文化、教育、卫生体育、计划生育等各项工作的基本情况和贯彻执行宪法、法律以及与本处有关的市人民代表大会及其常务委员会决议、决定执行情况；

（三）接待与本处有关的人民群众和人民代表来信来访，审查与本处工作有关的人民代表建议、批评、意见的办理结果；

（四）办理常务委员会、主任会议交付的与本处有关的质询案，并向常务委员会、主任会议提出报告；

（五）对全国、省人民代表大会及其常务委员会下发征求意见的与本处有关的法律、法规草案，组织讨论，提出修改意见；

（六）办理常务委员会、主任会议交办的其他事项。

第二十七条　政法处的职责：

（一）调查了解本行政区域内实施宪法、法律的情况及公、检、法、司、民政、民族等单位工作的基本情况。发现市人民政府的不适当的决定和命令，发现乡、镇人民代表大会不适当的决议，向常务委员会、主任会议提出报告；

（二）对有关法制方面的议案进行调查研究，提出意见，为常务委员会会议做好准备；

（三）受理人民群众对市人民政府、人民法院、人民检察院机关和国家工作人员的申诉和意见；

（四）检查、督促市人民政府、人民法院、人民检察院执法责任制的落实情况；

（五）办理常务委员会主任会议交付的与本处有关的质询案，并向常务委员会、主任会议提出报告；

（六）对全国、省人民代表大会及其常务委员会下发征求意见与本处有关的法律、法规草案，组织讨论，提出修改意见；

（七）办理常务委员会、主任会议交办的其它事项。

第二十八条　代表联络处的职责：

（一）联系代表、组织代表活动，了解代表工作情况，推广代表工作经验；

（二）联系和指导乡镇人大主席团工作；

（三）催促和办理代表提出的议案、建议批评和意见；

（四）办理人民代表的罢免、补选手续；

（五）协助全国和省人大代表视察；

（六）接待市人民代表的来信来访；

（七）办理常务委员会、主任会议交办的其他事项。

第六章　工作方法和制度

第二十九条　调查：

（一）调查研究是常务委员会基本的工作方法，综合性调查由常务委员会办公室负责组织，专题性调查由有关处组织。

（二）围绕党的中心工作和贯彻执行政策、法律出现的新情况、新问题，围绕常务委员会会议需要审议的议题和准备讨论决定的重大事项，围绕人民群众反映强烈和迫切要求解决的重大问题确定调查研究的题目；

（三）围绕调查题目，深入调查认真分析抓住事物本质，写好调查报告；

（四）调查结束后，召开主任会议听取汇报，讨论研究处理意见。

第三十条　视察：

（一）组织常务委员会组成人员和代表进行视察，是常务委员会重要的工作方法，每年组织委员进行一至二次视察活动，代表视察，主要采取持证就地视察和代表小组组织代表视察的方法；

（二）各代表小组要随时向市人大常委会反映代表视察的情况和当地有关部门对代表视察中提出问题的解决情况，常务委员会有关处室要认真办理代表在视察中提出的意见和建议；

（三）常务委员会组成人员的视察活动，由办公室按照主任会议的决定负责组织；

（四）视察题目，根据党的政策和国家法律、人民代表大会和常务委员会的决议、决定和人民群众迫切要求解决的重大问题确定；

（五）根据需要，邀请“一府两院”领导人和有关部门负责人以及全国人大代表、省人大代表参加视察；

（六）视察结果报告常务委员会，需要解决的问题转交有关部门解决。

第三十一条　检查：

（一）根据人民代表大会会议的决议、决定，对“一府两院”贯彻执行宪法、法律的情况进行全面检查；

（二）根据人民群众的要求，对涉及人民群众利益的重大问题，进行专题检查；

（三）根据人民群众对司法机关审理的案件和对国家工作人员申诉和意见，进行专案检查；

（四）根据人民代表的意见和要求，对人民代表提出的建议、批评、意见办理情况进行专项检查。

第三十二条　评议：

（一）市人大常委会可以组织常务委员会组成人员和人民代表，对市人民政府及所属职能部门、人民法院、人民检察院的工作进行评议。评议结束后，应向常务委员会提出报告；

（二）评议人民政府、人民法院、人民检察院的工作，应当坚持实事求是的原则，肯定成绩，指出问题。被评议单位必须听取意见，纠正错误，改进工作；

（三）常务委员会组成人员、人民代表评议时，有关单位和公民应如实提供材料、介绍情况、回答询问。对评议中提出的建议、批评和意见，有关单位应当认真研究办理，并将办理情况报告常务委员会。

第三十三条　机关制度：

（一）目标岗位责任制：各处、室实行严格的目标岗位责任制，使全体人员各司其职，各尽其长；

（二）学习制度：每星期四为业务学习，主要学习宪法、法律、法令，学习人大工作业务，星期六为政治学习；

（三）请假制度：常委会机关所有工作人员都要严格遵守工作制度和纪律，不经批准不得随意迟到早退或旷工，一般工作人员请假需经处室负责人批准，各处室负责人需经分管主任批准。三天以上需经主任批准；

（四）机关保密、保卫制度：建立治保小组，加强治安保密教育，搞好印章、档案和其它资料的保管，在非正式场合，不得议论党和国家机密，严防泄密失密。

第三十四条　联系制度：

（一）经常交流工作情况。常务委员会会议需要听取和审议“一府两院”的工作报告提前通知，做好准备。“一府两院”需要提请常务委员会会议讨论决定的问题，提前联系，以便安排。平时常务委员会与“一府两院”要互送材料、报表，及时交流工作情况；

（二）商量办事。常务委员会与“一府两院”之间，各办事机构之间，要密切联系，相互通气，协商解决问题；

（三）联席会议。一般情况下，每年至少召开一次主任同“三长”联席会（即常务委员会主任同市长、院长、检察长联席会）和“四办”主任联席会（即人大、政府、法院、检察院办公室主任联席会），会议内容主要是沟通思想、交换意见，研究问题。

第三十五条　请示报告制度：

（一）每半年向市委报告一次工作，重大问题随时请示报告；

及时向省人大常务委员会和地区人大工作委员会联系汇报工作；

（二）各处、室每半年向主任会议汇报一次工作，并随时向主管主任汇报工作。

第七章　工作守则

第三十六条　常委会组成人员和机关工作人员必须遵守下列十项守则：

（一）忠于职守，全心全意为人民服务；

（二）严守法纪，廉洁为政，秉公尽责，艰苦奋斗；

（三）发挥主动性、积极性和创造性，努力提高工作效率；

（四）搞好调查研究，坚持实事求是，一切从实际出发，正确执行党的路线、方针和政策；

（五）密切联系群众，虚心倾听人民群众的意见和建议，维护人民群众的正当权力和利益；

（六）树立全局观念正确处理与各方面的关系；

（七）刻苦学习，不断提高思想、政治、业务素质；

（八）自觉遵守社会公德，积极投身“两个文明”建设；

（九）谦虚谨慎，戒骄戒躁，团结互助，平等待人；

（十）遵守纪律，严守国家机密。维护祖国的尊严和荣誉。

第八章　附　则

第三十七条　本细则从通过之日起试行。

黄骅市人大常委会
关于联系市人大代表的暂行办法

（1993年6月3日黄骅市第三届人大常委会第二次会议通过）

为加强市人大常委会与市人大代表的联系，充分发挥市人大代表作用。根据《中华人民共和国地方各级人民代表大会和地方各级人民政府组织法》《中华人民共和国全国人民代表大会和地方各级人民代表大会代表法》的规定，结合我市实际情况，制定本办法。

第一条　联系代表是做好人大常委会整个工作的基础。因此，常委会确定一名副主任负责代表联系工作，其他常委会组成人员按照分工负责的工作范围和常委会审议的内容，有计划、有目的地联系代表。

第二条　为了更好地疏通市人大常委会和人民代表联系渠道，便于代表活动和密切联系选民，全市人大代表以乡、镇、场、市直划分代表小组，并推选小组组长，负责组织代表学习、视察、调查活动，收集各方面的建议、意见等工作。

第三条　根据市人大常委会全年工作要点和会议审议内容，市人大常委会代表联络处拟定代表学习、视察、调查活动计划，以便于代表参政议政，实施监督。

第四条　常委会坚持每年两次集中联系代表，主要采取（以乡、镇、场、市直代表小组为单位）召开座谈会的形式，征求代表对市人大常委会和“一府两院”工作的建议、批评、意见。

第五条　组织代表参与国家立法活动对省人大法律、法规的制定，组织有关人大代表座谈讨论，提出修改意见。

第六条　热情接待代表的来信来访，对代表所提出问题认真研究，迅速转办，及时答复。

第七条　市人大常委会组织视察、调查评议政府工作时，可邀请有关方面的代表参加。

第八条　市人大常委会举行会议时，根据内容和工作需要，邀请有关代表列席会议。

第九条　市人大常委会做出的决议、决定和编印的公报、文件以及有关法律学习宣传材料，要及时发给代表小组，使代表了解全市政事情况。

第十条　关心代表的工作和生活，尽力协助代表解决一些工作、生活的实际问题。

第十一条　市人大常委会委托乡、镇人大主席团加强与市人大代表的联系，可以邀请他们列席本乡、镇人民代表大会会议、主席团会议，参加当地组织的视察、调查研究活动，听取和处理他们提出的意见，经常向市人大常委会反映市人大代表活动情况。

第十二条　本办法自通过之日起施行。

黄骅市人大常委会
关于办理代表建议、批评、意见的暂行办法

（1993 年 6 月 3 日黄骅市第三届人大常委会第二次会议通过）

一 总 则

第一条 为了加强对人民代表“建议、批评、意见”（以下简称“建议”）的办理工作，根据《中华人民共和国地方各级人民代表大会和地方各级人民政府组织法》、《中华人民共和国全国人民代表大会和地方各级人民代表大会代表法》（以下简称《代表法》）的有关规定，结合本市的实际情况，制定本办法。

第二条 人民代表对全市各方面的工作向人民代表大会及其常委会提出“建议”是法律赋予的职权，也是代表人民参与管理国家事务、行使民主权力的重要形式。

第三条“一府两院”认真办理代表“建议”是贯彻落实代表法尊重人民群众的民主权利，密切联系群众，接受人民监督的具体体现，也是法律规定的职责。

第四条 办理代表“建议”必须执行宪法法律和党的方针、政策，必须从实际出发，实事求是，做到事事有交代，件件有着落。

二 建议的提出

第五条 人民代表提出的“建议”应反映人民群众的意见和要求，“建议”的内容要具体、明确。

第六条 人民代表大会召开前或在代表大会期间，代表向人民代表大会提出的“建议”，均应填写人民代表“建议专用纸”并一事一纸按时送交。

人民代表大会闭会期间，代表可以用多种形式向人大常委会提出“建议”。

第七条 人民代表提出“建议”不受人数的限制，但应将姓名、通信地址、“建议”内容填写清楚。

第八条 人大常委会组成人员，在人大常委会会议上提出会议议题以外的意见，按本办法办理。

三 办理的程序

第九条 代表在大会召开期间向人民代表大会提出的“建议”，会议期间没有办理答复的和代表提出的议案按“建议”处理的，会后由人大常委会代表联络处整理，转“一府两院”办理。

第十条 人民代表大会闭会期间，代表向人大常委会提出的有关“一府两院”工作的“建议”，由人大常委会代表联络处整理、登记、编号后，呈送主任或副主任批转，市政府、市法院、市检察院及其他有关机关和组织研究办理。办理结果经主任审查同意后，由承办单位文字答复代表。

第十一条　对代表提出的“建议”，“一府两院”应分级负责，严格审查，确保办案质量。对代表建议办理结果，承办单位负责人审查签署意见后，交分管市长审查把关。对涉及全局性的重大问题或较复杂的问题，市长要亲自审阅并签署意见。

第十二条　代表“建议”办理结果，由办公室转送市人大常委会，由主任会议审查，认为办理结果可行的，转交承办单位行文直接答复代表，承办单位将答复代表“建议”的办理结果一式三十份附原件报人大常委会备案。

第十三条　代表“建议”一般应在三个月内办结，难度较大的最迟不超六个月办结。如不能按期答复代表时，应向代表说明情况。

四　监督、检查

第十四条　市人大常委会负责监督、催办代表“建议”的办理，定期听取“一府两院”关于办理代表“建议”情况的汇报。

第十五条　市人大常委会对代表“建议”的办理结果，坚持回访制度，检查落实兑现情况，发现办理不符合要求，代表对办理结果不满意的，责成承办单位重新办理。

黄骅市人大常委会
行政联系监督制度（试行）

（1994年12月21日黄骅市第三届人大常委会第十三次会议通过）

为了加强对本级行政机关的联系和监督，使之逐步走向制度化、规范化，根据宪法和法律有关规定，依据《河北省各级人民代表大会常务委员会监督工作条例》，结合我市实际，制定本制度。

一、会议联系制度

1.市人大常委会（以下简称常委会）例会，市政府市长或副市长应列席，根据会议议题需要，市政府有关部门负责人也应列席；常委会主任会议，根据议题需要，分别由市政府副市长和有关部门负责人列席。

2.市政府召开全市性重要会议，可商请常委会主任或副主任参加；市政府全体会议、常务会议，可商请常委会秘书长或副秘书长、有关处室负责人列席；市政府各部门召开重要专业性会议，可商请常委会有关处室负责人列席。

二、报告制度

1.市政府及其各部门就下列事项，应及时向常委会提交书面报告或文字材料：

（1）年度工作计划；

（2）年度工作总结；

（3）年度所要办的大事、实事的落实情况；

（4）重要专题调查报告；

（5）重要的专业会议材料；

（6）常委会听取和审议的工作报告、汇报；

（7）其他需要提请常委会予以特别关注支持的重大事项。

2. 市政府报告材料由常委会办公室负责接受处理，市政府各部门报告材料由常委会相关处、室负责接受处理。

3. 报告材料除明确提出报送份数的以外，其他一律报送一式三份。

三、通报制度

1. 市政府对下列重要情况，应及时向常委会通报：

（1）对突发性事件所采取的行政措施；

（2）市政府派出机构和乡（民族乡、镇）的建置和区域变更的情况；

（3）市政府各工作机构设立和撤销的决定；

（4）本行政区域内改革和发展的重大举措；

（5）重要的外事活动；

（6）市政府召开的全市性重要会议和举行的大型活动。

2. 有关通报事项，由常委会办公室负责接受处理。

3. 通报材料一式三份。

四、文件备案、审查制度

1. 文件备案。市政府制发的行政规章、规定、决定、命令和重要的政策性文件，市政府各部门制发的政策性文件，在发布的同时报常委会备案。

2. 文件审查。常委会各工作部门和常委会组成人员认为备案文件有同宪法、法律、法规相抵触或者不适当的，应向主任会议提出纠正意见，主任会议可以建议市政府自行纠正或提请常委会审议决定。常委会会议对主任会议提请审议的文件，可以根据情况分别做出如下处理：

（1）个别内容违反宪法、法律、法规的，责成市政府限期纠正，并将处理结果报常委会；

（2）主要内容违反宪法、法律、法规的，做出决定，予以撤销。

3. 有关备案材料由常委会相关处、室接受。

4. 备案文件报送一式三份。

五、述职制度

1. 常委会决定任命的市政府秘书长，各委、办、局的主任、局长，应按规定向常委会提交年度述职报告。

2. 述职报告的主要内容是：

（1）坚持以经济建设为中心，根据市场经济的特点和要求，结合本部门职能和在履行自己的职责中所取得的主要工作实绩；

（2）执行宪法、法律、国家方针、政策和人大常委会的决议、决定及办理各级人大代表建议、批评和意见，接受监督的情况；

（3）存在的主要问题和改进措施。

3. 由主任会议决定，选择部分述职报告分别提请常委会会议审议。报告人应到会进行述职，并回答有关的询问。

4. 述职前，常委会组织部分委员和代表到所在部门进行调查，听取各方面意见。述职后，常委会会议进行评议，由市人大常委会负责同志将评议意见转达本人，同时报告市委。

5. 述职报告和评议意见，由常委会办公室受理存档。

六、听取和审议工作报告、汇报制度

1. 常委会举行会议的时候，就下列规定的内容，听取和审议市政府的工作报告。

（1）贯彻执行宪法、法律、法规和国家的方针、政策以及上级、本级人民代表大会（以下简称人代会）及其常委会决议、决定的情况；

（2）执行本级人代会批准和常委会决定部分变更的国民经济和社会发展计划、财政预算的情况；

（3）本市城市建设总体规划和重要变更年度市政建设中的重大举措；

（4）经济体制改革和政治体制改革的实施方案；

（5）民主与法制建设中的重大举措；

（6）人民群众普遍关心和迫切要求解决的问题的办理情况；

（7）常委会认为应当审议的其他事项。

2. 市政府向常委会报告工作，必须认真负责，如实反映情况，报告人应是市政府组成人员。

3. 市政府对于常委会会议形成的“审议意见”应认真进行研究，提出落实措施，向常委会反馈，并按时限要求，向常委会书面报告办理情况或办理结果，必要时市长或副市长可在主任会议或常委会会议上报告办理情况或办理结果。

4. 常委会审议的议题，可根据情况作出相应的决议、决定。

5. 常委会组成人员半数以上不同意工作报告时，报告机关应在本次或下次会议上做补充报告或重新报告。

6. 主任会议可以听取市政府的专题工作报告。

7. 市政府对于常委会所作的决议、决定的执行情况，应向常委会提出报告；对于主任会议听取报告、汇报后，所提建议、批评和意见应当报告办理情况。

七、质询制度

1. 常委会会议期间，常委会组成人员五人以上联名，可以向常委会书面提出对市政府的质询案。

2. 质询应针对下列事项：

（1）违反宪法、法律、法规的问题；

（2）违反国家方针、政策的问题；

（3）违反上级和本级人代会及其常委会决议、决定的问题；

（4）行政机关工作人员的失职、渎职和徇私枉法行为；

（5）行政管理工作中由于决策不当，造成严重后果的事件；

（6）处理不当的行政案件；

（7）其他应当质询的事项。

3. 向常委会提出的质询案，由主任会议决定交市政府答复。市政府市长或副市长根据主任会议决定，向常委会会议做口头答复或书面答复。在会议上答复的，提质询案的人员应当出席会议，发表意见。

4. 参加会议的常委会组成人员半数以上对答复不满意的，由主任会议决定在本次或下次会议上再做答复。

八、特定问题调查制度

1. 在常委会会议期间，常委会五分之一以上组成人员联名，可以向常委会提出组织关于行政机关特定问题的调查委员会，由主任会议提请常委会会议审议决定。

2. 有关行政机关特定问题包括：

（1）市政府工作中违反宪法、法律、法规和上级、本级人代会及其常委会决议、决定的重大事项；

（2）在本行政区域内发生的违宪、违法和违反国家方针、政策的重大事件；

（3）本级人代会选举和常委会决定任命的行政机关工作人员的重大违法、渎职事项；

（4）本行政区域内有重大影响的冤案、错案；

（5）常委会认为应当调查的其他问题。

3. 调查委员会组成人员名单，由主任会议在常委会组成人员中提名，提请常委会会议通过。调查委员会可以聘请有关人员参加调查工作。

4. 调查委员会有权调阅同调查问题有关的证据材料，询问有关人员。调查所涉及的组织和个人，应当如实提供有关情况和材料。

5. 调查结束，调查委员会应当作出报告，提交常委会审议。必要时，常委会可以对报告作出相应的决议。

九、视察、检查、评议制度

1. 常委会根据情况，可以组织常委会组成人员和人大代表对行政机关工作进行视察、检查、评议，视察、检查、评议结束后，应当向常委会提出报告。

2. 视察主要是围绕人代会和常委会会议议题以及人民群众关心的重大问题进行；检查主要是针对行政机关全面执法情况进行，也可针对某一项或者某几项法律、法规的执行情况进行；评议主要是针对行政机关全面的工作或者某些方面的工作进行。

3. 视察、检查和评议时，有关单位及其工作人员应当如实提供材料，介绍情况，回答询问，并应认真听取意见，主动纠正错误，改进工作。

4. 常委会组成人员和人大代表在视察检查和评议中提出的建议、批评和意见，有关单位应认真研究办理，并将办理情况报告常委会。

十、受理申诉、控告和检举制度

1. 凡向常委会提出的有关行政机关及其工作人员申诉、控告和检举，由常委会有关工作部门按下列办法办理：

（1）凡属于直接控告或检举由人代会及其常委会选举任命的国家工作人员严重违法乱纪的，常委会可责成有关部门调查处理，必要时常委会也可以直接调查处理，处理结果应向常委会会议做出报告。

（2）一般申诉、控告和检举由常委会办事机构送交有关部门处理，对一些重要案件要限期报告处理结果。

（3）对所报办理结果有异议的，可以听取市政府汇报，调阅案卷，组织调查，提出处理建议，必要时，也可以向主任会议提出处理报告或者建议主任会议听取行政机关的汇报。

2. 主任会议根据有关处、室提出的报告或者听取行政机关汇报后，认为已发生法律效力的决定或者裁定有错误，应当责成行政机关进行复议、复查。必要时，可以提请常委会会议审议。

3. 常委会会议对主任会议提请审议的重大申诉、控告和检举，可以作出下列决定：

（1）责成行政机关依法纠正或处理；

（2）组织特定问题调查委员会；

（3）提请本级人代会审议。

十一、责任追究制度

1. 常委会对行政机关工作人员的下列行为，责成行政机关对责任人员给予批评教育、责令写出书面检查或通报批评，情节严重的给予行政处分：

（1）报告工作接受质询、进行述职敷衍塞责的；

（2）对常委会组成人员及人大代表视察检查、调查、评议，不如实反映情况，弄虚作假的；

（3）对常委会组成人员及人大代表所提建议、批评和意见不认真办理的；

（4）对按规定报告处理结果的重要申诉控告和检举，不按期报告处理结果也不说明情况的。

2. 常委会对行政机关工作人员的下列行为，依照有关法律规定撤销职务，或者向人代会提出罢免案；对于非人代会及其常委会选举、任命的人员，建议行政机关撤销其职务；触犯刑律的，由司法机关依法追究法律责任。

（1）拒绝执行宪法、法律、法规的；

（2）拒不执行上级或者本级人代会及其常委会作出的决议、决定的；

（3）拒绝向常委会报告工作或者拒绝质询的；

（4）拒绝向常委会述职的；

（5）阻碍、干扰视察、检查、评议和特定问题调查的；

（6）对人代会主席团和常委会交办的议案以及申诉、控告和检举拒不办理或者有意拖延的；

（7）滥用职权造成严重后果的；

（8）其他抵制、对抗常委会依法行使监督职权的行为，影响常委会正常开展工作的。

本制度自通过之日起试行，由市人大常委会负责解释。

黄骅市人大常委会关于对司法机关和行政执法部门实行错案和执法过错责任追究制进行监督的暂行办法

（1995 年 12 月 21 日黄骅市第三届人大常委会第二十一次会议通过）

一　总　则

第一条　为加强对司法机关和行政执法部门落实黄骅市人民代表大会常务委员会《关于在全市实行错案和执法过错责任追究制的决议》的监督力度和效能，根据宪法、地方组织法、和《河北省各级人民代表大会常务委员会监督工作条例》以及上级人大常委会的决议、决定，结合本市实际情况，制定本办法。

第二条　本办法所指司法机关和行政执法部门，即：市人民法院、市人民检察院、市人民政府行政执法部门。

第三条　黄骅市人民代表大会常务委员会授权市人大常委会主任会议具体负责本办法的贯

彻实施。

二 监督内容

第四条 对司法机关和行政执法部门制定的执法工作程序、执法文书及错案和执法过错责任追究制情况实施监督。主要内容包括：1. 有无错案和执法过错责任追究机构；2. 制定的执法工作程序及错案和执法过错责任追究办法是否符合法律法规的规定；3. 步骤是否清楚，是否具有较强的操作性；4. 责任区分是否明确；5. 责任追究的范围是否全面、准确。

第五条 对执法、法律程序、办案过程实施监督，主要内容包括：1. 办案过程是否按执法工作程序进行；2. 办案过程是否出现执法过错；3. 案件认定事实是否清楚，证据是否确凿，定性是否准确，适用法律是否正确，处理是否恰当；4. 执法文书是否和执法工作相一致，是否完整、规范；5. 对发生的错案和执法过错是否按"两错"追究办法进行了责任追究。

三 监督形式

第六条 市人大常委会采用以下形式对司法机关和行政执法部门的错案和执法过错（以下简称"两错"）工作实施监督：

1. 组织人大代表对司法机关和行政执法部门的执法情况进行视察、检查和评议；

2. 组织有关人员对司法机关、行政执法部门的执法情况定期不定期进行抽查检查；

3. 调阅案卷或听取案件承办人员汇报案件办理情况；

4. 组织人员对司法机关、行政执法部门执法情况有针对性地进行调查；

5. 组织特定问题调查委员会对司法机关、行政执法部门的重大问题进行调查；

6. 市人大常委会主任会议听取市检察院、财政局、监察局、审计局、工商物价局、政府法制办公室在进行审计监督、法律监督和行政监察以及其他检查工作中发现问题的汇报；

7. 市人大常委会会议听取市人民政府关于推行"两错"工作情况的汇报；

8. 市人大常委会会议听取司法机关和行政执法部门实施"两错"情况和执行情况的汇报。

四 监督程序

第七条 市人大常委会在进行上述各种形式监督检查时，按下列程序进行：

1. 凡属人大常委会听取市政府、司法机关及行政执法部门领导汇报执法情况或组织特定问题调查的，在经市人大常委会主任会议研究后提交市人大常委会研究同意。

2. 凡属组织人员对执法单位进行检查、抽查、调查，组织人大代表视察、检查、评议，市人大常委会主任会议听取汇报的，要经市人大常委会主任会议研究同意。

3. 调阅案卷或听取案件承办人汇报的，要经市人大常委会主任或分管的副主任批准同意。

4. 查阅案卷材料、听取汇报或检查、抽查、调查、视察等活动结束后，由承办单位或承办人写成简明扼要的报告材料，材料要有情况、有分析、有认定、有处理意见等，然后分别向原批准的人大常委会主任（或副主任），主任会议、常委会会议汇报。汇报后对提出的处理意见，责成有关组织或人员去抓好落实。办结后把全部材料整理归档。

五　问题的处理

第八条　对监督检查中发现的问题可采取以下几种办法处理：

1. 一般的、轻微的问题被查单位领导对认定结果没有异议的，市人大常委会直接建议被查单位处理，处理结果书面报市人大常委会；

2. 对于初步认定属于问题严重的，如执法人员徇私舞弊、贪赃枉法、非法拘禁、刑讯逼供、玩忽职守等，要移交检察机关依法查处，要按法定时间结案，并将结果报市人大常委会；

3. 对法院判决、裁定有失公正的案件，法院对问题认定有异议的按法定程序解决；

4. 对行政执法部门的问题，单位领导对问题的认定有异议的，由主任会议组织有关部门联合调查处理，并将处理结果报市人大常委会；

5. 对司法机关和行政执法部门有错不追究或追究力度不够的，在分清责任的情况下，除建议有关单位处理案件责任人外，市人大常委会提出建议按照干部管理权限将追究单位主要领导的责任，并以此作为市人大常委会对执法单位进行测评的依据；

6. 对有代表性的典型案件可在黄骅电视台公布于众。

六　附　则

第九条　本办法由市人大常委会主任会议负责解释。

第十条　本办法自市人大常委会会议通过之日起实行。

关于加强和改进市人大代表议案工作的若干意见

（2006 年 11 月 9 日黄骅市第五届人大常委会第三十次主任会议通过）

为保障市人大代表依法行使提出议案的权利，做好代表议案工作，发挥好代表的作用，根据有关法律、法规，结合我市人大代表议案工作实际，提出如下意见：

一、市人大代表提出议案，是执行代表职务，行使地方国家权力的一项重要工作。认真处理代表议案，是有关机关或者机构的法定职责。

市人大常委会和各乡镇人大主席团应当为代表议案工作提供必要的条件和服务。

二、市人大代表议案，是指市人大代表十人以上联名，向市人民代表大会提出的，属于市人民代表大会职权范围内的议事原案。

代表议案应符合下列条件：

（一）市人大代表十人以上联名向市人民代表大会提出的；

（二）内容属于市人大及其常委会职权范围内的事项；

（三） 要求列入市人大及其常委会会议议程进行审议的事项。

三、作为代表议案提出的事项是：

应当由市人大及其常委会决定或者批准的重大事项的议案。

四、下列事项不应当作为代表议案提出：

（一）市人民政府行政管理职权范围内事项；

（二）应由下级人民代表大会和下级人民政府处理的事项；

（三）人民法院和人民检察院审判权、检察权范围内的事项；

（四）政党、社会团体、企事业组织及个人的事务；

（五）其他不属于市人民代表大会及其常委会职权范围内的事项。

五、代表议案应当有案由、案据和方案。案由应当明确清楚，案据应当充分合理，方案应当具体可行。

代表议案应当一事一案，使用统一印制的代表议案专用纸。

六、代表议案应当通过视察、专题调研联系原选举单位和人民群众等活动，深入地调查研究，在认真充分准备的基础上提出。

代表议案一般应在大会期间提出；符合议案基本条件、准备成熟的，也可以在大会闭会期间提出。

在大会会议期间提出的代表议案，由各代表团在大会主席团规定的议案截止时间前送交大会秘书处；在大会闭会期间提出的代表议案，由各乡镇人大主席团汇集送交市人大常委会代表联络科。

七、代表联名提出议案，领衔代表应当向联名附议的代表分别提供议案文本，经附议人认真审阅同意后，再签名附议；有条件集体讨论的，应经集体讨论，取得一致意见后，签名提出，以示共同负责。

八、市人大常委会代表联络科负责对代表提出的议案进行整理、分类和分析。对不符合议案基本要求的，可以建议提议案人进行修改、完善，或者将议案改为建议、批评和意见提出。对符合议案基本要求的，按下列程序分别处理：

（一）会议期间，由大会秘书处将议案送请议案审查委员会审议并提出处理意见提请大会主席团进行审议并做出决定。经大会主席团通过的关于议案处理意见的报告印发大会全体代表。

（二）闭会期间，由市人大常委会代表联络科根据议案的内容，先交市人大常委会进行研究，待大会举行会议时与会议期间的代表议案一并处理。

九、大会主席团决定列入本次会议议程的代表议案，应当交由各代表团进行审议，由大会主席团审议决定是否提请大会全体会议表决。

十、对未列入大会议程的代表议案，由大会主席团决定后，转为建议、批评和意见处理。

十一、市人大常委会应当在大会闭会之日起一个月内，将代表议案交由有关机关、组织研究。有关机关、组织应当在收到代表议案之日起四个月内，至迟不超过六个月，提出意见。

十二、市人大常委会举行会议时，应邀请部分提出相关议案的代表列席会议参与审议相关议题。

关于加强和改进市人大代表建议、批评和意见工作的若干意见

（2006年11月9日黄骅市第五届人大常委会第三十次主任会议通过）

为进一步加强和改进市人大代表建议、批评和意见（以下简称建议）的承办工作，进一步

提高工作成效，根据有关法律、法规，结合我市人大代表建议工作的实际，对《黄骅市人大常委会关于办理代表建议、批评和意见的暂行办法》，提出如下补充意见：

一、规范和明确代表提出建议的范围。代表建议的内容应当是：围绕全市改革发展稳定的大局，对政治、经济、文化和社会生活中的重大问题以及人民群众普遍关心的问题，向市人大及其常委会、市人民政府、市人民法院、市人民检察院和其他机关、组织提出建议、批评和意见。

二、下列情况不应当作为代表建议提出：

（一） 涉及解决代表本人及其亲属的个人问题；

（二）代转人民群众来信的；

（三）属于学术探讨、产品推介的；

（四）涉及国家机密和个人隐私的；

（五）其他不应该作为代表建议、批评和意见的。

三、代表提出的建议要做到事由明确，内容真实，批评有据，意见具体。代表建议、批评和意见应当一事一件，要字迹清楚，使用统一印制的代表建议专用纸，并亲笔签名。

四、代表建议可以由一人提出，也可以由代表联名提出，联名提出的，领衔代表应当采取适当方式使参加联名的代表了解建议的内容。参加联名的代表应当确认建议的内容能够真实表达自己的意愿。

五、会议期间的代表建议由大会秘书处受理；闭会期间的代表建议由市人大常委会代表联络科受理。

六、市人大常委会办事机构和各乡镇人大主席团，应当为代表提出建议做好组织协调和服务工作。协助代表做好视察、专题调研和了解社情民意工作，让代表能够深入实际、深入基层、深入群众，掌握第一手材料，提出高质量的建议、批评和意见。

七、有关国家机关和组织应当建立和健全代表建议办理工作制度，加强和健全承办代表建议的机构，实行承办工作责任制，做到承办领导、承办部门、承办人员、承办制度“四落实”，在认真调查研究的基础上明确“建议”处理意见，在承办过程中要与代表联系沟通，认真听取他们的意见，也可以吸收有关代表参加办理工作，要在认真办理的基础上答复代表。努力提高代表建议办理工作的效率和水平。

八、有关国家机关和组织要大力推行“开门办理”和“阳光操作”的做法，扩大代表对办理工作的知情权和参与权，加强代表对办理过程和办理结果的监督。

九、市人大常委会代表联络科和相关科室要加强同“一府两院”督查部门、承办单位和相关代表的联系，对代表建议的办理工作实行跟踪督办。特别是对代表建议中提出的综合性强、涉及面广、处理难度大或者是人民群众普遍关注且反映比较集中的建议，要作为重点，提出重点承办的意见和要求。

十、市人大常委会要加强对代表建议办理工作的领导，切实加强检查督办，不断提高代表建议办理工作的质量。市人大常委会主任会议应当及时听取和审议有关国家机关对重点建议办理情况的报告；市人大常委会每年至少一次听取和审议市“一府两院”办理代表建议情况的汇报。

十一、市人大代表转交的人民群众的申诉、控告和检举等信件或者当面反映的有关问题，由市人大常委会信访部门交有关机关或组织研究处理并答复代表。

关于充分发挥市人大常委会科室作用的意见

（2006年11月9日黄骅市第五届人大常委会第三十次主任会议通过）

为贯彻落实好中共中央〔2005〕9号文件精神，按照全国、省和沧州市人大的要求结合我市人大工作实际，就充分发挥科室的作用，提出如下具体意见：

一、协助沧州市人大工作委员会做好各项工作

1. 加强与沧州市人大工作委员会的联系。市人大常委会科室要积极参加沧州市人大相关工作委员会组织的座谈、研讨、专题讨论等会议，以沟通情况、交流信息、加强联系，接受指导。

2. 协助沧州市人大工作委员会开展监督工作。根据沧州市人大常委会执法检查的安排，积极协助沧州市人大工作委员会在我市开展实地检查、听取汇报、组织座谈等活动做好服务，提供相关资料。

3. 做好沧州市人大工作委员会交办的其他事项。对沧州市人大工作委员会交办的其他工作，市人大相关科室应当按照要求，严格工作标准，认真组织实施，保证工作质量及时反馈办理结果。

二、协助常委会开展监督工作

科室在监督工作中要协助常委会开展执法检查、听取和审议“一府两院”工作报告对政府规章进行备案审查。各科室要按照工作分工和职责积极做好有关工作。

4. 组织执法检查。科室应当对有关法律法规的实施情况进行调查研究，在此基础上于每年年底前，向常委会提出下一年度常委会执法检查项目的建议。

常委会执法检查计划确定后，由主任会议委托有关科室具体组织实施，有关科室应具体拟定执法检查工作方案，组织执法检查组，听取法律规定实施主管机关的汇报，开展实地检查。执法检查结束后，应写出执法检查报告，内容包括：对法律法规实施情况的全面评价；法律法规实施中存在的问题及原因分析；对改进执法工作的建议等。

常委会听取和审议执法检查报告后，由常委会办公室将执法检查报告、常委会组成人员的审议意见或常委会作出的相关决定交法律法规实施主管机关。有关科室应在三个月内，听取法律法规实施主管机关的整改情况汇报，进行跟踪督查，并督促法律法规实施主管机关于六个月内将整改情况书面报告主任会议和常委会会议。

5. 听取和审议专题工作报告。科室应通过调查研究，深入了解全市改革发展稳定中的重大问题和人民群众关注的热点、难点问题，在此基础上，于每年年底前向常委会提出下一年度常委会听取和审议有关专题工作报告的建议。

常委会确定听取和审议专题工作报告的计划后，有关工作委员会应在进行报告的一个月前，先与报告机关就报告内容沟通情况交换意见，由报告机关对报告草稿进行修改完善。

常委会听取和审议专题工作报告后，由常委会办公室将常委会组成人员的审议意见或者常委会作出的决议，交报告机关办理。有关科室应在三个月内，听取报告机关的整改情况汇报，进

行跟踪检查，并督促报告机关于六个月内将整改情况书面报告主任会议和常委会会议。

6. 加强对政府规范性文件的备案审查，市人民政府向市人大常委会备案的规范性文件，由常委会相关科室负责备案审查。各科室按照有关规定，分别做好审查的有关工作，维护法制统一。

科室对规范性文件进行审查，主要审查规范性文件是否与宪法、法律、行政法规或者地方性法规相抵触，包括是否超越法定权限，其限定过程是否违反法定程序等。

科室认为规范性文件同宪法、法律、行政法规或者地方性法规相抵触而制定机关不予修改的，可以向主任会议提出书面审查意见和予以撤销的议案，由主任会议决定是否提请常委会会议审议决定。

三、认真处理代表议案和建议批评意见

7. 为代表提出议案和建议批评意见提供服务。科室通过与代表的联系，为代表依法提出高质量的议案和建议批评意见，提供咨询，给予帮助。

8. 提高处理代表议案的质量。有关科室受主任会议的委托，在审议市人代会主席团交付的代表议案时，应加强与有关机关、组织和提议案人的联系和沟通，听取并采纳合理意见。对切实可行的代表议案，应建议列入市人民代表大会会议或者常委会会议议程。

9. 认真处理和答复代表建议批评意见，对市人大常委会交由科室研究处理的代表建议、批评和意见，有关科室应与提出相关建议的代表加强联系和沟通，听取意见，并在认真研究的基础上答复代表。

对市人大常委会办事机构交由“一府两院”承办的涉及人民群众切身利益、代表反映比较集中、应当重点办理的建议、批评和意见，有关科室应进行跟踪督办。

四、加强科室的建设

10. 切实改变工作作风。科室要大力加强调查研究，要结合自身工作，有计划、有组织、深入系统地了解情况，研究问题。在调查研究的基础上，向常委会提出有情况、有分析、有建议的高质量的调查报告。

11. 建立科室的工作制度。科室根据法律规定和工作实际，建立健全科室的工作制度。

12. 搞好科室的自身建设。科室要按照政治坚定、业务精通、务实高效、作风过硬、团结协作、勤政廉洁的要求，加强本科室的思想、组织、作风建设，建立健全各项规章制度，加强学习和交流，提高工作质量和效率。

五、加强与各乡镇人大的联系

13. 明确联系的方法原则。市人大常委会各科室可以通过召开座谈会、研讨会、专题交流会等方式，与各乡镇人大沟通情况，交换意见，加强工作联系。

关于加强和改进会议组织与服务工作试行办法

（2006 年 11 月 9 日黄骅市第五届人大常委会第三十次主任会议通过）

为贯彻和落实中央和省委有关文件精神，进一步改进和加强人民代表大会会议、常务委员会会议和主任会议的组织服务工作，促进议事效率和水平的不断提高，结合我市工作实际，制定本办法。

一、关于市人民代表大会会议

第一条 市人民代表大会会议每年至少举行一次，一般于第一季度举行。在大会闭会期间，人民代表大会常务委员会应于年中和年末组织人大代表，分别进行为期一周左右的集中视察、检查和调研活动为人大代表参加大会提前做好准备。

第二条 市人民代表大会举行的一个月前，人民代表大会常务委员会应将开会日期和建议会议主要议程通知代表，要求代表提前准备好建议、批评和意见，并负责召集代表参加大会。

如果市人民代表大会常务委员会认为必要，或者有五分之一以上的市人大代表提议，可以临时召集市人民代表大会会议。

第三条 市人民代表大会举行的一个月前，由市人大常委会相关科室以及市直各相关单位组成大会筹备组，负责包括大会预备会在内的各项筹备工作。

第四条 市人民代表大会会议举行前人民代表大会常务委员会应当进行下列准备工作：

（一）提出会议议程、日程案；

（二）提出主席团和秘书长建议名单，提出常务主席、执行主席、副秘书长建议名单；

（三）提出需要设立的各种委员会建议名单；

（四）决定法定列席人员之外的列席人员名单；

（五）会议的其他准备事项。

第五条 市人民代表大会会议举行前，人民代表大会常务委员会办公室，负责起草人大常委会工作报告（草案），经主任会议、常委会会议审核后，提交人民代表大会会议审议。

第六条 市人民代表大会举行的一个月前，人民代表大会常务委员会相关科室负责听取市人民政府关于国民经济和社会发展计划及计划执行情况、预算和预算执行情况、其他重大事项等情况的汇报，并进行初步审查。

第七条 市人民代表大会会议前，人民代表大会常务委员会相关科室及参与大会筹备的市直相关单位，负责起草市人民代表大会选举办法（草案），由主任会议审核提交人大常委会审议并提出，经大会主席团讨论确定后，提请大会全体会议通过。

第八条 市人民代表大会会议设立秘书处，在大会秘书长领导下办理大会各项事宜。

秘书处以大会筹备组人员为主组成，根据会议需要可设立若干小组，具体履行大会各项服务职责。

秘书组负责大会各类文件起草、发放、文印，临时党组织交办的工作以及上下联系等事宜；

会务组承担布置会场、签到和保卫工作；

简报组负责大会简报、快报编撰等工作；

宣传组承担大会的各项宣传工作；

议案组承担大会议案审查委员会的具体事宜；

计划预算组负责承担大会计划预算审查委员会的具体事宜；

后勤组负责会议期间代表住宿、交通等后勤服务工作。要认真筹备、精心安排，确保给代表提供良好的工作环境和整洁的生活环境；

组织组负责大会的各项选举工作；

信访组负责会议期间的信访工作。

秘书处同时还要负责起草大会所审议报告的决议（草案）；组织相关机关负责人到会听取意见、回答询问；办理由主席团决定的质询案等有关事宜；提出特定问题调查委员会组成人员建议名单等。

二、关于市人民代表大会常务委员会会议

第九条　市人民代表大会常务委员会会议一般每两月举行一次。常务委员会会议议程草案，由主任会议提前拟定；常务委员会会议，由常务委员会主任或主任委托的副主任召集并主持；举行常务委员会会议时，会议主持人负责将下次常务委员会会议的建议召开日期、建议议题和议程草案通知常委会组成人员。如有特殊需要经常务委员会主任会议决定，也可以临时召集常务委员会会议。

第十条　常务委员会举行会议，办公室应当在会议举行十日前，将开会具体时间、地点、建议会议议程、相关资料等，送达常务委员会组成人员和列席会议人员。临时召集的会议，可以临时送达。

第十一条　常务委员会年度工作要点由常务委员会办公室负责起草，经主任会议审核后，提交常务委员会会议审议通过，常务委员会相关工作机构要按照年度工作要点，提前谋划、搞好调查研究、做好会议的各项准备工作。

第十二条　常务委员会会议听取有关“一府两院”的工作报告，由常务委员会相关工作机构负责通知并督促机关按要求将报告材料提前送交常务委员会办公室临时召集的会议，有关资料也要在常委会举行前送达。

第十三条　常务委员会相关工作机构受主任会议的委托，负责组织常务委员会组成人员，在会前围绕有关议题，学习相关法律、法规、进行视察、检查和调查。

第十四条　常务委员会相关工作机构，在会前要围绕会议审议的议题进行调查研究，对“一府两院”的报告要进行认真调查、分析和研究，写出调查报告，提请主任会议审核后，提供常务委员会组成人员审议时参考。

第十五条　列入常务委员会会议议程的议案，在常务委员会会议审议中，如果认为有需要进一步调查的问题或者出现重大意见分歧，经主任会议提出，全体会议同意，可以暂不表决。常务委员会相关工作机构负责对议案中相关问题或出现分歧的相关内容做进一步调查研究，并向主任会议提交报告，由主任会议审核后提请下次或者以后的常务委员会会议审议。

第十六条　常务委员会审议议案或者审议有关报告，常务委员会相关工作机构应通知议案或相关部门的负责人及工作人员，到会听取意见，回答询问。

第十七条　常务委员会会议提出的质询案，主任会议负责确定受质询机关答复的方式，常务委员会相关工作机构，负责按《黄骅市人民代表大会常务委员会议事规则》相关规定组织实施。

第十八条　常务委员会举行会议，常务委员办公室会同相关工作机构负责编写会议简报，印发与会人员和有关部门；常务委员会组成人员在审议工作报告时提出的重要意见和建议，由办公室和相关工作机构整理成“审议意见”，经主任会议审核后交“一府两院”研究办理，并督办办理结果。重要事项的办理情况要向常务委员会会议报告。

第十九条　常务委员会通过的决议、决定，由办公室负责通知新闻媒体及时公布。

第二十条　常务委员会举行会议，由办公室负责通知新闻单位采访报道。

第二十一条　常务委员会办公室负责编辑《黄骅市人民代表大会常务委员会会刊》。

三、关于市人大常委会主任会议

第二十二条　常务委员会主任会议由主任或主任委托的副主任召集并主持，成员包括主任、副主任，一般每两周召开一次，遇有特殊需要，可临时召开。

第二十三条　主任会议的议题由办公室主任征求主任会议成员意见后提出，由主任或主任委托的副主任确定。

第二十四条　主任会议举行两天前，办公室应将开会时间、地点、建议议题会议资料送达主任会议成员。临时召开的会议可以临时送达。

第二十五条常务委员会相关工作机构提交主任会议的议题，应于会议召开五日前，将会议所需的相关资料送交办公室，临时召开的会议，应及时准备，确保在会前送达。

第二十六条　常务委员会办公室主任列席主任会议。根据会议内容，列席主任会议的其他相关部门负责人，由主任或主持会议的副主任确定，办公室负责通知。

第二十七条　常务委员会办公室负责主任会议记录，整理形成会议纪要。

第二十八条　本试行办法自通过之日起施行。

黄骅市人大常委会机关信访工作若干规定

（2006 年 11 月 9 日黄骅市第五届人大常委会第三十次主任会议通过）

为维护人民群众的合法权益，进一步加强和改进信访工作，更好地为权力机关了解社情民意、依法履行职责，依据宪法和有关法律、法规，结合我市人大信访工作实际，制定本规定。

第一章　来信来访的受理

第一条　公民、法人或者其他组织（以下称信访人）采用书信、电子邮件、传真、电话、来访等形式，向市人大及其常委会、市人大常委会主任会议组成人员、市人大常委会各科室和信访办公室（以下简称信访办）反映情况，提出建议、批评和意见，提出申诉、控告和检举，由市人大常委会各科室和信访办分别受理、登记和接待。

第二条　市人大及其常委会、主任会议组成人员受理的来信来访，由各科室协助受理并交相关机关、部门、单位承办；省人大代表、沧州市人大代表、黄骅市人大代表本人或者转递信访人的批评、建议、控告和检举类来信，由代表联络科处理。

第三条　市人大常委会各科室收到信访人来信后，按照统一规定的格式，填写《信访登记卡》并作《信访记录》，将来信人姓名地址、受信人或受信单位、信访要求、信访人数、信访内容摘要、信访事项承办人和承办日期等，逐件登记。

第四条　各科室收到市人大代表依法提出对各方面工作的建议、批评和意见或者因本人被罢免代表资格提出的申诉，收到信访人反映的本行政区域内的各级人民代表大会选举工作中的问题，以及反映省人大代表、沧州市人大代表或黄骅市人大代表问题的信件，转送市人大常委会代表联络科按有关规定处理。

第五条　沧州市人大常委会信访办向我市转来的信访事项，由相关科室和信访办办理。

第二章　信访情况的综合分析

第六条　各科室应每季度对信访信息和信访工作情况进行综合分析。综合分析应全面反映本季度内来信来访的情况和趋势。分析的重点是：来信来访中反映的带倾向性的问题，人民群众反映强烈的热点问题；民主法制建设和影响社会稳定的其他重大问题；对人大工作的意见和建议。

第七条　各科室及信访办应在综合分析的基础上，为市人大常委会开展执法检查等监督工作，以及为市人大代表进行视察、专题调研等，提供有关信息和建议。

第八条　各科室及信访办应对每季度信访情况，及时向市人大常委会主任会议汇报并编辑《信访简报》等形式进行反映，由市人大常委会主管主任和办公室主任核准发送范围并签发。

第九条　信访人反映涉及科局级领导干部违法违纪的问题，政治敏感性问题，以及其他不宜扩散的重要情况，各科室应报送市人大常委会领导阅批。

第十条　信访人反映强烈的社会热点问题、重要的申诉、控告和检举等典型信访案件，各科室应及时通过重要信访案件摘报形式，按程序向有关领导报告。

第十一条　需要对外发布的信访信息，报办公室主任审批；重要事项报常委会有关领导审批。

第三章　信访事项的交办

第十二条　主任会议组成人员的信访批示件，由市人大常委会相关科室根据批示填写《黄骅市人大常委会信访介绍信》，由有关科室和信访办向有关机关、部门、单位交办。

第十三条　有下列情况之一的信访事项经办公室主任审核后，由市人大常委会办公室向有关机关、部门、单位发函交办：

1. 反映严重违法，引起社会广泛关注的信访事项；
2. 人民群众反映强烈的热点问题的信访事项；
3. 经核查事实清楚却久拖不决的信访事项；
4. 省、沧州市、黄骅市人大代表本人或者转递信访人的重要申诉、控告和检举类信访事项；
5. 其他应由市人大常委会办公室发函交办的重要信访事项。

第十四条　市人大常委会办公室发函交办以外的信访事项，由各科室逐件登记，并由各科室负责填写《市人大常委会信访介绍信》，由市人大常委会办公室及信访办向有关机关部门、单位交办。

第十五条　应由市政府及其部门研究处理的信访事项，转交市政府办公室或者市政府有关部门承办。

应由市人民法院或者市人民检察院研究处理的信访事项，转交市人民法院或者市人民检察院承办；

应由各乡镇研究处理的信访事项，转交有关乡镇人大主席团承办。

第十六条　对可能造成社会影响的重大、紧急信访事项，经办公室主任批准，向常委会领导通报情况的同时，及时向有关单位通报情况，提请有关单位及时处置，并将办理及处置情况随时向市人大常委会主管领导报告。

第四章　信访事项办理情况的反馈

第十七条　对市人大常委会办公室发函或者信访办单件发函交办的信访事项，收函单位应及时落实到承办单位。收函单位应从收到交办的信访事项之日起三个月内向信访办反馈办理结果，并同时由承办单位将办理结果答复信访人。不能按规定办理期限反馈办理结果的，收函单位应在规定的办理期限内以书面形式说明情况，办结后及时反馈。

第十八条　对各科室和信访办列表统一发函交办的信访事项，收函单位应从收到交办的信访事项之日起六个月内向各科室反馈办理情况。

第十九条　对省人大常委会办公厅或沧州市人大常委会办公室发函交办的信访事项，收函单位应从收到交办的信访事项之日起 60 日内回报办理结果。

对省人大、沧州市人大信访办发函交办的信访事项，收函单位应从收到交办的信访事项之日起 75 日之内回报办理结果。

对全国人大信访局、省人大信访办和沧州市信访办列表统一发函交办的信访事项，收函单位应从收到交办之日起五个月内向上反馈办理结果。

第五章　信访事项的督办

第二十条　对黄骅市人大常委会办公室信访办发函交办的信访事项，收函单位无正当理由未按规定期限反馈办理结果或者办理情况的，信访办可以电话催办、发《信访督办卡》催办或者派人督办，也可以请收函单位或者承办单位汇报办理情况，其中相关科室拿出具体承办意见逾期不能办结的，办公室信访办转有关科室具体催办。必要时由办公室牵头，有关科室参加，采取听取汇报、协商、协调等方式进行督办。

第二十一条　办公室不定期以《信访事项办理情况通报》形式，向有关机关、部门、单位反映各收函单位对信访交办事项的办理情况，年底对全年情况进行汇总通报。对反馈率低的收函单位，信访办应作为重点进行督查。

第六章　异常上访情况的处理

第二十二条　下列情况属异常上访：

（一）信访人在市人大常委会机关办公场所周围非法聚集，围堵、冲击机关，拦截公务车辆，或者堵塞、阻断交通的；

（二）携带危险物品、管制器具的；

（三）侮辱、殴打、威胁机关工作人员的；

（四）在市人大常委会信访办公室滞留、滋事，或者将生活不能自理的人弃留在市人大常委会机关的；

（五）煽动、串联、胁迫、幕后操纵他人信访或者以信访为名借机敛财的；

（六）利用信访活动，扰乱公共秩序、妨害国家和公共安全的其他行为。

第二十三条　各科室应对异常上访人员进行劝阻、批评或者教育，维护上访秩序，依法、快速、妥善处置异常上访事件。

对可能造成重大社会影响，或者可能带来其他严重后果的异常上访情况，信访办应及时向人大常委会主管领导报告，并通知相关机关、部门、单位依法采取适当措施处理。

第七章　信访干部队伍的建设

第二十四条　市人大常委会机关信访工作人员要牢固树立党的观念、政治观念、大局观念、群众观念，自觉实践“三个代表”重要思想，认真落实科学发展观，全心全意为人民服务。

第二十五条　信访工作人员应努力学习相关业务知识，熟悉并了解各方面的有关情况；应严守工作纪律，不得泄露国家秘密；不得将信访人的检举、揭发材料或者有关情况透露给被检举、揭发的人员或者单位；不得违反工作程序、越权办理信访事项；不得接受信访人及其亲属的宴请或者馈赠。违反信访纪律规定的，由市人大常委会机关党组织调查核实后，做出相应处理。

第二十六条　信访工作人员与信访事项或者与信访人有直接利益关系的，应当回避。

第二十七条　市人大常委会机关各部门应相互协调、紧密配合为做好人大信访工作创造必要的工作条件。

黄骅市人大常委会议事规则

（2017 年 3 月 29 日黄骅市第八届人大常委会第一次会议通过）

第一章　总则

第一条　根据《中华人民共和国宪法》、《中华人民共和国地方各级人民代表大会和地方各级人民政府组织法》、《中华人民共和国全国人民代表大会和地方各级人民代表大会选举法》、《中华人民共和国各级人民代表大会常务委员会监督法》和有关法律的规定，结合我市实际情况，制定本规则。

第二条　市人大常委会是市人民代表大会的常设机关，对市人民代表大会负责并报告工作。在市人民代表大会闭会期间，依照宪法、法律的规定行使职权。

第三条　在市委的领导下，全面行使宪法和法律赋予的职权，保证宪法、法律、行政法规、地方性法规，人大及其常委会的决议、决定在本行政区域的遵守和执行，发展社会主义民主，推进依法治市，促进全市经济社会创新协调绿色开放共享发展，推动加快沿海开放经济强市建设。

第四条　市人大常委会由主任、副主任若干人和委员若干人组成。

市人大常委会按照民主集中制原则，集体行使职权。

第五条　市人大常委会组成人员必须模范遵守宪法和法律，经常听取和反映人民群众的意见和要求，依法行使职权，全心全意为人民服务。

第六条　市人民代表大会选举产生四个专门委员会：法制委员会、财政经济委员会、教育科学文化卫生委员会、城乡建设和环境保护委员会，闭会期间受市人大常委会领导。

第七条　市人大常委会设立办公室、内务司法科、财政经济科、科教文卫科、代表联络科等工作机构。

第八条　市人大常委会在市人民代表大会闭会以后，制订年度工作要点。工作要点的部分调整，由主任会议决定。

市人大常委会各专门委员会和工作机构，根据市人大常委会年度工作要点，制订各自的工作计划。

第二章　市人大常委会的职权

第九条　市人大常委会领导或主持市人大代表的选举。

市人大常委会根据需要，通知有关选举单位补选出缺的代表和决定在市人大代表名额内另选个别代表。

市人大常委会设立代表资格审查委员会，审查市人大代表的资格，提请市人大常委会确认。

市人大常委会领导本市市乡两级人大代表的选举工作。

第十条　市人大常委会在市人民代表大会闭会期间补选由本级人民代表大会选举产生的沧州市人民代表大会出缺的代表和罢免由本级人民代表大会选举产生的沧州市人大代表。

第十一条　依照法律规定召集市人民代表大会会议，一般应在市人民代表大会举行会议一周前将开会日期和建议会议审议的主要议程通知市人大代表。

第十二条　市人大常委会指导各专门委员会和工作机构承办上级人大常委会交付的法律、行政法规、地方性法规草案的意见征集。

第十三条　市人大常委会讨论、决定本市政治、经济、教育、科学、文化、卫生、城市规划、环境和资源保护、民政、民族等工作的重大事项。

市人大常委会讨论决定重大事项，按照《黄骅市人大常委会讨论决定重大事项的规定》办理。

第十四条　市人大常委会依法监督市人民政府、市人民法院和市人民检察院的工作。监督的主要形式：

（一）听取和审议“一府两院”专项工作报告，开展对“一府两院”及有关单位的工作审议，提出建议、批评和意见，必要时作出相应的决议、决定；

（二）审查和批准预决算，听取和审查国民经济和社会发展计划、预算执行情况报告，听取和审议审计工作报告，审查批准财政决算。根据市人民政府的建议，决定对本市的国民经济和社会发展计划、财政预算的部分调整或变更。

（三）检查宪法、法律、行政法规、地方性法规的执行情况，督促有关国家机关对违宪违法问题作出处理；

（四）进行规范性文件的备案审查，凡涉及本行政区域内具有普遍约束力的规范性文件均要送交市人大常委会备案审查，市人大常委会依法撤销市人民政府不适当的决定和命令。

（五）依照法律规定向上述国家机关提出询问和质询；

（六）依照法律规定组织特定问题的调查委员会，并根据调查委员会的报告作出相应的决议、决定；

（七）依照法律规定，决定撤销严重违法乱纪和失职渎职的国家机关工作人员的职务。

第十五条　市人大常委会依法撤销乡镇人民代表大会不适当的决议、决定。

第十六条　市人大常委会依法行使任免权。按照《黄骅市人大常委会人事任免办法》办理。

市人大常委会加强对其任命干部的监督。对任命人员开展述职评议，对评议结果为不称职的，将启动质询或特定问题调查甚至撤职程序。加强对市人大代表和由本级人民代表大会选举产生的沧州市人大代表的监督，由市人大常委会代表联络科和乡镇人大负责组织原选区选民代表对该选区选举产生的市人大代表开展述职评议活动，对测评为不称职的代表，劝其辞去代表职务或启动罢免程序。

第十七条　市人大常委会决定授予地方和个人荣誉称号。

第十八条　市人民代表大会闭会期间，非经市人大常委会许可，市人大代表不受逮捕或刑事审判。如果因现行犯罪被拘留，公安机关应立即向市人大常委会报告，经市人大常委会许可后执行。如果采取法律规定的其他限制人身自由的措施，执行机关应当经市人大常委会许可后执行。情况紧急时也可由主任会议先行许可，后提交常委会会议确认。

第三章　市人大常委会会议

第十九条　市人大常委会会议由主任召集和主持。主任可委托副主任主持会议。市人大常委会会议每两个月至少举行一次，特殊情况下可以临时召集。

第二十条　市人大常委会会议召开的日期，由主任会议决定。

市人大常委会会议必须有市人大常委会全体组成人员过半数出席方能举行。

第二十一条　市人大常委会举行会议 7 日前，办公室应将开会日期、建议会议审议的主要议程通知市人大常委会组成人员。临时召开的会议可以临时通知。

第二十二条　市人大常委会举行会议，根据会议议题，市人民政府及其所属有关部门、市人民法院、市人民检察院的负责人，人大有关机构负责人，部分乡镇人大主席列席会议，必要时邀请有关的市人大代表列席会议。

第二十三条　市人大常委会组成人员，列席会议的市人民政府、市人民法院、市人民检察院、市人大常委会机关有关人员、乡镇人大主席以及应邀列席会议的市人大代表，应当按时参加市人大常委会会议，因病或者其他特殊原因不能到会的，应当向市人大常委会主任请假。

第二十四条　市人民政府市长或副市长、市人民法院院长、市人民检察院检察长列席市人大常委会会议。因特殊情况不能列席会议的，应向市人大常委会主任请假，经批准后方可委托其他副职列席会议。

第二十五条　常委会组成人员必须按要求出席常委会会议，无故不得缺席。因故不能出席的，必须向常委会主任请假。年度两次无故缺席或累计 3 次缺席的，责令其辞去常委会组成人员职务。

第二十六条　提请市人大常委会会议听取和审议的各项工作报告，应重点突出，简明扼要。

第二十七条　市人大常委会举行会议时，与会人员应关闭通信工具，不得会客或处理与本会议无关的公务，不得随意离开会场。

第二十八条　市人大常委会会议根据需要或应市人民政府、市人民法院、市人民检察院的提请，听取并审议市人民政府、市人民法院、市人民检察院的专项工作报告。

市人民政府可以委托所属的工作机构向市人大常委会会议报告该部门的工作。

第二十九条　市人民政府、市人民法院、市人民检察院专项工作报告拟列入市人大常委会会议议程的，市人大常委会办公室应当在会议举行 15 日前通知有关部门准备材料。市人民政府、市人民法院、市人民检察院应当在市人大常委会举行会议的10日前，由其办事机构将专项工作报告送交市人大常委会专门委员会或工作机构征求意见；市人大常委会各专门委员会或工作机构应当在市人大常委会举行会议的7日前，将专项工作报告和有关资料发放市人大常委会组成人员。

第三十条　出席和列席市人大常委会会议的人员要认真阅读会议文件，拟好发言提纲，提高发言质量。

对拟列入市人大常委会会议议程的市人民政府、市人民法院、市人民检察院的专项工作报告，市人大有关专门委员会或工作机构应对该项议题进行调查或者检查，经主任会议研究确需写出书面报告的，应向市人大常委会会议提出书面报告。

市人大常委会委员应根据会议议程，在市人大常委会有关专门委员会或工作机构的组织下开展调查研究，委员个人也可以采取多种形式调查了解情况，为审议发言作好充分准备，提高审议质量。

第三十一条　市人大常委会会议听取和审议“一府两院”工作报告实行电子表决，对报告表决赞成率未达到50%的，报告机关必须重新办理，并在下次常委会上重新报告，报告经两次表决没有通过的，报告机关主要负责人应向常委会做出说明，接受常委会组成人员的询问或质询，并在切实整改后，再次向常委会会议报告，仍未通过的，常委会将按照有关法律规定，追究报告机关主要负责人的责任。

第三十二条　对列入市人大常委会会议议程的专项工作报告，市人大常委会在审议后，可以向市人民政府及其工作部门、市人民法院、市人民检察院下达审议意见。

市人大常委会对专项工作报告的审议意见在7个工作日内交由市人民政府、市人民法院、市人民检察院研究处理。市人民政府、市人民法院、市人民检察院应当将研究处理情况，在交办后两个月内由其办事机构送交市人大常委会各专门委员会或工作机构征求意见后，向市人大常委会提出书面报告。市人大常委会认为必要时，可以对专项工作报告作出决议；市人民政府、市人民法院、市人民检察院应当在决议规定的期限内，将执行决议的情况向市人大常委会报告。

市人大常委会听取的专项工作报告及审议意见，市人民政府、市人民法院、市人民检察院对审议意见研究处理情况或者执行决议情况的报告，向人大代表通报。

第三十三条　市人大常委会会议议程按下列程序确定：

（一）办公室主任在举行会议10天前根据市人大常委会工作要点和各方面意见向主任会议提出建议；

（二）主任会议拟定草案；

（三）市人大常委会会议审议。

市人大常委会会议期间提出的议案，由主任会议决定是否提请市人大常委会审议。

第三十四条　主任会议可以向市人大常委会提出属于市人大常委会职权范围内的议案，由市人大常委会会议审议。根据工作需要，主任会议可以委托市人大常委会专门委员会或工作机构拟定提请市人大常委会会议审议的有关议案草案，并向市人大常委会会议作出说明。

市人民政府、市人大常委会专门委员会或工作机构，可以向市人大常委会提出属于市人大常委会职权范围内的议案，由主任会议决定提请市人大常委会会议审议。

市人大常委会组成人员3人以上联名，可以向市人大常委会提出属于市人大常委会职权范围内的议案，由主任会议决定是否提请市人大常委会会议审议，或者先交专门委员会或工作机构审议、提出报告，再由主任会议决定是否提请市人大常委会会议审议。不提请市人大常委会会议审议的，应当向议案提请人说明。

议案一般应在市人大常委会会议举行前以书面形式提出，并写明理由和具体方案。

第三十五条　市人大常委会审议议案和工作报告时，应通知有关部门的负责人到会听取意见，回答询问。

市人大常委会审议任免案，提请任免机关应当介绍被任免人员的基本情况和任免理由，有关被提请任命的人员应到会供职，回答询问。

第三十六条　列入市人大常委会会议议程的议案，在交付表决前议案提请人要求撤回的，经主任会议同意，对该议案的审议即行终止。

列入市人大常委会会议议程的议案，在审议中有重大问题需要进一步研究的，经主任或者主任会议提出，市人大常委会会议同意，可以暂不付表决。

第三十七条　市人大常委会组成人员 3 人以上联名，可以向市人大常委会书面提出对市人民政府及其所属部门、市人民法院、市人民检察院的质询案。质询案应写明质询对象、质询问题和内容。

质询案由主任会议决定交由受质询机关在市人大常委会会议上口头答复，或者由受质询机关书面答复。

质询案以口头答复的，应当由受质询机关的负责人到会答复。质询案以书面答复的，应当由受质询机关的负责人签署，由主任会议印发市人大常委会组成人员。

受质询机关在市人大常委会会议上答复质询案，市人大常委会组成人员满意度不足半数，可以提出要求，经主任会议决定，由受质询机关重新作出答复。如果满意度仍未过半，按有关法定程序进行办理。

第三十八条　市人大常委会会议表决采取无记名投票、电子表决、举手或者其他方式。

表决议案，以市人大常委会全体组成人员过半数通过有效。表决结果由会议主持人当场宣布。

第三十九条　市人大常委会组成人员在市人大常委会会议上的发言和表决，不受法律追究。

第四章　主任会议

第四十条　市人大常委会主任、副主任、办公室主任组成主任会议，处理市人大常委会的重要日常工作。

主任会议由主任召集，或由主任委托一名副主任召集。主任会议必须有全体成员的过半数出席，方可举行。

主任会议根据工作需要，通知市人大常委会在职市级领导、市人大常委会各工作机构负责人列席；必要时，通知市人民政府及其所属部门、市人民法院、市人民检察院的负责人列席。

第四十一条　主任会议实行民主集中制原则，充分发扬民主，集体研究决定问题。

第四十二条　主任会议的职责：

（一）决定市人大常委会会议日程，拟定会议议程草案，讨论提请会议审议的文件草案；

（二）向市人大常委会提出列入市人大常委会会议议程的各项议案，讨论提出有关的决议、决定草案；

（三）对向市人大常委会提出的议案和质询案，提出处理办法；

（四）听取市人民政府、市人民法院、市人民检察院的专项工作报告和重大问题的处理结果报告，并提出交办和审议意见。督促和检查市人民政府、市人民法院、市人民检察院和市人大常委会专门委员会和工作机构贯彻执行市人民代表大会及其常委会决议、决定的情况；

（五）对代表和人民群众反映的重大问题提出处理意见；

（六）决定组织视察和进行专门调查；

（七）决定市人大常委会机关的重大事项；

（八）处理市人大常委会的其他重要日常工作。

第五章　专门委员会

第四十三条　市人民代表大会（以下简称代表大会）设立法制委员会、财政经济委员会、城乡建设和环境保护委员会、教育科学文化卫生委员会等四个专门委员会。市人民代表大会专门委员会（以下简称专门委员会）的设立、撤销及名称变动，由代表大会决定。

第四十四条　专门委员会是代表大会的常设机构，受代表大会领导；在代表大会闭会期间，受市人民代表大会常务委员会（以下简称常委会）领导，依据有关法律、法规赋予的职责开展工作。

第四十五条　代表大会闭会期间，市人民代表大会常务委员会主任会议（以下简称主任会议）指导和协调专门委员会的工作，常委会副主任按照分工负责专门委员会的工作。

第四十六条　专门委员会会议讨论、研究问题，实行民主集中制原则，集体决定和行使职权。

第四十七条　专门委员会具体工作按照《黄骅市人民代表大会专门委员会议事规则》执行。

第六章　市人大常委会内设机构职责

第四十八条　办公室是市人大常委会综合性办事机构，主要职责是：1. 负责市人民代表大会会议、市人大常委会会议、主任会议和市人大常委会的有关会议的准备工作和会务工作。2. 起草、修改市人大常委会的有关文稿。3. 负责人大制度和民主法制建设的舆论宣传工作。4. 负责市人大常委会组成人员视察和专门调查的有关工作。5. 就市人大及其常委会依法行使职权的情况和地方人大工作中取得的新经验和出现的新情况、新问题进行调查研究。6. 负责协调市人大常委会各专门委员会、各工作机构的有关工作，对意见不一致的问题提出处理意见，报市人大常委会主任会议决定。7. 参与市人大常委会组织的视察、调查、检查、评议活动，对本室工作有关的问题，进行调查研究，提出意见和建议。对有关重要问题，向市人大常委会或主任会议提出报告。8. 负责来宾接待和对外交往活动的具体工作。9. 安排市人大常委会、有关专门委员会及各工作机构的同志参加会议等各种公务活动。10. 负责市人大常委会机关日常公务接洽、值班、文电处理、图书资料和档案管理、机要保密等工作。11. 负责市人大常委会机关的纪检监察、机关干部管理培训、机构编制、人事劳资、工会、计划生育、老干部管理与服务等工作。12. 负责机关工作保障、安全保卫、基建维修、财务财产管理、车辆管理等后勤工作。13. 承办上级人大对口委室交办的事项和市人大常委会及其主任会议交办的其他事项。

第四十九条　代表联络科的主要职责是：1. 联系驻我市全国、省人大代表和由我市选举产生的沧州市人大代表及市人大代表。2. 办理市人大常委会联系指导乡镇人大的有关具体工作。3. 办理和督促办理市人民代表大会会议期间代表提出的议案、建议、批评和意见，接待和处理各级人大代表的来信来访。4. 办理市人大代表资格审查的具体工作。5. 办理市人民代表大会换届选举以及市人大常委会指导乡镇人民代表大会选举的具体工作。6. 负责全市各级人大代表培训的具体工作。7. 组织全国、省、沧州市、黄骅市人民代表大会闭会期间的代表活动，总结全市有关人大代表活动方面的情况和经验。8. 参与市人大常委会组织的视察、调查、检查、评议活动，对本科室工作有关的问题，进行调查研究，提出意见和建议。对有关重要问题，向市人大常委会或主任会议提出报告。9. 承办上级人大对口委室交办的事项和市人大常委会及其主任会议交办的其他事项。

第五十条　市人大常委会内务司法科主要职责是：1. 为市人大法制委员会提供文字、会务等服务性工作。2. 拟写或审查有关内务司法方面的决议、决定草案和其他方案，向市人大常委会或主任会议提出报告。3. 审查市内务司法机关的规范性文件和乡镇人大与本科室有关的决议、决定，发现与宪法、法律、法规相抵触的问题，向市人大常委会或主任会议提出报告。4. 参与市人大常委会组织的视察、调查、检查、评议活动，对本科室工作有关的问题，进行调查研究，提出意见和建议。对有关重要问题，向市人大常委会或主任会议提出报告。5. 加强与对口联系部门的沟通协调，听取工作汇报，提出意见和建议，协助市人大及其常委会对内务司法机关执法情况进行监督。6. 参与调查了解由市人大常委会任免的内务司法机关的工作人员。7. 接待、受理群众来信来访，办理市人大常委会领导或主任会议交办的人大代表和人民群众控告、申诉的重要案件。8. 承办上级人大对口委室交办的事项和市人大常委会及其主任会议交办的其他事项。

第五十一条　市人大常委会财政经济科主要职责是：1. 为市人大财政经济委员会提供文字、会务等服务性工作。2. 拟写或审查与财政经济工作有关的决议、决定草案和其他议案，向市人大常委会或主任会议提出报告。3. 对市人民政府及其有关工作部门贯彻和执行财政经济方面的法律、行政法规、地方性法规和市人大及其常委会有关决议、决定的情况进行调查研究和检查督促，并提出报告。4. 审查国民经济和社会发展计划、财政预算草案及部分调整或变更草案，向代表大会会议或市人大常委会提出审查意见，协助市人大常委会监督检查计划、预算的执行情况。5. 审查与本科室有关的市人民政府及其有关部门规范性文件和乡镇人大的决定、决议，发现与宪法、法律、行政法规和地方性法规相抵触的问题，向市人大常委会或主任会议提出报告。6. 参与市人大常委会组织的视察、调查、检查、评议活动，对本科室工作有关的问题，进行调查研究，提出意见和建议。对有关重要问题，向市人大常委会或主任会议提出报告。7. 加强与对口联系部门的沟通协调，听取工作情况汇报，提出工作建议和意见。8. 承办上级人大对口委室交办的事项和市人大常委会及其主任会议交办的其他事项。

第五十二条　市人大常委会科教文卫科主要职责是：1. 为市人大教育科学文化卫生委员会提供文字、会务等服务性工作。2. 拟写或审查与教育、科技、文化、卫生工作有关的决议、决定草案和其他议案，向市人大常委会或主任会议提出报告。3. 对市人民政府及其有关工作部门贯彻和执行教科文卫方面的法律、行政法规、地方性法规和市人大及其常委会有关决议、决定的情况进行调查研究和检查督促，并提出报告。4. 审查与本科室有关的市人民政府及其工作部门的规范性文件和乡镇人大的决定、决议，发现与宪法、法律、行政法规和地方性法规相抵触的问题，向市人大常委会或主任会议提出报告。5. 加强与对口联系部门的沟通协调，听取工作情况汇报，提出工作建议和意见。6. 参与市人大常委会组织的视察、调查、检查、评议活动，对本科室工作有关的问题，进行调查研究，提出意见和建议。对有关重要问题，向市人大常委会或主任会议提出报告。7. 承办上级人大对口委室交办的事项和市人大常委会及其主任会议交办的其他事项。

第七章　联系市人大代表和乡镇人大

第五十三条　市人大常委会加强同市人大代表的联系。联系的办法：

（一）在市人民代表大会举行会议前，组织代表进行视察；

（二）根据工作需要，邀请代表列席市人大常委会会议和各办事机构、工作机构会议，参加市人大常委会组织的视察、调研、检查、评议活动和市人大常委会办事机构、工作机构组织的专题调查；

（三）市人大常委会组成人员分工联系代表；

（四）指导代表小组开展活动；

（五）委托乡镇人大联系所驻乡镇的市人大代表；

（六）印送有关刊物和资料，处理代表来信，接待代表来访；

（七）市人大常委会受上级人大常委会的委托，联系在本市的全国、省、市人大代表。

（八）建立“代表之家”平台，适时举办代表活动开放日，加强“代表之家”微信平台建设。

第五十四条　市人大常委会加强同乡镇人大的联系。联系的办法：

（一）邀请乡镇人大主席列席市人大常委会会议；

（二）加强业务指导，帮助乡镇人大解决法律和业务上的问题；

（三）召开有关工作会议和专题座谈会；

（四）印送有关文件和资料。

第八章　附则

第五十五条　市人大常委会各专门委员会和工作机构，根据本规则制订工作制度。

第五十六条　本规则自市人大常委会会议审议通过之日起施行。

黄骅市人大常委会人事任免办法

（2017 年 3 月 29 日黄骅市第八届人大常委会第一次会议通过）

第一章　总则

第一条　为规范任免国家机关工作人员工作，根据《中华人民共和国地方各级人民代表大会和地方各级人民政府组织法》《中华人民共和国人民法院组织法》《中华人民共和国人民检察院组织法》和《中华人民共和国各级人民代表大会常务委员会监督法》的有关规定，制定本办法。

第二条　本办法适用于黄骅市人民代表大会常务委员会（以下简称市人大常委会）任免、决定任免、决定代理人选、接受辞职和撤职等人事任免事项。

第三条　任免国家机关工作人员，必须充分发扬民主，严格依照法律程序办理。

第二章　任免范围

第四条　市人大常委会办公室负责市政府有关人事任免的具体工作。市人大常委会内务司法科负责市人民法院、市人民检察院有关人事任免的具体工作。

第五条　市国家权力机关中的下列人员由市人大常委会任免：

（一）市人大常委会主任因为健康情况不能工作或者缺位的时候，根据市人大常委会主任会议（以下简称主任会议）建议，由市人大常委会在副主任中推选一人代理主任的职务，直到主任恢复健康或者市人民代表大会选出新的主任为止。

（二）根据主任会议提名，通过市人大常委会代表资格审查委员会主任委员、委员。

代表资格审查委员会主任委员、委员人选，必须是市人大常委会组成人员。

（三）代表大会闭会期间，常委会可以补充任命专门委员会个别副主任委员和部分委员，由主任会议在代表中提名，常委会会议通过。专门委员会组成人员在代表大会闭会期间提出辞职的，向常委会提出辞呈，由常委会会议通过，报代表大会下次会议备案。

（四）根据主任会议提名，通过特定问题调查委员会主任委员、委员。

调查委员会主任委员、委员人选，必须是市人大常委会组成人员和其他代表。

（五）根据主任会议提名，任免市人大常委会办公室主任、副主任，各工作机构科长、副科长。

第六条　市国家行政机关中的下列人员由市人大常委会任免：

（一）市人民代表大会闭会期间，市长因故不能担任职务的时候，根据主任会议提名，从副市长中决定代理市长。

（二）市人民代表大会闭会期间，根据市长提名，决定任免个别副市长。

（三）根据市长提名，决定任免属于市人民政府组成人员的局长（主任）。

第七条　市国家审判机关中的下列人员由市人大常委会任免：

（一）市人民法院院长因故不能担任职务的时候，根据主任会议提名，从市人民法院副院长中决定代理院长。

（二）根据市人民法院院长提名，任免市人民法院副院长、审判委员会委员（专职）、庭长、副庭长、审判员。

第八条　市国家检察机关中的下列人员由市人大常委会任免：

（一）市人民检察院检察长因故不能担任职务的时候，根据主任会议提名，从市人民检察院副检察长中决定代理检察长，由市人民检察院报沧州市人民检察院检察长提请沧州市人大常委会批准。

（二）根据市人民检察院检察长的提名，任免市人民检察院副检察长、检察委员会委员（专职）、检察员。

第九条　市人民代表大会闭会期间，市人大常委会组成人员、市长、副市长、市人民法院院长、市人民检察院检察长可以向市人大常委会提出书面辞职，由市人大常委会决定是否接受辞职。市人大常委会决定接受辞职后，报市人民代表大会备案。市人民检察院检察长的辞职，经市人大常委会接受后，由市人民检察院报沧州市人民检察院检察长提请沧州市人大常委会批准。

第十条 市人大常委会组成人员不得担任国家行政机关、审判机关、检察机关的职务。

如果担任上述职务，必须辞去市人大常委会的职务。市人大常委会接受辞职后，报市人民代表大会备案。

第三章 任免程序

第十一条 提请市人大常委会审议的人事任免案，应当由提请机关正职领导人签署，向市人大常委会书面提出。同时附送拟任免人员的《干部任免呈报表》、推荐任职材料和供职报告等书面材料，“两院”还需附任职资格证明（包括通过国家司法考试资格证书、法律培训情况等）。提请免职的，要说明免职理由。请求辞职的，由本人以书面形式向市人大常委会提出辞职请求。

提请任命新设机构负责人或者组成人员，须附有关机关批准设立该机构的文件。

提请任免报告、辞职请求，均应在市人大常委会会议召开十五日前送达市人大常委会办公室。逾期不能送达，本次常委会会议不列入议程。

第十二条 市人大常委会办公室负责审查市人民政府提出的任免案的各种书面材料；市人大常委会内务司法科负责审查市人民法院、市人民检察院提出的任免案的各种书面材料，组成考察组，进行考察测评，并向市常委会提出考察报告。

第十三条 凡“一府两院”提请市人大常委会任命的人员必须参加任前法律知识考试。未能通过考试的，市人大常委会不予审议其职务的任命。因故未参加考试的，经批准可以补考。在本届内参加过任前法律知识考试的，因工作变动需要重新任命时，不再参加任前法律知识考试。

市人大常委会内务司法科负责牵头组织任前法律知识考试并向常委会报告考试情况。

第十四条 提请的任免案，由主任会议决定提交市人大常委会会议审议。

第十五条 市人大常委会审议人事任免案时，提请机关的正职领导人须到会作任免说明，介绍拟任免人员的情况和任免理由，回答询问。提请机关的正职领导人如果因特殊情况不能到会，应当委托一名副职领导人到会代为说明。

第十六条 审议任命属于市人民政府组成人员的局长（主任），市人民法院副院长、审判委员会委员（专职）、庭长、副庭长、审判员，市人民检察院副检察长、检察委员会委员（专职）、检察员时，拟任人员必须到会作任前供职发言。不到会作供职发言的，常委会对其任命事项不予审议和表决。

被提请任命人员做供职发言后，常委会组成人员可以在常委会会议上就与供职发言有关的情况向供职人员提出询问。

第十七条 市人大常委会会议表决任免案前，市人大常委会组成人员认为有足以影响任免的事由，经主任会议提议，出席会议的市人大常委会组成人员过半数同意，可以暂不付表决。

列入市人大常委会会议议程的任免案，在交付表决前，提案人要求撤回的，经主任会议同意，对该任免案的审议即行终止。

第十八条 市人大常委会对任免案的表决，免职可采取举手表决，任职采取无记名投票表决。

市人大常委会组成人员对任免案可以投赞成票，可以投反对票，也可以投弃权票。

任免案以市人大常委会全体组成人员过半数赞成通过。

表决结果由会议主持人当场宣布。

第十九条　市人大常委会通过任免案，一般应当逐人表决也可一并表决。

通过代表资格审查委员会和特定问题调查委员会组成人员，可以逐案表决。

同一人在一次市人大常委会会议上须免（辞）几项职务的，几项职务可一并表决。

任免案中对同一职务进行任职和免（撤）职两项表决的，先进行免（撤）职项的表决，再进行任职项的表决。

第二十条　提请市人大常委会任免国家机关工作人员未获通过的，提请机关如果认为必要，可在半年以后再次提请任免。经两次提请任免未获通过的人选，在本届人民代表大会任期内，一般不再就同一职务提请任免。

第二十一条　市人大常委会任免的国家机关工作人员，以市人大常委会通过之日为准，由市人大常委会对外公布，并行文通知有关机关。有关机关接到任免通知后，应当及时通知被任免人员到职或者离职。未经市人大常委会任免的，不得先行对外公布。

第二十二条　市人大常委会任命的国家机关工作人员，由市人大常委会主任在常委会会议上颁发任命书，任命书由市人大常委会主任签署。

第二十三条　市人大常委会任命或者决定任命的国家机关工作人员，在依照法定程序产生后，应参加宪法宣誓活动。

第二十四条　市人民代表大会换届后，市长应当在两个月内重新提请市人大常委会决定任命属于市人民政府组成人员的局长（主任）。对不继续担任原职务的政府工作人员不再办理免职手续。个别确需推迟决定任命的，市长应当向市人大常委会说明情况。

第二十五条　市人大常委会任命的市人大常委会办公室主任、副主任和各工作机构科长、副科长，如果在本级人民代表大会换届后职务不作变动的，不再提请重新任命。

第二十六条　市人大常委会任命的国家机关工作人员，因工作机构名称改变，而工作性质和范围没有变动的，不再重新办理任命手续，但应当由原提请机关报市人大常委会备案。

第二十七条　市人大常委会任命的国家机关工作人员，因工作机构撤销、合并或者本人在任期内去世，其职务自行终止，不再办理免职手续，但应当由原提请机关报市人大常委会备案。

第二十八条　市人大常委会受理公民和其他组织对拟任命的国家机关工作人员的检举和控告，可根据情况决定由常委会有关工作部门进行调查或者转有关组织、机关调查，并将调查情况报市人大常委会或者主任会议。

第四章　辞职、撤职

第二十九条　市人大常委会可以撤销有严重违法违纪行为的下列国家机关工作人员的职务：

（一）决定撤销常委会办公室主任、副主任和各工作机构科长、副科长的职务；

（二）在市人民代表大会闭会期间决定撤销个别副市长的职务，决定撤销属于市人民政府组成人员的局长（主任）的职务；

（三）决定撤销市人民法院副院长、审判委员会委员（专职）、庭长、副庭长、审判员的职务；

（四）决定撤销市人民检察院副检察长、检察委员会委员（专职）、检察员的职务。

第三十条　主任会议、市人大常委会组成人员五人以上联名，可以向市人大常委会提出撤销市人大常委会任命的国家机关工作人员职务的议案。行政机关、审判机关、检察机关依法向市人大常委会提出撤销职务案，应当书面说明拟撤销其职务的理由并经提请机关正职领导人签署。

第三十一条　撤销职务的议案是否列入市人大常委会审议，由主任会议讨论决定。

市人大常委会审议撤销职务案时，提请机关正职领导人或者提案领衔人应当到会作说明；被提出撤销职务的人员可以到会或者书面陈述意见。

第五章　监　督

第三十二条　市人大及其常委会选举、任命的国家机关工作人员，应严格遵守宪法、法律、法规，执行市人大及其常委会作出的决议、决定，并接受其监督，勤政廉洁，全心全意为人民服务。

第三十三条　市人大常委会通过视察工作、听取汇报、执法检查、提出质询等多种方式，对被选举、任命人员实施监督。

第三十四条　市人大常委会主任会议或五分之一以上的常委会组成人员书面联名，可以向常委会提议对选举、任命人员的重大违法渎职事项组织关于特定问题的调查委员会，由常委会全体会议决定。根据调查委员会提出的调查报告，市人大常委会可以作出相应的决议或决定。

第三十五条　市人大常委会受理人民群众和其他组织对被选举、任命的国家机关工作人员的检举、揭发和控告，并交有关部门调查处理，有关部门应将调查处理情况报告市人大常委会。

第三十六条　由市人大及其常委会选举、任命的国家机关工作人员，凡受到行政处分的，处理机关应报市人大常委会备案。

第六章　附　则

第三十七条　本办法由黄骅市人大常委会负责解释。

第三十八条　本办法自通过之日起施行。

黄骅市人大常委会
讨论决定重大事项的规定（暂行）

（2017 年 3 月 29 日黄骅市第八届人大常委会第一次会议通过）

第一条　为保障和规范市人民代表大会常务委员会（以下简称市人大常委会）依法行使讨论、决定重大事项职权，推进决策科学化、民主化、法治化，根据《中华人民共和国宪法》《中华人民共和国地方各级人民代表大会和地方各级人民政府组织法》《中华人民共和国各级人民代表大会常务委员会监督法》《中华人民共和国预算法》和《河北省人民代表大会常务委员会讨论决定重大事项的规定》等法律法规的规定，结合本市实际，制定本规定。

第二条　本规定所称重大事项，是指本市行政区域内关系国计民生，具有全局性、根本性、长远性问题，须经市人大常委会讨论、决定及应向市人大常委会报告、备案的重大事项。

第三条　市人大常委会讨论、决定重大事项，应当遵循坚持党的领导，严格依法办事，贯彻群众路线，坚持民主集中制原则。

第四条　下列事项应当提请市人大常委会审议，并作出相应的决议、决定：

（一）在本行政区域内贯彻执行宪法、法律、法规和上级人民代表大会及其常务委员会以及本级人民代表大会的决议、决定的重大措施；

（二）根据市委的决策部署和工作建议，需要依法由市人大常委会作出相应决议或决定的事项；

（三）全面推进依法治市，加强社会主义民主法治建设方面的重要决策；

（四）涉及本市全局性的政治、经济、社会、文化、生态文明建设和改革发展的重大决策；有关人口发展、环境和资源保护等涉及经济和社会可持续发展的重大决策；

（五）市国民经济和社会发展五年规划的调整方案和年度计划的部分变更；

（六）市级财政预算的调整方案、市级财政决算；

（七）设立或变更本市永久性节庆日、市树、市花等；

（八）决定黄骅市荣誉市民等地方荣誉称号的授予或者撤销；

（九）撤销市人民政府或乡镇人民代表大会不适当的决定、命令和决议、决定；

（十）市人民检察院检察长在重大问题上不同意多数检察委员会委员意见，报请市人大常委会决定的事项；

（十一）在市人民代表大会闭会期间，对市人民代表大会代表实行刑事审判、逮捕和其他限制人身自由的措施的申请的许可；

（十二）根据法律规定，市人民政府、市人民法院、市人民检察院应提请市人大常委会讨论、决定的重大事项；

（十三）市人民代表大会授权市人大常委会决定的重大事项；

（十四）根据法律规定，市人大常委会应讨论、决定的其他重大事项。

第五条　下列事项应当向市人大常委会报告，市人大常委会可以提出意见、建议，必要时作出相应的决议、决定：

（一）市人民代表大会及其常务委员会决议、决定的执行情况；

（二）市国民经济和社会发展计划执行情况，市国民经济和社会发展五年规划的中期评估情况；

（三）市级全口径预算的执行情况；

（四）市级财政预算执行和其他财政收支的审计情况及审计查出问题的整改情况；

（五）市国民经济和社会发展中涉及面广、投资额大、影响深远的重大建设项目或有财政性资金投资，并对本市经济发展、环境和资源有较大影响的重大建设项目的立项、建设和变更情况；

（六）本市全面深化改革的重大措施和产业结构的重大调整情况；

（七）全市城乡建设总体规划、五年计划的制定和实施情况、市土地利用年度计划及执行情况；

（八）本市教育、科学、文化、卫生、环境和资源保护、民政、民族等工作的发展规划和重要情况；

（九）自来水、燃气、集中供暖、公共交通等事关重大民生的公用服务价格的制定和调整情况；

（十）给国家、集体和人民生命财产造成重大损失的自然灾害、重大安全事故及其他重大突发事件的处理情况；

（十一）市人民政府依法行政和市人民法院、市人民检察院公正司法的重要情况；

（十二）由市人民代表大会选举产生和市人大常委会任命的国家机关工作人员重大违法违纪行为的查处情况；

（十三）办理市人民代表大会议案和市人民代表大会代表建议、批评、意见的情况；

（十四）市人民政府、市人民法院、市人民检察院认为需要报告的其他重大事项；

（十五）依照法律法规规定应当向市人大常委会报告或者市人大常委会认为需要报告的其他重要事项。

第六条　以下事项应当向市人大常委会报告，再按审批权限报请批准，并将批准情况报市人大常委会备案：

（一）乡镇、街道的调整和名称变更；

（二）市人民政府工作部门的设立、增加、减少、撤销或者合并的方案；

（三）与外省市地方建立县级友好关系；

（四）法律、法规规定应当报市人大常委会备案的其他重大事项。

第七条　向市人大常委会提请讨论、决定的重大事项的议案或者报告，除市人民代表大会交付的外，应当由下列国家机关（机构）或人员提出：

（一）市人大常委会主任会议（以下简称主任会议）；

（二）市人民政府、市人民法院、市人民检察院；

（三）市人民代表大会各专门委员会；

（四）市人大常委会组成人员 3 人以上联名。

第八条　本规定第四条规定的重大事项应当以议案形式提出，第五条规定的重大事项应当以报告形式提出。议案或者报告应当包括以下主要内容：

（一）该重大事项的基本情况和需要解决的问题；

（二）事实依据和有关的法律、法规、规章及政策依据；

（三）有关的统计数据、调查论证报告等材料；

（四）决策方案及其可行性说明；

（五）市人大常委会认为应当提供的其他材料。

第九条　向市人大常委会提出的重大事项议案、报告，按照以下程序办理：

（一）主任会议提出的议案，直接提请市人大常委会审议；

（二）市人民政府、市人民法院、市人民检察院、市人民代表大会各专门委员会、常委会组成人员 3 人以上联名提出的议案，由主任会议决定提请市人大常委会审议，或先交市人民代表大会有关专门委员会、工作机构调查研究、提出意见，再由主任会议提请市人大常委会审议。

向市人大常委会提出的关于重大事项的报告，由主任会议决定是否提请市人大常委会审议。

第十条　主任会议、市人民政府、市人民代表大会专门委员会、市人民法院、市人民检察院向市人大常委会提出的重大事项议案、报告等，分别由主任、市长、主任委员、院长、检察长签署；常委会组成人员 3 人以上联名提出的重大事项议案，由联名人共同签署。

第十一条　向市人大常委会提出的重大事项议案，应当在市人大常委会召开会议的二十日前送交市人大常委会；向市人大常委会提出的重大事项报告，应当在市人大常委会召开会议的十日前送交市人大常委会；向市人大常委会提出的重大事项备案报告，应当按照审批权限报请批准后十日内送交市人大常委会。

第十二条 市人大常委会审议重大事项前，主任会议可以委托市人民代表大会有关专门委员会或者常委会有关工作机构就该重大事项组织调查研究，广泛听取市人民代表大会代表和社会各方面的意见，并根据调查情况拟定决议、决定草案。

列入市人大常委会会议议程的重大事项议案、报告，在审议中需要进一步了解情况，或者存在较大争议的，由主任会议决定，可以召开听证会或者专家论证会。听证会或者专家论证会由市人民代表大会有关专门委员会负责组织。

第十三条　列入市人大常委会会议议程的重大事项议案或报告，由提出议案或者报告机关的主要负责人向会议作出说明，回答询问；市人大常委会组成人员联名提出的议案，由联名提出议案的人员推选代表向会议作出说明。

第十四条　列入市人大常委会会议议程的议案，在交付表决前，提议案的机关或者提议案人要求撤回的，经主任会议同意，对该议案的审议即行终止。

第十五条　列入市人大常委会会议议程的重大事项议案，需要作出决议、决定的，必须以市人大常委会全体组成人员过半数赞成为通过。

第十六条　市人大常委会关于重大事项的决议、决定通过后，由市人大常委会办事机构及时向代表通报并向社会公布。报市人大常委会的备案报告应印发市人大常委会组成人员。

第十七条　市人大常委会关于重大事项的决议、决定，交由市人民政府、市人民法院、市人民检察院办理的，有关国家机关应当执行，并在决议、决定规定的时限内或者决议、决定生效后三个月内向市人大常委会报告执行情况；

市人大常委会审议重大事项报告，不作决议、决定的，市人大有关专门委员会或市人大常委会有关工作机构应当将审议意见经主任会议讨论通过后，及时交报告机关研究处理。报告机关应当按照市人大常委会审议意见办理的相关规定报告办理情况。

第十八条　对市人大常委会重大事项决议、决定的执行情况或审议意见研究处理的情况，市人大有关专门委员会或者市人大常委会有关工作机构应当进行跟踪检查，并将检查情况向主任会议报告。必要时，可将市人大常委会有关重大事项决议、决定的执行情况或者审议意见的处理情况作为常委会监督议题，纳入常委会年度工作要点。

第十九条 违反本规定第四条，对应当报请市人大常委会讨论决定的重大事项擅自作出决定的，以及对市人大常委会作出的决议、决定不予执行的，市人大常委会可以依法提出询问、质询，必要时可以依法组织特定问题调查委员会进行调查，并根据具体情况责令变更、依法撤销有关机关越权作出的决定。对上述情况市人大常委会可依法追究有关机关主要负责人和直接责任人的责任。

第二十条　本规定由主任会议负责解释。

第二十一条　本规定自公布之日起施行。

黄骅市人大常委会组成人员守则

（2017 年 3 月 29 日黄骅市第八届人大常委会第一次会议通过）

为进一步加强黄骅市人民代表大会常务委员会（以下简称市人大常委会）组织制度建设，使市人大常委会组成人员（以下简称常委会组成人员）更好的依法履行职责，依据宪法和法律有关规定，制定本守则。

第一条　常委会组成人员应当深入学习贯彻习近平总书记系列重要讲话精神，坚持党的领导、人民当家作主、依法治国的有机统一。增强“四个意识”，自觉服从和服务于全市工作大局，带头执行市人大及其常委会的决议决定，在为实现“十二个新跨越”，将黄骅建设成为沿海开放经济强市的征程中，依法履职，积极作为，努力推动上级和市委重大决策部署的贯彻落实。

第二条　常委会组成人员必须全力维护全市人民的根本利益和共同意志，坚持人民代表大会制度，致力于社会主义民主和法制建设，模范遵守宪法和法律，全心全意为人民服务，自觉接受市人大代表和人民群众的监督。

第三条　常委会组成人员要努力学习中国特色社会主义理论，熟悉宪法和法律，积极参加市人大常委会组织的各类学习活动，掌握履行职权必备的知识，不断提高自身履职能力和水平。

第四条　常委会组成人员必须切实履行职责，努力工作，其他社会活动要服从于市人大常委会工作需要。

第五条　常委会组成人员必须按要求出席常委会会议，无故不得缺席。因故不能出席的，必须向常委会主任请假。凡年度两次无故缺席或累计三次缺席的，责令其辞去常委会组成人员职务。

第六条　市人大常委会会议召开前，常委会组成人员应当认真学习研究会议文件和有关资料，并就会议有关建议议题开展调查研究，听取市人大代表、人民群众以及有关方面的意见和建议，充分做好审议准备。

第七条　常委会组成人员在常委会会议上的发言和表决不受法律追究。

常委会组成人员在市人大常委会会议上，应当遵守议事规则，认真进行审议，围绕会议议题积极发表审议意见，提高审议质量。

第八条　常委会组成人员应当参加对有关议题事项的表决，并遵守和服从表决结果。

会议主持人宣布有关事项交付表决后，常委会组成人员不得再对该事项发表意见，但与表决有关的程序问题，不在此限。

第九条　常委会组成人员要依照规定参加市人大常委会组织的视察、专题调研、专题询问、执法检查等履职活动。确有特殊原因不能参加的，应向市人大常委会主任请假。

常委会组成人员参加视察、专题调研、专题询问、执法检查时，应当深入实际，了解实情，注重实效。参加这些活动时可以提出建议、批评和意见，但不直接处理问题。

第十条　参加专门委员会的常委会组成人员，应当严格遵守专门委员会的工作规则和制度，熟练掌握本专门委员会工作领域的相关知识，认真做好专门委员会的工作。

第十一条　常委会组成人员应当密切联系群众，经常进行调查研究，听取群众意见和要求，及时向市人大常委会反映有关情况。

第十二条　常委会组成人员要深入贯彻落实中央八项规定精神，严于律己，清正廉洁，不得利用职权谋取利益。

第十三条　常委会组成人员要严守国家机密，凡属规定不应公开的内容，不得以任何方式传播。

第十四条　常委会组成人员违反本守则的，要向常委会主任会议作出检查；严重违反本守则的，责令其辞去常委会组成人员职务。

第十五条　本守则自通过之日起施行。

黄骅市人民代表大会专门委员会议事规则

（2017 年 3 月 29 日黄骅市第八届人大常委会第一次会议通过）

第一章　总则

第一条　为保障市人民代表大会专门委员会依法履行职责，根据《中华人民共和国地方各级人民代表大会和地方各级人民政府组织法》《中华人民共和国地方各级人民代表大会监督法》和《黄骅市人大常委会议事规则》等法律、法规，结合本市实际，制定本规则。

第二条　市人民代表大会（以下简称代表大会）设立法制委员会、财政经济委员会、城乡建设和环境保护委员会、教育科学文化卫生委员会等四个专门委员会。市人民代表大会专门委员会（以下简称专门委员会）的设立、撤销及名称变动，由代表大会决定。

第三条　专门委员会是代表大会的常设机构，受代表大会领导；在代表大会闭会期间，受市人民代表大会常务委员会（以下简称常委会）领导，依据有关法律、法规赋予的职责开展工作。

第四条　代表大会闭会期间，市人民代表大会常务委员会主任会议（以下简称主任会议）指导和协调专门委员会的工作，常委会副主任按照分工负责专门委员会的工作。

第五条　专门委员会会议讨论、研究问题，实行民主集中制原则，集体决定和行使职权。

第二章　专门委员会的组成

第六条　专门委员会由主任委员、副主任委员和委员若干人组成。专门委员会主任委员、副主任委员和委员人选，由主席团在代表中提名，大会全体会议通过。代表大会闭会期间，常委会可以补充任命个别副主任委员和部分委员，由主任会议在代表中提名，常委会会议通过。

第七条　代表大会期间，专门委员会组成人员提出辞职的，向主席团提出辞呈，由大会全体会议通过；代表大会闭会期间提出辞职的，向常委会提出辞呈，由常委会会议通过。代表大会闭会期间接受辞职的，应当报代表大会下次会议备案。

第八条　专门委员会主任委员主持专门委员会的工作，副主任委员协助主任委员工作。

第三章　专门委员会的职责

第九条　向主席团、常委会提出属于代表大会、常委会职权范围内与本委员会有关的议案。

第十条　审议主席团、常委会交付的议案，提出报告。受常委会委托，督办由市人民政府、市人民法院和市人民检察院承办的重点建议、批评和意见。

第十一条　审议主席团、常委会及主任会议交付的质询案，听取受质询机关的答复，并提出办理结果的报告。

第十二条　常委会讨论、决定有关重大事项前，受常委会委托，就有关重大事项开展调查研究，提出报告。

第十三条　在每年年底前，提出与本委员会职责相关的代表视察建议议题，由常委会办公室纳入下一年度常委会活动安排，经主任会议审定后提交常委会会议通过。

组织开展代表视察前，拟订视察方案，报请主任会议批准后实施。

代表视察结束后，提出相关视察报告，由主任会议决定提请常委会会议审议。常委会会议审议后，及时汇总整理市人大常委会组成人员对报告的审议意见，形成常委会专题审议意见，报主任会议通过后，由常委会办公室将专题审议意见和视察报告一并交有关机关研究办理。必要时，经主任会议批准，可以开展跟踪监督。

第十四条　在每年年底前，提出与本委员会职责相关的执法检查建议议题，由常委会办公室纳入下一年度常委会活动安排，经主任会议审定后提交常委会会议通过。

组织实施执法检查前，拟订执法检查方案，报请主任会议批准后实施。

执法检查结束后，提出相关执法检查报告，由主任会议决定提请常委会会议审议。常委会会议审议后，及时汇总整理市人大常委会组成人员对报告的审议意见，形成常委会专题审议意见，报主任会议通过后，由常委会办公室将专题审议意见和执法检查报告一并交法律法规实施主管机关研究办理。必要时，经主任会议批准，可以开展跟踪监督。

第十五条　在每年年底前，提出与本委员会职责相关的专题询问建议议题，由常委会办公室纳入下一年度常委会活动安排，经主任会议审定后提交常委会会议通过。

组织实施专题询问前，拟订执法检查方案，报请主任会议批准后实施。负责组织实施专题询问的有关专门委员会，应当提前组织组成人员及其他参与专题询问的市人大代表进行视察或者专题调查研究，充分掌握有关情况。

专题询问结束后，提出相关情况报告，由主任会议决定提请常委会会议审议。常委会会议审议后，及时汇总整理市人大常委会组成人员对报告的审议意见，形成常委会专题审议意见，报主任会议通过后，由常委会办公室将专题审议意见和情况报告一并交受询机关研究办理。必要时，经主任会议批准，可以开展跟踪监督。

第十六条　在每年年底前，提出与本委员会职责相关的常委会听取审议性建议议题，由常委会办公室纳入下一年度常委会会议议题，经主任会议审定后提交常委会会议通过。

常委会会议听取审议有关报告后，及时汇总整理市人大常委会组成人员对报告的审议意见，形成常委会专题审议意见，报主任会议通过后，由常委会办公室将专题审议意见交提出的报告机关研究办理。必要时，经主任会议批准，可以开展跟踪监督。

第十七条　对市人民政府和乡镇人大报送备案的规范性文件，按照有关法律法规规定进行备案审查，提出书面审查意见。

第十八条　财政经济委员会应当根据法律、法规的有关规定，对市国民经济和社会发展计划调整方案、市财政预算调整方案和下一年度财政预算进行初步审查，形成初审报告，由主任会议决定提请常委会会议审议。对财政收支情况的审计报告提出意见建议，对报告指出问题整改工作进行督导检查。

第十九条　听取市人民政府有关部门和市人民法院、市人民检察院的工作汇报，可以就有关问题提出询问。必要时，向常委会提出报告。

第二十条　坚持联系代表制度，反映代表对国家机关的意见和要求。根据需要邀请有关代表列席专门委员会会议，听取意见和建议；征求代表对有关议案和代表建议、批评、意见办理工作的意见，必要时，组织代表对办理工作进行检查。

第二十一条　负责属于本委员会职权范围内的信访工作。

第二十二条　向代表大会提出工作报告。

第二十三条　对全国、省人大常委会或者专门委员会下发的征求意见的法律法规草案，以及委托常委会开展的执法检查，有关专门委员会应当按照要求办理，并及时上报办理意见和结果。

第二十四条　办理主席团、常委会或者主任会议交付的其他事项。

第四章　专门委员会会议

第二十五条　专门委员会会议由主任委员或者主任委员委托的副主任委员主持。

第二十六条　专门委员会会议应当有全体组成人员的过半数出席，始得举行。专门委员会组成人员必须按要求出席专门委员会会议，无故不得缺席。因故不能出席的，必须向专门委员会主任委员请假。年度两次无故缺席或累计三次缺席的，责令其辞去专门委员会组成人员职务。

第二十七条　专门委员会应当在会议召开 5 日前，将会议日期、议题的通知和有关材料送交专门委员会组成人员。

第二十八条　专门委员会表决事项需组成人员赞成票过半数方可通过。

第二十九条　专门委员会召开会议应当形成会议纪要。

第五章　附则

第三十条　专门委员会可依据本规则制定工作细则。

第三十一条　本规则自公布之日起施行。

黄骅市人大常委会关于
进一步创新人大工作、加强自身建设的意见

（2017 年 3 月 29 日黄骅市第八届人大常委会第一次会议通过）

为使人大工作更好地服务于党和人民的事业，肩负起宪法和法律赋予的各项职权，以市七次党代会精神为指导，以工作和制度创新为动力，以加强自身建设为保障，切实完成好新形势赋

予的新任务、新使命，努力推动沿海开放经济强市的建设事业，树立新一届市人大常委会法治、为民、有为、活力的地方国家权力机关形象，结合常委会实际，提出如下意见：

一、创新改进监督工作，全面提升监督实效

1. 坚持正确监督导向。牢固树立寓服务支持于监督的工作理念，从服务市委中心工作出发，敢于监督、善于监督、高效监督，使全面加强人大监督同支持“一府两院”做好工作紧密结合、高度统一。

2. 创新改进监督方式。坚持大局思维、问题思维、群众思维，紧紧围绕市委中心工作、政府大事要事和民生热点难点问题，以增强监督工作刚性、针对性、实效性和权威性为目标，大胆创新监督方式，抓好实践总结提高，切实把监督工作的成功经验转化为科学实用的制度办法，逐步形成独具黄骅特色的监督机制，全面提升人大监督权力的运用水平。

3. 加大跟踪监督力度。重点加强对常委会决议、决定、审议意见和整改意见执行落实情况的监督检查，多听汇报，力促整改，将工作成效最大化。对确需较长时间才能有效解决的历史性、长远性、根本性问题，坚持整个任期不放松，一抓到底，切实抓出成效。

二、依法行使重大事项决定权和任免权，确保市委决策意图落实

4. 树立正确用权观念。坚持党对人大工作的领导，切实增强“四个意识”，始终在政治上、思想上、行动上同市委保持高度一致。依法作出决议、决定，使市委决策通过法定程序上升为全市人民的共同意志；坚持党管干部和依法任免有机统一，确保市委人事意图依法实现。

5. 健全完善用权机制。建立完善常委会讨论决定重大事项及任免工作的制度规定，明确各项工作环节的具体要求，完善事前调查和任前考察机制，严格事后监督和任后监督程序，促进常委会有关工作更趋科学、严谨、务实、高效。

三、创新加强服务保障，充分发挥代表主体作用

6. 创新丰富代表活动。以激发代表履职热情，更好地发挥代表履职作用为目标，加强“代表之家”和代表活动小组建设，不断创新代表活动形式。建立落实主任定期接待代表和代表定期联系选民的“双联制度”，将每周一确定为“主任接待代表日”，坚持“代表请进来”和“领导下基层”相结合，建立常委会同代表更为直接通畅的联系渠道。将每月首个工作日确定为“代表联系选民日”，各乡镇、街道代表团要及时收集反映群众意见，帮助群众解决实际困难。

7. 加强代表履职保障。将夯实代表履职基础摆在重要位置，把代表培训作为常态工作抓好抓实。积极扩大代表工作参与，邀请安排代表列席参加常委会各项会议、活动，列席市政府常务会议、民生问题听证会等重要会议。

8. 提高代表意见建议办理实效。建立常委会领导领衔督办，专委会跟踪督办，人大代表参与督办的工作机制。突出代表主体地位，让代表参与到督办工作之中，加强对办理单位承诺事项的跟踪问效，切实提高具体问题的解决率，提升代表满意度。

四、全面加强自身建设，切实提升履职能力

9. 加强履职能力建设。持续抓好常委会、机关和代表三个层面的培训学习，以服务中心工作为导向，抓好常委会集中学习；以提高综合素质为导向，严格落实“周四机关学习日”制度，全面增强机关干部尤其是年轻干部的工作水平；以增强履职能力为导向，切实抓好代表活动和集中培训。

10. 加强作风建设。密切联系群众，注重调查研究，改进文风会风，严格执行《关于新形势

下党内政治生活的若干准则》和《中国共产党党内监督条例》，廉洁自律、秉公用权，严格落实中央八项规定精神，进一步加强“三公”管控，牢固树立为民、务实、清廉的地方国家权力机关形象。

11. 加强专门委员会建设。加强专门委员会组成人员专业知识学习，落实好中央关于加强县级人大工作的意见要求，完善工作规程，充实工作力量，支持指导各专门委员会专业高效地开展审议、调研、监督工作，切实发挥好这一新层面的职能作用。

12. 加强人大宣传工作。充分利用电视、报刊、网络等媒体渠道，加强对人大制度、人大工作、人大形象的宣传报道，进一步增强全社会的法治观念，提高人民群众对人大及其常委会的认识。

13. 加强工作交流与联系。加强与上级人大的汇报衔接和兄弟县区人大的联系交流，积极向先进地区人大借鉴工作经验和做法，提升自身工作水平。密切同乡镇人大的联系，指导开展工作活动，帮助解决问题困难，活跃提升基层人大工作。

黄骅市人大常委会关于进一步创新改进代表工作、充分发挥代表作用的意见

（2017 年 3 月 29 日黄骅市第八届人大常委会第一次会议通过）

人大代表是人民代表大会的组成人员，享有极高的政治地位，在实现人民当家作主，推进民主法治建设的进程中扮演着极为重要的角色，担负着极为重大的职责。为进一步推动常委会代表工作创新，为代表履职提供更加坚实的保障和更为宽广的平台，充分发挥好人大代表在推动全市各项事业发展中的重要作用，结合我市代表工作实际，制定本意见：

一、创新代表履职保障

1. 加强代表履职培训。市八届人大代表中近六成为首次当选，帮助指导代表尽快提升履职能力，进入工作角色是当务之急、重中之重。因此必须全面深入地抓好代表初任培训，并以此为开端，持续推动代表培训学习制度化、常态化、长效化，制定代表培训年度计划，坚持集中与自主相结合、综合与专题相结合、理论和实践相结合，保持良好的学习势头不放松，不断提高代表履职水平。

2. 扩大代表工作参与。积极扩大代表对常委会工作的参与，坚持邀请代表列席常委会会议，组织人大代表参加常委会实施开展的视察调研、专题询问、述职评议等活动，使代表能够更多地参与到常委会工作中来；逐步扩大代表对全市工作的参与，安排代表参加市政府常务会议、重大民生问题听证会、旁听法院庭审等重要活动，对“一府两院”重项工作进行评价，充分发挥好代表作用。

3. 增进代表工作交流。建设好“代表之家”微信平台，及时推送全市工作动态和人大工作信息，帮助代表获取履职必备的法律知识和业务知识；加强对代表履职工作的研讨交流，积极推广先进履职经验和做法，营造看工作、学工作、比工作的良好氛围；积极听取收集代表对常委会工作的意见建议，了解舆情民意，帮助常委会进一步改进工作。

4. 加强代表履职宣传。要深入结合优秀人大代表评选工作，进一步加大对代表履职、代表作用、代表形象和代表地位的宣传力度，树立人大代表为民、务实、清廉的时代先锋形象，在全社会营造尊重代表地位、重视代表作用、支持代表工作的良好法治氛围。

二、创新代表活动形式

5. 密切常委会同代表的联系。以“代表之家”为活动平台，将每周一设立为“主任接待代表日”，坚持“代表请进来”和“领导下基层”相结合，由常委会领导轮值接待人大代表，下到乡镇和街道参与代表小组活动，同时继续搞好代表提建议活动，设立主任信箱，不断增进常委会同代表的工作互动，拓宽代表的建言渠道。

6. 密切代表同群众的联系。要指导各乡镇、街道代表团抓好代表小组建设，组织开展好各类专题活动，将每月首个工作日确定为“代表联系选民日”，组织代表小组开门办公，积极联系走访百姓，接待群众反映问题，充分发挥自身作用，帮助群众解决实际困难。

7. 建立代表履职登记考核制度。以工作为导向，建立代表履职档案，对人大代表参与常委会活动、代表小组活动和提出建议等实际表现进行全面考评，并以此作为年度优秀人大代表评选的主要依据，更好的激发代表履职热情。

三、加强改进代表意见建议办理工作

8. 提高代表议案质量。通过抓好代表学习培训和视察调研活动，不断提高代表议案、建议、批评和意见质量。代表建议要依法按程序提出，代表联络科要对代表议案、建议、批评和意见严格审查和把关，对反映问题不够准确，不具备落实条件的，要帮助代表做好修改和完善工作，增强代表建议精准度和针对性。

9. 完善办理机制。进一步修订完善《代表议案和建议、批评、意见办理工作办法》，规范和完善办理流程，建立起主任重点督办、专委会跟踪督办，代表参与督办的“三保险”机制。同时督促“一府两院”尽快建立“一把手亲自抓，分管领导直接抓，办事机构具体抓”的办理模式，尽快由办理型向落实型转变。

10. 强化跟踪问效。要由“柔性督办”向“刚性督办”转变，对于以文代办、推诿不办、敷衍塞责的部门单位，要建立严格的问责机制。要由“单方督办”向“多方督办”转变，对于涉及领域较广的综合性问题，要求多部门联合办理，共同作为主办单位，进一步强化办理单位的责任意识。要由“年度督办”向“长期督办”转变，对于涉及历史性、长远性、根本性的议案、建议、意见，要建立基础台账和督办档案，实行建账销号制度，加强对建议办理工作的长期监督，坚决杜绝重当下、轻长远现象的发生。

黄骅市人大常委会监督工作计划（2018—2020）

（2018 年 1 月 25 日黄骅市第八届人大常委会第十一次会议通过）

一、指导思想

以习近平新时代中国特色社会主义思想为统领，深入贯彻落实市委七届三次全会精神，紧紧围绕开创沿海强市、品质黄骅“十个新局面”的任务目标，以服务全市大局，促进依法治市，推动民生改善和保障人大各类决议、决定、意见贯彻执行为重点，以“履职能力提升年”为开端，扎实践行忠诚履职、依法履职、为民履职、有效履职的监督理念，统筹兼顾安排好未来三年常委会监督工作任务，不断提升工作实效，切实肩负起新时代赋予地方国家权力机关的监督使命。

二、任务目标

今后三年，常委会将着力围绕以下十个方面做好监督工作：

（一）服务全市经济发展。推动加快转变发展方式，实现更高质量发展，依法做好计划执行情况监督，坚持每年听取和审议项目园区发展和招商引资工作专项报告，对新上产业项目建设情况开展专项视察。以《关于批准在全市开展创建“全国质量强市”工作的决定》为重点，就贯彻执行情况听取报告，开展视察；加强对常委会批准实施的新人民医院等重点项目推进情况的监督，定期听取情况报告。促进营商环境改善，听取市政府加快简政放权、简化审批流程工作情况报告。

（二）推动城市品质提升。推动加快城市化进程，以旧城改造为重点，定期就城市新建项目情况开展视察，听取报告。聚焦“创卫”“创园”成果巩固，对全市社区管理工作开展视察，听取园林绿化工作情况报告。促进城市功能完善，听取“智慧城市”建设情况报告，对小区物业管理、消防安全管理等工作开展专题询问。

（三）推动民生事业发展。回应群众关切，聚焦教育、医疗、供热等热点难点问题，听取解决义务教育阶段“大班额”问题工作情况的报告，视察乡镇卫生院和社区医院建设，对《药品管理法》开展执法检查，定期听取集中供热准备情况的报告，持续就城区市场建设管理和交通秩序整治工作听取整改工作报告。积极促进幼有所育、老有所养、困有所扶，对我市幼儿教育和养老服务产业发展现状开展调研，听取全市扶贫工作情况的报告。

（四）强化预算执行监督。严格落实《中华人民共和国预算法》各项要求，加强改进决算审查、执行监督、草案初审等各项工作。落实省市人大要求，优化预算专家团队结构，建立实施国有资产变化情况报告制度，确保 2018 年预算联网监督系统建成，投入使用。

（五）促进政府依法行政。以转变职能、规范执法为重点，听取审议“法治政府”建设情况报告，专题询问城管执法工作，就人民信访、审计监督等工作听取市政府工作报告。

（六）加强司法工作监督。围绕关系司法体制改革和司法公信的重大问题，增加听取“两院”专项工作报告次数。建立重大司法案件报告制度和旁听制度，强化代表监督参与，保障社会公平正义。

（七）开展监察工作监督。落实中共十九大要求，探索开展对监察机关的工作监督，以打击和预防职务犯罪为重点，听取工作报告，确保监察体制改革有效实施。

（八）促进环境持续改善。以推动实现天蓝、水清、气净为目标，持续就城区水污染治理情况听取报告，对《中华人民共和国大气污染防治法》等法律法规实施情况开展执法检查。

（九）积极助力乡村振兴。落实中共十九大精神，对美丽镇村建设成果保持和发展情况开展视察，听取全市特色农业发展情况报告，对全市乡镇民营企业发展现状开展调研。

（十）常态开展任后监督。加强对国家机关工作人员的常态监督，持续开展述职评议，力争 3 年内实现对政府组成部门、“两院”和监察委重点人员的全覆盖。

三、工作机制

（一）常委会将本计划作为安排全年监督工作的主要依据，结合当年市委中心工作，政府重项工作以及社会热点难点问题，选取工作议题，制定年度工作要点。

（二）各项监督任务由常委会主任会议按照职责分工，委托有关专门委员会办理实施，具体工作要严格参照《常委会监督工作实施办法》，逐项抓好落实。

（三）常委会主任会议可结合工作中出现的新情况，联系实际对本计划进行必要补充修改，修改情况向常委会报告。

黄骅市人大常委会监督工作实施办法

（2018 年 1 月 25 日黄骅市第八届人大常委会第十一次会议通过）

为落实中共十九大报告关于健全人大工作制度具体要求，常委会践行忠诚履职、依法履职、为民履职、有效履职的工作理念，从强化制度规范，改进监督工作出发，对人大相关法定、常规监督手段，进一步细化步骤、量化要求、强化调研、深化跟踪，推动监督工作重心向事前事后双向延伸，有效指导市人大各专门委员会发挥监督职能，推动常委会监督工作规范化、制度化和结果量化水平不断提升，确保达到“规规矩矩抓监督、切切实实有成效”的工作目的，结合《监督法》《黄骅市人大常委会议事规则》《黄骅市人民代表大会专门委员会议事规则》有关规定，制定本办法。

第一章　听取和审议工作报告

召开会议，听取审议工作报告是人大常委会集体履行监督职责的主要方式。完善常委会审议工作机制，建立会前学习、分组审议、满意度测评等制度，是进一步加强改进审议工作，提升审议实效和刚性，推动工作落实的重要途径。

（一）会前学习，做好准备。常委会会议相关文件按照要求，提前一周发常委会全体组成人员审阅研究，办公室结合主要议题制定会前学习内容，随会议文件一并下发，在常委会开展审议工作前进行集中学习研讨，为发现问题，提出意见做好准备。有关专委会应就会议审议事项，对有关报告开展初步审议，形成初审意见，经主任会议研究审定后，同有关报告一并提交常委会审议。

（二）分组审议，形成意见。常委会组成人员要在认真听取各项报告的基础上，全员参与分组审议，就有关报告事项逐个发表审议意见。有关意见经本组“发言人”梳理总结后，本着言简意赅、条理清晰、具体直接的原则，形成小组审议意见，会上当场宣读。报告工作的有关机关或部门负责人要认真听取各组审议意见，及时回答组成人员有关询问。

（三）量化结果，实施测评。会议以票决结果体现对工作的直接评价，对所有报告均进行满意度测评。满意度超过 70%的，视为通过测评。不足百分之 70% 的，视为未通过测评。报告未通过测评的有关机关或部门要对照审议意见，抓好整改落实，两个月内向常委会再行报告整改情况。

（四）形成意见、跟踪监督。对常委会审议通过的报告事项，各专委会要在会后一周内综合常委会领导意见和各组审议意见，形成常委会审议意见，及时上报市委，发常委会全体组成人员及各乡镇人大和街道工委，转发有关机关抓好办理。各专委会要抓好跟踪督办，在审议意见下发6个月内，就审议意见落实情况开展视察，听取有关部门汇报。对存在无故不予办理或办理进度拖沓情况的，由主任会决定上报市委，启动专题询问、执法检查、工作评议等监督程序。

第二章　代表视察

开展代表视察是有效发挥代表作用，保障代表闭会期间监督权力的重要形式，是人大常委会及时了解工作进展，针对性开展工作监督的有效方式，更是充分展示发展成果和工作进展的良好载体。

（一）围绕主题、制定方案。有关专委会结合常委会工作安排，提前同有关部门沟通联系，做好前期调研工作，提前一周制定视察方案。方案要明确时间安排、参加人员、陪同人员、视察重点、视察路线等内容。方案经主任会议通过后，印发有关机关做好准备工作。

（二）开展视察、评议工作。视察时，代表要严格遵守活动纪律，认真察看有关情况，听取工作汇报，客观填写“工作视察评价表”，对视察项目逐个作出评价。视察情况应通过电视、报纸、网络等媒体及时公开。

（三）公开结果、跟踪监督。有关专委会应结合视察情况，和评议结果，在视察结束一周内形成视察报告，经主任会议审定后呈报市委，发常委会组成人员及各乡镇人大和街道工委，转交有关机关研究办理。有关专委会应于年内就视察报告提出意见落实情况听取有关部门汇报，视落实情况，由主任会议研究，将听取整改报告事项列入常委会下年工作要点，强化监督。

第三章　专题询问

询问是人大常委会组成人员，在人大常委会会议上审议工作报告或议案时，向报告机关提出问题、了解情况的主要方式。专题询问是人大常委会有计划、有组织、有重点地就某一方面工作强化监督的有效形式，是询问常态化的衍生与拓展，具有更强的灵活性、针对性和实效性。

（一）成立小组，制定方案。有关专委会结合常委会工作安排，建立专题询问工作小组，提前同有关部门沟通联系，于询问两周前制定专题询问实施方案。方案要明确时间安排、参加人员、应询人员、建议询问问题等内容。专题询问工作小组组长由市人大常委会分管副主任任组长，成员由相关专委会全体组成人员和部分代表组成。实施方案经主任会议通过后印发有关机关做好应询准备工作。

（二）摸清底数、确定问题。有关专委会应结合询问事项特点，提前一周开展视察，实地调研，走访群众，查找问题，全面掌握第一手资料，并召开专委会会议，本着联系实际、系统全面、突出重点、互不交叉的原则确定具体询问问题，提交主任会议研究审定。

（三）召开会议、开展询问。专题询问会议设置询问席和应询席，采取一问一答形式。在应询机关负责人全面报告工作情况后，由询问人员依次提出问题，应询机关有关人员作出答复，答复内容应包含当前工作开展情况，存在问题以及下步工作计划，答复不清或不完整的，询问人员可提出追问。专题询问会议全程录像，并通过电视、报纸、网络等媒体及时公开专题询问开展情况。为保障会议效果，强化宣传力度，有关专委会可邀请群众和有关方面专家列席会议。

（四）提出意见、跟踪监督。会后，有关专委会应在一周内形成专题询问实录和专题询问情况报告，经主任会议审定后呈报市委，发常委会组成人员及各乡镇人大和街道工委，转交有关机关研究办理。有关专委会应于年内就整改意见落实情况听取有关部门汇报，视落实情况，由主任会议研究，将听取整改报告事项列入常委会下年工作要点，强化监督。

第四章　执法检查

执法检查是人大常委会按照《中华人民共和国监督法》要求，对执法工作开展监督，督促国家机关依法行政、公正司法，保障宪法和法律在本行政区域内得到严格贯彻实施的法律监督手段。

（一）明确重点、制定方案。针对现行法律系统完备、涵盖面广的特点，有关专委会应充分结合本地实际和工作情况，选取有关法律规定的一项或一类问题，制定实施方案。方案应明确实施时间、执法检查组成员、陪同人员和重点内容。执法检查组组长由常委会分管副主任担任，成员以有关专委会全体组成人员为主体，也可邀请部分人大代表参与。

（二）实施检查、查找问题。执法检查组人员，认真听取工作汇报，严格检查实际情况，努力查找执法工作中存在的突出问题，陪同人员要认真配合检查，如实回答有关询问。执法检查情况应通过电视、报纸、网络等媒体及时公开。

（三）提出意见、跟踪监督。执法检查后，有关专委会应在一周内形成执法检查报告，对发现问题提出整改意见，经主任会议审定后呈报市委，发常委会组成人员及各乡镇人大和街道工委，转交有关机关研究办理。有关专委会应于年内就整改意见落实情况听取有关部门汇报，视落实情况，由主任会议研究，将听取整改报告事项列入常委会下年工作要点，强化监督。

第五章　工作评议

对“一府两院”工作实施评议是人大常委会依法开展专项监督，量化监督结果，促进工作落实的有效途径，是客观民主，适用性广的一种有效监督方式。

（一）提出方案、开展调研。有关专委会结合常委会工作安排，提前两周拿出评议方案，明确评议时间、参加人员、列席人员和重点评议事项。方案经主任会议通过后，专委会应提前一周就相关评议事项开展视察调研，摸清底数，掌握情况，以工作现状、存在问题、改进意见为重点形成调研报告，经主任会议审定后，作为评议工作参考。

（二）公正公开、民主评议。专项评议以专题会议形式开展，邀请有关代表和群众代表参与。在听取有关部门工作汇报和专委会调研报告后，参会人员要发扬民主、客观公正地填写测评表，对具体人员和工作进行客观评议。参评单位主要负责人到会汇报，及时回答有关询问。评议结果当场统计，当场公布，会议情况应通过电视、报纸、网络等媒体及时公开。

（三）量化结果、跟踪监督。评议结束后，评议结果及调研报告及时上报市委，发常委会组成人员及各乡镇人大和街道工委，转交有关机关研究办理。有关专委会应于年内就调研报告提出意见落实情况听取有关部门汇报，视落实情况，由主任会议研究，将听取整改报告事项列入常委会下年工作要点，强化监督。

第六章　规范性文件备案审查

对本级或下级人民政府参照上级法律法规制定的决定等具备法律效力的文件，开展法律审查，确保其不与宪法和现行法律相违背，是市级人大常委会促进国家机关依法行政、公正司法的重要职责，是维护宪法权威，保障法律得到良好贯彻实施的有效手段。

（一）明晰范围，及时备案。市人大常委会受理下列规范性文件的备案：

1. 市人民政府向社会公开发布的涉及公民、法人和其他组织权利与义务，具有普遍约束力的决定、命令等；

2. 市人民政府与其他机关或单位联合发布的涉及公民、法人和其他组织权利与义务，具有普遍约束力的决定、命令等；

3. 经市人民政府同意由市人民政府办公室向社会公开发布或转发的涉及公民、法人和其他组织权利与义务，具有普遍约束力的文件；

4. 经市人民政府同意由市人民政府组成部门或机构向社会公开发布的涉及公民、法人和其他组织权利与义务，具有普遍约束力的文件；

5. 乡镇人民代表大会作出的涉及公民、法人和其他组织权利与义务，具有普遍约束力的决议、决定、规定等；

6. 市人大常委会认为需要备案审查的其他规范性文件。

制定规范性文件的机关，应当在文件发布之日起二十日内将备案报告、规范性文件及说明报送市人大常委会。由主任会议研究，委托有关专委会进行审查。

（二）依法依规、严格审查。审查工作可在市人大常委会法律专家团队协助下开展，依法受理公民、法人或者其他组织就规范性文件反映的问题，合理采纳公民、法人或者其他组织提出的意见建议，接受公民监督。有关专委会应于文件备案两个月内出具审查意见和结论，审查意见和结论经主任会议研究后，印发备案机关。对未能通过审查的，有关机关应按照审查意见对文件做进一步修改，再行备案，直至通过。

审查难度较大、涉及法理复杂的规范性文件，可经主任会议研究，报请沧州市人大常委会审查，出具审查意见及结论。.

备案机关对审查结论存在异议的，可以书面形式向主任会议提出申请，由主任会议研究决定，委托有关专委会予以答复或予以复查。

（三）及时上报、定期备案。市人大常委会应每年向沧州市人大常委会及黄骅市人民代表大会书面报告和备案上一年度规范性文件备案审查工作情况，并通过一定形式向社会公开。

第七章　解释与实施

本办法由主任会议负责解释，自公布之日起施行。

黄骅市乡镇、街道人大工作督导考评办法

（2018 年 3 月 19 日黄骅市第八届人大常委会第十四次会议通过）

为进一步加强对乡镇、街道人大工作的指导，促进基层人大更好地履行宪法和法律赋予的各项职权，开创我市基层人大工作新局面，根据《中华人民共和国地方各级人民代表大会和地方

各级人民政府组织法》《全国人大常委会党组关于加强县乡人大工作和建设的若干意见》和《河北省人大常委会党组关于加强县乡人大工作和建设的实施意见》，结合我市乡镇、街道人大工作实际，特制定本办法。

一、考评内容

（乡镇人大主席团）

（一）坚持党对人大工作的领导。

1. 建立健全乡镇人大向乡镇党委报告工作制度。保证每年至少报告一次，并报市人大常委会备案。

2. 增强服务党委工作全局的主动性。乡镇人大主席要参加、列席同级党委会议，自觉把人大工作放到全局中去思考、谋划和推动。

（二）依法开好乡镇人民代表大会。

1. 认真组织会议。合理安排会议次数和会期，一般每年举行 2 次，每次会议会期不少于 1 天；如有选举事项时，会期适当增加。如遇到重大事项决定等重大议题时，可增开会议，增开会议议程由乡镇人大主席团依法确定。

2. 规范会议议程。（1）听取和审查乡镇人民政府工作报告；（2）审查和批准本乡镇经济和社会发展的规划和计划、财政预算和预算执行情况的报告；（3）听取和审查乡镇人大主席团工作报告；（4）听取和审查代表议案和建议、批评、意见办理情况的报告；（5）选举。

3. 提高会议质量。（1）会议举行十日前，主席团应将开会日期和建议会议议程书面通知代表，并报市人大常委会备案；（2）会议召开期间，要充分发扬民主，保证代表审议时间，提高审议质量；（3）会议结束后，会议材料、选举结果、决议、决定在会后十日内报市人大常委会备案。

（三）代表工作。

1. 充分发挥代表之家作用，组织代表开展好接待选民、集中学习、轮流值班等工作。定期组织代表向选民述职，全年述职比例不得低于 30%。认真做好代表履职及各类活动资料留存工作，确保代表履职档案充实完善。

2. 做好代表学习培训工作，每年市级、乡级人大代表集中培训不得少于 1 次。

3. 扎实开展“代表联系选民日”活动。原则上每月安排一次联系活动，可结合实际采用走访、座谈等形式，进一步密切人大代表同人民群众的联系。

4. 认真办理乡级人大代表提出的议案及建议、批评和意见，注重解决实际问题。

（四）人大监督工作。

1. 明确监督工作重点。乡镇人大主席团要围绕乡镇党委重大决策部署、改革发展、社会民生问题、“三农”问题、新型城镇化建设、生态环境保护、农村扶贫攻坚等工作开展监督，每年年初制定全年监督计划，并报市人大常委会备案。

2. 创新完善监督方式方法。根据乡镇人大工作实际，综合运用听取报告、代表视察等方式开展监督。

（五）乡镇人大主席团自身建设。

1. 加强乡镇人大主席团建设。落实《河北省乡镇人民代表大会条例》和乡镇人大主席团组成人员一般由 7 至 11 人组成，主席团每 3 个月举行一次会议的规定。

2. 乡镇人大主席团或主席、副主席在闭会期间，组织代表听取和审议政府专项工作报告，对法律实施情况进行检查，联系和组织代表开展活动，督办代表建议，组织代表向选民述职，落实好各项法定职能。

（街道人大工委）

（一）坚持党对人大工作的领导。

1. 建立健全街道人大向街道党委报告工作制度，保证每年至少报告一次，并报市人大常委会备案。

2. 增强服务党委工作全局的主动性。街道人大工委主任要列席同级党委会议，自觉把人大工作放到全局中去思考、谋划和推动。

（二）代表工作。

1. 充分发挥代表之家作用，组织代表开展好接待选民、集中学习、轮流值班等工作。定期组织代表向选民述职，全年述职比例不得低于 30%。认真做好代表履职及各类活动档案资料留存工作，确保代表履职档案充实完善。

2. 做好代表学习培训工作，每年市级人大代表集中培训不得少于 1 次。

3. 扎实开展“代表联系选民日”活动。原则上每月安排一次联系活动，可根据实际采用走访、座谈等形式，进一步密切人大代表同人民群众的联系。

4. 认真办理人大代表提出的议案及建议、批评和意见，注重解决实际问题。

二、考评形式和方法

市人大常委会对各乡镇、街道人大工作的督导考评在主任会议的领导下进行，坚持真实、有效的原则，由市人大常委会选任委主导实施。平时工作由市人大常委会副主任带队分组进行指导督导，年终集中进行量化考评，并向乡镇、街道党委通报考评情况并进行表彰奖励。

三、其他

（一）本办法由市人大常委会负责解释。

（二）本办法自通过之日起实施。

黄骅市人大常委会
国有资产监督实施办法（试行）

（2018 年 12 月 27 日黄骅市第八届人大常委会第二十一次会议通过）

第一条　为贯彻落实《中共中央关于建立国务院向全国人大常委会报告国有资产管理情况制度的意见》（中发〔2017〕33 号）和《河北省人大常委会办公厅关于印发〈省政府向省人大常委会报告国有资产管理情况办法〉的通知》（冀人常办〔2017〕76 号）精神，建立政府向人大常委会报告国有资产管理情况制度，加强人大常委会对国有资产的监督，根据《中华人民共和国宪法》《中华人民共和国各级人民代表大会常务委员会监督法》《中华人民共和国预算法》和《中华人民共和国企业国有资产法》等有关法律规定，结合我市实际，制定本办法。

第二条　本办法适用于黄骅市人民政府及其授权的国有资产管理部门、机构（以下简称国有资产管理部门）向市人民代表大会常务委员会（以下简称市人大常委会）报告国有资产管理情况，以及市人大常委会对市政府及其有关部门国有资产的监督工作。

市人大常委会财政经济工作委员会（以下简称市人大常委会财经工委）依照本办法，负责市政府及有关部门报告国有资产管理情况以及市人大常委会监督国有资产情况的具体事宜。

第三条　本办法所称国有资产是指由市政府代表国家履行出资人职责和管理职责的全部国有资产，包括企业国有资产、行政事业单位国有资产和资源性国有资产。

第四条　国有资产监督管理工作，依据相关法律、法规和政策规定，应当符合以下目标要求。

企业国有资产监督管理，要突出国有资本规范运作、提高资本回报，更好地服务于本市发展战略目标，防止国有资产流失，实现国有资产保值增值。

行政事业单位国有资产监督管理，要突出维护国有资产的安全和完整，优化国有资产配置，提高国有资产使用效益，保障行政事业单位有效运转和高效履职。

资源性国有资产监督管理，要以资产确权登记、资产评估和产权交易、有偿使用、收益处置等为重点，促进资源性国有资产节约集约利用和生态文明建设。

第五条　市政府应当加强对国有资产的审计监督。有关审计结果，在每年向市人大常委会作上一年度市本级预算执行和其他财政收支情况的审计工作报告时一并报告；审计发现重大问题，在审计查出问题整改报告中一并报告。

第六条　市政府应当于每年第三季度内向市人大常委会提交上一年度国有资产管理情况的书面综合报告，主要内容包括：

（一）市本级分类统计的年末国有资产总量、结构、变动、收益等基本情况；

（二）市人大常委会有关国有资产监督的决议、决定及意见建议落实情况；

（三）改革和完善国有资产管理体制情况；

（四）加强和改进国有资产管理的具体措施和效果情况；

（五）国有资产出资人权益落实情况；

（六）国有资本收益收缴制度和国有资本经营预算执行情况；

（七）国有资产管理违法违规行为查处情况；

（八）国有资产管理工作中存在的主要困难、问题，进一步加强和改进国有资产管理的工作措施；

（九）其他应当报告的国有资产管理事项。

第七条　市政府应当根据市人大常委会的要求，每年就某类国有资产管理情况，或者国有资产管理某一方面重要工作情况向市人大常委会作专题报告。

第八条　市政府提交市人大常委会会议审议的年度综合报告或专题报告应当由起草部门在常委会会议召开的二十日前送交市人大常委会财经工委征求意见。在市人大常委会举行会议的十日前送交市人大常委会办公室。

第九条　市公共资源交易管理部门应当每半年将在市公共资源交易平台进行的国有资产交易情况，包括市本级国有企业资产交易、行政事业单位资产交易、资源类资产交易项目资料，分类报送市人大常委会财经工委。

第十条　市政府制定的国有资产管理和国有企业改革方面的重要政策文件，应当在文件发布之后二十日内报送市人大常委会。

第十一条　市政府及其国有资产管理部门、行政事业单位应当每年通过官方网站、主要新闻媒体等渠道向社会公布国有资产状况等国有资产信息和国有资产管理工作情况，接受社会公众的监督。

第十二条　市政府应当根据改革要求，理顺各类国有资产管理体制，明确各类国有资产管理责任主体，完善国有资产出资人职责，建立健全各类国有资产报告制度。根据本办法要求，明确各项报告报送的责任部门，加强与市人大常委会财经工委的沟通，建立国有资产管理部门与财经工委的有关文件资料交流机制。

第十三条　市政府应当根据上级政府的要求，加强国有资产清产核资和资产登记、确权、评估工作，依法设立国有资产地方统计调查项目，搞好国有资产分类统计工作，建立国有资产台账和信息数据库，保障国有资产统计数据的科学、完整、合法和统一。

第十四条　市人大常委会对市政府及其国有资产管理部门进行监督的主要内容：

（一）党中央、国务院有关国有资产管理的重大方针、政策贯彻落实情况，省委、沧州市委、黄骅市委关于国有资产管理方面的决策和部署执行情况；

（二）国有资产管理相关法律、法规的贯彻落实情况；

（三）市人大常委会关于监督国有资产管理的有关决议、决定及意见建议贯彻落实情况；

（四）市政府履行出资人和管理职责的情况；

（五）国有资产管理制度的建立与执行情况；

（六）各类国有资产按规定进入市公共资源交易平台进行交易情况；

（七）国有资产审计等监督工作中发现的重要问题整改落实情况；

（八）依法依规向社会公布国有资产状况接受社会公众监督情况；

（九）其他应当监督的国有资产事项。

第十五条　市人大常委会监督国有资产管理工作的方式：

（一）组织人大代表进行视察；

（二）听取和审议综合或专项报告；

（三）组织执法检查；

（四）开展专题询问或质询；

（五）组织对特定问题的调查；

（六）开展工作评议或满意度测评；

（七）法律法规规定的其他方式。

第十六条　市人大常委会对发现的国有资产管理中存在的重大问题，可以要求市政府对相关单位实施专项审计，并对专项审计报告进行审议。

第十七条　在市人大常委会领导下，市人大财经委和市人大常委会财经工委可以利用第三方评估机构，对国有资产管理情况开展绩效评价。

第十八条　市人大常委会财经工委应当对市政府及有关部门报送的国有资产管理情况进行分析研究，及时汇总整理，提出意见或建议，报请领导参阅或处理。

第十九条　行政事业单位控制（或经管）的文物文化资产、国家储备资产、公共基础设施、保障性住房等国有资产，按有关规定归入行政事业单位国有资产统计。

第二十条 企业国有资产、行政事业单位国有资产以货币价值统计、计量为主，自然资源国有资产、无线电频谱、文物文化资产、国家储备资产、公共基础设施等，在目前条件下不宜以货币价值计量的国有资产，可以以实物量进行统计、计量。

第二十一条 在国有资产管理监督工作中，对涉及国家安全和保密的国有资产管理情况和信息，要按照国家有关保密制度的规定，做好保密工作，防止失密和泄密。

第二十二条 本办法自通过之日起施行，由市人大常委会财经工委负责解释。

黄骅市人大常委会“双联”活动实施办法

（2019 年 1 月 11 日黄骅市第八届人大常委会第二十二次会议通过）

市八届人大以来，常委会按照新时代党对人大工作提出的新任务、新目标、新要求，创新改进代表工作，建立“双联”工作制度，有效提升了人大常委会工作水平和能力。“主任联系代表日”“代表联系选民日”活动，拓宽了代表建言献策渠道，搭建了代表履职尽责平台，为进一步增进常委会组成人员与代表、代表与选民之间的工作互动，市人大常委会决定深化“双联”活动，明确要求，压实责任，努力形成常委会组成人员月月有联系、代表人人全覆盖的良好局面。

一、常委会联系代表

1. 联系代表明确化。市人大常委会组成人员在广泛联系各级人大代表的同时，要同一定数量的基层市人大代表保持经常性联系。每位组成人员每年直接联系 3 ~ 4 名基层市人大代表，基本按选区分配，便于同本选区内代表和选民的联系，杜绝“开会时碰个面，开完后见不着面，联系工作找不到”现象的发生，使代表的履职作用发挥更加到位。

2. 走访代表定期化。走访代表的时间由常委会统一安排，轮值排班，形成常委会组成人员联系基层代表常态化、制度化、定期化。代表间也可通过座谈会、电话、信函及网络信息平台等多种辅助形式，加强交流，并将活动图片文字发至代表之家微信群，建档留痕，丰富代表履职档案。

3. 联系内容丰富化。常委会组成人员要及时向基层代表反馈人大常委会相关工作，交流代表履职经验，听取代表近期工作情况和安排，征求代表意见建议，协助解决相关问题，真正形成有活力、出实效、真为民的联系常态。

二、代表联系选民

1. 代表要同选民保持密切联系。为了畅通民意主渠道，每位代表要联系 3 ~ 5 名不同阶层的选民，定期听取意见和要求，逐步形成选民向代表反映，代表向组成人员反映，组成人员向人大常委会反映的信息网络。

2. 代表要及时向选民宣传市人代会精神，了解大会决议、决定以及法律法规的贯彻实施情况，向市人大常委会提出建议。

3. 代表要积极利用“代表之家”平台，定期向原选区选民述职，报告履职情况，回答选民询问，接受选民监督，保证届内至少述职一次，并作为考评代表及是否连任的重要依据。

三、“双联”制度保障

1. 提高思想认识。坚持以饱满的热情、积极的态度和务实的作风，迅速投入“双联”工作中。市乡人大要把“双联”活动作为贯穿本届人大的一项重点工作提上议事日程，切实加强组织领导，建立各项制度，采取有效措施，认真抓好落实。

2. 突出活动实效。“双联”活动要以提高代表素质和发挥代表作用为重点，不搞形式、不走过场，在提高活动的实效性上下功夫。要深入基层、深入选民，关注民生，广集民意，力所能及地帮助基层解决一些实际问题。

3. 注重深化提高。要认真处理好代表工作与本职工作的关系，积极参加“双联”活动，进一步探索新的活动方法方式，努力提高活动质量，不断深化和创新代表工作。

市乡人大要加强沟通，密切配合，形成上下联动、整体推进的合力，积极为“双联”活动创造条件，确保“双联”活动取得实效。

黄骅市人大常委会
“双联”活动代表建议办理办法

（2019 年 1 月 11 日黄骅市第八届人大常委会第二十二次会议通过）

“双联”活动是人大常委会加强与代表和选民联系的重要渠道，为办理好活动过程中代表、选民提出的意见和建议，制定本办法。

建议、批评和意见的提出

代表对选民提出的问题，可在“代表之家”当场作出解释或解答的，直接答复选民，并在接待登记表上签名登记存档。

代表对当场无法解答的问题，可以总结归纳形成建议、批评和意见，填写在人大代表建议专用纸上，签名后交人大选任代工委。

代表的建议、批评和意见，可以一人提出，也可以联名提出。

建议、批评和意见的审理交办

选任代工委在收到代表建议后的 3 个工作日内进行分类整理，呈送常委会领导审阅，并转交相关专门委员会，专委会对代表建议进行核实，在 5 个工作日内拿出初步办理方案，属于政府、法院、检察院和监察委系统办理的，转交相关职能部门办理，不属于的由选任代工委作出解释说明。

选任代工委在综合分析的基础上，可选择部分具有综合性和典型性的建议、批评和意见，经主任会议研究通过后，确定为重点建议的，交相关承办单位重点研究办理。

建议、批评和意见的办理

承办单位应当对代表提出的建议、批评和意见高度重视，积极研究办理，并将办理情况及时回复市人大专门委员会，专委会在2个工作日内转交选任代工委，再由选任代工委反馈到代表之家（联络站）并告知代表及选民，由代表和选民对办理情况进行评价。因情况发生变化，致使原答复意见不能落实的，也要及时向代表说明情况。

重点建议办结后，可视情况由主任会议研究决定，组织代表对办理情况进行专题视察。

黄骅市人大常委会
人大代表票决民生实事项目实施办法

（2019年6月28日黄骅市第八届人大常委会第二十五次会议通过）

第一章 总则

第一条 根据《中华人民共和国地方各级人民代表大会和地方各级人民政府组织法》《河北省人大常委会办公厅关于实施民生实事项目人大代表票决制的指导意见》《中共沧州市委办公室印发〈关于实施民生实事项目人大代表票决制工作的意见〉的通知》等有关规定，结合我市实际，制定本办法。

第二条 民生实事项目人大代表票决制工作在市委的领导下，由市人大常委会组织实施。市人大代表在听取和审议市政府民生实事工作报告时，根据市人大代表会议决定开展工作。

第三条 市人大常委会统筹安排民生实事项目人大代表票决制工作，分步实施、稳步推进，确保2020年全市人代会上实施民生实事项目代表票决制度。

第四条 民生实事项目人大代表票决制坚持市委对代表票决制工作的领导、坚持以人民为中心的发展思想、坚持依法依规按程序开展工作、坚持实事求是的原则。

第二章 票决制对象

第五条 纳入代表票决制工作的民生实事项目，主要是以政府财政性资金投入为主，由政府在本行政区域内实施的具有普惠性、公益性和社会效益较为突出的民生类公共事业项目，一般应为当年度可完成的，确需跨年度分步实施的项目，应有明确的年度阶段性目标。

第三章 主要阶段和基本环节

第六条 实行民生实事项目人大代表票决制，工作流程上涵盖项目征集初定、项目审议票决、项目监督评估三个阶段，项目征集、项目初定、项目审议、项目票决、项目监督、项目评估六个环节。

（一）项目征集初定阶段。

1. 征集环节。政府在通过自身条块渠道征集项目的同时，通过报纸、电视、广播、网络等多种途径发布民生实事项目征集公告，向社会进行广泛征集。

2. 初定环节。市政府会同有关部门对征集到的建议项目进行整理汇总、论证，提交市政府常务会、市委常委会研究审定后，按程序经市人大常委会审议通过，作为提交市人代会票决的候选项目。

（二）项目审议票决阶段。

1. 审议环节。由政府在人代会上报告民生实事候选项目的征集初选过程和具体情况（包括项目名称、主要内容、实施主体、投资额度、相关要求），并书面印发全体人大代表，提请全体代表审议。

2. 票决环节。由人代会通过票决办法，明确候选项目差额比例、表决方式、项目确定和公布方式等。候选项目差额一般占所有候选项目的三分之一左右。经审议后的候选项目在全体会议或各代表团会议上由代表以无记名投票方式进行表决，民生实事项目的得票数应超过全体代表半数，从高到低排列，按照预定的应选数确定。票决结果在全体会议上宣布，并向社会公开。

（三）项目监督评估阶段。

1. 监督环节。市政府做好分解落实和制定建设计划书，并定期公布实施进展情况，市人大常委会将票决产生的民生实事项目实施工作列入年度监督工作计划，运用听取审议专项工作报告、专题询问以及组织代表视察、专题调研等形式，加强对项目实施情况的监督检查。

2. 评估环节。由市人民代表大会或其常委会审议政府上一年度民生实事项目完成情况报告，对未能如期完成的民生实事项目，政府应向人大代表作出解释或说明，人大常委会可以通过询问、质询、特定问题调查等方式强化监督。

第四章　组织领导

第七条　成立黄骅市民生实事项目人大代表票决制工作领导小组，统筹协调全市代表票决制工作。领导小组由市委副书记任组长，市委常委、市政府常务副市长、市人大常委会副主任任副组长，市委办公室、市人大常委会办公室、市政府办公室、市委组织部、市委宣传部、市发改局、市财政局、市人大常委会选任工委相关负责人任成员。

第五章　附　则

第八条　本办法由市人大常委会主任会议负责解释。

第九条　本办法自通过之日起施行。

黄骅市人大常委会关于开展县乡两级人大代表述职评议活动的实施方案

（2019年6月28日黄骅市第八届人大常委会第二十五次会议通过）

为贯彻落实省人大常委会关于深入开展“河北发展、人大尽责”主题实践活动的有关要求，进一步激发代表履职活力，加强代表与人民群众的联系，提高县乡两级人大代表履职责任感和履职水平，充分发挥人大代表主体作用，根据《中华人民共和国全国人民代表大会和地方各级人民代表大会代表法》有关规定和《河北省人大常委会办公厅关于开展县乡两级人大代表述职评议活动的指导意见》《沧州市人大常委会办公室关于开展县乡两级人大代表述职评议活动的实施方案》的有关要求，现就在全市范围内开展县乡两级人大代表述职评议活动制定如下实施方案。

一、指导思想

以习近平新时代中国特色社会主义思想和党的十九大精神为引领，坚持党的领导、人民当家作主和依法治国有机统一，进一步密切代表与选民联系，增强代表的群众意识、服务意识、责任意识，提高代表依法履职的自觉性、积极性、创造性，激发激励广大代表积极投身“河北发展、人大尽责”主题实践活动，切实将“三深化、三提升”活动不断引向基层、引向深入、引向长期，努力为黄骅创新发展、绿色发展、高质量发展积极贡献人大力量。

二、目标任务

在以往工作的基础上，于今年实现县乡两级人大代表向原选区选民述职并接受选民评议全覆盖。述职采取口头和书面两种形式。每年进行口头述职评议的代表人数不少于代表总数的20%；其余代表提交书面述职报告。届内全部县乡两级人大代表至少参加一次口头述职评议。市人大常委会主任、副主任和乡镇人大主席、副主席以及街道人大工委主任要发挥示范作用，带头向原选区选民述职、接受评议。

市人大选任委负责指导全市县乡两级人大代表开展述职评议活动。

三、述职内容

重点报告本人在执行代表职务、履行代表义务、发挥代表作用等方面所做的工作、取得的主要成绩，以及存在的问题和不足：

1. 立足本职工作，贯彻执行国家的法律、法规和党的路线、方针、政策以及上级、本级人民代表大会及其常委会的决议、决定的情况；

2. 出席人民代表大会会议，审议议案和各项报告，提出议案或者建议、批评和意见情况；

3. 出席（市人大常委会组成人员）或者列席（非人大常委会组成人员的各级代表）人大常委会会议，参加闭会期间市人大常委会、乡镇人大主席团、街道人大工委组织的调研、视察、执法检查、工作评议等活动情况；

4. 联系原选区选民和人民群众，听取和反映群众的意见和要求，推动和解决群众普遍关注的热点、难点问题的情况；

5. 参加“代表之家”和“代表联络站”活动，联系选民、接待群众，为民办实事、办好事情况；

6. 参加履职学习培训，不断提高执行代表职务能力的情况；

7. 在本职工作岗位上带头奉献，发挥模范作用的情况；

8. 遵守社会公德、廉洁自律、公道正派、勤勉尽责的情况等。

四、实施步骤

述职活动共分三个阶段进行：

（一）准备阶段（10 月 15 日—10 月 31 日）

1. 制定方案。依托乡镇和街道“代表之家”，市人大常委会制定统一实施方案，乡镇人大主席团、街道人大工委分别制定本区域实施方案，组织本区域内的县乡两级人大代表向原选区选民述职，明确述职评议会议时间、地点、代表人数、选民代表数量。

2. 宣传发动。市乡两级通过多种形式，组织县乡两级人大代表进一步学习宪法、地方组织法、选举法和代表法，让代表充分认识开展述职评议活动的法律意义和现实意义，自觉服从安排，积极参加述职评议活动；通过张贴公告、印发宣传材料等多种方法，让代表、群众了解代表述职评议活动的时间、方式、步骤，积极关注和参与代表述职评议活动，监督和支持人大代表更好地履职尽责。

3. 征求意见。各“代表之家”组织县乡两级人大代表通过多种渠道、多种形式预先征求选民的意见，认真总结执行代表职务、发挥代表作用的情况，准备好述职报告，确保述职内容客观、真实、准确、全面地反映履行代表职务和开展各项工作的情况。

（二）述职阶段（11 月 1 日—11 月 30 日）

召开述职大会，述职代表和原选区选民代表参加会议

1. 述职评议会议由各乡镇人大主席团主席、各街道人大工委主任主持，在市人大每年第四季度“代表联系选民日”当天召开。

2. 述职评议会议的主要程序：（1）主持人简要阐述代表述职评议工作的指导思想、目的意义、法律依据、具体做法和要求等。（2）人大代表报告履职情况。（3）选民代表评议发言与询问。选民代表对代表履职情况的评议，一般应围绕述职内容进行。（4）投票测评（填写评议打分表）。测评采取无记名投票的方式，测评票原则上设“满意、基本满意、不满意”三个档次和建议意见栏目。

（三）总结反馈阶段（12 月 1 日—12 月 15 日）

1. 各“代表之家”对参加述职的县乡两级人大代表履职情况和评议意见，汇总形成书面材料，报送市人大常委会，并反馈述职代表本人。市人大常委会将年度述职评议的总结，于 12 月底前报送沧州市人大选任工委。

2. 经测评“不满意”的代表应认真制定措施进行整改并向县级人大常委会报送整改报告，作为下一年度述职评议重点继续口头述职。对再次测评不满意的，由原选举单位予以劝辞。

3. 各乡镇人大主席团、各街道人大工委要将代表述职评议的情况建档备查，并及时上报市人大常委会备案，作为代表连任人选推荐的重要依据。

五、工作要求

一是提高政治站位，端正思想认识。全市人大系统要以“三深化、三提升”和“河北发展、人大尽责”主题实践活动为契机，坚持以人民为中心的发展理念，统一思想、凝聚力量、提振状态，加强组织协调和上下联动，组织广大基层代表踊跃投身到活动中，促进代表立足依法履职、广泛联系群众、服务区域发展。全市县乡两级人大代表要以认真和积极的态度正确对待述职评议活动，口头述职代表深入总结好当选以来履职情况，书面述职代表总结年度履职情况，撰写不少于 2000 字的述职报告。县乡两级人大代表要自觉征求和听取选民意见，切实抓好整改，以实际行动践行“人民选我当代表、我当代表为人民”理念。

二是加强组织领导，确保措施有力。市人大常委会选任委作为此项工作的牵头组织者，要切实做好述职评议工作的组织协调，结合实际，制订具体的工作计划和日程安排，指导和协助各乡镇、街道人大认真组织好述职评议活动。各乡镇人大主席团、各街道人大工委要认真研究学习本方案，认真对照各项要求抓好落实，确保代表述职评议活动在市人大常委会指导下依法有序进

行。要引导述职评议的对象和选民代表依法开展客观公正、实事求是的述职评议，既要肯定人大代表的工作成绩，同时也要善于提出中肯的批评和意见，着力在畅通联系渠道、规范履职行为、提升履职合力等方面用心用劲。

三是大胆创新实践，推动提质增效。提倡市乡两级党政主要领导干部以普通人大代表身份进“家”入“站”参加活动，面对面听取选民的意见和建议，接受选民的询问和监督。要充分调动人大代表的积极性和主动性，引导代表通过多种形式、多种途径开展活动，鼓励积极创新、大胆实践，主动谋划开展好“自选动作”，努力探索具有本地特色的工作方法和路径，利用各类媒体平台，广泛听取并反馈群众意见和建议，真正发挥人大优势、展现人大活力，推动人大工作接地气、有成效、惠民生。要安排好宣传工作，增加社会对代表述职评议活动的认识和了解，推动人大工作的深入开展。

黄骅市人大常委会
专项工作满意度测评办法

（2019 年 6 月 28 日黄骅市第八届人大常委会第二十五次会议通过）

第一章　总　则

第一条　为促进“一府两院”依法行政、公正司法，保障宪法和法律得到正确实施，根据《中华人民共和国各级人民代表大会常务委员会监督法》《河北省实施〈中华人民共和国各级人民代表大会常务委员会监督法〉办法》的有关规定和《河北省人大常委会关于开展专项工作满意度测评的指导意见》要求，结合我市实际，制定本办法。

第二条　专项工作满意度测评工作在市委的领导下，由市人大常委会组织实施。市人大常委会在听取和审议“一府两院”专项工作报告时，根据市人大常委会主任会议决定开展专项工作满意度测评。

第三条　市人大常委会统筹安排满意度测评工作，分步实施、稳步推进，本届任期内对“一府两院”主要部门专项工作满意度测评实现全覆盖。

第四条　专项工作满意度测评全面贯彻坚持实事求是、坚持依法办事、坚持民主集中制、坚持公平公开公正的原则。

第二章　测评程序和方式

第五条　在市人大常委会会议期间，结合听取和审议“一府两院”专项工作报告，开展满意度测评工作。

第六条　测评主体和对象

（一）专项工作满意度测评工作由市人大常委会主任会议组织实施。测评主体为全体常委会组成人员，测评对象为“一府两院”专项工作报告。

（二）市人大常委会安排参加视察或者专题调研的人大代表列席常委会会议，听取拟评议的专项工作报告，提出意见。

第七条　满意度测评内容

（一）报告是否如实反映工作情况；

（二）报告查找的问题是否准确；

（三）报告拟采取的措施是否可行；

（四）报告涉及工作的进展和成效；

（五）主任会议认为需要测评的其他内容。

第八条　测评程序

（一）满意度测评安排在常委会会议听取“一府两院”专项工作报告并审议后进行。

（二）常委会听取和审议专项工作报告前，根据实际情况，将组织常委会组成人员和人大代表对拟测评的专项工作报告所涉及的工作进行视察或者专题调研，充分了解该项工作。

（三）满意度测评结果当场宣布。

第九条　测评方式

（一）满意度测评采取电子表决器现场表决的方式进行，参评人员在测评中应当坚持实事求是、客观公正的原则。

（二）参评人员在对报告进行满意度测评时可以在“满意”、“基本满意”或者“不满意”三个等次中选择一个等次，不选择的视为弃权。

第三章　测评结果及运用

第十条　满意票占到市人大常委会组成人员 50% 以上（不含 50%），测评结果为满意；满意票在 50% 以下（含 50%）、满意票和基本满意票之和占 50% 以上（不含 50%），测评结果为基本满意；不满意票占 50% 以上（含 50%），测评结果为不满意。

第十一条　测评结果为满意和基本满意的，工作报告予以通过；测评结果为不满意的，工作报告则不予通过，责成有关部门认真整改，4 个月内向市人大常委会重新报告。

第十二条　测评为“不满意”的，市人大常委会组成人员 5 人以上联名，可以向市人大常委会书面提出质询案；市人大常委会五分之一以上组成人员书面联名，可以进行特定问题调查或者提出撤职案。

第十三条　市人大常委会会议结束后的 7 日内将满意度测评结果报市委，连同审议意见转市政府及其有关工作部门，涉及“两院”专项工作报告的转市人民法院、市人民检察院；是垂直管理部门的，抄送其上级部门。

第四章　组织领导

第十四条　市人大常委会成立专项工作满意度测评工作领导小组，领导小组由市人大常委会主任任组长、市人大常委会副主任和办公室主任任成员。

第五章　附　则

第十五条　本办法由市人大常委会主任会议负责解释。

第十六条　本办法自通过之日起施行。